"十四五"时期国家重点出版物出版专项规划项目

当代马克思主义哲学研究文库

主编 杨 耕

国家出版基金项目
NATIONAL PUBLICATION FOUNDATION

How is Human Liberation Possible:
Contemporary Interpretation of
Marx's Liberation Cause

刘同舫 著

马克思解放事业的当代阐释

人类解放何以可能

中国人民大学出版社
·北京·

们这个时代不可超越的哲学。在当代，无论是用实证主义哲学、结构主义哲学、新托马斯主义哲学，还是用存在主义哲学、解构主义哲学、弗洛伊德主义哲学乃至现代新儒学，来对抗马克思主义哲学，都注定是苍白无力的。在我看来，这种对抗犹如当年的庞贝城与维苏威火山岩浆的对抗。

我断然拒绝这样一种观点，即马克思主义哲学产生于"维多利亚时代"，距今 170 多年，因而已经过时。这是一种"傲慢与偏见"。我们不能依据某种学说创立的时间来判断它是不是过时，是不是真理。实际上，"新"的未必就是真的，"老"的未必就是假的；既有最新的、时髦的谬论，也有古老的、千年的真理。阿基米德定理创立的时间尽管很久远了，但今天的造船业无论多么发达，也不能违背这一定理。如违背这一定理，那么，造出的船无论多么"现代"化，多么"人性"化，也无法航行；如航行，也必沉无疑。真理只能发展，不可能被推翻；而科学之所以是真理，就是因为它发现和把握了某种规律。正是由于发现并深刻地把握了人类社会发展的一般规律、资本主义生产方式的运动规律，正是由于发现并深刻地把握了人与世界的总体关系，正是由于所关注并力图解答的问题深度契合着当代世界的重大问题，所以，产生于 19 世纪中叶的马克思主义哲学又超越了 19 世纪这个特定的时代，依然是我们这个时代的真理和良心，依然占据着真理和道义的制高点。正如美国著名思想家海尔布隆纳所说，"我们求助于马克思，不是因为他毫无错误之处，而是因为我们无法回避他。每个想从事马克思所开创的研究的人都会发现，马克思永远在他前面"。

我不能同意这样一种观点，即在当代中国，随着市场经济体制的确立，马克思主义哲学研究越来越趋于"冷寂"以至衰落。这种观点看到了某种合理的事实，但又把这种合理的事实融于不合理的理解之中。我不否认哲学研究目前在社会生活中较为冷清，一些人对马克思主义哲学持一种冷漠、疏远的态度。但是，我又不能不指出，这种所谓的马克思主义哲学研究的"冷寂"，实际上是人们对马克思主义哲学本身的一种深刻反思，是对马克思主义哲学"本性"的一种回归。具体地说，国内哲学界通过对现代西方哲学的批判反思，通过对中国传统哲学的批判反思，通过马克思主义哲学的自我批判反思，以及通过对哲学的重新定位，完成了这种回归。在我看来，正是这三个"批判反思"以及"重新定位"，促使中国的马克思主义哲学研究走向成熟。换言之，目前，马克思主义哲学研究的"冷寂"并不意味着马克思主义哲学研究在中国的衰落，相反，它标志着中国马克思主义哲学研究的成熟。

实际上，市场经济与马克思主义哲学的关系并非如同冰炭，不能相溶。没有市场经济也就没有马克思主义哲学，马克思主义哲学本身就是在市场经济的背景下产生的。无论是对资本主义市场经济历史性的肯定，还是对资本主义市场经济局限性的批判，马克思主义哲学都为社会主义市场经济的实践提供了理论支撑。随着社会主义市场经济实践的不断深化和拓展，我们真正理解了市场经济不仅是资源配置的现代形式，而且是人的生存的现代方式；真正理解了市场经济是以"物的依赖性"为基础的"人的独立性"的时代，从而深刻地理解了在市场经济中人与人的关系何以转化为物与物的关系；真正理解了市场经济是从"人的依赖性"向"人的自由个性"过渡的时代，从而深刻地理解了"以所有人的富裕为目的"（马克思）、实现每个人的全面而自由发展的重要性；真正理解了社会主义公有制以及"重建个人所有制"（马克思）的重要性，从而深刻地理解了人"成为自己的社会结合的主人""成为自然界的主人""成为自身的主人——自由的人"（恩格斯）的真实含义……随着社会主义市场经济实践的不断深化和拓展，一个"鲜活"的马克思正在向我们走来，马克思主义哲学不是离我们越来越远，而是越来越近了。马克思仍然"活"着，并与我们同行。

当然，马克思主义哲学没有也不可能包含关于当代中国问题的现成答案。自诩为包含一切问题答案的学说，只能是神学，而不可能是科学或哲学。历史已经证明，凡是以包罗万象、无所不知、无所不能自诩的思想体系，如同希图万世一系的封建王朝一样，无一不走向没落。"马克思主义是我们这个时代'必要的'哲学。它为我们生活的历史和社会难题提供了至关重要的见解。这并不意味着，马克思主义为我们的历史难题提供了全能的解释，就跟柏拉图无法回答存在和认识的所有问题，以及弗洛伊德无法解释潜意识思维所有过程一样。能够带来启发但并不是无所不能，它只不过是看得更长远一些，理解得更深刻一些而已。这正是马克思及其后继的马克思主义学者们的著作能帮助我们的事情。"海尔布隆纳的这一观点正确而深刻。我们应当明白，马克思是普罗米修斯，而不是"上帝"；马克思主义是科学，而不是启示录；马克思主义哲学是方法，而不是教义。正如恩格斯所说："马克思的整个世界观不是教义，而是方法。它提供的不是现成的教条，而是进一步研究的出发点和供这种研究使用的方法。"卢卡奇甚至认为，即使"放弃马克思的所有全部论点"，但只要坚持，"发展、扩大和深化"了马克思主义的方法，就仍然是"正统"的马克思主义者，因为"马克思主义问题中的正统仅仅是指方法"。马克思主义哲学是科学的世界观和方法论的高度统一。我们只能按照马克思主义哲学的"本性"期待它做它所能做的事，而不能要求它做它不能做或做不到的事。

实际上，早在马克思主义哲学创立之初，马克思就以其远见卓识"告诫"后辈马克思主义者：马克思主义哲学"是从对人类历史发展的考察中抽象出来的最一般的结果的概括。这些抽象本身离开了现实的历史就没有任何价值。它们只能对整理历史资料提供某些方便，指出历史资料的各个层次的顺序。但是这些抽象与哲学不同，它们绝不提供可以适用于各个历史时代的药方或公式。相反，只是在人们着手考察和整理资料——不管是有关过去时代的还是有关当代的资料——的时候，在实际阐述资料的时候，困难才开始出现。这些困难的排除受到种种前提的制约，这些前提在这里是根本不可能提供出来的，而只能从对每个时代的个人的现实生活过程和活动的研究中产生"。因此，我们必须立足当代的"现实生活过程和活动"坚持和发展马克思主义哲学。这种坚持和发展包括学理上的坚持和发展。

正因为如此，受中国人民大学出版社的委托，我主编了《当代马克思主义哲学研究文库》。首批列入《当代马克思主义哲学研究文库》的20部著作分别从哲学观、哲学史、理论前提、理论形态、存在论、唯物主义形态、辩证法基础，以及经济哲学、政治哲学、道德哲学、历史哲学、社会发展理论等方面深入而较为全面地研究了马克思主义哲学，向我们展示了一幅色彩斑斓的思想史画面。

从这些著作的作者来看，他们分别来自北京大学、中国人民大学、北京师范大学、南开大学、吉林大学、复旦大学、同济大学、南京大学、华中科技大学、武汉大学、浙江大学、山东大学等。这是一个特殊的学术群体。其中，一部分作者出生在20世纪50年代，他们经历了共和国的风风雨雨，尔后在70年代末那个"解冻"的年代走进大学校园，其学术生涯几乎是与改革开放同步的；之前，他们曾被驱赶到生活的底层，其身受磨难的程度、精神煎熬的强度、自我反省的深度，是任何一代大学生都未曾经历过的。正是这段特殊的经历，使这些作者对马克思主义哲学有了深刻的体认。另一部分作者出生在 20 世纪 60—70 年代，成长于改革开放时期，正是改革开放，使这一部分作者的学术生涯一开始就"睁眼看世界"，形成了宽广的理论视野、合理的知识结构，从而对马克思主义哲学有了独特的体认。

从这些著作的内容来看，它们分别涉及马克思主义哲学的本体论、辩证法、历史观、实践论、认识论以及马克思主义哲学史，包括西方马克思主义。这些著作或者对已经成为"常识"的马克思主义哲学的基本观点讲出新内容，从而赋予其深刻的当代含义；或者深入挖掘本来是马克思主义哲学的基本观点，但由于种种原因，未被现行的哲学教科书涉及或重视的观点，从而"发现"马克思；或者深入分析、系统论证马克思有所论述，但又未充分展开、详尽论证，同时又深度契合着当代重大问题的观点，使其上升为马克思主义哲学的基本观点，从而"发展"马克思。

马克思主义哲学是由马克思创立的，但马克思主义哲学并非仅仅属于马克思。实际上，马克思主义哲学是由马克思所创立、为他的后继者所发展的关于无产阶级和人类解放的学说。所以，列宁提出了"马克思的哲学"和"马克思主义哲学"这两个概念。我们不能以教条主义的态度对待马克思主义哲学，认为只有马克思所阐述的哲学思想才是马克思主义哲学。按照这种标准，马克思主义哲学就必然终止于 1883 年；同时，我们又不能以虚无主义的态度对待作为马克思主义哲学主要创始人马克思的哲学思想，奉行没有马克思的马克思主义哲学。"马克思主义是马克思的观点和学说的体系"。列宁的这一定义表明，离开了马克思主义的马克思，是虚构的马克思；离开了马克思的马克思主义，同样是虚构的马克思主义。坚持和发展马克思主义哲学，首先就要准确理解和把握马克思主义哲学主要创始人马克思的哲学思想。

在我看来，这些著作既无压倒千古大师的虚骄之气，也无自我否定的卑贱之心，相反，这些著作是作者们上下求索、深刻反思的结果，是他们哲学研究的心灵写照和诚实记录，展示出一种广博的科学知识和高超的哲学智慧，有着惊人的理论深度和足够的思想容量。从中，我们可以看到，中国的马克思主义哲学研究是"在希望的田野上"。

我并不认为这些著作完全恢复了马克思主义哲学的"本来面目",这些解释完全符合马克思主义哲学的文本,因为我深知解释学的合理性,深知这些著作受到作者本人的人生经历、知识结构、哲学修养以及价值观念,即"理解的前结构"的制约。中国有句古诗:"春潮带雨晚来急,野渡无人舟自横"(韦应物),表面上说的是"无人",实际上是"有人",至少春潮、急雨、野渡、孤舟的画面体现了人对物、主体对客体的感受。因此,《当代马克思主义哲学研究文库》中的著作既反映了作者对马克思主义哲学文本的忠实,又体现出作者研究马克思主义哲学的不同视域和不同方法,并凝聚着作者的特定感受和思维个性。

当然,我注意到,人们对马克思主义哲学的认识并非一致,而且存在着较大的分歧和争论。从历史上看,一个伟大的哲学家逝世之后,对他的学说产生分歧和争论,并不罕见。但是,像马克思主义哲学这样在世界范围内进行如此持久的研究,产生如此重大的分歧,却是罕见的。而且,马克思离我们的时代越远,对他的认识的分歧也就越大,就像行人远去,越远越难以辨认一样。美国社会学家米尔斯由此认为,"正如大多数复杂的思想家一样,马克思并没有得到人们统一的认识。我们根据他在不同发展阶段写出的书籍、小册子、论文和书信对他的著述做出什么样的说明,取决于我们自己的观点,因此,这些说明中的任何一种都不能代表'真正的马克思'"。

米尔斯所描述的问题是真实的,但他对问题的回答却是错误的,即不存在一个客观意义上的、真正的马克思,存在的只是不同的人所理解的不同的马克思。有人据此把马克思与哈姆雷特进行类比,认为犹如一千个观众的眼中有一千个哈姆雷特一样,一千个读者心中有一千个马克思,不存在一个"本来如此"的马克思主义。在我看来,这是一个似是而非、"不靠谱"的类比和说法。问题的关键就在于,哈姆雷特是莎士比亚塑造的艺术形象,马克思主义是由马克思创立的科学理论;艺术形象可以有不同的解读,而科学理论揭示的是客观规律,这种认识正确与否要靠实践检验,而不是依赖认识主体的解读。实际上,即使是艺术形象,也不能过度解读。合理的解读总是有"底线"的。例如,同一首萨拉萨蒂创作的小提琴曲《流浪者之歌》,德国小提琴演奏家穆特把它诠释成悲伤、悲凉、悲戚,美国小提琴演奏家弗雷德里曼把它诠释成悲愤、悲壮、悲怆,但无论是悲伤、悲凉、悲戚,还是悲愤、悲壮、悲怆，都具有"悲"的内涵，而没有"喜"的意蕴。

从认识论的角度看，对马克思主义哲学认识的分歧，是由认识者生活的历史环境和"理解的前结构"决定的。人们总是生活在特定的历史环境中，并在特定的意识形态氛围中进行认识活动的。问题就在于，历史环境的不可复制性，历史进程的不可逆转性，历史事件的不可重复性，使认识者不可能完全"回到"被认识者生活的特定的历史环境，不可能完全"设身处地"地从被认识者的角度去理解他的文本，因而也就不可能完全恢复和再现被认识者思想的"本来面目"。特定的历史环境和"理解的前结构"支配着理解的维度、深度和广度，即使是最没"定见"的认识者也不可能"毫无偏见"。人的认识永远是具体的、历史的，不可能超出认识者的历史环境，必然受到认识者的"理解的前结构"的制约。

但是，我们又能够通过"自我批判"达到对事物的"客观的理解"。"基督教只有在它的自我批判在一定程度上，可说是在可能范围内完成时，才有助于对早期神话作客观的理解。同样，资产阶级经济学只有在资产阶级社会的自我批判已经开始时，才能理解封建的、古代的和东方的经济。"马克思的这一观点具有普遍意义，同样适合哲学史、马克思主义哲学史研究。具体地说，我们能够站在当代实践、科学和哲学本身发展的基础上，通过"自我批判"，通过对马克思主义哲学产生的历史背景的考察，通过对马克思主义哲学文本的分析，通过对马克思主义哲学历史的梳理，使作为认识者的我们的视域和作为被认识者的马克思的视域融合起来，不断走向马克思，走进马克思哲学的深处，从而对马克思的哲学做出"客观的理解"，即准确理解和把握"真正的马克思"，准确理解和把握马克思主义哲学的本真精神、本质特征和理论体系，准确理解和把握"本来如此"的马克思主义哲学。这正是《当代马克思主义哲学研究文库》所追求的理论目标和理论境界。

我注意到，收入《当代马克思主义哲学研究文库》的这些著作的观点并非一致，甚至存在着这样或那样的错误。问题在于，"不犯错误的人没有"（邓小平）。科学研究更是如此。"科学的历史，正如所有人类的观念史一样，是一部不可靠的猜测的历史，是一部错误的历史。"（波普尔）因此，我们应当"从错误中学习"。只有当我们从对错误的"错误"理解中摆脱出来，只有当错误不再成为我们的思想包袱的时候，我

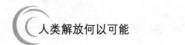

们才能少犯错误，才能在求索真理的过程中发现更多的真理。在今后的研究中，我们将不断地修正错误，从而使《当代马克思主义哲学研究文库》不断完善。但是，我们永远也不可能达到完善。在我看来，追求完善，这是学者应有的品格；要求完善，则是对学者的刻薄。实际上，这是一种形而上学的要求。"一切发展中的事物都是不完善的，而发展只有在死亡时才结束。"（马克思）因此，向学者以至任何人要求完善，实际上是向他索取生命。

杨耕

2021 年 7 月于北京世纪城

目　录

导　言

　　古希腊哲学家普罗泰戈拉提出"人是万物的尺度"，开启了关注人的先河，尔后在人类思想漫长的发展历程中，"自由"与"解放"构成一切关于人的学说的最核心的关键词，也是人类孜孜追求的崇高理想。18世纪之后，启蒙理性主义、空想社会主义和德国古典哲学等，先后以其独特的理论视角和论证方式将自由与解放交融于学理之中，尤其是德国古典哲学赋予人的自由新的内涵，对理性与自由的研究达到历史性的高度，推至形而上学的巅峰。遗憾的是，理论前提的唯心根基、自由主体的抽象思辨和实现方式的不彻底性，德国古典哲学在形而上学思维的长期影响下所悬设的世界是超感官的，并以此为支点规定人与世界的同一性，结果导致了人们对现实分裂世界的不满与反抗，最终致使人的自由沦陷在乌托邦的幻想和泡影中。

　　从问题域转换的意义来看，如果说德国古典哲学的轴心问题是"自由"，那么马克思哲学的轴心问题则是"解放"。德国古典哲学聚焦于人的意识、精神和主客体之间关系的讨论，并没有在实际意义上超出哲学对人的自由这个特殊领域的探索。尽管马克思哲学在根本立场上与德国古典哲学划开了具有本质意义的界限，但马克思并不拒斥对自由的追问。马克思对人的理解是他全部理论的基础，他从抽象到具体，最终达到其追寻的人类解放和每个人的自由全面发展。马克思在致力于追寻人的自由的基础上，揭示了人类深层的终极追求在于解放。他以现实的人的生存方式为根基和载体叙述人的存在与发展理论，体现了其解放理论成为与人的生命实践融为一体的哲学境界。人类的解放与自由有其自身的辩证法和历史尺度，是历史性生成的过程，自由作为人类追求的目标，与人类解放的状态具有一致性。

与德国哲学家不同，马克思站在巨人的肩膀上重新复归人的本质，迈出了人类解放史上里程碑式的一步。他以辩证唯物主义和历史唯物主义为其革命性变革的武器，站在历史的制高点审视和把握人类解放的重大意义，创造性地构建人类解放理论，以人类解放的必然性纠偏和规避一切易于误入虚无缥缈的可能，将其解放哲学的震慑力及对现实深入的关怀融入深度透视社会问题和深化实践探索之中。马克思的人类解放理论可系统化地上升为一种解放哲学，即以解放为轴心的哲学。这种解放哲学中的"解放"是指人类不断消灭现存状况、实现人的自由全面发展的现实运动，是人类在经由政治解放、经济解放、劳动解放和文化解放所创造的社会物质精神条件下，把握与超越外部自然限度，并通过全面颠覆资本逻辑，消除私有制，以"自由人联合体"取代市民社会体系和国家，推动人生活于其中的现实世界从蒙昧向文明、从低级到高级、从线性到多维的跃升，表达了人的解放的多样可能性具备的现实转化意义，从而建立起共产主义社会的实践过程和历史状态。

人类解放无论是作为一种历史运动过程，还是作为一种历史状态，都以人的自由全面发展为归宿。在马克思的文本中，解放的内容和主体均具有双重性：既是具体领域的解放概念（human emancipation），又是具有综合性的解放概念（emancipation of humankind），个体与类实现了历史的统一。在《1857—1858年经济学手稿》中，马克思提出人的发展的"三形态"说：将人对人的依赖关系占统治地位的阶段称为第一形态，将以物的依赖性为基础的人的独立性阶段称为第二形态，而人的自由全面发展阶段则为第三形态。在前两大形态的基础上，马克思分析了作为人类解放目标的个体（马克思历史唯物主义的起点是有生命的个体，他把个体看作历史产生和发展的原因，个体自我意识和自由价值原则的确立是在前两大形态中迫切需要攻克的难题，蕴含在现实的个人的解放运动中。从政治哲学角度进行理解，马克思始终以个人为主体或主词，他批判资本主义社会的根本缺陷在于资本主义社会使个人丧失了价值主体的地位并沦为物的奴隶），这同时也是马克思人的发展三形态中第三形态在人类意义上的个体，由此实现了个体与作为类的人的历史性关联。"自由人联合体"将成为人类历史上真正自由的人群，人能够超越以阶级对立形式存在的国家，而处于社会管理机构中从事满足自身本真需要的劳动活动，并将自身当作普遍和无限发展的"类"来对待而体现"类"特性，从自身中产生出内在的丰富性。个体在集体中将获取现实的幸福，追求个体利益以及必要的个体化成为人丰富和实现"内在性"的重要方面。人是与自然、社会、自身发生联系的类存在物，类存在的本质是自由的生命活动，人的生活首先是社会生产生活，人的基本实践活动形式之一表现为物质生产的劳动活动，人总在面对自然、社会、自身时提出"存在为何"的问题，随着社会实践的推进，人需要从孤立的个体中走向社会性的共同生活领域。人的类生命的绽放、类存在的本质只有在共同体中才能完成，个体的成长史是类的演进史的再现，追求类的整体利益、价值以及必要的类化，也是丰富和实现人的"内在性"的重要方面。自古以来的哲学（包括马克思哲学）都是普遍的，哲学的基本问题是普遍的，解释基本问题的理论也是普遍性理论。马克思哲学是"时代精神的精华"，它是在更高的层次、更长远的意义上关心人类及其社会发展规律。但无论是个体还是"类"，马克思都主张用生活实践来解释个体或"类"的思想与认识。马克思旨在从具体的生活实践出发解读人与世界的关系，省思人的理论创造和价值理想。思想来自生活实践，思想是关于生活实践的思想。马克思强调，人的解放是社会生产的历史性结果。人是"类"与个体的统一体，我们对社会历史发展进程的研究，既应当关注作为社会历史活动主体的个体，把握个人力量的发展趋势及发展史，也应当关注作为整体的人类如何发展，应该追求个体与"类"的二重属性或形态的协同。单纯的个体本位主义与单纯的类本位主义都是形而上学的思维。整体的人的发展指向对"物的依赖性"及其历史局限的超越，使人逐渐挣脱自然物役性和经济发展必然性的控制，并在彰显人的本质力量的实践中促进自我意识和契合自身生存需要的思维觉醒。马克思对"现实的人"的理解，既与旧唯物主义从自然、生物学角度出发来理解人具有本质区别，又与唯心主义纯粹从思辨角度理解人彻底划清了界限。

国内外关于人类解放的相关研究旁涉极广。在国内，关涉马克思人类解放理论的研究主要在人学、政治哲学等领域。在人学框架中对人的本质与异化、人的个性与主体性、人的现代化与发展，以及马克思主义与人道主义、人本主义之关系等问题的探讨，从根本上说都是围绕"人类解放"这一历史主题展开的。在政治哲学中，学界对市民社会、自由、民主、正义等价值理念及政治解放等问题的研究，也关联到马克思人类解放的主题。在国外，革命家列宁及西方学者卢卡奇、葛兰西、布洛赫、马尔库塞、哈贝马斯、福柯、德里达、拉克劳、墨菲、列斐伏尔、鲍德里亚、芬伯格和齐泽克等，都或多或少地涉及马克思人类解放的主题。他们站在各自理论立场对马克思人类解放理论进行了不同视角的阐释，并在马克思人类解放崇高理想的"观照"下，提出了基于不同理论前提的"另类"人类解放观，例如：葛兰西在文化领导权理论中，揭示了把人从原始自发的"常识"状态中解放出来并提升到"健全的见识"阶段的解放观，以及形成"历史集团"的大众解放观；德里达在"异延"中对马克思的解放精神进行解构；后马克思主义的代表拉克劳和墨菲的激进多元民主理论，试图为社会主义解放寻找一条新的出路；等等。此类研究虽然在拓展马克思人类解放理论的同时也存在尚需辩证审视的相关问题，但其不仅展现了马克思人类解放理论博大精深的理论空间，也折射出人类解放作为恒久弥新的时代主题的重大意义，从而使得寻求马克思人类解放理论存在的合法性根据及现实意义的理论任务显得更加迫切和艰巨。

哲学命题从"是什么"进一步转变为"何以可能"，这意味着哲学史上从理论哲学向实践哲学的根本性转变和历史性突破，这也正是马克思破除传统哲学问题范式的抽象性，从现实的人出发，以人类解放理论为指导推进人类解放事业而被誉为伟大的哲学家、革命家的卓越贡献所在。马克思实践性的解放哲学，超越了理论哲学的边界。他将解放的实践观点视为一切理论的基础和出发点，为世界存在的物质第一性观点提供了科学合理的根据。由此，实践这一证成人的存在的本体论范畴向化解人的思维与存在矛盾关系的方法论范畴转换。马克思的解放哲学回答了人类解放何以可能的问题，并在具体的历史的时代境遇下，为各个国家、地区以至全人类的实践指明了前进方向。

每一个国家的发展都是不断解放的实践过程。苏联社会主义作为一种"现实的社会主义"模式，在取得举世瞩目的辉煌成果的同时，在理论上和实践上的崩溃也使得马克思人类解放理论遭受了巨大的非议和诋毁，但这并不意味着马克思人类解放理论的失败。在苏联模式的社会主义实践中，马克思人类解放理论所阐述的一些基本原理并没有得到正确的理解和切实的遵循，其所论述的人类解放理论的实践基点以及对现存世界的批判方法遭到遗弃，取而代之的是将马克思主义实用化、庸俗化和简单化的错误倾向。从历史的、辩证的角度察看苏联模式的失败，更有力地证明了马克思人类解放理论的科学性。事实上，苏联模式的失败虽然使其解放和发展实践中存在的自我矛盾被暴露，但却没有损害到马克思人类解放理论的实践根本，更没有使人类解放的理想从此消失。重新领会马克思人类解放理论，寻求实现人类解放的现实途径，依然是向往共产主义世界的人们孜孜不倦的奋斗动力。在中国语境下，中国共产党人立足本国国情，在革命、建设和改革的历史实践中创造性地开辟了实现马克思人类解放理论的全新方式，尤其近年来中国特色社会主义道路这一现实化发展的马克思人类解放理论，不仅拓展了马克思人类解放理论的学术空间，而且在引领中国实践中逐渐凸显其理论普照之光的巨大成就，充分展现了马克思解放哲学的理论魅力和实践爆发力。中国特色社会主义道路，既坚持共产主义这一最高价值目标，将其作为改造社会现实的根本尺度，又辩证地看待最高理想与当前现实之间的差距，密切关注和把握现实生活世界的变化发展趋势，稳健地采取合理性和合目的性的建设方略，将中华民族累积的思想结晶和外来文明优秀成果运用于现实的社会改革、发展与建设的实践中，通过具体的现实实践活动不断实现人的本质的现实生成。人类社会的发展作为自然历史过程，既不会因为资本主义在世界历史上的确立而宣告结束，也不会因为苏联模式社会主义的失败而宣告"历史的终结"，而是必将沿着世界历史的发展方向，毅然决然地走向人类解放的新境界。

马克思人类解放终极追求的空间视域并非局限于某一国家、某一民族抑或某一阶级的解放，而是以世界眼光关注全人类的问题，希冀联合世界人民，实现真正意义上的人类总体解放。人类总体解放是全人类对象化活动的历史过程与结果，只有将解放的历史内容还复于全人类，才能实现解放的实践价值与现实历史的统一。而在全球化进程飞速发展的今天，现代文明融合了世界范围的政治、经济、文化等错综复杂的因素，现代性已然是一种世界现象。这种前所未有的现代解放纵然积极效应十分显著，但现代性所带来的灾难同样昭然若揭，直接制约着人类解放的进程，甚至在某种意义上使人类沦落到无家可归的世界之中，更谈何解放？

世界上的一些国家、组织或团体，在政界、商界、学界等各大领域中，或许并没有在真正意义上完全将推进全人类解放和发展视为其目的。某些强国打着和平正义的旗号，以人类解放为幌子，进行所谓的维护至高人权、谴责人道问题、打击非正义等，但华丽的外衣之下是赤裸裸的国家根本利益，这是国际竞争的生存之道，也是全人类解放"痛心疾首"之处。人类的智慧应当用在自身的发展上，而不是用在战争、核武器、原子弹等军备投入上，不是以各种方式维护局部的国家利益来威胁其他国家。在人意识到自身发展之本质需要的历史语境中，现实的个人能够通过感性实践摆脱自然的约束和狭隘社会分工的奴役，在普遍交往中确证自身主体性的历史地位；否则人类将终结于其内部争斗的自我消耗之中，而不是共同发展寻求解放之中。

在马克思人类解放的境界和高度上反观人类发展问题，一个成熟的民族势必以全人类的角度谈论发展，正视我们之所"是"和我们之所"在"，直面人类的狂妄自大和自我狭隘，以最大限度地发挥全人类智慧的裨益取代功利地追逐现代性步伐、在智慧博弈中维护局部利益，这是世界语境中人类解放的客观要求和必然趋势。悲观主义者往往固守原有的方式，希望轮回到某种传统生活之中而将自由解放的益处丧失殆尽，但人类自身要求解放的内在诉求势不可当，人类本来是在不断超越现实历史的规定中为自身敞开自我超越的空间而生成新的发展需要，并逐渐获取自我价值和实现解放。现代性危机和人类智慧的博弈斗争抑或只是我们走向更完美的自由、更彻底的解放之过程中有待消除的障碍。我们应竭力营造以人类文化文明制高点的全人类解放为信仰、各方平等参与的对话，使得世界成为我们的世界，人类全面解放成为我们共同的事业。

深入探究马克思人类解放理论并阐明其所蕴含的思想境界和独特智慧，既是现实历史实践所激发的理论需要，也是我们这个时代哲学的重要主题之一。马克思人类解放理论提供的不是一种现成、唯一、固定的实践模式，而是历史发展趋势中的必然规律与前进方向。只要将马克思的解放哲学奠基于理想性与现实性相结合的生存论之上，人类解放理论中内蕴的马克思运思理路就能真正成为我们审视现代人的生存状态以及人类社会前途命运的理论指引。在当今世界语境下，马克思解放哲学宏大理论引领实践的强大威力关键在于深度挖掘人类解放何以可能的深层内涵，将人类解放与人类发展的本质性、必然性和可行性转换成新的环境条件下的社会运动力量，使马克思人类解放的理论事业、实践事业焕发于未来解放之路的探索之中，彰显马克思人类解放事业的不泯之光。

上　编

解放理论的文本阐释
——走进马克思的思想深处

第一章　马克思解放理论的激情萌发

伟大的思想不仅根植于传统文化的"沃土"，还需要有思想家自身获得人文情怀的熏陶、深层逻辑的激荡和道德理性的力量支撑。马克思人类解放理论便是如此，它既建立在马克思自身丰富的知识素养和积累之上，又充分扬弃了前人的思想。前人的精神智慧构成了马克思人类解放理论的深层背景，为马克思深入思索人类解放的问题提供了基本的思想驱动和理论营养，这使得马克思人类解放理论扎根于更坚实和更具高度的历史基地之上。

在马克思早期思想碰撞的火花中，浪漫主义、自我意识哲学和人道主义思潮为我们展示了马克思思想形成史上的另一幅景象。这些思想与思潮在马克思看来都是可以被汲取和革新的思想酵素，在马克思的理论探究中产生了相互交织、多维阐释的反应，呈现了马克思在众多思想宝库中兼收并蓄、不断前行的图景。在这一图景中，浪漫主义、自我意识哲学和人道主义思潮成为主角，它们给予马克思思想浓厚的熏陶，构成马克思人类解放理论的浓郁思想底蕴。浪漫主义、自我意识哲学和人道主义思潮中遗留的问题为马克思探索解放思想提供了直接的理论素材，在马克思思想根基中占据了重要的地位。我们要真正"回到马克思"，把握马克思思想的核心主题与根本价值诉求——人类解放，就应该深入探究浪漫主义、自我意识哲学和人道主义思潮是如何影响马克思的，揭示影响因素与马克思思想发展的关联性，澄清影响因素本身思想内蕴的表述、生成逻辑、核心特征等内容，深刻准确定位影响因素在马克思阐释人类解放理论中所发挥作用的程度。

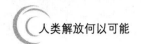

第一节　浪漫主义的熏陶

马克思在青年时期深受浪漫主义的熏陶，浪漫主义一度左右着他的生活和思维方式，已然扎根于马克思的哲学王国之中，并存留下不可磨灭的印记。马克思的人类解放理论，是马克思探索人的现实生存状态及其未来走向的思想命题，是对他自身生活环境和思维方式演变的现实反思，也同样蕴含浪漫主义的"印迹"。厘清马克思人类解放理论的萌芽与诞生，浪漫主义是难以避开的一道门槛。而近年来国内学界，相对于欧美学界而言，对马克思思想理论来源的研究相对忽视浪漫主义带来的影响与冲击，较少将马克思拉回到浪漫主义思潮的大背景下考察和研究其思想的萌芽，未能充分认识马克思早期存在的浪漫主义情怀对其思想发展的熏陶和感染作用，也就难以还原并把握马克思早期思想生成的内在逻辑与整体面貌。我们有必要秉持正本清源的哲思态度，正视浪漫主义对马克思所带来的灵感触发和思想推动，还原其思想的原貌。

一、从唯心主义到浪漫主义

学生时代的马克思深受黑格尔思想影响，其思想带有浓厚的唯心主义色彩。理性与现实的同一性是黑格尔唯心主义的核心主张，这种同一性受制于理性在世界中历史性运动的必然规律，理性由此成为思维与存在的统一、自我意识与外部世界相一致的内在目的。马克思在博士论文《德谟克利特的自然哲学和伊壁鸠鲁的自然哲学的差别》中，就曾以黑格尔的唯心主义为出发点，将人的意识即精神与理性作为武器，反对宗教、批判神学，与非理性的神学对抗，揭示非理性神学的本质，用理性的哲学分析宗教产生的社会历史根源，并将其作为消灭宗教的现实力量。① 马克思将意识性和思维性的哲学看作现实世界历史的引发者，主

---

① 马克思的博士论文虽然带有浓烈的唯心主义色彩，在实现人的真正自由以及解决现实的德国问题等方面存有局限，但在马克思人类解放理论的形成过程中发挥了重要作用。博士论文作为马克思哲学思考的起点，"奠定了马克思人的全面自由与彻底解放这一哲学主题与价值诉求"[李成旺. 自由的追寻与自我意识哲学的局限：马克思《博士论文》的展开逻辑与思想史定位. 求是学刊，2012（5）：20]。正是在追寻人的全面自由与彻底解放这一哲学主题的驱使下，马克思在理论与现实的深入互动中阐发了其人类解放理论。

张从哲学转向历史而非从历史出发开拓哲学，并在主观性和能动性的层面理解世界，将意识视为能动创造物质世界的主体性力量。马克思认为，神学将彼岸的存在物提升为论证的最终理据，是对理性认识并论证对象活动的阻碍，难以达到对真正哲学的考察；他进而指出神学思维是与真正哲学相违背的非理性论证方式，指责其无法从本体论维度科学地解释有关存在的问题，提出区分神学与哲学的关键在于厘清非理性论述和理性论述的界限，确保哲学在理性的作用下不断转向自身，最终使得世界的历史性运动在哲学的理性审视下不断合理化。马克思曾在其博士论文中指出，"一个本身自由的理论精神变成实践的力量，并且作为一种意志走出阿门塞斯的阴影王国，转而面向那存在于理论精神之外的世俗的现实"，其转变方式"可回溯到一种哲学的内在规定性和世界历史的性质……世界的哲学化同时也就是哲学的世界化，哲学的实现同时也就是它的丧失，哲学在其外部所反对的东西就是它自己内在的缺陷，正是在斗争中它本身陷入了它所反对的错误，而且只有当它陷入这些错误时，它才消除掉这些错误"①。在对哲学、世界和自我意识之关系的阐述中，马克思主张通过自我意识来推动哲学及世界的改造与发展。这种自我意识与"绝对精神"的整体思想体系不同，它只是将体系中的自我意识环节提取出来作为审视存在问题的尺度，侧重于从现实的个别自我意识来考察一般，即将自我意识当成一种理性存在与现实存在的统一体，使哲学在与现实世界的结合中不断扬弃自身缺点而获取新的思想内容。虽然学生时代马克思的思想拥有"扬弃哲学"的批判性新见解，但他仍是在省思自我意识的思维中确立起哲学的研究对象和自我审视的方式，没有超脱自我意识对理性策略的依附，在总体上还处在黑格尔的唯心主义框架内。

给予学生时代的马克思唯物主义启发、推动其向唯物主义迈出第一步的，正是被传统教科书忽视的浪漫主义。虽然马克思后来发现了浪漫派观念的弊端而出现思想上的犹豫和动摇，再次深入到德国唯心主义哲学中寻找答案，并认为德国唯心主义哲学中可能深藏着比德国浪漫派更多的营养，"但德国早期浪漫派对唯心主义哲学的批判仍然给予马克思以重要启发，并成为马克思批判德国唯心主义哲学的第一个思想支点和

---

① 马克思恩格斯全集：第40卷.北京：人民出版社，1982：258.

源泉。它提醒马克思，要去寻找那个富有生命的、感性的、真实的世界，不能把自己的哲学和事业建立在抽象的、僵死的形而上学世界上"①。在德国早期浪漫派的影响下，马克思的著作中饱含了批判现实、憧憬未来等精神诉求，倾注了对人们现实生活困境的同情与追求美好生活理想的情感基调，并在浪漫主义"精神反讽"方法的作用下，认识到寻求统一理性与现实的中介的重要性。

浪漫主义兴起于18世纪晚期，曾于18世纪末到19世纪初风靡欧洲大陆，其特点在于常常使用瑰丽的辞藻、浮夸的想象来构筑与客观世界针锋相对的空间，并以此批判、针砭现实；它以诗歌的形式，道出了哲学的意蕴，其所追求的诗化世界，实则是对当时社会的另一种开解。浪漫主义倡导彰显人的主观性色彩，强调充分抒发人的情感和个性，将自身主观意愿寄托于诗歌之上，并希望依托诗歌的形式来构建充满爱的诗化世界。浪漫主义思潮中的世界呈现为与现实资本主义相对的理想形式，浪漫主义对资本主义世界中压抑人性欲望的状况，表达了强烈的不满与讽刺。浪漫主义者迷失在这样的梦幻世界中，现实的压迫和社会的阻碍将不再成为人们所烦恼和顾忌的要素，人们在生活中遭受的苦难和冤屈将消失殆尽，每个人的真实想法和根本诉求都将获得完美实现。浪漫主义通过诗歌、绘画等形式构筑的梦幻世界，是对现实世界存在的暂时性、有限性的揭露。浪漫主义试图表达，资本主义剥削人性所制造的矛盾只是相对的，必将在人性对永恒性、无限性的追求中得以化解。在诗化世界，人们可以自由发展、自觉活动、自律而为。梦幻和虚构的憧憬在浪漫主义者看来真实存在，诗的境地才是他们坚信的现实世界。正如诺瓦利斯坦言，只有诗才称得上实在，"越富有诗意，越真"②。浪漫主义的诗歌在精神层面展开了对资本主义世界的批判，其所倡导的符合自然的生活方式与人性诉求改变了人的思想观念，使得人们在寻求现实方式的过程中越来越致力于走向浪漫的世界。浪漫主义在欧洲社会掀起

---

① 赵锦英，刘森林. 现代性批判：从浪漫主义人论到历史唯物主义人论. 现代哲学，2017（2）：25.

② 刘小枫. 诗化哲学. 上海：华东师范大学出版社，2011：28.

的强劲热潮，影响了诸多文学、哲学巨匠，马克思也在其列。①

马克思的浪漫主义思想情怀主要体现于他对底层民众悲惨生活境况的同情与对社会黑暗现实的抨击。"对启蒙主义、唯心主义持批评态度的浪漫主义，作为马克思读大学时一开始接受的第一种重要当代思潮，对马克思以后的思想发展具有无法抹去的影响。"② 大学时期的马克思对浪漫主义极为沉迷，但浪漫主义真正从本质上深入马克思的思想并对其哲学观的转变产生深刻的影响，显现于博士论文完成之后。当马克思博士论文中所推崇的"思维理性"无法解决反动当局出台的打压言论自由的政令、控制民众行为的现实问题时，他意识到理论与现实之间存在着难以弥合的鸿沟。而浪漫主义所倡导的表达对当下现实的不满与批判的主张，则使马克思认识到关注现实问题的重要性，促使马克思意识到仅仅将批判矛头指向理性追求精神层面的自由的不足，指认这种批判活动难以推动市民社会产生实质性的变革；马克思逐渐挣脱纯粹理想化的理性思辨，放弃原本从事教学工作的计划，转而选择抨击德国封建专制制度，为争取出版自由等现实权利而不懈奋斗。在对浪漫主义的渴望遭遇现实的挫折之后，马克思开始反思思维理性，放弃了大学时期所持的"理想主义"立场，转变了批判现实的方式，以市民社会中普遍存在的非人现象为现实基础，转而投身《莱茵报》，开始着眼于探索社会现实问题的内在动因，承认并强调了理性主义原则对于解释现实物质利益难题的弊端，着手从自然入手分析异化产生的根源，这标志着马克思实现了从唯心主义向浪漫主义的转变，其对现实的理解开始具备唯物主义倾向。浪漫主义的相关哲学思想，对学生时代马克思的哲学观转变所带来的影响已见端倪，它将马克思从思维世界拉回到现实世界，给予了马克思唯物主义思想的启迪，实质性地推动马克思向唯物主义方向迈出了重要一步。在马克思科学社会主义思想的形成中，浪漫主义发挥了重要作用，"彻底的革命"与"全人类的解放"的无产阶级革命目标就是要实现一个美好而浪漫的理想，即在对现实异化的讽刺与批判中彰显认识世

---

① 虽然在马克思成长的年代，浪漫主义已经开始从其思潮的巅峰缓缓消退，但正如所有其他经历过文化思潮之后的时代一样，整个欧洲历经了如此盛大的思想洗礼和文化冲击，依然存有浪漫主义的余音及其高潮退却后的思想回荡，而这股余音与思想回荡同样对那一时代的人产生了不可忽视的影响。

② 赵锦英，刘森林. 现代性批判：从浪漫主义人论到历史唯物主义人论. 现代哲学，2017（2）：21.

界、改造世界和实现共产主义的神圣力量。正如荷兰哲学家佛朗兹·赫姆斯特休斯预设了一个理想的王国，在马克思的学说里"也有一个黄金时代，在其中，集体的人类摆脱了各种幻象和以这些幻象为症状的奴役，并将永远幸福"①。马克思构建的"消灭现存状况"的共产主义可以被称为"浪漫"的、"唯独有此雄心的浪漫主义者才能以巨大的哲学或科学体系描绘出史诗般的人类进程"②。浪漫主义思想情怀显示了马克思在清醒认识现实困境的情况下，始终保持克服异化、继续前进的革命热情和使命感。

二、在浪漫主义熏陶下成长

马克思的人类解放思想，并非只是得益于康德、黑格尔、费尔巴哈等哲学家的思想启迪，也并非只是对英国政治经济学或英法空想社会主义的继承与拓展，而是受到多重理论因素的共同影响，这些理论因素使其阅历累积增加凝练成思想。在这一历程的始端，也即是马克思的青少年时期，浪漫主义所给予马克思的思想熏陶、牵引和启示，深深地影响了马克思思想脉络的延伸：浪漫主义对现实社会困境的反映和揭露拓展了马克思的理论思维，加速了马克思对社会异化和实现人的自由全面发展问题的思考，以及对共产主义作为浪漫主义最高目标的确认。他开始逐渐显现出追求人类幸福的思想境界，并希望通过诗歌来充分彰显个性的魅力，使人得以从现实的牵绊中挣脱出来，从而实现自我情感和个性的自由与释放的解放旨趣，以使同人的生存问题休戚相关的自由与解放的精神得到充分展现。

马克思成长于一个相对宽松和富裕的家庭，这为培养他良好的文学素养、浓郁的人文情怀营造了优越的环境和氛围，也为他能够在青少年时期就接触和感知浪漫主义埋下了伏笔。1818 年 5 月 5 日，马克思在德国的古老城市特里尔诞生，其父亲亨利希·马克思十分热衷于文学，非常崇拜伏尔泰和卢梭等人，是一位学识渊博、非常有名望的律师。马克思的父亲深受 18 世纪启蒙运动的影响，展现了崇尚自由与解放的人文主义思想。他的深邃思想对马克思缜密细致的逻辑理路、深远宏大的

---

① 以赛亚·伯林. 现实感：观念及其历史研究. 潘荣荣，林茂，译. 南京：译林出版社，2011：216.
② 刘聪. 马克思哲学的浪漫精神及其内在旨趣. 哲学研究，2015 (8)：20.

哲学运思等的培养与形成意义重大，他的宗教观与世界观是青年马克思哲学思想渊源的基本组成部分。而马克思父亲的至交、后来成为马克思岳父的冯·威斯特华伦男爵，也是一个文学修养深厚、十分热爱诗歌并具有强烈人文关怀的人，马克思十分热衷于和他来往，称赞他为"父亲般的朋友"，正是与这位朋友的交谈和思想碰撞，激发了马克思对浪漫主义的热情。成长于如此优良环境中的马克思在文学、人文情怀方面有着较之于同龄人更为突出的积累，其思想萌芽的沃土自然也比其他人更为富饶。据法国杰出的马克思主义思想家拉法格回忆，马克思在童年时期就对莎士比亚、奥维德、歌德、卢梭等人的作品印象深刻且颇受其影响，他称马克思甚至对莎士比亚作品中最微小的角色都非常熟悉。① 文学、诗歌与哲学萦绕于青年马克思的心中，在其心灵中播撒了对诗境和戏剧中英雄人物无限崇拜与深切向往的种子。从马克思少年时写下的一首诗歌《人生》中，可以发现他对人生短暂的感叹以及对保障民众自由的理想社会的憧憬。

中学时期所受的教诲和熏陶，使马克思在年少时就确立了宏伟志向，但年少时的理想和志向，毕竟还未面临现实的考证和检验，或多或少地隐含着浪漫主义的倾向。12 岁之前，马克思基本都是在家中接受教育，12 岁开始就读于特里尔中学。马克思的历史老师胡果·维滕巴赫是当时特里尔中学的校长，德国诗人歌德对他甚是赞赏，并将他视为"康德哲学专家"②。以维滕巴赫为代表，特里尔中学有一批认同启蒙、宣扬理性、科学、进步，反对愚昧专制的进步知识分子。在特里尔中学学习期间，马克思不仅学得了科学知识，而且进一步受到启蒙思想与浪漫主义的熏陶。马克思中学时期哲学观念的核心主张集中形成于其在家庭教育中接触的古典人文思想，加上同期父亲和威斯特华伦给予的思想教育，年轻的马克思已经开始把关切的目光投注到周围贫苦大众身上，始终对浪漫主义阐释的社会现实抱有敬畏之心并保持密切关注。贫苦大众的悲惨遭遇，时常激起马克思无限的义愤和深深的同情。在这些因素

---

① 保尔·拉法格. 回忆马克思恩格斯. 马集，译. 北京：人民出版社，1973：4.

② "学校有影响的人士主要是校长胡果·维滕巴赫，他是马克思的历史老师，也是马克思家庭的朋友。歌德对他颇有好感，说他是'康德哲学专家'。"（戴维·麦克莱伦. 卡尔·马克思传. 王珍，译. 北京：中国人民大学出版社，2016：8）其中关于"康德哲学专家"的评价，戴维·麦克莱伦转引自 J. Goethe. Die campagne des frankreichs. 25 Oct. 1792.

的共同作用下，少年时期的马克思萌发了崇高的、非凡的志向，他在《青年在选择职业时的考虑》一文中，就立志选择最能为人类幸福而劳动的职业，他坚信，"我们的幸福将属于千百万人，我们的事业将默默地、但是永恒发挥作用地存在下去，而面对我们的骨灰，高尚的人们将洒下热泪"①。年轻时期的马克思就已确立做人间"普罗米修斯"的救世理想，立志为人类的幸福而努力奋斗并且不吝献身。然而，这诗意般的梦想，就如维滕巴赫对这篇文章所做的批改一样，"过分追求非常精致的形象表达"②，缺乏现实感。在浪漫主义思想的促动下，马克思从精神和感性层面展开的对资本主义的批判活动难以从根本上改变现状。后来，尽管马克思走出了特里尔，但这里永远是他的故乡，"马克思毕生探究和追求的超越资本主义的自由、公正、平等和正义，都源自特里尔传统的浸润和培育"③。他对资本主义异化现实的揭示与批判，很大程度上得益于对浪漫主义的继承与发展。他将人类解放的问题置于历史活动之中，并在此基础上唤醒人们去追求自由全面发展的美好愿景。

直到进入大学，马克思才在真正意义上与浪漫主义接触，并萌发出对浪漫主义的青睐。1835 年，马克思听从父亲的安排，来到波恩大学研习法律。波恩大学是莱茵地区的思想中心，其政治生活在各种镇压反政府的运动中趋向平淡，人们甚少谈论政治话题，而更关心人文和艺术的发展与传播，浪漫主义是这所大学所充斥的主流思想。在具有如此浓郁浪漫主义气息的地方学习，马克思的脑海中无疑会留下浪漫主义的深深烙印。在波恩学习的一年中，马克思越来越对浪漫主义青睐有加、推崇备至，表达了对诗歌、文学的热忱，在给家人的书信中常常会附上自己创作的文学作品。他不仅接触到了浪漫派的重要代表人物 A. 施勒格尔，并在学习他的两门课程"荷马研究诸问题"与"普罗佩提乌斯的挽歌"中为其浪漫主义思想所引导和启蒙；马克思还参加了一个拥有德国浪漫派诗人埃马努尔·盖贝尔和未来"真正的"社会主义代表人物卡尔·格律恩的诗社，并创作了不少诗歌，诗歌成为马克思宣泄内心情感的门窗，既表达了对德国传统浪漫主义思潮的情感态度，又表达了对隐

---

① 马克思恩格斯全集：第 40 卷. 北京：人民出版社，1982：7.

② 戴维·麦克莱伦. 卡尔·马克思传. 王珍，译. 北京：中国人民大学出版社，2016：12.

③ 聂锦芳. 马克思思想的起源及对其一生的影响. 社会科学辑刊，2017（3）：33.

藏在浪漫性维度中的远离政治话题和现实生活的境况的疑问。在紧张的学习中还能以如此悠闲的方式生活，足见马克思心中的浪漫主义情怀逐渐放大，浪漫主义俨然已经开始深入影响他的生活和情感。

但马克思的父亲认为其在波恩大学的生活有些放荡无为，全然与初衷相左。他肯定马克思在文学创作上的天赋，但对马克思可能满足于成为平庸的诗人表示担忧，认为马克思把学习的重心放在社交上是对自身发展的肆意忽视。一年后，马克思的父亲希望儿子慎重交友，要同有"教养的人"交往，同有自信成为未来优秀公民的人交友，避免同"放荡不羁"的人往来，于是将马克思转到了柏林大学就读。柏林大学是德国文化和学术交流的中心，汇聚了一批热衷于学术研究的老师和学生，为当时德国文化的繁荣发展提供了重要的思想环境。马克思十分顺从和体悟父亲的意愿，到柏林后，断绝了从前的一切联系，努力使自己专心致志于科学和艺术，不再沉溺于"放荡无为"的生活，而是选择投身于专业学习和哲学思考之中。但马克思与浪漫主义的关系并没有因此而终结，诗歌带给马克思宣泄情感的快感和激情，使马克思难以忘怀，更令马克思无法释怀的是诗歌所构筑的诗化世界，以至于马克思在柏林大学求学的间歇还不忘回味、阅读和创作诗歌，不忘对诗歌保持一贯的热情。他曾与浪漫主义诗人海涅来往紧密，十分痴迷甚至彻夜未眠地拜读海涅的诗歌作品。而浪漫主义真正触发马克思的灵感，使其疯狂创作浪漫主义诗歌则是受到追求燕妮一事的推动。马克思经常性地以诗歌为媒介表达对燕妮的爱意，虽然追求的过程历经曲折，但最终还是成功获得后来成为他妻子的燕妮的芳心，这使得他对浪漫主义的兴趣愈加浓烈，创作诗歌的热情也逐渐增强，思想的火花在此刻不断涌现和迸放，理想主义与浪漫主义色彩不断渗透在反映现实世界真实生活与情感的文学作品中，其对诗化世界的憧憬和向往持续强烈。在这一过程中，马克思创作了不少抒情诗①，这些抒情诗虽然基本都是马克思用来表达对燕妮的爱慕之情的，但足以显现当时的马克思对浪漫主义的情怀。

通过这些诗歌，我们可以追溯当时马克思与燕妮曲折跌宕的爱情故

---

①　这些诗作有许多现在已经遗失，而保留至今的主要有三本诗集：《爱之书》第一、二部和《歌之书》，其中《爱之书》的第一、二部共收集了34首诗作，《歌之书》收集了23首诗作。（维塞尔.马克思与浪漫派的反讽：论马克思主义神话诗学的本源.陈开华，译.上海：华东师范大学出版社，2008：11）

事，从中察觉马克思在这一过程中的心路历程，隐约反映出浪漫派人物的诗意情怀。马克思对浪漫主义持犹豫不决的态度，难以确定浪漫主义的憧憬是不是自身所向往的理想世界，诗化的虚拟世界是否能够真正满足所追求的现实指向。虽然此时的马克思还与另一位浪漫派代表人物蓓蒂娜·冯·阿尔宁偶有来往，但两人的见面似乎并不愉快，这使得马克思更为质疑要献身于浪漫主义的初衷。尽管他表述的思想与浪漫主义思潮存在深刻的内在一致性，但他考察了主观主义世界观中的非现实性与反科学性，在其浪漫主义思想中浮现了一定理性主义的潜在思维，这显示马克思开始反思与扬弃浪漫主义思想。马克思反思浪漫主义的意义，开始思考现实和应有事物之间的对立。在写给父亲的信中，马克思反省道："一切现实的东西都模糊了，而一切正在模糊的东西都失去了轮廓。"[1] 他剖析自己的文学作品，发现其诗歌中存在自然性不足、情感表达不清晰以及夸大的修辞手法等问题，掩盖了自身真实的思想。面对诗歌中主观理想与客观存在的现实相对立的境况，马克思决定只将创作诗歌作为"附带的事情"，他似乎已经认识到诗歌所构筑的世界不是真实、可触摸、可演变的现实世界。马克思决定静心回归现实，希求能够寻找到与"应有的"境地相区别的"现实的"境地，开始专心致志于攻读原本的法学专业，并遵从兴趣学习哲学，"试图使一种法哲学贯穿整个法的领域"[2]。至此，马克思转换研究领域，诗意生活暂时告一段落，等待他的是一个可以让思维自由游弋的哲学王国，他抓住了"应有"与"现实"相对立的契机，从超脱尘世的浪漫主义领域转向现实的社会去寻求自身理想的根基，并从哲学对现实的异化批判中揭示浪漫主义理想世界的虚假性。然而，遗留在马克思思想深处的浪漫主义并没有消失，并在不同时期潜移默化地发挥不同程度的作用。

回顾马克思在大学及其之前的成长历程可以发现，不论是儿时生长于良好家境，有父亲的教诲和文学的熏陶，有"父亲般的朋友"冯·威斯特华伦与之交流浪漫主义诗歌的影响，还是在中学时就树立了宏伟远大却极富诗意和浪漫主义色彩的志向，或是之后受浪漫主义感染，结交浪漫派代表人物、吸纳浪漫主义诗意情怀、痴迷浪漫主义作品、创作个性张扬且情感饱满的诗歌，马克思似乎都与浪漫主义有着不解的牵绊。

---

① 马克思恩格斯全集：第 47 卷 . 北京：人民出版社，2004：7.
② 同①.

作为马克思思想观点发展的重要理论资源，浪漫主义从最初的诗歌形式的陶冶、到思想的灌输，幻化为马克思成长的沃土，演变为马克思向往的圣境，一路伴随马克思的成长，即使在马克思思想成熟的阶段也并未完全消失，而是以新的内容和形式在马克思思想史的历程中发挥作用。

马克思的人类解放理论正是在浪漫主义的熏陶和感染下得以萌发、展现，它不仅体现于中学时期的《青年在选择职业时的考虑》一文中所强调的"为人类福利而劳动"的宏大志向之中，也内藏于其对浪漫主义的精神崇拜与对诗化世界的无限向往之中，浪漫主义所彰显的就是个体个性的自主自由选择以及在诗化世界中每个人都能自由全面发展的憧憬。马克思认为，对于化解资本主义社会矛盾与开启人类解放的宏伟征程的活动而言，扬弃与超越现实的诉求孕育于浪漫主义对理想世界的勾画，在此背景中现实的批判活动能够合理地展开。正是通过浪漫主义强烈的熏陶与感染，伴随人生经历的不断丰富以及在生活实践中感悟到底层民众的困苦与悲惨，马克思才如此迫切地追寻可以解救万民于水火之中的现实的、可行的真理，并最终创立人类解放理论。

三、思想进程中浪漫主义遗存

马克思早期到底是不是浪漫主义者？对此，学者们各抒己见，答案不尽相同。肯定浪漫主义对马克思思想产生影响的学者认为，马克思的著作中带有浪漫主义意味，其论断具有深刻的浪漫主义因素，"他的早期作品蕴含着浪漫主义的情结与含义。尽管这种因素在他后期的著作中受到了抑制，但是我们不难看出浪漫主义的身影（即使《1844 年经济学哲学手稿》中所论述的异化概念也在《资本论》中演变为更加具有技术性含义的概念）"[1]，这意味着浪漫主义在马克思思想发展过程中以不断变化的形式产生影响。甚至有学者认为，马克思完全称得上是浪漫主义者，"是浪漫主义思想的合法继承人"[2]。持肯定观点的学者赋予了浪漫主义在马克思思想中发挥能动作用的特性。否定浪漫主义对马克思思想产生影响的学者则认为，马克思思想的深处所展现的主要是纯粹科学式的逻辑演变，而非浪漫主义式的情感寄托，"马克思同边沁和詹姆

---

[1]　David Harvey. A Companion to Marx's Capital. London：Verso，2010：115.

[2]　克罗齐. 历史学的理论和历史. 田时纲，译. 北京：中国社会科学出版社，2005：190.

士·穆勒一样，跟浪漫主义丝毫无缘；合乎科学始终是他的目的"①；马克思从未对浪漫主义持完全肯定的立场，且始终保持清醒的批判，因而从来不是一个浪漫主义者。② 持否定观点的学者从科学与目的之关系的角度，认为马克思不具有浪漫主义思想因素的观点是对马克思关于社会存在合规律性和目的性运行方式的坚持，突出了马克思关于现实社会批判的理论关切。

笔者认为，浪漫主义遗存在马克思整个思想进程的始终，它不仅对马克思青少年时期影响深远，而且影响了马克思后期的思想发展进程。无论是他对浪漫主义热忱的直接表达，还是他在转入哲学研究视域时与浪漫主义决裂的姿态，都表明浪漫主义所描画的理想世界及彰显的反讽式否定品格在他的思想中得到了独特呈现。在马克思后期文本的思想理论深处，我们或多或少可以觉察到浪漫主义的存在。正如美国学者维塞尔所言："马克思把诗歌的境像深嵌于'科学'的术语上，以至他的追随者都没有意识到这一点。在我看来，马克思恰恰隐没在他自身浪漫诗情创作的背后。"③ 在马克思的文本和哲学思想中，浪漫主义的身影时有显现，这种显现不仅表露在马克思行文运思的方式方法和表达技巧之中，也蕴含在他所构筑的宏大叙事结构及思想视域之中，更延伸至马克思毕生所追求的伟大目标——人类解放的构设之中。但是，"马克思对德国早期浪漫派的继承，更多是对问题的继承，是对尚未解决的难题的继续求解"④。浪漫主义缔造的抽象理想与现实异化格格不入，寻找异化产生的根源，探索理想与现实统一的路径，既为马克思的现实批判明确了问题域，又构成其哲学研究的历史任务，他以经验现实与完美的形而上存在为对象，开启了对现实的批判与反讽之路。

反讽是浪漫主义的典型特征之一，它不论是作为写作技巧和修辞手法还是作为哲学视角，在马克思的文本中都有印证。修辞学意义上的反讽是指以反对、讽刺的语气进行写作，将所指之物蕴含于文本所表达之表层意思的对立面之中，其实质就在于所言并非所指。浪漫主义的反讽

① 罗素．西方哲学史：下卷．马元德，译．北京：商务印书馆，2015：366.
② 何中华．马克思的历史地ны与浪漫主义．哲学研究，2019（1）：3-16.
③ 维塞尔．马克思与浪漫派的反讽：论马克思主义神话诗学的本源．陈开华，译．上海：华东师范大学出版社，2008：5.
④ 刘森林．切入现实：马克思对德国早期浪漫派的批判与超越．中国社会科学，2015（8）：25.

作为精神和情感运动的模式，旨在通过主题性的无限对有限的否定与超越来促使处于分裂中的"自我"的永恒发展，由此构成哲学内在建构的主要形式。在马克思的文本中，这一修辞手法被频繁使用。例如，马克思在揭露资本主义社会弊端、批判资本主义社会货币使人与人的关系发生异化时就曾写道："货币也是作为这种**起颠倒作用的**力量出现的。它把坚贞变成背叛，把爱变成恨，把恨变成爱，把德行变成恶行，把恶行变成德行，把奴隶变成主人，把主人变成奴隶，把愚蠢变成明智，把明智变成愚蠢。"① 马克思对浪漫主义反讽式手法的使用实际上体现了其对辩证方法的偏爱，因为辩证法是不断否定现状而通向自由的"云梯"。他通过揭示货币在资本主义社会所带来的混乱现象，凸显了资本主义社会的物化、拜物教本质，剖析了资本主义社会的内在矛盾和主要问题，由此获得了社会存在与人的存在的双重意义。《共产党宣言》中"幽灵"的使用也明显展现出马克思对浪漫主义反讽方法的沿用和继承。② 通过对资本主义社会生产方式进行反讽式剖析，马克思合乎逻辑地得出资本主义必然走向共产主义的结论。

作为哲学视角的反讽，更能穿透马克思的诗化迷雾，展示出其对浪漫主义思想的部分扬弃。哲学是反讽的"故乡"，反讽方式是哲学特有的表现形式，早在古希腊时代的哲学视域中，苏格拉底就运用反讽方式使人们认识到个体的伦理观念与公共生活"善"之间的冲突，引导人们协调自身的观念要素结构而与伦理生活的"善"趋向一致。哲学中的反讽方式致力于将人们的思维意识从经验知识层面提升为追求真理的境界。反讽方式在浪漫主义的哲学语境中得到进一步发展。反讽式的哲学作为早期德国浪漫主义哲学的主体内容，被德国浪漫派的代表人物 A. 施勒格尔③继承和演绎，其将修辞学意义上的反讽不断深化、牵引，使之达到了哲学的高度。他认为反讽是自我创造与自我毁灭的交替，包含并激励着一种有限与无限无法解决的冲突，并将哲学视为反讽最真实的

① 马克思恩格斯文集：第 1 卷. 北京：人民出版社，2009：247.

② 关于"反讽"的语言修辞在马克思文本中的具体体现，参见刘军. 反讽与复归：浪漫主义诗歌在马克思思想演进中的作用. 学术研究，2012（12）：32 - 36。

③ 在 1836 年，波恩大学颁发给马克思的学籍表中显示，马克思选修了十门课程，其中有四门课程和浪漫主义有关："罗马和希腊神话""现代艺术史""普罗佩提乌斯的挽歌""荷马研究诸问题"，A. 施勒格尔曾是"普罗佩提乌斯的挽歌"和"荷马研究诸问题"两门课程的授课教师。

故乡。① 注重主体性思维的浪漫主义将反讽视为获取审美感受和意识自由的哲学方式，以此促成理想与现实在实现自由的目标中达成统一。受施勒格尔影响，反讽的哲学也在马克思的思想中深深地扎下根须，这种充满主体性色彩的哲学形式，在经过马克思的重新诠释后，显现在马克思的核心思想之中，并担当了重要角色。但马克思并未将浪漫主义的主体性完全移植到他的哲学体系中，而是将以自我意识为根基的内在主体性批判性地转化为存在于现实世界中的新的主体——无产阶级。② 这个阶级作为反讽的主体，在经历否定之否定的扬弃过程之后，成为能够救赎人类社会的伟大力量。马克思结合现代文明和社会现实对反讽式哲学形态进行了深入探讨，他的思想焦点逐渐集中到"哲学主体如何存在"的根本问题上，无产阶级作为物质生产的基本力量及其与理想生活世界相矛盾的难题浮现出来。"在特殊的情况下，无产阶级也是整体的扬弃，然而，无产阶级却给出了更合时宜的承诺——未来的拯救。无产阶级拥有普遍而神圣的力量，这种力量以其救赎的效力为依据。最重要的是，无产阶级承诺本身具有人的无辜、和解、整体、一（oneness），摆脱了

---

① 施勒格尔. 浪漫派风格：施勒格尔批评文集. 李伯杰，译. 北京：华夏出版社，2005：50 – 57.

② "无产阶级"（proletariat）最初是一个具有负面内涵的概念，专指制造社会动乱、破坏社会安定的不稳定因素，但在马克思、恩格斯的语境中，无产阶级作为人类解放的主体具有推动社会发展的正向作用，其概念内涵也逐渐正面化。尽管马克思、恩格斯肯定无产阶级在推翻资本主义统治中的积极作用，但他们也指出，无产阶级中也存在着一个特殊群体，即"流氓无产阶级"。马克思、恩格斯曾在《共产党宣言》中将"流氓无产阶级"描绘为"旧社会最下层中消极的腐化的部分，他们在一些地方也被无产阶级革命卷到运动里来，但是，由于他们的整个生活状况，他们更甘心于被人收买，去干反动的勾当"（马克思恩格斯文集：第2卷. 北京：人民出版社，2009：42）。通过马克思、恩格斯的描绘不难发现，"流氓无产阶级"具有两大特性：一是消极腐化性，二是摇摆不定性。"流氓无产阶级"的"消极腐化"一方面归结于所处的历史环境，即被资本主义大工业的发展裹挟向前从而被动地成为无产者；另一方面则归结于自身的腐化堕落，既无法忍受现实的贫困与流离失所，又没有勇气团结起来推翻剥削与压迫自身的社会制度。正因如此，当无产阶级的革命运动蓬勃发展之时，部分"流氓无产阶级"看到解放自身的希望也会投入革命运动之中，一旦革命遭遇挫折，他们又会同其他"流氓无产阶级"一起成为阻碍运动发展的破坏性力量。"流氓无产阶级政治立场摇摆不定、阶级意识模糊不清，使得他们无法像无产阶级那样成为一个自觉的革命主体，更无力担负起推翻资产阶级统治、实现人类解放的历史重任"［郭春生，罗涛涛. 马克思主义视域下流氓无产阶级的现代演变. 当代世界社会主义问题，2020（1）：15］，人类解放的实现必须依托于具有坚定的政治立场、彻底的革命性的无产阶级。

现代社会的危险和苦难，摆脱了经验存在本身的危险和苦难。"① 无产阶级是通过生产活动以克服并超越现存物质力量局限的实践主体，只有将无产阶级这一共产主义革命的主体解放出来，才能真正继续完成全人类的解放事业，推动每个人的自由全面发展。马克思哲学的反讽已然从意识的反讽转向实践的现实反讽。他从物质生产和经济事实出发，把批判的矛头指向人类的整个生存状态，指明人类必须依靠彻底的革命实践才能超越现实物质生产局限及其压制人性发展的困境。马克思把人类解放作为终极性价值目标，并探求人类解放现实动力包含的三个维度：理论批判、现实批判与实践批判。理论批判是指扬弃关于人类解放进程中的虚幻理论与观念，祛除意识形态之蔽的过程，通过观念反讽，使理论自身实现超越与发展——"**真理的彼岸世界**消逝以后，**历史的任务**就是确立**此岸世界的真理**"②，从而激发人自我否定与创造的内在力量，实现意识与精神上的自由以及主客体的统一；现实批判就是把"对天国的批判变成对尘世的批判，**对宗教的批判**变成**对法的批判，对神学的批判变成对政治的批判**"③，即立足于现实活动的客观性，以批判现实的存在方式而实现对经济政治领域运行的规定；实践批判是对现存的一切进行辩证扬弃，"使现存世界革命化，实际地反对并改变现存的事物"④，实践批判的过程是实现"人是人的最高本质"的过程，即"哲学的世界化"和"世界的哲学化"的过程。⑤

浪漫主义精神中内含的"还乡"或"复归"情结在马克思的文本中也有体现，并逐渐唤起了马克思人类解放这一核心主题思想。启蒙精神展示的是面向未来的乐观积极的态度和状态，而作为启蒙精神的反对者和批判者，浪漫派则选择了与之相反的道路，将"崇古"作为其精神依托。浪漫主义精神与其创造的理想世界在现实面前遭受波折，使其放弃

① 维塞尔. 马克思与浪漫派的反讽：论马克思主义神话诗学的本源. 陈开华，译. 上海：华东师范大学出版社，2008：251.
② 马克思恩格斯文集：第1卷. 北京：人民出版社，2009：4.
③ 同②.
④ 同②527.
⑤ 李正义. 哲学反讽的实践立场：对马克思哲学的一种解释. 东岳论丛，2017（5）：35 - 39. 马克思之所以十分重视"哲学的世界化"，一方面是其深入研究法学的结果，另一方面则是受到切什考夫斯基和卢格的影响.［周嘉昕. 法、自我意识和国家：重访马克思早期思想中的"黑格尔转向". 现代哲学，2017（4）：9 - 16］

同短暂的、有限的现实进行对抗周旋，转而把希望寄托于"返本"以促使主体自我意识的觉醒，并推进人在现实磨难中生成新的意识，最终在人的精神内部将客体重塑为主体意识。几乎所有的浪漫主义者都怀有复归本源、追寻本根性的"崇古"情结。浪漫主义诗人席勒在看到现代社会快速进步的同时，也意识到科学技术给人们带来的束缚与压抑，他曾经发出诘问：如果让现代人与普遍具备多项才能的古希腊人进行一场关于生活、生存智力的竞赛，谁会取得胜利？席勒的答案是后者。浪漫主义者所怀有的"崇古"与"还乡"情结，无不体现着他们对自己早期记忆的召唤和复苏，对现代社会阴暗面的躲避和逃脱。虽然马克思在青年时期也有过将对现实的针砭诉诸神话人物或原始状态的经历，但他认识到"一个成人不能再变成儿童，否则就变得稚气了"①，浪漫主义的理想情怀只有在现实的作用下才有可能实现，哲学的反讽式否定力量只有凭借现实的主体与载体才能生成改造现实的武器；必须实现对浪漫主义"还乡"情结的超越，使之在自己的思想深处焕发新生。马克思利用无产阶级实践的反讽与革命实现了对浪漫主义局限和现实异化的超越。这种超越在马克思的《1844年经济学哲学手稿》中获得了深度揭示和全面展现，他将人的本质复归和人对人的本性占有作为对现实的受资产阶级压迫、剥削和受资本主义私有制异化的"还乡"，即只有在理论上诉诸政治经济学的发展，在现实社会关系中确认无产阶级对社会异化的革命力量，才能复归人存在的整体性，并彰显人的不断实现与超越的自我价值。他所追求的共产主义即是每个人都能够获得自由自在的劳动权利，是对人的本质的实质性占有。虽然这一思想还不是马克思成熟时期的思想，但足见"还乡"情结的呼唤回响在马克思的内心深处。而马克思成熟时期所构设的"否定之否定"的哲学路径中，也蕴含"还乡"的价值取向。只不过与"还乡"式的回到原始状态不同的是，马克思所建构的"否定之否定"体现为对现实世界的螺旋式的升华和扬弃，是对前者的提升和超越，而非纯粹式的恢复本根境地。他基于人的"类本质"视角，认为人通过劳动能够实现自身"否定之否定"的发展。这种"否定之否定"是对人的总体性及内在和谐目的的肯定，表明在现实异化的存在状态之前，人的劳动活动过程、人的本质力量等本归属于人自身，

① 马克思恩格斯文集：第8卷. 北京：人民出版社，2009：35.

而人对异化的扬弃是劳动发展的历史结果，是人性回归的必然趋势。因此，马克思对人性复归的"还乡"情结以及"否定之否定"的超越式发展，都与其所追求的人类解放有着难以割裂的关联，在还未找到实现人性复归的科学与现实的道路时，马克思只能将之置于哲学共产主义的基座之上，诉诸诗化般的哲学世界，从哲学层面将历史发展视为超脱于人的自我实现。而当马克思找到自我实现的路径并寻得科学共产主义的真谛时，历史发展则被确证为人类劳动活动与人类解放的实现过程，人类解放便取代人性复归，成为马克思思想中无可争议的核心主题与归宿。

浪漫主义对主体意识自由的肯定与追寻，为哲学和历史发展提供了否定性与超越性原则，这构成了马克思探讨人类社会存在的现实历史发展的原初维度。认真比对马克思唯物史观思想中的部分内容与浪漫主义所倡导的思想实质可以发现，两者间既有相似之处，也具有一定的承继痕迹，再次证明了浪漫主义在马克思思想中的遗存。

首先，浪漫主义所倡导的"存在先于意识"与马克思哲学中的"社会存在决定社会意识"，两者之间存在顺承或者演绎进化的逻辑关联性与默契感。德国早期的浪漫主义者和马克思都不赞同唯心主义所主张的"意识先于存在"，并认为唯心主义所理解的"意识"是将"存在"限定和封存起来，从而使得这种"存在"逐渐向理性化、纯粹化和逻辑化沉沦。浪漫主义揭示了"现有"与"应有"之间的对立，实质是关于"存在的历史及其先于意识"这一原初地位的确定，在"存在论"维度上矫正了启蒙运动对理性主义的偏执。为了使这种被启蒙理性和唯心主义意识遮蔽的"存在"获得释放，恢复其本真状态，浪漫主义者提出了"存在先于意识"的论断，表征意识受存在的制约，充分体现出存在之于意识的优先性和前置性。这种将意识与存在的关系从长期的固定范式中挣脱出来，轮换为新的关系的思想突破，启发了马克思唯物主义思想的形成，与马克思发掘无产阶级革命现实异化以推动历史发展的使命有着深层关联。马克思受到"存在先于意识"观点的冲击，在观察到社会生产、利益等对意识的影响和强制性约束后，逐渐肯定了浪漫主义的思想，并对其进行了改造，使其更符合现实和逻辑，这即是马克思的"社会存在决定社会意识"。当然，马克思并非只是完全沿用浪漫主义的思想，而是将浪漫主义的思想与自己的思维理路、独到见解和社会现实等相融合，为自由与解放何以可能的问题寻找现实基础，从而完成了对前人思想的扬弃和超越。马克思所理解的社会存在与社会意识并不是单向度的制约和决定关系，而是极具辩证法思维，即在充分肯定社会存在决定社会意识的基础上，也捕捉到社会意识具有相对独立性并能指导实践行动，从而使客观事实上升到一种价值高度。马克思在求解社会存在与社会意识辩证关系的基础上把握历史运动的总体性规律，将浪漫主义对启蒙理性的外在批判改造为对历史的现实批判，认为共产主义才是社会历史存在发展的归宿。正是在这种将历史唯物主义与辩证法思想相互融合的过程之中，马克思真正实现了对浪漫主义的超越，创造出属于自己的思想。①

其次，马克思和浪漫主义者都认识到，人们受困于现实世界对人的束缚和限定，有着共同的价值取向——摆脱这种束缚和限定，使人能够在理想的世界中自由生存和自主发展。但在实现路径上，他们有着两种截然不同的选择，而截然不同的选择之间似乎又暗含着一定的关联。浪漫主义者目睹了大众受苦于现实的狰狞，也有着将世人解救出水火的诉求。但是迫于对现实的无奈以及难以寻找到打破这一格局的真实力量，只能求助于文学创作的形式来抒发人渴望自由与解放的美好愿望，以把握主体内在精神所渴求的理想世界图景。浪漫主义者创造了诗化世界，在这个世界中，每个人的个性都能够得到发展，不受制于悲惨现实。针对现实异化与理想世界之间的矛盾，浪漫主义者形成了两种解决途径：一是"消极的浪漫派"，对现实困境持规避态度，主张回归原始自然的生活状态；二是"积极的浪漫派"，主动批判现实对理想的压抑，激发人们改造现实以追寻理想境界的激情和勇气。青年时期的马克思接受的是积极浪漫主义的思想态度，他认为消极的逃避无法克服理想与现实对立的必然关系，积极正视冲突本身蕴含了变革现实的客观性与指向未来的超越性规定。马克思曾经试图用诗化世界来完成对受苦人们的拯救，但在面对不断接触到的差异性阶级利益体、现实社会的贫困大众时，他意识到用虚拟的手段解决现实问题的路径不可行，必须在现实世界中寻找到能够解决现实问题的力量。"德国早期浪漫派批评观念论哲学的抽象、虚幻的思想使马克思意识到，应该超越'直接性的现实'去寻找'真正的现实'以及使这种'真正的现实'得以呈现的科学方法。在这个过程中，德国早期浪漫派一定程度上构成马克思力图完整呈现资本主

---

① 刘森林. 从浪漫派的"存在先于意识"到马克思的"社会存在决定社会意识". 哲学动态，2007（9）：3-8.

义现实的思想史起点。"① 于是马克思开始研习经济学，接触劳动、剩余价值、社会生产力和生产关系等范畴，并从中找到通往他所追求的人类解放境地的现实路径：把以劳动生产活动为基础的实践作为推动历史发展的力量；彻底颠覆资本主义私有制；促使社会生产力快速发展、劳动成果极其丰富、自由支配时间充裕。只有这样，人类才能真正摆脱旧社会的束缚，实现对纯粹理想主义的扬弃与超越以及自身的解放，完成从"必然王国"向"自由王国"的转化和升华。

浪漫主义在一定程度上作为人类学范式的转换凝聚在马克思的思想中。仔细梳理马克思的文本和思想，将之与浪漫主义的风格和理论内容对比，可以发现两者之间的相似之处，这在一定程度上肯定和证实了浪漫主义对马克思的影响，确证了马克思从浪漫主义中汲取养分的推断。

思想的影响深远且悠久，不能单纯从物理的时间意义上对思想影响的程度与范围进行某种划分和切割，而忽视思想影响的延续性和奠基性。虽然浪漫主义在马克思的成长和思想历程中停留的时间较为短暂，但不能以此作为衡量标准来否认浪漫主义对马克思思想的影响，即否认浪漫主义对唯物史观的启发、对马克思人类解放理论的萌芽和发展的推动功绩。浪漫主义者与马克思在理想与现实、"应有"与"现有"相互对立的背景中产生了共鸣，浪漫主义在思想观念、生活态度和思维方式等方面都对马克思产生过影响。只有回到马克思思想发展的历史逻辑与演进脉络中，才能真正体会浪漫主义在其思想形成过程中的作用，探寻马克思思想中的浪漫主义因素及其历史演变进程，觅得两者的内在关联和逻辑演进，领略浪漫主义熏陶对马克思人类解放理论的感染和效用。

第二节　自我意识哲学的激荡

追溯马克思思想的始端，回顾马克思哲学思想的历程可知，博士论文是他逻辑建构自我意识的标志，是他真正开始走上哲学沉思之路、初步展现学术造诣的最直接的见证。马克思在博士论文中通过批判唯心主义的自我意识哲学开辟了一条新的进路，即唯物主义的自我意识

---

① 刘森林. 切入现实：马克思对德国早期浪漫派的批判与超越. 中国社会科学，2015（8）：9.

哲学。这种唯物主义的自我意识哲学不同于伊壁鸠鲁的思想，它是"一种积极的、能动的、革命的唯物主义自我意识哲学"①。自我意识哲学发展的内在动力促使马克思的哲学视野逐渐进入现实的历史领域，并开始确证社会存在与人的存在的双重意义。在博士论文《德谟克利特的自然哲学和伊壁鸠鲁的自然哲学的差别》中，马克思展开了对宗教的批判，将人的自我意识作为划破虚无与现实的利器，用理性的自我意识哲学来反对、批判与对抗非理性的宗教神学，揭示非理性神学的本质，分析宗教产生的社会历史根源，并将其作为消灭宗教的决定性力量，逐渐突出了自我意识哲学作为哲学发展必然结果的历史地位。自我意识哲学在博士论文甚至马克思的哲学生涯中扮演着极其重要的角色，正是从博士论文所凸显的自我意识哲学开始，马克思认识到从理论走向实践的必要性，以及通过哲学指导人实现理论与实践统一的理想状态的深层动因，在之后的思想历程中开始关注人的问题，到撰写《1844 年经济学哲学手稿》时成长为人本主义者；从关注人的异化问题演变为《德意志意识形态》时期关注社会的物质生产问题，继而到《哲学的贫困》中对资本主义社会生产规律的探讨，逐步成长为研究社会生产中各因素的关系，并在此基础上成长为《资本论》时期对拜物教规律的研究。② 自我意识哲学在马克思理论探究和思想发展中的必要性与深刻意义昭然若揭。

自我意识哲学并非马克思在与浪漫主义"决断"后的随意选择，其最终能够在马克思博士论文中大放异彩，既有对哲学思想本身发展脉络予以

---

① 鲁克俭. 马克思《博士论文》与恩格斯《谢林和启示》之比较. 北京行政学院学报，2010（5）：13.

② 程广丽. 主体性"自我意识"逻辑的初步建构：马克思博士论文的思想导读. 武汉大学学报（人文科学版），2016（1）：68 - 74. 关于马克思的博士论文与其《资本论》之间的内在关联，学界存在一定的争议。一种观点认为，马克思《资本论》的写作肇始于 1843 年的经济学阅读，与其博士论文并无直接关联；另一种观点则认为，马克思的博士论文构成其《资本论》形成的起点。否认马克思的博士论文与其《资本论》写作之内在直接关联的依据是，在马克思遭遇"物质利益难题"之前，他的知识框架中经济学处于"缺位"状态，因而将其《资本论》的写作追溯至博士论文时期似乎略显牵强。承认马克思的博士论文是其《资本论》形成起点的学者则认为，从博士论文到《资本论》，马克思始终以"批判康德"为主题，其博士论文初步确立了《资本论》批判资本幻象并回归物质生产过程的理论基础。对这两种观点的归纳与总结，参见内田弘.《博士论文》作为《资本论》形成史的起点. 由阳，译. 晋阳学刊，2017（6）：83 - 88. 这两种观点均有内在合理性，它们的分歧主要集中于切入点的差异（一种以政治经济学知识为切入点，另一种则以研究主题为切入点），而不同的切入点将有益于我们完整地把握马克思的博士论文。

继承的影响，也有对现实生活境遇的考量。马克思的自我意识哲学与其博士论文的选题方向——德谟克利特哲学和伊壁鸠鲁哲学之比较——相互结合，揭示了两者的内在关联性。自我意识哲学是思维与存在、主观与客观相分离的产物，这种分离特征在德谟克利特哲学和伊壁鸠鲁哲学中具有不同的表现，马克思的自我意识哲学正是在对两者思想本身包含的矛盾以及相互冲突关系的分析中得以显现。为了能够更加清晰地把握自我意识哲学在马克思早期思想中的地位，需要准确把握马克思博士论文的主题思想，透彻分析自我意识哲学的形成、展开及其哲学解放的深意。

一、自我意识哲学的形成

博士论文是马克思自我意识哲学思想的集中呈现，论文通过研究德谟克利特的自然哲学和伊壁鸠鲁的自然哲学的差异性，明确自我意识产生的历史动因及其界限，以推动实现哲学的世界化和世界的哲学化。论文使马克思以一个青年黑格尔派的自我意识哲学学者的形象闯进 19 世纪 40 年代初的德国哲学领域而开始自己的哲学革命。马克思的博士论文指出了"自我意识哲学产生的必然性，它的概念内涵、特点和必然结果，以此为基础明确自我意识哲学的界限，为哲学的未来发展寻找出路"①。对自我意识哲学的研究首先要明晰其哲学体系所关涉的对象与问题，而后才能厘清这一体系在整个哲学史上的逻辑地位，进而把握其体系建构的依据和原则。我们有必要追问马克思从自然哲学切入来研究自我意识哲学思想的动因：马克思为什么以《德谟克利特的自然哲学和伊壁鸠鲁的自然哲学的差别》作为博士论文的选题，即马克思为什么会选择晚期古希腊哲学中的伊壁鸠鲁哲学这一独特理论形态为主题来筹备自己的博士论文？② 马克思写作与谋划博士论文的动因和目标何在？

---

① 潘中伟.自我意识哲学的界限与哲学的出路：简论马克思《博士论文》的动因及体系原则.学术研究，2015（7）：10.

② 关于马克思缘何选择伊壁鸠鲁哲学作为自己博士论文的主题，有学者认为，马克思以伊壁鸠鲁哲学为研究主题是内外因共同作用的结果：外因是指马克思受到包括布鲁诺·鲍威尔在内的青年黑格尔派的影响，因为青年黑格尔派对晚期古希腊哲学十分感兴趣，促使马克思对伊壁鸠鲁哲学产生了兴趣；内因是指马克思自身被伊壁鸠鲁哲学吸引，"伊壁鸠鲁哲学本身的思考框架、意旨以及马克思对其领会和把握，使在激情和迷茫中寻求对世界的理解的马克思有了参照系和思考支点，为他后来哲学思想的发展确立了初步的视界、意旨和基础"（聂锦芳.滥觞与勃兴：马克思思想起源研究.北京：中国人民大学出版社，2017：227）。这种观点强调了伊壁鸠鲁哲学自身的理论吸引力，对我们理解马克思博士论文的写作动因有一定的启发。

　　首先，出于对职业选择的现实考虑。进入柏林大学后，马克思潜心于法学和哲学的研究，但也曾多次受到挫败。他受到康德、费希特的法哲学的影响，曾试图建构"贯穿整个法的领域"的法哲学体系，但却遭遇到难以解决的危机。马克思所专注的形而上学层面的法哲学，致力于探寻事物在形而上意义上的性质，通过形式逻辑思维阐释事物之间非连续性的关系，以促使法哲学理念在现实与理想中得到兼容并蓄的发展。马克思关于法的逻辑、原则、概念等，只是勾勒了法哲学思想体系中的一个侧面，并没有突破费希特的"老套路"，甚至比费希特的思想更为空洞和缺乏现实性，必然在社会危机更为凸显的现实背景下暴露出理论阐释力的不足。当马克思的这种"理想主义"哲学世界观遭遇"实然"和"应然"之间相对立的危机时，他重新回到德国古典哲学，即康德、费希特、谢林的哲学思想中寻找答案。但是经过一番论证和推演，马克思不仅充分领悟到"理想主义"世界观的虚无与空泛，还察觉到谢林哲学的终点构成了黑格尔哲学的起点，这使得马克思不禁感慨哲学所具有的意义。在这一时期，他阅读了黑格尔哲学思想的一些片段，肯定黑格尔自我意识哲学对主体能动发展潜质的论证。于是，他重新回到黑格尔的哲学世界，申明转向了黑格尔哲学，从黑格尔自我意识的承认过程及其对"主奴"关系的本质揭示入手，寻求解除危机的钥匙。正是在经历思维的角逐和痛苦的寻觅之后，马克思加入青年黑格尔派的博士俱乐部，且常常与学术上的挚友布鲁诺·鲍威尔畅谈哲学①，探讨黑格尔的自我意识哲学以及"承认理论"（从特殊自我意识向普遍自我意识发展和确立的理论），这激发了马克思对自我意识哲学如何反思现实的兴趣。但这种无所顾忌地游弋于哲学海洋的安逸生活随着其父亲的逝世开始有所改变。1838年5月，马克思的父亲去世，来自家中的援助日渐减少，马克思面临职业选择的难题。受鲍威尔的劝说和影响，马克思决定去大学执教，但前提是必须获得博士学位，马克思因此开始谋划和写作博士学位论文，并将伊壁鸠鲁哲学确定为学位论文的核心主题。

　　其次，出于对宗教批判的现实考量。当时的马克思、鲍威尔等人，已经认识到宗教的存在并非真如人们所相信的是一种先验的存在，它只

---

　　① 王浩斌，张亮．马克思的自我意识哲学：起源、形成与特征：《关于伊壁鸠鲁哲学的笔记》和《德谟克利特的自然哲学和伊壁鸠鲁的自然哲学的差别》解读．江海学刊，2005（3）：55 - 62.

不过是随着人类意识的持续发展，从自身分离并孕育的虚幻意识，是意识的创造物，"人的自我意识是最高神性的一切天上的和地上的神。不应该有任何神同人的自我意识相并列"①。在此意义上，马克思把宗教批判与自我意识哲学联系起来，包含了双重意味：一是宗教代表了神学发展的最高形态，对宗教的批判能够作为剖析自我意识哲学发展的钥匙；二是宗教与意识拥有共同的理论原则，完成对宗教思想前提的批判性反思，必须以对整个自我意识哲学的一般理论原则的剖析为基础。面对普通大众在宗教问题上的迷惘和踌躇，马克思主动肩负鞭笞、批判宗教信仰的使命，揭开宗教的真实面目，还世人以真相。而伊壁鸠鲁恰恰在他的时代就是宗教批判的斗士、思想启蒙的引导者，彻底、完整地批判了古代宗教，并坚信展示世界之真实性的哲学是治疗人生疾病的处方。马克思借助伊壁鸠鲁"救赎方式的哲学"获得了不同于宗教批判的批判方式，在比较研究德谟克利特的自然哲学和伊壁鸠鲁的自然哲学后，指出德谟克利特固守"宿命论"本质的弊端，赞同并提倡伊壁鸠鲁哲学中关于意识自由的主张，进而提出人在自然中要保持对自身主体能动性的认识和具有反抗命运的潜能。马克思在博士论文中企图建立更具现实性的"自我意识"概念，构建以自我意识为基础的哲学原则，并希望透过哲学对宗教的"救赎"实现真正的宗教批判和宗教解放的旨趣。他在宗教批判的层面上，充分彰显了自我意识哲学的救赎功能。

最后，受黑格尔哲学的影响。马克思博士论文主题的确定，受到了黑格尔思想和青年黑格尔派思想的影响，带有黑格尔精神的深深烙印。博士论文写作时期的马克思还处于黑格尔的影响之下，未完成对黑格尔的超越。② 马克思的博士论文写作汲取了黑格尔成果中的积极因素，既

① 马克思恩格斯全集：第 1 卷 . 北京：人民出版社，1995：12.

② 对于马克思在博士论文中是否实现了对黑格尔的超越问题，有学者提出了不同的看法。有学者认为单纯将马克思的博士论文视为黑格尔思想激发的产物并不完全准确，马克思的博士论文确实受到黑格尔的影响，但也存在其自身的思想"闪光点"，这些"闪光点"就是马克思对黑格尔的超越。具体而言，马克思在博士论文中对黑格尔的超越体现在两个方面：一方面，马克思实现了"自我意识"与唯物主义的结合，形成了唯物主义的"自我意识"；另一方面，马克思将"自我意识"与哲学的使命关联起来，赋予了"自我意识"重要的理论地位与革命意义。[马新颖 . 双重影响与双重批判：马克思《博士论文》与黑格尔的"对话" . 湖北社会科学，2019（1）：13－19]

包括黑格尔直接表述的思想，又含有青年黑格尔派所阐释的"黑格尔思想"，如论文中的基本哲学史观源自黑格尔对哲学史的认知与解读，他继承了黑格尔的历史分期法并吸收了黑格尔哲学中的方法论原则等。但马克思在博士论文中对黑格尔思想的解读已经显示其自身的哲学立场，他对黑格尔思想的接收具有双重性，不是一味地继承，而是继承中有批判。他批判黑格尔忽视了伊壁鸠鲁与德谟克利特的原子论的重要性，认为黑格尔对伊壁鸠鲁的评价有失客观公正，指出黑格尔忽视了伊壁鸠鲁为"原子的偏斜"所赋予的哲学意义；指责黑格尔在面对宗教问题时选择了妥协，表面上否定宗教，实则为宗教存在的合理性进行辩护；等等。如有学者认为，在博士论文中，马克思既受到黑格尔思想的双重影响，又对其展开了双重批判。所谓"双重影响"，是指马克思在受到黑格尔本人影响的同时，也受到经由青年黑格尔派解读之后的那个"黑格尔"的影响；而"双重批判"是指，马克思不仅对黑格尔展开了直接批判，而且通过批判青年黑格尔派间接批判了黑格尔。① 马克思转向黑格尔哲学的过程充满了主动求知与不断进行思想斗争的复杂性。当发现自己所追寻的黑格尔"唯心主义世界观"存在不可避免的悖论时，他认识到有必要对黑格尔整个哲学体系进行透彻分析以客观把握其思想的实质意义，这为马克思后来对黑格尔哲学思想的超越奠定了基础。学术界关于马克思在多大程度上继承或批判黑格尔思想的问题，实质上是在探讨马克思与黑格尔的学术思想关系问题。对于这一问题，国外学者存在两

① 马新颖. 双重影响与双重批判：马克思《博士论文》与黑格尔的"对话". 湖北社会科学, 2019（1）：13-19. 将黑格尔对马克思的影响以及马克思对黑格尔的批判与青年黑格尔派关联起来，是我们考察马克思同黑格尔之间学术思想关系的重要途径之一，但这种考察方式也存在一定的问题，即青年黑格尔派理论框架中的"黑格尔"与真实的黑格尔之间可能存在裂隙。原因在于，青年黑格尔派对黑格尔的解读与阐释或许能够最大限度地接近黑格尔的本真思想，但经由青年黑格尔派解读之后的"黑格尔"永远无法等同于真正的黑格尔。这就导致黑格尔对马克思的间接影响实际上可能并非黑格尔思想的作用，而马克思对黑格尔的间接批判也不是指向黑格尔本人。法国学者阿尔都塞曾指出，"青年马克思在写博士论文时与之辩论的黑格尔，不是我们在1960年安静地在图书馆里所想象的那个黑格尔，而是新黑格尔主义运动的黑格尔，是被请来为四十年代的知识分子研究自身的历史和希望提供思想武器的黑格尔；这是已经被弄得同自己发生了矛盾的黑格尔，是被别人违背他的意志、引证他的话来反对他自己的黑格尔"（路易·阿尔都塞. 保卫马克思. 顾良，译. 北京：商务印书馆，2017：51）。在以青年黑格尔派为中间环节的关系链中，青年黑格尔派对黑格尔的误读导致学术界有时候可能夸大了黑格尔对马克思的影响。

大阵营：一是以法国学者路易·阿尔都塞为代表的"断裂派"，另一则是以美国学者诺曼·莱文为代表的"继承派"。阿尔都塞认为，马克思与黑格尔的思想之间存在"断裂"，发生"断裂"的时间节点在 1845年，这种"断裂"的存在具有重要的理论意义。① "断裂派"思想的核心是马克思与黑格尔在认识论维度上的"断裂"，指向哲学"总问题"的变化与更替。"断裂派"认为，认识发展到一定程度，就会终止以往知识的累积，并与过去认识论的理论来源割断联系，而马克思的哲学认识论正是以多元决定的方式取代了黑格尔一元决定的结构。诺曼·莱文则认为，马克思与黑格尔之间属于继承关系，他将这种继承关系划分成两个阶段：马克思对黑格尔的第一次借用是在 1836—1848 年，这一阶段马克思主要吸收了黑格尔的劳动理论和异化理论；马克思对黑格尔的第二次借用发生在 1850 年至他去世之前，这一阶段马克思主要运用了黑格尔的方法论。② 笔者认为，黑格尔对马克思博士论文写作的影响是巨大的，其阐释哲学思想的逻辑过程为马克思奠定了方法论基础，其关于自我意识环节的阶段性展开进程为马克思提出并探寻如何走向现实自由的问题提供了前提性内容。博士论文的撰写确实不可避免地渗透了黑格尔思想的成分，但不能将博士论文的写作根据与思想展现仅仅归结为

---

① 路易·阿尔都塞. 保卫马克思. 顾良，译. 北京：商务印书馆，2017：17 - 19.

② 诺曼·莱文. 马克思与黑格尔的对话. 周阳，常佩瑶，吴剑锋，等译. 北京：中国人民大学出版社，2016：4 - 6. 诺曼·莱文并非最早提出"继承论"的学者，在他之前，美国学者悉尼·胡克就曾指出：黑格尔的思想和马克思的思想之间存在一种重要的连续性，但它们又有深刻的区别. （悉尼·胡克. 对卡尔·马克思的理解. 徐崇温，译. 重庆：重庆出版社，1989：62 - 63）但是，诺曼·莱文开启的关于马克思与黑格尔之间关系的新的解读范式在国内外学界引起了较大的震动，评价也褒贬不一，国内学者对这一新的解读范式仍存有争议. 对诺曼·莱文的"继承论"观点持肯定态度的学者认为，"莱文的相关研究不仅对重新评价马克思与黑格尔的关系具有重要的意义，而且开启了研究马克思与黑格尔关系的新动向"［袁芃. 诺曼·莱文视阈中的马克思黑格尔关系. 马克思主义与现实，2017（5）：124］；而持否定态度的学者则认为，"莱文的目的在于通过把马克思重新黑格尔化，把历史唯物主义从马克思思想中抽离，从而消解马克思思想的精髓"［苏国辉，张琪. 诺曼·莱文"马克思-黑格尔连续论"之辨析. 哲学动态，2019（7）：71］. 笔者认为，我们应该辩证地看待诺曼·莱文提出的"继承论"观点. 莱文搭建的马克思与黑格尔思想关系的分析框架存在合理之处，他通过仔细地对马克思的文本与黑格尔的文本，分阶段地探讨了两者的学术思想关系，这种基于文本的分析方法存在可取之处. 但是，我们也必须认识到莱文文本分析背后的目的指向，即通过将马克思"黑格尔化"以抹杀马克思在诸多方面尤其是唯物史观方面的独创性贡献.

黑格尔影响的结果，黑格尔的哲学思想阐释过程本身包含对哲学史的透视，尤其是对自我意识哲学思想内涵及其发展脉络的把握。马克思博士论文在接收黑格尔思想影响的同时必然隐含与哲学史思想发展的对话，也体现了马克思基本的哲学史观。

古希腊哲学在马克思博士论文的写作过程中起到了至关重要的作用。继黑格尔的"总体哲学"之后，马克思等青年黑格尔派成员试图破解与古希腊哲学面临的相似困境——哲学与自然、神学的关系，希望能够从古希腊哲学的体系中寻觅出路。青年黑格尔派认为，古希腊哲学蕴含着现代主流思想的实质性因素，即古希腊推崇的自由精神，它不仅对基督教的教义发展起着重要影响，还凸显了启蒙理性的特质等。在青年黑格尔派特别是其中的鲍威尔等人的影响下，马克思把关注点集中在古希腊哲学上，致力于实现古希腊自由精神与现代自由精神的语境转换，在现代社会中鼓励人们汲取启蒙精神并祛除专制统治，以实现自由精神的自我意识。由此，马克思逐渐对亚里士多德这一哲学巨擘之后的古希腊哲学产生了浓郁的兴趣。古希腊哲学构成马克思博士论文的基调，在古希腊哲学中，自我意识的一切环节均得以充分表现，强调个人主义以及人的主观能动性的潜质，自由精神逐渐从沉沦于生活世界走向个人自我意识的觉醒，人从外部世界返回自身，从根本上体现了精神本身发展的道路。古希腊以精神为核心内容的自我意识哲学，启发马克思等青年黑格尔派成员探讨古典自由精神与现代社会精神样貌的差异，进而催促马克思广泛阅读古希腊哲人的经典文本与青年黑格尔派等对古典作品的解读性著作，在对两种文本的比较中加深了对古希腊自我意识哲学特质的认识。对马克思而言，古希腊哲学中的伊壁鸠鲁学派、斯多亚学派和怀疑论学派①有着独特的地位，马克思将其阐述为罗马哲学的原型，认为它们充满了强有力的、永恒的

---

① 伊壁鸠鲁学派、斯多亚学派、怀疑论学派这三大派系总体上都是以自我意识作为理论发展的基座，并以此保持着内心的宁静和安逸。而在这三大派系之中，伊壁鸠鲁学派曾经最受争议。古代学者认为伊壁鸠鲁学派的思想抄袭和照搬了德谟克利特的原子论学说，缺乏自身的思想创见，甚至将伊壁鸠鲁学派视为享乐主义的代名词，致使伊壁鸠鲁学派在很长一段历史时期内备受质疑。笔者认为，伊壁鸠鲁学派的原子论确实继承了德谟克利特的自然哲学传统，伊壁鸠鲁本人在阅读德谟克利特的原子论后也获得了启发，但不应将其理解为抄袭和照搬，而应理解为一种批判式继承。

本质。① 三大哲学派系的共同点是要表达自我意识对于自身的关系，它们面临伦理实体瓦解的现状和构建新的实体世界的迫切需要而关注个人精神的自我意识哲学，寻求作为真理标准的主观性、绝对化原则，使哲学释放主体的内心自由。自我意识哲学发展的进程充斥着自然与社会、个人与公共体之间分离对立的表征，它们之间仍存在分歧：伊壁鸠鲁学派坚持的是感觉即个别性原则，表达了无限抽象的自我意识；斯多亚学派坚持的是抽象思维的普遍性原则，凸显了自身与世界相对立的自我意识；怀疑论学派则是对个别性原则和普遍性原则的否定，体现了否定性同一自我意识。三大哲学派系都是自我意识哲学的不同反映，预设了自我意识与现实世界的独立和分裂，体现了将自我意识依托于个体而提升为世界实体性存在原则的哲学特质，实质上是自我意识哲学分裂的结果。②

　　马克思选定古希腊哲学中的伊壁鸠鲁哲学作为例证和研究的主题，原因在于他认为伊壁鸠鲁哲学蕴含自由个体的自我意识，他试图从自由个体的自我意识入手，通过考察古希腊哲学来把握当时的哲学争论，借助于否定意识的方式来确立自身的自我意识，这一论证方式最终倒向了抽象的否定性运动。伊壁鸠鲁主义倡导的哲学所具有的独特意蕴吸引了马克思，使马克思在理论上倾向于伊壁鸠鲁，他发现伊壁鸠鲁赋予了原子的"内在必然性"——使原子的必然性与观念存在于"外在的形象的形式"中，赞赏伊壁鸠鲁在本体论维度变革了原子的运动方式并由此确立认识论的感性立场。伊壁鸠鲁学派的原子论和德谟克利特的自然哲学都认为没有任何事物产生于"无"，宇宙在总体上是"恒定的"，但伊壁鸠鲁批判了德谟克利特的自然哲学，认为宇宙在总体上"恒定"并不等

---

　　① 马克思对三大哲学派系的思想具有浓厚的兴趣。他曾在博士论文的"序言"与"新序言"中提及，博士论文是"一部更大著作的先导"（马克思恩格斯全集：第1卷. 北京：人民出版社，1995：10），而该著作就是关于三大哲学派系的综述。马克思计划联系整个古希腊哲学以更加严格的科学形式来阐释伊壁鸠鲁主义、斯多亚主义和怀疑主义，他认为博士论文在叙述上过于"学究气"的缺点将在该著作中被消除。马克思相信，伊壁鸠鲁学派、斯多亚学派和怀疑论学派作为自我意识的主要哲学流派，其思想体系在当时具有十分重要的意义，但人们对这三大思想体系的研究还远远不够。遗憾的是，马克思研究三大哲学派系的计划最终并未实现，他曾在博士论文的"新序言"中解释道，由于"正在从事性质完全不同的政治和哲学方面的研究，目前我无法完成这一著作"（马克思恩格斯全集：第1卷. 北京：人民出版社，1995：103）。马克思认为，在当时的时代条件下，政治和哲学方面的研究更具有"直接意义"，因而他对于何时有机会重新回到这一著作的研究与写作并不十分清楚。在后来的岁月中，马克思因不断地卷入现实的政治斗争中，再也没有找到机会来完成当初的研究计划。

　　② 潘中伟. 自我意识哲学的界限与哲学的出路：简论马克思《博士论文》的动因及体系原则. 学术研究，2015（7）：10-16.

于宇宙是有限的，毕竟原子和虚空在总体上是无限的，"事物的总体在物体的数量和虚空的范围两个方面都是无限的"①。伊壁鸠鲁崇尚偶然性和无限性，认为人在偶然性的生活中能够摆脱现实的控制而获取无限的能动性，最终达到意识的自由。伊壁鸠鲁还认为，宇宙包含无数个世界，且不同世界之间存有"空隙"和"空间"，虚空成了原子存在和活动的场所，原子和原子之间的运动、碰撞、结合构成事物。相比于德谟克利特论述的原子运动形式，伊壁鸠鲁提出了偏斜的运动轨迹，偏斜蕴含了否定的意味，原子在不断否定自身的偏斜运动中获取自我意识。伊壁鸠鲁的原子论延伸到伦理学范畴，赋予了原子自我意识，认为原子的运动体现着原子的自由，虚空则是自由的处所。② 马克思明显倾向于伊壁鸠鲁的观点，从其"原子"运动的隐喻中发现自我意识的发展规律，即打破"外在必然性"并恢复"内在必然性"，激活支撑原子成为实体存在的自由意识，为消解物质与形式之间不可触及的隔膜奠定基础。针对伊壁鸠鲁隐喻的"原子"概念何以统一物质原子与形式化的问题，马克思认为伊壁鸠鲁的物理学③（原子运动）是伦理学的组成部分，伊壁

---

① 伊壁鸠鲁，卢克莱修. 自然与快乐：伊壁鸠鲁的哲学. 包利民，刘玉鹏，王玮玮，译. 北京：中国社会科学出版社，2004：5.

② 黄颂杰，章雪富. 古希腊哲学. 北京：人民出版社，2009：516-522.

③ 马克思对伊壁鸠鲁的物理学的把握离不开一个重要人物——卢克莱修。卢克莱修是古罗马时期最重要的拉丁语诗人之一，也是一名诗人，其哲学长诗《物性论》是后人研究伊壁鸠鲁哲学不可回避的重要文献。"由于伊壁鸠鲁的文字流传下来的不多，古罗马共和时期的诗人卢克莱修的六音步长诗《物性论》就成为今人能够看到的唯一既系统又完整的伊壁鸠鲁哲学。"[刘小枫. 卢克莱修的诗性启蒙：《物性论》卷三行978—1023绎读. 文艺理论研究，2012（1）：36]马克思曾在博士论文中不止一次地赞扬卢克莱修对伊壁鸠鲁物理学理解的准确性与深刻性，这表明卢克莱修曾在马克思理解伊壁鸠鲁的物理学的过程中发挥了重要作用。马克思曾说："在所有古代人中，卢克莱修是唯一理解了伊壁鸠鲁的物理学的人，在他那里我们可以看到一种较为深刻的阐述"（马克思恩格斯全集：第1卷. 北京：人民出版社，1995：32）；"比起普卢塔克来，卢克莱修对伊壁鸠鲁的理解要明哲无数倍"（马克思恩格斯全集：第40卷. 北京：人民出版社，1982：112）。通过撰写博士论文，马克思对卢克莱修的思想有了较为深入的认识。事实上，卢克莱修对马克思的影响并非局限于理解伊壁鸠鲁的物理学，他还对马克思思想形成的其他方面产生了影响。马克思曾盛赞卢克莱修的哲学长诗《物性论》，称其为"勇敢的、雷鸣般的诗歌"（马克思恩格斯全集：第40卷. 北京：人民出版社，1982：111），并多次引用这一长诗的内容。有学者指出，在摘抄卢克莱修的《物性论》的过程中，马克思意识到了德谟克利特哲学和伊壁鸠鲁哲学之间的本质区别，即在伊壁鸠鲁哲学中，起"决定性作用的不是原子，而是原子的偏斜运动"[周嘉昕. 法、自我意识和国家：重访马克思早期思想中的"黑格尔转向". 现代哲学，2017（4）：13]。也有学者认为，这首诗歌"鼓舞了马克思一生的战斗精神，是他哲学观、宗教观、生态学和社会学理论的重要理论来源之一"[李永毅. 马克思与卢克莱修. 马克思主义与现实，2017（6）：51]。卢克莱修是我们研究马克思早期思想形成与发展的重要"窗口"，其思想为我们探寻马克思早期思想的发展轨迹提供了线索。

鸠鲁将自主性观念引入了原子的运动之中，以原子的偏斜与排斥这两种运动方式分别指涉自我意识的"形而下"和"形而上"意义，其"形而下"意义表明对命运束缚的反抗，其"形而上"意义则指向消除无知与形式对立关系的概念规定。将自我意识概念覆盖在了德谟克利特的自然哲学之上，这是伊壁鸠鲁与德谟克利特的差别所在。正如麦克莱伦对伊壁鸠鲁哲学贡献的总结：首先，伊壁鸠鲁"强调了人类精神的绝对自主性，它把人从一切超验对象的迷信中解放出来；其次，对'自由个体的自我意识'的强调，为人们指出了一条超越'总体哲学'体系的道路"①。在伊壁鸠鲁构设的原子运动的三种方式中，原子最终实现了抽象个体的概念化，还原了原子本身从个体到普遍的自由意识。因此，原子概念的完成就是自我意识形式意义的实现。马克思认为，通过研究古希腊时期的自我意识哲学，比较德谟克利特哲学与伊壁鸠鲁哲学之间的关系②，揭示伊壁鸠鲁哲学中包含的自我意识哲学对德谟克利特哲学的超越性，把握伊壁鸠鲁哲学中自我意识的"形而下"和"形而上"意义及其相互关系，致力于澄清自我意识的现实性及其与自然对立关系的变化，有利于深刻认识当时的哲学分歧，有利于按照哲学发展的规律寻求解决分歧的途径，赋予了自我意识哲学基础性的理论功能和革命意义，凸显了自我意识的建构在古希腊哲学史上的重要地位以及青年黑格尔派的自我意识哲学对于当时德国哲学的价值。

二、自我意识哲学的展开

马克思在创作博士论文之前，为博士论文的写作做了一系列的资料收集和整理工作，并撰写了七本哲学笔记，即《关于伊壁鸠鲁哲学的笔

---

① 戴维·麦克莱伦. 卡尔·马克思传. 王珍，译. 北京：中国人民大学出版社，2016：31.

② 青年马克思认为，德谟克利特哲学与伊壁鸠鲁哲学之间的关系缺乏合理的解读，许多人错误地认为，它们之间差异较小，简单地将德谟克利特的哲学与伊壁鸠鲁的物理学置于同一理论层面进行解读，人们仅从哲学内容的角度出发而放弃了从主观形式即意识哲学的视角切入，因而就等于放弃了正确理解伊壁鸠鲁学派的通道。青年马克思指出，古希腊哲学有着极为深厚的内容，自我意识构成了古希腊哲学最重要的方面，因此，他果断选择自我意识的阐释视角，对德谟克利特的自然哲学与伊壁鸠鲁的自然哲学的差异进行本质性的解析，确立了自我意识哲学在古希腊哲学史上的重要地位。[程广丽. 主体性"自我意识"逻辑的初步建构：马克思博士论文的思想导读. 武汉大学学报（人文科学版），2016（1）：68-74]

记》。① 马克思之所以对博士论文如此重视，是因为他将博士论文视为将来要完成的"一部更大著作的先导"，他计划对整个伊壁鸠鲁学派、斯多亚学派和怀疑论学派哲学进行详尽的分析，并深入剖析和梳理这些学派与早、晚期古希腊哲学的关系，将自我意识与现实世界从非哲学的束缚中解放出来，进而在现实中理清哲学与世界的关系，为哲学的未来发展理清方向。但是随着后来哲学观的转变及社会现实的变迁，马克思扬弃了德国古典哲学对自我意识的建构道路，并未在其所设定的"自我意识"概念框架中继续研究，而是通过对伊壁鸠鲁与德谟克利特的比较确立了把握自我意识哲学的现实路径，转而致力于"从事性质完全不同的政治和哲学方面的研究"，没有完成最初的设想。

博士论文是马克思早期探讨哲学问题的学术成果，蕴含了其关于人的现实生存困境与自由解放需求的思想关切，是其后期继续研究哲学与政治问题的逻辑起点。从内容来看，马克思的博士论文主要包括：给其父亲般的朋友路德维希·冯·威斯特华伦先生的献词、序言；阐述德谟克利特哲学思想与伊壁鸠鲁哲学思想的一般区别和细节上差别的两大部分的正文、附录；一份博士论文的新序言草稿；马克思给耶拿大学弗里德里希·巴赫曼的博士学位申请信。② 从总体结构来看，博士论文正文主要可划分为两大部分：前半部分主要是马克思为伊壁鸠鲁辩护，他逐

① 《关于伊壁鸠鲁哲学的笔记》是马克思为撰写博士论文所做的重要准备工作，但在正式写作时，马克思并未直接采用笔记中的参考文献，而是更换了差异较大的另一版本的参考文献。马克思在笔记中大量引用的是伽桑狄版的文献，但在论文写作中引用的却是另一个未标明版本的文献。马克思更换参考文献可能是出于两个方面原因：一是出于学术规范的考虑，马克思不得不重新选择研究伊壁鸠鲁哲学的版本，因为他在写作时必须准确地标注节号，而伽桑狄的版本由于无法提供节号而被更换 [曾宪元. 关于马克思博士论文参考文献的考察. 读书，2018 (1)：125 - 126]；二是马克思认为伽桑狄对伊壁鸠鲁的哲学理解不够透彻，无法为其写作提供有效的借鉴。马克思曾在博士论文"序言"中一针见血地指出，"伽桑狄是自己在向伊壁鸠鲁学习哲学，他不能向我们讲授伊壁鸠鲁哲学"（马克思恩格斯全集：第 1 卷. 北京：人民出版社，1995：10）。

② 现存的马克思的博士论文是一份由他人抄写、马克思修改补充完善后的版本。誊抄后的版本并不包含"附录"，或许是因为"附录"未被抄写或者遗失。为了博士论文的出版付印，马克思为其写作了新的"序言"，并对"附录"添加了批判谢林的新的注释。但是，马克思的博士论文在其有生之年并未出版。有学者猜测，马克思未出版其博士论文的可能原因是他认为"费尔巴哈的理论在思想性和深刻性方面都已超出了自己，在这种情况下，再出版《博士论文》就不再合适了" [鲁克俭. 马克思《博士论文》与恩格斯《谢林和启示》之比较. 北京行政学院学报，2010 (5)：15]。这种观点也只是一种推测，由于时代阻隔，马克思博士论文在其有生之年未能出版的真正原因仍然是一个未解之谜。

一指出前人对伊壁鸠鲁哲学的误解，认为伊壁鸠鲁哲学与德谟克利特哲学确实存在思想的延续，但两者之间也有着极其细微的本质差别，进而在比较两者的差别中倾向于认为伊壁鸠鲁在意志自由的问题上超越了德谟克利特；后半部分则主要是从原子的偏斜运动和原子的质这两个方面出发，详尽地论述了伊壁鸠鲁与德谟克利特在自然哲学之间的本质差别，充分肯定了伊壁鸠鲁哲学中所体现的自我意识的自由和绝对性，并在伊壁鸠鲁的哲学思想基础上深究了自我意识作为现实的环节来反映现实问题的内在机制。

虽然马克思博士论文的标题是古希腊两大哲学家的自然哲学之比较，但从论文内容和主题思想来看，其实质性取向是通过驳斥人们对伊壁鸠鲁哲学的否定性看法，凸显伊壁鸠鲁哲学思想对德谟克利特哲学思想的超越。马克思将超越的落脚点置于原子的运动以及原子的质上，隐含了探索自由与必然关系的主题，这一主题在伊壁鸠鲁哲学中表现为原子运动的偶然性与必然性综合的问题。因此，有必要梳理原子的运动与原子的质等内容，并从中透析马克思所指向的思想空间——自我意识哲学。

虽然古希腊哲学的核心议题是求索世界的本原，但在追寻世界必然存在的本质时也使得影响世界存在的不确定因素浮现出来，人在发现与推动世界发展中的自由意识也得以凸显，马克思正是在思索必然存在中如何彰显自由的问题时开始了博士论文的设计与阐释。在论述德谟克利特哲学与伊壁鸠鲁哲学之间的细微差别时，马克思肯定了伊壁鸠鲁关于原子在虚空中的不同运动方式的阐述，主要从原子运动的三种方式进行探究与考察。伊壁鸠鲁将原子运动的方式划分为三种：第一种是垂直下落运动，运动过程本身构成了对原子的否定，原子的坚实性根本不会显现出来；第二种是原子偏离直线所导致的偏斜运动，运动过程所彰显的方式形成了对"外在必然性"定在的否定，是与德谟克利特所阐述的运动方式根本不同的运动；第三种则是原子之间相互对抗、相互排挤所导致的排斥运动，运动产生了对一切必然性予以否定的哲学原则，并将排斥视为自我意识的最初形式。在马克思看来，"正如点在线中被扬弃一样，每一个下落的物体也在它所划出的直线中被扬弃"[①]，原子是具有独立性的物体，如果按照垂直下落的方式运动，即自上而下的运动路径

---

①　马克思恩格斯全集：第 1 卷 . 北京：人民出版社，1995：32.

进行的话，这只不过是原子物质性的体现，而非其独立性发生作用的结果。只有具备独立性的偏斜运动，才能够实现原子的形式规定以及对相对性的扬弃。马克思认为，伊壁鸠鲁赋予了原子独特的主体性和独立性意识，这种由于独立性而产生的偏斜运动以绝对的形式实现对相对定在的否定，其否定是原子自身内在的力量，进而打破了"命运的束缚"，是能够进行斗争和对抗的某种力量，体现了原子内蕴的自由意识本质。但当时有人质疑：德谟克利特曾经也提出过原子具有精神的原理，而伊壁鸠鲁论证的偏斜运动与其有着相似之处，根本上仍然趋同于原子以内在意识为基础的运动形式，所以伊壁鸠鲁提出的偏斜只是德谟克利特精神原理的替代品。马克思对此给予了强烈抨击，认为德谟克利特的精神原理只是一句虚无的空话，是自我臆造的概念，臆造的精神原理没有明晰原子运动过程中出现的矛盾，无法论证原子如何以精神为内在动力展开对现实定在的否定运动，而伊壁鸠鲁的观点则道出了原子的实质性、根本性，并凸显了抽象个体性的深层内涵，是对垂直下落运动的相对存在的否定。第三种运动——排斥，马克思认为它是只被伊壁鸠鲁发现的一种本质运动，凸显了原子无限性运动的独特属性，结合了垂直下落运动的物质性和偏斜运动的形式规定，并将无限的运动方式当成原子存在的原则，以此"表现着那些原则的规定性"①。在马克思看来，原子的偏斜运动表明原子彻底摆脱了所有形式的运动方式，摆脱了其他可能的关系，作为特例的存在而被另一存在规制，即原子偏斜运动的产生是自身从其对立面概括、抽象出来而产生偏斜的结果。而这一结论又内含矛盾，那就是原子对其他所有运动和关系等的否定。马克思认为，这种否定只有在与原子有关联的存在或在同样也属于原子的情况下才能成立，这就是伊壁鸠鲁所指的排斥：一种原子概念的内在矛盾，即原子作为绝对形式与相对定在的结合产生的冲突，并在偏斜运动的形式规定显现过程中获得实现的运动方式，原子在自身矛盾的不断产生与克服中构成了现象世界。而德谟克利特对排斥的看法与伊壁鸠鲁大相径庭，在德谟克利特那里，排斥只是物质方面的分裂和变化，偏斜运动则被视为盲目必然性的强制运动，它的发生和发展是排斥所导致的结果。马克思不得不感叹，只有伊壁鸠鲁理解了排斥的本质，认识到原子的独立性意识对生活世界问题的关切，德谟克利特探索的只是原子物理性的现象存在。

---

① 马克思恩格斯全集：第1卷.北京：人民出版社，1995：48.

马克思在博士论文中探讨原子的质，目的在于为原子发生偏斜运动提供证明材料和科学依据。伊壁鸠鲁将原子内含的特质与其存在之间的矛盾客观化：在阐述体积时，他否定了体积的存在，认为原子不具有任何体积，原子之间只存在体积上的变化；在阐述形状时，他将形状视为无法确定的，抽象的个别性等同于抽象的自身；在阐述重量时，他认为重量仅仅是存在于主体之外的、抽象思辨层面的点的物质个别性，而这与原子本身是一致的，所以重量只能作为"不同的重"而存在。伊壁鸠鲁从体积、形状和重量的向度探讨原子的客观存在问题，旨在说明由元素构成的原子是具有形而下意义的原子的质，而作为概念的原子则表征了形而上意义，两种形式的原子在现象世界中的矛盾促使一般性"原子"不断分裂以维持多元存在的可能性。而在德谟克利特的哲学框架中，他的关注点在于从具体自然的关系上来说明"质"，即"质"仅仅是用以解释外显现象的假定存在，与原子的内涵及实质均没有任何关联。德谟克利特始终没有将原子本身作为考察其特性的起点，导致他在对待原子存在原则的真理性与可靠性上产生自相矛盾而倒向怀疑主义的阵营，自然就无法达到伊壁鸠鲁的理论深度。

马克思在博士论文中从个别的自我意识出发对伊壁鸠鲁的自然哲学进行诠释与呈现，透过原子的独立性使自我意识哲学得以展开。马克思对自我意识哲学性质的认识受到黑格尔和青年黑格尔派的影响，但明显区别于后两者所秉持的客观或主观唯心主义一元论。① 笔者认为，探讨自我意识的哲学性质问题时不应简单地给其冠以唯心主义的帽子。马克思博士论文时期的思想还停留在自我意识的视角上，尽管他在比较中辨明了作为存在依据的"自我意识"与作为表征运动原则的"自我意识"的差异性，但还没有达到人的异化的认识高度，还没有注重从唯物主义或者唯心主义方面对其思想进行奠基，而只是从自我意识哲学方面区别德谟克利特的自然哲学与伊壁鸠鲁的自然哲学，表明了马克思从自我意识哲学的视角解读自然哲学中展露的自由与解放诉求，他以倾向于伊壁鸠鲁的思想及其宗教批判的方式隐喻地表达了对现实政治进行批判的需要。因此，这种自我意识哲学可能更接近于唯物主义。有学者通过对伊壁鸠鲁哲学的考察和对马克思学术史的探究指出，这一时期马克思的思

_____

① 黑格尔强调"绝对精神"决定一切，创立了一个庞大的客观唯心主义哲学体系。青年黑格尔派对黑格尔采取了扬弃的态度，强调用历史发展的眼光看待一切，把历史归结为思想史、观念史，带有明显的主观唯心主义倾向，把黑格尔的客观唯心主义引到了主观唯心主义。

想属于唯物主义自我意识哲学，并认为伊壁鸠鲁在充分运用和肯定抽象个别的自我意识时，反对将其实体化，如果实体化就会导致迷信和盲从。存在于伊壁鸠鲁自然哲学中的原子论始终蕴含了对自我意识内在与外在、"形而上"与"形而下"双重意义的指涉，归属于二元论的唯物主义自我意识哲学，区别于黑格尔与青年黑格尔派等的客观或主观唯心主义一元论。有学者认为，伊壁鸠鲁哲学构成马克思哲学的理论起点，因为它"对处于思想起源期的马克思确立人生价值指向、生活道路和理论视野具有重要价值，对其未来的社会实践和理论建树也具有一定的奠基性意义"①。马克思对自我意识二元论观点的重视体现了其对伊壁鸠鲁哲学范式的肯定。但有学者指出了马克思与伊壁鸠鲁的区别，马克思的唯物主义自我意识哲学蕴藏着积极性、能动性和革命性②，这种积极性、能动性和革命性隐含了从自我意识视角对社会现实展开批判的冲动与志向，最终推动其哲学走向了一条不同于伊壁鸠鲁哲学的道路。

三、自我意识哲学的救赎功能

马克思自小就树立了宏大的志向，并始终秉持着"普罗米修斯"的济世情怀。他研究哲学不只是出于自身爱好或者思想追求，更是为了寻找解救世人的现实出路，致力于摆脱宗教支配的哲学自由思想，以寻求在解放中获取自由的伟大事业，因此不能简单地将博士论文中自我意识哲学的阐发理解为对伊壁鸠鲁哲学的"拨乱反正"，其背后动机更加耐人寻味。

宗教作为封建国家的精神支柱，在德国资产阶级革命的浪潮后跌下神坛，褪去了神秘外衣，袒露出不过是人的自我意识的产物的本来面目。鲍威尔曾明确指出宗教是人的自我意识的产物，并创立了自我意识哲学。马克思在一定程度上延续了鲍威尔的思路，在其博士论文中也以自我意识哲学作为抨击宗教的武器，但是马克思的目的并非仅仅在于对神学的批判，而是在运用自我意识哲学批判宗教的过程中把握哲学批判方法的功能与限度，以求解人作为自我意识的主体如何创造性地运用哲

---

① 聂锦芳. 滥觞与勃兴：马克思思想起源探究. 北京：中国人民大学出版社，2017：14.

② 关于马克思的唯物主义自我意识哲学的观点，参见鲁克俭. 马克思《博士论文》与恩格斯《谢林和启示》之比较. 北京行政学院学报，2010（5）：11-17。

学实现自由与解放的论题。马克思反对宗教在神的名义下把人"救赎"到黑暗领地的荒谬行为，希冀能够揭开宗教欺骗的本质，将人们从偏见、迷信和宗教中解救出来，把对象世界复归于人而非仅仅将其视为宗教的对象，将对象性的主体解救到哲学的光明世界中。依照启蒙思想家的观点，只要人们以理性的方式将哲学的本真意义作为思考前提，以此追寻自身存在与思维的归宿，并能够把握人自身思维自我否定、历史演进的逻辑表达，那么，宗教就将不再存有活动的余地；以哲学为根基的理性思考只有超出恐惧和无知的境地才能真正开始，人运用哲学来理解生活世界也只有穿破宗教的深邃迷雾和历史变迁才能达到自觉。然而，在当时宗教依然占据崇高地位的历史环境之下，马克思批判神学、推崇自我意识哲学举步维艰，但他坚持"哲学研究的首要基础是勇敢的自由的精神"① 的信念，并义无反顾地在其博士论文中选择批判宗教，倡导自我意识哲学，崇尚人的独立个性与自我扬弃。

马克思认为，伊壁鸠鲁哲学所内蕴的自我意识哲学为在宗教迷雾中历经磨难的人们指明了一条哲学救赎的道路，这条救赎之路旨在消除宗教所宣扬的对人自我完善的不可替代的作用，激发人对自身存在需要的理性认识和野蛮本性的理智克服，最终目的在于拯救人的自由。伊壁鸠鲁认为，要获得实质性的自由，就必须选择为哲学尽忠，但凡能够全心全意地服务、献身于哲学的人，都将获得哲学赋予他的自由，因为服务、献身于哲学本身就是一种自由。伊壁鸠鲁看到了哲学与科学的差别，强调精神性思维在对事物的理解和促进自由观点发展上的根本意义。"伊壁鸠鲁的哲学和物理学构成了对实在的解释，自由借此得到肯定。马克思对伊壁鸠鲁的兴趣意味着他对作为一种救赎方式的哲学本身感兴趣。"② "救赎"一词实有解放的韵味，而从自我意识哲学出发所达到的对人类的"救赎"也便意味着对人类的解放。

在博士论文后半部分，马克思通过深入剖析两大哲学家的哲学思想在本质上的细微差别，为人类解放探寻了一条救赎之路。这条道路以自我意识哲学为核心和原动力，将人们从迷信、宗教等幻想的深渊中拉回到真实的世界，形成对人类的双重救赎：突破宗教束缚的救赎；打破混乱状态的救赎。

---

① 马克思恩格斯全集：第 40 卷. 人民出版社，1982：112.
② 维塞尔. 马克思与浪漫派的反讽：论马克思主义神话诗学的本源. 陈开华，译. 上海：华东师范大学出版社，2008：129.

马克思在撰写博士论文之前就已经展开了对宗教的反驳,他在1837 年创作的《小提琴手》中就以诗歌的形式直言"是上帝不懂也看不起那艺术,它从冥冥地狱爬进头脑里面"①。而在撰写博士论文期间,马克思更是将批判宗教的心思展露无遗。在《关于伊壁鸠鲁哲学的笔记》中,他十分赞赏普卢塔克对伊壁鸠鲁哲学关于神的问题的解读,并通过普卢塔克对"快乐"的描述,阐明了"被奉为神明并备受赞扬的东西,正是摆脱其日常束缚而被神化了的个体性,即伊壁鸠鲁的'哲人'及其'心灵的宁静'"②。马克思对神是人的自我意识的产物这一原理进行了解析,把神从高高在上的神坛拉回到了最为普通的现实生活之中。在分析人的个体性心灵问题时,马克思不是从宗教的教义原则出发挖掘其在规定人道德行为上的悖谬,而是立足于人对高尚道德的需要及其自我扬弃的过程追溯宗教规范人生存的根源。他希冀人们逐渐摆脱宗教的魅惑,意识到宗教往往将自身作为神的意旨的化身而站在至高无上的神学境地为人的生活制定道德目标,洞察到人人都能够而且已经拥有创造神的自我意识,激发人通过理性思维实现自我超越,从而确证人的意识所具有的独立性以及人与人之间所共有的自由与平等。通过对宗教本质的揭露,马克思完成了把人从宗教束缚中救赎出来的第一重使命。

对伊壁鸠鲁原子论的梳理与阐释,蕴含着马克思对个体主体生存图景的描绘和探究。开展垂直下落运动的原子,在其必然的运动轨迹中执行单一的运动表征其丧失了主体性和独立性,喻指作为单独个体的、主体的人在行动中使自身的主体性逐渐沦陷;原子的偏斜运动打破了"命运的束缚",使自身得以依照自我意识获得个性的运动轨迹,象征着人凭借其自我意识的力量,摆脱外在的束缚和牵绊,使个体自身获得自由意识和个性发展;排斥运动作为原子象征自我意识的初始形式,与其他将自身看作抽象个别存在以及直接存在的自我意识具有一致性,排斥运动弥合了物质性原子与形式规定的原子之间的缝隙,作为不同原子自我意识运动过程的主要形式而贯穿始终,而原子之间相互进行排斥运动所导致的排挤与分离,表征着在人类社会中,作为主体的人都是作为其中独立的、利己的原子个体而存在,并将主体自身的意识确立为绝对的自由,从而使得在人类社会中每个个体之间都将必然发生一定形式的冲突和对立。伊壁鸠鲁原子论所遭遇的二律背反问题在马克思那里表现为哲

---

① 马克思恩格斯全集:第 40 卷. 北京:人民出版社,1982:21.

② 同①82.

学与现实的矛盾，构成马克思称之为"一切人对一切人的战争"的混乱景象与状态。这一混乱状态只是在人的意识处于最初状态之下产生的结果，只有当人的意识获得发展，能够体会到他人意识与自我意识之间的协调关系时，人才能够从这种混乱状态中得到救赎，像原子一样在充满秩序感的虚空中自由活动。

就马克思凭借伊壁鸠鲁的"救赎方式的哲学"所达到的超脱于宗教之外的批判视域而言，其哲学拯救和救赎的本意还只停留于纯粹思辨的自我意识活动之中，只能是以"理性的自然之光"照射到黑暗的宗教世界，以显示自我意识哲学所深蕴的救赎意志。但这种自我意识仍然脱离了现实对象的存在，它所期许的是一个表面精神充盈而实质忽视物质生活矛盾的世界，即使比纯粹唯灵论的宗教世界更加凸显了对象性存在的意义，也难以仅仅凭借精神力量赋予对象性存在的现实图景；这种批判还只是思辨式的批判，依然局限于斯宾诺莎式和青年黑格尔派的理性精神启蒙，本质上仍是以"精神的批判"来消灭或以"自我意识"来消融宗教的"幽灵和怪影"。虽然批判的锋芒很犀利，但无法打破被普遍神化的宗教原则对自我意识的内在封闭，其根本原因就在于此时的马克思尚未寻找到合适的中介让哲学自身成为革命的物质力量。他从哲学上批判宗教只是宗教批判的序幕，不是宗教批判的最终完成。而这种批判对宗教本质及其精神特定作用机理的揭示，具有理性启蒙般的影响，使得原先政教一体的状况得以改变，宗教脱离于政治而重新回归到世俗世界之中，宗教信仰成为个人的私事，构成人的社会关系的组成部分，具有自身严格的支配范畴，不再沾染国家、政治的运行。但哲学上的思想启蒙依然投注于黑格尔自我意志的范畴，所标明的无神论立场尚未具有科学唯物论立场，并不能彻底、完全地瓦解宗教，也不能完美地解决各个宗教派别之间的对立与冲突，尤其是教义、价值等的冲突。这就要求宗教审视、宗教批判逃离自我意识哲学的视域和范围，不能仅在思辨的世界中以哲学的方式解决宗教等现实问题；必须澄清和反省哲学批判的基础，发掘哲学批判宗教的现实根基及其变革作用，不能简单、纯粹地将自我意识哲学作为宗教批判的前提和归宿，否则根本无法消灭宗教的神秘性。

马克思的博士论文既精辟地阐述了两位古希腊哲学大家自然哲学之间的一般与细微差别，又通过其自我意识哲学的展开和拓展延伸传达出伊壁鸠鲁哲学的"解放"意蕴，彰显出自然哲学、意识哲学以及政治哲学等哲学分支的内在一致性和统一性，确立了哲学与社会现实的密切关联以及实现人类解放的历史作用。"哲学作为一种救赎方式"的思想，其意义在于：以哲学视野与思维方式的改变来改造现实世界，将人民大众从宗教魅惑和宗教捆绑的生活方式中救赎出来，给人以主体意识和独立人格，激发人们通过理性思维的方式获取自我意识和主体创造的意义；将人民大众从混乱无序的状态、嘈杂世界中救赎出来，推崇以理性主导的运行机制来推动社会生产，并在理性批判的基础上使现实的物质利益冲突趋向和解，使整个社会充满条理和稳定，从黑暗的旧时代迈进光明的新时代。而马克思对这一过程的思考，起始于博士论文，并贯穿在其一生的探索真理、追求真知的奋斗生涯中。

第三节　人道主义力量的释放

马克思继承了古希腊哲学敬重人的地位与尊严的精神本质，克服了人道主义①哲学史发展过程中自然人和抽象人以内在价值为本位的思想弊端，揭露并消解了在近代哲学中长期占据主要地位的抽象的人道主义，转而以"现实的人"为理论主体，在生存权和财产权的维度阐释人道主义的思想内涵，以消灭异化和私有制，将抽象主体对世界的颠倒意识纠正过来，推行无产阶级社会历史实践方式为演化路径，发展了传统的人道主义。马克思人道主义是以现实的人的实践活动为根本特征的人道主义，随着哲学探索的深入和政治经济学研究的展开而逐渐释放出变革社会现实的力量。

---

① "人道主义"是一个内涵丰富而又十分复杂的概念。人道主义有理论形态和实践形态之分，两种形态之间的区别主要是关注点、侧重点和表现形式的不同。在日常生活中，实践形态的人道主义常常与某种伦理思想直接关联，意味着在生活实践中重视人、关心人、爱护人、尊重人的道德原则和伦理规范，如救死扶伤、对难民的人道主义救援等。理论形态的人道主义不仅仅意味着一种道德思想和伦理观念，它在更广泛、更深刻的意义上代表价值观念和哲学理念。其中的"人道"观念，意味着人区别于动物的"实然"之理，代表着人之为人的"应然"之道。在哲学与人内在统一的意义上，"人道主义"是关于人的存在、本质、地位、作用、价值和意义的哲学思想或哲学理念。马克思的人道主义首先是理论形态的人道主义，它内在包含"人的存在""人的本质""人的处境"等"人是什么"问题的哲学认识与哲学理解，以及关于"人的地位""人的作用""人的价值"等"人的意义"问题的哲学反思与哲学阐释。［崔秋锁．马克思人道主义的哲学解读．社会科学辑刊，2014（2）：11-20］本书涉及的人道主义主要指理论形态的人道主义。

通过《1844 年经济学哲学手稿》和《德意志意识形态》全幅画面的描绘与展现，马克思的人道主义力量获得了完全的释放。马克思彻底摆脱了抽象的、虚幻的泥潭，确立了对历史与哲学关系的重新解读，开始从现实的历史入手，批判抽象的人道主义把历史当成逻辑先验本质的演绎过程，指出理应将体现人的本质的存在视为推动现实历史展开的真正主体，实现了人道主义从抽象的人到现实的人的主体超越，理清了阻碍人的本性复归和人类解放的现实缘由，完成了从形而上到形而下的转换和从理性虚构、概念演绎到社会历史实践路径的升华，从人的现实实践理解历史发展的动力及其产生的观念形态，扭转了传统人道主义仅从观念意识把握历史与人的本质的方式，将人道主义推向新的高度和新的起点。马克思的人道主义登上了近代人道主义思想发展史的巅峰，促使通向现实的、合理的人道主义思想逻辑被拯救出来，展现了其内蕴的现实的、实践的哲学力量和思想张力。从马克思所处的历史环境和语境出发对其人道主义予以客观的、合乎其思想发展脉络的正视，对于正确评价其人道主义力量释放和发挥的范围与限度极其必要。

一、人道主义思想史的跨越

在《1844 年经济学哲学手稿》中，马克思挣脱费尔巴哈抽象的人本主义局限，指出其自然人仍旧囿于抽象观念内在性的实质，赋予人社会性、历史性和实践性，使人道主义的主体从抽象的人变革为现实的人。他深入市民社会的政治经济现实中把握现实的人的生存结构，将现实的人的生成发展与其所推动的历史视为相互规定的过程，实现了人道主义思想史的跨越。

自文艺复兴开辟人道主义思想先河以来，人道主义历经多次变革和发展，每一次的思想变革都不仅对前人的思想进行了批判式继承，而且在深化研究中形成了具有自身属性和特色的认知，为马克思以现实的人作为主体的人道主义的形成提供了重要的理论素材和思想支撑。在马克思之前，人道主义共经历了四种形态：

第一种形态是发生于文艺复兴时期的自然主义的人道主义。这一时期的人道主义思想呼应了当时时代的召唤，是文艺复兴运动中涌现的一种旨在取代中世纪神道主义的资产阶级思潮。它反对宗教独断、教会统治，宣扬人的意志自由，呼唤人性的复归，将人从神的统治中解救出来，体现了以人为本质的世界观。文艺复兴时期的人道主义包含唯物主义成分，它高扬人区别于动物的特质，强调从人的角度出发审视社会存在与政治领域中的问题，表达了人对生活世界的关注与反思以及追求变革的价值旨趣，使人从神性统治的思想禁锢和规定性范围中挣脱出来，为人"镶嵌"了意识、价值、欲望等属性，强调人的欲望以及世俗生活的满足。但是，这一时期的人道主义所凸显的只是在自然意义上进行了区分的人，肯定了一般人最为基本的生活诉求、世俗幸福等，并未宣扬对神权的反抗，对神性与人的对立事实采取了消极的逃避态度，将其转化到人与动物的关系领域进行比较，也没有从社会关系、现实基础等层面对人加以剖析，"确实没有提出一个从根本上改变人的本质和如何才能使人的本质变得更好的途径"①，其仅仅停留在抽象讨论和价值评判的水平，对人性价值的探索与表达也仅拘执于文艺和伦理领域，可称为自然主义的人道主义。

第二种形态是兴起于启蒙运动时期的理性主义的人道主义。这一时期的人道主义带有反封建的历史任务，更多地体现了资产阶级的利益诉求，强调运用理性思维的方式把握人道主义。理性主义的人道主义强调人的理性的至高无上性，它继承了文艺复兴时期人道主义的部分思想，认同人与动物之间存在区别，但反对单纯以自然差别为标准对人与动物进行区分，认为人与动物之间的本质性区别在于人具有理性，理性是人特有的属性，希图通过理性实现人道主义思想的系统化。对理性的大加赞赏和推崇，使得启蒙运动时期的人道主义将理性视为主宰世界的、至高无上的独立存在，将符合人的伦理生活需要的理性意志投射到自然中，在人与自然物的关系中凸显人的理性和理想，任何事物都只有通过理性的裁定才能获得最终的判决，理性已然超出其原有的意义和限度，幻化为另一种"神"。如果说文艺复兴时期的人道主义太过现实化，那么启蒙时期的人道主义则过于理想化，使得神权的信仰主义向人权的理性主义过渡，其实质是一种具有前瞻性和革命性的理性主义的人道主义，旨在促使人道主义思想从资产阶级的专利扩展为每个人自由意志的选择，意图构建更美好的人类世界。

第三种形态是诞生于 19 世纪法国的空想社会主义的人道主义。空想社会主义的人道主义同样将理性视为人的根本特性，从理性出发来理解人，蕴含了将人道主义思想付诸实践的内在旨趣。但与启蒙运动时期

---

① 凯文·B. 安德森. 马克思《1844 年经济学哲学手稿》与人道主义、美学：凯文·B. 安德森教授访谈录. 王杰，尹庆红，刘方圆，译. 文艺理论与批评，2015（1）：92.

的人道主义不同的是，它并非只是代表资产阶级的利益及以拥护现有统治为前提，而是站在更加广泛的无产阶级的立场痛斥资本主义的剥削本性及私有制，揭示资产阶级所宣扬的自由、平等价值观念的虚伪性，借用人道主义观点反对封建统治和资产阶级专制，全面否认专制国家对人的绝对支配，希冀通过消灭资本主义私有制，达至每个人都能获得全面发展的人道主义理想社会。

从历史的角度而言，以上三种人道主义都有自身的理论贡献，但本质上都是将人从动物界中分离出来，将人看作抽象的、形而上的理念存在，并希望通过理性的力量实现自身的价值诉求，以一种伦理或理想化的形式表达人道主义思想以及人性对自由的渴求，缺乏对社会现实的实证分析和对人的问题的科学探究，难以在现实时代的境遇中实现人道主义理论与实践的真实统一和科学贯彻，因而注定会被历史超越。

第四种形态是费尔巴哈的人本主义的人道主义。费尔巴哈冲破了黑格尔构筑的封闭的人道主义思想体系，开始了人道主义思想发展的感性转向。在考察人的问题时，费尔巴哈的人道主义继承了前三种人道主义的方法论，承认人与动物之间的差别，批判理性主义者将理性视为人的至高属性而将人囊括在理性的"战袍"之下的观点。在比较人与自然物的关系时，费尔巴哈摒弃了个体理性的作用，确认人以"类"存在物的形式保留丰富的感性，主张应该回归现实，用现实的人替换之前抽象的人。但费尔巴哈所谓现实的人，仍然只停留于哲学论证层面，认为"人是人的最高本质"，并没有将人放置于社会关系和历史洪流中进行考察，是一种形式具体但内容抽象的现实的人。

马克思以哲学为基础，站在更高的视域将哲学与人学内在结合起来探讨人道主义①，从根本上超越与变革了传统人道主义的自然观、意识观和理性观。马克思既继承了费尔巴哈的人本主义思想，也尖锐地戳穿了其中存在的根本性问题。青年马克思有关人学的论述，是"接受了而

①　在马克思与人道主义的关系上，存在一个难题：马克思《〈黑格尔法哲学批判〉导言》《1844年经济学哲学手稿》《资本论》《法兰西内战》中的论述似乎并不统一，甚至自相矛盾。这一问题成为学界争论不休的话题，但它并非一个没有研究价值和现实意义的历史旧案。有学者认为，马克思是人道主义者，其思想具有前后一致性，他的全部理论都具有人道主义的性质。但由于他把人性、人道理解为现实的人的劳动实践，把自己的唯物史观理论建立在劳动实践活动之上，因而"他的人道主义思想与唯物史观紧密结合，是特殊的、现实的、科学的人道主义"［安启念. 马克思与人道主义. 教学与研究，2015（7）：12］。笔者赞同这一观点。

不久就批判和扬弃了的费尔巴哈的人本主义哲学思想",并"不能代表以后的整个马克思主义"①。马克思、恩格斯曾指出,费尔巴哈"仍然停留在理论领域,没有从人们现有的社会联系,从那些使人们成为现在这种样子的周围生活条件来观察人们——这一点且不说,他还从来没有看到现实存在着的、活动的人,而是停留于抽象的'人'"②。这表明费尔巴哈的人道主义思想无法进入人正在推动生成的现实历史境遇,难以形成自觉的意识形态。马克思认为,作为人道主义主体的人,绝不是费尔巴哈流于形式、臆造出来的人,而应该是处在社会现实中、具有社会性特质的人。"对于'人'的不同理解,决定了其本身理论性质的本质区别。传统的人道主义大都以某种抽象的人或抽象理性为前提和出发点,因而它们往往都沦为某种唯心主义或抽象的人道主义;马克思的人道主义则以'现实的人及其实践活动'为前提和出发点来看待和把握世界,因而,它在本质上是一种现实的人道主义,是一种唯物主义的人道主义。"③ 马克思意识到要从物质生产和现实历史发展的内在关联入手,在现实的人所从事的实践活动中理解其所创造的历史,进而把握人在具体历史条件下体现的价值、观念等意识,在功能上确证人的社会关系本质。

对马克思"现实的人"的理解,可以从社会性、历史性和实践性等维度进行展开。

首先,关于社会性维度。马克思从"现实的人"出发,抓住人的社会关系,探究人的现实社会根源。他指出,人的现实性体现在人是一定社会关系中的存在物,每个人都是处于社会中的人,超脱于社会之外的人不属于马克思"现实的人"的范畴,传统人道主义只是将人区别于动物,而没有从人区别于人的视角加以深度挖掘。人作为社会存在物,需要在社会关系中生存和发展,忽视社会关系对人的形成和发展所展现出来的并非完整的人,也不是真正意义上的现实的人。现实的人的生存需要层次随着社会生产的发展而不断提升,人在追求自身需要的过程中与他人产生相互融合的社会关系。在社会中,人与他人形成了不同形式和性质的社会关系,这些具体的社会关系及其功能包括四个方面:第一,个人服从于与他人之间形成的共同关系的控制,并在其中获得其思想关系与实践关系的丰富性;第二,人与人之间的相互关系既是个人本身的

---

① 陆梅林. 马克思与人道主义. 文艺研究,1981(3):41.
② 马克思恩格斯文集:第1卷. 北京:人民出版社,2009:530.
③ 崔秋锁. 马克思人道主义的哲学解读. 社会科学辑刊,2014(2):13-14.

个性在关系中的体现，也是作为群体中的个人与他人发生关系，具有某种群体性的特征和属性；第三，个人在与社会不同层次、部门的个体相互交往的同时，也是与不同地区、职业、民族的整体交往，可以克服个体的局限性和片面性；第四，在多样化、全面化的整个社会关系之中，独立个体之间的关系构成人们的普遍关系并受到大众的共同掌控，这使得人们可能获得现实上和观念上的关系全面性。① 只有从社会关系维度出发理解人的问题，才能真正完整地把握人的本质，彰显人在社会关系中的自身存在价值的自觉意识，而不至于使人落入抽象和虚幻之中，正如马克思指出的，人的本质理应是"一切社会关系的总和"②。它说明了人的现实性、复杂性和整体性，确定了"社会关系的总和"对人的本质发展的决定意义，也表征了人的个体存在的特殊性和独特性存在于社会关系中。

其次，关于历史性维度。在反省费尔巴哈直观感性的人与现实历史脱节的窘境后，马克思论证了现实的人作为历史主体的创造性力量及其为物质生产和社会发展辩证运动提供的变革性原则。他认为，人的本质具有开放性，人是变化发展的，人的本质也是变化发展的。人们每天都在再生产自己和社会，现实的人处于历史不断的生存发展过程中，人的全面性是生长着的全面性，并没有一个预定的"完成"状态，也可以认为每天都在完成，但不会最终完成。人既是社会中的人，也是历史中的人，人是社会性与历史性的统一：作为社会中的人，个体与个体之间发生各种社会关系，构建了人的横向发展；作为历史中的人，人以动态的历史演绎方式存在，人的形成是历史积淀的结果，表征着人的纵向形成。只有将横向发展与纵向形成相结合，才能够熟稔人的问题。马克思意识到人与历史是一种辩证的关系，在人类历史发展的长河中，人既是创造历史的主体，也是在历史中被认识和改造的客体，历史就是人自己创造自己的历史。他指出，必须立足现实的人生存的总体历史来理解其理性和实践发展的进程，进而将人的发展史与物质生产和交换的历史紧密结合起来，以发掘现实的人的感性对象性活动在具体历史条件下的运行方式，把握以现实的人为出发点的人类解放旨趣，揭示人创造性实现人类解放这一历史使命的主体力量。人是处在历史过程中的人，社会发

---

① 韩庆祥. 论人的个性及其全面发展的规律. 北京大学学报（哲学社会科学版），1992（1）：20-27.

② 马克思恩格斯文集：第1卷. 北京：人民出版社，2009：505.

展的物质基础、生产力的发展、社会关系的创设都不可能凭空而起，也不可能虚拟存在，它们必然是在历史中逐渐积累、生成的。历史性决定了人的生存思维的批判性和人的本质的发展性，历史性意味着人的生存方式尤其是人的生成、发展和蜕变的过程。这就需要揭示历史上关于人的存在的探索不适用于现实的人的本质发展需要的弊端，对现实中依然束缚人的认识与实践的历史因素进行批判。如果脱离历史而对人的问题进行单独的、割裂式的讨论，不从历史性的动态过程中解析和透视人的问题，则难以理解整体性的人，不能展示马克思对人的本质思考的深度与广度，无法获取关于人的本质和根本生存需要的深层内容以及对人的准确认知，而只能形而上学地将人理解为片段化的、静态的人。

最后，关于实践性维度。实践在马克思哲学中具有重要地位，甚至有学者将其设定为马克思哲学的核心概念。从实践尤其是劳动实践的角度来考察人，必然是马克思"现实的人"的视野范围。在《1844年经济学哲学手稿》中，马克思通过对异化劳动的探讨，已经深刻地认识到人的劳动实践活动不仅能够为社会提供必需的劳动产品，还生产出工人与资本家之间的对立、矛盾关系。他肯定了物质生产劳动为人的基本生存提供了必要的基础，指出人在物质生产中生成了新的发展需求，但这种发展实质上与劳动的本质力量相背离，劳动者在劳动实践过程中与自身所生产的产品及生产活动相异化，从而导致人与人的异化。波兰著名哲学家亚当·沙夫认为，马克思在揭示"异化"存在的过程中"所阐述的人的观念，是马克思构建自己的人道主义的事实"[①]。马克思运用"现实的人"取代抽象观念的人，实质上是用物质的生产劳动能动性替揣测出的意识活动的主体性，要消除人的种种异化，也只有通过实践才能完成。马克思的"现实的人"是从事实践活动的人，离开人的物质实践活动和物质生活条件，呈现的只能是空洞的、抽象的人。马克思从物质生产活动及其相联系的物质生活条件来理解人，将对人的认识置于实践的基础之上，他认为只有基于实践关系把握生活过程的整体，才能揭露资本主义非正义性的本质，进而赋予人能动性与受动性、认识世界与改造世界相统一的内涵。认识世界、解释世界从而改造世界，正是哲学应该承担的历史使命。马克思的人道主义并非空洞的口号，也不是只停驻在每个人思想深处的摆设，而是具有广泛实践性质的人道主义。

---

① 亚当·沙夫.结构主义与马克思主义.袁晖,李绍明,译.济南：山东大学出版社，2009：104.

历史的主体不是抽象的人或自然形成的类与精神形成的类,而是从事历史活动的现实的人。现实的人及其实践活动、实践观点的思维方式和改变世界的哲学范式,为正确理解和深入把握马克思人道主义的核心理念,提供了现实前提、理论出发点、思维方式依据和哲学范式基础,同时也彰显出马克思人道主义区别于传统人道主义的本质特征。① 现实的人对抽象的人的人道主义主体的超越,显示了马克思人道主义所具有的独特本质。马克思正是立于主体超越性的理论旨趣,以社会性、历史性和实践性的思维方式彰显了现实的人的生命力,通过对人特殊的生命存在与实践方式的自觉省思,激发主体的内在超越性并为解决社会矛盾关系提供极具启示性的理论路径。但主体的超越并非其独特本质的全部内容,马克思在实现人道主义的路径选择上,也俨然与前人有着质的差别,他从社会关系的视角对人的存在本质问题进行阐释,表明已经将基于传统"形而上"概念展开的知识论推导范式转变为立足人现实实践的问题而诉诸方法论的求解路径。正是这种差别,使马克思人道主义在真正意义上从抽象的形而上转向现实的形而下,在人的存在、人的本质、人与世界的对象性关系、哲学的使命等方面实现了对传统人道主义的超越与变革。

二、人道主义实现路径的升华

马克思的人道主义、人类解放理论乃至整个哲学思想体系之所以能够经久不衰,并得到长久颂扬,不仅仅因为马克思在研究内容、研究范式上具有突破和创新,更为重要的是其所追求的人道主义、人类解放理想符合现实诉求和人类共识。他的理想没有驻足于"只是用不同的方式解释世界",而是将立足点设立于"改变世界",变革现存生产发展的结构以积聚物质力量,最终为彻底地改变现状提供现实条件与坚实基础。这种思辨理论所透射出的实践内核,体现了马克思的人道主义及哲学体系从抽象式的思辨哲思向具有实践意义、科学价值哲学的升华和转变。

马克思在揭示社会制度与异化问题的基础上,提出实现人道主义的路径是社会历史实践。私有制作为资产阶级的本质性特征,支撑着整个资本主义的发展。人的异化伴随着私有制的产生而产生,人在劳动过程中不断与自己生产的产品、生产关系相异化,并进一步导致人与人的异

---

① 崔秋锁.马克思人道主义的哲学解读.社会科学辑刊,2014(2):11-20.

化、人与类的异化，使人的完整性、独立性逐渐丧失，人不再作为人而存在，而作为异化物的状态而存在。马克思分析得出，私有制与人的本质的对立是一切异化的根源，在资本主义社会中以资本与劳动的矛盾关系呈现出来，在资本支配的生产过程中，劳动者的劳动被强制赋予生产性与消费性指向，使人的现实劳动成为资本生产和消费的附属物，这种异化的劳动方式促进了私有制的生成，并在私有制的作用下固化了劳动作用的模式。因此，对私有制的有力批判，是马克思社会历史实践方式行进的前提和基础。作为资产阶级代表的国民经济学家将私有制神圣化，竭尽全力为私有制的存在而辩护，强制赋予私有制合理性和合法性。马克思直指国民经济学理论的虚幻本质，认为国民经济学家总是有目的性地将问题放置于纯粹虚幻的起始状态，理所当然地将私有制作为事实直接呈现给大众，并为之装饰以规律的容貌，从未探明客观经济事实背后的真相和发生根源，定然无法说明和破解任何问题。在对国民经济学和异化劳动的批判中，马克思以现实的人为依托，将人所生产的物质成果与劳动过程关联起来，发现私有制条件下资本与劳动由统一走向分离的规律，并以当时的经济事实为出发点，揭示了资产阶级运作的真相：土地所有者和资本家，在私有制的庇护下，成为特立独行、盘踞在工人之上的"神仙"，并无偿地占有工人劳动的几乎全部成果，仅仅留给作为劳动产品的创造者和生产者的工人维持其生命存活的基本物质资料。

马克思将工人的生存状态与其劳动方式联系起来，认识到工人劳动的趋势是生产能力与消费能力、创造与收获、对象与自身等总是呈反比例发展，指出工人永远处于弱势、低贱的处境和地位。工人所生产的劳动产品已经作为独立于自身之外的事物而存在，并且与劳动形成相互对立的关系，成为异己的存在物。"物的世界的**增值**同人的世界的**贬值**成正比"①，失去了全面丰富性成果的劳动过程，使工人的劳动降格为没有真实内容的抽象物，劳动不再作为人的生存方式自为地存在，而作为维持人的肉体生存的手段被动地存在。私有制"不仅使劳动者与自己的产品相脱离，从而丧失了劳动的主动性，而且也使资本家物化，即资本的人格化，虽然名为财富的主人，实则财富的奴隶"②。私有制是劳动

---

① 马克思恩格斯文集：第1卷.北京：人民出版社，2009：156.
② 裴德海.论马克思主义人道主义的本质特征.复旦学报（社会科学版），2007（3）：72.

者与自然物存在规律相背离的结果，也是劳动者同自身生存本质相异化的产物，而这一产物对劳动者来说是强制与被迫的结果，私有制、劳动异化等带来的不仅仅是工人阶级的异化，更是整个人类的异化。

基于对资本主义私有制丑陋面目的揭露，马克思急切希望改变浑噩现状及异化状态，谋划理想的人道主义社会。在设想与实现之间，更为重要的并不是针对现状构设未来社会的美好图景，给人以憧憬和向往，而是在向理想社会的迈进中如何解决现实存在的问题。马克思认为，社会历史实践构成了资本主义社会持续发展的动力，消灭资本主义社会形态也必然依靠劳动者在现实中不断发展的实践活动，强调只有通过社会历史实践的方式才能达至理想社会，占有全部生产力的总和，实现工人劳动的自主性和自觉性。只有革命实践的手段和方式，才能彻底颠覆目前占据统治地位的权力机构，使整个无产阶级获得前所未有的发展和成长，在促进生产力发展和提升科技水平的同时革新人的生存方式与思维方法，展现人类社会实践性的本质力量，并完全摆脱和废除捆缚于无产阶级身上的所有枷锁。

审视社会生产力发展的现实水平以及人类历史发展的规律可知，未来理想社会的到来必然需要经历漫长的社会历史实践过程。无产阶级首先要废除资本主义所有制，推翻资产阶级的现有体制和剥削统治，在对异化劳动的积极扬弃中消除私有制的剥削本性，从而掌控和把握政权。担当革命主体的无产阶级没有财产需要保护，其家庭关系与资产阶级的家庭关系没有任何共同之处，但无产阶级受到的资本压迫和剥削在世界各地具有一致性。作为"一无所有的阶级"，无产阶级必须站起来，摧毁全部现存的占有方式，获得生产力。所以，马克思、恩格斯发出号召："全世界无产者，联合起来！"① 将人的解放事业视为共产主义社会的价值旨归，在这一终极价值的引领下，"无产阶级将利用自己的政治统治，一步一步地夺取资产阶级的全部资本，把一切生产工具集中在国家即组织成为统治阶级的无产阶级手里，并且尽可能快地增加生产力的总量"②。通过社会历史实践的方式，分析私有制产生的根源，才能真正扫清资本主义社会的遗骸。若只是通过理论的演绎、逻辑的推进等虚幻方式，这种人道主义可能终止于思维层面，而难以触及社会现实的真实"土壤"。

---

① 马克思恩格斯文集：第 2 卷．北京：人民出版社，2009：66.

② 同①52.

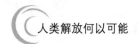

三、人道主义归属之境的追求

马克思的人道主义指向，并非与传统人道主义一样是部分阶级利益的辩护者，也并非只是停留在将人与动物区别开来的程度上对人进行简单的特质叠加，而在于将视域拓宽至整个人类的范畴，希冀解放全人类，使每个人都能获得自由全面的发展。这便是马克思毕生追求的人道主义的归属之境——共产主义。马克思致力于探索现实的人道主义思想与共产主义理想的深层关联，推动现实的人道主义在实现自身矛盾统一的过程中通向人类解放的共产主义理想社会。

马克思的人道主义有其转变和升华过程，我们不能将他所理解的"人道主义"简单等同于共产主义。在《1844年经济学哲学手稿》中，马克思将共产主义定义为："是对**私有财产即人的自我异化的积极的扬弃**，因而是通过人并且为了人而对**人的本质**的真正**占有**；因此，它是人向自身、也就是向**社会的**即合乎人性的人的复归，这种复归是完全的复归，是自觉实现并在以往发展的全部财富的范围内实现的复归。这种共产主义，作为完成了的自然主义，等于人道主义，而作为完成了的人道主义，等于自然主义，它是人和自然界之间、人和人之间的矛盾的**真正解决**，是存在和本质、对象化和自我确证、自由和必然、个体和类之间的斗争的真正解决。"① 此时马克思对共产主义的论述旨在将人从异化的社会关系中解放出来，进而恢复属于人自身的本质，其理论基调呼应了人本主义和社会主义的理论框架。对该论述的解释，笔者提出如下问题：第一，此时马克思并没有基于经济学视角，而是将人性复归作为预设的共产主义的终点，这是何原因，又意味着什么？第二，马克思将共产主义与完成了的自然主义和完成了的人道主义两者相等同的合理性何在？或者说等式如何得以成立，他是如何搭建两者之间的内在关系的？

马克思人性复归的倾向是"哲学共产主义"思想的外显。在撰写《1844年经济学哲学手稿》时期，马克思刚刚完成对黑格尔绝对精神及唯心主义的批判，并开始逐渐发掘、推崇费尔巴哈思想的深邃之处，肯定费尔巴哈通过感性直观的方式瓦解意识内在性的尝试，在费尔巴哈阐释的人与人的关系视角审视自然的方法基础上进一步发展，费尔巴哈的人本主义思想对于此时的马克思而言具有无可替代的影响力。从该时期

---

① 马克思恩格斯文集：第1卷．北京：人民出版社，2009：185．马克思早期还没有将共产主义视作一种状态或形态，而只是把它当作一种社会运动。

马克思文本中经常出现"人的本质"和"人性复归"等词语，尤其是《1844 年经济学哲学手稿》中的相关表述，可见其影响程度不可小觑。马克思不像一些思想家从"有神论"角度阐释无神论，而是引入实践范畴，在感性批判的意义上指出：无神论不是否定一种有神论而隐晦地转向另一种神学崇拜，而是对一切盲从盲信的思维加以否弃，是作为对神的扬弃的理性人道主义的生成；共产主义作为对私有财产的扬弃是实践人道主义的生成，是人的财产、人的本质、人的生命的复归，在体认人对自身实践力量的自觉意识中开启了真正属人的人类历史。实践人道主义对于人在精神与物质双重性解放和复归上都是一个现实的、必然的历史性环节，它既强调人的现实实践过程，也重视人的理性和情感。

但是，无神论和共产主义"决不是人所创造的对象世界的消逝、舍弃和丧失，决不是人的采取对象形式的本质力量的消逝、舍弃和丧失，决不是返回到非自然的、不发达的简单状态去的贫困。恰恰相反，无神论、共产主义才是人的本质的现实的生成，是人的本质对人来说的真正的实现，或者说，是人的本质作为某种现实的东西的实现"[1]。共产主义带来的人的本质的现实生成、人的本质的真正占有，是以扬弃私有财产为中介的推演结果，即便是"最近将来的必然的形态和有效的原则"[2]，毕竟还不是真正从自身开始的肯定，其本身并非人的发展目标，也不是人自觉形成的社会形态。在实践的人道主义思想基础上理解共产主义，表明马克思对人的本质现实之历史性维度的把握，在现实社会境遇中发现了人的生产实践的辩证特质，即现实的物质生产以异化的形式呈现人的劳动本质，同时也创造了满足人发展需要的对象。

按照马克思《1844 年经济学哲学手稿》中的论证，社会主义立足于公共生活需要而生成财产权，共产主义并不是外在于人性的社会形态，也不是一个社会发展的固定点，而是从人类生存权出发提出消除私有财产权的革命要求，它具体表现为革命的运动：一场不断否定、消灭现存秩序之恶的运动以及改造、提升人性的运动。"马克思不像早先的教派主义者那样首先创造出有着新的心灵的上帝的人民，然后再引导这些人民进行革命，而是想先让革命发生，然后让上帝的人民从革命过程

---

① 马克思恩格斯文集：第 1 卷．北京：人民出版社，2009：217．

② 同①197．

中产生出来。"① 在马克思看来，"上帝的人民"——真正的"人的发展的目标"和"人的社会的形式"，就是"社会主义的人"或社会化的人。他从社会存在以及现实的社会生活维度奠定人学理论的存在论和认识论基础，确定了推动人类社会发展的主体力量，并开辟了超越德国哲学传统既定理解和法国空想社会主义范式的人类社会科学研究路径。"社会主义是人的不再以宗教的扬弃为中介的**积极的自我意识**，正像**现实生活**是人的不再以私有财产的扬弃即**共产主义**为中介的积极的现实一样。"② "社会主义"作为人的积极的自我意识，是人的自我意识从自身开始的肯定，是人的自我意识消弭了存在与本质的张力之后的"整全"，它无须再像无神论或共产主义那样，通过否定神或扬弃私有财产而设定"人的存在"，"社会主义"不需要这一中介行动，因为"它是从把人和自然界看做**本质**这种**理论上和实践上的感性意识**开始的"③。马克思对"社会主义的人"存在的构想正是建立在感性实践的批判基础上，在人自由自觉的"类本质"活动和感性关系中，将人从单一的个体性概念提升为具有社会存在发展的整体关系性范畴。

"感性意识"与"哲学意识"是马克思厘定共产主义、人道主义的新视域。虽然此时马克思已经开始接触经济学知识，但其还没有以经济学视角深入、透彻地考察人的问题，驻足哲学基地之上探讨现实问题依旧是此时的基本点。在《1844 年经济学哲学手稿》中，马克思展开了对共产主义的哲学式刻画，通过对"异化劳动"的确证与阐释，发现并批判粗鄙的"社会主义"思想在客观上受制于物化思维，揭示了人类解放的出发点和落脚点，并从理论层面论述了人类从奴役走向自由、从异化走向整全的解放路径，最终完成了一曲关乎人类解放的哲学叙事。恩格斯将这种由哲学而演绎的共产主义称为"哲学共产主义"④。之所以称之为"哲学共产主义"而并非马克思成熟时期的"科学共产主义"，是因为马克思的思想处于哲学运思阶段：以哲学原则为基础得出共产主义的结论，把共产主义看作某种哲学原则的实现；以哲学原则为出发点

---

① 埃里克·沃格林 . 没有约束的现代性 . 张新樟，刘景联，译 . 上海：华东师范大学出版社，2007：94.

② 马克思恩格斯文集：第 1 卷 . 北京：人民出版社，2009：197.

③ 同②. 马克思在《1844 年经济学哲学手稿》中指出，全部历史都是为了使"人"成为感性意识的对象，马克思新的历史观就是从人类存在的感性事实出发来理解生活的。（同② 194）

④ 马克思恩格斯全集：第 3 卷 . 北京：人民出版社，2002：492.

针砭时弊，阐述共产主义的合理性与必然性；以哲学原则为根基和前提思索共产主义所代表的立场与利益，站在现实历史的立场上把握异化的实质，将共产主义视为超脱于阶级对立的运动和未来图景。① 这一时期的马克思在人道主义问题上论述的人是能够展开自由意识活动的"理想人"，在《1844 年经济学哲学手稿》之后的一段时间内，马克思倾向于黑格尔哲学表达中的异化理论，他指出，"和黑格尔比起来，费尔巴哈是极其贫乏的"②。马克思意识到黑格尔哲学论述异化的理论深度，并在解读人的本质问题上转向了黑格尔哲学方法论的路径，还没有真正突破原有思辨哲学的束缚来探究共产主义运动的现实路径和合乎逻辑的科学进化。

自然主义、人道主义和共产主义是马克思在不同时期理解人存在方式的思维方法，体现其思索人的本质与社会形态辩证关系的理论立场和逻辑线索的变化。领悟自然主义、人道主义和共产主义三者之间的关系，不可简单地从词语的表层意思加以了解，而需要结合马克思文本的语境和整体内容进行深入思考。

首先，马克思以唯物主义的方式理解"自然主义"，强调人作为自然物，是自然的组成部分，主张以自然作为本体和基础；人道主义则从人的视角出发，注重说明自然是人的一部分，自然界是人的无机身体，体现为以人为本体的唯物主义理念。马克思将完成了的自然主义与完成了的人道主义相互等同，在本质上就是为了解决人和自然的双重结构问题，以阐述主客体之间的辩证唯物关系。"无论是'完成了的自然主义'还是'完成了的人道主义'，都需要在'完整的人'和人作为'类存在物'的界面上获得理解。"③ 人作为"完整的人"，兼具自然属性与社会属性，无论是人的自然力还是人的社会活动，在资本主义生产过程中都是以人的异己的力量存在，因此，人的彻底解放既需要从自然的束缚中挣脱出来，也需要从社会关系的奴役中解放出来。

其次，共产主义将人道主义和自然主义组合起来，将作为肉体主体的自然存在和作为劳动主体的实践存在结合起来，在人对自身的解放需要产生真切意识和认同并付诸实践的过程中，实现存在与思维的融合，

---

① 王金福，庄友刚. 从"哲学共产主义"到科学共产主义：马克思、恩格斯的哲学革命与共产主义学说的转变. 哲学研究，2006（11）：23-28.

② 马克思恩格斯文集：第 3 卷. 北京：人民出版社，2009：17.

③ 李佃来. 马克思政治哲学中的人道主义意蕴. 求索，2020（2）：34.

从而克服"存在和本质"之间的矛盾。① 只有在共产主义社会，人与自然的本质性统一才能获得实现。共产主义社会是"实现了的人道主义"，同时也作为"实现了的自然主义"，意指其保持了人和自然的完美统一。当然，这种统一还是在哲学基地之上探讨共产主义和人道主义的问题，尚未从私有财产历史运动的必然规律和人现实实践发展的理论视域展开论证，具有理论的局限性。②

从马克思早期所设想的人道主义的图景来看，共产主义正是马克思所追求的人道主义的目标和归属。只有通过共产主义运动，人道主义才能真正展现应有的魅力，才能真正将人们从资本主义的藩篱中解救出来，才能让人们在理想王国中自由地劳动、全面地发展。共产主义对人的自然性和社会性相统一的存在方式的彰显，并不是向原始自然界的生活状态回归，也不是倒退到资本主义发展之前的社会形态，而是以自身辩证发展的本性为依据向解放旨趣的开显。在此思想指涉下，共产主义不是为少数人谋利益的运动，而是以现实社会创造的全部物质条件为基础，为绝大多数人谋利益的运动，为人类社会的历史性前进开辟广阔道路，其根本目的是人类的解放以及人的自由个性的实现。

马克思所追求的人道主义不同于传统的人道主义，他将现实的人引入人道主义的主体领域，为人的存在本质问题赋予现实的历史观和价值观思想底蕴，将人的本质的生成发展与历史演进视为同一过程的两个方面，使人道主义彻底摆脱抽象、虚拟的前提而焕发光彩；他不再只是将人道主义作为思辨的产物和道德的说教，不像浪漫主义只沉浸在自身的世界之中，而是将人道主义拉回到现实，经受现实的考验，为人道主义开辟具体可行的实践道路；他深入现实的人的生命结构之中，为人道主义构设了真正完美的圣地，在这个圣地中，一切对人的阻碍因素都将被抛除，每个人都可以遵从其主体性而自由、全面地发展自身的个性。人道主义久久回响在马克思哲学的深处，为马克思人类解放理论的构建奠定了基础。

---

① 赖金良. 马克思《手稿》中的"人道主义"含义新探. 福建论坛（人文社会科学版），1984（2）：13-19.
② 《1844年经济学哲学手稿》时期的马克思没有完全达到历史唯物主义的思维水平，他对资本主义的批判缺乏现实社会历史发展过程的线索，还不能从现实的经济基础来揭露资本主义社会的根本矛盾。

第二章　马克思解放理论的具体构筑

人类解放理论作为马克思倾尽毕生心血的理论成果，在其整体思想框架中占据核心地位。马克思的人类解放理论相对于传统解放设想的重要发展之处在于，它基于对现实的人的存在本质和生命结构的自觉体认，把握人在现实的历史中不断自我创造和超越的解放诉求与实践本性，体现了马克思的解放理论与人的生命存在休戚相关的哲学境界。梳理马克思的学术脉络框架，我们可以认识到马克思对人类命运所做的深入探索，这种探索体现在他对人类解放理论的具体构筑之上。从人类解放类型的划分来看，马克思着重从政治解放、经济解放、文化解放等各个维度对其进行了详尽、多方面的设计与规划；从人类解放的准备条件来看，马克思分别将作为政治基础的"真正的共同体"的建立、作为发展经济之根本的生产力的巨大增长、作为文化灵魂价值立场的塑造等条件逐一陈列，真正掌握了颠倒资本逻辑和实体论形而上学思想的现实社会基础，保证人类解放的实现具备充足的前提条件；从人类解放的主体力量来看，哲学和无产阶级分别从理论层面与实践层面赋予了其充足的力量，使人在现实的社会劳动中摆脱一切奴役关系的自觉意识得以显明，使人类解放不是呈现为一具躯壳，而是具备真正实现力量的现实存在；从人类解放的发展历程来看，人类解放的实现，需要经历基督教国家、政治国家和后政治国家的历史进程，只有在后政治国家，民主与自由才获得彻底展现，人类解放才得以演化为真实图景。

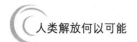

第一节　人类解放的类型划分

马克思的人类解放理论是对未来理想社会的整体性概括，它对理想社会的各个领域和层面的问题具有覆盖性与囊括性意义。马克思的人类解放理论不仅从市民社会的特殊形态入手把握现代政治的实质，而且全面审视了政治哲学视域中关于劳动、财产权和正义等多维度的论述，表明其已然从市民社会解放的领域转向了扬弃一切现状的解放路径。遵循从整体探究部分，再由部分推进整体的思路，有必要对人类解放理论进行类型学划分，以分解性的方式从各个维度研究人类解放理论的整体视域。人类解放主要可以细分为政治解放、经济解放和文化解放三大维度①，这三大维度不仅各有其自身特质，而且相互之间蕴含着紧密的逻辑关系：政治解放是实现人类解放的基本前提；经济解放为创建和实现人类解放奠定基本物质资料基础；文化解放彰显了人类解放的智识策略。从马克思整个人类解放的历史视野来看，政治解放的内在本质在于宗教批判与理性解放，是人自身理性发展的重要历史环节，使整个社会在政治上获得自由与平等，政治解放构成了无产阶级领导和推进人类解放的历史前奏；经济解放的核心在于消除社会层面的异化，旨在消除以劳动异化为核心的生产关系和社会关系的非人化，揭示异化劳动与私有财产的内在关联，在促进生产力发展的过程中构筑普遍交往的生产关系，将生产力的掌控权归还给无产阶级，只有掌握生产力这一根本性要素，无产阶级的解放事业才能拥有充足的物质资料；文化解放的目的在

---

①　关于马克思人类解放的维度，学者们有不同的划分方式。有学者将马克思人类解放的维度划分为政治解放、经济解放、社会解放与精神解放四类，其中政治解放是人类解放的第一维度［侯琳琳，林晶．马克思主义实践哲学的价值之维：人类解放．重庆社会科学，2018（5）：31-37］；有学者将马克思人类解放的维度划分为三类，即自然解放、社会解放与自我解放，社会解放又可以被细分为劳动解放、经济解放和政治解放［魏长领，冯展畅．马克思主义人类解放思想的三层意蕴．河南社会科学，2019（10）：1-7］。虽然在具体划分上存在差异，但划分方式之间仍存在许多共通之处，如都承认政治解放与经济解放的存在等。笔者倾向于将马克思的人类解放划分为政治解放、经济解放与文化解放三个维度，因为社会解放与政治解放、经济解放之间存在包含关系，而文化解放既包括了人从各种精神束缚中解放出来之意，也蕴含着人在文化的指引下重塑新的自我并建构新的文化以实现更深层次的精神解放与自我解放。

于通过对价值立场的塑造，实现平民的、大众的文化的建构，以文化解放对抗市民社会的权力和资本逻辑，并深入批判资本主义文化，为无产阶级精神世界的建设奠定基础。马克思人类解放的多维度分析，既为人类总体解放做了板块性探讨，也为人类解放的实现拓宽了通往渠道与前进路径，在历史与思维的统一中阐明了人类解放在现实实践中保持开放性生成路径的历史必然，充分体现出马克思人类解放理论内蕴的强大张力。

一、作为基本前提的政治解放

1843 年初，由于受到来自现实与理论间巨大差距的困扰，马克思决定重返书斋，围绕着国家、市民社会、法之间的相互关系，阅读了大量的历史学、政治学和社会学著作，开始关注和思索人类社会处境中的政治因素，探讨政治解放在人自身发展和人类解放中的历史地位。在马克思之前，由于传统形而上学和主观意识哲学思想的影响，人的本质与社会存在的根基一直处于隐而未显的状态。马克思批判黑格尔理性主义国家观的神秘主义实质，批判黑格尔把国家理念变成了独立的实体，充分吸收传统思想中包含的生存论意识，并将其置于现实的基础上予以改造，同时超越了费尔巴哈把人的本质归结为人的自然属性的自然主义人本观，扬弃了费尔巴哈将批判宗教的唯心主义立场视为人自我救赎的路径，认为人并非纯粹理性地存在于世界之外，人本来就属于人的世界，由人的世界产生了宗教。在马克思看来，费尔巴哈对宗教的批判应该被继续推进到对国家、社会等现实世界的批判。人的自我异化的神圣形象被揭穿之后，揭露非神圣形象中的自我异化就成了马克思自觉的理论使命。完成这一使命的过程同时也是马克思揭露、批判资产阶级政治革命所带来的政治解放的实质和局限性的过程，从而揭示了他的政治解放思想所具有的真实意蕴及其在人类解放中的基础性、变革性意义。

从马克思构建人类解放理论的逻辑过程来看，"人类解放"并不是马克思哲学中的"初始概念"，而是由政治解放所导出的历史性范畴。马克思认为，人类解放是一个漫长的历史过程。在这个过程中，无产阶级首先要获得政治解放，无产阶级的政治解放离不开从事感性实践的人及其相互间的交往关系，而政治解放与市民社会相联系，它是人们对市民社会从中世纪到资本主义时期的转折进行的哲学概括。市民社会与政治国家从中世纪的浑然一体到资本主义时期的相互分离，不是自发实现的，而是资产阶级政治革命的结果，而资产阶级政治革命也就是政治解放。

资产阶级政治革命打碎了中世纪封建专制制度套在人们头上的政治枷锁，封建主不自觉地培养了自身的掘墓人，资产阶级获取了政治权力，排挤掉封建势力的政治统治，开启了世界政治革命与寻求独立的浪潮，政治革命与政治解放是同一过程。"政治革命打倒了这种统治者的权力，把国家事务提升为人民事务，把政治国家组成为**普遍**事务，就是说，组成为现实的国家；这种革命必然要摧毁一切等级、同业公会、行帮和特权，因为这些是人民同自己的共同体相分离的众多表现。于是，政治革命**消灭了市民社会的政治性质**。"[1] 马克思这里所说的市民社会的政治性质被"消灭"，不是指政治国家从此消失，而是指政治国家从市民社会中撤出并上升为"**普遍**事务"，市民社会从政治国家和宗教神权的统治下解放出来，即市民社会不再需要国家从政治上补充自身，从此成为不再受到政治国家的"家长式"干预的独立领域。正是在这个意义上，资产阶级的政治革命与政治解放取得了同义。

政治解放的意义是毋庸置疑的，政治解放是实现人类解放的基本前提。

首先，政治解放使政治国家从宗教中解放出来，划定了国家与宗教的界限并催生两者的分离，促使政治国家建立现代民主制度，使人从神权政治的主宰支配中得以解脱，消解了宗教异化。在生产资料私人所有制社会中，宗教是自我意识的异化，是狭隘的神灵崇拜；宗教是统治者用以愚弄、欺骗人们，使其安于被奴役的现状而不思反抗的主要精神工具，是一种非科学的世界观，宗教教义是对政治国家非完备性的神圣化补充。更为严峻的宗教危害形式在于，它以活跃的主体性力量存在于政治解放完成的国家，"这是因为从表面上看来，它没有政治意义、没有世俗目的，而只是关系到厌世情绪，只是理智有局限性的表现，只是任意和幻想的产物，这是因为它是真正彼岸的生活"[2]。宗教始终以纯真的意识隐藏于政治国家的解放历程中，因此，政治解放必须以宗教解放为前提，而宗教解放需要摆脱宗教的神权政治效力，"必须彻底地批判

---

[1]　马克思恩格斯文集：第 1 卷 . 北京：人民出版社，2009：44.

[2]　同[1]37.

宗教，消除上帝对人的奴役，以恢复和确证人的本质力量和主体地位"①。政治解放就是要使国家摆脱基督教等一切宗教而实现解放，国家不再维护任何宗教，而去维护国家本身，达到消解宗教异化的目的。在西方国家，中世纪的世袭王权、封建特权与基督教联系在一起，统治阶级用神的统治代替人的统治，形成了欧洲历史上被称为"中世纪黑暗统治时代"的精神支柱。这种宗教异化的神权政治，成为长期阻碍人类谋求解放的精神枷锁。宗教异化是人的本质自我异化的结果，是颠倒了的世界观，具有与异化劳动类似的性质。政治解放使政治国家返回到现实世界，而不再是基督教国家。政治解放"使宗教**在表面上**具有纯粹个人事务的形式。它被推到许多私人利益中去，并且被逐出作为共同体的共同体"②。政治解放在消除宗教神学影响中逐渐建立起自由、民主的现代国家和社会，实际上维护了资产阶级的私人利益。

其次，政治解放使市民社会从国家中解放出来，打倒了封建主义国家的专制权力，消解了政治异化。马克思在对宗教异化的研究中延伸、引申出政治异化思想，通过对政治异化的深入批判提出实现政治解放的基本要求，消除宗教的政治根源，即不仅促成政治国家与宗教相分离，而且使人逐渐摆脱政治国家与宗教的双重压迫。马克思认为，政治解放的直接结果就是封建专制权力所依靠的旧社会的解体和市民社会的政治性质的消灭、政治异化的消解。资产阶级通过政治革命消灭了市民社会的政治性质，打倒了封建专制权力，使人们从政治国家制度的从属物中解放出来，人们从社会中获得了某种身份，并从直接具有政治性质的封建市民社会中独立出来，人被归结为市民社会的成员，被视为独立的个体。消灭市民社会的政治性质、消解政治异化意味着市民社会与政治国家的彻底分离。因此，"政治解放同时也是同人民相异化的国家制度即统治者的权力所依据的旧社会的**解体**。政治革命是市民社会的革命。旧社会的性质是怎样的呢？可以用一个词来表述：**封建主义**"③。封建专制权力被打倒，本质上就是那种直接奴役人的社会的解体，它对于人类解放的最大意义在于消解政治异化，消除来自国家领域对个人所施加的种种束缚和限制，将人从所属君主制下的组织结构中解脱出来，在消灭

---

①　郭艳君．青年马克思批判哲学的双重逻辑及其理论意义．哲学研究，2011（8）：12．

②　马克思恩格斯文集：第1卷．北京：人民出版社，2009：32．

③　同②44．

封建专制桎梏的同时，也消解了这一制度对市民社会利己主义精神的抑制，使个人有可能成为独立的行为主体。政治解放使人拥有了国家主权平等参加者的地位，人从这种公民地位中得到了与其他社会成员平等的权利，具备了类的存在物特性。政治解放把人变成了两种人：一种是有感觉、有个性、直接存在的现实的成员；另一种是抽象的政治成员。但"现实成员的人"与"政治成员的人"处于统一而非分离的状态。在确定的政治解放之上通过社会解放，可以实现"政治成员的人"向"社会化的人"以及"市民社会"向"人类社会"的双重跃迁，并促使人在"市民社会"的"共同体"中意识到自身作为社会的个体存在物而进行活动，进而实现人类解放。

显然，政治解放的完成并不意味着人类解放事业的实现。政治解放作为人类解放进程中的驿站，具有历史局限性。马克思一方面强调政治解放是历史的进步，同时又清醒地认识到政治解放并不是彻底的、没有矛盾的解放。他告诫人们，"我们不要对政治解放的限度产生错觉"①。显而易见，马克思已经认识到资产阶级政治解放的历史局限性。在《论犹太人问题》中，他以市民社会与政治国家的分离为背景，以北美洲为范例，针对鲍威尔关于"犹太人问题"所发表的看法，明确了政治解放的资产阶级性质，揭示了强调自由、平等和个人权利的"市民社会"致力于维护资产阶级利益的实质，分析了政治解放的局限性。

马克思认为，政治解放只是使国家摆脱了宗教的桎梏，完成了政教分离；国家从宗教中解放出来后，宗教却依然存在——虽然不是作为特权宗教存在。"在政治解放已经完成了的国家，宗教不仅仅**存在**，而且是**生气勃勃的、富有生命力**的存在"②。这就证明，宗教的存在和国家的完成是不矛盾的。摆脱了宗教的政治解放，并非真正地摆脱了宗教，只是"人把宗教从公法领域驱逐到私法领域中去"③。作为私人领域的市民社会便成了宗教"最后的避难所"，市民社会的成员依然深受宗教的影响和控制。他们不仅不能从宗教统治中解放出来，反而有了宗教信仰的自由。摆脱了宗教的政治解放，不是彻头彻尾、没有矛盾的人类解放方式。"国家摆脱宗教达到的只是政治解放，人的解放只有诉诸政治

---

① 马克思恩格斯文集：第 1 卷．北京：人民出版社，2009：32．

② 同①27．

③ 同①．

解放及其本质的批判才能实现。"① 政治解放在解决宗教问题时往往陷入与宗教解放思想相混淆的困境，结果导致将放弃宗教信仰视为提出政治解放诉求的前提。

政治解放在宗教问题上的局限性被归结为政治解放维度在人类解放问题上的局限性。马克思关心的是，完成了政治解放的国家，市民社会的成员在"世俗"领域的生活又是怎样的情形，指出市民社会的利己主义精神的确立在突出人的物质劳动创造力量的同时致使人陷入拜物境地的辩证作用。马克思一反以往思想家在抽象的意义上理解"人"的传统，把人看成活生生的感性具体的人，深刻认识到市民社会中人与人的关系演变为资产阶级压迫无产阶级这一"合理"事实的根源，并通过对资本主义条件下工人的现实状况的实际考察，发现了两个相互关联的事实：第一，在经过政治解放的"洗礼"之后，穿上"平等"外衣的公民的"尘世"生活是不平等的，资产阶级通过建立权力机关来促使对无产阶级的压迫合法化，资产阶级统治的政治国家与社会个人之间形成了强制性的仆从关系；第二，他们作为人，与人之为人的本质是如何相去甚远——他们成了"异化"的人，市民社会成员在利己主义的浸染下沦为孤立的追求私利的人，在此背景下把其他人当成自身获取利益的工具，结果自身也在市民社会中降格为原子式的工具而为资产阶级所支配。马克思写道："正如基督徒在天国是平等的，而在尘世则不平等一样，人民的单个成员在他们的政治世界的天国**是平等的**，而在**社会**的尘世存在中却不平等"②。这段话在下述意义上是不言而喻的：相对于政治生活中的"平等"，社会生活中的"不平等"更具有实质性意义，因为政治生活本身就是远离市民社会的领域，它只是确立了市民社会成员追求私利的原则，却未追溯符合人存在本质需要的社会关系及其解放的真实意义。人在政治国家中的平等只是抽象的、虚幻的平等，而在市民社会中的不平等却是实实在在的不平等。因此，政治解放的实际结果就是，以表面上的平等掩盖了事实上的不平等，即以金钱利益的平等消解了人的生存权利的不平等。

这种表里不一的"二元结构"，集中地暴露了政治解放的不彻底性。正是这种不彻底性，决定了政治解放本身并不就是人类解放。人类解放

① 袁文华. 犹太人问题与人的解放的逻辑进路. 马克思主义研究，2019（9）：68.

② 马克思恩格斯全集：第 3 卷. 北京：人民出版社，2002：100.

必定是植根于人的本质规定的深层解放，它既是彻底的，又是普遍的。资产阶级的政治解放打着人权、自由、平等的旗帜，似乎触到了人的本质规定，却未能从根本上废除宗教和私有财产，难以实现解放的普遍性和彻底性。通过政治解放所获得的人权，只不过是脱离了人的本质和共同体的利己主义的人的权利。例如，"自由"这一人权是孤立的、封闭在自身范围内的那种人的自由，这一人权的实际应用就是私有财产；而"平等"这一人权无非是封闭范围内的自由的平等。"任何一种所谓的人权都没有超出利己的人，没有超出作为市民社会成员的人，即没有超出封闭于自身、封闭于自己的私人利益和自己的私人任意行为、脱离共同体的个体"①。以确立所谓人权为标志的政治解放，并没有如资产阶级所标榜的那样，把自由和平等洒向人间，为全体人民所占有。恰恰相反，政治解放只是使政治国家从宗教中得到解脱以及市民社会从政治国家中得到解放，人权不过是少数人的专利，资产阶级总是在维护自身利益时暴露其强制剥削的真实本性。对于大多数无产者来说，市民社会实现的普遍人权只是形式上的，它在实质上所建立的是更加强大的压迫性和奴役性结构，即"生产-生活"结构。这种结构造成了无产阶级在现实中的极端不自由和不平等，将人的生活世界与人存在的本质以及现实的无产阶级剥离开来，无产阶级所推动构筑的市民社会共同体演变成资产阶级攫取私利的政治手段，造成了市民社会中人的本质的严重异化，无产阶级正是这种异化的最全面的体现者——无产阶级具有诞生于市民社会之中又处于市民社会之外的双重本性。无产阶级一方面表现为市民社会成员，另一方面又被剥夺了作为市民社会成员资格的权利。

二、提供物质基础的经济解放

马克思基于对政治解放之限度的深刻认识，同时根据目睹的现实，清晰地洞察到了市民社会的种种弊病和丑恶面，洞察到了近代资产阶级革命的根本局限性，提出了依靠现实的人的感性实践在市民社会中实现自我异化的克服，并超越政治解放以实现人类解放的思想。与此相应，马克思开始关注作为人类解放之社会力量维度的经济解放。

哈贝马斯指出，实践作为"客观的活动一方面被马克思理解为先验

---

① 马克思恩格斯文集：第 1 卷．北京：人民出版社，2009：42.

的成果（世界的建造同这种成果是一致的，现实是在可能的对象的客观性条件下出现在世界中的）；另一方面，马克思又把这种先验成果看成是建基于现实的劳动过程"①。所谓"先验的成果"，是指人类物质生产活动的结果，确切地说，主要就是生产力和生产关系。哈贝马斯认为马克思的生产实践表征目的理性的规范性意蕴，由此确证了历史唯物主义所阐释的生产范式。历史唯物主义初步建立以后，从生产力和生产关系辩证运动角度揭示人类社会发展的规律与资本主义灭亡的历史必然性，成为马克思主义的基本思路。与此同时，马克思以物质生产实践为基础阐释哲学对现实的革命作用，揭示资本逻辑支配的资本主义社会经济运行规律，关注作为人类解放之社会力量维度的经济解放。马克思的经济解放侧重于从社会历史的客体向度即生产力、生产关系辩证法的角度来寻求社会力量异化之源和解决之道。

在标志着历史唯物主义初步形成的《德意志意识形态》中，马克思站在唯物主义立场上强调了社会力量层面（工业、农业）的异化具有历史必然性。现实社会异化的产生是因为市民社会致使满足人基本生存需要的尺度演化为私人利己主义至上的原则，将人们的劳动成果转化为物质世界发展所需的基础。就历史的建构性意义而言，人类解放是逐步获得的"自然历史过程"与运动过程，这一发展过程是由历史关系与社会力量层面，即生产力状况（工业、农业、商业状况）、生产关系状况、交往关系状况、社会制度等个体的社会环境因素状况促成与决定的。马克思充分考虑到劳动世界与生活世界相互渗透的关系，旨在将物质生产实践与生活交往实践统一起来。从这个意义上讲，资本主义社会及其"工业劳动"（即《1844 年经济学哲学手稿》中的"异化劳动"）具有历史合理性和必然性，"工业劳动"是人类和人类解放走向更高层次与更高阶段的需要，这意味着无产阶级必须从一切旧式分工的劳动过程中挣脱出来，摆脱传统生产模式与经济观念的束缚，马克思在之后的《共产党宣言》中对这一思想非常鲜明地进行了表达。

在历史唯物主义的视域中，资本主义在社会力量层面的异化是如何表现的呢？马克思通过对市民社会的深入解剖和对经济学的细致研究，认识到社会层面的异化不仅表现为政治力量的异化及其与社会力量相对

① 哈贝马斯.认识与兴趣.郭官义，李黎，译.上海：学林出版社，1999：22.

立，而且表现为经济力量的异化，后者是更深刻的社会力量层面的异化，"经济上的异化成为整个资本主义生产过程的永恒特征"①。经济力量的异化表现为不同个体的活动产生社会力量，这种社会力量在个体看来不是个体自身联合起来的力量，而是某种异己的、不堪忍受的强制力量。经济力量的异化根源于资本不断增殖的本性，资本将生产力变成维护自身统治地位的手段。资本主义社会关系的异化是造成社会异化的根源，资本对人的劳动所得拥有绝对的支配权力，资本所有者对劳动所有者控制关系的固化日益造成社会与人的背离。马克思在《1844 年经济学哲学手稿》中运用德国古典哲学的"异化"概念，对私有制造成的"人的异化"现象展开批判。马克思揭示了资本主义私有财产的"经济事实"，指出工人的生产劳动及产品转化为资本而成为资本家的私有财产，私有财产催促工人异化劳动的再生产，最终导致劳动与资本的根本对立。他认为，私有制使人们变得片面和愚蠢，人的感觉（肉体与精神），都绝对地受私有财产这种"异化"的支配而贫困化，变成追求占有私有财产的感觉和欲望。人不再是全面的人和对自己的生命本质全面占有的人。私有制社会生产关系采取了物的形式，以至人和人在他们劳动中的关系表现为物与物、物与人的关系。标志着人的类本质的劳动沦为与人的存在本质相违背的生存工具，劳动中生产关系（物质交往关系）的物化造成了整个社会关系的物化，也导致了人们其他的社会关系在社会的政治结构、经济结构与文化结构中进一步发展为各种拜物教。人们的社会关系沦为商品拜物教、货币拜物教、资本拜物教、知识拜物教等物与物的关系形式，这就是社会关系异化的病因和实质。同时，因资本表现为异化的社会权力，这种权力作为物而与社会相对立，另一种形式的异化力量——资本异化力量就此形成。马克思在生产关系领域探讨社会关系和经济关系范畴，突出了异化劳动和私有制的双重根源，为经济解放和建立未来社会所有制提供了基本构想。

经济解放的核心是消除社会层面的异化力量，使生产方式中的生产力不再是劳动者异己的力量而成为自身能够自主掌控的力量，生产方式中的生产关系不再表现为物与物的关系而成为人们自己的关系，这最终要求消灭资本主义私有制。上述所有异化及异化力量，都源于资本主义

---

① 陈飞. 马克思对资本主义分配正义的四重批判. 马克思主义研究，2016（4）：50.

私有制，因而消除资本主义私有制，是经济解放最基本的要求。马克思认识到生产、分工和交往实践反映了市民社会关系的本质，他对私有财产的驳斥从异化劳动领域转向了社会分工的维度，并认为否定资本主义私有制是实现人类解放的现实途径与手段。只有废除私有财产制度，才意味着一切属于人的感觉和特性得到彻底解放。随着私有制的消灭，生产力不再作为盲目的力量来统治生产者，人们关于自己产品的异己关系将被消灭，人们将自主支配自己产品的生产、分配、交换、消费等过程及发生的社会关系方式。从此，个体生存斗争停止了，而人在一定意义上才最终脱离了动物界，从动物的生存状况进入真正的人的生存状况。

经济解放会使市民社会被克服，私有制被消灭，公共权力将失去政治性质，先进阶级将在人类解放的道路上，创造一个没有阶级与阶级对立的社会来代替旧的市民社会，用先进的社会制度代替落后的社会制度，从此不会再有原来意义上的政权，因为政权正是市民社会内部阶级对立的明显表现。人类社会被推向了更高的阶段，随着历史的生成与历史的现实运动，国家将自行消亡。"国家是统治阶级的各个人借以实现其共同利益的形式，是该时代的整个市民社会获得集中表现的形式"①，国家不过是从社会中产生但又自居于社会之上并日益与社会发生异化的力量，实质上表征了私有制存在的形式。私有制将伴随国家的消灭而消逝，市民社会被克服，国家就缺乏存在的基础。

市民社会的完全克服和国家的最终消亡，是一个长期的历史过程。无产阶级通过革命夺取政权、实行无产阶级专政具有历史的必然性和合理性，即无产阶级所要占有的社会制度是原本属于自己生产劳动的创造物，消灭生产资料被资本家无偿占有的常态性与实现经济解放是同一历史过程，这表明了资本主义私有制自身发展所潜藏的必然灭亡的因素，这是马克思主义和无政府主义的关键区别之一。通过经济解放，使社会所有等级、阶级都得到解放，也就是社会不再划分为不同的等级，个人获得自由，在社会各领域建立人与人之间平等的社会关系。经济解放实质上是社会力量层面的人类解放，为消除绝对对立的社会关系奠定了基础。

马克思的经济解放理论与生产方式紧密联系，体现了马克思社会历

① 马克思恩格斯文集：第 1 卷 . 北京：人民出版社，2009：584.

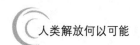

史辩证法的客体向度。经济解放理论与生产方式即生产力、生产关系的紧密关系使得经济解放超越了价值"应然",成为历史发展的必然。生产力与生产关系的发展及其矛盾运动客观上要求创造并积累社会力量,甚至通过异化形式本身消除与克服异化的力量。从这一角度而言,由于奠基于无产阶级的劳动实践的历史进程,社会生活方式、生产方式的异化随着实践发展而对社会的作用力不断增强。社会异化力量是推动历史发展与前进的重要动力之一,因此不应该站在人本主义立场上对社会异化的力量进行片面的道义批判。资本主义的大工业和它所创造的发达的生产力,使经济解放成为现实的运动,这一现实运动的经济解放为人类解放创造与提供了社会物质基础,并推动人类走向未来的发展道路。

三、展现智识策略的文化解放

虽然在马克思的经典著述中,并没有明确将"文化解放"作为特有概念展开论述,但我们不能因此而否认马克思人类解放理论体系中包含对"文化解放"这一问题的思考。马克思的人类解放理论是一个整体性思想,关注无产阶级和全人类的多维度与全方面的解放需要。一直以来,学术界对马克思人类解放理论的研究,着重强调物质资料生产的基础性,这无可厚非。但在重视物质生产基础性地位的同时,却似乎忽视了文化生产的价值性,或将文化生产降低为庸俗文化产品的批量复制,由此导致在认识马克思人类解放理论体系上,只重视政治解放、经济解放等物质利益方面的理论论述,而并未挖掘马克思关于文化解放的思想及其对于人类解放构想的意义,相对忽视对马克思文化解放立场的阐发。

从马克思人类解放理论的立场、观点和方法来看,人类社会的文化解放维度与政治解放、经济解放维度一样,体现了连续性与阶段性的统一。文化解放具有长期性,是人类解放的长远目标,促使人类在获取自身物质生存发展需要的过程中不断增强对自身文化与精神世界的占有,人类社会在发展过程中总是处在不断的文化解放状态;在文化发展史上,文化的枷锁与文化的解放往往呈同步并行状态,人们不断批判旧文化的束缚,却又难免陷入新文化的枷锁。文化解放正是在不断摆脱异化所造成的文化枷锁中逐步前进,展现为人类解放的智识策略,与政治解放、经济解放呈互动之势,最终成为消灭异己的政治力量,实现人向自身本质的回归。马克思文化解放理念建立在政治解放、经济解放的基础之上，在解释社会现实的同时，为我们指明了改造现实和创造真正文化的历史道路，有助于我们的文化实践在理性与感性维度的现实展开，进而创造出具有全面丰富性的人的本质。因此，我们应当辩证地分析马克思人类解放理论的多重性，在发展和完善马克思人类解放理论的基础上，挖掘与认识马克思关于文化解放的思想。

在探讨文化解放之前，必须先对马克思的"文化"概念进行分析和解读。马克思既承续了前人文化研究的优秀成果，又从人类解放的宏大视域中科学地阐释了文化的具体内涵。概括而言，马克思思想中的"文化"概念具有广义和狭义之分。广义文化，其本质含义是自然的人化、社会和人的存在方式三者的合一，具有文明的意义。在《1844 年经济学哲学手稿》中，马克思在批判粗陋的共产主义设想时表达了文化概念，认为绝对的平均主义是"对整个文化和文明的世界的抽象否定，向**贫穷的**、需求不高的人——他不仅没有超越私有财产的水平，甚至从来没有达到私有财产的水平——的**非自然的**简单状态的倒退"[①]。马克思将文化指向了人类文明的合理成分的总和，映现的是历史发展过程中人类的物质和精神力量所达到的程度、方式与成果。从狭义的文化概念而言，文化实质上就是精神文化，是人类精神生产的结果，指的是观念形态和社会心理、习惯、习俗的总和，具体包括以意识形态为主要内容的观念体系，以及由人们长期的实践经验积淀而成的具有相对稳定性和持续性的社会心理、习惯和习俗等。狭义文化概念将文化视为观念性的、精神性的存在，有别于广义文化概念将人所创造的一切事物都纳入自身考察的范围，这种以精神文化形式为主，同时承认其内在于物质生活和社会实践诸多方面的发展过程，合理彰显了文化兼具对物质世界的附着性以及对经济、政治活动深层影响的辩证意义。有学者认为，广义文化凸显了人在文化中的核心和本源地位，可能会"从根本上否定与取消人类社会及其历史中的物质性的存在与观念性的存在之间的本质性的差别与区分"[②]。因此，我们所言的文化，主要还是以狭义文化为主。马克思的文化认识涵盖了文化的多重性意涵，强调了文化的现实基础和政治性。马克思的文化解放理念既要求批判继承传统文化，也要求抨击

[①]　马克思恩格斯文集：第 1 卷．北京：人民出版社，2009：184.
[②]　林剑．文化的批判与批判的立场．哲学研究，2012（1）：9.

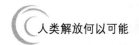

统治者的文化压制和精神束缚，它是一个创造正确反映和促进社会文明进步的观念文化以及形成与此相适应的社会心理、风俗和习惯的过程。

从古代到现代，文化是构筑在一定经济和政治基础上的意识形态，并在文化实践中形成了特有的话语权形式。文化权与经济权、政治权从来都是紧密联系的，没有经济权与政治权，也不可能有文化权，在文化上只能处于被领导、被压迫的地位。对马克思、恩格斯而言，文化已然不是单纯附属于物质世界的普遍现象，而是构成阶级存在和划分的象征与化身。文化话语权的区分被马克思、恩格斯历史地还原为阶级的区别与对立，对文化的占有和使用的权利，被具有经济和政治特权进而独享教育权利的统治阶级垄断。文化话语权与阶级的分化和对立过程相互统一，社会分工与阶级对立的扩大必然致使文化生发出维护特殊利益阶级的政治力量，而资产阶级通过强权确立了符合自身利益需要的文化话语权体系和制度。文化话语权的实质是阶级对立事实的存在，统治阶级通过独占社会经济、政治、文化权力与权利寻求着统治的合法性依据。终结特权阶级统治的合法性，从而终结阶级之间的矛盾对立，必然会解决文化话语权的垄断问题。文化解放的过程必然也是政治解放、经济解放的过程，是消除一切现实生活中文化奴役和异化等话语不平等现象的历史进程。马克思的人类解放理论是对贵人、贤人和智者的阶级统治模式的否定，彰显了其超越文化话语权视域，实现文化从贵族、贤人和智者模式向平民的、大众的和科学的文化转化的文化解放理念。

争夺文化话语权只是马克思文化解放思想的一个方面，除此之外，马克思还阐明了文化解放与市民社会的内在关联。封建社会关系的解体诞生了市民社会。在市民社会中，人类生存的各领域出现了分野和相对独立性，其中政治领域、经济领域分别代表着权力和金钱对人类生活的支配与控制，文化领域则是人类从精神层面反思和抗衡权力与资本逻辑的有力武器。现实中资产阶级在物质力量上占有统治地位，同时也在文化精神力量层面具有支配作用，形成了阻碍人类解放自觉意识产生与发展的文化观念。文化解放正是实现市民社会中人类解放的智识策略，通过这种智识策略，我们对现实社会的批判就能被放置于更广阔的文化视野中，赋予人类解放更广泛的意义，即将自然和人置于更广阔的文化维度内加以审视。文化解放的实质是反思和探寻：反思现实文化存在的前提与条件，探寻历史境遇下的新的可能性。

马克思将作为智识策略的文化解放与无产阶级意识的建构结合起来，他不仅强调文化话语权应该实现由贵族阶级到平民大众的转化，以文化解放对抗市民社会中资本对人的宰制关系，而且将无产阶级和人民大众作为文化解放的主体，强调通过文化解放建构无产阶级的阶级意识，从而构筑无产阶级的精神世界。"'文化解放'需要无产阶级形成革命的阶级意识"①，这一认识体现了马克思在探讨资产阶级与无产阶级对立关系时，实现了从物质生产到文化精神生产的视角转换，他意识到文化实践与交往关系在阶级对立中的独特作用，进而指出必须使无产阶级挣脱资本主义文化压迫的束缚，提出只有在文化解放的过程中建构起无产阶级的主体意识，克服资本主义社会中的各种弊病和精神异化，才能使文化解放与政治解放、经济解放等相统一，在历史进程中彻底改造现实社会，实现人类的最终解放。

在马克思的人类解放理论的演进逻辑中，文化解放作为一种智识策略，有其自身的历史地位与历史作用，同时是解放运动整体中的构成部分。因此，要正确地认识文化解放，除了需要理解文化解放的内在本质之外，还需要在社会形态的理论构架中考察文化解放的历史形态。

在《1857—1858 年经济学手稿》一书中，马克思首次将人类社会的发展变迁划分为三大形态。"追求人类解放，实现每个人的自由全面发展，是马克思社会形态理论内含的价值理想。"② 文化解放关涉无产阶级革命实践的自觉意识和精神素养，为社会变革与发展提供基本动力和价值立场。依据马克思对社会形态的划分来勘察文化解放与社会发展的互动关系，可大致确定文化解放的历史形态。

在"最初的社会形态"里，人类只能在范围狭隘的区域内劳动，这种人类劳动以生产和占有实物为目的，并不存在交换活动。与此时的社会状态相适应的社会关系是以血缘关系为基础的"人对人的依赖关系"。文化精神的实践活动主要依附于物质生活世界，文化没有自身独立存在的空间而只能被动接受物质生活的统合，文化缺乏对政治和经济生活的

---

① 牟成文．人民意志：马克思法哲学的思想特质．中国社会科学，2020（3）：39.
② 魏长领．马克思人类解放思想与社会形态理论的内在统一．郑州大学学报（哲学社会科学版），2018（6）：85.

功能自主性力量，文化作为独立的领域并未凸显，也没有丰富的文化精神产品，人类尚未在文化消费中实现文化享受，更多是存在一种体现原始崇拜的图腾、仪式活动或乐舞等原初意义的人类信仰行为。

在"第二个社会形态"里，人类分工有了很大发展，交换成为一种必需的生活方式。在交换关系中，一方面形成了"以**物的**依赖性为基础的人的独立性"，另一方面又建立起"普遍的社会物质变换、全面的关系、多方面的需要以及全面的能力的体系"①。正是基于历史的社会分工逻辑，文化实践活动形成了拥有具体内容的社会规定性，与政治、经济共同成为社会运动中的客观事实，在此种社会形态中，文化领域的发展速度令人惊异，建构了巨大的文化空间和文化市场，且文化与政治、经济的关系得到展现，人们的文化实践关系从相对独立逐渐走向同一资本逻辑下的彼此依赖。但由于文化的发展受到权力和资本逻辑的支配与控制，文化精神和文化产品趋向平庸化与标准化，造就的是一种"反文化"，并且由此加剧了人的异化过程。

在"第三个社会形态"里，伴随着生产力的巨大发展，消费产品得到极大丰富，社会分工的合理化发展推动人们交往与合作的层次和空间不断提升，不但发达的物质生产使人们有充足的物质产品消费，而且精神文化领域的生产也令人们有多种多样的文化产品消费，同时人自身的文化需要和发展诉求的重要地位得到不断提高。人类由此能够建立"在个人全面发展和他们共同的、社会的生产能力成为从属于他们的社会财富这一基础上的自由个性"②。此种情况下，社会成员能够自由地选择与消费最符合个体自由个性的物质和精神文化产品，在文化创造实践中由于需要、利益和观点等差异而产生的分歧能够通过精细的分工与专业的协作得以化解，也能够最大限度地发挥自己的智慧和创造能力，以此进行充分的文化创造和文化享受。实现文化和精神的内在复归及其向人的本质与自由全面发展诉求的还原，是文化解放的最后历史形态，也是文化解放的最终完成。

由以上社会形态变迁可分析出文化解放的历史定位，即在"最初的社会形态"里，文化创造限于原初的信仰行为，文化解放尚未成为历史任务；在"第二个社会形态"里，随着商品经济及市场经济的日益发

---

① 马克思恩格斯文集：第8卷. 北京：人民出版社，2009：52.
② 同①.

展，文化领域充分发展，但资本主义制度的狭隘性使其负面作用极端地凸显出来，人类的文化解放未能获得充分挖掘与发展；在"第三个社会形态"里，伴随发达的物质生产和商品经济的消亡，人摆脱了对物质需要和"物的关系"的依赖，在文化的创造实践中形成了多方面社会关系并存发展的局面，文化解放的实现以人在自由全面发展中的文化创造和文化享受的方式出现，人的本质在现实历史中呈现出多方面展开的丰富性，走向人对自身本质的真正占有。这正是文化解放在社会形态中彰显出的历史辩证法。

第二节　人类解放的实现条件

目睹人民大众的悲惨生活，检视现实社会的千疮百孔，马克思迫切地希望能够实现共产主义理想，使人类挣脱封建专制主义与资本主义的枷锁，获得彻底的解放和完全的自由。然而，跨越现实与理想之间的巨大沟壑不能仅仅凭借空洞的想象，必须积蓄和准备充足的力量，创造有利于理想向现实转化的现实性条件。从马克思社会形态理论和人的发展形态演变历程来看，人类解放必然经历从低到高的演变且伴随阶段性的质变与飞跃，每个阶段的展开都为解放创造了现实性条件。根据马克思人类解放理论的类型划分，促使共产主义理想向现实转化的条件相应地包括政治条件、经济条件和文化条件。政治条件的核心在于构建"真正的共同体"，促使社会公共生活中的分工系统不断完善，使每个人都可以自由全面发展；经济条件着眼于获得巨大增长和发展的生产力，使人能够在生产实践中保持对物质与精神双重需要的自觉，为人类获得解放的共产主义的实现提供丰富的物质根基；文化条件的实质在于确立科学正确的价值立场，促使人在劳动中享受现实的文化和精神生活，构筑人类解放的文化灵魂。三者相互依赖，共同发展，相互联结为一张坚实的"大网"，最终推进人的自由个性与社会的发展相一致，托起实现人类解放的伟大追求，人类解放的理想才能走向现实。

一、从虚假的共同体到真正的共同体

资产阶级的政治解放虽然将人们从宗教束缚、封建枷锁中解救出来，给人们一丝光明，但是其局限性表明它无法将人们从资本主义私有制的羁绊中解救出来，其所缔造的自由现代国家是一种旧式的共同体，生成于资产阶级私利的选择而无法还给人们自由发展的状态。在这一段艰难而漫长的路途中，政治解放完成了人类解放的前提性工作。为了实现真正的人类解放，必然要求在政治解放的基础上，扬弃政治解放的局限性，彻底消除资本主义私有制，建立人的自由全面发展的"共同体"。这一"共同体"代表并维护每个社会成员的共同利益和价值，个体与"共同体"处于融合统一的关系中，在这一"共同体"中，每个人的自由全面发展都将成为其他一切人自由全面发展的先决条件。也只有在这样的"共同体"中，个人才能完全掌握与获取培育自身才能的渠道和方式，才能在参与公共生活实践的过程中自觉意识到自身发展的需要，并取得个人的全面自由。

"共同体"是一个具有系统性和综合性的概念，它在政治层面对共产主义理想提出了定位和要求。在《德意志意识形态》和《共产党宣言》中，马克思、恩格斯曾多次使用"共同体"一词，其隐含的内涵即在于它是由自由个体有机联合而成的联合体，在这一联合体中，每个人都具有充分的自由和自主，人的自由存在的本质需要在生存论视角和场域中得到彰显。只有构筑足够丰盈的物质资料基础和提升生产力发展水平，才能实现"共同体"的政治自由和社会正义。否则，这样的"共同体"只能成为"乌托邦"的假象。

鉴于"共同体"中人的在场状态的差异与不同，马克思认为"共同体"有"虚假的共同体"和"真正的共同体"之分。

马克思将存在阶级对立的联合体称为"虚假的共同体"，这种冒充的共同体总是独立于个人而存在，是阶级之间相互对抗的产物，因此对于被统治阶级而言，"虚假的共同体"是一种新的牢笼和桎梏，它的形成旨在维护资产阶级的特殊利益，结果走上了与被统治阶级相背离的道路，也加深了私人利益与公共利益之间的固有矛盾。马克思所批判的"虚假的共同体"，是相对于共产主义社会而言的资本主义国家。资本主义国家所提倡的共同利益对于大多数被统治者而言是虚幻的。在资本主义社会，资本成为整个社会的控制枢纽，掌管了社会的控制权，无产阶级作为被统治阶级为了生存的需要只能付诸劳动，而其劳动所得却与付出不匹配，仅够维持基本的生存。分工的发展和细化更是加剧了无产阶级的生活窘境，分工将工人固定在特定的范围内，使其只能作为单一能力的人在社会中发挥作用，这便是在"虚假的共同体"中分工异化所呈现的景象。在"虚假的共同体"中，资本主义国家为了维护公共利益和秩序，无视共同体成员利益需要的多样性与差异性存在，赋予社会成员个体普遍的政治身份，将人视为切合国家理性和利益的公民，使人处于异化的世界中，这种异化不仅存在于人的劳动产品和生产活动中，更深入到人与人的关系中，导致社会成员成为丧失真实生活内容的抽象个体。在这样的"虚假的共同体"中，人基本失去了通过合法、合理途径重获自主性和自由的可能。

　　无产阶级唯有通过彻底革命的方式消灭这一现状，消灭私有制，重新建立一个新的社会，才能从"虚假的共同体"中解脱出来，迈入"真正的共同体"。马克思、恩格斯认为"真正的共同体"是与前者完全不一样的共同体，"在真正的共同体的条件下，各个人在自己的联合中并通过这种联合获得自己的自由"①。"真正的共同体"的存在是为了维护生存者的存在与发展，即保证个体成员都能在推动社会发展的过程中重塑自身。无产阶级对"真正的共同体"的建构是现实的人在社会存在中自由自觉地表现自身的功能和需要。马克思、恩格斯已对"虚假的共同体"和"真正的共同体"两者的特征进行了明确的区分，以凸显"真正的共同体"的意义。

　　首先，从利益涉及的范围来看，"虚假的共同体"仅仅代表资产阶级少数人的利益，"真正的共同体"则代表一切个体的自由发展。"在过去的种种冒充的共同体中，如在国家等等中，个人自由只是对那些在统治阶级范围内发展的个人来说是存在的，他们之所以有个人自由，只是因为他们是这一阶级的个人。"② 这就是"虚假的共同体"的真实情景。"虚假的共同体"始终与个体的利益和需要相对立，且在"共同体"的不断资本主义化的过程中凝固了人的本质的异化。随着生产力的发展，无产阶级专政的政权形式将不再具有存在的必要性，作为完成式的"真正的共同体"将成为现实的存在。在"真正的共同体"中，代表部分人的自由发展的状态将彻底消失，"共同体"的发展需要与个体的发展需要融为一体，"共同体"利益与个体利益趋向一致，每个人都将在现实

---

　　① 　马克思恩格斯文集：第1卷．北京：人民出版社，2009：571.
　　② 　同①.

中获得平等的自由发展，它既包括政治层面的平等，也包括经济、文化层面的平等。

其次，从联合的性质来看，"虚假的共同体"是阶级之间相互对抗所产生的被动的阶级联合，"真正的共同体"则是由各个个体组成的自由联合。马克思、恩格斯曾经对两者描述道："这些个人只是作为一般化的个人隶属于这种共同体，只是由于他们还处在本阶级的生存条件下才隶属于这种共同体；他们不是作为个人而是作为阶级的成员处于这种共同关系中的。而在控制了自己的生存条件和社会全体成员的生存条件的革命无产者的共同体中，情况就完全不同了。在这个共同体中各个人都是作为个人参加的。它是各个人的这样一种联合（自然是以当时发达的生产力为前提的），这种联合把个人的自由发展和运动的条件置于他们的控制之下。"① 在"虚假的共同体"中，每个人都被迫、强制性地归属于某个阶级，个体失去了其完整意义上的自主性和独立性，因自身所处阶级的变动而不断变化。人作为类的存在，甚至作为同一阶级类的存在，必然受所在类的整体情况的影响和波动。"虚假的共同体"是一种不受自身控制的被动联合，在追捧理性主义的背后隐藏着对资本主义国家特殊权力体系的信奉，即追求资本逻辑相对于现实的人的生存逻辑而言的同一性、普遍性规律。唯有在"真正的共同体"中，人才作为属于自身的个体体现个体自身的主体性，通过自己的自由意志组合成各个个体的自由联合。

最后，从利益的普遍性与特殊性关系来看，"真正的共同体"消解了发生在"虚假的共同体"中的两种利益之间的对立和矛盾，使两种利益在最优的层面获得了有效的统一。在"虚假的共同体"中，由于分工的存在，生产与消费、劳动与享受以及物质活动与精神活动之间必然发生持续不断的矛盾。随着分工的发展，其矛盾将逐渐演变为个体利益与整体利益之间的矛盾，即特殊利益与共同利益之间的矛盾。"正是由于特殊利益和共同利益之间的这种矛盾，共同利益才采取**国家**这种与实际的单个利益和全体利益相脱离的独立形式，同时采取虚幻的共同体的形式"②。国家作为阶级统治的工具，总是被统治阶级利用。统治阶级为了保障和维护自身利益，借助于政治上的统治地位，通过掩饰和宣扬等

---

① 马克思恩格斯文集：第1卷. 北京：人民出版社，2009：573.

② 同①536.

各种手段，将自身利益鼓吹为整个国家和全体人民的普遍利益，从而赋予其利益合法性和合理性；而被统治阶级的自由及利益的合法性只存在于统治阶级的范围内，统治阶级对于个体自由的实现而言是一种异化，统治阶级制造的"共同体"中消除了自由个性与社会关系的密切关联。因此，只要存在国家和统治阶级的统治，不论是资产阶级执政还是无产阶级获得政权，特殊利益与普遍利益之间的对立关系都难以真正根除。

马克思对国家的理解虽然承续于黑格尔，却与黑格尔的理解存在差异。黑格尔的国家观代表了新型资产阶级意识的经典表达，他将国家视为不断完善的历史存在，向人们宣告了自由国家带来的福音：国家是自由理性的最高形式，只有在国家中才能实现政治、法律、道德等的自由，只有国家的存在才能将个体之间以内在契合的方式统一起来。青年马克思曾对理性国家有过幻想，但是现实为他揭开了国家的真实面目，使他认识到国家只是建立在剥削、压迫底层社会阶级的基础上的统治团体，这一团体在整个历史发展进程中也在不断变化和完善，而由于特殊利益与普遍利益之间的对立不会改变，国家的压迫与剥削本质也不会改变。① 马克思进而在现实的生活过程维度指出了资本主义国家理念的悖论——人被剥离了现实的生活内容与表面充盈着非现实的普遍性，在资本主义国家的"共同体"中，革命与反革命斗争等对立矛盾日益尖锐复杂。只有消灭国家才能彻底解决特殊利益与普遍利益之间的矛盾，消除两者之间的对立，实现从对立到统一的立场转变。②

"真正的共同体"的构建，是在对资本主义社会进行扬弃的基础上取得的成果，它不再只为资产阶级少数人的自由发展服务，不会使每个人作为阶级成员而受到整个阶级动向的摆布，不允许有"国家"这一历史性产物持续性地在特殊利益与普遍利益的矛盾之间游离。马克思基于社会生产关系的语境，将化解现代资本主义国家"共同体"矛盾的思路寄希望于"自由人联合体"③ 的构建，在制度上表现为人们共同拥有社

---

① 亨利希·库诺. 马克思的历史、社会和国家学说：马克思的社会学的基本要点. 袁志英，译. 上海：上海译文出版社，2006：307.
② 关于"虚假的共同体"和"真正的共同体"之区分的部分思想，参见侯才. 马克思的"个体"和"共同体"概念. 哲学研究，2012（1）：3-11。
③ 马克思恩格斯文集：第5卷. 北京：人民出版社，2009：96.

会资源、共同享有劳动成果，将对政治权力结构的认识与改造归还于历史主体，这是建立真实政治联合体的必要前提。通过自由人的联合所组成的"真正的共同体"，完全区别于"虚假的共同体"的存在，它是对"虚假的共同体"的超越，是对旧社会秩序的彻底颠覆。"真正的共同体"肯定性地发展个体自由的自我意识，要求人们自觉思考同一性的"共同体"思维存在的历史必然性及其给社会发展引致的弊病，在此基础上关注现实生命的发展和人类共存意识，其所建立的新社会更符合社会发展规律和人类价值诉求。"共同体"是在社会历史发展进程中不断发展演变的人类生活方式，只有建立"真正的共同体"，马克思人类解放的事业才能真正转化为现实。

二、发展生产力与批判利己主义

在马克思思想中存在着两条思想脉络：其一是启蒙思想，推崇理性和进步，并强调生产力的增长；其二是浪漫主义思想，主要指对资本主义社会的文化与利己主义的批判，强调个体的全面发展。① 马克思发现了发展生产力与批判利己主义各自独立作用的片面性所在，"他使两种对立的思想传统互为补充，从而完成了对此矛盾的中和"②。在马克思的理论视野中，发展生产力是对人类共同实践方式的基本概括，批判利己主义是提升个体参与公共生活的自由意识的要求，两者的融合旨在发展出高于自然物质力量的社会生产力和社会关系，以奠定人类社会共同发展的现实基础。

马克思人类解放追求的实现，应具有稳固的经济根基，即作为条件的生产力的巨大增长和快速发展。"生产力是人们生产物质资料的能力。它表示人们适应自然、利用自然和改造自然的水平，反映了人与自然界的关系。"③ 作为马克思人类解放事业的基点，生产力一直在历史发展进程中发挥着极其重要的作用。马克思的"生产力"范畴问世于《德意志意识形态》，他确定了讨论生产力问题的经验生活前提，科学论述了

---

① 戴维·麦克莱伦．马克思、浪漫主义与生态学．冯瑾，译．国外理论动态，2014（7）：45-48.

② 刘聪．马克思哲学的浪漫精神及其内在旨趣．哲学研究，2015（8）：19.

③ 马昀，卫兴华．用唯物史观科学把握生产力的历史作用．中国社会科学，2013（11）：48.

"生产力"的相关概念及其相互关系，确认了作为自然力量和社会实践力量的现实生产力在人的生存活动中的基础地位。马克思认为，生产力促使整个人类社会在历史发展中不断摆脱旧社会和陷入新束缚的循环往复，并在这个过程中持续向前。"马克思把在所有历史中都起作用的最重要的独立变量分离了出来"，并"一再声明生产力在人类历史中起着决定性的作用"①。马克思特别重视生产力的发展，他将生产力发展提升到维持人类自身生存、保障实现人类自由自主活动的前提与基础地位。他强调生产力对生产关系的决定性作用，认为人类社会的基本生存方式与解放程度都将受到生产力发展状况的制约，一旦人们无法在物质资料等方面获得供给保障，人类解放也就无从谈起。生产力是基础性的存在，是在历史的创造活动中不断积聚的实践力量，但它并非不同历史时期单个力量的简单叠加，而是社会关系系统组成的综合性力量。因此，缺乏生产力的支撑，人类生存将面临挑战，共产主义也将无法实现。要实现共产主义，必须先发展生产力；要实现人类解放，必须使生产力获得巨大增长。

生产力的巨大增长和极大丰富，不仅为共产主义社会的实现奠定坚实的物质基础，还将为人类解放的最终完成提供一系列关涉人的自由全面发展的条件与资源。具体地说，生产力的作用主要体现为：

第一，生产力的高度发展将为人类解放奠定物质基础，物质资料的生产在社会生产力的发展中起着决定性作用，对推进实现社会解放和人类解放的历史进程具有不可替代的作用，只有具备充足的物质生活资料才能满足共产主义社会的按需分配。在马克思看来，生产和需求是相互关涉、紧密相连的。"我们首先应当确定一切人类生存的第一个前提，也就是一切历史的第一个前提，这个前提是：人们为了能够'创造历史'，必须能够生活。但是为了生活，首先就需要吃喝住穿以及其他一些东西。因此第一个历史活动就是生产满足这些需要的资料，即生产物质生活本身，而且，这是人们从几千年前直到今天单是为了维持生活就必须每日每时从事的历史活动，是一切历史的基本条件……因此任何历史观的第一件事情就是必须注意上述基本事实的全部意义和全部范围，

---

① Langdon Winner. Autonomous Technology: Technics-out-of-control as a Theme in Political Thought. Cambridge, Mass.: The MIT Press, 1977: 78 – 79.

并给予应有的重视。"① 能否普遍地满足人们的生存发展需求，被马克思看作衡量生产力水平的一个重要标志。人类社会的发展依托于生产关系的持续变革与生产力的不断提升，这就需要剖析资本主义生产关系阻碍生产力发展的根源，改变资本主义生产方式以满足人的真正的生存发展需求。

马克思在后期的《〈政治经济学批判〉序言》中以及在《资本论》关于"两个王国"的论述中重申了上述观点。在生产力与需求的关系上，尽管海德格尔也强调"生产力"和"座架"对需求具有"基础性"作用，但"座架"构建"技术的需求"并威胁"人的自由"，而马克思的"生产力"构建"人的需求"并决定"人的自由"。② 在马克思看来，人的需求是生产力发展的终极源泉。马克思始终在历史唯物主义方法论视野下分析人的需求与生产力发展的关系，在深入对资本主义社会生产的实践批判中考察人的需求的变化状况，认为人的需求是其展开劳动实践的根本动因。他指出，伴随着社会生产力的提升与发展，人的需求将不断增加，原有的需求会随着人口基数的扩大和生活水平的提高而提升至另一个层次，人类也将在原有需求基础之上不断产生新的需求，而实现按需分配、充分满足人类的需求是未来共产主义社会的基本特征之一。为了达到这一目标，生产力的高度发展就成为必然。

按照马克思的推演逻辑，在历史发展的长期进程中，每一代人都在生产和创造着属于他们自己的生产力、生活环境、资源等，尽管他们所生产和创造的终将为新的生产和创造所替代与发展，但这本身就是生产力的积累和沉淀，将设定后一代人的生活条件、生产条件，使生产力在人类整个发展长河中不断发展和持续进步。马克思肯定劳动者需求层次的提升与社会生产力发展之间的逻辑关联，认为人的需求的发展始终与人自身的全面发展以及解放旨趣相一致，而生产力的发展体现了人实现自身需求的丰富性及其能力的全面性，展示了人的需求对人存在本质的历史性意义。历史发展以生产力发展为尺度，历史阶段中的生产力决定着这一阶段的历史可能的现实状况，即人们所能获得和达到的整个生产力发展程度决定着人类社会的发展趋势。生产力作为前提性条件，其发

---

① 马克思恩格斯文集：第 1 卷．北京：人民出版社，2009：531.

② 葛玉海，曹志平．生产力与座架：马克思与海德格尔在技术决定论上的异同．自然辩证法研究，2015（4）：31-36.

展水平和质量将直接影响到人类需求是否能够得到满足以及满足的程度。马克思对人的需求与生产力的发展关系的规定促使个体与社会的关系得到历史性重构，个体与共同体以互利共融的关系构筑人类解放的实践方式。在未来可憧憬的理想社会，高度发展的生产力能够为人类的需求提供充足的物质条件，从而真正实现按需分配的共产主义。

第二，生产力的高度发展是解决自由时间问题的前提，生产力水平的极大提高将为人的自由全面发展提供十分充足和丰盈的自由支配时间，使人们在更多的自由时间中获得个性发展和全面发展。自由时间在马克思看来是指在劳动时间之外的个人可充分自主支配、自由发展的时间。马克思所理解的时间自由，不是阶级社会中少部分人所享有的那种自由，也不同于西方传统哲学家所追求的沉思生活与精神自由，而是指全人类从自然必然性、社会强制性中真正解放出来，每一个人的天性都获得全面发展的生存状态，时间自由奠基于生产力的高度发展、物质产品的极大丰富之上。马克思对时间自由的阐释聚焦于对资本主义生产过程的考察，结合劳动者的生产过程的具体环节展开论述，他赋予时间因素特权地位，划定自由时间与社会必要劳动时间之间的界限，认为"在这个必然王国的彼岸，作为目的本身的人类能力的发挥，真正的自由王国，就开始了。但是，这个自由王国只有建立在必然王国的基础上，才能繁荣起来。工作日的缩短是根本条件"①。工作日的缩短会增加自由时间，自由时间是人的积极存在和发展空间，"时间作为人的积极存在，在本质上既表征着实践作为人的积极存在，也是通过实践作为人的积极存在而获得自身的现实性"②，生产力与经济的发展是对时间的节约和最大化利用。同时，在人类历史进程中，社会发展成就的获得都要经过时间的洗礼，能否节约从事必需活动的时间从而带来足够多的用于自由发展的时间，便直接关系到人的发展空间的形成，这被马克思概括为"时间节约"的规律。

"时间的节约，以及劳动时间在不同的生产部门之间有计划的分配，在共同生产的基础上仍然是首要的经济规律。这甚至在更加高得多的程度上成为规律。"③ 自由时间对于劳动者而言本是其可以自由支配和使

---

①　马克思恩格斯文集：第 7 卷．北京：人民出版社，2009：929.

②　鲍金．自由何以可能：马克思自由观的再阐释．天津社会科学，2016（5）：49.

③　马克思恩格斯文集：第 8 卷．北京：人民出版社，2009：67.

用以发展自身的条件，但在资本主义社会，作为财富尺度的却是劳动时间，劳动时间越多，生产的产品也就越多，在劳动者身上获取的剩余劳动时间就越多，这样的衡量标准既显露出资产阶级的贪婪和剥削本质，也剥夺了主体赢得自由时间获得全面发展的机会。资本提高劳动生产力不是为了缩减必要劳动时间，而是以增加剩余劳动时间为目标。劳动生产力的提高所带来的非劳动时间，并没有被相应地转化为工人的自由时间，而是被资本转变成创造剩余价值的剩余劳动时间。因此，劳动在资本主义生产过程中沦为单调的谋生手段，失去了自由的基本尺度而成为人的基本生存的负担。哈贝马斯指出，在发达资本主义社会，"'异化'失去了它的经济上显而易见的贫困的形态。异化劳动的贫困症出现在异化的自由时间中"①。自由时间异化的扬弃只能在物质生产劳动中并且通过物质生产劳动来实施，扬弃自由时间异化要求物质生产劳动解放与生产关系的解放。② 资本主义社会生产方式的必要劳动时间剥夺了劳动者的自由时间，消解了劳动者在生产过程中的自我意识和自主活动，难以促使整个社会生产力得到良性发展。马克思致力于寻找理想的社会形态取代资本主义的剥削体制，并认为这种理想的社会形态必然随着生产力的持续发展和不断提高而演变为事实。

马克思在分析资本主义生产过程中自由时间的缺失时指认，人们的劳动方式并非符合人的本质的自由自觉的活动，必须在提高劳动效率和社会生产力的同时促使劳动者的主体能动性得到发展。随着生产力的高度发展，人们用于生产人类所需物质资料的劳动时间将大大缩短，相应地自由时间将大幅度增加，每个人都能充分利用自主支配的自由时间，从事具有积极性、创造性的人类活动，促使每个人都能获得自由全面的发展。衡量每个人财富的标尺也将不再是劳动时间，而是人们所能充分掌控的、可自主支配的自由时间。共产主义社会并不是为了获取剩余劳动时间而缩减必要劳动时间，而是直接把社会必要劳动时间缩减到最低限度，在增加人的自由时间中促成每个社会成员发展全面的能力，使人根据自身的需求设定现实的生产目标。在这种境遇下，发达的生产力将

---

① 哈贝马斯.理论与实践.郭官义，李黎，译.北京：社会科学文献出版社，2004：240.

② 梁豪.自由时间的生成、异化与扬弃：马克思时间辩证法探要.长白学刊，2017(2)：65-71.

成为真正的财富，财富的尺度也绝不再是劳动时间，而是可以支配的自由时间。

第三，生产力的巨大增长为人的社会关系的扩充和交往阈限的拓展创造了现实条件。生产力的发展是人的社会关系扩展的前提性条件和要求，人类社会由个体组成，社会生产的基本内容指向人自身能力的发展，只有在生产力取得高度发展的前提下和基础上，每个个体才能冲破和超脱所被捆绑的种族、地域等束缚，充分利用整个世界的生产力总和，每个个体的充分发展才能成为一切人发展的条件。也正是在生产力不断交织、共同发展的过程中，人们之间的普遍联系与往来才能真正实现。马克思认为，在商品经济社会，生产者把他们的产品作为商品和价值来对待，通过物的形式，把他们的私人劳动视为同等的人类劳动来互相发生关系。"商品形式的奥秘不过在于：商品形式在人们面前把人们本身劳动的社会性质反映成劳动产品本身的物的性质，反映成这些物的天然的社会属性，从而把生产者同总劳动的社会关系反映成存在于生产者之外的物与物之间的社会关系。由于这种转换，劳动产品成了商品，成了可感觉而又超感觉的物或社会的物。"① 商品生产者的劳动是社会总劳动的一部分，生产者与社会的密切关系是一种复杂的劳动交换关系和交往关系。交换关系和交往关系的范畴在马克思那里具有相当宽泛的意义，在生产生活中具有不同的内涵特征和内容，但这些具体表征并非存在本质矛盾，而是内在统一于生产力发展的基本场域，生产力状况决定一切的交换和交往形式。

构筑在生产力发展之上的人类普遍交往，不仅将无产阶级相互联结和统一起来，使之依赖彼此之间的革命和变革，也将使原本囿于一定范围的个体变为世界性的个体。只有这样，我们憧憬的未来理想社会——共产主义社会才能拓宽为整个人类社会的解放，"共产主义只有作为占统治地位的各民族'一下子'同时发生的行动，在经验上才是可能的，而这是以生产力的普遍发展和与此相联系的世界交往为前提的"②。生产力的持续发展，将逐渐打破人与人之间、人与社会之间、地域与地域之间的隔阂，使"人的依赖"关系基础上的人与人之间的交往和社会关系逐渐上升为"物的依赖"关系基础上的扩大的交往和社会关系，直至

---

① 马克思恩格斯文集：第 5 卷．北京：人民出版社，2009：89.
② 马克思恩格斯文集：第 1 卷．北京：人民出版社，2009：538－539.

社会形态发展到"自由个性"阶段，即共产主义阶段，人与人之间的交往和社会关系将促成整个社会的普遍交往。马克思将生产力的发展置于社会进步和人类解放过程的首要地位，将化解人与人之间、人与社会之间、地域与地域之间交往的矛盾问题寄希望于物质生产这一基础之上。而物质生产力每向前发展一步，个体的生产活动与交往关系中冲突问题的解决就会推进一步。在由联合起来的劳动者组成的社会中，每一个个体的生产与消费都是社会生产与消费的一部分，生产资料既为全社会所有，也属于每一个人，消费资料既来源于社会，也供每一个人使用。在《德意志意识形态》中，马克思、恩格斯对未来社会做了初步描绘，认为共产主义和所有过去的运动不同的地方就在于，共产主义推翻了一切旧的生产关系和交往关系的基础，倡导每个个体在实现自由平等发展权利的基础上共同维持发展的多样性和差异性，并破天荒第一次自觉地把一切自发产生的前提看作先前世世代代的创造，消除这些前提的自发性，使交往关系受联合起来的个人支配。这种自觉的联合以已经发达的生产力为基础，发达的生产力水平、对物质生产条件的共同控制和人的自由全面发展，是形成自觉的联合的"自由个性"阶段的社会形态的必要条件。

劳动者的自觉联合意味着在解决物质生产力匮乏的难题以及化解交往中的自由、正义等冲突关系问题时，必然涉及客观环境中的物质利益问题和主观意识中的权力矛盾困境，需要诉诸劳动者对实践联合的切实领会和历史自觉。联合起来的劳动者共同占有生产资料以及把生产置于劳动者共同的理性操控之下，这是马克思主张的共产主义的基本规定。"从逻辑上分析，一旦人们普遍成为脑力劳动者，一旦人们的劳动成果普遍具有精神成果的形式，人类的社会关系就会进入某种质变：由于精神成果可以无限复制，所以当所有个人都把自己的精神成果提供给社会共享，因而也就可以分享所有他人的精神成果的时候，即马克思所谓人们共同的生产能力成为他们共同的财富的时候，共产主义者所梦寐以求的公有制就会形成，人们之间的竞争关系就会逐步淡化，和谐合作的共赢关系将会真正形成，人类通过内部斗争方式发展的局面就会最终消失，告别动物界的共产主义社会才算出现。这是一种可望又可及的前景。"① 马克思的共产主义思想涉及生产力发展是否与人的全面发展需

---

① 余金成，王艳．马克思关于生产力考察的两种视角及其现实意义．理论探讨，2016(2)：14.

要相一致的现实问题，并追求生产与交往过程中实质意义上的自由和平等，揭示资本主义和自由主义的形式自由与奴役本质的内在根源，推动消除个体发展总是以牺牲他人利益为代价的深层缺陷，促使生产力发展创造的充足的物质财富能够成为每一个人自由全面发展的条件，为实现劳动者的自由全面发展提供保障。

在人类历史的长河中，伴随生产力的发展产生了剩余产品和私有财产，也产生了利己主义、拜金主义和贪婪主义，这是生产力发展的"附属品"。在资本主义社会，人的私利本性暴露得更加明显和突出。对人的利己主义本性的扬弃，是人类解放实现的必经之路和基本条件。

怀有服务于全人类的远大理想与抱负的马克思，并不认同利己主义、拜金主义和贪婪主义。承认生产力发展产生利己主义的现实性[①]，承认利己主义存在的现实性，是马克思进一步批判利己主义的前提。马克思早年从人本主义的角度出发，洞察到人类文明在资本主义时代受到彻底的蔑视，成为商业操作的对象，如傅立叶所言："光荣之神已经不是把她的一百个声音献给诗神及其弟子们，而是献给商业和商业的英雄们。"[②] 马克思在批判利己主义时指认拜金主义和贪婪主义对其异化实质的粉饰，因此痛斥庸俗的利己主义，深刻地指出，"金钱是人的劳动和人的存在的同人相异化的本质；这种异己的本质统治了人，而人则向它顶礼膜拜"[③]。被金钱异化的人们对理论、艺术、历史的蔑视，归根到底是对作为自我目的的人的蔑视。针对资本主义社会中普遍的商品拜

---

① 马克思承认利己主义现实存在的必然性，并在《德意志意识形态》中在价值"实然"层面区分了"利己主义"的多面性：一是"通常理解的利己主义"；二是"自我牺牲的利己主义"；三是施蒂纳的"自我一致的利己主义"。但马克思对利己主义价值"实然"层面的肯定并不表明他在价值"应然"层面认同利己主义，事实上，他对利己主义一直持批判的态度，对利己主义的批判甚至构成他从自由主义转向科学社会主义的关键环节。有学者认为，马克思的语境中存在着两种形态的"利己主义"，第一种是作为批判对象的利己主义价值观，第二种则是对利己主义实存状况的客观描述，且第二种语境中的利己主义无论在理论还是实践层面均服从于第一种语境。[邹诗鹏. 马克思对利己主义的批判. 社会科学战线，2016（11）：1-8] 笔者认为，"利己主义"的两种形态表明，马克思既承认利己主义的客观存在，又对作为价值观的利己主义持否定态度。我们如果对"利己主义"的两种形态不加辨别，就可能误解马克思对利己主义所持的真正态度。

② 夏尔·傅立叶. 傅立叶选集：第3卷. 汪耀三，庞龙，冀甫，译. 北京：商务印书馆，2017：138.

③ 马克思恩格斯文集：第1卷. 北京：人民出版社，2009：52.

物教现象，马克思指出劳动者全部的生产力都体现为资本的生产力，且劳动者作为资本的使用价值融入物的生产过程，这一过程显露了商品拜物教的普遍异化。商品拜物教的异化现象阻碍了人之精神世界的提升，阻碍了新的社会意识的建构，故而马克思在提出任何一种解放都是把人的世界和人的关系归还给人自己时，其"归还"自然包含将人们生动的精神世界和复杂的现实关系"还给人自己"。这种解放理念的提出，突破了市民社会金钱至上的观念和利己主义的原则对精神文明的支配与宰割。它要求人们从现实的经济关系入手，寻求和奠定价值的真实来源，克服文明活动的异化现象，揭示商品拜物教异化形式作为资本主义经济学范畴所起的支撑作用，使劳动主体生发出改造资本主义社会的革命热情。

马克思自身思想的转变，直接标志着对利己主义、拜金主义和贪婪主义日益自觉的批判。这尤其表现在，他确立唯物史观的同时对施蒂纳现象学视域的利己主义思想所展开的批判。马克思、恩格斯在《德意志意识形态》中对利己主义的批判，针对的就是当时甚为流行的施蒂纳的"唯一者"及利己主义哲学。"施蒂纳的'唯一者'哲学即表征了如此一种利己主义、价值虚无主义与无政府主义混合杂糅的精神症候。"① 对施蒂纳的批判构成了《德意志意识形态》的主题，占据其中有关批判思想的大部分篇幅。施蒂纳关于"利己主义者"的思想包括三层依次推演的含义：一是通常意义上典型的自私自利的利己主义者，二是为了获取更多利益而自我牺牲的利己主义者，三是现实发展需要与精神境界提升相统一的利己主义者。他的三种"利己主义者"形式可以依循人的现实需要发生转换，并体现人的自我意识与不断发展的需求。在施蒂纳看来，随着社会生产力的发展，利己主义构成资产阶级的法则和整个世界的最高原则，是现实生活的最高真理，也是历史发展的最高阶段和必然趋势。无论是国家的事业、人类的事业，还是正义的事业、善良的事业、心灵的事业，一切都是利己主义者的事业。施蒂纳提出要破坏、消灭国家，建立小私有者联合与联盟的无政府的"唯一者"，消灭国家最终是为了"唯一者"的利益。施蒂纳认为，在这一联合中，正是由于没有任何固定观念的束缚，个人才能真正地实现完全的解放。对于这种联

合，马克思、恩格斯进行尖锐的批判，认为这是"那些想变成真正资产者的现代德国小资产者的期望"①，完全是小资产者施蒂纳凭空捏造的幻想。施蒂纳并未理解在一定生产方式内存在不以人的意志为转移的统治力量的客观规律，他只是轻信和模仿思辨哲学，其所主张的利己主义对生活的推进作用根本不能实现。

马克思对利己主义的分析与政治批判、政治经济学批判融为一体，也与对资本主义生产关系的批判具有内在关联。他在遭遇"物质利益难题"之后并未选择回避难题，一直坚持不懈地试图解决这一难题。"德国早期浪漫派思想家们也痛斥启蒙运动、工业化导致的现代化中出现的人的片面发展、经济至上、功利主义、享乐主义和原子主义等'弊端'"②，只是他们找不到真正的求解之法。马克思将"物质利益难题"看成"历史之谜"，提出通过进一步发展生产力，在发展生产力中扬弃利己主义和完善生产关系，重构人的历史性解放，实现从自由主义向社会主义的历史性转变，从而破解"历史之谜"。马克思认为，有效克服利己主义的影响的前提是，使人从绝对的物质欲望和对私有制的依赖中解放出来，超越利己主义与物质生产需要的对立。因此，对人的利己主义本性乃至私有制的扬弃，将成为无产阶级解放人类的必经之路。在马克思看来，要改变资产阶级的利己主义本性，必须摒弃施蒂纳等资产阶级代表对利己主义的思辨式构想。只有依靠发展生产力而走出资本主义生产关系和交往关系，建构全新的社会生产关系，即走向未来共产主义社会，真正的个体欲望和需求才能得到满足。当然，马克思思考的是一个长时段的历史方案，他对利己主义"积极因素"的承认是基于对物质生产作为历史第一个前提的肯定，但就现代资本主义的发展状况特别是从启蒙现代性到经典现代性的实际情形而言，克服利己主义仍然是时代性的难题。③

构筑马克思人类解放的宏伟大厦，必然不可缺少高度发展的生产力作为其经济根基。生产力的巨大增长为人的全面发展提供了自由时间和扩大交往的可能，伴随物质生产发展而来的是人与社会之新的需要的生

---

①　马克思恩格斯全集：第 3 卷. 北京：人民出版社，1960：481.

②　赵锦英，刘森林. 现代性批判：从浪漫主义人论到历史唯物主义人论. 现代哲学，2017（2）：23.

③　邹诗鹏. 马克思对利己主义的批判. 社会科学战线，2016（11）：1-8.

发，通过劳动实践推动社会生产的发展以及新的生产方式的生成，促使劳动主体在社会生产中获得现实的生存方式，为人类解放的实现奠定了坚实的物质基础，但也会滋生不同程度的利己主义。只有在发展生产力又批判利己主义的基础上构建起人类解放的"大厦"，这座"大厦"才能根基稳固、持续稳定。

三、引导文化方向性的价值立场

马克思文化思想一直以来在学术界受到的关注都较少，这使得其威力与作用没有得到完全发挥。在以往探究马克思思想的研究中，学者往往会将经济和政治提到研究的前沿，并从经济和政治层面不断地深入剖析马克思思想的转变历程、考察人类解放的现实可能等深层问题。这一研究思路符合社会发展的现实需求，因为经济作为最根本和最原始的出发点，是决定其他一切的前提和基础，而政治则是建立于经济之上的上层建筑，也是历史发展中的主角之一，是人类社会能够持续发展至今的重要原因，这两者基本构成了人类社会发展历程的主体框架与结构，占据着历史发展的中心地位。立足于现实的人所依据的政治、经济背景，马克思的解放思想蕴含了文化发展的价值立场，认为文化以及政治、经济都是人的存在与发展实践的内在环节。从政治、经济的重要性来看，着重研究马克思的政治哲学、经济哲学以及建立于其上的唯物史观，自然成为马克思思想研究的重心。但有学者认为："在经济决定论者的视野中，全部社会的基础是经济活动，文化、思想意识只是经济活动的结果，充其量是其合理化而已。相比于经济活动，文化、思想意识是'被决定的'和'有条件的'活动，其'被决定的'和'有条件的'程度，甚至已达到使文化、思想意识主要地具有派生、从属和'副现象'的性质。在这样的视野中，很难确立起一个完整形态的马克思主义文化理论。"① "经济决定论"强调经济对文化思想活动具有决定性作用，与马克思陈述的在经济基础上发展文化思想等的理念并非一致。马克思对文化思想发展的探索浸润在经济、政治的哲学表达之中。在对现实的人与社会整体存在方式的自觉反思中，通向经济、政治与文化辩证统一的发展道路可能超越单纯的"经济决定论"而开显出来。

---

① 郁建兴．马克思主义文化理论与现时代．中国社会科学，2001（6）：15．

很多学者虽然并非"经济决定论"者，但对马克思思想中文化理论的忽略却是现实存在的。文化在历史浪潮中被推到了边缘地位，其"被决定的"和"有条件的"活动的界定，导致文化在诠释与改造社会历史的过程中难以获得正视。出现这种"重经济、政治，轻文化思想"的格局，不是学者有意为之，其中隐藏着可以理解的原因与尴尬：在马克思的文本中，文化范畴较少被直接提及，更加缺少专门的著述对其进行详尽的阐述，即使存在相关论述，主要也是以意识等形式出现，这就导致学者们对马克思思想的解读往往局限于物质生产和经济发展的领域，相对缺乏对政治、经济与文化思想整体性理解的视野。马克思的文本中缺少对文化问题的直接论述，影响了学者们对其文化思想的关注，并使对其文化思想研究的进一步展开面临着巨大的挑战。

经济和政治问题在历史进程中并不能囊括全部构成，作为精神因素的文化同样在人类的整个发展史上担当了重任。否定文化对历史发展的影响和作用，否定马克思的文化思想对人类解放的推动和助力，实际上是解读马克思思想中出现的认识论断裂和整体性逻辑缺乏，必然陷入片面理解马克思思想的尴尬境地。

文化作为观念性、精神性的存在，既是人类实践活动的结果，也是人类意识加工的产物。从发生学角度看，文化的产生受到来自实践活动和人的主观意识、观念的双重影响，这意味着文化被经济和政治决定，是构筑于经济和政治之上的意识存在。文化是人独特的存在方式，人存在的文化属性表征人认识与改造自然和社会的主观能动性，文化的创造实践使人类超越了自然界的限度和摆脱了野蛮发展方式的束缚，是对一定社会经济、政治发展规律的反映。经济、政治等因素对文化的规制与决定性作用，主要体现于对文化发展水平与文化性质的决定：封建社会催生的是地主与农奴文化，资本主义社会催生的则是资产阶级与无产阶级文化。同时，经济、政治和文化三者之间并非单向度的决定与被决定的关系，其关联性还体现于文化对前两者所起到的影响与反作用，三者相互配合与调节，共同作用和服务于整个人类社会。当然，经济、政治对文化所产生的决定性作用与文化发展的实际情况并非完全同步，文化的发展具有相对独立性，而这正是文化价值的独特体现。文化的相对独立性主要指，在一定时期文化呈现出脱离当时经济、政治水平的发展程度，这种脱离有可能表现为思想倒退，也有可能表现为超前式的思想发展。正如在封建社会晚期，资本主义的部分文化特征就已萌芽和显现，甚至推动着封建社会的解体。而在资本主义社会初期，封建社会的残留文化依然具有其生存空间，不断渴望着恢复封建专制体制，阻碍着资本主义社会的发展。但从整体上而言，文化的发展与经济、政治的发展基本同步，经济、政治的发展将推动文化持续进步，从而不断地涌现出新的文化形态。文化是人类实践的产物，尽管在不同的历史时期呈现出的形态各异，但它归根结底是人类生产与交往实践对象化的精神产品。人类实践活动内在包含对社会整体文化风貌的确认，人存在的文化属性也反映了一定社会的生产方式和存在状态。随着资本主义社会的没落和共产主义社会的到来，共产主义的文化内核将会演变成人的理性和客观规律的有机统一体，唯有如此才能使生成于理性中的人的意识在现实中获得展现。这种文化内核可以使人与自然、人与社会真正达成统一，人将在这种一致性的融合中实现自身的解放。

在寻觅构筑人类解放的条件时，必须探究推动其实现的文化条件。文化对人类解放进程起作用的方式，与经济、政治等起作用的方式存在差异，它以静谧的、无形的"内化"方式发挥作用。文化通过这种在无形中影响人类活动的"内化"方式，显示出其潜藏的巨大力量。正如有学者指出："文化具有的力量，很难通过可测的、量化的数据得到。这是因为，文化的作用呈发散状、绵延状、缠绕状，类似现代物理学中的'场'效应。它貌似无形，但具有强大的穿透力、吞噬力、征服力；强势文化的作用甚至可以产生类似宇宙中的'黑洞'效应，使进入其中的人被牢牢吸附，难以抗拒。"① 文化是人类对自身自由全面发展的内在关切的体现，它始终将促进人的发展作为根本价值目标，必然随着人的主体创造性的提高而彰显出解放的能量，并突出人对自身历史主体地位和价值的肯定。

文化的核心、灵魂的铸造以及文化方向性的确立，与人的价值立场的性质密切相关。价值立场作为主体在探索客体过程中所持有的价值观，决定主体的价值取向，影响主体实践活动的动机、目的和效果。价值立场作为文化产生的源头性力量，在一定意义上全方位地制约着文化的发展方向。科学的价值立场将充当人类解放进程的文化内核，成为人

---

① 车洪波．文化作用方式之分析．学习与探索，2004（1）：18.

们开展实践活动的自觉要求和原始动机并发生作用，就像康德所描述的义务等道德概念一样。"只有出于责任（义务。——笔者注）的行为才具有道德价值"①，这一命题从质的规定性上限定了道德的范畴：出于义务的行为而非合乎义务的行为，才真正符合道德的内在要求，才能表达人的内心对发展自由个性的真实需要。

康德的道德义务概念明确界定了"义务动机"与"爱好动机"之间的区别。出于义务的行为，就是没有目的和动机的附加、不受外在因素影响和制约的行为，是自觉和"应然"状态下的行动；合乎义务的行为，是指受到个体爱好或其他目的性意图的驱使，实质上是受到外在既成规定的推动、具有明显功利趋势的行为。前者完全是受自身理性的驱使，而非外界任何环境因素和目的的影响，能够成为一个人格而拥有独立的道德地位，是纯粹的义务，是对他人和事件负有的直接道德义务；后者尽管可能有善意的结果，如商人在交易中童叟无欺、在诚信基础上公平买卖，但是其原本目的或动机是获取更高的利润，这种看似善的行为实则不能称为合乎道德的行为，他只有认识到不论结果如何其售卖行为都理应做到童叟无欺、公平交易，才能彰显道德价值。康德主要基于人的理性来思索道德义务的原则与价值的问题，将理性视为人的存在及道德价值观念的源泉，认为理性能够指引并规定人如何摆脱不道德的感性需要，且理性在日常道德实践中能够为自身确立义务原则。与康德的义务原则有所不同的是，价值立场具有与现实性相连接的通道，从而可以使人与自然、人与社会达成现实的和谐统一；而康德的义务原则主要在纯粹理性的范围内适用，带有形而上学式的纯思辨性。价值立场作为精神性、观念性的主观概念，与文化、意识具有同一性，其确立和发展也与文化、意识的发生、发展路径相同，均由实践决定。价值立场是由个体的自由意识的具体形式所主导形成的，即个体的自由意识作为现实的存在，彰显了实现价值目的的内在机制，规定了价值立场演绎的过程。价值立场作为主观意识被客观事物决定，具有客观性和独立性。缺乏对价值立场概念的这一认知，就难以将其与康德的义务原则区别开来，无法完整地理解作为文化灵魂的价值立场。

价值立场具有不同的类型和层次。根据价值立场所阐发的内容、取

---

① 康德.道德形而上学原理.苗力田，译.上海：上海人民出版社，2012：12.

向的迥异，可以将其划分为三种不同的类型和层次：反动的价值立场、保守的价值立场和革命的价值立场。①

第一，以旧文化思想作为实践驱动力和价值取向的价值立场，即反动的价值立场，其内蕴的实质在于对旧文化思想等旧价值观的依赖和回归，是对旧文化思想的维护和偏袒。寄生于旧文化思想的价值立场往往强调文化与精神的发展受制于传统的自然主义思维方式及规律，缺乏对现实的人的主体创造性的现实反思。反动的价值立场强调以陈旧的文化思想，即失去了时代意义、被时代淘汰的文化思想，作为实践的出发点和原动力，同时也将其设定为目标和归属，所期待的是恢复已失去的旧文化思想，是典型的复古形态。反动的价值立场缺乏对现实实践的科学解读，使人关于现实世界的价值观念和态度流于片面，难以涉及人改造现实的可能性。这显然不符合文化伴随社会形态的发展而不断前进的大趋势，也不符合人类社会发展的总体价值取向和历史潮流，必然会被埋没于历史的尘埃中。

第二，以当前的主流文化思想为核心、出发点和落脚点的价值立场，即保守的价值立场。保守的价值立场坚持的是现时代的核心文化思想，提倡将现存文化思想推衍至对整个社会价值的理解，认为只有理解了现存文化思想，才能把握人们对社会存在的价值立场和未来发展走向的价值诉求。保守的价值立场显然看中的是现存状态的稳定力量，符合所处时代的发展需求及均衡价值水平。在推崇时代主流文化思想的同时，它也会一贯性地批判所处时代的其他文化思想，主张用回归传统和发扬本土相结合的方式激起人们对自身文化思想及其价值的关注与兴趣。但其局限性体现于批判的出发点并不在于对现行文化思想体系进行颠覆式的改革和推进，即没有冲破原来的固有体系，而是处于已有文化价值的范围内对其进行改良和完善，并希冀通过这种改良和完善，达到使现存文化延续生命，甚至使之永恒化或普及化的目的。保守的价值立场在排斥多元文化并存的同时也否定了自身发展的现实历史，因此无法带领人们冲破固有的思想束缚。

第三，革命的价值立场。革命的价值立场与复古、改良相对立，它是以科学性为基础，以客观事物发展及文化发展规律为前提，以价值革

---

① 林剑. 文化的批判与批判的立场. 哲学研究，2012（1）：9-13.

新为衡量标准的价值立场。为了打破传统文化思想的不足，这一立场致力于在实践的基础上实现价值主体与客体的辩证统一，形成以革命实践为核心的哲学价值观。它的着眼点在于突破现有的资本主义文化氛围，面向未来的共产主义文化构建，基于革命观念形成的价值立场主张从科学与人文的双重维度把握人的生存方式和社会的存在状况。这种价值立场不仅能够使人们的实践活动达成和谐一致的协调性，而且通过这种协调性能够促使主体与客体之间实现完美对接和共处。只有革命的价值立场才能作为马克思人类解放理论的文化灵魂，才能作为文化条件为人类解放的完成增添力量。

价值立场并非绝对的、纯粹的主观体现，它具有客观性。从价值立场的主体即现实的人来看，其本身就是客观的存在物，主体作为客观现实社会的组成部分，是在客观的社会关系中形成其价值立场的，客观的生存环境与物质条件决定了主体的客观思维方式和价值立场，虽然其中不可避免地会渗透作为主体的人的主观性色彩，但总体而言，受制于生存环境与物质条件的价值立场仍然是客观的。从价值立场的产生来看，它遵循马克思的文化诞生逻辑。马克思认为，现代社会中价值立场的矛盾困境是主体发展需求与具体实践展开导致主客体失衡的问题，提出必须通过剖析现实社会生产和运动的规律来激发价值主体的能动性，推动主体与客体在辩证运动中达到平衡。实践活动自身就是客观性活动，不论是实践活动的主体、客体，还是工具、手段，都属于客观事物。价值立场的来源——实践，在马克思看来是无可争辩的感性活动，在实践活动中生成和提炼出的价值立场也被赋予了客观性。

价值立场的革命性决定了文化发展方向的正确性。革命的价值立场一方面能够符合作为主体的人的主观意愿和自觉理性的要求，按照个体的主体性进行价值选择；另一方面能够顺应社会生产客观规律的发展，与客观世界相融合，从而达到主体和客体需求的共同满足。社会发展的客观现实是对既成的文化思想成果的汲取，通过人的革命性价值立场与实践对其进行运用、改造和发展，最终将社会价值文明的形态推向更高的境界，人自身的生存方式也随之进入更高的阶段，价值立场由此构成对社会生产的客观规律和人类社会发展现实的反思态度。如果将价值立场看作对象化活动之社会形式的一部分，则价值立场作为意识并非完全是对客观的消极反映，它同样会参与到实践活动中，正如阿尔都塞在否认和批判经济决定论时就曾特别强调，意识、理论与经济一样在实践的样式范围内。价值立场在参与实践活动的过程中，为实践活动提供了动机和前进方向，并通过实践的方式展现自身的现实性。马克思也曾承认，人的思维的真理性判定属于实践的范畴，只有在实践中才能证明思维的真理性。价值立场渗透在整个实践活动中，并发挥着导向和动力作用。马克思所阐释的文化发展逻辑及价值立场，在关注人类社会发展的客体维度的同时，也强调人的历史主体性地位。实践活动的进行和结果符合并印证了价值立场的原初选择、导向，从而形成价值立场、实践活动、客观事物之间的良性循环，这种循环的实质就是人与自然、人与社会的良性共处。在这种良性循环中，人能够充分发挥自己的主观能动性，对客观事物加以改造和利用，同时又内在地顺应客观事物发展的规律，两者之间互为前提、互为保障而存在，构成一个理想的有机统一体。在这样的循环中，人既能够使其理性思维获得充分的释放和施展，又能够与客观事物达成一致，实现共赢的双重解放。革命的价值立场，无疑是实现人类解放的重要且不可缺少的一环。

第三节　人类解放的依靠力量

马克思明确指出了实现解放的政治、经济、文化条件，并致力于探寻支撑人类解放的具体社会环境。而创造这些条件和环境的方式并不是孤立的，它需要哲学的渗透、无产阶级主体的不断开拓和人民群众的历史性活动。"解放的**头脑**是**哲学**，它的**心脏**是**无产阶级**。哲学不消灭无产阶级，就不能成为现实；无产阶级不把哲学变成现实，就不可能消灭自身。"[①] 解蔽马克思在哲学层面的解放理想与现实的关系，不仅可以回应现代社会研究中理解马克思解放哲学的困境，而且可以深化对马克思进入改变世界境遇的正义哲学、道德哲学的研究。马克思通过剥离哲学自始至终纯粹思辨的躯壳，使哲学变成社会实践的组成部分，实现了哲学的思维性作用与实践性作用的统一；通过无产阶级爆发的彻底革命，终结人只作为异化的人而被其他事物控制的历史，揭露制约无产阶

---

① 　马克思恩格斯文集：第 1 卷．北京：人民出版社，2009：18.

级革命实践的现实社会生产方式和物质生活结构，指明无产阶级担负人类解放的主体力量的历史使命，开创每个人都能获得自由全面发展的新时代。马克思明确将哲学与无产阶级革命实践结合起来，赋予哲学与无产阶级时代的内涵。哲学把无产阶级当作自身的物质武器，无产阶级把哲学当作自身的精神武器。"批判的武器"和"武器的批判"被马克思有机统一起来。同时，马克思在批判英雄史观的基础上阐明了解放是人民群众进行的历史活动，人民群众是历史的创造者。哲学、无产阶级、人民群众的历史活动，形成了通往人类解放的三股强劲力量。

一、解放的头脑：哲学

在柏拉图构建的理想国中，城邦的完善只有"哲学王"才能胜任，哲学被提升到至高无上的地位。对于非哲学家而言，哲学是难以触及且不可亵渎的圣境；对于哲学家而言，他们被哲学"迷惑"终生却不厌其烦。马克思作为哲学的追随者，也受到哲学的"迷惑"和"纠缠"，他坚信德国古典哲学思想的分支与现实世界的分裂密切相关，并探寻何种哲学能够影响世界发展的问题，难以抑制对哲学的痴迷与艳羡之情。

撰写博士论文时期，马克思逐渐投入哲学的世界去寻找自己对法的问题的答案，此时的他俨然已沉浸其中，难以自拔。哲学对此时的马克思施展了难以抗拒的"诱惑"，以至于他在其博士论文中引用了大卫·休谟的一句话来驳斥别人对哲学的质疑："如果人们迫使哲学在每一场合为自己的结论辩护，并在对它不满的任何艺术和科学面前替自己申辩，对理应到处都承认享有最高权威的哲学来说，当然是一种侮辱。"①马克思认为，哲学与其他一切现成思想体系的重要差异在于，哲学能够表达不断超出自身、面向现实世界的生存论意义，从根本上体现了人的自我生成与超越取向。马克思对人能够创造属于自身的价值意义的肯定，充分体现了他对哲学的崇敬之情以及极力维护哲学"最高权威"的愿望，他曾毫不掩饰地透露了自己对哲学的供奉，将哲学视为心中的"思辨之神"。

但就是这样一位对哲学崇拜至极的膜拜者，却不可思议地发出了

---

① 马克思恩格斯全集：第 1 卷．北京：人民出版社，1995：11.

"消灭哲学"的呐喊。在《〈科隆日报〉第179号的社论》中，马克思似乎觉察到他所崇仰的哲学存在缺陷和不足："哲学，从其体系的发展来看，不是通俗易懂的；它在自身内部进行的隐秘活动在普通人看来是一种超出常规的、不切实际的行为"①。如果哲学只限于思辨王国，不与现实世界发生关联与纠缠，那么蕴含于马克思内心的人类解放理论又如何能通过哲学的路径而转变为现实？带着这样的疑虑，马克思开始检讨哲学的现实意义，他意识到哲学理想主义因素的虚幻性，并对形而上学的研究和叙事方法表示不满，而哲学形而上的思辨性正是马克思抨击的对象。他逐渐认识到，形而上的思辨方法带有深刻的独断性，只追求获取思辨层面的知识，必然导致研究内容与叙事形式的脱节，进而致使哲学指引世界发展的功能走向萎缩。马克思由此指出，哲学的思辨不可能完成解救现实的任务，只有实践才是解决问题的关键所在。"**理论的**对立本身的解决，**只有通过实践**方式，只有借助于人的实践力量，才是可能的"②。这意味着哲学研究的内容与叙事的形式必须通过实践在事物发展中实现统一，以此才能获得与事物本身真实一致的对象性。马克思将哲学看作形而上的思辨哲学的代名词，宣言要消灭哲学，走出以黑格尔为代表的形而上的思辨哲学研究方式，走进对世界本身的自我意识境遇以展开哲学批判与变革。所以，他在后来的文本中基本都不将自己的思想视为哲学，也不将自己归入哲学家行列，哲学与哲学家成为马克思的论战对象。

如何理解马克思"消灭哲学"的论断？结合当时的历史语境，可以推断马克思所言的"消灭哲学"并非针对全部哲学的彻底否定，而只是对以黑格尔哲学为代表的传统哲学的批判和扬弃，是对思辨哲学的斥责。在马克思看来，传统的哲学和研究方法是对德国历史的观念映现与延续，德国的哲学传统惯于将一切革命行动表现为理论活动，现实的革命一般从哲学家的头脑中开始。针对于此，马克思哲学以新的特质和内涵，为哲学疏通了其他道路。通过哲学批判触及现实问题，推动无产阶级和人类解放主题的出场，将哲学重新带回到"现代形而上学"，否定哲学必须以实现哲学为前提，以"实现哲学"来"消灭哲学"，把哲学变成现实，重新树立起哲学的担当者形象，使哲学肩负起人类解放的

---

① 马克思恩格斯全集：第1卷. 北京：人民出版社，1995：219.
② 马克思恩格斯文集：第1卷. 北京：人民出版社，2009：192.

重任。

与德国哲学"从天国降到人间"的理路不同，马克思开辟了一条"从人间上升到天国"的哲学理路。这种理路的转换和颠倒所蕴含的哲学运思，旨在将批判旧哲学、凸显无产阶级的历史地位与实现人类解放融为同一过程。唯有深入马克思的文本，回到马克思的话语体系，才能真正透视其中隐含的实质性内容，把握马克思哲学在认识和改造现实世界的问题上与传统哲学不同的理论视野。对于马克思"从人间上升到天国"的哲学表述，需要从以下两个方面进行深思和挖掘：第一，马克思的"人间"起点意味着什么？第二，马克思通过什么途径实现"从人间上升到天国"的跨越？

首先，哲学如果还像德国古典哲学一样脱离现实而抽象存在，就依然是马克思要讨伐的对象，只有根植于历史与现实的土壤之中的哲学才是马克思所希冀的。马克思将其哲学起点设立于"人间"，其"人间"既存在于历史之中，也存在于现实之中，具有双重规定性。"对现实的描述会使独立的哲学失去生存环境，能够取而代之的充其量不过是从对人类历史发展的考察中抽象出来的最一般的结果的概括。这些抽象本身离开了现实的历史就没有任何价值。"① 尽管马克思对无产阶级的历史使命和人类解放的终极命题的阐释经历了漫长的历史推演，但对现实时代性问题的回应与解答始终内蕴于其哲学批判的理路中。马克思认为，哲学需要在现实世界寻求根基，并基于历史与时代性的视域重新审视人类现状，探究整个人类的解放指向，在真正意义上成为"自己时代的精神上的精华"②，成为真正反映时代任务和要求的精神力量，以此理解世界的现存形态及把握改变现状的趋势，这才是马克思为哲学所开辟的现实道路，也是马克思所真正需要的哲学。

其次，马克思的哲学绝不是周旋于思辨的经院哲学，而是被赋予了形而下实践意蕴的哲学，笔者称之为"现代形而上学"。正如马克思在评论费尔巴哈时指出的："人应该在实践中证明自己思维的真理性，即自己思维的现实性和力量，自己思维的此岸性。关于离开实践的思维的现实性或非现实性的争论，是一个纯粹**经院哲学**的问题。"③ 马克思断

---

① 马克思恩格斯文集：第1卷. 北京：人民出版社，2009：526.
② 马克思恩格斯全集：第1卷. 北京：人民出版社，1995：220.
③ 同①504.

然不会违背其"消灭哲学"的口号重新返回到经院哲学的领地，他用作为哲学的核心和起点的"人间"使自己的哲学与经院哲学相区别，并最终与所谓思辨的"哲学基地"告别，走向依靠人民群众认识与改造现实世界的实践哲学观念。马克思哲学在实践性、批判性和革命性视角上完全超越了传统思辨哲学，他创立了与现实发展相吻合的实践哲学。因而有学者提出，"马克思已经完成了对形而上学的颠倒，而这已经是哲学最后的可能性了。如果还想进一步拓展哲学思想，我们所能得到的就无非是一种模仿式的复兴和变种"①。

　　哲学不再属于纯粹的思辨模式，而是被赋予了全新的生命。马克思不仅为哲学铺设了历史与现实的稳固地基，使哲学融入现实世界，进入人们的生活实际，还为哲学镶嵌了实践的内核，赋予哲学不屈服于现状、追求超越与创造自由的解放旨趣，通过实践将哲学的精髓演绎为现实的场景，依托人作用于世界的现实实践来影响事物发展的实际进程，从而使整个世界发生改变，逐步将人类解放的理想在现实世界慢慢呈现，使原本形而上的思辨哲学演变为形而下的实践哲学。哲学开始真正回归本位，发挥其应有的作用——指导人们通往未来的理想圣境。

　　马克思抛弃了传统哲学原有的思维路径，另辟蹊径地选择了实践，实现了"关于实践"的哲学理论解释与"作为实践"的哲学运用的统一。马克思的哲学是实践的理论，指引着人民改造世界与人类解放的行动。

　　究竟该不该将马克思称为哲学家？对此学界存在着不同的声音。南斯拉夫"实践派"的重要代表人物米·坎格尔卡就旗帜鲜明地指出马克思本质上不属于哲学家，而只能是科学家，比如经济学家或社会学家等，原因就在于：马克思不仅没有创立属于自己的独有思想的哲学，轻视哲学对于人类社会的重要意义，将其放置于自己整个思想体系之外的范围，而且还用轻蔑的口吻和语气对以往的哲学家进行讥讽，不崇尚任何哲学思想，并将传统的哲学观点视为抽象的教条和僵化的原则加以排除，因此在马克思的整个思想空间内不可能有任何所谓的哲学。② 但也

---

　　① 卡尔·洛维特．韦伯与马克思以及黑格尔与哲学的扬弃．刘心舟，译．南京：南京大学出版社，2019：414.

　　② 马克思哲学思想研究译文集．中国社会科学院哲学研究所马克思主义哲学史研究室《哲学译丛》编辑部，编译．北京：人民出版社，1983：275.

有学者认为马克思的思想属于哲学范畴，而非科学范畴。例如美国学者悉尼·胡克坚持认为："就马克思主义是一种旨在达到一个阶级目的的思想和行动的方法而论，它是某种高于或低于科学的东西；因为科学虽然可以被用于各种阶级目的，但其本身却不具阶级特性……马克思的哲学，就是这些客观要素和主观要素的辩证的综合。"① 这指明了马克思哲学相比于传统哲学思维的独特之处，马克思意识到哲学本身的阶级属性，无产阶级所掌握的哲学方法和运思理路是对现状的不断否定与超越，最终将消除与人的生命本性相背离的阶级及其依附的哲学表达，促使哲学内蕴的批判与解放精神走向现实。

马克思是哲学家还是科学家，不能仅仅从其思想范畴进行划分，更应该从马克思思想的出发点和落脚点来加以辨析。马克思一生奉献于无产阶级革命运动和人类解放事业，两者构成其生命中最为重要的组成部分，马克思将无产阶级革命和人类解放置于哲学与现实历史发展的进程中，致力于揭示哲学与现实之间的关系。从马克思毕生奋斗的目标来看，笔者认为不能简单地评判他是哲学家还是科学家，而应该先给予其革命家的称号。正如也有学者从马克思的挚友、最了解马克思的人——恩格斯入手分析马克思的思想，认为应当承认马克思首先是作为一位革命家而存在，其后才是作为一位哲学家和科学家而存在。马克思的思想是把哲学的重新审视和社会科学的深度研究相融合而成的关涉人类幸福与解放的体系式学说，其在法学和政治经济学研究中同样关涉对哲学的批判，以此寻求科学的理论知识和思维方法。无论如何给马克思进行定位，不可否认的是，马克思依靠其哲学支柱支撑其理论大厦，并通过哲学力量逐渐推进人类解放事业。

从马克思对哲学的演绎逻辑来看，他依次经历了推崇和敬仰哲学，再到发出要"消灭哲学"的声音，之后又通过重新扬弃，赋予哲学新的特质和内容，使哲学重新作为人类解放的支柱力量呈现在世人面前，成为支撑人类解放行进的"头脑"。马克思对哲学否定之否定的选择和取舍，显示了其对哲学为现实历史服务的价值取向的意识自觉，从一定层面看颇有曲径通幽之妙。

哲学是人类"解放的头脑"，是最普遍的学问和人类的公共财富，

---

① 悉尼·胡克. 对卡尔·马克思的理解. 徐崇温，译. 重庆：重庆出版社，1989：11.

它作为实现人类解放的力量之一，其作用是双重的。第一，哲学是一种思维工具。与具体科学不同，哲学具有宏观的视野和强大的穿透力，具有超越具体科学的更深层次的思维特性。在改造世界、谋求人类解放的历程中，哲学所思考和关注的是对整个世界的整体性把握。马克思虽然论证了"消灭哲学"的必然逻辑，但并未抛弃哲学本身反映现实的基本功能，他从哲学内部与现实外在相结合的维度探索哲学危机的根源，最终从哲学的现实意义视角深究消除哲学困境的路径，凸显其哲学思想契合世界现实性与整体性的思维特质。马克思通过运用哲学的思维特性，立足于整个人类社会发展历程，思考资本主义必然灭亡与人类解放必将实现的历史命题，从而为共产主义取代资本主义确立了理论依据。

第二，哲学具有实践性作用。马克思哲学是"时代精神的精华"，不是宗派争斗的口水。哲学具有既立足现实又超越现实的目标指向，它没有脱离实在，而是在更高层次、更长远的意义上关心现实和人类。实践不是中立性的范畴，而是指向现实的人的自由自觉劳动过程的规范性概念。实践作为马克思哲学的内在本质，要求其哲学为人类解放的实践活动服务。马克思将哲学的深刻批判性运用于对社会现实的批判之中，尖锐地揭露了资本主义社会所面临的现实困境和根本矛盾，道明了资本主义随着生产力的不断发展，将成为阻碍生产力发展的桎梏和人类实现全体解放的屏障。马克思以实践为基础的哲学观点在认识和改造现实时，也造就了人与世界之间总体的存在论关系。因此，为了实现人类解放，就需要通过无产阶级革命的方式，将资本主义踢出历史舞台，给予人们自由全面发展。哲学之于人类解放是不可替代的存在，是人类迈向解放的必不可少的力量源泉。

二、解放的心脏：无产阶级

无产阶级是唯物史观的理论支点与核心范畴，也可以视为马克思的"第三大发现"[①]，对其内涵的揭示主要体现在马克思1843—1844年的著作中。马克思在《〈黑格尔法哲学批判〉导言》中首次阐明无产阶级的"世界历史使命"，将无产阶级视为彻底消灭私有制的"物质力量"

---

① 张夺，罗理章. 马克思"无产阶级发现"的内在逻辑. 北方论丛，2016（2）：126-131.

和"人类解放"的主体承担者。以无产阶级的实践活动与生存方式为根基，马克思的人类解放理论不再是关于社会生产的机械结构和生活世界的一般图景，也不再是寻求解决思维与存在矛盾的思维原则，而是表征现实的人的自由本质的理论与实践。在马克思的思想中，无产阶级占据了十分重要的地位和作用。无产阶级屦弱的身躯不仅要承担起颠覆资本主义社会、消灭私有制以及与旧社会一切关系完全决裂的重任，而且要在此基础上开创一个新社会——共产主义社会。这就是马克思赋予无产阶级的历史使命：旧社会、旧历史的终结者，同时也是新理想时代的开拓者和人类解放的先驱。

只有当解放的理论真正奠基于无产阶级革命之上，解放的实践行动蕴含的价值旨趣才能得到充分表达。"问题不在于某个无产者或者甚至整个无产阶级暂时**提出**什么样的目标，问题在于**无产阶级究竟是什么，**无产阶级由于其**身为无产阶级**而不得不在历史上有什么作为。它的目标和它的历史使命已经在它自己的生活状况和现代资产阶级社会的整个组织中明显地、无可更改地预示出来了。"① 马克思选择无产阶级作为其人类解放理论的主体力量，是针对德国市民社会发展的现实历史与客观规律得出的结论。马克思认为，有限的、不彻底的革命难以继续维系，通过彻底的革命走向解放的路径反而成为可能。他没有像历史上的革命活动家那样选择农民、资产阶级等作为中坚力量，而是将实现人类解放的重任交给了无产阶级。马克思通过对无产阶级生活境况的理性分析得出，必须依靠无产阶级来实现全人类的解放。

首先，从无产阶级的产生和发展来看，无产阶级作为人类解放的主体力量是历史的必然选择。

在《共产党宣言》中，马克思、恩格斯在充分把握人类社会历史发展规律的基础上，透视了无产阶级产生的历史过程。马克思辩证地审视了无产阶级产生的母体——资本主义社会，而非一味地指责资产阶级及资本主义，他在批判的同时也充分肯定其在历史发展过程中所发挥的作用，这主要得益于他对生产力发展的重要性的认识。在对资本主义社会进行哲学和政治经济学的双重批判时，马克思兼顾考察了资本主义社会创造的物质生产力，承认资产阶级主导的生产实践的历史形态的必然

---

① 马克思恩格斯文集：第1卷. 北京：人民出版社，2009：262.

性。马克思认识到，资产阶级就如无产阶级一样，也是历史长期发展的产物，并且在不到一百年的时间内其生产力就完全超过之前所有世代的生产力总和，创造出了超乎想象的丰富产品。但是资产阶级原本用来推翻封建旧社会、旧体制的利器，伴随着自身的不断发展和进步，却将矛头瞄准了自身。资产阶级不仅为自己生产了消灭自己的武器，还产生和锻造了运用这种武器的主体——无产者。由于资本主义的发展、资本的肆虐、分工的细化、机器生产的推进，无产者不得不以出卖自己的劳动力为代价来换取生存的希望和可能，他们"不得不把自己零星出卖"，最终沦为商品。既然是商品，就必然受到经济规律的影响和制约，受到市场竞争带来的冲击。作为单个工人的无产者意识不到自己的处境，难以发掘自身在生产劳动中积聚的革命性的实践力量，更意识不到在资本主义大环境下生存的他们无论如何都很难突破贫穷的怪圈。

在《1844年经济学哲学手稿》中，马克思针对社会发展的不同状态——社会衰落、社会进步、达到完满顶点，分别对无产阶级的处境进行了充分的推理和分析。第一，当社会财富处于持续衰落状况时，无产阶级的处境最为恶劣。资本主义社会中的贫困问题引发了马克思对无产阶级的关注，使其看到贫困与劳动实践相结合能够产生威胁资产阶级的力量。无产阶级作为资本主义生产链的底层，永远都是资本主义经济衰退的牺牲者。这一链条中间所设置的诸多障碍，注定无产阶级无法取得像资产阶级一样多的利益与劳动成果，因此只能在底层挣扎，"分享"社会经济衰落带来的苦果。

第二，当社会财富处于不断增长状况时，对无产阶级而言似乎是一大利好，但是现实并没有按照理想设计的套路出牌。作为被产品异化和失去人之本质的无产阶级，在社会财富增长的浪潮中所思考的不会是获得自由，而是获得财富，无产阶级所创造的资本和利润与其自身的工资相分离，为了获取满足基本生存需要的工资，无产阶级也被迫与生产资料相分离，于是他们"不得不牺牲自己的时间，并且完全放弃一切自由，在挣钱欲望的驱使下从事奴隶劳动"[①]。由于对财富的追求，无产阶级面临着隐藏在社会财富增长背后的危机：随着劳动量的增加，资本也在资本家手中不断积累，工人的劳动产品越来越多地被资产阶级瓜

---

① 马克思恩格斯文集：第1卷. 北京：人民出版社，2009：119.

分，在资本积累—扩大分工—增加人员的循环往复中，无产阶级逐渐对劳动产生了更深的依赖。无产阶级主要依靠雇佣劳动来获取自身的生存资料，无产阶级存在的实质是自身劳动的人格化，存在的形式是资本主义社会生产过程中的雇佣成员。但是，这种劳动并不是人的自由自觉的劳动，而只是机械性的、片面的劳动。无产阶级与这种劳动相互依赖、相互结合时，自身也就演变为市场上出售的商品，受到市场价格不断波动的影响，其生存和发展更加依赖于、仰仗于资本的走向和资本家的兴趣。必然地，随着工人人数的不断增加，劳动者之间的竞争持续增强，工人的工资也逐渐降低；由于对剩余价值的贪婪，更多的资本将被投入生产，资本家之间的竞争也随之加剧，其结局就是有些资本家在破产之后沦为工人阶级的新成员，导致无产阶级人数不断增加，无产者之间的竞争日趋激烈，其生活愈加窘迫和贫困。并且这种以资本剥削劳动作为支撑的生产方式将长期存在，无产阶级的劳动与资产阶级的资本之间的对立难以根本消除，主要依靠雇佣劳动获取自身地位的无产阶级及其贫困的生活状态也将继续存在。

第三，当社会财富增长到顶点状态时，工人的悲惨处境同样无法避免。马克思曾指出，即使是在社会发展达到最高点的国家和地区，无产阶级的状况依旧难以获得实质性的改变，工人获得的工资以及资本的利息都不高。同时，工人的就业状况依旧无法得到改善，以至于即使工资再低，工人也同样需要工作，无产阶级依然作为社会结构中的一个等级而存在，其所创造的社会生产力还难以形成撼动资产阶级支配地位的条件。

无论是在社会衰落、社会进步的状态中还是在达到完满顶点的状态中，无产阶级的贫困都将持续加剧。在愈益固化的资本主义社会等级结构中突出的"自由平等"的交换原则，实质上构成了对无产阶级革命意识和行动的反叛。无产阶级要获得真正的自由和财富，就只有寻找其他出路。马克思明确指出，其出路就是进行无产阶级革命。"只有在革命中才能抛掉自己身上的一切陈旧的肮脏东西，才能胜任重建社会的工作"①。革命是彻底的、割裂式的变革，它不仅以最为直接的形式推动历史的前进，而且在历史前进过程中将彻底摆脱束缚人的精神和身体的

---

① 马克思恩格斯文集：第1卷．北京：人民出版社，2009：543.

一切陈旧之物，建立崭新的社会。马克思认为，无产阶级在资本主义生产过程中唤醒了自身的革命意识和潜能，能够担负起克服剥削的侵害和实现自由劳动权利的解放使命，并确认政治革命和建构性实践作为无产阶级解放的应有之义。

其次，从无产阶级自身所具有的特性来看，无产阶级具有承担人类解放重任的能力，是推动人类解放实现的主体力量。

随着大工业的发展，无产阶级作为一股新的力量在历史舞台上扮演着愈加重要的角色。马克思认为，无产阶级能够作为实现人类解放和共产主义事业的主体力量主要在于其所蕴含的特质。第一，无产阶级具有先进性，是适应历史发展进程的新事物，是先进生产力和先进生产关系的代表。马克思强调一切所有制关系都必然会经历历史更替，资本主义所有制代替了封建所有制，而共产主义所有制将代替资本主义所有制，这是历史规律演化的必然结果，即新事物代替旧事物的过程。资本主义私有制虽然曾在历史上起过积极的推动作用，但是就当前所展示的面目而言，它已不再是先进生产力的代表，它"酿造"的商业危机预示着它终将被历史淘汰。当其余的阶级都随着大工业的逐渐发展而开始走向衰落和灭亡时，只有作为大工业发展的产物的无产阶级逆势而上，成为最富有生命力的阶级。无产阶级具有先进的生产和革命意识，通过生产与交往实践超越自然性的生存关系和领域，形成不断扩大的社会共同体。无产阶级与最先进的经济形式相互勾连，随着社会发展而不断壮大，其历史使命就在于顺应历史潮流的发展，消灭资本主义和一切旧的生产关系，重新建立适应新的生产力发展趋势的社会主义生产关系，构建没有压迫、没有剥削的共产主义社会，实现整个人类的解放。

第二，无产阶级具有彻底的革命性，作为"真正革命的阶级"，无产阶级在生产资料上一无所有，这一现状为无产阶级采取彻底的政治革命以解决现实贫困打开了真正的通道。恩格斯在《英国工人阶级状况》中详尽描述了生活在社会最底层的无产阶级的落魄状况：在物质层面，无产阶级生活在城市条件最差地区的工人住宅中，全天候工作获得的却只是仅够维持生存的物资，不得不吃那种使自己消化不良的食物，酗酒成为疏解和麻痹自身的主要方式，发生病痛时根本无法支付高额的医疗费用；在精神层面，无产阶级基本没有教育可言，"资产阶级对工人只有一种教育手段，那就是皮鞭，就是残忍的、不能服人而只能威吓人的暴力"①，教育的缺失致使无产阶级无法获得基本的精神感染和享受，更在深层上阻断了其对自由、解放意识与对民主、平等价值观念的渴求。无产阶级在物质生活、精神生活方面都备受虐待，这种处境决定了无产阶级对资产阶级有着与生俱来的仇恨。贫困这一顽疾在任何资本主义国家都未能得到解决，无产阶级的具体革命实践正是对资产阶级抽象发展理念的克服。如果不消灭资产阶级，施加在无产阶级身上的压迫、剥削就无法剥离。"无产阶级能够而且必须自己解放自己"②，彻底的革命性成为无产阶级最为根本的特质。

第三，无产阶级集中于城市的大工厂，具有较强的组织性。随着大工业的逐渐扩大以及资本主义本来面目的不断暴露，无产阶级开始集结起来反抗资产阶级的统治。但这一集结并非如马克思后来所想的是"全世界劳动者"的集结，而是经历了"个人—工厂—部门—地方—全国—世界"逐渐转化和扩大的过程。在发展的起初，集结并非工人自身主动联合的结果，而是资产阶级联合的产物。资产阶级出于自身所追求的政治目的而将无产阶级发动起来为其服务，此时的集结是作为资产阶级工具形式的集结，但却创造了无产阶级"同专制君主制的残余、地主、非工业资产者和小资产者作斗争"③ 的可能条件。到后期，无产阶级伴随社会分工的精细化而不断扩大，将否定资本主义私有财产提升为社会革命的行动原则，随着资产阶级剥削本质的不断暴露和残酷压迫的不断加剧，以及无产阶级力量的与日俱增，无产阶级意识到解放一切社会领域是解放自身的基础，开始成立反对资本家的联盟。这种以工人为主的无产阶级联盟之所以能够成立和成功，重要原因在于分散在各地的无产者迫于生计和生存的需要集结在大城市的工厂中劳动，具有明显的聚集性。

无产阶级是推动人类解放真正实现的现实力量之一。对无产阶级生活困境的考察及对其阶级特质的分析，既可以明晰无产阶级推动人类解放进程的必然性和必要性，也可以肯定无产阶级具有带领人们走向共产主义、实现人类解放的能力。但马克思认为，无产阶级带领人类实现解放的过程，具有阶段性、过程性和渐进性。第一，在市民社会中将自身

---

① 马克思恩格斯文集：第1卷. 北京：人民出版社，2009：428.
② 同①262.
③ 马克思恩格斯文集：第2卷. 北京：人民出版社，2009：40.

提升为整个社会的普遍代表，即完成无产阶级专政。要成为引领人类实现解放的阶级，就必须先满足一个条件，即"这个阶级的要求和权利真正成了社会本身的权利和要求，它真正是社会的头脑和社会的心脏"①。无产阶级在投入革命行动之前必须构建自身的政治组织原则，强调无产阶级专政对现有等级社会结构的瓦解作用。而"无产阶级要求**否定私有财产**，只不过是把社会已经提升为**无产阶级**的原则的东西，把未经无产阶级的协助就已作为社会的否定结果而体现在**它身上**的东西提升为**社会的原则**"②。第二，彻底消灭阶级，包括消灭无产阶级自身，最终实现人类的彻底解放。无产阶级的解放力量建立在对资本主义社会生产及其遗留历史困境的解答基础上，以无产阶级政治革命为中介实现全人类的解放，建立消除阶级和消灭等级差异的社会。马克思着眼的未来共产主义社会，是没有阶级划分的社会，是没有阶级利益角逐和斗争的理想王国，无产阶级作为人类解放的主体力量，在夺取政权实行无产阶级专政后，将"不得不消灭自身，因而也不得不消灭制约着它而使它成为无产阶级的那个对立面——私有财产"③。只有彻底消灭与旧社会相关联的一切社会关系，才能构筑起全新的实现人类彻底解放的共产主义理想社会。无产阶级"只有消灭自己本身和自己的对立面才能获得胜利。到那时，无产阶级本身以及制约着它的对立面——私有财产都会消失"④。但无产阶级对阶级和等级差异的消除需要借助于自身的组织制度，并不断探索革命的政治原则与指导策略。因此，私有制的消灭、阶级的消除是一个长期的历史过程。

无产阶级是一个特殊等级，在将人类解放规定为"历史的任务"进而寻找人类解放使命的承担者时，马克思找到了无产阶级这一"具有否定性的普遍等级"，即能体现政治国家的特殊性、真正完成对政治国家的扬弃的否定性的普遍等级。⑤ 马克思将人类解放的伟业坚定地交托于无产阶级，对无产阶级寄予厚望。他探寻到历史更替的规律，意识到无产阶级将作为历史的新主人，承担起改变和创造历史的艰巨任务。无产

---

① 马克思恩格斯文集：第1卷.北京：人民出版社，2009：14.

② 同①17.

③ 同①260.

④ 同①261.

⑤ 曹丽.论马克思无产阶级概念的双重含义.科学社会主义，2015（2）：58-63.

阶级在受剥削中，磨砺彻底的革命性和较强的组织性等特质，在不断尝试的革命实践中积蓄勇于变革的勇气和实践经验，敢于质疑与超越一切与人类解放这一根本旨趣不相适应的思想观念和实践原则，为其进行无产阶级革命奠定基础。马克思对人类解放与无产阶级之间有机关系的思考基于现实而又超出直接事实，他超越了解放概念的凝固性和僵化性，以把握并激活无产阶级不断自我否定和创造的实践本性，从社会历史的总体观点去看待无产阶级及其革命运动的逻辑方法，对无产阶级给予全部的政治希望，在理论上将无产阶级塑造成真正的革命力量。无产阶级终将按照马克思的设计，成为旧社会的终结者和新时代的开拓者。

三、解放的运动：历史活动

历史活动就是历史中现实的人所进行的活动，历史活动的主体是人民群众。马克思从现实的人出发创立了历史唯物主义，并在此基础上阐释了人的解放的根本动力，表明人的解放实践活动是在具体的历史条件下展开的。人类解放运动作为人类追寻自由的历史活动，也需要具有实践力量的人，即人民群众。人民群众能否积极参与到历史活动中，是历史活动能否取得成功的关键因素。作为"解放的头脑"的哲学和"解放的心脏"的无产阶级只有实际参与历史，才能走进人民群众的内心世界。

人民群众是一个历史范畴，是指一切对社会历史起着推动作用的人们，是推动历史发展的绝大多数社会成员的总和，是从事物质资料生产和精神生产的劳动者。在阶级社会中，它包括一切对历史发展起着促进作用的阶级、阶层和社会集团。人民群众是历史的创造者，但历史性构成了人的存在与发展的内在规定，人民群众必须在特定的历史环境中进行创造性活动。在人民群众中，无产阶级是最先进的一部分，处在改造社会并寻求解放的最前列。在《神圣家族》中，马克思继《〈黑格尔法哲学批判〉导言》的探索之后，再次提出无产阶级在群众历史活动中的重要作用。

通过对人民群众历史活动方式的辩证理解，马克思的解放思想在根本上消除了传统哲学理论的刻板原则及其与具体实践的二元分离。他指出，"**思想**永远不能超出旧世界秩序的范围，在任何情况下，思想所能超出的只是旧世界秩序的思想范围。思想本身根本**不能实现什么东西。思想要得到实现，就要有使用实践力量的人**"①。而究竟谁具有资格充当使用实践力量的人呢？

青年黑格尔派紧紧抓住黑格尔的自我意识，强调使用实践力量的人是来自具有积极精神、自我意识的杰出人物，人民群众在历史活动中的作用是"有限的、粗野的、鲁莽的、僵死的和无机的"②，甚至认为**"精神的真正敌人应该到群众中去寻找，而不是像以前的自由主义的代言人所认为的那样到别的地方去寻找**"③。迄今为止，"历史上的一切伟大的活动之所以**一开始**就是不合时宜的和没有取得富有影响的成效，正是因为群众对这些活动**表示关注和怀有热情**"④。青年黑格尔派认为，这些活动之所以结局悲惨，是因为活动就是指望博得群众的喝彩。青年黑格尔派的理论批判活动是建立在绝对批判人民群众愚蠢的基础上的，青年黑格尔派志在从黑格尔的精神哲学中引出革命性向度，以此适应资产阶级日益膨胀的政治需要，认为历史是精神的历史和思想的历史，进而指出人民群众在自我意识的局限下难以实现自由，只有求助于世界普遍的自我意识才能克服个体意识的不足。青年黑格尔派贬低、否定群众，否认人民群众能够承担历史活动的重任。

马克思与青年黑格尔派展开了尖锐论战，论战的主题是：人民群众到底是无自我意识的群氓，还是历史活动的主体？马克思反对抽象地理解自我意识的个体性，重视现实的人的感性经验意识。他认为，人民群众与历史活动之间是一种互动关系：历史活动的展开需要广大群众的积极参与，人民群众只有在参与历史活动中才能发展壮大。"正是人，现实的、活生生的人在创造这一切，拥有这一切并且进行战斗……历史**不过是**追求着自己目的的人的活动而已。"⑤"历史活动是群众的活动，随着历史活动的深入，必将是群众队伍的扩大"⑥。历史是现实的、活生生的人推动的，并不是虚幻的自我意识演变的观念史。人民群众绝不是

---

① 马克思恩格斯文集：第 1 卷 . 北京：人民出版社，2009：320.
② 同①297.
③ 同①288.
④ 同①286.
⑤ 同①295.
⑥ 同①287.

什么消极的、非历史的因素，只有他们才是推动历史前进的动力①，"在历史逐渐演变成世界历史的过程中，历史将愈加深入地定格群众主体性的烙印"②。用先进的哲学思想武装起来的人民群众才是具有实践力量的人，人民群众的自我意识总体上是对人与人、人与物之间相互确证及相互扬弃关系的真实反映。他强调人民群众能够超越自我意识内在矛盾的限制，在感性活动中走向人类历史本身。他们造就了符合时代需要的杰出人物，判定了杰出人物发现和宣布的思想的真理性。在《〈黑格尔法哲学批判〉导言》中，马克思论证了无产阶级与哲学的关系；在《神圣家族》中，这一观点又在对青年黑格尔派贬低人民群众的论战中得到进一步的发展和深化，塑造人民群众的历史地位成为《神圣家族》的政治哲学主题。

马克思政治哲学视野中的人民群众是处于具体社会生产过程中的人，他们脱离了资本主义社会生产方式中物质性和机械性的工具状态，而体现了自身劳动本质力量的历史地位。人民群众的历史活动是人创造自身所需的生活资料、人的对象世界，并使自己生成为人即实现人的自我生成和自我创造的运动，它是一种自觉地创造人的生命价值的目的性活动。在历史活动中，人民群众改造外部世界，使外部世界成为人的历史活动对象；人民群众也改造自身，由此成为自身生命活动的主人。人民群众具有什么样的实践力量、选择什么方式进行历史活动，也就具有什么样的生存特性、生命状态和生活历史。人民群众的历史活动是为人的自为性、创造性的生存本性和生存方式，通过历史活动在历史性存在和历史性过程中实现自我生成，通过自我生成的历史活动，不断实现"自我否定""自我完善""自我超越""自我发展"。历史发展的现实性决定了人民群众实践活动的辩证性，无论是对自然物质利益的追求还是对现实的超越，都属于人民群众历史活动的组成环节，构成人类解放的内在需要。人民群众在历史活动中，通过自身本质力量对象化创造出"人化的自然"，又在自我追求中改变自身、否定自身、创造出新的自我。"创造"与"发展"是人民群众历史活动的内在本性，也是人民群众历史活动的内在动力。人民群众正是在"创造"与"发展"的活动

---

① 张端.《神圣家族》中的解放思想及其现实意义. 学术探索，2017（4）：1-6.
② 臧峰宇. 法国启蒙思想批判与《神圣家族》的政治哲学主题. 哲学研究，2016（7）：15.

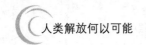

中，不断提升自身生命存在的质量和实践能量。

人民群众推动历史、创造历史，这体现了人的主体性，但这种创造不能随心所欲，而是受一定客观条件的制约，人不能超越历史发展的条件去任意创造生活。人创造历史的活动是能动性与受动性的统一，是合规律性与合目的性的统一，是人类历史活动前提与结果的统一以及自然过程与社会历史过程的统一。马克思所揭示的人民群众之历史活动的统一性规律，并非传统思辨哲学中思维逻辑与历史的"先在同一"，而是现实的人的感性实践与其对历史发展的现实思维进程的辩证统一。历史发展的合规律性与合目的性的统一也只能是一个动态的过程，两者统一于人与历史的生成过程中。只有在这一生成过程中，才能真正理解历史发展的合规律性与合目的性的统一，才能揭示解放运动、人民群众、历史活动三者关系的全部内涵；只有在合规律性与合目的性相统一的人类历史活动中，才能真正合理地解释人类何以在扬弃自身活动的基础和条件的同时，又实现了自我扬弃、自我生成和自我发展。历史是人民群众活动的历史，是人类解放运动的历史，人民群众是历史的真正创造者，在实现人类解放的共产主义社会必将获得真实的自由和精神境界的提高。

第四节　人类解放的发展历程

马克思对人类解放的整体历程和脉络走向进行了政治哲学式的思考与研究。马克思的思想发端于对宗教的批判和对理性国家的推崇，经历了批判国家、终结阶级、消灭国家的历程，最终落脚于构建实现人类解放的共产主义社会。相应地，根据国家的发展状况可将人类解放的历程划分为三大阶段：基督教国家、政治国家和后政治国家。基督教国家是解放的原初状态，宗教和国家以相互联合的方式共同作用于劳动者，受压迫者既受到来自宗教的精神魅惑，又受到来自国家的政治与经济的剥削压制；政治国家则是国家成为独立的统治者和管理者，不再与宗教共谋，宗教已经从公共领域被驱逐至私人领域，宗教信仰成了个人私事，不再作为国家统治的精神工具欺骗大众；后政治国家不仅是对宗教的否定，更是对国家的否定，它所建立的政治形式是对原来国家的完全颠覆，是马克思所设想的消灭国家和阶级的"自由人联合体"——共产主义社会。马克思的人类解放理论贯彻了对实现人类解放之基本途径的思索，主张无产阶级专政要消灭资本主义"虚假的共同体"和资本主义生产关系，最终旨在消灭无产阶级本身，构建没有阶级和等级差异的共产主义"联合体"。马克思哲学就是一部完整的政治哲学，它以人认识与变革世界的哲学为出发点，从政治哲学的整体结构中探讨人类解放的终极追求；阐发实现人类解放的路径和方式，是马克思全部思想的核心与主题。

一、宗教与政治合谋的基督教国家

宗教与政治的合谋是欧洲中世纪国家发展的一抹重要色彩。中世纪国家以基督教信仰与国家统治相结合，在历史上开创了政教合一的先例，上演了一场宗教政治的历史剧。这场历史剧在社会发展历程中造成的影响如此重大，以至于持续蔓延至当今时代的部分国家和地区。在这些国家和地区中，宗教与政治相结合的痕迹或事实依然存在，保持着其原有的鲜活，基督教拥有比一切原始宗教和民族宗教更加系统的理论。马克思将中世纪的国家与宗教，主要是与基督教相结合的国家形式称为基督教国家，并把它作为人类解放历程的起点加以考察。

基督教并非一开始登上历史舞台就与政治分庭抗礼，它能够达成与国家的合谋既是历史发展的产物，也是基督教教义的博爱思想及其自身发展顺理成章的结果。早期基督教并没有与国家统治发生任何关联，也没有获得统治当局的好感，其宣扬的弃世禁欲、平等博爱的思想与统治阶级所追求的物质利益、政治权力相背离，一度遭到统治者的排斥、打压，并演变成对基督教徒的迫害。但当局的行为并没有阻止基督教教义的传播，也无法阻止基督徒的布教。当时残酷的现实境况使基督教教义在下层穷苦人民和受压迫者中广为流传，基督教的世界观成为统一的整体塑造人们的思想观念，基督教成为人们逃避现实、摆脱困境的精神寄托。因此，基督教徒的主要成员是贫苦大众，随着之后追随基督教教义的一些富人、知识分子和统治者的加入，基督教的信徒逐渐多元化和丰富化，力量也慢慢增强。力量的逐渐扩大、影响的持续普及，使得基督教逐渐稳定并形成了稳固的三级教职制度，整个宗教仪式也逐渐趋于规范化和程序化，并产生了一批"教父著作"和"护教著作"。基督教力量的与日俱增使统治者不得不改变立场，寻求与基督教共处，尤其是基督教对上帝存在及其控制宇宙一切力量的信奉原则，也为统治阶级所渴求。

在公元 392 年，基督教被罗马帝国正式确认为国教，其境遇开始发生转变，不再受到当局的打压，而获得了当局的认可，并在此之后获得更快的发展；但是作为精神寄托的宗教信仰，只能对人们施以精神抚慰和劝诫，而并未取得控制世俗的实质性权力。在公元 800 年，法兰克王国国王查理曼由教皇利奥三世加冕，称"罗马人的皇帝"，继承"奥古斯都"头衔，这标志着国家与基督教合二为一，基督教通过神和信仰等精神力量控制世俗权力并获得合法性。虽然在之后的历史中发生了王权与神权即政治与宗教间的相互较量，但基督教作为官方意识形态已经被历史定位。基督教教会兼具精神信仰的宣扬者和社会文化的传播者双重身份，在锻造国家的政治理念和行动中发挥着不可估量的作用，几乎控制了基督教国家中每个教徒的精神和文化生活。尤其是经院哲学的集大成者圣托马斯·阿奎那①对基督教国家的权威阐释，让基督教教义作为国家主导意识形态成为固定的历史传统。基督教与国家的关系经历了由迫害、打压到合谋共处的历史性大转变，发生转变的原因在于：首先，基督教自身的日益壮大形成了强大的社会力量，基督教在后期发挥的社会作用与国家的思想文化功效不相上下，在基督教教义的召唤下，无论是神职人员还是世俗之人，都来到基督教的世界中相会，使当局不得不对其加以重视，并肯定其布教的合理性、合法性；其次，基督教所宣扬的教义符合统治者的需求，推动了国家对世俗权力和独立价值的控制，能够辅助统治者进行国家统治，具有政治功能。②

基督教国家本质上是国家与宗教相互妥协的产物。一方面，国家希望借助宗教的力量，在对人们实现政治统治的同时，加强对人们的精神控制，催促人们心悦诚服地遵守基督教国家制定的政治秩序；另一方面，宗教则希望通过与政权的结合，实现其历史地位的突破，并将神权

---

① 意大利哲学家圣托马斯·阿奎那的《神学大全》和《反异教大全》等著作，奠定了其在经院哲学中的地位，他在这些著作中对宗教政治或政治神学进行了具有权威性的深刻阐释，为之后基督教国家的出现奠定了基调。

② 关于基督教的发展历程，参见顾肃．宗教与政治．南京：译林出版社，2010：14-21。

与政权结合起来，获得更广泛、更普遍的宣扬。但基督教国家的最终结果，并不具有原初设计的理想性与完美性，因为其中隐藏着不合理之处，如基督教国家的建立意味着国家将不再以独裁者身份进行政治统治，而需要兼顾宗教的方式与信念，这使得国家作为统治工具所具有的国家职能并没有获得充分的施展和发挥，因为宗教总是以各种方式和手段参与政治、干涉政治的自由与独立。马克思"以宗教为前提的国家，还不是真正的、现实的国家"① 的结论，意味着马克思对基督教教义反映和指导现实国家的路径产生了质疑，表明马克思对基督教国家潜藏着的问题与矛盾已有深刻认识。

首先，在基督教国家，政治国家与市民社会具有重合性。由于国家政权的强势发挥以及以基督教教义为核心的意识形态的高度控制，市民社会的权力被统治阶级掌握，国家处于高度政治化状态，加之宗教的控制手段所达到的影响无所不及，整个世俗社会都被笼罩在政治的阴云之下，政治国家与市民社会以重合的状态存在。"在中世纪，人民的生活和国家的生活是同一的。"② 在基督教国家中，作为国教的基督教，作为控制着国家意识形态的基督教，并没有回归到"应然"存在的属地——私人领域，而是作为中间者，将私人领域与公共领域串通起来，将整个社会统一于基督教国家的统治之下。在基督教国家的世界观和政治观视域中，宗教指向人对自身存在的终极秩序的求索，宗教教义代表着人存在于国家共同体中的终极意义。马克思批判宗教依附于国家而存在，批判国家不再作为独立的力量发挥作用，而是依赖于宗教的帮扶，甚至受其控制来实现国家功能，并认为这种以宗教的形式、从宗教的角度而不是以国家的形式、从政治的角度对待国家，是基督教对国家的否定，这种国家是不完善的国家，基督教对它而言只不过是其不完善性的补充与神圣化。他指出了宗教与国家强制结合的虚幻形式所引发的弊端：导致了人的自我意识和解放精神的丧失，对基督教国家的执着隐含了广大民众的不满与抗争意愿。马克思强烈地表达了他的立场，认为国家应该从宗教的魅惑与控制中获得解脱，国家只有当真正摆脱宗教的纠缠和捆绑时，才能以自己独有的方式进行管理和统治。只有当国家与宗教实现分离、各自回归到应有位置时，政治生活和市民社会才能相对独

---

① 马克思恩格斯文集：第 1 卷 . 北京：人民出版社，2009：25.
② 马克思恩格斯全集：第 3 卷 . 北京：人民出版社，2002：43.

立存在，而不是混杂于一体。马克思对国家与宗教相分离的要求体现了其将人从虚幻的宗教世界统治中解放出来的目的，促进了人们为摆脱虚幻的幸福、争取现实的权益而斗争。

其次，生活于社会底层的普通民众作为国家的支撑，受到来自国家和宗教的双重控制，人自身的自由发展为强有力的控制所束缚。基督教国家中存在的特权和特权阶级，使得普通民众丧失了自身的独立人格，不再具有其特有的意识与意志，他们存在和存活的意义只在于隶属于基督教国家的首领，即为特权阶级服务。马克思将宗教视为"人民的鸦片"，宗教与国家的结合必然致使人民在虚幻的处境中面对世俗世界，无法在现实历史中实现自我发展。国家是统治阶级维护统治的工具，其代表的是统治阶级的利益。国家作为统治阶级的利益维护工具，带有利己主义特征，统治阶级掌控国家的目的就在于维护和巩固自身利益，而完全不顾及他人利益的维护与保障。马克思明确指出，基督教国家给人带来物质与精神的双重奴役。处于社会底层、深受压迫的人们，既无法使自身利益获得保护，又要被迫地维护统治阶级的利益，他们必然成为统治阶级维护其利益的牺牲者。正如金字塔一般，统治者立于金字塔顶部，剥削和控制着处于底层的贫苦大众。但在基督教国家，处于金字塔顶部的或者说控制着底层大众的，不仅有世俗国家，还有基督教。基督教通过宣扬其教义，通过精神的麻痹，使人们相信君权神授和"原罪说"，相信必须服从统治者的统治，才能获得来自上帝的救赎。这种论调本质上在于维护统治者利益，它通过平等、博爱、救赎等掩饰的方式呈现在人们面前，蒙蔽人们的理性思维，直击人的精神世界，造成人的主体性和自我意识的消逝，使深受苦难的人誓死衷心追随基督教。由于身处如此境地、受制于国家和宗教的双重控制，人们难以获得实质性解放，即使是局部或部分的解放也难以达成与实现。马克思清晰地认识到基督教国家的真实性，提出哲学的基本任务理应是推动人们在物质和精神上的解放，他希冀从现实出发，先"把宗教从公法领域驱逐到私法领域中去"[1]，使人们逐一摆脱压在自己身上的大山，然后再寻求人类的彻底解放。

马克思主张进行政治解放，提出使国家从宗教中解脱出来，使现代

---

[1]　马克思恩格斯文集：第 1 卷 . 北京：人民出版社，2009：32.

国家挣脱宗教精神的控制，进而将人从基督教国家中或者说从宗教中解放出来，既将人重新归为市民社会中的人，即独立、利己的个体，也将人重新视为公民或法人。由于长期受基督教国家的压迫和统治，处于社会底层的贫苦大众迫切渴望得到自由、民主，憧憬获得属于自己应有的、最基本的权利和地位，向往获得解放。在此大背景下，欧洲大陆国家逐一掀起宗教改革的浪潮，它沉重地冲击了基督教国家的统治，动摇了其意识形态，促进国家消除宗教作为自身存在基础的历史地位，推动欧洲国家朝着自由、民主的方向前进。虽然宗教改革的结果并不是将人从基督教国家中彻底解放出来，但其附带的效果还是动摇了旧式的宗教政治，松动了宗教政治的根基，为历史的进一步发展开启了闸门，使人开始将自身当成自由的社会存在物，也使人类解放迈开了最初的一步。

随着历史的演进和人的价值诉求在现实中的呈现，宗教作为人的意识的产物、作为异己的力量终将淡出政治和历史舞台，人的自由自主发展才是最终的目标。在国家与宗教相分离的过程中，人也在国家中以自由的社会存在身份展开共同活动。然而，宗教的"淡出"并不意味着人的自由自主发展目标的实现和完成，作为社会中的人，尤其是作为资本主义私有制统治之下的人，其解放还需要经历一段艰辛的历程。

二、作为中介身份存在的政治国家

随着基督教国家的衰亡以及资产阶级对国家统治地位的确立，私人利益与公共利益的矛盾体系便在政治舞台上发挥着作用，原本重合的市民社会与政治国家开始分离：市民社会作为特殊的私人利益关系的总和而存在，政治国家成为普遍的公共利益关系的总和，政治国家塑造了人的政治共同体的生活方式，一定程度上支配着市民社会中个体自由的私人生活，两者相互对立。这便是基督教国家之后，马克思人类解放历程的第二阶段：政治国家阶段。

基督教国家是宗教与政治合谋的产物，生活于基督教国家中的人们受到来自国家和基督教的双重压迫，必须逐一剥离套在自己身上的锁链。而政治国家所做的就是解开宗教的锁链，完成对宗教压迫的剥离，即"淡出"宗教，取得人类解放的阶段性成果。宗教剥离、宗教"淡出"并不意味着宗教的消灭和彻底清除，而只是将宗教从政治生活中驱逐出去，使其重新回归到私人领域，不再干涉国家的运行，使国家回归自身，这正是马克思政治解放的目的所在。然而，从压迫和剥削的双重性来看，政治解放只剥离了双重解放中的一种，并没有将国家对人的压迫和剥削从人的身上完全剥离。政治国家所标榜与承诺的自由、平等的理性王国俨然建立在私有财产的基础之上，实际上默许了现实的人在政治国家共同生活中存在的不平等。这意味着政治国家也并不是马克思所憧憬的理想社会，它只是迈入理想社会的过渡阶段，政治国家所实现的解放是不完全、不彻底的解放，这种解放存在局限性。

政治国家的局限性主要体现在以下两个方面：第一，政治国家只是作为通往理想社会的中间过渡阶段，充当着中介的作用，难以构成人"真正的共同体"生活形态与活动方式，无法真实把握人的自由的现实性，它是控制人、奴役人的异己力量；第二，私人利益与公共利益的区分意味着阶级对立仍然存在，也意味着剥削的延续，政治国家以资本主义私有制为基础，对市民社会和现实的人所起的作用与宗教对世俗的控制行为如出一辙，国家作为剥削阶级维护其剥削统治的工具的本质没有改变。

从政治国家的性质来分析，政治国家不过是过渡者和中介者，"国家也是中介者，人把自己的全部非神性、自己的全部**人的自由**寄托在它身上"①。鲍威尔曾指出，只要通过政治解放将基督教从国家中驱逐出去，国家才能为维护和实现人们的普遍意识而付诸努力。这种意义上的国家就是一个自由的政治共同体，生活于政治共同体中的每个人的自由意识和诉求都能在国家中获得响应与满足，每个人也能获得自由，实现解放。尽管政治国家以市民社会为前提，在一定程度上达到了对人的生存需要的自觉，但它始终是囿于自由和解放的逻辑与思辨的方式实现的自觉，这一局限为马克思思索解放的历史进程提供了充分的空间。在马克思看来，国家和宗教都属于异己力量，都只是用间接的方法把人们从单个的人连接为"共同体"中的人，只有当现实的人处于相互分离、相互敌对或者具有利益争斗的情况之下，人才需要利用他物将个体连接起来。政治国家暴露出人的"类本质"的异化，显示出资产阶级的阶级统治特性，即政治国家在现实性维度上沦为市民社会的工具，它是对人与人之间关系扭曲的外在美化。

---

① 马克思恩格斯文集：第 1 卷 . 北京：人民出版社，2009：29.

政治国家中介身份的存在不仅不能真正解决人的问题，反而会如基督教国家一样成为控制和奴役人的异己力量，政治国家的自由目的沦为特殊官僚阶级的私人目的。马克思将政治国家定义为"中介者"，其内在深意在于道明政治国家的真相，使人们不至于都被其外貌和表象欺瞒，就像资本主义国家无论以何面目示人，其维护自身利益的本质都不会改变，只不过资产阶级会利用各种手段和方式掩盖其真实目的，通过宣扬"自由""平等""私人财产受法律保护"等，将无产阶级本来的被动地位转化为形式上的主动地位，以此获得无产阶级的支持与认可，从而缓和与无产阶级的阶级矛盾。

从私人利益与公共利益的矛盾及其产生的结果来看，基督教国家中的市民社会与政治国家重合在一起，但这种利益统一体之下潜藏着市民社会的被迫和窘境。在政治国家中，市民社会与政治国家遭到拆分，双方都回归到自己的本位和"应然"立场。市民社会与政治国家的分离，是资本主义国家私人利益与公共利益矛盾关系的产物。资产阶级政治解放的革命在促使国家与宗教分离的过程中，也实现了市民社会与政治国家的分离，市场和经济利益的要素从政治中割裂出来，自由的社会与追求利益的需要本性在现代社会生活中的作用愈益增强。作为市民社会的一员，人必然为了维护自身的私人利益而不惜采取各种手段，将自身降格为实现利益的工具。正如在资本主义私有制控制之下，人沦为维持自身生存的工具一样，市民社会中的人也只不过是作为自然存在的人而已，从传统社会中的政治阶级差异转变为带有社会等级印记的存在。作为政治国家的一员，人们又将公共利益的实现视为私人利益实现的完美释义，即在公共利益得到实现时，私人利益必然也会获得满足，这明显呈现出私人利益与公共利益两者间的矛盾关系。矛盾的结果则是国家仍然未能完全超出其作为统治阶级的工具的本来职能，继续作为统治阶级利益的守护者而存在，现实的人只能以政治国家所赋予的社会成员身份获得"解放"，这一设想强调了普遍的自由与平等价值观念，但只是囿于利己主义思维和相互割裂、对立的私有权利维度谈及这些价值。而无产阶级则继续受困于国家的剥削和压迫，其对个人利益的追逐难以企及。

马克思肯定了政治解放对于人类解放的前提性作用，指出："**政治**解放当然是一大进步；尽管它不是普遍的人的解放的最后形式，但**在迄**

今为止的世界制度**内**，它是人的解放的最后形式。"① 《论犹太人问题》中的这句表达并非对政治国家的辩解，而是对政治国家的合乎现实的定位。马克思所言的"最后形式"附带有前提条件，即"**在**迄今为止的世界制度**内**"。马克思只是立足于世界发展历史来考察政治国家对人类解放的贡献和价值，而没有将其带入未来社会的发展行列，即马克思并没有将未来社会发展推进的共产主义社会考虑在内。将政治解放置于马克思所划分的整个人类历史发展进程中加以思考，便可以清晰地看到马克思对政治解放的定位：政治解放将人从宗教中解放出来，只是使人挣脱了对宗教和封建专制的人身依附关系，使人类从基督教国家跨越到了政治国家，却并不意味着整个人类的解放已然完成。作为人类解放的最后形式，必然是能够使人从整个社会的桎梏中完全、彻底解放的形式，是现实的人以具体的、有差异性内容的共同生活与活动形式。这种形式是马克思所要表达的下一个阶段：后政治国家。

三、民主自由共同体的后政治国家

无论是基督教国家还是政治国家，它们都以国家为基本存在方式，即作为统治阶级的统治工具而存在，发挥国家作为超出一切现实力量而处理各种社会矛盾的"仲裁者"作用。手段和方法上的改变与掩饰，都无法改变基督教国家和政治国家的阶级本质，它们都是资产阶级为了维护自身利益而采取的政治组织形式，公共利益与私人利益间的矛盾也难以得到彻底解决。只要国家还是阶级利益和阶级思想的维护者，人们就难以摆脱来自国家对他们的规定与限制，甚至压迫与剥削。而在马克思所要构建的理想社会，国家的工具职能已不存在，阶级压迫与阶级剥削将消失，每个人都能实现真正平等，获取同样的成长条件和发展空间，得到完全的民主以及自由全面的发展。而国家是由市民社会的现实实践构成的，通过不断扩大的生产和交往实践，能够找到破解资本主义国家"虚假的共同体"的秘密和变革市民社会的现实力量，通向将现实的人作为社会关系之能动主体的理想社会，我们可以从政治哲学视角将其定义为"后政治国家"。

后政治国家是针对政治国家而言的。政治国家在马克思文本中频繁

---

① 马克思恩格斯文集：第 1 卷 . 北京：人民出版社，2009：32.

出现，尤其在《论犹太人问题》中，马克思更是对其进行了详尽阐述。在人类解放的历程中，政治国家并非终结体，而只是历史的中介和过渡。完成宗教的剥离之后，才能开始思考剥离国家统治工具的身份，达至人类解放的终点——后政治国家。"后"包含反抗、破解和颠覆的意思，后政治国家便是对政治国家及其奉行的政治理念、社会思想等的整体颠覆，将现实的个人视为感性主体而不是对象物，从而达至每个人都可以获得民主和自由的共同体。虽然后政治国家这一范畴沿用了"国家"概念，但是"国家"已经不是原本意义上的国家，它不再是阶级统治的工具，而是作为个体的集合或"自由共同体"概念而存在。

后政治国家对政治国家的颠覆体现在：首先，在阶级问题上，后政治国家已经不存在阶级，自然也不存在阶级利益和阶级思想，在后政治国家中每个人都是国家的主人，每个人所组成的共同生活形式都是出于对自身利益的维护。在马克思所身处的政治国家，利益的分离使得社会划分为不同的阶级，统治阶级始终占据着优势地位，其思想在其统治的时代都占据着主导地位。统治阶级一直掌握政治、经济、文化等领域的话语权，本质上是对国家理性主义思维的追捧和迷信，国家只为统治阶级服务。为了消灭阶级的独断，消灭以国家之名进行压迫和剥削的手段，就必须消灭阶级，消灭产生利益分离的根源，使人从阶级异化中解脱出来，使人的实践作为国家和社会之存在根基的地位得以澄清。只有这样，劳动阶级在发展进程中才能创造一个消除阶级和阶级对立的联合体来代替旧的市民社会。消除阶级和阶级对立的联合体就是后政治国家。在消灭阶级之后，世界将不存在人支配人、群体支配群体的现象，每个人都将成为联合体中的主人，享受平等、公平、正义。

其次，在市民社会与政治国家两者之间的关系问题上，后政治国家以实现两者的统一替代政治国家中两者的分离。在马克思看来，无论是市民社会还是政治国家，它们的存在都是人类社会发展的必然产物，也是阶级社会不断演化的产物，其前提和基础都是阶级之间的相互对立。阶级对立主要表现为生产关系的矛盾。通过对劳动生产过程的分析，马克思揭示了生产力与生产关系的基本矛盾及其辩证运动，为批判资本主义生产关系和构建新的生存关系形式奠定了深刻的理论基础。当后政治国家旧的生产关系、阶级对立、阶级本身存在的条件都被消灭时，人在政治国家中所存在的双重属性也将彻底消亡，人的主体性被置于现实的基础之上，特殊利益与共同利益之间的对立、市民社会与政治国家的分离都将湮灭，转而实现市民社会与政治国家的融合统一。原先的市民社会将获得全部的权力，政治国家将不再有特权，权力的主人也不再是部分人，而是全体人民。实现市民社会与政治国家的统一，并非妥协的结果，而是一种彻底颠覆和改革的结果。市民社会与政治国家已作为历史范畴不再存在。

最后，在民主和自由的问题上，后政治国家实现了全体人民的完全民主和自由，是对政治国家的颠覆和超越。在政治国家，民主和自由只适用于部分人、适用于特定的群体。绝大多数人触及民主和自由，只不过是形式民主和形式自由。全体人民的民主和自由在政治国家中只能是抽象概念，是一个如上帝般隔绝于人之外的存在。在马克思看来，民主和自由作为社会关系的基本尺度，其本体和根基只能到现实的人的生命存在方式与具体的历史实践中寻找，人民的实践活动构成民主和自由价值最为深层的根据。而在后政治国家，由于阶级的消失、国家的消亡、私人利益和公共利益从历史中淡出，全体人民作为整个共同体的主人，能够名副其实地享有其应得的民主和自由。他们不仅可以决定整个国家应该如何发展，也可以按照自己的兴趣决定自身的发展，"任何人都没有特殊的活动范围，而是都可以在任何部门内发展，社会调节着整个生产"①。后政治国家中的人在本质上通过自我否定与超越的实践活动实现民主和自由，人们拥有了现实的、在生活中可触及的民主和自由，这也是后政治国家带给人们的最基本的权利。

后政治国家意味着民主和自由的展现，也意味着传统意义上的国家已经消失，但是这并不代表马克思的后政治国家与自由主义、无政府主义相互等同。自由主义和无政府主义是政治思想家围绕市民社会与政治国家的关系而提出的思想。其中自由主义推崇个人主义和自我利益的膨胀，其思考的出发点在于人自身，认为社会存在的目的是为个人服务，个人利益高于国家利益，其隐含的关系是特殊利益与公共利益之间的对立。从政治国家与市民社会关系的角度来看，自由主义以市民社会为目的，个人在市民社会中享有广泛的自由权利，政治国家只是市民社会的工具，必须担负起保护市民社会和个人的重担，社会的运作空间越广

---

① 马克思恩格斯文集：第1卷．北京：人民出版社，2009：537.

泛，国家的活动空间就越狭窄，也越民主。无政府主义则认为国家将所有权力都收归自己手中，从而使市民社会遭受国家的绑架，丧失自由和平等，国家纯粹是一种邪恶，因此必须废除国家，由人们自己来掌握自己的命运，从而获得真正的民主和自由。自由主义和无政府主义都指出了国家作为统治工具对个人权利与利益所造成的冲击，它们与后政治国家具有某种一致性，即国家的阶级统治将导致人的鲜活生命和自由意识被遗忘的现实结局。然而，自由主义和无政府主义都具有极端性：自由主义偏向于对个人利益的维护与捍卫，通过政治和经济领域的改革确立起个人的权利制度，而忽视了社会和国家的整体利益；无政府主义彻底否定了国家的存在和职能，也断然否决了国家调节社会管理的新形式，突出人类相互扶持和共同生活的本能需要对于建立和谐社会的根本作用，并强调可以通过人的理性构建社会。这两种观点在未来社会的发展中，在确立道德准则、保障人的自由和激发现实创造性的意义上陷入散乱无章的虚幻中，都显得缺乏现实路径的可能性和实现方法的科学性。

后政治国家不仅是符合历史发展规律、顺应社会潮流的产物，而且其实现具有现实通道，可以通过革命的方式取得成功。后政治国家与自由主义、无政府主义具有质的差别，不可一概而论。它揭示了政治国家的阶级统治本性在解决现实的人的自由需要问题上的缺陷，从现实的人的存在本性出发，寻求与实现自由解放的社会形态和社会关系相适应的新的思维方式。"只有当现实的个人把抽象的公民复归于自身，并且作为个人，在自己的经验生活、自己的个体劳动、自己的个体关系中间，成为**类存在物**的时候，只有当人认识到自身'固有的力量'是**社会力量**，并把这种力量组织起来因而不再把社会力量以**政治**力量的形式同自身分离的时候，只有到了那个时候，人的解放才能完成。"① 后政治国家即是这一愿景的实质表达。在后政治国家，民主和自由将成为每个人生活的常态，剥削和压迫将不再复归，政治国家亦将消亡，人与人的社会关系是人对自然对象性活动的中介，人存在于与他人内在统一的辩证关系中，每个人都能获得自由全面发展，从而实现整个人类的彻底解放。

---

① 马克思恩格斯文集：第 1 卷 . 北京：人民出版社，2009：46.

第三章　马克思解放理论的根本转变

马克思人类解放理论的根本转变表现在以下三个主要方面：在研究的侧重点上实现了从理论继承到革命建构的变化，使人类解放理论既拥有坚实的理论基础，又内含自身独特的创造，将人类解放视为现实的人生命存在活动历史展开的必然过程；在批判视角上实现了从价值批判到社会批判的转变，重视从人与社会的生存性关系中把握人的解放，通过生存实践批判社会存在中与人的发展相违背的因素，从而具备了科学的分析范式；在解放视域上实现了从欧洲到全球的拓展，基于历史唯物主义把握人类历史的发展进程及其现实问题的成因，在更加开放的历史语境中汲取人类创造的文明成果，从而能够真正促进世界人民的整体解放。梳理和揭示蕴藏于马克思思想发展史中的线索及其演绎，整体性地厘清与概括马克思的人类解放理论，有利于准确理解马克思人类解放理论的思路历程及本真意蕴。

第一节　从理论继承到革命建构

伟大的哲学思想不可能直接实现从无到有的跳跃式进展，也不可能是天才人物头脑中突然闪现的灵感，它必然需要经过思想的沉淀和积累，需要继承发展前人的智慧，从而铺设好自己的理论地基，才能在这一地基之上构建其宏伟的哲学大厦。人类解放的现实革命性与它所要解决的人的生存困境中蕴含的革命需要紧密相连，这一需要就是生存论意义上对现实的人掩蔽与扭曲状态的变革。马克思人类解放理论的成型与成熟，同样不能摆脱这一规律和逻辑进程，也必然面临和经历从理论继承到突破创新再到革命建构的学术发展过程。关于马克思理论继承的判定，已是无可争议的事实。需要对这一问题进行更为深入探讨的是，马克思的理论继承与前人的关联度如何区分？其理论继承的内容主要包含哪些？作为一位伟大的思想家，马克思如何从所继承理论的框架之中实现超越，构建起自身的理论体系？

一、理论继承的多元性及本质性扬弃

马克思酷爱读书，涉猎广泛，对政治、经济、文化等诸领域都有深入研究，其研究成果广泛存留于读书笔记中。马克思的人类解放理论是自觉地站在前人的思想智慧和论述方法的基础之上，在充分消化和吸收既有理论成果的条件下，进一步把人类解放理论的相关问题推进到对其现实性维度的澄明上。马克思的精深研究和广博知识积累为其理论发掘与思想探索奠定了坚实的基础，也为其宏大理想的哲学构设埋下了种子。

从理论继承的角度看，马克思思想的理论源泉是多元化的。我们既可以在马克思思想中找到古希腊罗马哲学的身影，如其博士论文对德谟克利特自然哲学和伊壁鸠鲁自然哲学的比较，以及博士论文准备阶段专门针对古希腊哲学撰写的七本笔记，他甚至一度有想要撰写关于古希腊哲学巨著的研究计划（只不过后来这一想法没有实现），等等。马克思对古希腊自由精神的考察充分体现了其对古典自由思想的兴趣以及对自身自由理论的建构；我们也可以领略到马克思对中世纪哲学的继承与独到见解，如对基督教国家的批判与解构是马克思政治解放的主题和对象，对神学解放理论和上帝新社会构想的批判性反思成为马克思思索如何确立解放立场这一基本问题的重要窗口。除了古希腊罗马哲学与中世纪哲学，近代哲学更是马克思哲学理论的主要来源，笛卡尔、休谟、斯宾诺莎、伏尔泰、康德、卢梭、黑格尔、费尔巴哈等哲学大家，都是马克思文本中的常客，虽然这些常客大多数时候作为批判对象出现，但马克思对他们的批判力度之深、思辨视域之广，表明这些思想家在马克思澄清解放理论的历史脉络、彰显人类解放真实的理论载体中占有至关重要的地位，足见近代哲学对马克思的影响颇深。若将马克思比作思想汇聚池的话，那么他所继承的各种理论便是通往这一汇聚池的各条支流，而近代哲学中的德国古典哲学毋庸置疑地在如此众多的支流中占据最主要的地位，即马克思理论继承中的主流，德国古典哲学中形成的解放思想成果及遗留的理论难题构成马克思深入探讨的原初视域。马克思不仅继承了德国古典哲学这笔财富，而且合理利用了这笔财富，使这笔财富在马克思的哲学思想中焕发出新的光芒。马克思早期思想中的自我意识哲学、人本主义、辩证法思想都主要源于德国古典哲学，而成熟时期的唯物史观则是其对德国古典哲学思想体系超越的结晶。回到德国古典哲学解析马克思思想，是"走进马克思"的必经之路。

德国古典哲学是指兴盛于 18 世纪末到 19 世纪上半叶的德国资产阶级哲学，以康德、费希特、谢林、黑格尔和费尔巴哈①等哲学家为主要代表。其中，康德作为德国古典哲学的创始人，在形而上学、道德、自由和自然的关系等问题上，将哲学研究带到全新的领域。德国古典哲学的经典思想家对存在与解放这一主题的理解具有共同的理论旨趣，开始从形而上学的本体论转向认识论，探索人的自我意识和主观能动性，揭示和彰显古代哲学追溯存在本源问题的虚幻性。从整个德国古典哲学来看，康德哲学为他之后的整个德国古典哲学奠定了哲学思辨的根基，为很多哲学观点的论证提供了自明性的前提预设。从世界哲学史来看，康德哲学更被视为哲学史的中转站，尤其是"三大批判"确立了其在哲学史上的泰山北斗地位。在我国，康德研究的开创者郑昕曾如此评论康德："超过康德，可能有新哲学，掠过康德，只能有坏哲学"②，可见康德在哲学史上的地位之显赫。而黑格尔在哲学史上也具有重要地位，时至今日，学界依然对黑格尔的研究保持有相当的热情，甚至掀起了一股"黑格尔热潮"。学界之所以会掀起这一"热潮"，一方面是由于马克思在很大程度上批判性地继承了黑格尔的思想，要精确地研究马克思哲学需要借助黑格尔思想的力量；另一方面还在于黑格尔思想本身具有的理

---

① 学界对费尔巴哈是否属于德国古典哲学代表之一存在一定争议。有学者认为，青年时期的费尔巴哈，作为青年黑格尔主义者，其哲学在哲学史上可以作为黑格尔哲学的附庸被归入德国古典哲学的范畴，而成熟时期的费尔巴哈，由于其已经形成自己的独立思想，故而其哲学不属于德国古典哲学的范畴。（俞吾金，汪行福，王凤才，等 . 德国古典哲学 . 北京：人民出版社，2009：5）但笔者认为，从费尔巴哈思想对德国古典哲学的延续来看，还是应该将其纳入德国古典哲学行列，并在此以整体的德国古典哲学来考察马克思和德国古典哲学之间的思想渊源关系。

② 郑昕 . 康德学述 . 北京：商务印书馆，2017：1.

论深度值得学界予以重视和深入研究，尤其是结合时代发展将其应用于指导现实。黑格尔哲学最为重要的理论功绩在于，运用辩证的思维方式和主体-客体统一的方法原则澄清以绝对精神为根基的历史运动形态，为马克思探索人类历史的发展逻辑与解放路径奠定了方法论基础。而费尔巴哈作为德国古典哲学最后的代表人物，实现了德国古典哲学思想的转型，即从唯心主义倾向转为唯物主义倾向，虽然这一转型不彻底、不完整，但其影响特别是对马克思的影响不容置疑。除康德、黑格尔和费尔巴哈外，费希特和谢林同样在德国古典哲学中占据着重要的地位，他们在对康德思想的继承和拓展方面有诸多贡献，甚至在部分领域比康德哲学探究的更为深刻，他们的理论对于马克思而言也具有较深的理论渊源意义。

德国古典哲学是西方哲学史上的重要环节，是考察马克思思想的深刻背景。它对古希腊哲学、中世纪哲学、17 世纪的形而上学和启蒙哲学等开展了扬弃性的概括归纳，撷取其中的思想精华，并在此基础上创造性地构筑了内容充实、逻辑严密且哲学运思独到的思想体系，同时又是在资产阶级不断进行的革命实践中发展起来的哲学思想，必然使历史观和自然观从古代纯粹的形而上学的桎梏中解脱出来，开辟了近代哲学新的认识论范式。德国古典哲学为近代和当代西方哲学提供了充足的思想资源，在近代和当代西方哲学中出现的哲学思潮，如存在主义、分析哲学、实证主义、结构主义、解构主义、西方马克思主义、后现代主义等，无不深受德国古典哲学所蕴含的哲学精神和哲学思想的影响。① 马克思与在哲学史上处于关键位置的德国古典哲学是既批判又继承的关系，他的人类解放理论与方法在哲学史上实现的根本变革，与德国古典哲学关于人的存在与历史运动的思想体系密不可分。

首先，从哲学本质精神上看，马克思扬弃了德国古典哲学的批判精神和革命精神。②

---

① 关于德国古典哲学具有承前启后的作用的观点，参见俞吾金，汪行福，王凤才，等．德国古典哲学．北京：人民出版社，2009：1。

② 在本部分内容中，关于马克思继承的德国古典哲学的哲学精神（批判精神和革命精神）主要参考了温纯如的观点，但温纯如对德国古典哲学的四种精神，即批判精神、革命精神、发展精神和创新精神并没有进行主次区分。［温纯如．德国古典哲学精神与马克思主义哲学发展．马克思主义研究，2004（1）：70 - 76］而笔者认为，在这四种哲学精神中，批判精神和革命精神是马克思从德国古典哲学精神中所继承的最为主要和有价值的精神。

关于批判精神。哲学思想的产生，往往是时代发展的产物，始终带有时代遗留的痕迹。德国古典哲学作为资产阶级的哲学思想，自然也带有批判现实、针砭时弊的精神内蕴，直接冲击封建专制以及宗教统治。这种批判精神甚至不断蔓延和散布，拓展和深入到更多的领域，形成了一股强劲的批判之风，浓缩为深潜于哲学内核之中的批判精神。这种批判精神突出对传统和现实中阻碍发展因素的否定作用，主要通过发挥认识论维度的批判推进哲学不断发展，康德正是将批判精神发挥到极致的哲学家。正如海涅曾指出的："康德引起这次巨大的精神运动，与其说是通过他的著作的内容，倒不如说是通过他著作中的那种批判精神，那种现在已经渗入于一切科学之中的批判精神。"① 在康德哲学中，一切有关"存在"的难题都表现为现象与本质、主体与客体之间存在的鸿沟，因此，对现象与"自在之物"的批判是哲学的理论基础。康德自己也曾提出："我们的时代是真正的批判时代，一切都必须经受批判。"② 德国古典哲学的批判精神，对马克思思想的形成影响巨大，批判精神构成了马克思哲学思想发展和实践活动的核心原则，马克思哲学思想的展开正是其批判本性和方法自我发展的过程。从马克思在大学时期批判黑格尔的极具概念性和抽象思辨性的理性主义，到《莱茵报》时期批判莱茵省等级议会仅代表自身阶级利益，再到《黑格尔法哲学批判》和《〈黑格尔法哲学批判〉导言》中对黑格尔国家与法的深刻批判，直至《德意志意识形态》中对资本主义制度，对费尔巴哈、施蒂纳和鲍威尔等人的批判，《资本论》及其晚年著作中对资本主义本质的揭露与批判等，体现了他不断否定自身理论的抽象性而通向具体性、现实性的过程，使得哲学批判精神得到充分的实现，显现出他对以康德、黑格尔等为代表的德国古典哲学中蕴含的批判精神的延续与拓展。

关于革命精神。德国古典哲学的革命精神并不体现为现实的革命运动，而显现为哲学革命，这与德国资产阶级的发展状况相一致，它不可能像法国一样进行政治革命。正如恩格斯所言，"法国发生了政治革命，随同发生的是德国的哲学革命。这个革命是由康德开始的：他推翻了上

---

① 亨利希·海涅. 论德国宗教和哲学的历史. 海安，译. 北京：商务印书馆，1974：114.

② 康德. 纯粹理性批判. 邓晓芒，译. 北京：人民出版社，2017：第一版序 2.

一世纪末大陆上各大学所采用的陈旧的莱布尼茨形而上学体系"①。从恩格斯的话语中，我们可知德国古典哲学所发起的哲学革命，主要针对的对象是旧形而上学体系，寄望于理性逻辑的崛起而为革命旧式形而上学自相矛盾的思想主张提供辩护，并希望通过革命将哲学研究的重心转向人与科学。德国古典哲学敢于对权威发出质疑、善于改变旧体系的革命精神在马克思的思想中得到延续，且作为其思想的重要内容之一被批判性继承。在马克思那里，革命不仅是反思形而上学思想的哲学革命，而且是无产阶级主导的现实运动，即无产阶级革命。马克思对哲学革命性的思考奠基于感性与理性、理想与现实等之间的矛盾关系，展现出只有在现实革命实践中才能进行真正的哲学思考的洞识，他将革命视为人类实现解放、通往共产主义的唯一方式，认为共产主义唯有以革命的方式才能抵达。

其次，从哲学思想内容上看，马克思哲学与德国古典哲学有着广泛的连接点和难以割断的"网结"。

马克思对德国古典哲学思想的继承体现在其整个哲学的发展历程中。早在大学时期，马克思就已对德国古典哲学的众多学者有深入了解和研究。麦克莱伦指出："马克思经历了从康德、费希特、谢林到黑格尔这一与德国古典哲学本身同样的发展过程。"② 正是在这一历程之后，马克思深受黑格尔思想影响，认为以黑格尔辩证法为代表的哲学思想实现了本体论和方法论境界的变革与升华，使人的现实生存问题在哲学层面凸显出来，其哲学思想开始偏向黑格尔。马克思曾在青年黑格尔派旗下，并在其中结识了鲍威尔等人。他在与青年黑格尔派推崇的自我意识哲学的对话中深化了对黑格尔哲学的理解，并开始实现自身哲学立场与视角的转换。而之后马克思的思想历程更是体现出其对德国古典哲学思想的批判性继承，康德的实践理性思想、黑格尔的辩证法思想、费尔巴哈的人本主义和唯物主义思想等都是马克思哲学与德国古典哲学的连接点。马克思哲学的发展之路，划清了与旧形而上学思维在"存在"问题上的界限，反映了马克思对德国古典哲学的思想内容批判性继承的深度与广度，透视出德国古典哲学在马克思整个哲学思想的理论来源中所占

---

① 马克思恩格斯全集：第 3 卷. 北京：人民出版社，2002：489.
② 戴维·麦克莱伦. 卡尔·马克思传. 王珍，译. 北京：中国人民大学出版社，2016：24.

据的重要地位。

马克思对德国古典哲学的理论继承，绝非全盘照搬式的"拿来主义"，而是融入了自己的思辨加工以及对社会现实的深入勘探，是批判性继承和本质性扬弃的统一。马克思与德国古典哲学的关联是绝对的，而德国古典哲学多元的思想在哪些方面对马克思具有相对更强的理论引导力和影响力，值得我们进一步深究。

二、马克思与康德和黑格尔的"相遇"①

从历史顺承层面看，探究康德、黑格尔再到马克思的思想进路，是一个合乎思想发展规律的纵向脉络分析思路，它有利于呈现哲学史的顺利衔接与完整构建。从"回到康德"还是"回到黑格尔"来解读马克思，其意义已不是停留于哲学史层面的构建问题，而在于理清马克思与前两者的关系。马克思思想的展开包含了对康德和黑格尔等哲学家思想发展趋势的洞察，发觉蕴含于这些哲学思想中的形而上学因素，创造性地提出在现实生存论的基础上终结一切关于存在问题的形而上学思维。基于思想的关联性，以"回到马克思"来考察马克思哲学，窥探马克思人类解放理论，能够使我们回归到马克思思维的本真意图，破除人们传统的思维定式和固定教条，为现实困境的开解指明出路。

学界长期存在一种倾向，即认为黑格尔思想是马克思人类解放理论的主要来源之一，而康德作为德国古典哲学的创始人，对马克思的影响相对薄弱。这种倾向之所以流行，笔者认为主要有以下两个方面的原因：第一，黑格尔作为德国古典哲学的集大成者，其哲学体系广博而深邃，且他提出的"绝对精神"的同一性对康德哲学的"二律背反"产生了强烈冲击，在当时产生了广泛影响。马克思曾多次拜读、吸纳黑格尔的诸多观点和哲学概念，这在其文本中可以找到大量证据。马克思在自身哲学思想发展中始终保持与黑格尔理论的对话和沟通，并不断挖掘黑格尔理论体系中的现实力量。第二，在中国的话语体系中，我们往往将

---

① 本部分内容虽然主要从康德、黑格尔与马克思之间的对话来阐述马克思对前两者的思想扬弃，或者说主要通过考察"回到康德"还是"回到黑格尔"来解读马克思，但笔者并不否认德国古典哲学的其他几位代表人物，尤其是费尔巴哈对马克思人类解放理论的影响。近年来，学界对"以康解马"还是"以黑解马"的相关问题进行了讨论，甚至有刊物以笔谈的形式开辟专栏做了系统探讨，如《哲学动态》在2013年第1期和2013年第6期刊登了相关文章。

德国古典哲学视为一个连贯的、必然的、合乎逻辑的历史进程，从康德，经费希特、谢林到黑格尔，存在思想上前后相继、步步推进、具有内在发展规律的独立思想逻辑，其中前者被后者扬弃并包含于后者之中，呈现出从低到高、螺旋式上升的"合乎目的"的进程，按照这一思路，黑格尔自然就成为比康德等人都更受崇拜和更重要的学术大家。①

然而，"以黑解马"的思维惯性同样会面临追问甚至遭到质疑。"以黑解马"思维惯性的形成可能使我们忽视对这一路径本身的前提性批判，往往将马克思对黑格尔哲学思想的解读和态度置于肯定黑格尔这一先入为主的思维框架下，排斥其他解读范式的可能而形成了马克思与黑格尔相互之间的思维交流空间，即忽视对"以黑解马"之有效性与解释限度的反思和追问。要确立"以黑解马"的理论自信，需要存在"他者"的比较，确保马克思所汲取的哲学思想并非仅仅面向黑格尔理论体系。在这个意义上，"以康解马"的思维方式和探索路径对于中国马克思哲学研究界来说就是那个异质性的"他者"。

究竟是"回到康德"还是"回到黑格尔"来解读马克思，成为马克思人类解放理论研究的一个重要争论点。

笔者认为，马克思的人类解放理论是其哲学思想发展的精髓，受到康德和黑格尔理论观点的影响，并且马克思在深入探究中解析了康德与黑格尔之间的思想关联。因此，解读马克思既要"回到康德"，也要"回到黑格尔"，否则就可能失之偏颇。马克思的人类解放理论与康德、黑格尔在本体论、认识论、方法论等多方面"相遇"，并展开了深度"对话"。

首先，在本体论方面的对话。本体论是关于存在的学说，也是一种玄幻的抽象，对本体论的讨论曾经在古代哲学中盛行一时，近代哲学则将聚焦目光从本体论转移到了认识论，探讨本体论的热情逐渐消退。但是本体论作为哲学的必经之地，对任何哲学家而言都是探讨哲学问题的前提，探寻存在的本体论根基以及与此对应的理论范式是他们哲学变革与发展的理论任务。关于马克思的本体论问题，涉及从何种根基和载体出发理解人的存在意义生成逻辑，追根溯源依然涉及其与康德、黑格尔的关联。

---

① 关于"德国古典哲学是一个合乎逻辑的必然进程"的观点，参见贺来. 重思马克思哲学与德国古典哲学关系的真实意义. 哲学动态，2013（6）：17-22。

　　学界对康德本体论哲学的理解存在分歧。有学者认为，康德的本体论蕴于先验感性中，并将其分为两个层次：一是"内在的形而上学"，也可称为"先验本体论"；二是"超越的形而上学"，也可称为"超验的本体论"。① 有学者则认为，康德的本体论就是物自体，并认为物自体在康德的整个哲学中作为"感性的源泉"而存在，这是康德哲学中本体思想的基本诠释。康德认为，物自体在整个宇宙中是真正独立的存在，物自体本身代表本体论概念，它不依赖于任何他物，尽管由于人的理性能力的不足而难以被先验地运用于现实，但却是我们所能察觉到的现象世界的前提和基础，具有被思维把握的超验性意义，一旦缺少物自体这一基础，感性就无从谈起，人类的认识活动也将没有源头。笔者赞同将物自体作为康德的本体论思想加以考究，物自体作为康德整个哲学体系中至关重要的一环，是为其阐释的"理性为存在的最高目的"进行辩护的内在支撑，具有重要的思想意义。康德将世界划分为超验的物自体（或自在之物）与经验的现象界，并认为超验的物自体是不可知的，只能被思维感知，而人们能够认识的只能是物自体显现出来的现象。② 物自体被康德视为无法到达的彼岸，人们只能通过现象来思考物自体的存在。物自体能够被理性思维把握却不能被感性经验直观，是其阐述其他所有思想的基础，在深层维度上更是其把握世界存在的基本信念，在主观思维上展示充分的合理性。正如有学者指出："'物自体'概念是康德哲学的一个最基本的'设定'（预设），但不是一个无根据的、任意的、随意的设定。它是人（不是神）从生活实践出发、从理性出发，'逼'出来的。"③ 而从康德的哲学体系来看，也确实需要先明晰物自体的真正意蕴，才能逐渐剥开康德的整个思想体系。

　　黑格尔则批判康德的物自体概念，从绝对唯心主义的立场认为康德的物自体概念必然导致不可知论。他强调康德的物自体本体论虽然表达了对传统形而上学的批判，但却并未成功论证何种本体论在阐释存在的问题上是可能的，根本缺乏对存在知识的经验认知。黑格尔正是在批判康德不可知论的基础上，思考思维与存在的同一问题，主张可知论。黑格尔在探讨哲学开端的问题时也备感困惑，他认为，哲学不管是直接开

----

① 崔伟闳. 直观和本体论：从康德到胡塞尔. 学术月刊，1992（5）：19.
② 康德. 纯粹理性批判. 邓晓芒，译. 北京：人民出版社，2017：导言 16－17.
③ 钱广华. 开放的康德哲学：重读"物自体". 中国社会科学，2004（5）：76.

端还是间接开端，"开端的方式，无论是这一个或那一个，都会遇到反驳"①。黑格尔认为哲学本原是客观的，他在《逻辑学》中表明，最适合作为哲学的开端或本原的即是"Sein"（存在）② 这一范畴。而"存在"本身没有更进一步的任何规定，一旦"存在"有了某种规定或内容，它就不再纯粹。因此，黑格尔把"存在"等同于"绝对"，认为"存在"和"绝对"两个概念是可以互通、互换的③，"绝对"成为黑格尔哲学的开端。但黑格尔同时又对"绝对"进行了限定，认为"绝对"不能担当最高的存在者，一旦出现这样的划分，即在质上将"绝对"与其他存在进行划分、区别的话，"绝对"就不构成一个完整的整体，只能成为孤立的存在，永远不能具有普遍性特质。"绝对"将作为整个世界的终极统一与完满而存在。④ 黑格尔的"绝对"本体论，表达了以精神的自我否定和创造性运动来展开哲学本体论的思想内涵并由此将存在的根基归诸"绝对精神"，这决定了黑格尔思想的客观唯心主义本质，也决定了马克思在与黑格尔探讨本体论的对话中必将对其唯心主义理论立场进行唯物史观的批判。

马克思人类解放理论与康德哲学的关系从本体论上看，主要集中在其与中心概念——实践的关联上。在实践的运用上，马克思受惠于康德。康德把实践与理论结合起来，认为实践是遵循一般设定的原则以执行目的的活动，理论则是实践行动原则的总和，实践由理论引领形成的目的所促成，表现为人应该如何行动的"命令式"，强调道德实践的先验性之于解蔽存在本体论问题的基本作用。康德实践概念和哲学的本体论思维对马克思思索解放的生存论本体论命题产生了启示性意义。关于马克思哲学本体论的性质问题，学界有争论。有学者认为，马克思哲学本体论就是物质本体论，突出物质存在的第一性，有以下表达作为依据："世界的真正的统一性在于它的物质性"⑤。也有学者认为，马克思哲学本体论是实践本体论，其依据是《德意志意识形态》中的论述："这种历史观和唯心主义历史观不同，它不是在每个时代中寻找某种范

---

① 黑格尔. 逻辑学：上卷. 杨一之，译. 北京：商务印书馆，2011：51.
② 也有学者将其翻译为"有"或者"是"。
③ 黑格尔. 哲学科学全书纲要. 薛华，译. 上海：上海人民出版社，2002：33.
④ 倪剑青. 黑格尔的"绝对"概念. 哲学研究，2012（11）：70-77.
⑤ 马克思恩格斯文集：第9卷. 北京：人民出版社，2009：47.

畴，而是始终站在现实历史的**基础**上，不是从观念出发来解释实践，而是从物质实践出发来解释各种观念形态"①。实践作为马克思思想的核心概念，是其考察社会、人、自然等所有观念形态的出发点，使人挣脱抽象的对象性束缚，逐渐回到现实的生活世界，并确定劳动实践作为生产力与生产关系生成的基础，具有本体性意蕴。还有学者认为，马克思哲学本体论是社会存在本体论，他将人作为社会的存在物，强调社会生活的过程性与人的自我历史生成性，当其考察人的本体性问题时，就是考察社会存在，体现了对人以社会存在的形式展示的现实主体性和客观限制性的真正自觉。② 笔者倾向于马克思哲学本体论是实践本体论的观点。实践概念不仅适用于马克思的认识论范畴，还适用于其本体论范畴。马克思思想的核心部分即实践哲学，它是与解释世界相对应的改造世界的哲学体系，缺乏实践的哲学不能称其为马克思主义哲学。在马克思看来，人的所有认知和对世界的改造都建立在实践基础之上，人必须在物质生产实践中不断改变自身的本质，以此改变人的社会关系和外部世界。实践作为所有事物的始发性来源，融合了初创性、人的理性思维等本体论特质。

而在追溯马克思实践本体论的由来时，康德的实践理性将自然进入我们的考察视野。康德将理性区分为两种：理论理性与实践理性。理论理性将研究对象确认为现象界的感觉经验，主要涉及自然必然性，实践理性则将研究对象确认为本体界的道德行为，并以自由为主要聚焦点，将实践自身视为自由的目的，它所遵循的自由价值属于实践哲学，以此在自由实践基础上必然形成平等的社会关系。康德的实践理性将本来归属于非理性的意志演变为理性，使意志遵从于善良意志而活动，并从始至终服从理性的绝对命令。马克思从康德的实践理性中剥离出"实践"概念，并赋予了实践唯物主义思想新内涵。

其次，在认识论方面的对话。认识论问题是康德所表述的"我能够知道什么"的问题。在此问题上，康德和黑格尔在各自的哲学领地进行了迥异的阐述。康德的认识论归结为先天综合判断，它强调认识的拓展性、普遍性和必然性特征以及人在认识世界上的主体性。黑格尔的认识

---

① 马克思恩格斯文集：第 1 卷. 北京：人民出版社，2009：544.

② 俞吾金. 本体论视野中的当代中国马克思主义哲学. 复旦学报（社会科学版），2006（5）：6 - 11.

论可以被称为精神认识论，它通过"实体就是主体"的原则，希望使主客体达到同一。马克思在既承继康德认识论的特征又肯定黑格尔对主客体同一性的论述的基础上，超越了康德和黑格尔，提出通过实践活动的方式获得认识，主张实践才是人类认识的来源和获取方式。

康德之所以能够作为德国古典哲学的创始者，不仅是因为其哲学体系的创建，更在于他所发起的哲学革命，颠覆了旧形而上学通过客体认识主体的传统，并为主体确定主导地位而构建能够彰显主体力量的哲学认识论，阐释了人是有理性的存在者及其将道德实践确定为最高目的的必然性，这便是康德的"哥白尼式革命"。

人们一般将康德的"纯粹理性批判"视为其哲学认识论的革命。"当我们假定对象必须依照我们的知识时，我们在形而上学的任务中是否会有更好的进展。这一假定也许将更好地与所要求的可能性即对对象的先天知识的可能性相一致，这种知识应当在对象被给予我们之前就对对象有所断定。这里的情况与哥白尼的最初的观点是同样的。"① 康德凭借先验的认识论改变了西方传统的经验主义和理性主义认识论。康德效仿哥白尼颠覆了传统的认识逻辑，指出哲学领域遭遇了与哥白尼一样的状况，传统的哲学认识论惯于依据对象的外形进行直观而难以获取关于其存在的先验知识，重新将认识的主体确认为主体自身，转而依照概念达到对经验对象的直观和认知，其"哥白尼式革命"的颠覆效果也延续到了认识论问题上。

对于认识的来源，康德并不赞同唯理论和经验论的观点。在康德看来，唯理论强调的是认识的先天性，就如康德所说的"先天分析判断"，它是仅具有说明性而缺乏拓展性的认识来源；经验论强调的是认识来源的经验性，即康德所批判的"后天综合判断"，这种判断虽然弥补了唯理论的缺陷，有利于知识的拓展，但却无法保证认识的普遍性和必然性。综合以上两种判断，康德提出了"先天综合判断"，并认为只有先天综合判断，才能既拓展我们的认识，又保证认识的普遍性和必然性，以此为西方哲学的发展提供规定一切先天知识和原则的理论基础。因此，"先天综合判断何以可能"便成为康德认识论的首要问题。而在康德看来，这一问题本身就是不成立的，先天综合判断本身的存在"无可

---

①　康德. 纯粹理性批判. 邓晓芒，译. 北京：人民出版社，2017：第二版序 12.

置疑"。① 康德借用了"哥白尼式革命"的思想，将"人为自然立法"引渡到认识论的范畴中，认为对客观事物的认识就是使它们适合于我们的理性，即将认识的主体确定为人自身，而非客观事物。当然，从康德的物自体概念来看，康德的认识论具有限制性，对物自体与现象二元相分的存在论根据并未给出令人信服的论证，以先验的存在论思维构设两者并存的可能，固化了物自体作为认识的彼岸是无法企及的这一事实，反映了康德哲学批判与变革的不彻底性。

黑格尔反对康德在认识问题上的二元论，即认识主体与认识对象（物自体）两者之间无法达成真正的和解，指责康德脱离了人的认识过程性来谈论人的认识能力，表明人的认识能力不是先验的前提准备工作，而是在认识过程中得以生成，主张主客体同一的一元论。作为客观唯心主义哲学家，黑格尔将这种一元论的认识论诉诸精神领域，亦即绝对精神。绝对精神在黑格尔那里是无限的、完全自由的、神圣的存在，它是主观精神与客观精神的统一体。立足于绝对精神的认知，黑格尔的认识论主要通过以下三个方面展开：

第一，认识的原则是"实体就是主体"。黑格尔在《精神现象学》中清晰地表明了"实体就是主体"的本义，"一切的关键在于，不仅把真相理解和表述为一个实体，而且同样也理解和表述为一个主体"②，绝对精神在作为认识对象的同时，也作为认识主体而存在，主体与对象具有同一性，一切存在物都是精神自身的外化和对象化，精神的一切运动形态均以对自身存在目的的把握为准则，即黑格尔所说的"真理是一个圆圈"。

第二，认识的方式主要是规定性和否定性。在黑格尔看来，绝对精神的认识活动所要达到的目的就在于对认识对象的质与量等方面的规定，精神的认识过程就是对自身予以规定，而这种规定又可以理解为对非对象的否定，即规定也是对认识对象的限定和规制，规定性和否定性具有一致性，同时在规定性和否定性的统一中实现自我超越。

---

① 关于康德对唯理论和经验论的超越及对先天综合判断的肯定与阐述，参见俞吾金，汪行福，王凤才，等. 德国古典哲学. 北京：人民出版社，2009：58 - 60；徐瑞康. 哲学史上克服唯理论和经验论片面性的重大尝试：康德的认识论. 武汉大学学报（人文科学版），1988 (4)：72 - 79.

② 黑格尔. 黑格尔著作集：第 3 卷 精神现象学. 先刚，译. 北京：人民出版社，2015：11.

　　第三，认识的目的在于达到自为、自觉的境地。黑格尔认为，"精神起初只不过自在地是精神；它成为自为的过程就是它实现的过程"①，当精神还处于主观精神的状态时，即精神还处在作为与他物相联系的自相联系之中时，它只能是自在地，一旦主观精神从自在状态提升为自为状态，它自身就不再是主观精神，而变为客观精神。主观精神代表着自在，客观精神代表着自为，而作为主客观精神之统一体的绝对精神是自为的最高形式，它代表自由的精神实体，"精神是自为存在着的、以自己本身为对象的实现了的概念"②。黑格尔对认识论的探讨并没有脱离德国古典哲学的轴心问题——自由，其精神认识论的理论恰恰是拒绝回到以人为主体的认识过程中，希冀通过精神在历史运动中认识自身并实现自由。

　　与康德和黑格尔从理性层面阐述各自的认识论不同，马克思秉持的是实践认识论。在马克思看来，实践活动是人认识感性存在，获得对事物规律、本质、方法等认识的前提和基础，是检验认识真理性的标准；他反对以经验主义或者理性思辨的方式认识事物的存在状态，强调实践构成社会存在的内在本性，只有立足于实践本体，认识论才能避免陷入抽象对立式的理解并确立其根基。唯物史观以实践为起点对社会发展进行诠释，并非从纯粹的思辨出发来阐发社会历史；实践不仅是人的各种观念形态的起始点和来源，还是解决认识矛盾等问题的关键，"**理论的**对立本身的解决，**只有**通过**实践**方式，只有借助于人的实践力量，才是可能的"③。在马克思哲学中，实践概念不仅被赋予本体论的意蕴，而且兼具认识论的内涵。作为认识论的实践，不仅是认识对象形成的基础，也是作为对象进行认识活动的基础。康德、黑格尔的认识论始终难以摆脱形而上学的怪圈，其根本局限在于从理性角度阐述其"认识"。马克思跳出这一局限，将认识的来源、方法以及检验标准等都归于实践，确立了实践认识论。但马克思将实践确定为认识论的标准，并非仅仅是在知识和认识过程的层面探讨实践，而是将处于不断生成中的人的实践生活作为认识的对象。他秉持的实践认识论所认可

---

　　①　黑格尔．精神哲学：哲学全书·第 3 部分．杨祖陶，译．北京：人民出版社，2006：28.

　　②　同①20.

　　③　马克思恩格斯文集：第 1 卷．北京：人民出版社，2009：192.

的是可知论观点，即认为主客体之间具有统一性，他采纳了黑格尔对康德不可知论批判的策略，认为客体的客观存在本质决定了其对主体认识的决定性作用，而主体通过实践不仅可以达到对客体的认识，而且能够对客体产生能动作用，能够检验认识是否正确、指导认识活动的开展。

最后，在方法论方面的对话。马克思人类解放理论中的唯物辩证法与黑格尔的辩证法思想具有密切的联系。与黑格尔的辩证法方法论相比，康德的方法论对马克思人类解放理论的影响较小。

康德的方法论以先验性为基础。康德认为，"每一个科学学说都必须是有方法的，否则，陈述就是混乱不堪的"[1]。他十分注重方法的构建，并将方法论与其哲学中的先验概念融合起来。对康德而言，先验的知识并非有关对象的认识与知识，而是关涉对象的认识方式的知识。对象的认识方式即方法论与先验的结合，构成康德的先验方法论。先验方法论强调对纯粹理性的规制与限定，在不断限定的过程中明确理性作为最高目的所关涉的问题，在认识的方法论层面确定理性知识的逻辑有效性，并将它"理解为对纯粹理性的一个完备系统的诸形式条件的规定。我们将按照这个意图来讨论纯粹理性的训练、纯粹理性的法规、纯粹理性的建筑术，最后是纯粹理性的历史，并且按照先验的意图去完成那件曾由经院学者们在一般知性的运用方面以实践逻辑的名义尝试过但却做得很差的工作"[2]。追溯康德的先验方法论可知，它的确立经过了一个长期的发展与构建过程，表现为追问在认识论本体论基础上论证事物存在合理性的方法。

总体而言，主要可划分为四个阶段：以 1755 年的"形而上学知识的第一原理的新解释"为代表的理性主义方法阶段；以 1763 年的《关于自然神学和道德的原则的明确性的研究》为代表的阶段，区分了数学方法和哲学方法，是牛顿力学的分析方法的阶段；以 1770 年的求职论文《论感觉界和理智界的形式与原则》和 1772 年 2 月给赫兹的信为代表的、开始形成先验哲学方法的阶段；以 1781 年《纯粹理性批判》的出版为标志的、先验哲学方法论的诞生阶段。从先验方法论的演绎过程来看，康德的先验方法论是在传统形而上学还未走上正确途径，仍处于

---

① 康德著作全集：第 6 卷. 北京：中国人民大学出版社，2007：487-488.
② 康德. 纯粹理性批判. 邓晓芒，译. 北京：人民出版社，2017：419.

盲目摸索中而亟须变革的前提下诞生的。经过"哥白尼式革命",康德彻底转变了传统形而上学的思维方式,强调实践理性对"应然"存在如何实现的规定作用,认为对对象物的认识不过是我们早就已经放进去的东西而已①,这既是康德的"先验逻辑",也是康德的方法论逻辑。② 康德的先验方法论,赋予了理性知识必然推理的功能,将其提升到原理的地位以对外在性的概念进行综合分析,由于强调方法的先验性,所以必然因先验实质条件的不足和解释力的缺乏而难以判定认识与变革的对象。康德的先验方法论与马克思人类解放理论倡导的唯物辩证法在方向上存在偏差。

黑格尔的方法论即辩证法,也就是素来被称为黑格尔哲学思想"合理的内核"的部分。黑格尔在阐述概念的逻辑体系时,特意将其与传统的形式逻辑区别开来。形式逻辑仅注重从形式上要求思维与自身相统一,达至形式上的"A 等于 A"的等式,这种逻辑方式虽然能够保证思维的有效性,但却将思想内容排除在逻辑之外。在康德先验方法论止步的地方,黑格尔发现了方法论中极为重要的因素——自我否定性,他从理性的自我矛盾中发掘蕴含于其中的否定与超越本性,指出矛盾作为理性的内在产物,根本上构成了理性存在方式的合法性依据。黑格尔鄙夷只讲形式、不顾及内容的逻辑范式,主张囊括思想内容本身的逻辑,即辩证法。根据马克思对黑格尔辩证法的评判,黑格尔的辩证法可归结为否定性的辩证法,其辩证法思想是:第一,黑格尔认为物质都处于运动变化之中,反对形而上学将事物看成孤立的、静止的;第二,黑格尔发掘出矛盾是构成事物运动、发展的源泉,而形而上学将其归结为外力的推动,这表明正是由于事物存在的矛盾特质,才为否定并克服概念的僵化性和现成性提供了可能;第三,黑格尔提出了质量互变思想,阐发了事物在两种不同状态之间的转化,反驳了形而上学的纯粹量变观点;第四,黑格尔认为真理是具体的过程,并且认为认识也是不断深化、具体化的过程,正如黑格尔的否定概念,它并不是对事物或概念的简单摒弃,而是在原有基础上的发展和扬弃。③ 然而,不论黑格尔如何界定和

---

① 康德. 纯粹理性批判. 邓晓芒,译. 北京:人民出版社,2017:第二版序 12-13.

② 关于"康德先验方法论的发展和构建历程"的观点,参见陈嘉明. 建构与范导:康德哲学的方法论. 北京:社会科学文献出版社,1992:6-13.

③ 黑格尔. 逻辑学:上卷. 杨一之,译. 北京:商务印书馆,2011:编者前言 6.

运用辩证法，其辩证法都只是极富神秘性和抽象性。黑格尔主张思维把握存在的逻辑方式，必然使其主张的精神本体及其运行方式陷入抽象和片面，这显然与马克思的立场相背离。

马克思在审视资产阶级对黑格尔辩证法的理解和使用时表明了自身的态度，他指出："我的辩证方法，从根本上来说，不仅和黑格尔的辩证方法不同，而且和它截然相反。在黑格尔看来，思维过程，即甚至被他在观念这一名称下转化为独立主体的思维过程，是现实事物的创造主，而现实事物只是思维过程的外部表现。我的看法则相反，观念的东西不外是移入人的头脑并在人的头脑中改造过的物质的东西而已。"①马克思肯定了黑格尔的辩证法思想，认为黑格尔思想的辩证运动消融了传统哲学实体本体论静态的存在方式，但同样对其进行了批判，他否定黑格尔将思维确定为主体性的存在，指出这种定位势必走向主体性的概念与形而上学思维方式的勾连，主张将感性活动的实践列为主体存在。马克思也批判黑格尔辩证法的神秘形式，明确指出其将哲学思维确立为世界的本质与历史发展尺度的弊端，强调辩证法在合理形态上所发挥的方法论作用，呈现了辩证法在对现存事物进行肯定的同时又对其给予否定理解。马克思的辩证法是对黑格尔辩证法的完美颠倒，但又保留了其"神秘外壳中的合理内核"。在方法论上，马克思主要是对黑格尔辩证法的批判继承和发展，而并非基于康德先验方法论所做的扬弃，其人类解放理论更偏向黑格尔。

马克思人类解放理论的本体论、认识论和方法论遗传了德国古典哲学的"基因"，回到德国古典哲学来解析马克思哲学是通往马克思本真思想的重要捷径。虽然对于"以康解马"还是"以黑解马"，学界始终存有争议，但不可否认，马克思在对人类命运进行深度探索、阐述其人类解放理论的过程中，始终都保留着康德、黑格尔等德国古典哲学家思想中所内蕴的自由精神，并希望以"解放"为轴心构建起充满自由的共产主义社会，对德国古典哲学整体研究脉络的把握与反思也锻造了马克思深刻的批判和改造的思维品质，这可谓是对德国古典哲学核心思想的继承。

---

① 马克思恩格斯文集：第 5 卷．北京：人民出版社，2009：22．

三、以"解放"为轴心的理论建构

德国古典哲学不论在哲学精神还是思想内容上都给予了马克思绝对的影响，尤其是康德、黑格尔、费尔巴哈等人更是赋予了马克思无限灵感。缺少德国古典哲学影响的马克思，不可能成为完整的马克思；脱离了德国古典哲学根基的马克思人类解放理论，也不可能成为圆满的马克思人类解放理论。但是，马克思对德国古典哲学的继承绝非思想的照搬，而是批判式的继承。马克思结合现实的理解方式而跳出传统哲学思维的"怪圈"，在构思现实的解放路径中实现了对传统哲学思想的解救。没有马克思对前人思想的继承、批判、改造、创新和建构，不可能呈现出我们所熟知的马克思人类解放理论。马克思之所以是马克思，就在于他在思想继承的同时又进行着消化吸收，创造出属于他自己的思想体系。这种创造不是部分的创造，而是由其思想轴心始发和拓展至整个哲学体系的创造，这一思想轴心就是"解放"。如果说德国古典哲学以"自由"作为轴心问题的话，那么马克思哲学的轴心问题则是"解放"，将促使人的本质向人自身和社会存在复归视为哲学理论的终极目的，实现人类的解放是马克思哲学的根本旨趣。

围绕"解放"这一轴心问题，马克思构建了一个庞大的体系。我们需要明确的是：第一，马克思的"解放"意蕴。笔者认为，马克思的解放是指人类解放，从本质上说，它是不断消灭现存状况、实现人的自由全面发展的现实运动，包括将人从资本逻辑的奴役下解放出来和达到人的自由本质的双重意蕴，是人类在政治解放、经济解放、文化解放等所创造的社会物质精神条件下，把握与超越外部自然限度，并通过全面颠覆资本逻辑、消除私有制、以"自由人联合体"取代市民社会体系和国家，建立起共产主义社会的历史过程。① 马克思关于人类解放问题的探索和实践，贯穿于他的整个革命生涯，普罗米修斯精神的灵光一直都在其思想深处闪烁。源于"解放"问题的探究，马克思主义才得以问世。第二，马克思的"建构"本意。马克思首先是革命家，他在中后期从来都不以哲学家自居，而是以无产阶级革命者的身份，参与到人类解放的伟大事业中。对于马克思而言，他围绕"解放"这一轴心问题建构的绝

---

① 刘同舫. 马克思人类解放理论的演进逻辑. 北京：人民出版社，2011：1.

非抽象的、与无产阶级革命相分割的哲学体系，而是能够实现的、具有现实性的革命体系。这一革命体系表达了马克思对社会价值规范的建构，即人类自由全面的发展状态必须建立在劳动解放的基础上，发挥每个人体现自身劳动本质力量的主体性和创造性，实现人的生存需要和价值。马克思力图摒弃哲学单一、纯粹的价值，思辨性的哲学之于马克思不过是解释世界的工具。他真正重视的是改造世界和改变无产阶级的贫困命运，最终建构共产主义美好社会。

在建构人自由全面发展的共产主义社会时，马克思始终围绕"解放"这一轴心问题与主题展开探索，其哲学就是解放的哲学。马克思将全人类在一切领域的解放作为最高的价值追求，他的整个思想体系，也正是在"解放"这一轴心问题的牵引和关联上建立起来的，并扩展为政治解放、经济解放和文化解放三个维度。

首先，从政治层面看，与宗教的分离与对它的摒弃、对国家的审视与批判，从而构建消灭宗教、消灭国家、消灭阶级的理想社会与共同体，是马克思对共产主义社会的精准设计，其目的是在政治上为人类解放的实现提供基本性前提。马克思承认政治解放是人类解放的重要前提，为了实现人类解放的伟大使命，政治解放是其必须首先解决的问题，因此，需要在政治解放的历史观视野中对现存的资本主义社会政治制度予以解构，深刻揭露这一政治制度价值指向的虚伪性和内在悖论。马克思认为，政治解放的任务就在于使国家摆脱宗教的捆缚，实现宗教与政治的分离。但只有政治解放的人类解放是不彻底的，这种不彻底性表现在：第一，宗教没有消失，即马克思认为的，在政治解放结束后，宗教只不过不再与政治相互捆绑，但这并不代表宗教的消亡，它依旧存在，并且充满生机，饱含活力。政治解放只是将国家从宗教中解放出来，而并没有将市民社会中的人从宗教中解放出来。第二，国家作为阶级统治工具的性质始终没有改变，"国家还是让私有财产、文化程度、职业以**它们固有的**方式，即作为私有财产、作为文化程度、作为职业来**发挥作用**并表现出它们的**特殊本质**"①。国家依然与阶级紧密相连，成为统治阶级利益的维护者和守护者。政治国家共同体中的公民拥有表面上自由、平等的"类"生活，但这些公民作为市民社会成员的身份却在

———————————
① 马克思恩格斯文集：第 1 卷 . 北京：人民出版社，2009：30.

异化的经济领域沦为利己主义者，显露出政治解放的历史局限性。政治解放虽然并非彻底的解放，却完整地体现着马克思围绕"解放"这一轴心问题所展开的理论探讨和摸索。

其次，从经济层面看，马克思围绕生产力与生产关系这一社会形态变迁和发展的主线，探究使两者互相配合、共同发展的理想境界。经济层面的解放是保证人类解放实现的必然要求与必要准备。马克思深刻剖析资本主义私有制对生产力发展的阻碍作用，揭露资本主义的内在矛盾与丑陋本质，反对抽象地空谈资本、生产和经济等概念，强调这些概念在资本主义特定利益主体和社会阶层中的关系性表征，力图消除资本主义生产关系的障碍，实现社会生产力的巨大增长，在经济上为人类解放的实现准备物质基础。贫穷的人类解放不叫人类解放，人类解放必然要求在物质资料生产方面获得绝对的供给与满足，物质问题已经不再成为人们思考与苦恼的问题，而达到这一境地，有赖于生产力的持续、高速发展，即实现经济上的解放。为了实现人类的经济解放，马克思将批判的视野放大到对整个资本主义社会的批判与诘问，将对经济制度的设定还原于现实的生产和交往方式，并在具体的生产和交往过程中对经济解放的标准予以历史性反思与总体性规约。通过对资本主义整个经济体制的无情批判，马克思期望无产阶级能肩负彻底颠覆资本主义经济体制的使命，在不断提高劳动生产力的过程中实现其本质力量的提升，为人类解放的完成奠定物质基础。

最后，从文化层面看，马克思痛恶资本主义社会商品拜物教等种种异化现象对人们文化、思想的束缚，渴求破除旧观念、旧思想的捆绑，将话语权归还给无产阶级，主张建立属于无产阶级自身的主体意识，并且充分发挥和施展主体意识的能动性与创造性，实现文化层面的解放，使人类解放展现其具有的智识策略。在资本主义社会，文化服从于资本逻辑。金钱在整个人的世界和自然世界中占据着主动和控制地位。"金钱是人的劳动和人的存在的同人相异化的本质；这种异己的本质统治了人，而人则向它顶礼膜拜。"[①] 在商品拜物教的控制下，精神文化的发展出现单一化、畸形化的趋势，文化不再遵循自身的发展规律，而是受到异化世界的掌控和操纵，自由的、独立的文化氛围已经被破坏。资产

---

① 马克思恩格斯文集：第 1 卷. 北京：人民出版社，2009：52.

阶级的文化成为维护阶级利益的政治工具，只有代表资本主义制度和资产阶级话语的文化，才被视为具有普遍效应的社会力量，资产阶级的文化理念势必引致话语权的等级差异和对立。无产阶级作为被统治、被剥削的阶级，其经济上的劣势地位决定了其文化话语权的缺失。在马克思的解放视域中，文化不仅对人与自然、社会的协调统一起着重要的促进作用，而且构成人的本质力量和自我意识外化的基本动力。构筑共产主义社会，不仅仅是物质意义上的充裕，也体现为文化上的自由与解放。因此，马克思主张建立属于无产阶级自身的主体意识和自主观念，让它们获得张扬的足够空间，使文化迸发出应有的活力与生命力，展现共产主义社会丰富多彩的文化繁荣景象。文化层面的追求和解放，无不渗透着马克思的"解放"情结。

梳理马克思一生的著作文本和思想理路可知，"解放"是其自始至终不曾懈怠的轴心问题，其所有思想的展开都是以"解放"为原点进行的，不论是探讨劳动的异化，还是深究资本主义社会的内在矛盾，抑或是挖掘无产阶级遭受剥削的实质以及积极参与革命实践活动，人类的解放在马克思的哲学思想中表现为人的实践活动的多维展开，"解放"问题始终没有从马克思的思想中隐退和剥离。

第二节　社会批判的价值取向

马克思著作的重心在于批判，其思想的阐发、创造与发展都建立在对原有旧哲学体系或不成熟哲学体系的批判、扬弃的基础上，批判的方式是有力支撑马克思整体思想的关键。《神圣家族》是对鲍威尔"批判的批判"的批判，《德意志意识形态》是对德国现代哲学的批判，《哲学的贫困》是对蒲鲁东的批判，《共产党宣言》是对整个私有制社会的批判，等等。而马克思批判的真实含义究竟是什么呢？马克思曾在1843年至卢格的信中予以明确的回答："我不主张我们树起任何教条主义的旗帜"[1]，我们的目的是"通过批判旧世界"而"发现新世界"。这说明马克思进行批判并不是仅仅为了分出对错，而是为了解决问题。马克思

---

① 马克思恩格斯文集：第10卷．北京．人民出版社，2009：7．

将人对世界的认识与改造规定为自由自觉的活动，俨然包含了其对人的社会批判实践意蕴的承诺，表明人的解放不仅是在对象性的感性活动中否定现成的自然存在物，还要不断扬弃社会存在衍生的人的劳动实践异化状况。他要论证的是资本主义必然被共产主义超越，所以其解决问题的方式充满激烈的批判色彩，弥漫着对旧世界罪恶的控诉和揭露。

青年马克思所采用的批判方式是以"应然"价值取向为主的批判，其批判以某一抽象的哲学概念为基点，以社会现实问题为对象，具有哲学思辨的价值倾向性以及对问题推理的"应然"目的性，价值批判的结果呈现为抽象的、自我设定的"应然"状态。马克思的社会批判是资本逻辑批判的范式，通过对资本主义社会制度的批判，达到对社会存在及其价值规范合理性的反思与质疑。相对而言，以《关于费尔巴哈的提纲》《德意志意识形态》为转折点，马克思完成了从"应然"价值取向为主至"实然"价值取向为主的批判方式的转变。它们的差异性主要体现在两个方面：从批判方法来看，"实然"价值取向为主的批判不以思辨性的哲学分析为核心，而代之以实证性和科学性的经济学分析方法，具有更明确的现实指向性与针对性；从追求结果来看，"实然"价值取向为主的批判追求的不是带有价值倾向的"应然"设定，而侧重于对"实然"的本真展现。当然，马克思社会批判价值取向的转变不是思想的对抗与断裂，而是思想重心的变化和方法论的转移，其理论脉络、思想旨趣在方法论转变的前后具有一致性。他围绕资本主义社会生产方式的具体视域展开的批判活动透彻地体现了对人类社会命运的关注和解放路径的求索，表达了对人的自由生存方式的深刻理解和解放的深层价值旨趣的把握。从"应然"到"实然"批判价值取向的转变是马克思思想发展的必然，也是其人类解放实现的内在要求。

一、哲学批判转变为经济学批判

哲学批判作为哲学家最常用和最易于接受的方式，在哲学史上有着长久的发展历史。一方面，哲学家善于以其敏锐的眼光、缜密的思维来察觉和洞悉现实世界的各种问题，用抽象性强、思辨性高的论证方式和哲学话语将问题探究深入对象的深处；但另一方面，面对超乎想象的复杂现实难题，哲学家难以寻找到真正克制和抵抗这种困境的钥匙，无法利用现存的条件对现实进行改造，要真正理解对象的存在现状与解放的可能，关键在于把握其真实的理论根基，即存在于理性思维中的独特的生存论意义，只能在理性世界依靠哲学批判的方式思考现实问题的出路和解决路径，预设未来的理想境地。因而，在这种批判性探究的过程中，理性哲学在哲学家的思辨、推理中扮演着重要的角色，俨然成为其思考的逻辑起点。这种在哲学范畴内进行的、带有价值倾向的哲学批判，在马克思早期思想中并不鲜见。

在马克思的青年时代，"批判"是流行词汇，如施特劳斯、鲍威尔就以"批判的哲学家"自居，施特劳斯把自己所做的事情称为"批判"的工作，鲍威尔则把自己所做的事情称为"批判的批判"的工作。但马克思认为，这些批判都只是形式上的批判，即在纯粹的知识论层面围绕哲学概念展开的批判，于是他开始了"对批判的批判所做的批判"① 的工作，旨在追溯阻碍哲学批判现实性意义的根源。其中，黑格尔的理性主义和费尔巴哈的人本主义是马克思哲学批判过程中的有力武器，它们成为马克思哲学批判路程中的"拐杖"。

黑格尔的理性主义对青年马克思影响至深，以至于马克思曾经在看待社会发展和国家存在等一系列问题上坚信，只要理性国家存在，世界就必然趋向美好。在黑格尔的理性主义思想中，社会的发展和进步被视为理性决定的结果，国家的存在也是理性的产物。当时的马克思认为，社会的发展、国家的存在必然代表所有民众的心声，也保障所有人的权益，每个人的权益都将获得法律的保护，这表明此时马克思在法哲学问题上与黑格尔具有相同的理论旨趣，寄希望于法律的完善来维护个人的基本生存权利。然而，在《莱茵报》编辑工作的经历使马克思开始对黑格尔的理性主义产生怀疑，并慢慢从这一美梦中苏醒。马克思萌发了从历史中寻找具有真理性答案的想法，并付诸实践。通过对历史学、社会学等的研究，马克思逐渐从黑格尔的唯心主义哲学运思中挣脱出来，意识到科学性对于哲学批判彻底性的支撑作用，寻找到更为科学、合理的哲学依靠。

在挣脱黑格尔影响的过程中，费尔巴哈的思想吸引了马克思的注意，并不断获得马克思的赞赏。马克思十分认同费尔巴哈从唯物主义视角对宗教展开的批判，高度赞赏费尔巴哈的感性原则对黑格尔的理性抽

---

① 马克思恩格斯文集：第1卷. 北京：人民出版社，2009：249.

象原则的批判方法，他认为对宗教展开抨击与批判的主要依据在于：宗教是由人创造的，而非宗教创造了人，必须走出人的自我意识内在性的羁绊，发掘人的感性生活对宗教作用的变化。费尔巴哈的哲学思想已经入驻马克思的哲学营地，并对其产生或隐或现的作用。费尔巴哈的人本主义思想所投射的人的本质复归是马克思对费尔巴哈思想赞赏有加的主要原因。马克思笃信费尔巴哈关于人的问题的解析，在感性实践观的影响下发现宗教不过是人的本质在幻象中的投射；并在费尔巴哈人本主义影响下，开始对资本主义社会进行新一轮的批判，即《1844 年经济学哲学手稿》中所显现的对资本主义异化世界的针砭，他的批判"不再像黑格尔辩证法那样，在自身之中打转，而是努力超出精神的范围，成为真正'改变世界'的活动"①。在这一批判过程中，马克思以异化尤其是劳动异化作为批判核心，明确了批判劳动异化和实现劳动自由的理论意义，将人的本质复归视为批判目标，通过否定之否定的批判方式，希冀能够彻底消灭异化。然而，不论是马克思所预设的理性主义国家模式还是摆脱资本主义异化世界的人的本质复归，在现实面前都显露出自身的尴尬和不堪。

　　马克思早期哲学层面的批判方式存在一定的局限性，原因主要在于：第一，缺乏与现实生活的互动。马克思虽然看到了资本主义社会制度下人们的苦难，但未能真正了解到导致人们苦难的根本原因，只是更注重抽象思辨性质的意识活动。马克思驻足哲学基地进行批判，用异化理论对人的问题、资本主义社会进行剖析，以类似于外行人看内行功夫的错位性批判分析、探察资本主义社会的主要矛盾，难以达到其目的。第二，缺乏革命性和现实性。哲学批判通过意识层面的推演以及逻辑的附加而形成，而并非真正意义上对现存世界进行改造和完善的手段。马克思此时并未在人的物质生产层面追溯宗教存在的根源及其引发的现实矛盾，也尚未提出革命实践的方法来透视宗教教义的现实功能、打破宗教对人性的束缚。正是在《1844 年经济学哲学手稿》写作时期，马克思开始意识到并重点关注革命性和现实性缺失的问题，而问题得以解决主要呈现在其后期的文本之中。

　　在《关于费尔巴哈的提纲》中，通过对德国古典哲学的批驳以及实

---

① 谢永康. 理论批判与改变世界：从康德到阿多诺的哲学实践. 马克思主义与现实，2013（6）：109.

践概念的认识，马克思意识到，按照以往哲学家的批判路径，哲学只不过是解释世界的工具，而未能成为改变世界的手段，终究无法对批判对象进行整体把握与合理诠释。基于对哲学认知的不同理解，马克思倡导实践概念的引入与运用，使原本富有思辨性质的哲学批判方式发生了质的改变。在《德意志意识形态》中，马克思、恩格斯着手探索改变世界的现实路径，认为只有从资本主义社会发展的根本入手，探究其经济根源，才能有力地揭露资本主义社会的谎言和骗局，直击资本主义社会的脏器。马克思彻底扬弃了费尔巴哈的人本主义思想，真正了解到厘清人的本质与社会存在之间关系的重要性，并把握现实的人在物质生产过程中实现个性发展的自我意识以及"重新建立个人所有制"① 的真实含义。

在对资本主义社会进行彻底批判、寻找导致异化的根源时，经济学批判成为马克思的主要手段和工具。马克思认识到，"在大工业和竞争中，各个人的一切生存条件、一切制约性、一切片面性都融合为两种最简单的形式——私有制和劳动。货币使任何交往形式和交往本身成为对个人来说是偶然的东西。因此，货币就是产生下述现象的根源：迄今为止的一切交往都只是在一定条件下个人的交往"②，是具有历史性而非单纯的个人交往。他从资本主义经济运作的内在关系中揭示出私有制与异化劳动对人的根本制约性，揭露了在物化世界中货币使人们之间的关系演化为物的关系的实质，提出必须彻底割除与资本主义物化逻辑相互证成的私有制度。资本主义私有制虽然在历史上发挥了重要作用，但现已成为生产力片面发展的根本原因。经济学对资本主义的直面批判不同于哲学批判的隔靴搔痒，它并非脱离现实的表象批判，最终指向的是生产力与生产关系之间的复杂矛盾，这表明经济学批判范式已将自身置于生产力与生产关系、人的生存方式与社会存在之间的矛盾关系及其活动之上，从而对社会批判的前提性条件达到了新的认识，这便是马克思经济学批判最有力和最具科学性的判断。马克思经济学批判的作用不仅体现于对资本主义社会真相的揭露，更体现于它为人们摆脱资本主义的迫害、追求人类解放指明了现实道路——号召全体无产者联合起来，通过革命的方式消灭私有制、消除异化，还人以真正的自由自觉的劳动，进

---

① 马克思恩格斯文集：第 5 卷. 北京：人民出版社，2009：874.
② 马克思恩格斯文集：第 1 卷. 北京：人民出版社，2009：579.

而使人摆脱在资本主义社会中的偶然性生存状态，认识到自身生命存在的本质与使命。这为马克思后来在《1857—1858年经济学手稿》《资本论》等著作中展开全面而整体的经济学批判打下了坚实基础。

经济学批判具备的独特性在于：首先，它从异化现象深入到异化本质及其深刻根源，属于从现象到本质的探究理路，指向造成问题的根本原因。在马克思之前，众多资本主义人道主义者和国民经济学家等都看到了无产者的贫穷和悲惨现状，也曾试图寻找导致这一现状的原因并尝试解救无产阶级，但他们都只是停留于抽象的人的分析，未能抓住问题的核心和要点。马克思利用经济学批判真正找到了无产阶级贫困的根本原因，并依此寻觅到实现解放的现实出路。其次，马克思的经济学批判利用经济关系中的基本矛盾，尤其是生产力与生产关系的矛盾来分析判断问题。在《德意志意识形态》中，马克思、恩格斯就明确指出，生产力与生产关系的矛盾爆发会带来其他各种形式的革命、不同等级之间的冲突，还包括各种思想矛盾、政治争斗等问题，甚至认为"一切历史冲突都根源于生产力和交往形式之间的矛盾"①。最后，马克思的经济学批判不仅是一种方式，也体现为一种建构，即对共产主义社会的建构，对人类解放的建构。马克思对人类解放的理论建构经历了从"类"存在的政治解放到现实的个人的整体解放的转变，他在转向经济学批判的过程中逐渐意识到现实的个人解放的重要性，将人类解放理解为一切人从所有领域中解放出来，达到个性的充分自由和全面发展，在此基础上为人对世界的认识和改造提供开放生成的方法论空间。马克思的思想目标不是"解释世界"，而在于"改变世界"，他的落脚点不是简单停留于对资本主义社会的批判程度，其视野早已辐射到实现共产主义和人类解放等宏伟目标的建构上。

从哲学批判向经济学领域批判的转向凸显了马克思在方法论、分析方式上的切换和对社会现实问题的不断深入思考，也呈现出马克思哲学观整体性的升华与超越。马克思转向经济学批判，就是"为了将人的生存和发展问题置于社会历史的现实运动之中来加以考察。正因如此，他才没有在科学研究中陷入实证的琐细，而是为经济事实建立起批判的概念"②。马克思的批判性思维和方法与其政治经济学理论研究以及唯物

---

① 马克思恩格斯文集：第1卷.北京：人民出版社，2009：567-568.
② 汪信砚，刘秉毅.论马克思的哲学观.哲学研究，2013（12）：16.

史观思想紧密相关，他从现实社会生产活动出发，以生产关系和所有制为主要研究线索，科学破解了人存在异化的根源和导致生存困境的深层隐形因素，通过批判探寻到人类社会发展过程中劳动异化和贫困积累的规律与趋势。正是伴随着这种从抽象思辨到针对现实的批判方式的转变，马克思才逐渐扬弃早期思想，创立唯物史观，进入思想发展的巅峰时期，使人类解放更加清晰地显现在人类社会发展史的"日程表"上。

二、"应然"预设转向"实然"价值追求

马克思从哲学批判到经济学批判的转向体现在两个方面：一是概念范畴从哲学向经济学的转换。马克思早年频繁使用"异化""物化"等概念，但到了其思想成熟时期，这类哲学概念却逐渐退场，取而代之的是"商品""生产力""剩余价值"等经济学概念。批判话语的改变预示着马克思问题域的转换以及思维方式的变革，而潜藏在话语转变背后的则是更深层次的思想转变。二是批判的价值取向的改变，即从追求"应然"预设到追求"实然"结果的转换。这种转换体现为在运用哲学批判时，其指向的目标属于价值预设式的人的本质复归；马克思对以往哲学和经济学遮蔽人的本质与人类解放的立场予以批判，提出应该扬弃"以**物的依赖性为基础的人的独立性**"的劳动异化状态，并展望人在经济社会中以自由的劳动实践为基础而展开真正属于人自身的历史，在运用经济学批判时，其指向的最终价值目的在于符合历史发展规律的全人类解放。

青年马克思在探讨价值取向问题时，更多是以继承前人哲学遗产的方式进行的，将目标设定为"应然"的推演终点，而非"实然"的必然结果，即在价值追求上将康德的德性、黑格尔的绝对精神等类似的价值预设作为最终的批判归属。在讨论价值指向的"实然"与"应然"的关系时，康德的判断结构是主词与谓词通过系词"是"实现连接，论证价值"实然"与"应然"的统一；黑格尔阐述了主词向谓词概念发展的逻辑思路，揭示了价值"应然"向"实然"转化过程的生成机制。价值预设是先验的逻辑设定，它的前提在于，首先对事物主体设定一种理想状态，然后要求现实世界的缺陷主体或不完满主体向这一先验状态不断趋近。在撰写博士论文时期，马克思将自我意识哲学作为哲学批判的武器，预设个体是自我意识的存在，不仅具有独立性和主体性，而且能够

表达自己的看法和观念，使自身权益获得保障。这在当时的资本主义现实社会中，只能是"应该如此的展望"，而不可能是"真实世界的实现目标"。在《莱茵报》当编辑时期，马克思敬仰黑格尔的理性主义和法哲学，坚信凭借理性国家的存在与发展，每个人都能在其中获得自己理想的生活。但随着之后对无产者贫困现实与统治者阶级本性的观察和洞悉，马克思开始质疑、反思原初的理性理想社会论断。从价值指向的逻辑上看，马克思对黑格尔的超越表现为现实历史对理念的内涵逻辑的超越，反映在具体的方法论维度是马克思对黑格尔价值预设的否定与颠倒，而最能体现马克思站在哲学基地之上进行"应然"结果探索历程的是《1844年经济学哲学手稿》。

在《1844年经济学哲学手稿》中，马克思频繁使用"异化""物化"等概念来剖析资本主义社会对人的奴役，旨在厘清资产阶级与工人阶级之间的关系，揭示了资产者的资本与工人劳动实际所得之间的结构性失衡，披露了人受到资本主义社会多方面剥削与压迫的现实，并希冀通过否定之否定的方式，将人从异化世界中解救出来，使他们能够自由自觉地劳动，享受自由全面的发展。马克思的设想与愿望看起来如此美好，让人无限憧憬。然而，在这一时期，马克思思想的出发点、对人的异化的消解途径以及最终所要达到的目标都缺乏现实根基，难以真正在现实生活中实现，他所追求的不过是"应然"结果——人的本质复归的实现。

第一，从思想的出发点来看，马克思将人的"类本质"视为起点。马克思指出，人与动物的区别在于人是有意识的存在，能够进行自由自觉的劳动。人与动物之间固然有许多相似之处，但决定人之所以为人的是，人能够通过实践认识问题，也能够通过实践不断探索和改进自己。历史从未像悲观主义所预言的那样而终结。马克思对人的本质和特征的理解，是《国富论》作者——亚当·斯密所未达到的高度。然而，现实社会体现的却是人的"类本质"的劳动异化。马克思认为，人的劳动本是改造自然和创造自身的历史，是拥有自觉意识和目的的活动，但在资本主义社会，工人的劳动是被支配的强制性劳动，工人不能自由选择自身的劳动方式，不能自主控制劳动过程，更不能支配自己的劳动产品。马克思通过调查资本主义社会生产生活的现实发现，工人劳动生产的产品越多，其所拥有和可支配的权力就越薄弱，在这种状况下，不仅人与自己生产出来的产品及整个生产活动相异化，而且人与人之间、人与人的"类本质"之间也都产生了异化关系。虽然马克思尖锐地指出了资本主义社会对人的奴役、剥削和压迫，但对造成异化的根源问题，在这一时期他只是从资本主义社会的资本、分工、工资等层面加以解析，并未深入探索人的关系的颠倒以及异化劳动产生的根源，以至于其异化思想呈现出鲜明的哲学思辨性。

第二，从对人的异化的消解路径来看，马克思认为，应该通过革命实践的方式消灭私有制和异化劳动，把革命理论同共产主义运动结合起来，将人从生产劳动和社会关系中解救出来，主张"对异化的扬弃只有通过付诸实行的共产主义才能完成"①。关于解救的出路，马克思思考的角度只是共产主义运动，其消除异化的研究视角和方法依然寄希望于对异化观点本身的解构，将人类历史运行视为人的本质的异化和复归，尚未触及无产阶级革命，也还没有对未来理想社会进行细致的演绎。同时，他在论述共产主义运动的历史必然性时，也只是强调历史将会带来共产主义运动，并没有从资本主义社会发展的内在矛盾出发，论证人类作为历史推进的主体而主动地推动共产主义运动的开展。在这一阶段马克思思想的非完整性之所以会形成，是因为他此时还没有完整掌握资本主义社会的内在运行机制，尚未深挖到资本主义发展的根本问题与主要矛盾。

第三，从最终所要达到的目标来看，人的感性存在和人的"类本质"的统一，即人的"类本质"的复归是马克思这一时期奋力追求的目标。人的"类本质"复归是贯穿于《1844年经济学哲学手稿》的核心思想，只有实现人的"类本质"复归，工人才能真正摆脱资本主义社会的束缚，才能不再将劳动作为一种生存手段加以利用。马克思以人的"类本质"复归替代人类解放，将目标以价值预设的形式，设定为"应然"发生的结果追求，这反映出马克思在一定程度上忽视了除物质劳动生产之外的其他领域所具有的独特功能及解放需要，无法为社会历史的发展设定一个符合规律的目标。实现人的"类本质"复归的目标只是一种理想的可能性，这一可能性的实现是马克思下一步的关键性任务。

在《1844年经济学哲学手稿》写作时期，马克思主要以人本主义

---

① 马克思恩格斯文集：第1卷. 北京：人民出版社，2009：231.

为核心，通过异化劳动理论剖析整个资本主义社会，将人性复归作为最终追求的结果，他的异化劳动理论还带有抽象的思辨性。这一时期，马克思的社会经济形态概念尚未形成，其对劳动的认识也还有待深化；作为唯物史观的基本范畴——社会存在、生产力、社会经济基础、社会上层建筑等也还没有形成，建立在这些范畴之上的唯物史观的基本原理虽有阐明和论述，但却没有真正给予其明确界定与表达。青年马克思对人的本质的理解带有深厚的费尔巴哈人本主义的思想印记，缺乏现实性和物质性，暂未把握人改造现实生活与环境塑造人相统一的现实基础，难以实现对社会的实践改造，无法使"应然"的价值预设转变为"实然"的现实途径。他倡导人的"类本质"复归，是出于解决资本主义生产支配人的劳动与控制人的本性这一问题的迫切需要，诉诸哲学的批判逻辑展望资本主义走向灭亡的趋势，只能是"无本之木"和"空中楼阁"般的存在，是一种充满理想性、哲学思辨式的"应然"结果，而不是"实然"景象的展现。

　　从写作《德意志意识形态》开始，马克思就摒弃了价值预设式的"应然"推测，开始在现实路途中摸索人类解放实现的可行性路径，对人类解放的到来给予肯定性回答，为我们展现了未来社会的"实然"图景。这一转变源于马克思对现实的充分考察和合乎规律、合乎历史运行的演绎。首先，马克思通过对资本主义社会的深入剖析，揭示了在资本主义私有制下异化劳动与私有财产、私有财产与共产主义之间的必然矛盾，发掘了人类社会发展的必然规律——生产力与生产关系之间的关系，指证了共产主义的实现是人类社会发展规律不可逆转之必然，并明确了共产主义作为现实运动的本质属性。资本主义必然灭亡，随之而去的还有资本主义对人的奴役、剥削以及与资本主义相对应的所有社会关系，取而代之的将会是社会主义的生产关系以及建立在其上的共产主义社会。其次，马克思所构设的共产主义社会，不再是极具抽象思辨性的哲学概念或哲学运思，而是具有客观根据、在现实中能够预见的未来"实然"景象。在这样的社会中，人们将不再受到来自政治、经济、文化等的束缚与压迫，每个人都能够获得实质性的解放，即每个人的智力、体力都能够与自身需要、目的得到一致性发展。从马克思对未来社会的描绘中，我们既能够看到历史发展的轨迹在未来运行的轮廓，也能够在我们的现实生活中看到未来的影子。他所描绘的共产主义，不是虚无缥缈的虚幻存在，而是忠于规律、始于现实、合乎发展的"实然"存在。正如马克思所言，其思想的起点"不是意识决定生活，而是生活决定意识。前一种考察方法从意识出发，把意识看做是有生命的个人。后一种符合现实生活的考察方法则从现实的、有生命的个人本身出发，把意识仅仅看做是**他们的**意识"①。这表明人在具体的自由劳动过程中成为具有自我意识的存在者，而人对自我意识不断扬弃和超越的劳动过程为人类社会的辩证发展提供了基本动力。

归附于人性复归的"应然"状态和偶然存在，是马克思早期对人的发展最终走向的确认和定位，它只不过是作为终极意义上的理想设定存在于理性思维中，是一种不切实际的研究方法和历史观念，难以真正在现实中完美呈现。《德意志意识形态》等著作对共产主义的现实考察和逻辑演进，使马克思所构设的每个人的自由全面发展的"实然"图景映入人们的眼帘，以"实然"状态和必然结果的方式呈现在人们面前。"应然"与"实然"的对比，将无产阶级的现实命运与历史使命结合起来，充分凸显出社会批判价值取向转向的差异性，也显现出马克思社会批判的"实然"价值取向的科学性与真理性，更坚定了人们对构建共产主义的信心与决心。

三、问题挖掘到前提批判的解放

在马克思整个思想进程中，始终贯穿着"问题—批判—解放"的基本线索，他自始至终以问题开始，坚持批判精神而不断批判问题，最终达到解放的目的。不断发掘问题、分析问题和解决问题是马克思从哲学与现实相结合的维度阐述人类解放理论的基本方法，如何正确批判现实、实现人的自由全面发展并建构"真正的共同体"，构成马克思人类解放理论的主要问题域。没有深入挖掘社会的问题，或者有问题但不对之进行透彻的批判，都难以抵达真理的彼岸，无法登上通往未来的"渡船"。但若仅有对对象的批判，而缺乏对对象归属的确认与解放，其批判就像是少了目标的船只，会随波逐流。人类解放理论贯穿于马克思思想逻辑展开的始终，因此，我们可以将马克思的批判和建构思维理解为其阐释解放哲学的合理思路，同时也只有在人类解放理论的引导下，批

---

① 马克思恩格斯文集：第 1 卷．北京：人民出版社，2009：525.

判才能明晰自己的方向。

马克思的社会批判是在深入寻找问题的基础上，用"实然"价值取向为主的经济学批判方式对资本主义社会及其内在矛盾进行彻底的、历史的批判，注重使用哲学批判与现实批判相结合的方式，开辟出一条从宗教批判到人类学批判的独特道路。马克思的社会批判理论直面社会生活，揭示了资本主义社会的历史规律，在社会批判中吸收现实历史的研究成果，解析了人类社会发展的客观轨迹，创立并完善了唯物史观，并号召全世界无产阶级联合起来，共同推翻资产阶级的残酷统治，逐步迈向共产主义理想社会。

第一，寻找资本主义社会的问题。"实然"价值取向为主的社会批判的前提在于，对时代问题的深刻把握和全面体悟。马克思将社会发展分为三大形态，其中第二大形态是人对物的依赖关系，这也是马克思对资本主义社会的根本性认识之一。在马克思看来，随着资本主义社会大机器、大工业时代的来临，整个社会变成了以物的依赖性为基础的社会。个体的活动已经不能由个体自身控制和掌握，即人对自身已经失去控制权，取而代之的是人被自己生产出来的劳动产品和产物决定，其实质就是马克思所阐述的人的异化。人已经不再是作为其本身而存在，而是作为物的对象而存在，在这种状态下人与物的关系被彻底颠倒。人与人之间所构建起来的社会关系，也不再由人自身决定，物作为中介和桥梁成为社会关系的搭建者，人们通过交换价值和货币将社会关系联系起来，人与人之间异化的社会关系在根本上是私有财产的冲突，隐含了劳动创造现实生产关系和社会关系的唯物史观。物取代人获得了整个社会的统治权，人则被贬黜为物的奴隶，即使是作为资本持有者的资产阶级，同样和无产阶级一样处于物的控制之下。无产阶级被异化，是迫于要进行生产以获取维持生命活动的物质资料的生存需要；而资产阶级被异化，则是由于资产阶级本身所具有的无比贪婪的本性。在以物的依赖关系为基础的社会形态中，异化问题不只是针对部分群体或阶级，而是一种普遍现象。只有深刻把握和全面透析人的这种严重异化问题，将异化问题置于市民社会现实运行的过程本身，将物质生产作为其他社会构成要素的决定力量凸显出来，并寻找到解决这一问题的切实方案，才能使包括无产阶级和资产阶级在内的全体人类得以解除异化的枷锁，得到自由全面的发展。

第二，对问题产生的根源进行前提性批判。"实然"价值取向为主的社会批判的核心在于，对隐藏在异化问题背后的资本主义社会内在矛盾的深刻揭露和彻底批判。马克思紧紧地把握住生产力与生产关系之间的矛盾关系，以历史和辩证的方法，将资本主义视为整体的社会关系和社会形态来剖析其对人、自然和社会产生的侵害，并对资本主义社会异化的根本性问题和内源性矛盾进行了深刻揭露。随着生产力的发展，资产阶级受到其内在贪婪本性的驱使，不断扩大自身控制的范围，拓展世界市场，企图将所有国家都纳入这一宏大的世界市场，使其一切生产活动都演变为全球性的生产活动。资产阶级在这种殖民、扩张以及迅速发展过程中，将分散的资源和分离的人口以资本主义掠夺等多种方式聚集起来，其结果就是所有生产资料和财产都集中在少数的统治者——资产阶级的手中，而人口也逐渐从散居状态变为集聚于城市和工厂的密集状态。经济基础决定上层建筑，资产阶级在经济上的统治地位必然为其带来政治上的主导话语权，从而将整个世界都收归至其剥削与压迫的残酷统治之下。随着政治经济学批判研究的深化，马克思将雇佣劳动与异化劳动结合起来，实现了对资本主义生产逻辑批判的思想跃升，反映了他对资本主义经济现实的真实把握，但资产阶级所构建的商业帝国又以不可阻挡的方式——"商业危机"来消解资产阶级及其统治的存在条件。资本主义的支配权逐渐丧失，根源在于：生产力的发展达到极高程度，资本主义的所有制关系已不能适应生产力的发展，这种不适应"使整个资产阶级社会陷入混乱"，"使资产阶级所有制的存在受到威胁"①。为了解决这一问题，要么彻底改变资本主义生产关系，但这意味着资产阶级自己毁灭自己的生存根基；要么夺取新的市场，但这只能缓和这一矛盾，缓和手段无论如何都无法阻止历史的必然进程，迎接它的只能是更为彻底的革命，即推翻资本主义私有制的无产阶级革命运动，资本主义必将灭亡。

第三，通过批判的路径达到人类解放的目的。"实然"价值取向为主的社会批判的最终旨趣在于，扬弃价值预设，构建符合社会、历史发展规律的现实的"自由王国"。批判的过程也是建构的过程，在对资本主义社会进行批判时，马克思开始了对共产主义社会的建构，指明了资

①　马克思恩格斯文集：第 2 卷．北京：人民出版社，2009：37.

本主义社会发展的必然趋势：资本不断扩张的能力来源于雇佣劳动支撑的生产方式，并衍生出资本主义经济关系的固定基础，这一过程势必产生被新的生产力和生产关系取代的现实条件。经过对经济学的细致研究和对社会现实的深度考察，马克思不再将问题及其解决放置在哲学范畴内，而是从现实出发并进行科学的、合乎规律的逻辑演绎，最终通过批判的路径将资本主义社会生产中资本与劳动的固有矛盾透彻地呈现出来，使劳动主体在现实的生产实践中逐渐展开对这一矛盾的自觉认识和能动改造，进而抵达现实的"自由王国"的全人类解放。以"实然"价值取向为主的社会批判的特点就在于，其指向的最终旨趣不是一种"应然"状态，而是彻底扬弃那种虚幻、抽象的价值预设，将理论的出发点设定在现实之中，并通过实践性的革命手段构建一个合乎社会、历史发展规律的理想社会——共产主义和人类解放的社会。

　　"实然"价值取向为主的社会批判作为马克思中晚期的一种批判方式，是通向人类解放道路的基本路径。马克思指认了资本主义社会生产与交往领域异化的本质，也指出了现代社会与商品、价值等范畴同步发展起来的规律，从"应然"到"实然"的批判价值取向的转变是马克思思想发展的必然走向，也是其人类解放实现的内在要求。缺乏以"实然"价值取向为主的社会批判的支撑和助推，马克思的人类解放只能止步于抽象思辨式的人性复归，而非每个人的自由全面发展。以"实然"价值取向为主的社会批判对于马克思思想的建构，意义重大而深远。

第三节　从欧洲到全球的解放视域

　　在马克思人类解放的内在逻辑中，价值批判与社会批判、理论继承与革命建构等都是基于解放理论而进行的理解和剖析。在这种理解和剖析中，马克思解放视域曾发生过重要变化——从欧洲范围到全球视域的拓展。早期马克思拥有解放全人类的理想和追求，拥有为全世界人们奉献不已的普罗米修斯精神，不过限于其所接触的文化以欧洲文化为主，其知识所能触及的界限也只不过是在欧洲范围内，他还未能将思想的触角延伸至全球领地，但其精神境界已具有全人类性。随着后期对东方社会特别是对俄国、印度、中国等的了解和研究，对美国等国家的涉足，马克思开始实际地思索在全球范围内如何实现人类解放的问题，展现出人类解放的全球视域。马克思认识上的变化表明，解放既是资本主义社会发展的必然趋势，也是人类社会从物的依赖阶段过渡到人的自由全面发展阶段的整体需要。

一、解放理论的欧洲关注

作为"解放"的规划，马克思思想"究竟只是一种始终从属于西方并因此必然被告别的西方想象，还是一种虽源自西方但代表历史方向的普遍话语？这是由今天的全球发展态势提出并在反西方中心主义话语中扩散的至关重要的意识形态难题"①。一直以来，关于马克思思想对世界各国的适用性问题，都有学者确实持反对意见，认为马克思思想只适用于欧洲而非适用于全球，是所谓的"欧洲中心论"，由此对马克思关于未来社会人自由全面发展构建路径的科学性提出质疑。

学者将马克思思想归结为"欧洲中心论"的主要理由是：第一，马克思思想主要来源于欧洲文化。传统教科书认为，马克思主义具有三大理论来源——德国古典哲学、英国古典政治经济学以及英法空想社会主义，这三大理论来源的地域分布都集中于欧洲社会，特别是集中于西欧国家。马克思对其他思想的考察，如古希腊哲学、历史学等，也还是局限于欧洲范围，并没有突破这一地域，对资本主义社会经济现实的分析依然停留在欧洲社会发展的历史阶段。可以在马克思早期思想中找到大量诸如英国、德国、法国、欧洲等这样的字样，也可以在马克思的自白和文本中轻松地找到其欧洲理论的来源以及对欧洲现实的批判，如《黑格尔法哲学批判》就是对黑格尔法哲学的声讨，等等。第二，马克思思想的现实根基于欧洲社会。马克思对资本主义私有制、劳动异化、无产阶级的贫困等问题的论述，都是立足于欧洲社会现实之上的阐发，因此，早期马克思只是揭示了欧洲资本主义社会发展的历史规律和趋势，并没有看到东方社会的发展形态和现实状况。并且马克思的批判理论是一个逐步完善和发展的过程，与他对政治经济学的思索与探讨密切相关，而他的政治经济学批判研究又深植于欧洲社会的资本主义生活方式，如《论犹太人问题》是基于德国犹太人问题所进行的运思，《1844

---

① 胡大平．马克思对现代性想象的超越及其思想史效应．哲学研究，2013（10）：10.

年经济学哲学手稿》是对欧洲资本主义发展状况的深刻剖析。第三，马克思所倚靠的力量主要是在欧洲出现的无产阶级。马克思所探讨的共产主义运动，是由无产阶级带动和发展起来的，无产阶级之所以愿意并且能够发动革命运动，是因为欧洲的资本主义已经发展到其私有制开始阻碍生产力发展的地步，无产阶级在这一历史过程中悄然成长，具备进行革命的主客观条件，而世界的其他区域，基本都还没有完成向资本主义社会的转变，无产阶级都还处于弱势地位，不可能发动大规模的无产阶级革命。欧洲资产阶级使用政治力量对形成的无产阶级革命性思维进行强制干预，拒斥在世界范围内形成无产阶级的革命势力。所以，马克思设想的从资本主义跨越到共产主义的发展模式，仅仅对欧洲国家的发展具有普遍适用性，从马克思审视欧洲地区发展的历史观和方法论维度难以把握其资本主义批判与共产主义设想理论的科学性及生命力。

据此，有人强调马克思思想在理论来源、现实根基以及倚靠力量等方面都局限于欧洲的历史和现实，是针对欧洲社会的实况而进行的逻辑展开和演绎推理，从而得出结论：马克思对世界其他地区的人类生存状况不够了解，无法获取关于其他地区的既定的社会发展现状，因而实现全人类解放无从谈起。

笔者认为，从马克思思想的发展和变化来看，"欧洲中心论"的概括只适合于马克思的早期思想。早期马克思在地域考察上确实更偏向和侧重于欧洲社会，认为世界其他地域的情况应该和欧洲几无差别，这与他的知识结构、经历以及能够接触到的社会现实具有深刻关联，加上欧洲的资产阶级革命率先实现了政治解放，吸引他将对人类解放的探究聚焦于欧洲大地，以至于他无法对整个世界的状况进行细致、全面考究，但我们不能由此否定马克思由欧洲展开的探索人类解放课题中所深含的全球观念。当然，早期思想虽直指欧洲现实问题，但着眼点却不限于欧洲，而是整个人类社会，是跨越阶级、跨越国界的全球性质的解放。马克思追求的目标在于通过全世界无产阶级的联合，建立每个人都能获得自由全面发展的共产主义社会，这构成了马克思最为强劲、持久的理论思维和价值取向。应该说，早期马克思在进行理论展开时的精神境界已具有全人类性，但具体论证更关注欧洲、更侧重于欧洲。

二、解放理论的全球拓展

中年马克思已经将其目光投射到东方社会，其解放视域向全球的转变已在文本中有所凸显。在《1857—1858 年经济学手稿》中，马克思就开始关注东方社会的问题，认为雇佣劳动很有可能在东方社会的公有制体制崩溃后诞生。[1] 马克思的判断表明，他对东方社会的公有制有了初步认识。马克思对东方社会现实和发展问题的阐述中隐含着基本的认知图式：东方社会或亚细亚的生产方式是一切前资本主义时代的公有制中最持久的形式。而后俄国逐渐进入他的视野，1863 年受俄国占领的波兰地区的起义就已经得到马克思、恩格斯的关注，恩格斯曾写信告知马克思，"波兰的起义者似乎也没有取得成果。领袖们全都阵亡或者被俘后遭到枪杀"[2]。但是波兰的起义并没有让马克思将其视线聚焦于俄国，直至 1870 年，马克思才关注俄国的革命运动，围绕俄国公社的前途命运问题展开探讨。在写给路德维希·库格曼的信中，马克思对俄国的公社所有制给予了自己的评论，认为公社并非导致贫穷的根本性原因，与之相反，公社恰恰起到了积极的作用，将人们的贫困化逐渐减轻，并认为古代社会的公社所有制根源于蒙古这一观点难以成立。[3] 而在写给劳拉·拉法格和保尔·拉法格的信中，马克思表示十分赞赏费列罗夫斯基的《俄国工人阶级状况》一书，并指出通过对该著作的深入研究和解读，他确信俄国必将经历一次规模宏大的社会革命，而这种社会革命爆发的形式和程度则依旧会符合俄国自身发展的程度与水平。马克思将俄国与英国等同起来，认为它们是支撑整个现代欧洲社会体系的中坚，而其他地区和国家包括法国、德国等，都只不过处于次要地位，具有一般意义而已。[4] 马克思对俄国的关注表明，他开始将资本主义生产方式与东方社会的发展道路结合起来，包括俄国在内的东方社会逐渐映入其眼帘，他对东方社会的具体发展状况展开了细致的研究。

马克思晚年在《资本论》的写作中，对俄国社会发展道路问题展开了研究，其对欧洲视域的超越尤为明显。这种超越主要表现在具有内在逻辑关联的两个方面：

一是马克思明确把《资本论》第 1 卷关于资本主义起源和发展的历史概述限定在西欧范围内。民粹主义思想家米海洛夫斯基于 1877 年 10

---

[1] 马克思恩格斯全集：第 30 卷．北京：人民出版社，1995：15.
[2] 马克思恩格斯文集：第 10 卷．北京：人民出版社，2009：204.
[3] 同[2]320.
[4] 同[2]325.

月在俄国杂志《祖国纪事》发表论文，把马克思在《资本论》第 1 卷关于西欧资本主义起源和发展的历史过程歪曲为一般发展道路，进而赋予西欧资本主义生产方式适用于一切社会和时代的历史地位，使得资本主义发展道路成为解放的序篇和象征。马克思对此进行了澄清，认为米海洛夫斯基把关于西欧资本主义起源和发展的历史概述变成各国注定要走的一般发展道路的理论，"他这样做，会给我过多的荣誉，同时也会给我过多的侮辱"①。马克思对这一问题的坚定回答表明，《资本论》第 1 卷的论断和结论主要是依据欧洲尤其是西欧社会资本主义发展状况提出来的，它是对整个既定的资本主义生产发展模式的维护，而不应将其对特定地域的研究状况泛化为俄国社会发展的一般道路。

二是马克思从"条件"出发分析俄国农村公社和俄国社会发展的前景问题。虽然《资本论》第 1 卷关于资本主义起源和发展的历史概述未提供当时东方非资本主义国家发展道路的具体选择方案，但这并不意味着西欧资本主义起源和发展与俄国农村公社及其未来发展无关，并不意味着马克思关于资本主义发展与未来社会之间关系的基本观点不适用于俄国。马克思把西欧资本主义起源和发展问题与俄国的具体历史环境联系起来，得出了"俄国革命将成为西方无产阶级革命的信号而双方互相补充"② 等结论，他反对把资本主义视为地域性的存在或西欧社会的独特产物，强调当时的俄国如果要缩短向社会主义发展的历程，就必须汲取"资本主义制度所创造的一切积极的成果"③，必须以西欧工人阶级的社会主义革命取得胜利为前提。显然，马克思在思维方式和话语系统意义上彻底拒斥了"欧洲中心论"，他前瞻性地把握了东西方社会发展空间的"历史韧性"：承认东方社会存在的特殊现实，但在长期发展的历史进程中，东方社会发展道路遭遇西方资本主义模式的冲击也具有必然规律性，必须将来自西方的冲击转变成对东方社会发展有利的背景性条件。

马克思晚年对欧洲与整个东方社会的聚焦，进一步印证了马克思解放视野的全球性，其思想成果主要有四大笔记：《哥达纲领批判》《人类

---

① 马克思恩格斯文集：第 3 卷 . 北京：人民出版社，2009：466.
② 马克思恩格斯文集：第 2 卷 . 北京：人民出版社，2009：8.
③ 同①580.

学笔记》《关于俄国发展道路笔记》《历史学笔记》。① 其中，《人类学笔记》是学界最关注和重视的笔记。

马克思的《人类学笔记》共包括五部读书笔记，撰写于 1879—1881 年，但其面世却经历了一番波折。恩格斯在马克思逝世后，根据马克思对摩尔根的《古代社会》所做的笔记提出的"五种社会经济形态"发展观予以新的反思，认识到唯物史观观照人类社会发展在不同民族所走道路的特殊性的重要意义；撰写了《家庭、私有制和国家的起源》，却没有整理其他笔记，因此也无法及时将它们发表。虽然之后考茨基、伯恩斯坦等人对马克思的笔记有所关注，但他们的探究只是限于几个人的小圈子之内，并没有对外公布或发表相关作品。直至苏共中央马克思、恩格斯研究院第一任院长梁赞诺夫受列宁指派前往德国收集马克思、恩格斯手稿，获得了马克思晚年的手稿复制本，马克思晚年笔记才得以呈现于世人面前，人们开始思考马克思晚年关于东方社会发展道路问题域来源及其具体展开过程。然而，梁赞诺夫等人认为，马克思晚年笔记充满着"不可饶恕的学究气"，未能对苏联社会现状与资本主义生产的历史界限予以充分澄清，以至这些笔记并未在苏联获得足够重视，其学术价值也因此一度被埋没。20 世纪 70 年代，美国人类学家劳伦斯·克拉德经过潜心研究，将马克思的《人类学笔记》以《卡尔·马克思的民族学笔记》为名相继出版，马克思晚年笔记才逐渐获得了学界的注目与热捧。

马克思的《人类学笔记》自撰写完成以来，历经百年才得以呈现在世人面前。未能及早发现马克思对东方社会人类解放困境的破解，或许也是将马克思归结为"欧洲中心论者"盛极一时的原因之一。在《人类学笔记》中，马克思为了能够彻底掌握人类社会发展的规律，证明资本主义社会的历史暂时性，对东方社会的古代公社制度进行了详尽的考察，从《资本论》集中论述的政治经济学批判转向对东方社会和人类学

---

① 晚年马克思的成果主要为四大笔记。[王东，许春华.《资本论》体系构想与马克思晚年笔记关系新探. 马克思主义研究，1997（2）：47－55] 有学者对《人类学笔记》这一书名提出质疑，认为这一书名不仅将马克思关于"人的科学"同现代意义上的"人类学"混为一谈，也忽略了对马克思思想理论革命性特征的关注，是对马克思晚年笔记的误读，并根据马克思晚年笔记的内容、评注以及与《历史学笔记》的比较阅读等方面，提出应将马克思晚年笔记更名为《国家与文明起源笔记》。[王东，刘军."人类学笔记"，还是"国家与文明起源笔记"：为马克思晚年笔记正名. 哲学研究，2004（2）：15－20]

的探讨，展开了关于资本主义摧残原始社会结构的专门研究，展望了创立社会主义社会的主客观条件与前景，并得出结论：资本主义社会必将和历史上的其他社会形态一样，具有历史暂时性。马克思在考察东方社会遭受资本主义殖民压迫的惨状之后，开始思索东方社会的解放路径问题。对俄国的关注以及对其特定历史条件的剖析，对资本主义生产模式在俄国社会中的作用之限度的把握，使马克思认为俄国极有可能跨越资本主义"卡夫丁峡谷"①，超越资本主义社会形态。马克思深化了对俄国公社历史性质的分析，指出农奴制改革使得俄国失去了走资本主义发展道路的经济条件，在俄国资本主义力量发挥作用的环境下，农村公社无法依靠自身力量发展公有制，必须寻求一条直接踏进社会主义的道路，挽救俄国公社的革命并推动俄国的经济解放和社会解放，这使得那

---

①　马克思晚年关于跨越资本主义"卡夫丁峡谷"的论断是颇受学界关注且极具争议性的理论问题。我国学界自 20 世纪 80 年代初期开始关注马克思晚年提出的这一"跨越"设想，并围绕马克思晚年"跨越"设想提出的动因、在马克思主义发展史上的地位、东西方社会主义的道路发展以及与现实社会主义国家的发展关联等问题展开了深入研究，取得了较为丰硕的研究成果。[孙来斌．跨越资本主义"卡夫丁峡谷"20 年研究述评．当代世界与社会主义，2004（2）：121 - 125] 但是，学者们对于马克思、恩格斯跨越资本主义"卡夫丁峡谷"的提法与内容仍存有争议。关于"跨越资本主义'卡夫丁峡谷'"的提法，有学者提出了质疑。质疑该提法的学者认为，马克思、恩格斯的原意是指"不通过"而非"跨越"资本主义制度的"卡夫丁峡谷"，将"不通过"改为"跨越"是对马克思、恩格斯思想的误解。[孟庆仁．"跨越"论不符合马克思的原意：兼与赵家祥教授商榷．河北学刊，2004（2）：85 - 87] 提出这一主张的学者的核心依据在于，马克思、恩格斯原意所指的通过"卡夫丁峡谷"实际上通过的是在卡夫丁峡谷用长矛架起的"轭形门"，基于"轭形门"的特点，人们可以选择的只有"通过"和"不通过"，而不能"跨越"。笔者以为，还原"卡夫丁峡谷"的历史典故有利于我们更好地理解马克思、恩格斯关于社会形态演进序列的论述，但在讨论"卡夫丁峡谷"问题时，将其表述为"不通过"与将其表述为"跨越"并无实质性的差别，至少"不通过"与"跨越"之间的差别并未达到"大相径庭"的程度以至于不利于把握马克思、恩格斯思想的原意。原因在于，马克思、恩格斯在使用"卡夫丁峡谷"这一典故时，采用了比喻的手法。因而，我们在理解该典故时应该结合马克思、恩格斯的具体语境予以把握，只要能够正确认识整个思想内核，就不必拘泥于个别词语的使用。学界关于马克思、恩格斯"跨越"设想内容的争议则主要集中在以下层面：一是"跨越"设想中马克思、恩格斯两人学术思想的关系，即马克思、恩格斯关于"跨越"设想的论述是一致的，还是存有差异，甚或是完全对立的；二是马克思"跨越"设想提出的时间节点问题，即马克思早期是否存在"跨越"设想；三是马克思、恩格斯"跨越"设想与资本主义制度的关系问题，即"制度间的跨越"还是"制度内的跨越"；四是马克思、恩格斯"跨越"设想的时代价值问题，即马克思、恩格斯提出的"跨越"设想在当今社会已然过时还是依然适用；五是马克思、恩格斯的"跨越"设想是"猜想"还是经过充分论证的科学理论的问题；等等。对这些争议的回应，是未来我们推进马克思、恩格斯"跨越"设想解读的重要切入点。

些受殖民统治的东方社会看到了解放的曙光和希望。

马克思从整个人类社会的发展规律出发，在中、晚期探究的都是人类每个阶段的发展状况和超越性，其精神境界一以贯之。对社会发展不断超越的分析是马克思运用唯物史观和剩余价值阐释社会存在的客观现实与解放道路的思想结晶，体现了马克思解放视域中思维的开放性。他从解放路径的特殊性来探寻人的自由全面发展的意义，所辐射的是整个人类社会的解放，而绝不局限于部分地区和部分人的解放；其理论视域实现了从早期的欧洲到中、晚期向全球拓展的转变。整体而言，马克思的解放理论既有最为直接的现实根据，又有全球化的眼光和视野，它"反映了一个时代具有国际普遍性的问题和呼声"①。正是基于马克思解放理论特殊性与现实性相结合的思维方法，东方社会在新的世界历史语境中开启了自身社会发展道路和融入全球解放大局的自主探索，这正体现出作为伟大哲学家的马克思不拘泥于一时之历史、一隅之地域的广阔胸怀。

三、理论中断还是理论延续

马克思晚年笔记中所阐述的思想，表现出其解放侧重点从欧洲到东方社会的转移，确证了东方社会不会因资本主义生产方式的强制介入而走向资本主义的现实道路，致力于克服人类解放总体目标的片面和分裂状态，展现了马克思的全球视域和全球观念，从而驳斥了认为马克思持"欧洲中心论"的观点，有力证明了马克思的解放是真正意义上的全人类的解放。随着马克思晚年笔记的问世以及学者对其研究的深入，如何看待马克思整个人类解放理论的脉络体系发展与衔接的问题便成为学界探讨的热点问题。对该问题的阐发，学界主要有以下五种观点：

第一，"中断论"。"中断论"认为晚年马克思关注的是人类学，其研究取向与之前截然不同，晚年马克思的思想与其早期思想相比是拓展新领域的结果，而不是对其早期思想的延续发展。曾经特意去阿姆斯特丹潜心研究马克思晚年笔记的美国著名学者诺曼·莱文就持此观点。他将马克思的早期思想与晚年思想割裂开来，认为马克思在其晚年已经离开了经济学领域，离开了英国工业问题，也离开了在《资本论》中所探

---

① 杨学功. 马克思主义及其哲学的出场语境和理论形态. 哲学研究，2013（11）：9.

讨的 19 世纪的西欧世界。美国学者唐纳德·凯利也同样秉持"中断论",认定马克思在其最后十年左右的时间里,认识到自己研究的两大盲区——前资本主义社会和东方社会,便产生了"去西方化"的倾向,强化了对"前西方"和"超西方"的各种社会制度的兴趣,并把注意力从政治经济学转移到古代社会和俄国发展道路方面。唐纳德·凯利认为,马克思正是基于相关兴趣或计划,才未能或者从未打算完成《资本论》的全部写作,马克思的晚年思想不仅与其早年思想发生了断裂,更与其《资本论》所阐发的思想断裂。① 笔者认为,"中断论"似乎忽视了马克思晚年笔记与《资本论》的衔接问题,对马克思晚年笔记的撰写动机和历史情境的挖掘相对缺乏,片面得出其笔记中缺失对现实批判的理论旨趣,将马克思晚年笔记中的思想与其早、中期思想的关联割裂开来,难以把握马克思关于人类整体解放论证的意义、必要性与合法性。

第二,"复归论"。"复归论"着眼于马克思晚年笔记中关于人类学方面的阐述,并将之与马克思在《1844 年经济学哲学手稿》中所展现的人本主义联系起来,认为其晚年的人类学思想体现了他对唯物史观中人的实践生存论产生了动摇,并依据马克思重审了青年时期关于感性的人的存在方式的问题,指出其完全是对人本主义思想的重拾,是思想上的折返。最早将马克思晚年笔记真正公布于世的劳伦斯·克拉德曾表达了这一倾向。他在《作为民族学家的马克思》《马克思著作中的民族学和人类学》《卡尔·马克思的民族学笔记》《亚细亚生产方式》等多部著作中,都明确坚持"复归论"。劳伦斯·克拉德认为,马克思晚年从《资本论》的撰写工作转向人类学研究,是在更厚实和坚固的前提与积淀之上重回早期受费尔巴哈思想影响的哲学人类学或人本学;认为马克思晚年展露的人类学思维视野是为了夯实自身人本主义的哲学立场,使人们彻底摆脱传统哲学思维理论范式,从而让一切哲学理论回归到人的现实生活并成为推动人的发展的真实力量。他把马克思一生的哲学探索及其演变历程直接概括和归纳为从早期的哲学人类学到晚年经验人类学的演绎。坚持"复归论"的学者并非仅有劳伦斯·克拉德,其弟子西里尔·勒维特也认为马克思晚年人类学笔记是对其早期哲学人类学的重大

---

① 王东,许春华.《资本论》体系构想与马克思晚年笔记关系新探. 马克思主义研究,1997 (2):47-55.

突破和发展。① "复归论"可能较多关注于《人类学笔记》的研究，而没有将研究视域拓宽至《历史学笔记》等其他笔记，观点难免失之偏颇。

第三，"困惑论"。"困惑论"主要是基于马克思所处的历史境遇及无产阶级革命运动的现实状况等所得出的结论，认为晚年马克思在目睹资本主义日渐发展和强盛，而无产阶级革命却逐渐走向衰弱之后，不免开始对自己之前的革命态势及形势发展预测持怀疑态度，甚至逐渐对自身理论的现实指导意义和科学性等产生困惑，即东方社会的发展道路是否能够完全超越西方资本主义生产方式，人类解放能否依托于无产阶级的革命力量。面对现实与理论之间的巨大差距，马克思晚年只能沉浸在这一困惑之中而难以自拔。为了极力摆脱困惑，他开始转向对东方社会和人类学的研究。笔者认为，"困惑论"对马克思关于无产阶级革命思想的理解可能出现了某种偏差。虽然巴黎公社失败之后，无产阶级革命确实开始逐渐走下坡路，但是马克思从未放弃无产阶级，也没有放弃无产阶级革命的道路，晚年也力图从人类社会共同生活的低级阶段或早期形态中把握未来社会"自由人联合体"的形态，从对无产阶级的政治形态和生活方式的维度理解符合人类整体生存需要与历史发展的根本性因素。马克思在巴黎公社失败后认为，"成立**国际**是为了用工人阶级的真正的战斗组织来代替那些社会主义的或半社会主义的宗派"②。马克思认为，巴黎公社的失败是无产阶级自身不成熟的结果，并不代表无产阶级革命道路是条死胡同，强调无产阶级的群体与个体之间的差异，重申了阶级斗争与发挥无产阶级劳动本质力量的重要性，因此马克思依然充分保留着对无产阶级革命的希望。

第四，"整体论"。"整体论"认可马克思晚年笔记，将其中蕴含的思想理解为对其早期思想的延续和发展的结晶，认为马克思人类解放理论是一个有机整体，晚年笔记所呈现的思想与其早期思想具有一致性，是对其早期思想的延续性发展，以及对无产阶级的历史使命和人类社会前途命运的探索不断深化的过程。有学者将晚年马克思分布在各个笔记中的观点，与《资本论》中所涉及的思想进行对接，认为这些笔记各自

① 江丹林. 西方关于马克思晚年"人类学笔记"主要观点论析. 北京大学学报（哲学社会科学版），1990（1）：51-59.

② 马克思恩格斯文集：第10卷. 北京：人民出版社，2009：367.

研究的侧重点存在差异，但写作动因和思想主题具有共性，"都和《资本论》体系构想的后半部分息息相关，紧紧相连，是《资本论》完整的科学理论体系的有机组成部分"①。也有学者认为，马克思晚年笔记是其唯物史观持续发展的结晶，而"进一步发展唯物史观，才是马克思晚年走向社会人类学研究的理论动机"②，马克思对资产阶级存在现状和无产阶级发展方向问题的探索经历了从具体到普遍的过程，并从传统和现代社会的双重生活中把握人类社会总体运行的规律。

第五，"修正论"。"修正论"认为马克思晚年以一种实证的、科学的和真正普遍的形式实现了对唯物主义的"超越"与"修正"。如美国学者唐纳德·凯利指出，"代表着马克思本人研究过程辩证发展的最后阶段的人类学，使他超出了他的大多数追随者所理解的马克思主义的范围；而在这一点上，说马克思就是他自己的第一个'修正主义者'并不过火"③。持"修正论"的学者大多将马克思晚年笔记中的思想与其创立的唯物史观进行比较，认为马克思在其晚年笔记中实现了对唯物史观的"修正"，指出马克思研究人类学的主因不仅在于完善唯物史观，更在于通过构思人类历史发展的美好前景创造性地发展唯物史观。"修正论"只看到马克思晚年笔记与其早期唯物史观思想之间的差异性而忽视了两者之间的内在联系，忽视了马克思晚年转向人类学研究是内外因共同作用的结果。正如有学者所说，至少在唯物史观的核心问题，即在政治国家与经济基础、经济因素的关系问题上，"马克思的立场始终如一，'人类学笔记'与他先前的唯物史观，二者在立场上并无'根本性''原则性'的差异"④。马克思晚年转向人类学研究，实际上是其问题域拓展的结果，是对自身早期从个体需要和利益的关系维度审视人类社会公共生活方式的理论补充，是对唯物史观的深化与发展，而推动他实现这一转向的内在动因则是他对人类解放的孜孜追寻。

笔者认为，"整体论"观点是对马克思晚年笔记较为合理的解释，

① 王东，许春华.《资本论》体系构想与马克思晚年笔记关系新探. 马克思主义研究，1997（2）：50.

② 江丹林. 马克思晚年为什么研究社会人类学. 学术月刊，1988（3）：39.

③ 高崧，骆静兰，胡企林. 马克思主义来源研究论丛：第 8 辑. 北京：商务印书馆，1987：470.

④ 林锋."人类学笔记"与历史唯物主义及《资本论》的关系：对马克思晚年笔记研究中一个焦点问题的新探讨. 马克思主义与现实，2018（5）：63.

更加契合马克思晚年笔记的内容及其撰写动机。新思想的涌现是不断成熟和发展的过程，也是不断突破自我而创新的连续性与非连续性统一的过程，我们不能只注意非连续性而忽略连续性，主观地割裂马克思学说的历史性。马克思曾指出，"不论我的著作有什么缺点，它们却有一个长处，即它们是一个艺术的整体"①。马克思人类解放理论是对人类社会和历史的整体性构思，关于人的生命和劳动自由的信念以及对它的论述构成了马克思人类解放理论的思想内核，经过从早期对政治解放的探析到晚期基于人类学视角对人类解放科学路径的探索过程，这种"整体论"的观点越来越清晰地得以澄明。因此，将马克思早、中、晚期思想视为一个整体加以考察与研究，更符合马克思的本意，更贴近马克思的思想始端。而对马克思晚年笔记中所呈现的有别于其早期主流思想的问题，笔者认为不能归咎于研究内容和方向的转移，而只能看作马克思在解释框架上的区别与侧重，这符合马克思以人的现实生成性为依据反思人类社会发展状况的基本思维方式。

马克思整个思想体系内含三个基本的诠释框架，即社会构成框架、历史解释框架、阶级分层框架。社会构成框架主要是以经典唯物主义为表述形式的社会构成理论，主要包括人类社会历史演进规律、人类社会发展和变革内在动力、社会经济形态演进模式等研究，并强调人类社会与解放需要共同得到规定的现实特征——解放的主体是人类及其社会，人类及其社会在本质上需要解放。历史解释框架是对人的两种"方式"，即"人的生产方式"和"人的存在方式"的历史解释，即从对历史的解释中得出人的两方面规定。阶级分层框架主要指的是马克思将阶级分层作为社会分析的重要方法论原则，即建立一种根据人们在社会生产体系中的地位和作用来对其在社会阶级结构中的位置进行排列的方法原则，具有革命性和批判性的本质特征。马克思早期和晚期使用社会构成框架较为频繁，但早期使用这一框架时其思想往往较为模糊。当他晚期再使用社会构成框架时，其思想中已经包含了阶级分层框架下所取得的全部思想成果，能够指导无产阶级真正成为改造世界、提升人的生存质量的真实力量，所以其思想也就比较清晰和具体。历史解释框架在马克思晚年笔记中同样有所体现，马克思对古代社会人类生产方式、生存状况及

----

① 马克思恩格斯文集：第 10 卷. 北京：人民出版社，2009：231.

其发展的阐述，便是将人类社会放置于历史的框架下加以诠释。阶级分层框架虽在晚年笔记中较少体现，但对阶级分层问题的澄清已经隐藏于对其他问题的阐释之中，成为前提性的存在。

理解马克思的思想需要在他的叙述中去考察其概念使用以及所要解决的问题是在哪个框架下进行的。① "马克思晚年所做的人类学笔记及相关研究不是出于'考古'的兴趣，也不是为了创立一门不同于前人的人类学……而是通过对古代社会和人类早期生活与实践状况的考察和研究，完善、发展和深化他对无产阶级和人类解放这一时代问题与时代任务的认识，寻找解决这一时代问题、完成这一时代任务的根本方法和现实路径。"② 马克思晚年笔记中的理论是其早期思想的延续，他的思想在整体上具有一致性，都是以对人类的生存境遇的终极关怀为主线。马克思在考察不同时代与地区的社会存在现状中逐步展现了无产阶级的性质、地位，揭示了无产阶级担负推翻资本主义社会和解放全人类的历史使命——致力于追寻全人类解放。

四、何种意义的拓展及其变化根源

人类解放是马克思的根本旨趣，是贯穿其一生的终极理想。解放全人类、实现"自由人联合体"的美好愿望，是马克思持之以恒的追求。由于受到所处社会历史环境以及自身审视人类境遇的影响，马克思早期对人类解放问题的探索只能诉诸欧洲的无产阶级革命，将解放的希望寄托于资本主义发展最早、无产阶级成长最为成熟的欧洲，期望欧洲的解放能够带动全人类的解放。但欧洲革命运动的现实并没有按照马克思原有的设计思路进行，尤其是资本主义殖民侵略在全世界范围内的扩张，对无产阶级的革命与实践力量形成了一定的冲击，使马克思意识到必须关注全球范围内的革命斗争。他晚年将东方社会，尤其是俄国、印度、中国等具有代表性的国家纳入其视野范围，发掘西方资本主义、俄国公社建设的历史经验与东方国家相结合的可能，着手研究和洞察非欧洲国家人民解放的可能性。马克思一生思想境界所蕴含的全球性与人类性，充

---

① 刘同舫. 马克思学说中的哲学与马克思学说的解释框架. 社会科学辑刊，2011（1）：9-12.
② 孙熙国，张莉. 马克思晚年"人类学笔记"的理论主题. 北京大学学报（哲学社会科学版），2017（5）：25.

分展现了其人类解放理论的连贯性和延续性，把握了人类社会不断创造和发展的实践需要，在具体的问题域上表现为从欧洲到全球的地域拓展。

马克思为什么会在中、晚期出现如此变化，或者说这一变化的根源究竟是什么？它到底是历史的必然还是历史的偶然？笔者认为，对于这些问题，必须从马克思对他所处时代无产阶级地位和私有制状况的揭示中寻找答案。

第一，欧洲社会的革命形势迫使马克思在全球其他地域寻找新的革命火种与解放的突破点。《共产党宣言》的发表对欧洲的无产阶级革命运动起到了一定的作用，让无产阶级开始意识到跨越国家、民族界限进行无产者联合的必要，因为资本主义世界市场的殖民扩张和迅猛发展，资本主义生产衍生的社会竞争导致了无产阶级队伍的扩大，使全世界劳动人民都遭受资本主义的迫害，资产阶级对生产过程的全面支配是为了便于最大限度地攫取劳动力，导致无产阶级连奴隶般的生存方式都难以维持。随着资本主义压迫的加深，阶级冲突逐渐尖锐，无产阶级及其他被压迫人民所进行的反抗斗争也持续强化，尤其当资本主义打通了世界各国的通道之后，建构一种有助于解决世界范围内的剥削和贫困问题的生产关系与社会制度才具有可能性。面对资本导致的无产阶级生存困境，以及从资本内部的管理结构出发来化解困境的失败，全世界受压迫的人民更加意识到资本主义是他们共同的斗争对象，全世界无产者联合起来也成为必然。

正是在这一大形势下，第一国际成立并带领无产阶级进行了跨国家的世界性抗争。第一国际在马克思、恩格斯的领导下，一度将革命运动推向高潮。然而，无产阶级革命运动的热潮并没有持续太长时间，资本主义在拓宽世界市场的过程中获得的迅猛发展以及无产阶级自身存在的问题，加上第一国际组成部分的复杂性和局限性，工人阶级与小资产阶级之间的思想斗争不间断地发生，对革命政党统一领导工人运动的议题产生分歧，使得第一国际所进行的革命运动在后期显得越来越举步维艰，尤其是 1871 年巴黎公社的失败，更是对无产阶级革命运动的重击。虽然马克思对巴黎公社给予了相当的赞赏，声称"历史上还没有过这种英勇奋斗的范例"①，但是，巴黎公社的失败的确成为无产阶级革命运

---

① 马克思恩格斯文集：第 10 卷 . 北京：人民出版社，2009：353.

动的重大转折点。自巴黎公社失败之后，欧洲的无产阶级革命运动便逐渐走向低潮，一时难有重新回归革命高潮的转机，欧洲国家的社会民主党等政党对无产阶级专政产生了恐惧和抵制，而与此形成鲜明对比的则是资本主义的持续高速发展和不断强大。

从历史上看，在巴黎公社失败后的连续 30 年间，资本主义迎来了发展的"黄金期"，其殖民版图不断扩大，国际资源不断聚集于资产阶级手中，世界市场落入资本主义的控制之下，资产阶级所宣扬的自由与民主的政治经济制度和国际秩序也在世界范围内广受追捧，以至欧洲的无产阶级要再次发动像第一国际时期一样的革命运动已经显得有些捉襟见肘、力不从心。马克思作为无产阶级革命运动的实践者和参与者，自然也能够体悟到历史潮流的转向。他认识到欧洲作为资产阶级的主场，已难以爆发有威胁和冲击力的革命运动，他陈述了欧洲无产阶级生存现状并认识到实现无产阶级专政在科学社会主义理论与实践中的重要意义，提出必须寻求欧洲之外的革命爆发点，希望能够以此保持革命的热度，以使科学的社会主义和共产主义理论指导无产阶级的革命运动，坚持推进人类解放的发展进程。而东方社会，拥有在数量上占绝对优势的无产阶级力量，尤其是俄国便自然而然地进入了马克思的视野。可见，革命形势的发展，是马克思解放视域转向的现实原因。

第二，东方社会在资本主义国家殖民入侵的背景下，展现出强大的生命力。马克思曾揭露了资本主义国家对东方社会的殖民侵略。马克思在看待这种侵略时，坚持了辩证分析的方法论。他既对殖民侵略予以无情揭露和批判，认为殖民地的贫困和衰落都是外来殖民者带来的直接影响，当地的人们由此遭受了沉重的伤害，又认为正是资本主义经济和政治的侵入，使东方社会开始了一场社会革命。在晚年的思考中，马克思尽管没有断言俄国必然倒向资本主义的发展道路，但也并未否认西方资本主义关于经济社会建设的历史经验和形成的基本规律在俄国的作用。他声称虽然资本主义给殖民地的人们带来了痛苦，但同样也为当地带来了一场社会革命，资本主义在客观上推动了地区觉醒，成为地区发展的"历史的不自觉的工具"①。同时，马克思通过对俄国的分析与探究，发现了其在特定历史条件下所展现出的强大生命力。他在俄国找到了其农

---

① 马克思恩格斯文集：第 2 卷. 北京：人民出版社，2009：683.

村公社具有二重性的证据，即它原本所具有的公有制经济体制使整个公社组织处于相对稳定的结构和状态，而部分财产例如耕田、产品等的私有化又使蕴藏于公有制内部的个性得到认可和发展。

正是俄国农村公社所具有的二重性使俄国具有特殊的境遇，即私有制属性使得俄国能够融入并吸收资本主义生产方式，并在资本主义生产方式中获得发展，而公有制属性则为其实现社会主义转变和过渡提供了基础，也为俄国革命的生发提供了特殊的现实条件。同时，随着资本主义的持续发展以及殖民扩张，资本主义的先进技术、先进生产方式等都被带入殖民地国家，推动了殖民地国家的经济发展。而俄国作为当时时代的参与者，完全可以借用资本主义的已有成就，并使之转化为自己发展的基础和工具。① 俄国面临的特殊境遇，既证明自身公社存在自然发展的正常条件和生命力，又表明西方资本主义推行其发展道路普遍经验的限度，促使马克思开始对推动欧洲之外的其他国家进入共产主义社会进行尝试和努力。

第三，为驳斥美化资本主义私有制的言论，论证资本主义私有制的历史暂时性，马克思开始了对东方社会，特别是东方古代社会的研究，揭示出东方社会自古以来始终沿着不同于西方社会的道路发展。在巴黎公社之后，资产阶级在自身获得快速发展的同时，也向无产阶级鼓吹和美化资本主义私有制的优越性，以消磨无产阶级的革命斗志，从而认可资本主义的价值观与生产关系。资产阶级宣扬资本主义经济原则永恒存在，认为私有制从人类诞生之日起就已经存在，等等。马克思对这些观点予以批驳，他在早期就已经论证了资本主义的历史暂时性，并推演至前资本主义社会，认为之前的人类社会都是遵循这一规律发展而来的，资本主义社会所推行的永恒在场地位不具有充分的现实性，为了论证自身普遍的现实性，它必须超出自身既定的发展模式，而这势必引出对前资本主义社会存在形式与运行方式的省思。这便是马克思在研究人类社会发展问题上所采用的"人体解剖对于猴体解剖是一把钥匙"② 的"向后回溯"的考察方法。但"人体解剖"只能作为钥匙而存在，不能完全替代对"猴体"本身的解剖。马克思需要从人类社会的"原生形态"入

---

① 刘明如.《人类学笔记》在马克思思想发展史中的重要地位. 天津社会科学, 1990 (2)：10-14.

② 马克思恩格斯文集：第8卷. 北京：人民出版社, 2009：29.

手，并挖掘"原生形态"中公有制转化为私有制的内在动因。早在撰写《德意志意识形态》时期，马克思就开始对"原生形态"进行探讨，并将之确定为部落所有制，但部落所有制本身具有的奴隶制属性决定了其不可能作为一种"原生形态"。之后，马克思还试图以"亚细亚生产方式"取代部落所有制作为人类社会发展的"原生形态"，但最后都因与整个社会历史和全部生产活动的现实需要不相适应而被他推翻，致使他对"原生形态"的探索一度陷入困境。

摩尔根《古代社会》一书的问世，使马克思豁然开朗。马克思坚信摩尔根找到了古代氏族社会的实质及其对部落的影响，并充分肯定摩尔根的发现，认为摩尔根揭示了古代氏族社会的内部结构，即将人自身的生产与其所从事的物质生产活动联系起来，指认了通过人与物质的共同生产推动社会发展的历史过程，这种不自觉地对唯物史观方法的运用，被马克思进行了更加科学系统的发展。也正是在《路易斯·亨·摩尔根〈古代社会〉一书摘要》中，马克思剖析了原始社会的生产结构，确信氏族公社才是原始社会的本质特征，而之后的部落、农村公社只不过是"原生形态"演化之后的产物。马克思终于发现了原始社会也存在从公有制转向私有制的历史，并从古代社会人类生产活动及其生存需要的变化出发，对财产权的获取与继承关系原则的变动及其对社会发展的影响进行大量考证，为其批驳资本主义私有制"自古有之"的荒谬言论提供了强有力的证据。① 正是在驳斥为资本主义辩护的错误言论中，马克思将目光投射到了东方社会，将解放视域拓展到了全球范围。

第四，资本主义世界市场的形成和发展促使马克思拓展自身的理论视域，将全球、全人类作为其人类解放理论的研究视野。马克思高度关注世界市场，他曾反复推敲《资本论》的总体结构，试图把世界市场作为《资本论》体系构想的逻辑归宿。马克思关注世界市场主要出于两个方面原因：一是资本主义的内在本性决定了资本主义的发展必然会促使"资产阶级社会越出国家的界限"②，资本主义国家的社会化大生产相比

---

① 江丹林. 马克思晚年为什么研究社会人类学. 学术月刊，1988（3）：39－42＋76；刘明如.《人类学笔记》在马克思思想发展史中的重要地位. 天津社会科学，1990（2）：10－14；王东，许春华.《资本论》体系构想与马克思晚年笔记关系新探. 马克思主义研究，1997（2）：47－55.

② 马克思恩格斯全集：第30卷. 北京：人民出版社，1995：221.

于其他生产方式具有绝对优势，随着资本主义生产方式的扩散，一些民族国家也建立了自己的工业并加入世界市场的竞争，构建跨越地区界限的世界市场成为必然；二是世界市场是资本主义生产方式的前提、基础和生活条件。依赖于世界市场，资本主义生产方式才能得以产生，资本主义经济关系才能得以存在和发展。对于马克思而言，资本主义在世界市场上的危机爆发，为他揭示资本主义社会的弊端、阐发其历史暂时性提供了条件。在《资本论》中马克思就已经明显地将世界市场和全球性作为其研究范围，阐释了资本主义生产方式与世界市场的共生性，考察了资本主义世界市场拓展方式随其生产构成演变而发生的转变。马克思晚年笔记延续和发展了《资本论》的思维理路，将世界市场纳入考察对象，将全人类作为自身哲学的考察视域。

马克思晚年思想在其人类解放理论系统中占有重要位置，虽然马克思晚年并没有直接阐述人类解放问题，但其思想深处却无不渗透着强烈的解放气息，这与马克思毕生专注于无产阶级革命运动的发展、共产主义社会的构建、人类解放事业的实现息息相关。如果用一个词语对马克思毕生思想进行归纳和总结的话，"人类解放"必然是唯一的而且是最好的答案。

第四章　马克思对人类解放
合理性的论证

　　马克思主义理论及其核心——人类解放理论，在当今全球化社会面临着诸多质疑与挑战。面对各种质疑与挑战，廓清笼罩在马克思主义理论周围的迷雾，澄明马克思主义理论特别是人类解放理论，是关乎马克思学说历史命运的头等大事。马克思对人类解放符合社会发展规律即人类解放的必要性、人类解放具备的条件即人类解放的可能性进行了充分论证。人类解放理论关涉人的生存方式与社会形态的内在统一，人的自由与解放同社会的发展密切相关，需要依靠人的社会实践活动的生成性展开，这决定了对人类解放进行合理性论证的必然逻辑。反思马克思人类解放理论的发展历程以及对人类解放合理性的论证，笔者认为，马克思人类解放理论包含内在层次结构，具有从早期反思人的生存哲学到中期建构社会历史理论，再到晚期研究实践领域的具体结论的层次结构，彰显了马克思人类解放理论的科学性。

第一节　论人类解放的必要性

　　以体现人的本质的生存方式为根基，马克思将人类解放视为深植于人的生命存在并与人的现实实践融为一体的必然要求。作为现代性和资本逻辑的反思者、批判者，马克思对人类生存处境深感忧虑，认为人类必须实现对自然、社会与自身限度的超越，从而实现人类解放。他关于人类解放必要性的论证着眼于人在现代性和资本逻辑支配下所陷入的物化命运，具体表现为人类面临的三重困境：人与自然之间由于价值对立和分离而在物质变换过程中发生了断裂；人在物化、对抗性社会关系中丧失了现实生活的丰富内容；人的身体被资本"遮蔽"进而分化为工具性身体和欲望性身体。马克思并没有停留在对这些问题的"外部"揭示上，而是以个体的人及其存在为对象，追问人的本质之根，将现代人在生存和物质生活上所遭受的磨难作为现实背景，在透彻把握资本统治根本性质的基础上，把资本主义制度当作批判的对象，力求为全人类解放提出可行方案。人类要不断地消灭现存问题，根除发展过程中遭遇的顽疾，就必须解除对人类本能的压抑，消解人的异化，拯救人的"存在"，将人的本质和社会存在归还于人本身，实现人类自身的自由全面发展。马克思对人类生存境遇认识得越深刻，就越强烈地感受到解放的必要性与紧迫性。

一、人与自然"主奴对抗"的冲破

人与自然的关系在马克思人类解放理论中占有不可忽视的地位，其和谐程度是人类文明进步程度的标志之一。① 马克思从人与自然关系的角度谈论解放，主要涉及两个彼此相融的方面：必须将作为劳动力的人解放出来；必须将作为劳动对象的自然解放出来。马克思基于人与自然关系维度展开的人类解放理论伴随对两者辩证关系认识的深化而逐渐走向成熟。从历史的角度审视人与自然关系的变迁，两者在不同历史时期的表现程度存在差异，其差异大致可划分为三个层面：人对自然动物式的受动（需要从自然中解放人），人对自然的征服与控制（需要从人中解放自然），人与自然的本质统一（人与自然关系的理想状态）。

在前资本主义时代，人对自然处于动物式的受动状态。自然界构成人的生存基础，人类改造自然的能力非常有限，在自然面前处于极其羸弱的地位，各种自然危机威胁着人类的生存环境以及人类自身。马克思

---

① 近年来，人与自然的关系成为学界关注的焦点问题之一，并引发了重读马克思自然观的热潮。目前，学界对马克思的自然观与人类解放的关系进行了双重研究。其一，从现代性的角度看，人类受到了自然的压迫与威胁，因而必须发展科学技术，提高利用自然、改造自然的能力和水平，以实现人类解放。其二，从后现代性的角度看，科学技术破坏了人与自然的和谐统一，遮蔽了人的主体地位，必须把技术控制在一定限度内，才能实现人类解放。上述两种观点在马克思的文本中都能找到自己的依据，但这并不表明马克思的观点自相矛盾，它要求我们在不同的语境中考察马克思的具体论断。

曾指出："自然界起初是作为一种完全异己的、有无限威力的和不可制服的力量与人们对立的，人们同自然界的关系完全像动物同自然界的关系一样，人们就像牲畜一样慑服于自然界，因而，这是对自然界的一种纯粹动物式的意识（自然宗教）"①。在生产力和技术水平极端落后的情况下，人慑服于自然，对其怀有深深的敬畏与恐惧，人通过实践活动作用于自然并由此产生的发展需要尚未得以确认，人的本质力量得不到展现，与动物一样遭受恶劣自然条件的控制和摆布，处于人类成长史上的幼稚状态。

到了资本主义时代，随着科学技术的发展，人与自然的关系发生了质的改变：人类不再屈从于自然，转而成为自然的"主人"。先进的技术实践为"自然解蔽"和"生命祛魅"打开了现实之路，使人类改造自然的技术摆脱了无法测量的神秘力量，能够对神秘力量的存在做出较为理性的判断，破解自然之谜的方式也不再诉诸神学手段和宗教方法。"现代自然科学和现代工业一起对整个自然界进行了革命改造，结束了人们对自然界的幼稚态度以及其他幼稚行为"②。人类凭借技术赋予的强大力量，在自然面前确证了自己的主体或主人地位，并在逐渐确立以机械化大生产为物质条件的生产方式下，实现了对自然资源的剥夺与占有。"只有在资本主义制度下自然界才真正是人的对象，真正是有用物；它不再被认为是自为的力量；而对自然界的独立规律的理论认识本身不过表现为狡猾，其目的是使自然界（不管是作为消费品，还是作为生产资料）服从于人的需要。"③ 工业社会克服了农业社会的诸多局限，所创造的物质文明使人的本质力量获得全面释放，人类享受着由于改造自然实践水平的提高而带来的福祉，陶醉于对大自然的胜利之中。

然而，自然作为劳动对象并没有被解放出来。资本衍生的工业化大生产在促进人类社会进步的同时也导致了人与自然关系的恶化。社会发展到资本主义阶段，出现了人与自然的发展悖论：一方面，人类在自然面前确立了自身的主体或主人地位，成为与自然相互对立的具有极强能动性的存在物；另一方面，人类对自然的过度掠夺引发了生态破坏、环境污染等诸多问题。马克思敏锐地发现了隐藏在人与自然关系全面异化

---

① 马克思恩格斯文集：第 1 卷．北京：人民出版社，2009：534.
② 马克思恩格斯全集：第 10 卷．北京：人民出版社，1998：254.
③ 马克思恩格斯文集：第 8 卷．北京：人民出版社，2009：90-91.

乃至全面对抗背后的深层逻辑，即人"对自然的支配"建立在资本"对人的支配"基础之上，资本主义生产占有自然资源的过程实质是对人对劳动力的剥夺。环境危机根源于资本主义制度，其本质是资本主义制度危机。《资本论》作为马克思经济学研究的代表性著作，详尽论述了资本主义生产方式给自然环境、人类生产及人类生活状况造成的恶劣影响和灾难性后果。马克思深刻地指出，"作为资本家，他只是人格化的资本。他的灵魂就是资本的灵魂"①。资本的本性或生命力在于无节制地追求利益最大化，"生产剩余价值"是资本运转的绝对规律。人与自然的关系被实用化，自然界成为被剥夺的对象。资本的逐利本性损害了人的"神经"与智慧，加强了对自然的宰制与盘剥，导致了资本主义生产的盲目性和无度性，在资本剥削本性的现实扩张中加深了对雇佣劳动的榨取，人与自然之间原本的内在一致性被置换为人的劳动力对自然物质的占有，导致了生态系统的破坏和环境的恶化。在资本逻辑的把控下，人与自然的关系不仅没有达到和谐，反而变成全面对立的状态。

马克思将人与自然之间的冲突更多地归结为资本主义制度，而人类改造自然过程中逐渐暴露的技术异化现象，既未在马克思文本中被系统论及，也不是马克思所处时代关注的焦点问题。随着工业文明的推进，技术对自然和人的影响与日俱增，甚至直接改变人们的生活环境、生产状况和意识形态。技术、人、自然在当代社会已经不是彼此分离的三个元素，在资本主义社会生产中具有为"资本增殖"需要服务的现实功能，其各自的意义只有在相互关联性的理解中才能得到阐释。笔者将马克思之后的学者们对技术异化（技术异化涵盖多个方面，笔者仅从人与自然关系的角度谈论）这一现实问题的研究和探讨，视为在马克思人类解放视域中对人与自然关系问题研究的演进和拓展。

反思现代社会人与自然关系出现的全新状况已经成为理论工作者应担负的一项重要社会职责，马克思之后的学者们试图沿着将自然环境从不利的技术干扰中解放出来的进路继续进行深入、广泛的研究。对技术进步所引发的人与自然关系变化的背后潜藏的问题进行研究，并在技术哲学的视域中进一步审视人与自然关系的发展方向，成为探索人与自然的解放的必然。国内学者已经意识到技术异化带给人与自然紧张关系的

---

① 马克思恩格斯文集：第5卷．北京：人民出版社，2009：269．

负面效应,认为人类创造了先进的技术,征服自然与改造自然的能力大大增强,但也受到技术的严格控制。在技术、人、自然三者的关系中,技术不仅控制了自然,使自然物处处打上技术的烙印,成为"人化自然",而且在一定意义上以"超人"的面目极度扩张,在与人、自然的关系中由服从性地位一跃而成为控制性力量,技术的"人性化效应"演变为"非人性效应"。① 技术既是天使也是魔鬼:人们在享受技术带来的福音的同时,同样饱尝了技术异化所造成的苦果。国外学者如海德格尔、霍克海默、马尔库塞等人,也对现代社会中人与自然的关系给予了高度关注。海德格尔指出,"当人把世界作为对象,用技术加以建设之际,人就把自己通向敞开者的本来已经封闭的道路,蓄意地而且完完全全地堵塞了"②。他对在技术世界中如何保护自然及正确看待人的理性、人的本质等问题进行了深入思考,在存在论的理论视域中将技术解读为关于人的生存的形而上学规定。霍克海默等人认为,随着技术支配自然力量的增长,技术支配人的权力也在同步增长。③ "技术支配"无疑是指技术改变了自然有机系统和人类的生存方式,使人与自然的关系无法达到和谐。马尔库塞对这一观点深表赞同,他尖锐地指出不尊重、不爱护自然的技术滥用"较之奴役和监禁好不了多少",自然仅仅是"用于加工制造的原料,是物质,是加强对人和物的剥削性管理的原料"④。他考察了技术理性的因素,表明工业生产装置在技术理性的作用下实现了人的需要和商业之间的无缝对接,造成了人对技术批判性的丧失。技术的扩张使人在一定程度上凌驾于自然之上,并能随心所欲地塑造自然,但现实生活中的大气污染、水污染、噪声污染等无不告诫我们:人对自身的基本理解不应该也不能够囿于如何改造自然、超越自然,而必须思考如何与自然融为一体,否则人和自然之间的关系就会越来越疏远甚至相互对立。学者们关于技术异化的思想无疑从一个新的、当前发生学的角度揭示了人与自然之间的尖锐矛盾,但对技术异化的批判方式与

① 刘同舫.技术的边界与人的底线:技术化生存的人学反思.自然辩证法通讯,2004(3):1-3.

② 海德格尔.林中路.孙周兴,译.北京:商务印书馆,2017:331.

③ 马克斯·霍克海默,西奥多·阿道尔诺.启蒙辩证法:哲学断片.渠敬东,曹卫东,译.上海:上海人民出版社,2006:31.

④ 赫伯特·马尔库塞.工业社会和新左派.任立,编译.北京:商务印书馆,1982:129.

扬弃方式只有在变革社会制度的框架下才能完成，在技术性存在方式的视野中构设的人与自然关系的发展路径无疑带有乌托邦性质，他们并没有超越马克思的资本主义制度批判理论。

马克思冲破了传统人与自然"主奴对抗"关系的困厄，认为人与自然在本质上是融为一体的，人的解放与自然的解放具有同一性。人与自然之间的物质变换是人类生存和发展的基础。但是，自然在向人的需要生成过程中会出现否定的结果，即自然的"非人性化"和"异化"，因而，我们必须不断消除异化，将生产技术当成调节人与自然关系的中介和手段，从而建立人—自然—社会相融共生的生存论和价值观，实现人的自由解放——使人从内在自然和外在自然的束缚中获得解放，以此走向人与自然共同发展的协同性和代际繁衍的持久性。在自然界与人类发展的变奏曲中，不仅包含如何使自然成为人类的"创造性基础"，而且包含如何使人自身成为"合乎人类性的存在"，人类要从"必然王国"迈向"自由王国"，就必须认识支配物质世界的规律，在纷繁复杂的历史进程中逐步超越自然的因果必然性，将作为劳动对象的自然解放出来，将作为劳动力的个人解放出来。

二、社会关系"外在于人"的转向

社会关系是马克思人类解放理论的基本范畴之一。在马克思看来，人是自然性和社会性的统一，离开自然性的人是抽象形式的存在，离开社会性的人是孤立形式的存在。人的各种社会关系的总和从根本意义上表征了人的本质，构成了人的具体生活境遇，并实际决定着人能够发展到什么程度。资本主义社会制度的渗透，使人与人之间的关系转化为物与物之间的关系，所有社会关系被全面物化，这种物化关系具有独立于人之外的特性，但又支配、统治着人。实现人与社会关系的有机统一是马克思对资本主义批判的价值旨趣，立足人与社会的实践关系，指出人类必须克服反主体性、异己性的社会关系，实现自身的解放，把人的世界和人的关系还给人自身。

人既是主体也是对象：作为主体的人，承担和创造着社会关系；作为对象的人，被社会关系规定和制约。但是，社会关系不是凝固不变的"结晶体"，它在不同的历史时期具有不同的表现形式，内蕴于马克思关于现实的人从异化走向解放的逻辑理路中，历史性地确立了马克思人类解放总体性思路的唯物史观视野。要了解人的发展状况，必须弄清社会关系的历史演变。社会关系的历史演变与社会形态的变化具有一致性，我们可依据马克思的"三大形态"理论将社会关系分为相对应的三个阶段：人对"人的依赖"阶段、人对"物的依赖"阶段和人的"自由个性"全面发展阶段。

首先，人对"人的依赖"是纯粹自发的社会关系，是社会发展的最初历史形态阶段，包括封建社会在内的前资本主义社会都属于这一阶段。在这一阶段，人们的物质生产、精神生产都以天然的自然为条件，尚未形成充分的劳动生产分工形式，人的社会生活处于无差别的、机械统一的状态，并与天然的自然条件具有依赖性关联：人们对自然界的理解具有狭隘性，因而他们的社会关系也是狭隘的。这种关系主要以自然的血缘关系为纽带，人们以血缘关系为基础结为一定的共同体即家庭，从事劳动和生产，并开展有限度的交往活动，"家庭起初是唯一的社会关系"①。人既完全受制于自然，也完全受制于社会，人只能依赖于人，靠集体的力量而存在。这种客观的历史局限使人与人之间具有明显的依附关系，从而严重地束缚了人的发展。

其次，"**以物的**依赖性为基础的人的独立性"是第二大社会形态即资本主义社会所表现出来的社会关系特征。这一阶段，社会关系最准确、简洁的表达就是"独立-依赖"。这种社会关系以抽象劳动为基础，抽象劳动所表现出的"抽象物"导致人的个性的"独立-依赖"双重性品格，资本逻辑使得追逐私利的生活本质得到承认和发展。

一方面，资本主义生产关系从本质上突破了第一大社会形态中人们关系的狭隘性，创造了新的世界文明形态，这种新的生产方式相对于封建社会关系而言带来了物质财富的巨大增长，以物的依赖性为基础的人的独立性得到提升和进化。产品的社会生产和价值的普遍交换（物质的生产、交换和精神的生产、交换）成为每个人的生存条件，而为了获得和扩张这一生存条件，每个人必须在世界市场上同其他一切人发生实际关系，这种扩大化的社会关系在一定程度上克服了人们在之前社会形态中所固有的片面性和有限性，推动人的私人生活和发展需要具有不受自然、传统社会公共权力干预的思想与行为空间，促进社会生活和社会关

---

① 马克思恩格斯文集：第 1 卷．北京：人民出版社，2009：532．

系从僵化的生存价值规范中解脱出来，使人们能够利用全人类生产的一切积极成果，生产出多样性、普遍性、全面性的个人需要、个人关系和个人能力，有效地整合、放大和提升人的社会性力量以及增强人的独立性。

另一方面，人与人之间的社会关系演变成以货币为核心纽带的"物化"关系。资本主义市场经济所创造的"普遍有用的体系"，使人与人的关系表现为物与物的关系。人的本质——由劳动实践所创造的真正社会关系，通过物来表现或表现为物的关系，"人类主体自己创造的经济力量，颠倒地成为奴役和统治人的主导性的非主体的客观外部力量"①。关于人的创造物如何反过来成为支配人自身存在的问题，马克思曾指出："活动和产品的普遍交换已成为每一单个人的生存条件，这种普遍交换，他们的相互联系，表现为对他们本身来说是异己的、独立的东西，表现为一种物。在交换价值上，人的社会关系转化为物的社会关系；人的能力转化为物的能力。"② 抽象和同质性的商品、货币、资本等物的形式成为表现人的一切个性和一切人的关系的特征，物质交换的扩展则逐渐抑制了人类主体性的发挥。马克思认为，商品交换者在资本市场中交换的商品具有等值性，但这种等值是从商品的具体使用价值中抽象出来的，因而，交换者之间的关系表面上看来是自由的，实际上是价值在货币的符号形式上的化身，即抽象的量的关系，抽象的关系代替了人与人之间丰富的、真实的关系，致使人与人的社会关系表现为非此即彼的不相容性，自由、正义和幸福等成为外在于交换活动的存在。人被自己创造的社会关系"抽象统治"，这种"抽象统治"在现实中表现为资本家和工人双方围绕着工资而展开斗争的对抗性社会关系。资本主义社会把社会关系腐蚀成了完全异己的力量，从而造成"弗兰肯斯坦"式的悲剧。这一阶段，资本成为统治社会关系的中心，个人未真正占有社会关系而被社会关系单方面决定为"社会关系的总和"，"各个人联合而成的虚假的共同体，总是相对于各个人而独立的"③，人的存在与类的特征已经分裂。

---

① 刘士才，毛华滨. 马克思和海德格尔的物化批判理论之比较. 马克思主义与现实，2013（2）：63.

② 马克思恩格斯文集：第 8 卷. 北京：人民出版社，2009：51.

③ 马克思恩格斯文集：第 1 卷. 北京：人民出版社，2009：571.

最后，人的"自由个性"全面发展阶段是社会关系发展的最高阶段。人类解放就其实质而言，体现在社会关系的历史发展和转换的高层次上，社会发展最终表现为每个人的自由与解放。"个人的全面性不是想象的或设想的全面性，而是他的现实联系和观念联系的全面性。"① 一方面，资本主义社会破除了封建制度中那种人与人之间的依附关系，这对个性解放和人的自由来说是一大进步；另一方面，资本主义制度又使人的自由个性被物和金钱掩埋了。在资本主义社会生产过程中，人的劳动力只能依附于商品交换来确证自身，无法直接作为社会总劳动的构成部分而存在，劳动的价值难以成为属人的社会关系。资本主义社会不是人类的理想状态，必须消灭资本主义不合理社会关系的束缚，超越资本主义的物役性，能动地改造社会，构建崭新的社会秩序。"全面发展的个人——他们的社会关系作为他们自己的共同的关系，也是服从于他们自己的共同的控制的——不是自然的产物，而是历史的产物。"② 在个人全面发展的阶段，个人的活动具有充分的自主性特征，个人在与他人、社会的具体丰富性联系中，确证人的本质，实现人的主体性。社会关系被全体社会成员掌握，不再是作为异己的力量而存在，而是转向"服务于人"，服务于实现人的自由全面发展。

人是具有可塑性、开放性的存在物，这种可塑性、开放性离不开一定的社会关系，对社会关系的充分理解，就是对人的发展程度的深刻认识。马克思对现代资本主义及其之前社会形态中"外在于人"的社会关系的揭示，对未来社会人与人之间关系的畅想，是他克服自身早期理想浪漫主义观的思想武器，这种论证旨在说明资本主义社会关系必然替代之前的原生和次生社会关系，而资本主义社会关系本身存在的反主体性又决定了它的历史暂时性和历史过渡性。无产阶级必须树立变革、推翻资本主义社会关系的自觉性和主体性，尤其是要变革现存的生产关系和物化关系，使社会生产重新确立满足人本质需要的生产关系，实现自身的解放。"马克思以自己终生开创的学术传统，深刻揭示了资本主义现实存在的社会关系基础及其制度性质，使无产阶级真正认识到自己所处历史地位的所有制根源，指明了实现人类解放的社会历史条件和现实路径，从而彻底从思辨哲学转向实践哲学，从解释世界的哲学转向改变世

① 马克思恩格斯文集：第 8 卷. 北京：人民出版社，2009：172.

② 同①56.

界的哲学。"① 随着人类实践的发展，真正"服务于人"的社会关系必然取代异化的外在于人的社会关系。

三、人与自身"身体遮蔽"的澄明

在马克思人类解放视域中，身体作为人之存在最直接、最显露的形式是不可或缺的维度。人类正是通过激发身体的力量而展现于现实世界之中，推动人类文明不断向前发展。但是，资本主义制度确立以来，人们为了获得资本而甘愿牺牲肉体的需要，在对资本增殖的追逐与膜拜中遮蔽了现实的身体，即资本的至高无上性导致了身体的异化和沉沦，具体表现为人通过自身的劳动创造资本所需的物质对象性世界，无法实现对体现自身本质力量的劳动的确证。身体以可变资本的形式被资本循环和持续积累的外部力量塑造，同其他生产环节一起构成资本的附属品，成为负责承担某一特定经济角色的被动实体。马克思通过对身体的思考，突出了资本主义现实生产中人的身体活动的动物性，从人性的源头为我们提供了身体解放的路径和方向。在这一意义上，马克思人类解放理论也是关于身体解放的社会批判理论。

资本主义社会"遮蔽"了工人本真的身体，将其异化成作为工具或作为欲望而存在的身体。当资本家强调生产的时候，工人的身体被贬低为工具性的身体；当资本家强调消费的时候，工人的身体又被夸张为欲望的身体。

工人本真的身体在资本家对剩余价值的热切追求中被"遮蔽"，沦为一种工具性的身体，资本家根本无视身体表征主体能动性的一面。马克思从工人②出发探讨人的本真身体，认为工人为了延续生命，"就必须获得生存和繁殖所绝对需要的生活必需品"③。他所认为的"绝对需要的生活必需品"包括工人在两种情况下的消耗：劳动消耗和休闲娱乐等非劳动消耗。不幸的是，人的这种本真身体在资本主义社会中被扭

---

① 李潇潇. 当今马克思主义哲学研究方式的自我批判. 哲学研究，2013（11）：17.

② 马克思之所以从工人而非资本家出发探讨人的身体，是因为在他看来，工人是劳动者，而劳动是人与动物的根本性区别。在德语中，"劳动者"和"工人"是同一个单词 Arbeiter，如有学者认为，在《共产党宣言》中，"Arbeiter"既可译为劳动者，也可译为"工人"。［郑异凡. "全世界无产者，联合起来！"的口号无需改译：与高放先生商榷. 探索与争鸣，2008（5）：19-20］

③ 马克思恩格斯文集：第3卷. 北京：人民出版社，2009：73.

曲，资本家仅仅把工人的身体当作劳动的身体，将人的身体由属于人自身的目的转变为依附于资本的工具，即为提供劳动力而存在的身体。"劳动从作为自我实现之劳动的目的中抽离出来，以及从共同体的目标中抽离出来，转而围绕着一种无规定的、无目的的——机械的——活动来建构自身，这样的劳动的目的掌握于资本家的手中，而与工人不再相关。"① 资本家凭此权力尽可能地压榨工人的劳动时间、劳动产品，但却只提供维持工人劳动力而非工人作为人存在的工资，处在资本主义生产中的工人劳动的身体为了维持生存而必须与资本进行持续不断的交换活动。在资本主义私有制条件下，工人被规定为纯粹以劳动状况存在的人，其身体只是最单纯肉体需要的身体，他们只为满足肉体需要而劳动，资本家完全"遮蔽"工人在休闲娱乐等非劳动状况下的身体，将工人的存在等同于牲畜般的存在，只给工人"劳动的动物"的最低工资和待遇。马克思在《1844 年经济学哲学手稿》"私有财产和需要"一节中，对资本家"遮蔽"工人本真身体而精打细算的嘴脸进行了精辟的描绘，批判了资本家只把工人的身体当作工具来使用，"把工人的需要归结为维持最必需的、最悲惨的肉体生活，并把工人的活动归结为最抽象的机械运动"②。工人深受约束与管制，肉体的自由、精神的独立完全被"遮蔽"，他们越是在资本的驱使下通过劳动改造自然界，就越会失去自然界为维持身体需要提供的物质条件，最终不得不出卖自身的劳动力，沦为替资本家赚钱的工具。

资本家的资本积累还超出生产领域，经历销售、消费等环节，"生产—销售—消费"是一个整体的循环过程，三者全部完成时，资本积累才被认为最终完成。在资本积累的销售和消费阶段，为了引诱工人消费，资本家依然"遮蔽"工人本真身体的需要，绞尽脑汁通过各种途径不断刺激工人产生新的需要——既包括对人的基本需要的精致化，也包括对人的潜在需要的挖掘，但这些需要归根结底是工人的物质需要和身体欲望，使得工人陷入新的生存困境。资本家总是千方百计地"服务于"对工人来说非人的、非自然的和幻想出来的欲望。"每个人都指望使别人产生某种**新**的需要，以便迫使他作出新的牺牲，以便使他处于一

---

① 麦卡锡. 马克思与古人：古典伦理学、社会正义和 19 世纪政治经济学. 王文扬，译. 上海：华东师范大学出版社，2011：300.

② 马克思恩格斯文集：第 1 卷. 北京：人民出版社，2009：226.

种新的依赖地位并且诱使他追求一种新的**享受**，从而陷入一种新的经济破产。"① 从表面上看，资本家低三下四地向工人服务，工人成为资本家需要讨好、迎合的上帝（消费者），但是资本家的这种讨好并非为了肯定工人的主体地位，而是哄骗工人钱财的方法和手段。"没有一个宦官不是厚颜无耻地向自己的君主献媚，并力图用卑鄙的手段来刺激君主的麻木不仁的享受能力，以骗取君主的恩宠……工业的宦官迎合他人的最下流的念头，充当他和他的需要之间的牵线人，激起他的病态的欲望，默默地盯着他的每一个弱点，然后要求对这种殷勤服务付酬金。"② 新的需要、欲望的激发使工人陷入可怕的心理贫穷中：工人作为劳动者制造了满足欲望的产品，又被产品、被资本家激起新的无穷欲望，却无法用可怜的工资来满足其欲望。资本主义社会的工人表面上成为人上人的消费者，但工人产生的新的需要并不是工人本质力量的实现，而是资本家为掠取工人钱财而诱使其产生的幻想，致使工人陷入欲望的海洋，"任何一种感觉不仅不再以人的方式存在，而且不再以**非人的**方式因而甚至不再以动物的方式存在"③，马克思将新的需要和欲望视为工人物质性或动物性的生存层次，指责这一层次并未在人的"类本质"思想维度把握身体生存需要的积极意义，工人的身体被无限膨胀的欲望"遮蔽"而处于异化状态。这种异化主要表现为人性的沉沦和各种外在于人性的焦虑与烦心，表现为被虚假主体刺激起来的各种后天欲望支配，表现为抛弃了自在生命之本真，彻底堕落为消费机器。

马克思正是以具有社会性、历史性与实践性向度以及身心合一意义上的身体作为其理论线索，深刻论述了身体的价值及革命意义。他以身体在生产领域、消费领域的双重"遮蔽"——作为工具而存在的身体和作为欲望而存在的身体——为理论起点，将具体的、现实的身体置于对应的社会活动中，通过身体被"遮蔽"的境遇来审视资本主义社会的复杂状况，认为它们都是资本逻辑对身体规训、统治的结果。在《1844年经济学哲学手稿》中，马克思已然认识到身体除了物质层面之外，还存在更本质的主体性层面和能动因素，确定了身体作为物质和意识能动器官的双重特质。与此同时，马克思又通过观察现实社会的具体展开发

① 马克思恩格斯文集：第 1 卷 . 北京：人民出版社，2009：223.

② 同①224 - 225.

③ 同①225.

现了工人身体上的种种痛苦遭遇，主张通过社会革命和斗争（改变不合理的社会制度、砸碎资产阶级的国家机器）来"澄明"工人自身真实的身体，将其从"遮蔽"状态中彻底解放出来，从而获得自主、自由的发展。人要扬弃异化劳动中把工人与机器相互等同的导致的畸形身体，获得审美感觉的身体，就必须使自己的身体获得完全解放，真正成为本真的身体，"即通过自己**同对象的关系**而对对象的占有，对**人的现实**的占有"①。马克思通过人与自身身体的关系来探寻一条生命得以彻底解放的现实道路，对现实的人的身体进行历史性反思，从工人劳动身体的具体活动过程来把握人异化的暂时性和发展的可能性，使身体从资本逻辑的笼罩和"未被照亮的背景"中显露出来，并发现身体的真实本性，达至人的自我解放、自我超越。

马克思深刻地洞察到，资本主义生产方式为人类带来前所未有的巨大物质财富的同时，也造成了人与自然、人与社会、人与自身的三重困境。然而，马克思并不是悲观主义者，他的理想和终极旨趣——人类解放理论足以令人兴高采烈与欢欣鼓舞。当代印度政治评论家阿加兹·阿赫默德曾感叹：马克思的思想让人体会到令人吃惊的思绪和无法弥补的怅然若失，"道德的困境使人们无论抚今抑或追昔都无法释怀：不幸之人亦有不争之处，而人类历史的成败是非背后不过是物质生产。最终，仅剩的一丝希望将引导人们迎来这冷酷历史尽头的光明"②。人类面临的生存处境问题是严峻的，但也预示着未来的希望，人的自由全面发展既是一个持续不断的实现过程，也是人类解放的终极目标。

第二节　论人类解放的可能性

"人类解放"是马克思一生的理论主题，具有崇高的理想性与实践的可行性。然而，无论过去还是现在，都有人认为马克思关于人类解放的理想是远离现实的、虚幻的价值悬设，是遥不可及的神话。从德国哲学家布洛赫到法兰克福学派第二代代表人物之一 A. 施密特，再到马尔库塞，他们都以不同的形式、从不同的角度得出了人类解放是"乌托

---

① 马克思恩格斯文集：第 1 卷. 北京：人民出版社，2009：189.
② Aijaz Ahmad. In Theory：Classes，Nations，Literature. London：Verso，1992：228.

邦"的结论。笔者认为，这种认识忽视甚至歪曲了人类解放理论的现实性与可能性维度。在哲学理论层面，马克思批判了对人类解放的抽象化、非现实化的理解，以实践论思维方式彻底推翻了先验理性主义本体论的思维方式，对纯粹理性思维寻求人类解放的既定规律的理论倾向进行了抨击，认为它将淹没个体解放的自由意识和自主选择，将人类解放奠基于现实生活和客观规律之上；在现实社会层面，马克思揭露了资本主义生产方式自身固有的矛盾和病症，找到了埋藏在现实土壤中的未来"种子"——无产阶级，将社会变革、无产阶级革命和共产主义前景相关联，其解放思想作为一种社会理想，既源于现实又超越现实，体现了现实性与理想性相统一的逻辑脉络；在基本方法层面，通过"人体解剖是猴体解剖的钥匙"和经济学论证等严谨缜密方法揭示了人类社会发展的一般规律。马克思从哲学理论层面、现实社会层面、基本方法层面科学地阐释了人类解放何以可能的问题，其人类解放理论是批判性与建构性的统一、价值性与科学性的统一，既是一种人性价值的理想，也是对社会历史和人的历史发展规律的科学把握。

一、哲学理论的探究意义

哲学的奥秘在于对人的探索，哲学是什么与人是什么具有同一性，"人的存在何以可能"是德国古典哲学的本体论问题。早在马克思之前人们就已经开始对人的自由、道德、认知等"何以可能"进行思考，他们大多诉诸哲学思辨的方式对抽象的人的形象加以维护，并寻求超感性的实体主体作为其存在的最高目的。马克思并不满足于这种抽象追问，而是要求把对人的追问彻底地诉诸人本身，并赋予哲学新的使命——把人从非人的存在中"解放"出来，将其作为哲学理论的内涵，深入地追问"人类解放何以可能"。马克思由此在哲学史上完成了哲学理论自身内容的革命性变革，这场本体论内容的变革形成了一种区别于以往任何哲学的新世界观，更开启了一个崭新的哲学路向。哲学的智慧之光开始聚焦于"人类解放"的问题，哲学的本质由此被明确地表述为关于人类追求自身解放的学说，解放哲学由此成为说明和解释现实世界的基本原则与理论范式。马克思不同时期的不同代表性文本反映了他对"人类解放何以可能"的哲学理论的求索路径。

《1844 年经济学哲学手稿》写作时期，马克思受到费尔巴哈人本学的影响和启发，把"人类解放"的根据诉诸人的"类特性"和"类主体"，即"自由自觉的活动"。作为主体的人与动物存在的本质区别就在于，在发展过程中表现出强烈的能动性和创造性。"自由自觉的活动"是人的内在要求，是人的本质力量的确证和人的主体性地位的表征，它标志着人对自身能动本质和需要的自觉意识，表明人对各种因素的限制有了独立、自由的处置能力，有了自身支配自己和社会的义务与权利。"自由自觉的活动"是人类解放之必要性与可能性的根据。但是，费尔巴哈人本学的核心概念是抽象的"人"，阐发的是"人-非人-人"的抽象公式，即从抽象的人出发，最后归结为抽象的人和"类主体"。马克思此时正是以这种抽象的"人"和"类主体"本体为前提来论及人类的解放，这必然使得哲学的思辨与对象化的静观成为其基本的思维方式。

在《关于费尔巴哈的提纲》中，马克思把人的"自由自觉的活动"现实化为人的"实践活动"，以实践为本体对"人类解放何以可能"给予了理论跃迁式的回答。马克思在开篇的第一条就区分了自己的哲学和他人的哲学（包括费尔巴哈哲学等，费尔巴哈哲学是马克思批判矛头主要指向的对象），认为"从前的一切唯物主义——包括费尔巴哈的唯物主义——的主要缺点是：对对象、现实、感性，只是从**客体**的或者**直观**的形式去理解，而不是把它们当做**人的感性活动**，当做**实践**去理解，不是从主体方面去理解"①。马克思以实践为基础来理解人的世界，从历史的、现实的人出发来研究实现人类解放和自由的社会历史条件，指认感性的实体存在于现实的历史性时间内，而以实践为生存根基的人存在于以自身为起点的现实历史中，进而有意识地把"解释世界"的哲学和"改变世界"的哲学进行区分，这凝聚了马克思对西方哲学史的反思与总结，升华了前人探索人类解放的理论成果，表征着马克思哲学的实践转向与对现代本体论的追寻。镌刻在马克思墓碑上的名言——"哲学家们只是用不同的方式**解释**世界，问题在于**改变**世界"②，经典地表达了马克思哲学的性质和功能，以及马克思本人超越传统哲学的态度，即从"沉思-解释"世界的"理论-静观"转变到"行动-改变"世界的"实践-劳动"决心，由此，哲学的任务发生了重大转变。哲学世界观不是

---

① 马克思恩格斯文集：第1卷.北京：人民出版社，2009：503.
② 同①502.

"观"世界的认识论，也不是向人们提供某种超验的终极存在、终极真理、终极价值的形而上学，而是以实践为基础指导人们科学"改变世界"的理论学说。"改变世界"的根本目的就是要把人的世界和人的关系还给人自身，将属于人自身的能动性发展这一本质需要归还于人，也就是实现人类解放。马克思找到并阐明了人类解放的现实根据，并指出劳动实践是每个人得以自由全面发展的根本性前提，是人类解放从空想到科学的哲学变革的"阿基米德支点"。

《德意志意识形态》是马克思"实践转向"的一大理论成果，并第一次对唯物史观做了经典、系统的描述，展现了"人类解放何以可能"的真正根据。马克思非常明确地把德国古典哲学同自己哲学研究的前提与出发点——对"人"的理解——进行了不同定位。马克思的出发点不是设想出来的人，而是真正从事实践活动的现实的、能动的人。他指出："全部人类历史的第一个前提无疑是有生命的个人的存在"[①]，人类的历史活动是现实的人的历史活动，即人的实践与现实世界之间不断分化和统一的历史活动。在如此理解"第一个前提"和"历史活动"的基础上，马克思这样总结其历史观——"这种历史观就在于：从直接生活的物质生产出发阐述现实的生产过程，把同这种生产方式相联系的、它所产生的交往形式即各个不同阶段上的市民社会理解为整个历史的基础，从市民社会作为国家的活动描述市民社会，同时从市民社会出发阐明意识的所有各种不同的理论产物和形式，如宗教、哲学、道德等等，而且追溯它们产生的过程"[②]。这种历史观深度表明：马克思开始以社会关系为本体，站在唯物史观的基地之上来解开"人类解放何以可能"的谜底。

马克思在《德意志意识形态》及其之后的政治经济学批判阶段，对社会关系地位的认识有所变化：从普通范畴提升为本体论位置。在"社会关系本体论"的论证上，马克思牢牢抓住现实的人的活动和他们的物质生活条件，从"分工"入手，深入地考察了"生产力""生产关系""交往方式""市民社会""世界历史"等人的现实存在方式。他认为，在任何历史时代，生产劳动得以展开、人的本质得以展现，都必须以本体论的社会关系为基础和前提，即将社会关系总体性的生成方式作为审

---

① 马克思恩格斯文集：第 1 卷．北京：人民出版社，2009：519.
② 同①544.

视人现实存在状态的根本原则，从而真正克服以永恒在场的实体本体论规定人的存在本质的弊端。人在历史活动和现实实践中所结成的社会关系，制约着人的生产与生活方式，形成了人的具体的现实的存在根据。马克思从生产关系的演进和人的发展的内在关联中论证了人类解放的历史必然性与现实可能性。生产方式的进步与人的发展具有同一性，它们是社会历史进程中所展现出来的两个不同侧面，又反映、度量了同一历史进程。马克思正是在由生产关系促进或阻碍生产力向前发展的必然趋势中，发现了现实生产中的特殊利益与人类共同利益相分离的社会关系实质，洞察到社会关系的演进和人的自由全面发展的可能性。社会关系在马克思哲学中具有本体论性质，我们在这一意义上说，马克思哲学革命的深刻价值就在于创立了"社会生产关系本体论"，它为我们透过社会现象看清社会本质提供了依据，开辟了由追问"世界何以可能"到探究"解放何以可能"的哲学道路，从"解释世界"的探索提升为"改变世界"的探索。在德国古典哲学忽略实践的背景下，马克思重拾实践的旗帜，高喊"改变世界"的口号，在实践思维的推动下，逐渐创立了以现实的个人发展为核心内容、以生产方式发展变化为动力、以社会联合体为目的三者有机统一所构成的唯物史观。马克思并不像历史上的空想家那样，停留于理想层面的表层描述与构想，而是在"类主体本体—实践本体—社会关系本体"的层层推进与提升中，在不断认识社会的发展规律和人的发展规律的基础上，科学揭示历史发展的总趋势，阐明现实的人的实践展开规律及其创造的历史发展本身所具有的辩证结构，论证人类解放的可能性。

二、社会批判的解放意蕴

马克思哲学不是经院哲学，而是实践的哲学、现实的哲学和时代的哲学。马克思并没有止步于思想理论变革的论域，而是强调一切理论问题都要从现存的事实出发，面对现实生活，以实践活动作为人的根本生存方式来揭示人的生产生活中矛盾的现实关系，并在此基础上对人与世界的关系以及人自身存在的结构予以批判性反思。马克思在探讨历史发展的客观规律和客观进程时，不仅依赖于逻辑论证，更重要的是对时代现实问题进行了深入的考察，即历史论证。因此，新世界观"一经得到"，便立即被运用到对现实社会的批判性考察中。

　　哲学是时代与历史的产物，哲学的根本任务和主要功能不在于让人们获得内心的自我满足与陶醉，而是引导人们正确处理和合理掌控自身同外部世界的关联——不仅包括对世界的理论解释，而且包括对世界的实践改造。马克思哲学关注了现实的社会和人的现实存在，强调人的现成存在者状态的生存论特征。他特别指出，"全部问题都在于使现存世界革命化，实际地反对并改变现存的事物"①。马克思的思维方式和研究原则均与现实紧密结合在一起，他从未脱离现实而进行纯粹主观、抽象的学术思考。马克思哲学正是以对现实、时代和社会的关切为基础，将对"人类解放何以可能"的思考深入人的现实生存论层面，特别是对人的现实生命的贬损、歪曲和丧失进行了沉思，从人的生成历史进程中理解人的现实生存方式，从而找到了通往未来社会的现实力量。他直接从当时的客观事实出发，认为资本主义社会明显存在两大对立的阶级：有产者阶级和没有财产的工人阶级。工人阶级是受难的、被彻底戴上锁链的阶级，他们被视为丧失了人作为人的本质和尊严的"机器的部件"，遭受私有财产制度的奴役和普遍的不公。

　　马克思通过剖析自身所处的资本主义现实社会，发现未来的"种子"埋藏在当下社会的土壤中，当下社会的土壤孕育着超越现实的力量。迫切希望改变自身存在方式、劳动方式的工人阶级正是连接现实与未来的桥梁，他们不仅是维持现实存在的重要力量，也是彻底变革现实的强大动力源。工人阶级所处的历史地位决定了其终将觉悟到并担负起摧毁整个资本主义制度和铲除一切剥削的历史使命。在《法兰西内战》中，马克思说，无产阶级"不是要实现什么理想，而只是要解放那些由旧的正在崩溃的资产阶级社会本身孕育着的新社会因素"②。要使希望超越幻想，就必须采取行动让美好的未来成为可能，摧毁旧世界中的社会制度和运行方式，实现人与自身"类"本质的辩证统一。马克思正是从眼下的现实入手，分析现实、透视现实，发掘现实中蕴藏着的革命潜力。他对资本主义现实社会的揭露和批判，对资本主义生存方式的诊断和诟病，正如海德格尔的评价——马克思已经深入历史"本质的一度"，即基于无产阶级生存论的立场，在人与社会的实践关系中展开对资本主义的批判性审视，真正实现对制度异化这一根源的批判，从而超越了任

---

　　① 马克思恩格斯文集：第 1 卷 . 北京：人民出版社，2009：527.
　　② 马克思恩格斯文集：第 3 卷 . 北京：人民出版社，2009：159.

何同时代思想家所达到的高度和深度。

马克思的批判精神在于对资本逻辑的内在秘密和资本主义制度的深刻揭露。马克思认为，如果不改变资本主义条件下资本运行的基本原则，不彻底推翻资本主义制度，人类就没有未来。他在1843年9月写给卢格的信中精辟地论述道："新思潮的优点又恰恰在于我们不想教条地预期未来，而只是想通过批判旧世界发现新世界"①。教条式地推测未来，认为存在适合未来的永恒不变的决定，是马克思对旧哲学的严厉批判。他希望在批判旧世界中发现新世界，这种批判越彻底，理论就越彻底，所建构的理想世界就越能反映现实的根本。对旧世界的无情批判是建立新世界的重要前提条件之一。

只是单纯地将人类解放视为理想，并不完全符合马克思的本意。对于实践的唯物主义者即共产主义者来说，"共产主义对我们来说不是应当确立的**状况**，不是现实应当与之相适应的**理想**。我们所称为共产主义的是那种消灭现存状况的**现实的**运动。这个运动的条件是由现有的前提产生的"②。现实运动直接针对资本主义社会的基本矛盾，在对资本主义社会的不断批判中得以展开。它表明生产力的发展必然会揭示现存资本主义社会制度无法调解人与社会的矛盾，而必须被新的社会制度替代。共产主义不是离开实际的学说、先验的圣物和彼岸的理想，而是现实的历史的个人用实际手段来追求实际目的的最实际的生成性运动。马克思终身的革命事业就是时刻保持清醒的现实主义头脑，运用批判的武器在历史的深处反思、透析社会，以社会发展的客观需要为着眼点，展开对未来的想象，寻求历史发展的一般规律。正是在这个意义上，英国思想家伊格尔顿称赞马克思"将注意力从幻想未来转移到枯燥的现实工作之上。但恰恰是在那里，他找到了可以实现的、真正丰富多彩的未来。他对过去的看法比很多思想家都更为阴郁，但是他对未来又比他们大多数人都更加充满希望"③。这意味着马克思完成了对传统哲学世界观的革命，并能立足于物质生产基础将哲学方法贯彻到社会历史领域展开批判与建构。

---

① 马克思恩格斯文集：第10卷．北京：人民出版社，2009：7.
② 马克思恩格斯文集：第1卷．北京：人民出版社，2009：539.
③ 特里·伊格尔顿．马克思为什么是对的．李杨，任文科，郑义，译．重庆：重庆出版社，2017：78.

西方思想家从人性或人道主义等观念出发也对资本主义的各种现实问题进行了一定程度的批判，有的甚至达到了恩格斯所描述的"片面的深刻性"程度。但西方思想家的批判在总体上、根源上并没有触及也不愿触及资本主义制度的根本问题，没有把对资本主义问题的解决与无产阶级、社会主义等范畴联系起来。哲学家与革命家的双重身份使马克思超越了西方哲学家、空想社会主义者等无法避免的理论与现实相脱节的矛盾，更能直面现实，洞察资本主义运行规律，揭露其隐藏的病症。"马克思的全部理论，就是运用最彻底、最完整、最周密、内容最丰富的发展论去考察现代资本主义。自然，他也就要运用这个理论去考察资本主义的**即将到来的**崩溃和**未来**共产主义的**未来的**发展。"① 马克思对资本主义现实社会客观状况的批判蕴含着人类解放，他正是从资本主义现实社会的客观条件出发，从资本主义社会发展过程给个人发展造成的根本缺陷中发现了未来社会的"种子"，以人与社会的历史实践关系为基础，把握人与社会相矛盾的现实逻辑，找到超越现实的力量，进而谋求全人类的自由与解放。

三、科学方法的指导价值

马克思的论证工具和方法是关涉马克思人类解放理论是否科学的重大问题，科学以及科学理论包含的特征在很大程度上体现于方法之中，科学方法在更深层次上彰显了与人的本体论生存结构内在关联的实践理性思维，直接关涉人的解放需要的思想旨趣。因此，对论证方法进行考察极具必要性。马克思在论证其思想主题——"人类解放何以可能"时，使用了"人体解剖是猴体解剖的钥匙"的方法和经济学论证方法。

首先，我们分析马克思关于"人体解剖是猴体解剖的钥匙"的方法的使用。

马克思在《〈政治经济学批判〉导言》中对社会形式进行分析时指出："人体解剖对于猴体解剖是一把钥匙。反过来说，低等动物身上表露的高等动物的征兆，只有在高等动物本身已被认识之后才能理解。"② 马克思区分了当时资本主义社会的经济基础、上层建筑，说明了人类社会存在与发展的诸多领域都是客观的物质形态或物质形态关系的反映，

---

① 列宁专题文集：论马克思主义. 北京：人民出版社，2009：255.
② 马克思恩格斯文集：第 8 卷. 北京：人民出版社，2009：29.

人们的"物质关系形成他们的一切关系的基础"①，并认为这种对资本主义社会这一特定社会的论证适合整个人类社会的历史发展。

马克思用形象化的表达试图说明，一类现象在低级阶段所包含的特征具有隐藏性，只有在充分成熟的高级阶段，通过人类实践活动加以确定，其特征才能表现得比较清晰。他在考察人类社会的历史发展的时候正是运用了这种"从后思索"，即由现在反观过去的方法。②"资产阶级社会是最发达的和最多样性的历史的生产组织。因此，那些表现它的各种关系的范畴以及对于它的结构的理解，同时也能使我们透视一切已经覆灭的社会形式的结构和生产关系。资产阶级社会借这些社会形式的残片和因素建立起来，其中一部分是还未克服的遗物，继续在这里存留着，一部分原来只是征兆的东西，发展到具有充分意义"③。要考察人类生产、生活方式，就必须选择最典型的社会形态或最丰富的展现形式为参照，分析这种社会形态的基本结构及相关构成因素，在省思现存社会形态的具体运行中阐明诸多因素相互作用的方式及其产生的真实关系，然后追溯、透视过去的历史，才有可能得出具有一般意义的规律。

由于资本主义经济本身为研究古代经济提供了钥匙，所以在经济学领域，马克思不是先研究古代社会的经济，然后再研究当代资本主义社会的经济，相反，他先探寻了当代资本主义社会的经济，而后再对原始社会、奴隶社会和封建社会的经济进行描述。正如他在作为《资本论》之准备性著作的《1857—1858年经济学手稿》第二篇"资本主义生产以前的各种形式"中，在深刻洞察资本主义社会的基础上，对亚细亚所有制、古代所有制与日耳曼所有制三种公社所有制形式进行比较和分

---

① 马克思恩格斯文集：第 10 卷 . 北京：人民出版社，2009：43.

② 马克思认为历史总是现实的，从现实中可以找到历史源头的"总开关"。他曾至少三次使用这种历史回溯的方法：第一次是在《〈政治经济学批判〉导言》中指出的"人体解剖是猴体解剖的钥匙"，提出应站在历史完成形态上来反思过去。第二次是在《资本论》第 1 卷中论及资本积累过程时，马克思在充分认识"资本主义积累的一般规律"之后才回过头来论证"所谓原始积累"，这样才有可能充分认识资本积累的客观规律。（马克思恩格斯文集：第 5 卷．北京：人民出版社，2009：707，820）第三次是在《资本论》第 1 卷中阐述商品拜物教时明确提出，"对人类生活形式的思索，从而对这些形式的科学分析，总是采取同实际发展相反的道路。这种思索是从事后开始的，就是说，是从发展过程的完成的结果开始的"（马克思恩格斯文集：第 5 卷．北京：人民出版社，2009：93）。他从资本主义形态人的异化中，揭示了深藏于这一历史事实背后的轨迹与资本内在逻辑。

③ 马克思恩格斯文集：第 8 卷 . 北京：人民出版社，2009：29.

析，总结不同历史阶段社会形态存在的独特性及其演进逻辑的特殊规律，并从中发现了更为本质的问题。

马克思运用了双重抽象法展开分析：一是从人类社会历史发展中纵向抽取资本主义社会这一到当时为止最发达、最复杂的社会形态作为分析阐述的典型对象；二是从当时资本主义社会中横向选取典型性的国家如英国进行探讨。从纵向维度对资本主义社会的解剖，不仅显示出未来社会的某些征兆，而且构成了分析以往社会的前提和基础，进而有利于推导出整个人类社会发展的一般辩证法，为解决现存社会形态发展的绝对性与相对性的矛盾关系提供独特的理论指向和路径；从横向维度对英国状况的解剖，突破了"辩证法的局部情况"，解决了一般与个别的矛盾，揭示出资本主义社会生产关系的重复性和普遍性，使一定社会经济形态发展的自然史过程性质、一个社会经济形态为另一个社会经济形态所代替的规律性和必然性得到了科学说明。

马克思尤其强调"人体解剖是猴体解剖的钥匙"的方法"只能在一定意义上来理解"[1]，即在用高级社会的范畴去分析低级社会形态的时候一定要"自我批判"，因为它们在本质上总是会存在差异，本质不同的范畴在考察对方的现实形态时必然表现出不确定性。如果不对高级阶段进行"自我批判"与反思，就可能会"对过去的形式作片面的理解"[2]。因此，要避免"对过去的形式作片面的理解"，就必须对当今资本主义社会进行批判，而这种批判只能依托于资本主义社会生产的主体——无产阶级。马克思"人体解剖是猴体解剖的钥匙"的方法与批判精神的结合具有科学的方法论意义。

其次，我们分析马克思关于"经济学论证方法"的使用。

从经济学的角度探讨人类解放是马克思的重要思路，马克思把对人类解放的论证扎根于现实，建立在对市民社会进行经济分析的基础上。马克思的经济学论证方法是实证经济学方法和规范经济学方法的统一。实证经济学方法是先提出假说，然后建立发展模型或应用计量学方法对假说进行检验；规范经济学方法是以一定价值观为前提，对社会经济问题进行定性考量。马克思人类解放理论不仅是马克思的价值预设和人文关怀，还是基于经济学论证的科学理论，它直接涉及工人阶级劳动力创

[1]　马克思恩格斯文集：第 8 卷．北京：人民出版社，2009：30.
[2]　同①.

造的使用价值与自身存在的根本价值的关系问题，即工人如何将颠倒了的资本力量纠正过来以作为自身解放的能量。他认为，只有通过政治经济学批判这一非哲学性批判，才能真正熟悉社会历史生活的基础——市民社会，从而揭示资本在运行过程中的内在矛盾，真正解决当下的资本主义社会走向自由发展社会的历史问题。马克思对市民社会、资本逻辑的经济学批判与科学社会主义学说、人类解放理论密切关联，表明了马克思创立的新哲学的理论高度。

马克思在写于1844年的《詹姆斯·穆勒〈政治经济学原理〉一书摘要》中，尽管其经济观点处在最初阶段，但已经显示出资产阶级经济学鲜明的批判立场，不久之后《1844年经济学哲学手稿》中的异化劳动理论的现实指向更加深刻地批判了资本主义社会的经济生活。《德意志意识形态》《评弗里德里希·李斯特的著作〈政治经济学的国民体系〉》等则完全用经济学话语体系分析了分工、大工业、生产力与共产主义的关系，论证了共产主义运动及其社会制度，进而展开对未来理想社会的想象，实现了从哲学共产主义思想到经济共产主义思想的转变。其理论思路是：以分工为现实起点，通过分析西欧经济发展的历史，以及评判私有制的社会结构及其更替关系，来揭露资本主义生产方式的秘密与历史局限。马克思扬弃了以往从先验理念的视角理解资本主义生产方式和私有财产的形式，他从人的劳动本质和物质生产的基础出发分析私有制的历史形式。这是一种以经济学研究为主的科学实证批判方法，是马克思历史唯物主义开始建构的直接基础。《资本论》中马克思的劳动价值理论、剩余价值理论、两大部类社会扩大再生产比例公式、资本有机构成理论等实证性经济学研究，充分肯定了资本主义制度在社会历史进程中的必然性与合理性，科学探寻了资本主义由于内部的自我矛盾所必然导致的消亡，体现了马克思对社会发展的内在经济规律和有关资本主义经济制度理解的深刻性。

马克思对人类解放进行了从哲学到经济学话语描述系统的转变，走向了历史的深处，并在历史的语境中进一步揭示了历史发展的真实进程和本来面目，展示了其理论深沉的历史感、现实感及其对现实问题的指向；走向了问题的深处，并展开了对未来社会的想象与无限的价值追求，凸显了其理论的现实性与理想性的高度统一，为理解未来社会形态的生产方式与人的生存关系提供了深层依据。法兰克福学派第二代思想家中的左翼代表——A. 施密特，在论及马克思的经济学论证和哲学论证关系时指出，"唯物辩证法在任何地方都没有脱离经济学的内容"①。马克思对政治经济学的关注越深厚，就越逼近历史唯物主义，政治经济学研究是马克思新哲学——历史唯物主义的直接基础。正是通过经济学研究，马克思才将哲学从"天上"拉回"地上"，实现了哲学史上的伟大变革，使对现存社会形态与其制度的扬弃在现实的历史运动中展现出来，从而真正找到了通往未来社会的现实之路。

理论科学性的获取往往与其探索理论的过程具有深刻的关联。马克思正是运用"人体解剖"来理解"猴体解剖"的方法和经济学论证方法，发现了资本主义社会发展的规律和必然灭亡的趋势。列宁曾经指出，"使马克思的理论得到最深刻、最全面、最详尽的证明和运用的是他的经济学说"②。

人类解放既是马克思对未来社会的理想展望，也是马克思对自身所处时代的资本逻辑运行的本质把握，是他对人类历史发展的客观进程所做出的合逻辑性与合规律性的阐发。追求人类解放与推动社会发展构成马克思思想中两个不可分割的内容，人的生命存在正是在两者的现实性与超越性中实现有机统一。人们只要旗帜鲜明地沿着马克思人类解放这栋立足于现实基地之上的"大厦"踏踏实实地逐级而行，就一定能够登上其光辉之顶。

---

① A. 施密特. 马克思的自然概念. 欧力同，吴仲昉，译. 北京：商务印书馆，1988：46.

② 列宁专题文集：论马克思主义. 北京：人民出版社，2009：17.

第五章 马克思解放理论的
主题与整体性

马克思人类解放理论的形成过程包含一系列不同质的阶段。目前，学界主要以唯物史观的发展历程为标尺，对此进行了阶段性分类：唯物史观形成之前的初步探索阶段；伴随唯物史观确立的逐步展开阶段；唯物史观确立之后，在唯物史观指导下的发展和完善阶段。这种归类方式将马克思人类解放理论的形成与唯物史观的发展进程关联起来，旨在把握马克思人类解放理论的逻辑建构与价值旨趣的内在一致性，能够深刻反映马克思人类解放理论的内在联系和上升过程的完整性，为我们把握马克思人类解放理论的历史分期提供了思考的维度。除了用唯物史观作为标尺来对马克思人类解放理论的阶段进行相对区分外，笔者认为，还可以根据马克思不同时期所凸显的研究主题进行划分，展开对马克思人类解放理论构思在不同历史阶段究竟如何生成的现实分析，其阶段性特征表现为从抽象到具体的演进。

第一节 解放理论研究主题的阶段性演进

从马克思不同时期的研究主题来看，其人类解放理论包含内在层次结构，具有从抽象到具体演进的基本走向。这一走向包含三个主要阶段：早期对人之生存哲学的反思阶段、中期对社会历史理论的建构阶段、晚期对实践领域具体结论的显现阶段。当然，这绝不是指马克思人类解放理论越来越肤浅，越来越表面化，而是说早期思想逐渐积淀在他的学说和理论的底层，成为其思想的深层结构，并随着分析视角和思维逻辑的发展而逐渐开显出其深层意蕴，在社会生产力的高度发展中彻底彰显解放哲学的现实意义。这三个阶段在认识上构成一个从抽象到具体、从创立学说到系统丰富发展理论体系的思想进程。为了厘清马克思思想的这一演进理路，凸显各阶段的特点，进而深刻把握马克思人类解放学说所包含的关于人之存在的本质性哲学思想，笔者在总体上按照历时态的结构顺序，运用了早期、中期、晚期的时间概念（所使用的早期、中期、晚期概念不是按照传统习惯上的年龄早晚所做的区分，也不是完全按照马克思作品的写作年代所做的区分，而是按照马克思研究主题的转换所做的相对划分）来探讨马克思人类解放的阶段论述。①

一、早期关于人的生存哲学的反思

哲学的本质是批判性反思以及对未来社会发展的终极思考，以哲学的思维方式考察社会就在于批判现存社会，超越现存社会，对未来社会进行总体设计与设想。② 马克思在早期阶段即 1845 年之前主要以哲学的视角来关注人的生存结构、人的存在状态和人的解放问题，从哲学层面建构关于人的存在的深层结构，将哲学作为自己思想的核心和"基地"，作为思考一切问题的总原则，作为解答问题的出发点。③ 以哲学思维审视人存在的经验性与先验性、现实性与理想性的矛盾关系，以此对人类交往的社会公共生活方式和普遍解放的价值取向进行合理设计。

---

① 关于马克思学说发展的阶段性问题，学界主要有两种代表性观点：一是"以后期否定前期"，如阿尔都塞认为，马克思的《1844 年经济学哲学手稿》及之前的作品都是一种"意识形态"，马克思正是通过抛弃之前的一些核心概念如"异化"等发现了唯物史观，使其思想成为真正的科学；二是"由早期的巅峰到晚期的衰退"，持该观点的学者认为青年时代的马克思思想才是马克思一生理论的巅峰期，后来其理论锐气逐渐减弱甚至衰退，到晚年则完全丧失了理论探索能力以至销声匿迹。以上两种观点都带有片面性，马克思思想具有前后一致性，都紧紧围绕"人类解放何以可能"的主题而展开，根本不存在"早年马克思"和"晚年马克思"的断裂之说。西方学者忽视了马克思思想发展的内在逻辑以及人类解放的演进逻辑，主观地将思想主题的转移、认识方法与逻辑思路的差异视为马克思思想的断裂。马克思思想是一以贯之和多样性的统一，所谓的不同，并非"断裂"或是"巅峰和衰退"，而只是围绕人类解放这一主题论证的侧重点不同。
② 王晓朝. 希腊哲学简史：从荷马到奥古斯丁. 上海：上海三联书店，2007：2.
③ 王金福，庄友刚. 从"哲学共产主义"到科学共产主义：马克思、恩格斯的哲学革命与共产主义学说的转变. 哲学研究，2006（11）：23-28.

第一，大学阶段，马克思曾站在"理想主义"的哲学基地上，从人的解放和发展状态的"应然"设定出发，张扬了"自由"这一人类追求的最高价值，并高扬主体的创造性和理性意识对现实生活的作用。马克思对人类解放的探索发端于学生时代的有关文章和博士论文。在博士论文写作时期，他已经意识到哲学作用于世界的基本功能，提出"哲学世界化"和"世界哲学化"的基本理念。他通过对德谟克利特哲学和伊壁鸠鲁哲学进行比较，表达了自己的哲学观：应批判有神论哲学，并反对停留在宗教精神领域进行理论构思与路径探索，认为只要有神的存在，现实中人与人的关系就无法得到重视和反思；强调人的自我意识与人的主体性，将人的自我意识的生成与自身价值的实现置于彰显人的存在本质的对象性活动中，并将它作为人获得自由、解放的现实途径。马克思充分肯定了伊壁鸠鲁让个体原子"从直线中解放出来"的规律，并将其运用于人和人的意识，使人在面对偶然性时，能够摆脱必然性规律所带来的对命运、自由意志的力量的束缚。同时，马克思认为伊壁鸠鲁所指的自由仅仅是"脱离定在的自由，而不是在定在中的自由"①，这种自由是内心的、与外界对立的恬静，是摆脱了对死亡之恐惧的心境，其实质是一种幻想。真正的自由具有全面性：不仅存在于人的内心，而且存在于人与人之间的各种交往中。马克思对伊壁鸠鲁哲学的超越性理解体现了他对人的自由、主体性和自我意识哲学的追求，正如苏联学者尼·拉宾所指出："马克思的博士论文是他的革命民主主义世界观的哲学语言，是他作为革命民主主义者的实践活动的理论准备。"②

第二，1842 年前后，在《莱茵报》工作时期，马克思站在黑格尔理性主义哲学基地上来关注现实，批判德国社会。他当时遇到一个现实问题：封建专制制度通过反动的书报检查令来扼杀出版自由。马克思认为，书报检查令是违背理性的反常现象，它建立在对官吏无限信任和对人民无限不信任的基础上，让世界的精神只具有单一色彩，即官方色彩，将专制政府粉饰为绝对真理的化身，导致公共舆论失去了客观性和公共性。精神的丰富性是由思想自由决定的，扼杀思想自由就是扼杀精神的无限色彩。报刊只有在正常而自由发展的前提下，才能真正融合人

① 马克思恩格斯全集：第 1 卷．北京：人民出版社，1995：50．
② 尼·拉宾．马克思的青年时代．南京大学外文系俄罗斯语言文学教研室翻译组，译．北京：生活·读书·新知三联书店，1982：46．

民精神的一切要素，服从人类理性的自然规律。马克思从黑格尔的理性出发来批判现实，强调只有通过出版自由并真正体现人民的普遍利益，理性才可能得以表现，真理才可能得到传播，社会才可能得到改造。"理性是世界的本质，理性通过人民的舆论、人民的精神表现出来，通过自由出版物和哲学研究集中起来，然后上升到国家和法之中，国家和法必须以哲学为基础，建立在出版自由之上，国家和法是理性的体现，负有使世界理想化的重大使命，只有通过世界哲学化，理性才真正实现了自身。这不是别的，正是从思想到物。"① 这就是马克思哲学思想的内在逻辑：将世界理解为人的自我意识的对象，即人的对象性活动不仅指向人自我认识的内在活动，而且包含凭借自我意识、自由理性改变客观世界，致力于为人类幸福而奋斗的"哲学期望"。马克思从"哲学期望"出发经历了艰难曲折的理论和实践斗争，并不断地将其发展、具体化。

第三，在 1843—1844 年，马克思以费尔巴哈的人本主义哲学批判现实，思考未来社会发展、走向和历史必然性问题。这一阶段的代表性著作有《论犹太人问题》《〈黑格尔法哲学批判〉导言》《1844 年经济学哲学手稿》等，它们都是从哲学的价值层面来反思和批判现实生活中的不自觉、不自由，以寻找"失落"了的人性，使人的世界和人的关系回归于人自身。"所谓彻底，就是抓住事物的根本。而人的根本就是人本身。"② 他用大量的笔墨将异化作为重要的哲学范畴进行研究，对处于资本主义社会关系中的现实的人的生存状态进行了深度剖析。马克思摒弃了依靠抽象的哲学方式陈述人的现实历史活动，确定了以每个人的发展尤其是无产阶级的解放活动为历史前提，由此反观无产阶级现实生存的困境。无产阶级之所以不满意现实制度，是"由于在无产阶级的生活条件中集中表现了现代社会的一切生活条件所达到的非人性的顶点，由于在无产阶级身上人失去了自己，而同时不仅在理论上意识到了这种损失，而且还直接被无法再回避的、无法再掩饰的、绝对不可抗拒的**贫困——必然性**的这种实际表现——所逼迫而产生了对这种非人性的愤慨"③。劳动异化造成了人的本质与人本身的对立、分离，以及人与人

---

① 赵常林. 马克思早期哲学思想研究. 北京：北京大学出版社，1987：80.

② 马克思恩格斯文集：第 1 卷. 北京：人民出版社，2009：11.

③ 同②262.

之间的敌对关系。而共产主义坚持的是人本学哲学原则——人对人的本质的真正占有。马克思把费尔巴哈的"人是人的最高本质"看作最高原则和"绝对命令"。既然异化劳动使人失去了自身乃至自身的本质，那么为了人本身的解放，就要从根本上使自己的本质得到恢复并重建已丧失的本质，重获体现人的本质力量的自由劳动方式，达到对人的本质的真正占有。在共产主义条件下，"人以一种全面的方式，就是说，作为一个完整的人，占有自己的全面的本质"①。马克思的逻辑主线和逻辑理路是：人的本质是自由活动→在资本主义私有制条件下自由活动变成异化劳动→人和自己的本质相分离而被全面异化→人将通过劳动实践发展自己从而扬弃异化回归真正人的状态→实现自由发展的共产主义。马克思的逻辑理路有着自身的人本学哲学原则和哲学基础，显现出他对社会现实进行的是哲学激情批判和人道主义价值批判。

马克思在早期阶段思考的内容，构成其解放思想的本质内核，成为他全部学说的价值追求，这一阶段思想的本质精神积淀在后期思想的底部，并为其后的研究规划了较为明确的方向。马克思在这一阶段的思想是深刻的：通过对宗教与道德不相容关系的揭示、对自我意识和自由理性的追求、对资本主义制度条件下人的异化状态与生存危机的批判，以及对劳苦大众的解放路径的分析，深入挖掘了"人类解放何以可能"的论证主题以及作为早期阶段哲学思想内在基本维度的人文关怀，为以后更加成熟的人生运思提供了信念支撑。只有抓住马克思在这一阶段关注人类生存境遇与发展命运的哲学品格、哲学理念，切实领会其早期思想探讨的问题对于人类解放理论的逻辑展开所具有的基础性意义，才能把握住马克思之后思想的精髓。虽然马克思并未提出"真正解决"人类面临的诸多矛盾，但其思想蕴含着对于当下的解读和未来的期冀，包含了解决这些矛盾的意义、价值和功能，找准了解决人类面临的矛盾的大方向。如何理解人类解放内在的超越性特质，即如何逐步促使人类解放从空想到科学、从理想到现实，这是马克思早期哲学思想的真实含义。

二、中期关于社会历史理论的建构

在 1845—1859 年，马克思通过运用政治经济学、传统社会历史理

---

① 马克思恩格斯文集：第 1 卷．北京：人民出版社，2009：189．

论等批判方式，把关于人的主体性存在的哲学理解转换成关注社会发展的社会历史理论，这种社会历史理论侧重于对社会运行机制和社会变革模式的分析，即以经典唯物主义为表述形态的社会构成理论，主要包括人类社会发展的内在动力、人类社会演进的历史规律、社会经济形态更替的模式等，以此不断超越传统哲学范式的规定而逐渐实现思维意识的解放。马克思超越了之前把社会历史的发展动力归结于人的思想意识和情欲冲动的哲学家，如黑格尔、费尔巴哈等。他通过解剖典型形态的资本主义，发现了资本主义社会生产的基本特征，并创造性地推演出人类社会发展的基本规律，揭示了社会形态更替的一般规律，终结了社会历史领域的唯心主义哲学使命，将传统哲学视域中追寻人的存在的本体论意识转变为对现实存在予以革命性改造的超越性自我意识，为人们找到了通往未来幸福社会的"金钥匙"。

《德意志意识形态》标志着马克思人类解放理论开始从抽象的哲学层面落实到现实的社会历史理论层面。马克思在《德意志意识形态》中，提出了历史研究应当用"现实的人"取代那种对"抽象的人"的崇拜，并发现了生产劳动具有双重关系——人与自然的关系和人与人的关系，前者表现为一定的生产力，后者表现为一定的交往形式（生产关系）。马克思的生产与交往理论始终关注人类社会的发展趋势与解放旨趣，他认为交往形式伴随社会生产的进步而不断改变，只有当生产力获得巨大增长和高度发展时，人们之间的世界性交往才能建立起来，狭隘的地域性的个人才会真正成为具有普遍关系的个人。他从物质生产出发来展现生产过程与社会发展过程，以市民社会同国家的纠结关系作为分析社会、考察解放之路的逻辑起点。"只有在现实的世界中并使用现实的手段才能实现真正的解放；没有蒸汽机和珍妮走锭精纺机就不能消灭奴隶制；没有改良的农业就不能消灭农奴制；当人们还不能使自己的吃喝住穿在质和量方面得到充分保证的时候，人们就根本不能获得解放。'解放'是一种历史活动，不是思想活动，'解放'是由历史的关系，是由工业状况、商业状况、农业状况、交往状况促成的"①。马克思把人类解放置于历史发展之中进行考察，把人类解放作为历史活动，其思想奠基于科学的唯物史观之上。

---

① 马克思恩格斯文集：第 1 卷．北京：人民出版社，2009：527．

《德意志意识形态》之后，马克思进一步深化了唯物史观理论，立足于人的实践活动发掘人类社会发展的客观规律，提出了社会历史发展思想。如果将马克思的社会历史发展思想概括为对人类社会的横向说明和纵向阐释的话，那么，其中的社会结构理论就是对人类社会的横向说明，而社会形态理论就是对人类社会的纵向阐释。

就"横向说明"而言，马克思认为社会结构由四个基本方面组成，即生产力、生产关系（经济基础）、上层建筑和社会意识形态，并在此基础上厘清了四者之间的关系。针对蒲鲁东的《经济矛盾的体系，或贫困的哲学》，马克思在1847年撰写并发表了《哲学的贫困》，这本书全面而深刻地批判了蒲鲁东经济学方法的肤浅性、改良主义的空想性、无政府主义的荒谬性，以及在概念、范畴、历史观等问题上的唯心主义性质；明确提出了生产力是人类全部历史的基础，"手推磨产生的是封建主的社会，蒸汽磨产生的是工业资本家的社会"①。生产力、生产关系等基本概念，在此书中已经被清楚和准确地表述出来。而后，马克思在《〈政治经济学批判〉序言》中，对社会的整体结构及其各构成要素进行了精辟阐述。"人们在自己生活的社会生产中发生一定的、必然的、不以他们的意志为转移的关系，即同他们的物质生产力的一定发展阶段相适合的生产关系。这些生产关系的总和构成社会的经济结构，即有法律的和政治的上层建筑竖立其上并有一定的社会意识形式与之相适应的现实基础。"② 由此表明人类社会发展的客观规律在根本上由生产力决定，人的关系性生存方式也在生产力的发展中呈现为有规律、有秩序的进程。人与自然之间关系的总和构成生产力结构，在生产过程中结成的人与人之间关系的总和构成经济结构。马克思运用社会存在和社会意识、生产力和生产关系、经济基础和上层建筑等范畴完整地勾勒出社会结构的基本框架，并对这些基础性范畴的关系进行了规定："物质生活的生产方式制约着整个社会生活、政治生活和精神生活的过程。不是人们的意识决定人们的存在，相反，是人们的社会存在决定人们的意识。"③关于马克思对社会结构的整体思考，列宁曾经评价："第一次使人们有

---

① 马克思恩格斯文集：第1卷. 北京：人民出版社，2009：602.
② 马克思恩格斯文集：第2卷. 北京：人民出版社，2009：591.
③ 同②.

可能以严格的科学态度对待历史问题和社会问题"①。马克思在探析社会历史发展的规律中，关注人的主体自由意识与劳动生产发展的程度，论证人类社会的解放是人的自由个性和本质不断发展的历史过程。

就"纵向阐释"而言，马克思进一步剖析了各要素之间的辩证运动过程，即从动态上把握了各要素如何构成社会形态的发展，并在各要素的矛盾中把握统一，在相互作用的张力中寻求平衡。马克思从社会各要素之间的相互关系出发，将社会结构理解为矛盾关系体，认为社会形态的变更来自社会结构性矛盾的相互作用与运动。"社会的物质生产力发展到一定阶段，便同它们一直在其中运动的现存生产关系或财产关系（这只是生产关系的法律用语）发生矛盾。于是这些关系便由生产力的发展形式变成生产力的桎梏。那时社会革命的时代就到来了。随着经济基础的变更，全部庞大的上层建筑也或慢或快地发生变革。"② 社会结构各要素之间的辩证运动关系表明，物质生活的生产方式最为根本，政治生活、精神生活及整个社会历史的发展过程都受其制约甚至受其决定。为了理清人的主体自由与社会发展及其结构变动的客观性之间的关系，在《1857—1858 年经济学手稿》中，马克思从人的角度对社会形态进行了三阶段的划分："人的依赖关系（起初完全是自然发生的），是最初的社会形式，在这种形式下，人的生产能力只是在狭小的范围内和孤立的地点上发展着。以**物**的依赖性为基础的人的独立性，是第二大形式，在这种形式下，才形成普遍的社会物质变换、全面的关系、多方面的需要以及全面的能力的体系。建立在个人全面发展和他们共同的、社会的生产能力成为从属于他们的社会财富这一基础上的自由个性，是第三个阶段。第二个阶段为第三个阶段创造条件。"③ 基于人的自由与发展状况即人的解放程度的不同，马克思将人类社会划分为三大形态，即人的依赖性社会、物的依赖性社会和个人全面发展的社会。社会形态理论从时间的角度揭示了人类解放的阶段性特征及其形式外观，将人类历史的前进视为由多维社会现实因素合力所决定，并具有历史生成性形式的客观必然进程。马克思的社会形态理论与人类解放理论具有统一性。④

---

① 列宁专题文集：论辩证唯物主义和历史唯物主义．北京：人民出版社，2009：160.
② 马克思恩格斯文集：第 2 卷．北京：人民出版社，2009：591 - 592.
③ 马克思恩格斯文集：第 8 卷．北京：人民出版社，2009：52.
④ 刘同舫．人类解放的进程与社会形态的嬗变．中国社会科学，2008（3）：4 - 14.

马克思从思想关系和政治关系中觉察到了经济关系的决定作用，从经济关系和上层建筑中发现了生产力的推动作用，马克思哲学对社会历史发展的理解比之前任何一种哲学都要深刻得多。"以往的历史理论至多只是考察了人们历史活动的思想动机，而没有研究产生这些动机的原因，没有探索社会关系体系发展的客观规律性，没有把物质生产的发展程度看做这些关系的根源"①。马克思探索的人类社会发展是通过物质生产实践的基础来表现解放的必然性、现实运动的局限性与历史发展的必然性辩证统一的历程。但是，当代有些西方学者如鲍德里亚、吉登斯、福柯等，将马克思在 1845—1859 年这一阶段形成和表述的经典唯物史观思想概括为"经济主义"，认为它是人学的空场，是宏大叙事，指认其将单个主体的力量凝结成经济发展的整体效益，"无视社会生活复杂性"。这固然有马克思此时唯物史观不太成熟的原因，但其归纳只是片面截取了马克思中期阶段的思想，忽略了马克思中期思想与早期思想的关联，把马克思中期社会历史的分析视为人学空场，甚至将马克思对物质生产基础性地位的强调歪曲为对个人创造力的限制，误读、曲解了或未能体会马克思站在整个人类社会历史的思想高度来解答早期关于人的问题的真正本意，忽视了积淀在中期思想底部的关于人类解放、人之存在的哲学反思。纵观马克思中期的探索之路可以发现，他立足于现实社会矛盾进行分析，以揭示社会历史规律的唯物史观为基本内涵，在广阔的社会环境背景中，着重从社会结构和社会形态等方面探讨了人类的解放与幸福之道。

三、晚期关于实践领域的具体结论

19 世纪 60 年代及其之后，马克思将主要精力用于"实践"，侧重于实施和检验自己的理论。人类解放的深层哲学理念以及社会历史理论逐步趋向、显现为具体化的结论。翻阅马克思晚年的一系列文献，从对无产阶级革命条件、时机和策略的论述，到对原始社会、东方社会结构的分析，再到对资本主义经济运行机制的揭示等，我们发现马克思比较少用专业性的哲学术语，但我们不能把马克思晚年的论著看作与哲学无关的拓展。他的目的是，根据不同的历史条件，将其早期阶段对人之生存哲学的反思和中期阶段对社会历史理论的建构具体化为可操作的实践

---

① 列宁专题文集：论马克思主义．北京：人民出版社，2009：14.

性结论。马克思人类解放理论不满足于理论层面的逻辑论证，不断深入到人的现实生活世界中。他坚信人类社会解放的规律与人现实的实践方式密切相关，在人类生产生活实践中展露的本质力量是决定人类历史发展和整体解放的根本因素。马克思对无产阶级革命、人类学等的研究都是其哲学批判的继续和深化，是"改变世界"的哲学的内在环节和要素。此时，马克思人类解放理论进入在实践中多方面展开、在研究中日益深化和完善的互动阶段。马克思具体的可操作的实践结论内容丰富，主要包含以下两个方面：

第一，关于无产阶级革命的具体结论。马克思的无产阶级革命观是其唯物史观和革命实践的具体延伸，按照马克思的认识和思路，要使人类解放的问题得以真正解决，就必须把抽象的唯物史观落实到现实的无产阶级革命斗争的具体层面上，运用于活生生的革命事例中，从而以鲜活的经验教训总结出无产阶级革命的理论和策略。因此，马克思晚年越来越重视把自己的科学理论同具体的工人运动密切结合起来，认真总结革命成败的经验教训，进行自觉的理论反思。无产阶级革命理论作为马克思哲学反思与批判的产物，在现实的革命行动中表现为超越现代社会革命的可能形式。马克思在唯物史观和具体实践的指导下形成了一系列关于无产阶级革命和无产阶级专政的理论成果：《1848 年至 1850 年的法兰西阶级斗争》《法兰西内战》《路易·波拿巴的雾月十八日》等。为了指导工人阶级的民主主义革命，马克思、恩格斯专门起草《共产主义者同盟中央委员会告同盟书》，但无产阶级的民主革命在反动势力的联合镇压下还是以失败告终。马克思并不气馁，在《1848 年至 1850 年的法兰西阶级斗争》中又提出了"不断革命"的口号——"这种社会主义就是**宣布不断革命**"①，实现社会主义和人类解放的根本方法就是要"不断革命"，只有通过不间断的革命，才能突破现代社会将资产阶级革命视为普遍法则的思路，才能推动革命向更高阶段过渡，才能实现无产阶级专政，从而消灭一切阶级差别，创造新的属人的社会关系。② 1871

---

① 马克思恩格斯文集：第 2 卷. 北京：人民出版社，2009：166.

② 对马克思"革命取得胜利"的观点不能离开时代背景而孤立理解。在中国，"文化大革命"时期"以阶级斗争为纲"的提出与"不断革命"的口号有一定关联，在理论和实践上忽略了马克思论断的出发点和论证过程，这种在没有充分把握马克思论断的基础上，用马克思的理论指导实践曾经给中国发展带来了惨痛教训和严重创伤。

年巴黎公社革命是马克思一生中较为关注、投入精力较多的一次革命，他认为这次革命是劳动者谋求政治上和经济上彻底解放的革命，是具有世界意义的无产阶级解放事业的具体实践。通过巴黎公社革命这一具体事件，马克思在《法兰西内战》中总结了第一次"无产阶级专政"的诸多具体经验，表述为：在掌握生产力之后必须转向革命立场，必须消灭生产资料私有制和阶级对立，消灭劳动者受奴役的经济条件；必须由人民选举并可能随时罢免公职人员，实行真正的民主制和普选制；必须实行"议行合一"和坚持民主集中制的组织原则等一系列具体层面的规定。马克思在晚期阶段参加的具体实践，得出的具体结论，既是马克思唯物史观的延续，也是马克思人类解放理论在现实层面的具体应用。

第二，关于人类学等的研究结论。中期阶段的唯物史观是马克思对社会历史逻辑进行抽象概括的产物，它相对脱离了具体的历史条件，局限于资本主义这一典型形态，将资本主义社会生产方式当成窥探人类社会发展规律的参照，难以运用整体性的理性逻辑，往往囿于一种现实性的方式予以把握，这种分析方法可能导致对社会发展的某种机械性理解。马克思自身也意识到其局限性，为了弄清人类社会结构的由来，克服这一局限性以及回应质疑的声音，在巴黎公社失败后，马克思阅读了大量较为专业与具体的人类学、历史学方面的著作，不仅考察了以欧洲大陆为主体的西方资本主义社会，还认真研究了希腊、罗马、日耳曼、俄国等具体国家和民族从原始状态向文明过渡的历史情形，探讨了它们之间的差异和发展规律，写下了《人类学笔记》《历史学笔记》等。当西欧国际工人运动转向低潮时，马克思从俄国看到了人类解放事业的新希望，为了解答这一新的具体问题，他再一次俯身书案，潜心研究俄国的历史和现状，并且对东方和西方的历史文化发展做了人类学研究。马克思在晚年涉及的人类学研究的内容、地域、年代等具有复杂性和具体性，他重点考察了人类的史前史以及各个不同民族、不同文化类型在不同历史阶段演变的具体状况。马克思之所以进行从抽象到具体的转向，根本原因在于：他认为西方发展史只是人类史的一部分或一个局部，西欧资本主义也只表示人类历史发展中的一种形式或阶段，要切实地符合人类社会运行的客观规律，需要一种新的分析法则予以审视。只有通过对哲学人类学的批判性研究和对文化人类学所提供的有关史前社会材料的实证分析，把人的解放、人的自由本质的实现和人类社会关系的一系列变革以及社会形态依次更替运动结合起来进行考察，才能科学地解释人类社会古往今来的历史及其规律，才能找到实现整个人类解放的科学道路。马克思晚年转向人类学研究，他基于人类学立场理解世界，其目的旨在从人类的特性出发反思人类社会存在的矛盾以及走向自由解放的出路。他通过对史前社会生产方式的研究来分析自身对资本主义研究所得出的唯物史观基本原理的普遍性、实践性和科学性，并以史前社会来论证资本主义社会的历史过渡性与暂时性。在专业领域的研究中，马克思实现了哲学观念的批判与对具体事实的批判的统一。

有学者在论述马克思晚年笔记在马克思整个学说中的地位时指出："一种思想的形成、论证与对其进行完整的表述之间有一个相当复杂的过程；与这些表述相配套，思想家往往在此之前或之后留下大量的笔记、书摘、评注等等。这些材料有的与其思想主题关系直接，有的则存在一段距离，但却都是这种表述工作的准备或继续。而对研究者来说，这些材料往往具有更为重要的史学价值，因为从中可以寻觅到思想家通向真理之径和达到巅峰后继续前进的历程，揭示出思想产生背后的广阔背景与复杂的心理嬗变。对马克思晚年思想也应作如是观。"① 马克思晚年的人类解放理论植根于人的现实生存状况，使人类解放的理想与其逻辑展开在现实中获得了理论合法性。我们不能忽略马克思晚年对人类学等的研究，应该把马克思晚年笔记置于其人类解放理论的整体中加以认识。

马克思人类解放理论的形成是一个辩证的发展过程，具有渐进性，相应地其思想也呈现出阶段性，其中每个阶段都是整个过程的有机环节，它们既相互联系又有各自的特色。我们要不断挖掘马克思人类解放理论早期阶段的深刻内涵和本质精神，要充分理解其中期阶段对社会关系体系发展的客观规律探索而取得的成就，也要以辩证的、发展的眼光看待马克思晚期阶段思想的具体结论。特别值得强调的是，马克思并不是从抽象的现象开始"罗列"，而是从本质出发，运用从抽象上升到具体的方法分析人类解放的宏大问题，随着历史逻辑的演进、研究范畴的变化，马克思对人的思考逐渐拓展到具体的、真实的现实层面。有学者认为，马克思早期的人类解放理论具有不成熟性，姑且不去争论其早

---

① 聂锦芳.《历史学笔记》：一部未引起足够重视的马克思晚年的重要著述. 哲学动态，1995（6）：40.

期、中期、晚期思想成熟与不成熟的问题，即便早期思想具有不成熟性，我们也要尊重以及加强对这种"不成熟"思想的研究。马克思早期思想不仅开启了人类解放理论的构想，而且推动了马克思在与传统哲学思维的对话中促进人类解放理论思维的继承与发展。我们应该深入研究马克思关于人生命存在的基本观点和理论境界，把握这些思想作为其整体理论体系的环节如何辩证地统一于其中，进而深化对其人类解放思想整体逻辑和内在关联的理解。单纯强调所谓成熟阶段即马克思中、晚期的思想，很容易将其学说片面化、僵硬化与边界化。"一切思想家的意义和价值，首先在于他提出的是什么问题。"① 马克思早期阶段提出了人类社会如何发展、人类解放何以可能的根本性问题，这为哲学发展史乃至整个人类思想史开拓了崭新的方向和天地，为马克思构想的共产主义社会奠定了理论基础。人们无论是否赞同他早期阶段对问题回答所构成的学说，都无法否认他所提出的问题与命题的深刻性、正确性。

第二节　解放理论的整体性与内在结构

马克思一生涉猎广博，留下的文本卷帙浩繁，但是"人类解放"始终是其理论的核心、实践的落脚点。宏大而精深的马克思人类解放理论是一个整体，有其独特的逻辑起点、内在动力和推演进程，涉及人的思维意识解放、劳动解放以及社会关系解放等多维度的内容。要准确地把握马克思思想的整体性，应该从马克思人类解放理论内容的有机统一上进行认识。马克思人类解放理论涵涉历史唯物主义、多维度解放形式和共产主义运动三大部分，历史唯物主义是这一理论蕴含的世界观和方法论，政治解放、经济解放和文化解放等多维度解放形式是实践这一理论的根本途径，共产主义则是这一理论的根本目的。三者作为一个整体共同构成马克思人类解放理论，而以这三者为核心的相关命题则构成该理论的结构元素，它们之间相互渗透、相互补充，构成马克思人类解放理论鲜明的实践观点，将实践活动中的人当成研究对象和归宿，在理论和逻辑上具有严密性、完整性与一贯性。

---

① 杨适. 人的解放：重读马克思. 成都：四川人民出版社，1996：62.

一、现实澄明与革命改造的历史唯物主义

列宁曾深刻地指出，马克思特别强调"历史"的唯物主义[1]，这表明历史唯物主义作为马克思人类解放理论三大部分之一的关键之处在于：历史唯物主义不只是唯物主义的历史观，也不只是一种历史哲学，而是揭示出人的历史实践性存在的唯物主义哲学，是一种根本的世界观和方法论。历史唯物主义中的"历史"，强调"历史"是作为唯物主义的理论根基和解释原则，而不是作为其研究领域或解释对象。马克思将"历史"作为最高的范畴纳入西方唯物主义哲学传统，摒弃了将人类社会归结为精神因素主导其发展的历史唯心主义观念，他所阐释的"历史"方法是用研究经济学的历史观念和方法，旨在突出社会发展的历史是建立在物质生产的基础之上的。人类社会不再被理解为某种抽象实体，而是被把握为由历史实践规定的存在关系和存在方式。时空中的一切感性存在物都绝不是始终如一的抽象实体的显现，而是历史实践的产物。从历史唯物主义的角度看，自然也是历史性的，是"人化的自然""历史的自然"，如马克思所指出的："在人类历史中即在人类社会的形成过程中生成的自然界，是人的**现实的**自然界；因此，通过工业——尽管以**异化**的形式——形成的自然界，是真正的、**人本学的**自然界。"[2]历史是以"对象性的实践活动"来规定的，世界不过是人对象化的本质力量的展示，"对象性的实践活动"具有与理论相对的现实原初性，所以，历史成为马克思人类解放理论的原点或自明性前提，而历史唯物主义就是这一理论的根本方法论，是对现实世界的澄明。

历史唯物主义不仅解释了世界的存在内容、存在关系和存在方式，而且作为无产阶级的科学理论和意识形态，彰显了认识世界发展的向导性以及如何改变世界的实践革命性。正是凭借历史唯物主义以现实社会存在为基本载体的方法论，马克思对人类解放的现实性的认识得到进一步深化。

首先，历史唯物主义是"关于现实的人及其历史发展的科学"[3]，

---

[1] 列宁专题文集：论辩证唯物主义和历史唯物主义．北京：人民出版社，2009：115 - 116.

[2] 马克思恩格斯文集：第1卷．北京：人民出版社，2009：193.

[3] 马克思恩格斯文集：第4卷．北京：人民出版社，2009：295.

是探索历史发展真理的方法。摒弃主观的道德诉求和价值理念，通过对作为对象化实践结构的"生产方式"范畴的阐述，透彻地把握复杂的社会现实，客观地描述人类的历史运动，是在人类解放理论体系的视野下展开对各种历史事件和历史现象的科学叙事的基本路径，历史唯物主义是以"自然科学的精确性去研究群众生活的社会条件以及这些条件的变更"①，从而把"经济的社会形态的发展理解为一种自然史的过程"②。历史唯物主义方法推动马克思从政治经济学的视域把握资本主义社会的生产和交往活动，使他认识到资本关系在维系现代社会生产发展中的决定性作用。

其次，历史唯物主义"把伟大的认识工具给了人类，特别是给了工人阶级"③，是无产阶级积极改造世界的理论武器。人类通过社会实践活动改变历史、创造历史，彰显自身在历史中不断自我创造的实践本性，在整体的历史中获得自身的解放。马克思曾指出："理论一经掌握群众，也会变成物质力量。理论只要说服人［ad hominem］，就能掌握群众；而理论只要彻底，就能说服人［ad hominem］"④。历史唯物主义就是最彻底的理论，也只有它才能说服无产阶级，成为无产阶级的意识形态，确立无产阶级在历史发展过程中的主体性地位，从而阐明历史进程中主客体之间的辩证关系，揭示作为历史主体性力量的无产阶级与作为历史客体性力量的生产方式之间的相互作用。而历史唯物主义的理论和方法以无产阶级通过自身劳动实现解放的深切眷注为最高价值指向，因此，只有无产阶级才能对历史唯物主义的思想精髓产生真切的认同并在现实行动中加以运用与发展。

然而，科学理论与意识形态的双重属性使得历史唯物主义备受误解：或过分地强调主体自身的理性力量，最终陷入历史唯心主义；或被理解成机械唯物主义、庸俗唯物主义。作为支撑人类解放理论之根本方法的历史唯物主义，在对社会现实的澄明与革命改造中所呈现的科学理论与意识形态的双重属性，是其内在逻辑和张力的充分表现。通过历史唯物主义，马克思将科学的真理性与哲学的价值性统一起来，既从描述

---

① 列宁专题文集：论辩证唯物主义和历史唯物主义．北京：人民出版社，2009：336.
② 马克思恩格斯文集：第 5 卷．北京：人民出版社，2009：10.
③ 同①335.
④ 马克思恩格斯文集：第 1 卷．北京：人民出版社，2009：11.

社会历史发展客观进程的角度说明无产阶级的历史地位，又从论述无产阶级历史使命的角度达到对整体社会发展的科学阐明。一方面，马克思用历史唯物主义的"科学的真理性"批驳了忽视历史发展的客观性、只强调社会现实的伦理特性的历史唯心主义，论证了人类社会发展的自然历史特性；另一方面，马克思运用"哲学的价值性"拒斥将历史的发展完全描述为经济运行规律或宿命论的机械唯物主义，保留了价值性是对认识与改造社会现实的规约性这一伦理原则。历史唯物主义作为方法论不是纯粹的社会认识工具，它还强调无产阶级对社会现实的革命改造负有价值理性责任。"科学的真理性"是历史唯物主义对世界的"实然"描述，而"哲学的价值性"是其对世界的"应然"论断。所以，无产阶级在认识与改造世界的过程中，不仅要通过对社会现实的澄明来审慎地预测可能的结果、谋划实现目的的手段，而且必须彻底地贯彻其追求人类解放的意志。通过对无产阶级运用历史唯物主义来通向解放路径的论证，马克思已然超越了历史唯物主义创立时回避传统哲学思辨逻辑的弊端，确立了自身独特的价值话语。历史唯物主义既是关于社会现实的知识或思想体系，同时又在对人类解放进程的叙事中确立了无产阶级的绝对价值性，从而使对世界的"实然"描述与"应然"论断在整体的历史运动中达至统一，论证了人类解放的真理性与价值性的辩证统一，显示了人类解放理论的科学理性与人文品质。

二、人类解放实现途径的多维度形式

历史唯物主义奠定了人类解放理论的方法论根基，使马克思能够据此解剖和分析社会历史的内在结构及发展进程，阐释资本主义物化的社会关系及现成世界的对立冲突，并在市民社会的阶级矛盾与阶级冲突中寻找人类解放的根本路径。在马克思看来，受社会历史条件的制约，人类解放并不是一蹴而就的历史活动，它需要经历不同层次与阶段的历史发展，通过社会分工和交往实践促进世界范围内的生产力不断扩展，并创造出多维领域中发展的新需要和新内容。人类解放将具体内化为政治解放、经济解放和文化解放等向度的解放形式。这些解放形式作为人类解放理论的元素，受到马克思的充分重视。在马克思对社会现实的唯物史观考察中，他既没有脱离政治解放、社会解放和劳动解放的时代要求，也没有囿于政治解放、社会解放和劳动解放的叙事框架，而是着眼

于从多维度解放到人类总体解放的路径阐述，辩证地审视多维度解放
与人类总体解放之间的内在张力和历史转换，从而把推进社会现实向
前发展的出发点和基本思路合理地纳入人类解放的价值目标，凭借对
社会现实中的现象与本质、感性与理性等矛盾关系的分解，表达人的
现存社会关系不断解构和重建的需要，并通过政治解放、经济解放和
文化解放的具体实践路径来为人类解放的实现创造条件，最终达到人
类全面解放。

对马克思来说，着眼于从多维度解放到人类总体解放的路径阐述，
必须对政治解放、经济解放和文化解放的内涵与局限做出严谨客观的
阐明。

在 1843 年的《论犹太人问题》中，马克思在批判鲍威尔的基础上，
系统地阐述了政治解放的本质与局限。政治解放是资产阶级政治革命即
市民社会革命的结果，是"同人民相异化的国家制度即统治者的权力所
依据的旧社会的**解体**"①。旧的市民社会是封建主义性质的社会形态，
直接具有政治性质，它的生活要素以各种形式上升为国家的生活要素，
并以这种形式规定了单一个体与国家整体的关系。但是，政治革命消灭
了旧的市民社会的这一政治性质，展开了建立理想国家的政治解放构
想，政治解放促使了封建专制制度的灭亡，使市民社会与政治国家相分
离，重新确立了个体与国家的关系。马克思肯定了这一解放形式的历史
意义："**政治**解放当然是一大进步；尽管它不是普遍的人的解放的最后
形式，但**在**迄今为止的世界制度**内**，它是人的解放的最后形式。不言而
喻，我们这里指的是现实的、实际的解放。"② 同时，马克思也尖锐地
指出了政治解放的历史局限：政治国家尽管与市民社会相分离，但却无
法压制自己的前提——市民社会及其要素，政治国家的建立仍然需要重
新承认、恢复和服从市民社会的统治，由于市民社会的经济本质以及经
济的决定性作用，市民社会取代了原来国家所拥有的统治地位而主宰国
家，国家被迫沦落为市民社会的附庸。因此，通过政治革命达到的解放
不过是挣脱了"人的依赖关系"的历史阶段，转而进入了"**以物的**依赖
性为基础的人的独立性"的发展阶段，实质上走向了以资本主义生产为
支配力量的新的束缚。政治国家"只有同自己的生活条件发生**暴力**矛

---

① 马克思恩格斯文集：第 1 卷. 北京：人民出版社，2009：44.
② 同①32.

盾，只有宣布革命是**不间断的**，才能做到这一点，因此，正像战争以和平告终一样，政治剧必然要以宗教、私有财产和市民社会一切要素的恢复而告终"①。对政治解放路径之局限性的揭示必将转向对市民社会的批判，这就客观要求实现更彻底的解放。

无产阶级在政治上受奴役被压迫的根源是经济上处于被支配地位，"工人阶级的经济解放是一切政治运动都应该作为手段服从于它的伟大目标"②。社会阶级的产生和存在，少数人对多数人的统治或物对人的统治，归根结底都是社会生产力不发达的结果。政治解放是为了实现经济解放，生产力的发展赋予资产阶级经济的执掌权，为经济解放奠定了物质基础。经济解放以社会生产力为中心，通过采用多种有效方式和措施，实现社会生产力的持续发展和全面进步，逐步消除由社会生产发展不足而造成的人与人之间的事实的不平等，最终达到消除因之而引发的人对人的统治的根源。人类要消灭阶级统治和私有制度，实现真正的平等原则，最根本、最重要的是要创造高度发展的物质基础和高度发达的社会文明。马克思、恩格斯在《德意志意识形态》中就批判了巴贝夫的粗陋"共产主义"，指出共产主义的实现"是以生产力的巨大增长和高度发展为前提的"③。马克思在谈到人类解放的物质生产力和社会发展水平的标准与目标时说："自由王国只是在必要性和外在目的规定要做的劳动终止的地方才开始；因而按照事物的本性来说，它存在于真正物质生产领域的彼岸"④。消灭物对人的统治，不光要依赖物质的发展，而且要有以人为中心的社会全面进步，只有真正实现了这些物质条件和社会发展条件，促使自由民主制度在社会结构和社会关系中得到全面贯彻，保证生产资料和劳动成果为全体劳动者所共同占有，人最后才能真正摆脱物对人的统治。人类最终能创造出最大限度地缩短工作时间的一切社会条件，逐步接近或达到消除物对人的统治的状态。经济解放必然导致人自身的解放，使人类真正实现从必然王国到自由王国的飞跃。

马克思认为，我们还需要从现实的经济关系入手克服文化活动的异

① 马克思恩格斯文集：第1卷．北京：人民出版社，2009：33.
② 马克思恩格斯全集：第21卷．北京：人民出版社，2003：16.
③ 同①538.
④ 马克思恩格斯文集：第7卷．北京：人民出版社，2009：928.

化，在经济解放中实现精神文化领域的解放。马克思对现实的资本主义社会的批判并不局限于政治上、经济上的批判，也并非仅着眼于揭露资本主义生产关系的弊端，而是深入资本主义文化层面，在政治经济学领域探寻文化异化展开的奥秘，通过文化批判为无产阶级建构精神世界奠定基础。资本主义市民社会的诞生、发展，使得人类生存领域的分野和相对独立性日益明显，也使得权力和资本逻辑对人类生存的影响逐渐增强。人类文化受到资本的蔑视而成为商业操作的对象，并为资本所奴役，即人类囿于资本发展的主观偏见来把握文化发展的方向，必然陷入资本文化意识的封闭空间而无法把握解放的历史必然。货币拜物教阻碍了人的精神世界的进步，成为建构新的社会意识的障碍，从而成为人类文化进步的桎梏。文化解放就是要抵制文化的平庸化和克服人之异化的加剧，从而建构无产阶级的阶级意识。

正如英国学者伯尔基所言："在马克思思想中，人类解放的第三个维度是精神解放。这一点也许最难理解，或者最容易被低估，但对马克思而言，它却是整个解放过程的关键，是另外两个维度（人与自然的关系的解放和人类社会范围的解放。——引者注）及其宏伟巅峰的知识基础和前提。它的本质是对人这一物种的道德自由和自足的全面理解——而且是有意识的经验——即懂得理性的人类在自然及社会关系中如此这般的自由、自创、自决，同时认识到整个宇宙没有一个外来的超越者。"[1] 文化解放也许未能彻底改变权力和资本的逻辑，但却可以抨击统治者的文化压制和精神束缚，动摇这种逻辑的基础。由于文化解放增强了文化反思人类生存经验之前提和条件的能力，突破了市民社会金钱至上观念和利己主义原则对精神文化的支配，人类才能不断通过文化解放实现自我批判和自我提升。在权力和资本之外设定相对独立的监督、制约力量，从而提高无产阶级的文化素养与革命智慧，使其始终对现存社会之生产方式保持革命的立场和重构的价值导向，并激发出改造资本主义社会的革命热情，建构新的社会意识，最终形成无产阶级的意识与实现自身解放的文化话语权。文化解放表征的是一个新的可能世界，一个能够给予我们希望的世界。

马克思的人类解放理想始终主题鲜明——将人类从现实的束缚中解

---

① 伯尔基.马克思主义的起源.伍庆，王文扬，译.上海：华东师范大学出版社，2007：8.

放出来，建立共产主义社会，实现人类的彻底解放。这个过程包括政治解放、经济解放和文化解放等维度。在政治解放的前提下，人类彻底解放还需要社会生产力的高度发展和社会精神文明的高度进步。政治解放在与经济解放、文化解放的互动中实现人类解放。辩证地审视多维度解放形式与人类总体解放之间的关系，我们必须明确：在唯物史观的视域中，社会历史的发展具有客观性、规律性和阶段性，社会经济形态以及与之相应的社会政治形态的发展，都包含了不可取消的、合乎规律的、不可超越的各个历史阶段。政治解放、经济解放和文化解放作为实现人类解放的具体化路径，构成现实历史具体的总体性形态，成为内在于社会存在与发展的规定和限定因素，是人类从"物的依赖性"到"自由个性"的历史转换，是经由社会现实的变迁凸显出来的人类自然史道路，它们作为马克思人类解放理论的元素，反映了人类解放的层次性，并与历史唯物主义一起构成一个整体，将历史的科学叙事指向共产主义。

三、以自由个性为目的的共产主义运动

共产主义作为马克思人类解放理论的现实指向，是由历史唯物主义的双重属性（科学理论和意识形态）与多维度解放形式共同支撑的，这三者相互渗透、相互贯穿地架构起马克思人类解放理论体系。作为马克思人类解放理论的根本指向和根本目的共产主义，是一场总体性的历史转变运动，是人在批判与革命的实践中形成的社会历史总体。总体性的历史运动不仅在生产方式和制度组织等物质形态层面将发生颠覆性的改变，而且在价值理念和心性结构等精神气质层面也将焕发出全新的面貌。马克思对共产主义这一社会和心灵全方位秩序转变运动的阐发，集中凝聚在对"自由个性"的物质保障分析和理论构想之上。马克思认为，共产主义运动所要实现的"自由个性"是人类社会发展的第三大形态的表征，是人类最大的历史转变，即从纯粹自发的发展阶段转变到自觉的完善阶段，从物对人的统治阶段转变到人对物的自由支配阶段，从"必然王国"转变到"自由王国"。人的解放成为立足于人的存在及现实实践基础之上的共产主义的内在需要。"马克思把共产主义看作是否定社会生活所有异化和对抗形式的一个历史过程，根本没有把它同某种绝对的、更加完备的社会发展体制联系在一起。而过去和现在的很多空想

家们的缺点恰恰就反映在这一点上。"① 马克思人类解放理论所指向的终极目的——共产主义不是某种僵化的、死板的制度组织，而是一个不断变化、革新的历史过程。在这个历史过程中，共产主义作为科学性的社会理想，表征合目的性和合规律性的社会结构安排，在对现实的反思中促使人们不断生成一种立足历史、面向未来的思想意识；共产主义作为伦理性的道德理想，表征合乎人性的"自由个性"模式，在人的劳动实践中彰显有意识的生命存在和自由自觉的需要。其中，社会结构安排是"自由个性"模式实现的物质保障，"自由个性"模式是社会结构安排的理论构想。这个转变过程既具有科学真理性，又富含价值理想性；既需要客观的物质生产的飞跃，也需要主观的心性气质的革新。

在马克思看来，"自由个性"作为共产主义运动的目标，只能以高度发达的社会生产力为基础，并且这种生产力的发达不是地区和民族的现象，而是具有世界历史性的现象，否则"就只会有**贫穷**、极端贫困的普遍化；而在**极端贫困**的情况下，必须重新开始争取必需品的斗争，全部陈腐污浊的东西又要死灰复燃"②。资本主义是处于"必然王国"阶段的社会形态，在其社会关系中，机遇和竞争占绝对的统治地位，大多数人与生产方式是异化的关系，从事的是外在目的规定性的劳动。马克思主张消灭资本主义私有制，因为在他看来，正是资本主义私有制导致了阶级的对立与不平等、剩余价值的剥削、资本统治等，私有制是所有这些问题的总根源，他详尽、深入的分析阐述都主要集中在对资本主义社会的批判上。随着社会生产力的世界历史性发展、对资本主义私有制的彻底否定以及共产主义所有制的确立，生产力作为人类的社会力量，将不再是个人压迫、剥削和奴役他人的手段，而成为社会的人的自身力量。"这种无情的社会劳动生产力才能构成自由人类社会的物质基础"③，从而奠定人类社会向"自由王国"飞跃的可能性。马克思开始勾勒社会主义或共产主义理论，"现实的人"的自由联合也进入人类的实践视野。因此，共产主义不仅是关于人类社会未来形态的具体描画，而且是对现实的人实现自我发展和解放的深刻洞悉。

---

① 鲍·斯拉文 . 被无知侮辱的思想：马克思社会理想的当代解读 . 孙凌齐，译 . 北京：中央编译出版社，2006：50.

② 马克思恩格斯文集：第 1 卷 . 北京：人民出版社，2009：538.

③ 马克思恩格斯文集：第 8 卷 . 北京：人民出版社，2009：469.

　　透过马克思对"自由个性"物质基础的分析可以发现，其根本的指向是劳动者的解放。"自由个性"物质基础的积累过程也是社会结构的转变过程与人的精神气质等内在结构的历史性生成过程。马克思认为，在"必然王国"的社会形态中，个人是原子式的分散个体，个人的劳动是自发的、被迫的，个体之间的自发交往与联系所产生的社会力量对人来说是一种异己的力量并与人自身对立。而社会生产力发展到极高程度，物质资料极度丰富时，"自由时间"就会出现，在这种客观条件下，从前被异化的个体将得到解放，人存在的世界、国家和社会的异化性质将被彻底扬弃，植根于人的感性-对象性活动中的自由本性将被唤醒，自主的活动将成为人类生命的自由自觉的本质，人们将在全新的社会形态中转变为完整的和全面发展的人。从"必然王国"向"自由王国"的转变过程，不仅是生产方式、制度组织的转化，而且是人自身的焕然一新，是人的精神气质等内在结构的革新。在"必然王国"的国度里，由于资源的有限性、资源分配的多元性与复杂性，利己主义成为"偶然的个人"即原子式的异化的人无法克服的缺陷，其生存和发展的利益需要导致竞争成为其核心价值理念；在"自由王国"的国度里，个人得到全面发展从而成为有"自由个性的个人"，他们是社会化的人，是以人为核心价值理念联合起来的劳动者，人类社会共同体的高度发展将促使人的需要和能力体系的不断丰富，"自由人联合体"这一理论构想成为真正的社会现实。在共产主义社会中，人的存在直接成为感性意识的对象，"偶然的个人"向着有"自由个性的个人"转化的过程，是一个历史事实。因此，共产主义不仅是全新的社会结构的生成，而且是全新的人的历史性生成。

　　历史唯物主义、多维度解放形式和共产主义是马克思人类解放理论的核心元素，三者作为一个整体，环环相扣，紧密关联。离开历史唯物主义的指导，就无法明确多维度解放的阶段性和层次性，对共产主义的认识也会蜕变为乌托邦式的幻想；如果不承认多维度解放形式是人类社会的政治革命和社会革命中不可逾越的阶段，就会坠入历史唯心主义的泥潭，产生躁动冒进的平均共产主义运动；无视共产主义这一社会实践的根本目的的指引，关于历史唯物主义和多维度解放形式的探索与践行就会失去科学的目标和方向，"遗失"其崇高的意义和价值。历史唯物主义和多维度解放形式呈现了人类解放的鲜明的实践意蕴，构成了共产主义理想的理论与现实基础，为共产主义社会实现人类解放的趋向提供了深层的理论合法性解释。割裂和分离马克思人类解放理论中的任何元素，都会使它丧失自身原有的性质，导致对它的曲解，也必定不可避免地对其实现方式带来消极影响。

下　编

解放理论的时代变奏
——探寻马克思思想的历史谱系

第六章　总体性解放道路的求索

马克思人类解放理论自诞生以来，既受到各种理论的追问，也不断接受社会实践的检验。随着社会的发展，面对新的社会问题与现象，研究者始终秉持着批判的精神，从多维角度阐释马克思人类解放理论及其现实意义，在深入研究现实社会特征的基础上，试图解释和解决新时代的社会问题，以寻求人类解放理论的继续发展和创新性的实现方式。具体而言，对 20 世纪初革命社会的反思与批判，以列宁的社会主义革命和建设理论、卢卡奇反对物化的总体性辩证法思想、葛兰西的领导权理论、布洛赫的希望哲学体系为代表；对古典资本主义工业社会的生产劳动异化、制度批判，以马尔库塞的单向度社会批判理论、哈贝马斯的公共生活交往理论、鲍曼的理性解放思想、福柯的微观权力理论、德里达的解构主义理论、拉克劳与墨菲的激进多元民主理论为代表；对现代资本主义社会的消费文化异化、技术异化、意识形态批判，则以列斐伏尔的日常生活批判理论、鲍德里亚的消费社会批判解放策略、芬伯格的技术微政治学理论、哈维的空间解放构思、齐泽克的意识形态批判为代表。

总体来说，研究者们对马克思人类解放理论存在不同看法。他们对马克思人类解放理论的研究与探讨，无论是肯定还是否定，支持还是诋毁，都抱有并保持试图改变社会生活、实现人类解放的"实践旨趣"，尝试将自身的理论观点与被证明的马克思的解放学说糅合起来论述，从而建构自身的解放思想话语。对代表性人物的思想的学术探索，有利于在对话碰撞中进一步拓展马克思人类解放理论的问题域，厘清马克思人

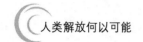

类解放理论的实质精髓，对于促使马克思人类解放理论与后世研究者的解读在思想实质上的相互贯通具有重要的现实指导意义。本章探讨的是列宁以及早期西方马克思主义的代表人物卢卡奇、葛兰西、布洛赫对马克思人类解放理论的思想延伸。

第一节　列宁对解放理论的思想推进与革命践行

列宁虽然生活和战斗在不同于马克思、恩格斯的历史时代，但能够正确把握马克思、恩格斯思想的精髓，始终运用其理论，批判资产阶级和修正主义哲学，并在总结帝国主义和无产阶级革命实践、民族解放斗争之新经验的基础上，阐述了在落后国家建立社会主义的可能性，创造性地丰富和发展了马克思人类解放理论。列宁不仅在理论上造诣高深，而且在现实中也躬身践行了马克思人类解放理论。他是布尔什维克党的创立者、苏联的缔造者，被全世界共产主义者广泛认同为全世界无产阶级和劳动人民的伟大革命导师和领袖。列宁的民族解放运动理论、无产阶级革命理论凝聚着他艰辛探索人类解放道路的心血和汗水，从对马克思人类解放理论的探讨到自身提出的创新性理念，它们之间具有不断深化的内在关联，是一笔宝贵的思想财富，在当今仍然焕发出万丈光芒。

一、对马克思解放理论的自信自觉

列宁对马克思人类解放理论充满了坚定的理论自信，在理论自信的前提下，他坚持通过无产阶级的实践证明人们具备走向马克思所指明社会形态的可能，不断地自觉推进和丰富了马克思人类解放理论。

第一，列宁始终以理论自信的态度，坚决捍卫马克思人类解放理论，理论自信构成了列宁自觉推进马克思人类解放理论的前提。马克思人类解放理论以"每个人的自由全面发展"为己任，是共产主义世界观，也是建立在唯物史观和剩余价值学说两大理论基础之上的科学。列宁总是以理论自信的态度毫不留情地批判曲解、背叛马克思主义的行为，与诽谤马克思主义或歪曲工人政党政策的各种言行做斗争。19世纪90年代，随着国际工人运动的发展和俄国革命历史进程的推进，俄国自由主义民粹派思想泛滥，不断制造"马克思主义破灭"

的潜语谰言：散布十月革命短命的"早产论"，主张思维经济原则的"马赫主义"，主张自发性的"经济主义"，宣传马克思主义无用论的"伯恩施坦主义"，瓦解工人运动的"取消主义"，在领导权上反对无产阶级领导的"孟什维克主义"，为帝国主义战争辩护的"沙文主义"，倡导超阶级的"考茨基主义"，等等。在如此复杂严峻的情况下，列宁同它们进行了长期的、反复的较量。他在理论上坚信，无产阶级政党及其群体是理论自信的主体，认为促使人民群众实现马克思主义理论自信是无产阶级理论自信的根本目标。在人类思想史上，"只有马克思的哲学唯物主义，才给无产阶级指明了如何摆脱一切被压迫阶级至今深受其害的精神奴役的出路。只有马克思的经济理论，才阐明了无产阶级在整个资本主义制度中的真正地位"①。而"现代历史的全部经验，特别是《共产党宣言》发表后半个多世纪以来世界各国无产阶级的革命斗争，都无可争辩地证明，只有马克思主义的世界观才正确地反映了革命无产阶级的利益、观点和文化"②。列宁一直都以理论自信的态度捍卫马克思主义世界观，实质性地开创了马克思人类解放理论的具体实践进程。他认为，沿着马克思人类解放理论的道路前进，"我们将愈来愈接近客观真理（但决不会穷尽它）；而**沿着任何其他的道路**前进，除了混乱和谬误之外，我们什么也得不到"③。他在同各种社会思潮论战中，始终坚信马克思的理论特别是人类解放理论的科学性，始终坚持同论战对手做激烈斗争。正是基于对马克思人类解放理论的高度自信，列宁自觉推进并发展了马克思人类解放理论。

第二，列宁在理论自信的前提条件下，进一步完善和发展了马克思关于落后国家人民解放的思想。马克思曾提出关于落后国家人民解放的著名理论——跨越"卡夫丁峡谷"思想。跨越"卡夫丁峡谷"思想的核心内容是：落后的俄国社会如何避免资本主义发展道路而在生产方式上实现跨越，即俄国要依靠欧洲社会主义革命胜利之后进行社会革命，并按照社会主义生产方式来实现生产力的发展，完成向社会主义和共产主义社会的过渡。在跨越"卡夫丁峡谷"思想形成的过程中，马克思的思想发生了三大转变："研究视角从国家民族层面到经济社会层面的转变，

---

① 列宁专题文集：论马克思主义. 北京：人民出版社，2009：71.
② 列宁专题文集：论社会主义. 北京：人民出版社，2009：167.
③ 列宁专题文集：论辩证唯物主义和历史唯物主义. 北京：人民出版社，2009：50.

对俄国革命的预期从外生到内生的转变，以及作为前两个转变的结果，对俄国农村公社的评价从消极到积极的转变。"① 但是，随着欧洲社会主义革命的逐渐退潮，马克思关于俄国人民解放的战略思想没有实现，俄国社会发展道路并未完全挣脱资本主义生产方式而直接进入社会主义社会。列宁意识到，由于欧洲国家工人经济地位的提高，工人阶级的革命意识开始淡化，在庸俗马克思主义思想的影响下难以形成对俄国资本主义的真实批判及其革命任务特殊性的深刻认识，在欧洲资本主义国家实现社会主义革命是不可行的。那么，落后国家人民争取解放的革命就要搁浅吗？对此，列宁在对马克思关于落后国家人民解放思想自信的基础上，敏锐地意识到，革命可以而且只能在资本主义的薄弱环节爆发，即在被剥削的落后国家实现，提出并证明了在落后国家通过自身创造条件以实现革命任务的可能性。而沙皇俄国是帝国主义国家体系的组成部分，是一切矛盾的"焦点"，资本家剥削和地主压迫相结合，使俄国人民遭受着比其他国家人民更为残酷的压榨，使之对解放的渴求比同时代任何国家的人民都更强烈。正是在这种时代背景下，列宁突破了自己的传统认识，逐步扬弃了马克思"跨越论"中与变化了的实际不相符的欧洲社会主义革命主导论的观念，发展了马克思关于人类解放的非资本主义道路的理论，在理论上创造性地提出了"一国胜利"论，以及先进行革命再发展社会经济的创新理论，在哲学高度上论证了落后国家率先进入社会主义的可能性，推进了马克思关于落后国家人民解放的思想。

第三，列宁以自身独到的见解发展了马克思关于实现人类解放具体方式的思想。仔细研究马克思文本，我们发现马克思本人很少对反抗形式进行具体的说明。马克思将人类解放方式的问题都聚焦在如何利用危机孕育"革命时机"上，即当资本主义发生危机时，要通过群众实践达到自我转变和自我解放，而他对人类解放主观力量问题谈及较少。对于这种理论"沉默"，列宁以自己独到的见解阐述了从反抗到革命的问题，他强调通过先锋政党、理论甚至国家政权来赋予反抗的具体形式，即无产阶级政党对自身政治任务和实现劳动人民解放使命的认识与践行。这种认识与列宁对当时苏维埃在革命形势中的角色分析有直接关系。苏维埃临时政府在 1917 年面临双重可能性：要么成为全国劳动人民的政权

---

① 胡刘，关雷. 马克思"跨越"理论形成中的三个转变及其方法论意义. 西南大学学报（社会科学版），2019（4）：47.

机关，要么成为资本主义统治制度下的机构，即必须在"一切权力归苏维埃"和"革命退缩"两者之间做出选择。列宁认为，苏维埃只有在取得全部国家政权后才能真正发育起来并发挥全部的潜力，否则就会无所作为。在列宁看来，问题的核心不再是促使反抗转变成革命，而是要完成阶级斗争的自发层面到先锋政党和国家政权层面的"质的跨越"①，通过先锋政党和国家政权等革命力量将群众的反抗情感作为斗争的起点，赋予其情感一种意识和方向指导，推动斗争向前发展，促进形成具有革命和统一认识的无产阶级政党，进而取得革命胜利。

二、在革命与建设中践行解放理论

列宁不仅理论上造诣高深，而且在现实中躬身践行马克思人类解放理论：1903 年创建了新型的、战斗型的俄国马克思主义政党；1917 年领导的布尔什维克武装力量推翻了资产阶级临时政府，建立了苏维埃政权；在无产阶级政党的领导下，增强工农群众的政治意识以领导他们展开对统治阶级的现实革命，以及领导俄国人民进行前无古人的社会主义建设探索，等等。列宁在革命实践上同样秉持马克思主义的实践本质，并在此基础上进行了拓展。

第一，发动武装起义，取得十月社会主义革命胜利，在世界性范围内缔造了劳动人民在国家中居主人翁地位的无产阶级政权，把马克思对社会主义社会的理论构想变为现实，率先带领俄国人民走上解放之路。基于对第一次世界大战前后世界社会发展特征的认识，他提出要依靠工人阶级的力量，广泛发动工人阶级彻底反抗和推翻整个资本主义社会制度。列宁指出，在 20 世纪初的俄国，自然经济的旧制度让位给商品生产，资本主义生产方式愈来愈占统治地位，人民分化为资产阶级和无产阶级，无产阶级被压迫、被奴役、被剥削的生存状况不断加深。社会生产力大力发展的同时，发展所带来的利益却为极少数人所垄断，使得社会不平等现象加剧，阶级之间的鸿沟进一步扩大和加深。社会的不平等状况、资产阶级和无产阶级矛盾的存在，严重阻碍着生产力的发展。在1899 年的《我们党的纲领草案》中，列宁肯定"劳动解放社"起草的纲领对无产阶级革命任务的明确规定，标明人类解放问题的关键是社会

---

① 伊莱纳・韦帕莱利. 马克思与列宁论危机、反抗与革命时机. 张春颖，编译. 马克思主义与现实，2011（3）：66-71.

制度问题，俄国人民悲惨生活的根源就在于资本主义制度。无产阶级已然具备夺回抑制剥削者的一切反抗权力的需要和能力。只有通过无产阶级革命，建立社会主义制度，工人阶级及整个人类才能获得解放。"工人阶级要获得真正的解放，必须进行资本主义全部发展所准备起来的社会革命，即消灭生产资料私有制，把它们变为公有财产，组织由整个社会承担的社会主义的产品生产代替资本主义商品生产，以保证社会全体成员的充分福利和自由的全面发展。"① 列宁坚信，只有社会主义制度才能从根本上实现人类解放。因为从生产力的角度看，"社会主义能创造新的高得多的劳动生产率"②，从生产关系的角度看，社会主义"制度是正确的，劳动和粮食的分配是公平的"③。十月革命以震撼人心的轰鸣响彻整个俄国，真正代表大多数被剥削者利益的社会主义制度由此诞生，它既是高效率的，又是公平正义的。关于落后国家怎样率先走上社会主义道路、建立社会主义制度的构想，为厘清社会主义形式的多样化、复杂性及其通向共产主义社会的长期性等问题赋予了新的认识境界。

第二，十月革命后，列宁遵循马克思人类解放理论，开始领导本国人民进行社会主义建设。列宁认真研究了无产阶级政权在被资本主义国家包围下建设社会主义的方式。他认为，在唯一的无产阶级专政已经胜利的国家内建设社会主义具有可能性。把可能变为现实的具体方案为：首先，发挥人民群众的主观能动性，调动他们投身社会主义建设的热情。劳动人民因为摆脱了资本和资本家的束缚与控制而得到解放，成为自己的主人，劳动热情高涨。"每个赶走了资本家或者至少是用真正的工人监督制服了资本家的工厂，每个赶跑了地主剥削者并且剥夺了他们土地的农村，现在而且只有现在才成了劳动者可以大显身手的场所"④。列宁提醒无产阶级必须将自身的政治运动和革命任务提升到头等重要的地位。其次，在革命过后，列宁带领布尔什维克政党及时把改革提到日程上来。为了把俄国劳动人民从贫困、屈辱的悲惨现实中解放出来，列宁在俄共（布）第十次代表大会上，特别要求所有党的机关和苏维埃机

---

① 列宁专题文集：论社会主义. 北京：人民出版社，2009：381.
② 同①151.
③ 列宁全集：第 36 卷. 北京：人民出版社，2017：356.
④ 同①54.

关应立即采取相应措施，竭力改善工人的生活状况，减轻他们的困难。

在领导苏联人民进行社会主义建设的实践中，列宁对人类解放的认识不断从理想贴近现实，尤其是其晚年的政治脉搏已经与历史车轮同步。在和平时期，曾经出现继续执行"战时共产主义"的错误倾向，列宁及时进行了调整，改变了他之前对社会主义和市场经济关系的错误看法，并提出实行"新经济政策"，为巩固无产阶级政权和建立社会主义制度奠定了坚实的物质生产基础。在实施新经济政策、建设社会主义构想的基础上，列宁从许多方面开始接触和摸索逐步实现人类解放的规律，主要包括：意识到实现社会主义过程的长期性与艰巨性；重新认识如何建设社会主义的问题；社会主义的首要任务是发展生产力和提高劳动生产率；鼓励和允许多种经济成分同时存在。① 列宁找到了通过国家资本主义向社会主义间接过渡的有效途径，强调必须巩固和发展工农联盟，为实现劳动解放和社会生产力的发展奠定基础，架起了人类解放理想与现实之间的桥梁。作为革命的无产阶级政党的领袖，列宁为将工人阶级从被剥削状态下解放出来的事业铺平了道路，突出无产阶级政党将政治任务和解放使命引向深入的历史必然性，强调无产阶级政党对无产阶级的领导，并依据马克思人类解放理论，切切实实地在工人阶级面前提出社会主义建设的任务。

第三，列宁为其他国家人民的解放实践做出了不懈努力。他强调，人类解放不仅要消灭国家内部的阶级剥削，还要推翻国家间的民族压迫。全世界劳动人民的根本利益是一致的，要通过革命的道路推翻帝国主义在全世界的统治，建立没有阶级、没有压迫的联合社会，实现全人类的解放。1915 年他在《和平问题》一文中指出："我们主张进行反对帝国主义即资本主义的革命斗争。"② 帝国主义的第一次世界大战产生了严重的后果和影响，它使资本主义所固有的一切矛盾空前尖锐，尤其是民族解放斗争达到"沸点"。在列宁的领导下，第三国际即共产国际于 1919 年 3 月正式成立。列宁发出了联合全世界无产者、团结一致地进行国际解放斗争的口号，同时"要求把本国的帝国主义者赶出这些殖民地，教育本国工人真心实意地以兄弟般的态度来对待殖民地和被压迫

---

① 赵曜. 列宁晚年社会主义思想的三重涵义. 马克思主义研究，2000（2）：55-63.

② 列宁全集：第 26 卷. 北京：人民出版社，2017：316.

民族的劳动人民，不断地鼓动本国军队反对对殖民地人民的任何压迫"①。列宁不但从思想上武装了殖民地半殖民地被压迫的人民，而且在俄国十月革命之后极端困难的条件下，在总体性的理论视野中审视世界范围内社会主义建设的独特性与艰巨性并存的规律，坚决支持并援助了许多国家的解放革命。列宁尖锐地揭露了第二国际修正主义者只是口头上谴责帝国主义而行动上却不支持被压迫民族的劳动人民解放斗争的叛徒行为，指出他们是假仁假义的**"资产阶级在工人运动中的真正代理人"**②。这充分体现了列宁对历史唯物主义方法和精神的继承与发展，注重依据现实实际的变革来调整政策规定，彻底实现无产阶级革命和社会主义建设的理论与实践的结合。列宁满腔热情地研究殖民地问题，并深度关注被压迫民族解放运动的发展。列宁确信，受尽压迫和剥削、受尽摧残和侮辱的殖民地半殖民地被压迫民族、被压迫人民，一定会奋起反抗帝国主义强盗，争得自己的解放。列宁为社会主义革命的胜利和全人类的解放的贡献不可磨灭，他宣传革命、发动革命、领导革命和推动革命，光荣地战斗了一生。

三、开创性的理论与未展开的实践

列宁以理论自信的态度，认真对待马克思人类解放理论，在理论上开辟和推进了马克思人类解放理论，在实践上运用了马克思人类解放理论，但这种运用在现实中尚未充分展开和完成。笔者认为，黄楠森教授对列宁思想的评价是比较中肯的：列宁开辟了马克思主义的新阶段；但列宁是人而不是神，没有全面完成新阶段的历史使命。列宁思想是实践中的马克思主义，是20世纪上半叶的马克思主义，是有俄国特色的马克思主义。③列宁思想是对社会主义道路的理论认识发展的新阶段，但在实践维度上尚未进入世界社会主义建设的历史新进程。

第一，列宁在理论上开辟了人类解放理论的新道路。首先，列宁从历史规律的高度阐明、发展了马克思关于落后国家的"跨越"问题。他以马克思有关俄国问题的说明为出发点，却不局限于马克思所提出的问题，而是结合当时的世界历史变化，从一个更广阔的视角，即从帝国主

---

① 列宁专题文集：论无产阶级政党．北京：人民出版社，2009：272．
② 列宁专题文集：论资本主义．北京：人民出版社，2009：105．
③ 黄楠森．黄楠森自选集．重庆：重庆出版社，1999：81-96．

义时代的东方社会发展规律及其与西欧的政治、经济和无产阶级革命运
动的关系上解答问题，从而把马克思有关落后国家实现解放问题的思考
上升为对世界历史规律的思考，进一步发展了马克思人类解放理论。其
次，新经济政策基础上的社会主义建设构想，体现了列宁生动的理论创
造，把马克思主义者带进理论思维上的全新境界。列宁的社会主义建设
理论具有逻辑上的二重性：一方面，继承了马克思、恩格斯的科学社会
主义理论，在科学社会主义的理论模式上直接建构社会主义；另一方
面，突破了马克思、恩格斯关于社会主义社会的具体论述，立足于俄国
的具体国情，提出了不同于马克思理论的"新经济政策"，凸显了市场
经济的地位，在社会主义社会制度建设中起到了承上启下的关键作用，
这既是极其重要的理论转折点，也为科学社会主义理论提供了新的逻辑
起点，给我们留下了宝贵的精神财富。列宁向被殖民国家指出了解放的
道路，为无产阶级革命提供了革命理论和斗争策略。

第二，列宁在实践上践行了马克思人类解放理论，但未能在现实中
使马克思人类解放理论以及自身的理论贡献得以充分展开和完成。社会
主义建设道路的思路转换并没有使列宁完全抛弃原来的理论思维，他只
是把新经济政策作为向社会主义过渡的战略政策而非社会主义的经济发
展模式，这决定了他在具体实施中不可能把新经济政策贯彻到底，特别
是其中体现的商品经济原则没有上升到社会主义经济建设基本原则的高
度。列宁认为，经济必须具有计划性，而且是一种"总布局"和"总战
略"。新经济政策只不过是列宁经济计划性策略的组成部分。他仍然把
新经济政策中的商品、市场范畴看作资本主义的特有因素，对商品货币
关系的认识并未发生根本转变，依然局限于凭借商品货币关系建设社会
主义的思维，在《劳动国防委员会给各地方苏维埃机关的指令》中指
出："商品交换和贸易自由意味着资本家和资本主义关系必然出现。"①
新经济政策仍然强调政府的计划性，这关系到两种对立制度的某种联合
和斗争的问题，是社会主义和资本主义"谁战胜谁"的问题。"我们党
的任务就是要使大家都认识到，存在于我们中间的敌人就是无政府状态
的资本主义和无政府状态的商品交换。必须清楚地了解斗争的这个实
质"②。可见，列宁的大体思路基本上还是在社会主义计划经济框架之

---

① 列宁全集：第41卷.北京：人民出版社，2017：269.
② 列宁专题文集：论社会主义.北京：人民出版社，2009：256-257.

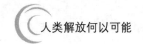
内，贯穿于社会主义建设中的主导方法仍然是改良。

马克思主义创始人生活在资本主义社会初期，他们对"旧世界"的批判也只能在其身处的特定环境下进行，是特定历史条件下的必然产物，他们预测未来社会虽然来源于对所处现实矛盾的分析，具有现实性，但毕竟是未经实践检验的预测，在理论与现实实践的结合中显露出一定的历史局限性，需要人民群众在实践基础上艰难拓展。列宁自身也充分认识到人类解放理论在践行和实现过程中的艰巨性：人类解放伟大事业面临着许多前所未有的新情况、新问题、新挑战，需要长期探索。而列宁正是一个严格的现实主义者，他对巨大社会变革的必然性把握得透彻清楚，给全世界人民指明了一条从资本主义制度中解放出来的道路，尽管这一道路在列宁时代未能充分展开。列宁是共产党的组织者与领袖，其为争取全人类的解放而斗争的坚决品质、百折不挠毫不妥协的精神留在了千万劳动人民的心中。列宁的事业是马克思主义的事业，是全世界无产阶级和劳动人民的神圣事业，他关于社会主义运动和道路建设的理论是马克思主义人类解放理论的重要组成部分，对马克思的社会形态演变和人类解放理论构想做出了时代的实践检验。俄国著名作家奥斯特洛夫斯基在《钢铁是怎样炼成的》一书中有一句名言："人的一生应当这样度过：当他回首往事的时候，他不至于因为虚度年华而痛悔，也不至于因为过去的碌碌无为而羞愧；在临死的时候他能够说：我的整个生命和全部精力，都已经献给世界上最壮丽的事业——为人类的解放而斗争。"奥斯特洛夫斯基的这句名言用来描绘列宁的一生也是恰当的。

第二节　卢卡奇以物化和总体性为关键语的构想

匈牙利著名的哲学家和文学批评家格奥尔格·卢卡奇（György Lukács，1885—1971）生活在阶级斗争风起云涌的年代，他以马克思开辟的人类解放理论为指南，怀揣"浪漫主义的反资本主义"革命激情，努力探索通往人类幸福彼岸的现实道路。卢卡奇一生的思想探索路径可谓纷繁复杂、曲折多变。由于历史变局、社会现实变化、政治压力和意识形态批评等因素，卢卡奇曾多次"检讨"自己的理论，甚至有学者将其"检讨"视为理论的断裂，指出卢卡奇前后期对马克思的学说及历史唯物主义的立场发生了转变，对西方马克思主义的研究路向和志趣也产生了新的变化。笔者认为，这种"多变"和"断裂"的背后，有着深层次思想的不变性与一致性，即对人类命运的深度关切和矢志不渝的坚守，体现了卢卡奇对无产阶级意识的觉醒和历史解放的深层眷注。卢卡奇是一位以人类解放为毕生追求的伟大思想家，他继承了早期马克思主义的革命精神，从社会历史的视角对马克思主义辩证法进行了创新性解读和合理捍卫，其对"总体性辩证法"的规范性阐述开启了法兰克福学派"启蒙辩证法"的批判向度，引领了西方马克思主义思潮，铺就了西方马克思主义社会批判理论的道路，被誉为西方马克思主义的创始人和奠基人，他的哲学思想是 20 世纪马克思主义演进史上无论如何都绕不过去的一座理论高峰。时至今日，卢卡奇的思想对我们继续探索人类解放之路仍具有重大意义。

一、作为社会批判核心范畴的物化

卢卡奇认为，物化（reification）是资本主义社会中最基本、最普遍的现象，每个个体都面临着同样的商品原则和物化的命运。物化与资本主义社会的生产相辅相成，物化现象在资本逻辑的主导下逐渐蔓延到生活世界的细枝末节，并由此使得资本主义的生产方式和意识形态趋向普遍和深入。卢卡奇并未株守于社会的表层现象来阐释物化问题，而是站在社会的总体性角度，深入资本主义现代性的生产结构，发掘物化世界背后的本质，揭示出资本主义拒斥总体性的物化结构和历史规律。物化作为控制人、支配人的外在力量不仅存在于人的生存结构和活动方式中，而且越来越深入地、决定性地侵入人的意识领域。人们自觉地认同社会物化结构和现象，并将社会物化结构作为外在"规律"加以遵守，以致丧失了批判的品格和人格精神，失去了批判和超越物化结构的主体性意识。

无产阶级革命是卢卡奇所处时代思想家们关注的焦点问题。马克思曾认为无产阶级革命会首先在发达的资本主义社会取得胜利，但现实情况并非如此，无产阶级革命发生在相对落后的俄国并取得了成功。在此之后的 1918—1923 年，西欧国家曾按照俄国无产阶级革命的模式进行革命，但却无一例外地遭遇失败。卢卡奇认为，革命失败的原因在于西欧的无产阶级革命是一种自发的运动，并没有自觉地形成阶级意识，主观意识没有发挥真正的作用。"当展开资本主义最后的经济危机时，革命的命运（还有人类的命运）将取决于无产阶级的意识形态上的成熟性，取决于它的无产阶级意识。"① 为了深入探究无产阶级意识的历史地位和作用，卢卡奇对无产阶级所遭受的社会历史条件尤其是思想意识解构的束缚进行了解剖。他指出，取得社会革命胜利的关键点不再是传统意义上的政治体制和经济体制，而应该转向意识形态方面。对无产阶级而言，意识形态既不是斗争的旗帜，也并非其目的的掩饰物，而是无产阶级的目的和武器。因此，无产阶级的历史使命不仅是对资本主义经济社会和生产关系的批判，还要在更深层次上对资本逻辑的生产思维展开文化和意识形态批驳。卢卡奇认为，推动整个资本主义现实状况的改变以及取得无产阶级革命胜利的当务之急就是确立无产阶级意识，突出无产阶级在伦理道德层面批判现代社会的重要性，强调推动无产阶级主体地位的恢复和革命意识的觉醒。

无产阶级未能自觉形成阶级意识的最大障碍在于资本主义社会的物化现实。在《资本论》中，马克思对商品拜物教进行了深度剖析。他认为，在资本主义社会，商品的使用价值成为交换价值的载体，与之对应，具体劳动也成为抽象劳动，抽象劳动成为遍及生活的全部表现形式，最终形成了以商品、货币、资本为核心的拜物教理念。卢卡奇"不再像马克思那样重视'物化'的经济效应，反而尤其关注其社会效应和文化效应"②。他通过对拜物教的分析指出："物化"是资本主义社会这一整体中最基本、最普遍的现象，是每个人必然面对的直接现实。③ 无产阶级作为资本主义的产物，必然隶属于资本主义的生存模式，这一生存模式就是非人性和物化④，资本主义社会决定了物化现象的普遍性和必然性。卢卡奇所处时代的资本主义生产与分工呈现合理化和精细化发

---

① György Lukács. History and Class Consciousness：Studies in Marxist Dialectics. Trans，Rodney Livingstone. London：Merlin Press，1971：60 - 70.

② 刘森林. 物化：文化之思还是经济社会整体之思？. 哲学研究，2019（5）：5.

③ 卢卡奇在《什么是正统马克思主义？》一文中首次提出"物化"这一概念，并在《阶级意识》一文中对其进行了深入论述。卢卡奇在没有看到马克思的著作《1844 年经济学哲学手稿》的情况下，通过对《资本论》的分析，得出的某些结论与马克思关于异化劳动的规定有着惊人的相似，可见他能够敏锐而又深刻地把握资本主义社会的现状和马克思思想。

④ 卢卡奇. 历史与阶级意识. 杜章智，任立，燕宏远，译. 北京：商务印书馆，2017：124.

展的趋势，导致资本主义社会的整体发展出现了极不平衡的现象，无产阶级革命内部开始滋生了庸俗的马克思主义理论迹象。庸俗马克思主义理论主张实质上是为资本主义的商品生产与交换过程进行辩护，并在商品成为资本主义社会普遍范畴的过程中逐渐衍生了物化意识。资本主义普遍的商品经济揭示了商品的奥秘在于：人们劳动的社会性质通过商品表现为劳动产品自身的物性，这意味着人与人之间的关系也被物化。这种被物化的社会关系越来越深入地、致命地侵入人的意识领域，"幽灵般对象性"的商品在人的整个意识中留下了印记。物化的现实造成了物化的意识，具体表现在三个方面：第一，随着劳动分工和商品交换的发展，人们的职业愈加专门化，人们的生活愈加受到局限，形成了看似合理化而实质是封闭的社会运行规律系统，狭小的生活圈使人们的思想停留在局部思维上，丧失了对整个社会的理解力和洞察力。正如卢卡奇所说，技能的专门化导致了对整体以及个人创造力的破坏。① 第二，人们拘泥于对资本、货币和商品的追求，目光越来越短浅，不再把眼前发生的现实当成历史运动的过程，忽视了对前途和未来的思考。第三，人的思维随着客体化、对象化的劳动而丧失了主动性、创造性，主体在物化意识的作用下只能同单面性、零碎化的客体打交道，无法把握自身作为主体-客体统一的总体。在劳动过程中，劳动者成了转动着的机械系统的组成部分，当世界变得机械化的时候，人也必然地被机械化了。② 资本主义社会是异己的物质世界，这一世界既与自己对峙而压抑着自己，又决定性地深入人的灵魂，使其心理特性同整个人格相分离，人的主体性被彻底丧失。物化意识在根本上消解了人们对现实的反思和批判态度，使得人们从心理和意识上认同物化，从而难以从总体上把握社会物化的事实，最终固化了整个社会的物化状态。

卢卡奇进一步指出，披着合理性外衣的资产阶级意识形态是造成人们意识物化的又一重要精神因素。资本主义社会的合理性把日常生活的方方面面都纳入可以被计量和规约的貌似"合理"的客观必然性之中，合理性原则在物质生产方面取得了巨大成就，它不仅满足了人们的生存、发展等物质需求，而且为人们提供了安全感、幸福感等精神保障。

---

① 卢卡奇. 历史与阶级意识. 杜章智，任立，燕宏远，译. 北京：商务印书馆，2017：152.

② 同①82.

但这种形式上的合理性并未关涉具体的实质内容，资本主义社会的整体运行依靠局部的合理性得以维持，且在物化意识愈益深化的进程中难以中断局部合理性之间的关联。因此，它对人们的现实生活和思想观念产生的负面影响是不容忽视的，它使人们在总体上认同了物化具有经济合理性。合理性原则的典型代表——科学技术，产生之初具有客观中立性，而在与资本结合的过程中，逐渐发展为践行资本主义合理性原则的方式和手段，丧失了其客观中立的本质属性而成为资本主义意识形态。资本主义凭借合理性原则特别是科学技术，在意识形态层面夺得了领导权，实现了对社会的精神支配。这扼杀了人们的反抗意志，压抑了人们的心灵，使得人们的主体意识滞留于物与物的关系或直接的现实表层，还以正当的形式掩盖了现实社会的客观状况，仅仅依据片面的、直观的现象对社会生活的现状予以再现，湮灭了人们对整体现实的把握和批判，掩蔽了资本主义社会的历史性过渡和必将转变的客观规律。资产阶级阶级意识所表现出的资本主义意识形态直接导致了人们意识的物化。

在资本主义物化现实和资产阶级意识形态的双重夹击下，人们的主体精神和革命意识被彻底瓦解。物化意识的笼罩使人们完全沦为商品，丧失了批判和超越物化结构的主体性维度，自觉本能地认同了这种物化现象和物化结构。物化意识钝化了整个无产阶级对资本主义社会现实的批判性和洞察力，抹杀了工人的个体意识而迫使其投入机械化大生产中，消解了无产阶级的革命性。"物化意识必然绝望地陷入拙劣的经验主义和抽象的空想主义这两个极端之中。"① 卢卡奇渴望人们在思想认识上拥有新的思维方式来突破资产阶级物化意识及其所决定的单纯直观的认识思维，运用主体-客体对立统一的思维方式看待资本主义社会存

---

① 卢卡奇. 历史与阶级意识. 杜章智，任立，燕宏远，译. 北京：商务印书馆，2017：125. 此段话中，卢卡奇所论及的"拙劣的经验主义"，是指意识成了它自己必须顺从而不能加以控制的客观法则的消极观察者。经验主义无限夸大了物、事实、法则的理论，人或主体变得可有可无。所谓"抽象的空想主义"则滑向另一个极端：一方面，它不主张社会革命，而是寄希望于个人伦理水平的提高来实现社会主义，其目光完全停留在个人和社会的局部现象上；另一方面，它无限夸大主体的力量，相信奇迹会改变一切。乍看上去，它似乎极端蔑视客观法则的力量，实际上，这正是在客观法则的重压下，主体意识茫然失措地表现自己的一种体现。（俞吾金，陈学明. 国外马克思主义哲学流派新编·西方马克思主义卷：上册. 上海：复旦大学出版社，2002：18-19）

在与人的现存状态的关系，确立对资本主义生产方式和物化现实的"正当性"加以否定的历史性视野与思维方式，这种新的思维方式就是辩证法，即呈现符合现实社会运行的辩证特性的历史方法，而辩证法的核心概念，在卢卡奇看来就是"总体性"原则。

二、克服物化意识的总体性原则

卢卡奇是一位以关注人的现实生存为基础的革命批判家，他无情批判了资本主义社会，深刻洞察了人类的生存危机——人物化为仅仅具有经济人格的片面人，将资本主义社会物化结构与意识归结为偶然性的关联，这是对社会历史总体必然性的背离，其根本目的是寻求变革现实社会的可能性和生长点，终极关怀是现实生活中人的自由和解放。为此，卢卡奇对总体性原则给予了极大期望，希冀通过"总体性"的阶级意识和文化艺术来克服"片面性"的物化意识，重拾无产阶级革命斗志并恢复人的真实关系。

"总体性"的阶级意识与"片面性"的物化意识相对抗，是人类解放期望的精神力量。要实现人类解放必须重新确立无产阶级的总体意识，无产阶级的总体意识与其自身的命运休戚相关。在卢卡奇看来，马克思的辩证方法就是以"主体-客体"的辩证运动为核心的总体性的方法，如果不了解这一点，就不能把现有的资本主义社会视为具体的总体，也就无法从无产阶级的主体性视角来面对资本主义的世界。要确立无产阶级意识，就必须用总体性的方法来透视现实。卢卡奇审思了现代社会存在的自然辩证法思想和实证主义理论方法，指责这些思想对资本主义社会的直观式考察难以对物化进行深层理性认识，表明社会存在的各要素都处于总体结构的关联之中，但各要素并不是简单地在总体结构中直接联系在一起的，在整体与部分、部分与部分之间存在着复杂的中介关系，作为总体性辩证法内在规定的中介使得对既存在区别又存在联系的复杂历史现实性本身的认识与描绘成为可能。

"总体性"的阶级意识是无产阶级对自身主体地位和革命任务的自觉意识，体现了以历史为基本载体的辩证法。"一切社会现象的对象性形式在它们不断的辩证的相互作用的过程中始终在变。客体的可知性随着我们对客体在其所属总体中的作用的掌握而逐渐增加。这就是为什么只有辩证的总体观能够使我们把现实理解为社会过程的原因。因为只有这种总体观能够揭破资本主义生产方式所必然产生的拜物教形式，使我们能看到它们不过是一些假象，这些假象虽然看来是必然的，但终究是假的。"① 总体性的观点和原则伴随对资本主义片面性、同质性的物化的批判而逐渐显露出来，它揭示资本主义生产缔造的"合理化"进程将人的内在意识从总体性人格中分离开来的实质，指明无产阶级完整的人格只能在阶级意识的觉醒中得到恢复。无产阶级意识是对人类生存状况的整体认识，它超越了直接经验的片面性，揭示了对象性的形式背后的人与人的真实关系，具有总体能动性、历史首创性和社会变革性。无产阶级的最大优势和唯一武器就是：具备把整个社会看作具体的、历史的、总体的能力；具备将物化形式展现为人与人的关系的能力；具备对发展内在意义的深刻认识并将其付诸实践的能力。卢卡奇和马克思一样寄希望于无产阶级的革命实践走向人类解放，但他更重视无产阶级意识的觉醒对其革命实践的基础性作用，突出无产阶级意识能够把握社会历史主体-客体的辩证关系，在总体性认识方法的指导下，无产阶级要确立无产阶级意识，至关重要的是破除物化意识对无产阶级的奴役，对资本主义社会生活的种种遮蔽进行解蔽，揭示被遮蔽的人与人、人与物的社会关系，避免无产阶级陷入庸俗的经验主义和抽象的乌托邦思想，进而使其真正立足于现实历史的主体性位置，这正是人类解放的关键所在。

从总体性的观念出发，卢卡奇认为不可能通过解决资本主义社会的某些问题（尤其是马克思所强调的经济问题）来解决资本主义社会的所有问题。要改变无产阶级的历史地位、扬弃物化的资本主义社会，就必须实现总体性的革命。卢卡奇认为社会历史的总体性只能在变化发展的进程中显现，历史中的主体-客体以及不同阶段和要素的展开都是相对的，处于不断的变化和生成中，资本主义生产方式在总体性的视野下也只是暂时的、可以被改造的形式。总体性的视野在现实的社会历史中指向辩证发展的方式，展现了无产阶级作为革命主体所必要的自主性与历史自觉性。只有在总体性的视角下，无产阶级才能意识到自身是一种商品存在，才能透视物化意识的真实规定性，资本主义社会中主体和客体的关系才会根本性地发生颠倒，即原来处于客体位置的无产阶级倒转为

---

① 卢卡奇. 历史与阶级意识. 杜章智，任立，燕宏远，译. 北京：商务印书馆，2017：58.

新的主体——人与人之间关系的主体，人成为一切社会得以存在的尺度。人及其实践活动成为历史辩证运动的真正基础，主、客体的相互作用成为社会总体性的基本主题。人的生成过程，在思想层面，要有把社会看作总体流动的辩证意识的过程；在现实层面，需要在实践中将辩证的总体意识加以实现，而这个过程，既是历史的真实发生过程，也是真正的总体性能够产生的条件。总体意识的获得与人的生成、人类解放是同一历史过程。"历史正是在于，任何固定化都会沦为幻想：历史恰恰就是人的具体生存形式不断彻底变化的历史。"① 历史的过程也是把历史看作人的活动产物而消除物化意识的过程。在卢卡奇的理论语境中，历史不仅是人的活动的结果，也是人生成的境域，辩证法就是历史过程本身的本质与思想表达，总体性不仅体现为社会结构的存在特征，也体现为人生成的目标。历史之所以充当辩证法的基本载体，根本原因在于社会历史本身的存在与运动在本质上反映了人辩证的生成本性。在社会历史的本体与根基中，人类解放与总体性辩证法具有内在的逻辑一致性。

文化和艺术代表着总体性，也是确立无产阶级意识、实现人类解放的重要媒介。纵观卢卡奇的一生可知，他倾注了大量的心血来研究美学，尤其是文化和艺术，以此作为人类解放的途径。

卢卡奇认为，文化的根本是超越性的存在，它不愿意受到直接经验的束缚。在成为马克思主义者之前的青年时代，卢卡奇就在内心深处向往古希腊的幸福家园，确立了摆脱异化生活、重建完整文化的心理定式，这一心理定式一直延续到卢卡奇晚期。如卢卡奇早期《海德堡美学》与晚期《审美特性》两部著作，尽管在写作时间上相隔了近半个世纪，使用了完全不同的概念手段——"完整的人"（the whole man）与"人作为一个整体"（man as whole），但是它们都致力于解决同一理论问题：试图在人类活动框架内确立文化的功能与地位，并力图阐释文化与现实的人、文化与日常生活之间的关联，致力于破解现代社会中人的生存困境与文化危机。卢卡奇认为，文化具有两极性：异化的人所遭遇的是"分裂的文化"；自由的人所代表的是"完整的文化"。资本主义社会的文化是前者，是"一些凝固的、异化的事物，是无法再从人内在的精神生活中唤起任何共鸣的意义表达的一种合成（sinngebilde）。它是

---

① 卢卡奇. 历史与阶级意识. 杜章智，任立，燕宏远，译. 北京：商务印书馆，2017：247.

衰落的精神生活的蒙难所"①。资本主义特有的文化属性决定了其能够掩饰自身意识形态生产过程的虚伪性，卢卡奇在对资本主义社会中的文化现象进行批判之后，又进入资本主义社会文化总体结构对其内含的非总体性、非批判性思维展开解构。他指出，真正的文化力量是提升生活和丰富生活的力量，它不仅能为人类的日常生活贡献价值意义，而且能为人类的理想提供目标与方向，并彰显无产阶级主体层面的革命意义指向。

卢卡奇认为，艺术具有"反拜物化"的功能。在《审美特性》中，他试图从马克思主义反映论的立场出发来建立新的审美观和艺术观。卢卡奇曾写道："这里就提出了审美的反拜物化使命。"② 在资本主义社会，随着科学技术和分工的发展，异化与物化普遍地渗透到人们的日常生活和日常思维中，物的主体化和人的物化成为日益严重的现象。艺术和审美也受到了"拜物化"倾向的影响，既失去了从总体上批判资本主义社会的能力，也日益陷入媚俗化、颓废化的窘境。③ 在卢卡奇看来，真正的艺术和审美不仅是对日常生活核心的揭示，而且是对它的"拜物化"倾向的批判。他认为，美学的理论旨趣不仅仅限于美学研究领域，它为人的存在意义和解放路径问题提供了钥匙，指出人只有在其所处生活世界及其全部内容趋向美学境界时才能摆脱物化。他在《审美特性》第十章的第一节"人是核还是壳"中引述歌德的诗句——"难道这自然之核，不是就在人的心中？"，并写道："人们可以对歌德诗句的意义如此加以概括，人作为核的存在是与对世界的反拜物化眼光同时确立起来的，而人作为壳的存在是与自身屈从于拜物化偏见同时确立起来的。"④ 卢卡奇借用歌德的诗句告诉人们，真正的艺术和审美要确保自己自由的地位，就必须与把人视为"外壳"的倾向展开不懈的斗争，强调审美对主体-客体辩证统一特质以及自我意识声称逻辑的反映，突出艺术和审美引导人向"人的总体"转换的塑造力量，这才是真正的艺术和审美的批判作用之所在。对艺术特殊功能的阐明体现了卢卡奇从现实社会的物化与人的意识危机中探寻解放道路的审美现代性精神。

---

① György Lukács. Die theorie des romans：ein geschichtsphilosophischer versuch über die formen der grossen epik. Neuwied：Luchterhand，1971：53.

② 卢卡奇 . 审美特性：上 . 徐恒醇，译 . 北京：社会科学文献出版社，2015：506.

③ 俞吾金，陈学明 . 国外马克思主义哲学流派新编·西方马克思主义卷：上册 . 上海：复旦大学出版社，2002：58.

④ 同②544.

卢卡奇将实现人类解放的美好理想诉诸总体性的无产阶级意识和文化艺术。在卢卡奇的思想中，"总体性"代表充满诗意的人类生活，是与经验、事实相对立的价值和意义，是与物化相对立的人化，是对资本主义社会生产制造的孤立事实相对立的历史运动方式。他认为，马克思思想的革命性的关键点就在于：马克思在实现历史主体与客体的统一中，运用总体性方法彻底消解了物化意识。"总体性"代表着超越，标志着思维与存在、自由与必然之间的和谐统一。而文化和艺术是超越功能的具体体现，每件艺术作品都赋予生活意义并使之上升为自觉的过程，是超越混沌生活状态、对生活"审判"的过程，是征服现存事物的证明。卢卡奇的物化批判和总体性辩证法理论为唤醒无产阶级的革命意识与实践提供了基本的理论指导，为人的劳动解放和物化的扬弃准备了现实基础，对克服理论界关于马克思主义的片面化、主观化和实用化等消极解读具有重要的参考价值，特别是为西方马克思主义的文化批判理论和社会主义革命道路的探究提供了基本的风向标。从卢卡奇开始，西方研究者们以文化立场来理解生活、判断生活和改变生活，并将马克思的哲学批判聚焦在总体性范畴和历史辩证法上进行理解，初步形成了"西方马克思主义"的基本理论方向。

三、对解放理论具有承上启下的意义

在马克思人类解放理论的演变以及现当代西方哲学思想史中，卢卡奇的解放观具有局限性。正如国内学者所言，"理性的诚实又使我们不能不指出，卢卡奇还有另一面相"[①]。"另一面相"指的就是卢卡奇理论的缺陷和局限。卢卡奇也意识到自身理论存在的缺陷，他曾常常自我反思、自我批判。[②] 卢卡奇在对人类解放具有重要意义的无产阶级总体意

---

① 王南湜.我们心中的纠结：走近还是超离卢卡奇.哲学动态，2012（12）：7.

② 卢卡奇的自我反思意识在他的著作中并不少见。例如，卢卡奇在《历史与阶级意识》中将劳动的对象化与外化完全等同于异化，并认为物化与人性是不可分离的。按照这样的理解，异化不可能被消除，人类解放也永远不可能实现。但是，在1967年"新版序言"中卢卡奇坦言："之所以造成这种情况，是由于经常把两个对立的根本范畴错误地等同起来的缘故。"［卢卡奇.历史与阶级意识.杜章智，任立，燕宏远，译.北京：商务印书馆，2017：新版序言（1967）17］卢卡奇在晚年讨论社会存在本体论时从《资本论》的劳动理论出发，将与物化相对抗的阶级意识提升到历史主体的地位，并深入历史本质之中，重新理解了马克思人类解放思想。

识的论证中，过多地吸收了黑格尔的思辨因素，贯穿于其中的核心思想——总体性辩证法，尽管在马克思主义现实历史的诊断下对黑格尔的辩证法进行了改造以突出其总体性这一本质特征，但他对总体性范畴的理解依然固守历史起源与思想意识发展相一致的原则，未能超脱黑格尔的概念体系和思辨逻辑的论域，对历史辩证法基本原则的重视展露出黑格尔精神性历史的思想印记，我们需要特别明晰这一点。

在论证人类解放最为关键的因素——无产阶级总体意识时，卢卡奇过多地借助了黑格尔思辨的总体性辩证法。卢卡奇认为，第二国际理论家像费尔巴哈一样，没有真正理解实践批判和革命的意义，把实践批判和革命视为消极等待的过程，否认上层建筑、意识形态的功能，将马克思思想错误歪曲为"庸俗经济决定论"，第二国际理论家的思想给欧洲无产阶级革命带来了严重危害。卢卡奇迫切需要恢复马克思主义哲学中的能动性方面，以捍卫正统的马克思主义。然而，这种捍卫却付出了代价——以黑格尔思辨哲学方式理解马克思，把马克思的理论拉进了唯心主义的泥潭。黑格尔是德国古典哲学甚至整个西方传统形而上学的集大成者，他通过精神辩证的自我运动，达到了主体与客体的统一。在黑格尔那里，总体性辩证法体现于绝对精神的演化、发展并回归自身的辩证运动过程，只有通过这一历史进程，才能促使现代社会中诸多矛盾关系在主体精神世界中实现内在统一。

正是在这个意义上，为了确立无产阶级革命的主体能动性，卢卡奇试图改造哲学中的黑格尔因素，提出从黑格尔的绝对精神回到现实的人类实践。但这种改造并未获得成功，他指出了自己这种改造的败笔之处——"未能对黑格尔遗产进行彻底唯物主义改造"[①]；对问题的讨论方式是用纯粹黑格尔的精神来进行的，其哲学基础是在历史过程中自我实现的主客体的同一，而"将无产阶级看作真正人类历史的同一的主体-客体并不是一种克服唯心主义体系的唯物主义实现，而是一种想比黑格尔更加黑格尔的尝试，是大胆地凌驾于一切现实之上"[②]，他过度强调无产阶级意识对现实革命实践的基础作用，将其作为批判并彻底消解资本主义异化及其制造的危机的最终方案，导致将理论哲学与实践哲

---

① 卢卡奇. 历史与阶级意识. 杜章智，任立，燕宏远，译. 北京：商务印书馆，2017：新版序言（1967）13.

② 同①新版序言（1967）16.

学等同起来，甚至以理论哲学取代实践哲学，难以真正实现对近代哲学思维范式及其内在困境的超越。卢卡奇以黑格尔哲学视域统摄马克思哲学研究的方式，决定了他不能真正地处理好理论与实践相分裂的难题，最终陷入过分强调阶级意识的主观主义中，将人类社会历史上出现的一切分裂难题都求助于无产阶级理性意识的能动创造，在近代历史舞台上演了一幕由理性自负造成的悲剧。马克思从历史发展的维度来探讨人类解放，诉诸的是生产的逻辑，并在生产逻辑的基础上确立了历史唯物主义的基本立场和观点，进而将人类解放理论推向现实的实践层面；而卢卡奇则强调无产阶级意识的觉醒，将总体性辩证法的批判与革命本质的彰显视为与阶级意识的解蔽相统一的过程，诉诸的是观念的逻辑。卢卡奇并未像马克思那样真正超越黑格尔哲学，他只是以偏颇的方式恢复马克思主义哲学的"能动方面"，仍然明显地带有黑格尔思辨哲学的理论情结和价值取向；受黑格尔哲学"前视域"的影响和束缚，他难以彻底摆脱理性形而上学的束缚，其物化批判理论缺失了马克思感性实践批判的科学视域，降低了马克思哲学的原则高度。因此，卢卡奇在渴求解决现实的社会历史困境时陷入乌托邦的救世主义泥沼，无法找到克服资本主义物化困境的途径，难以走向实现人类解放的现实道路。

我们评价卢卡奇的思想应该持辩证的态度。总体而言，卢卡奇的理论贡献明显大于其理论局限。他在对人类解放的探索上既继承了马克思人类解放理论，把握了人的总体性生成与历史辩证发展的深层关联，也在一定程度上发展了马克思人类解放理论，承上启下地构成了发展马克思人类解放理论的纽带。

卢卡奇从批判和建构的双重维度探索了人类解放：以物化为核心范畴的社会反思是对人类解放道路的批判性探索；克服物化意识途径的总体性原则是对人类解放道路的建构性探索。在理论批判的维度上，他认为必须深刻思考资本主义社会的物化结构、物化现象及物化根源；在理论建构的维度上，他认为必须坚持总体性原则，完成主体与客体的历史的统一。卢卡奇批判和建构的双重维度的探索拓展了马克思人类解放理论的问题域，有利于无产阶级阶级意识的觉醒；将克服现实物化的途径寄希望于无产阶级意识，实质是指向无产阶级总体意识以及对马克思主义辩证法真理的掌握，一定程度上为马克思主义的研究清除了庸俗马克思主义理论家的实证主义宿命论，使马克思主义研究返回到真正的哲学视域中，对后来西方马克思主义的现代性批判与文化批判起到了承前启后的作用。

作为 20 世纪最早阐述马克思异化问题的思想家，卢卡奇的总体性辩证法激活了马克思哲学中当时被忽略了的能动因素，具有"承上"的意义。卢卡奇通过对资本主义商品经济时代人们现实生存境遇的深沉反思，明确物化是"我们时代的关键问题"，认为它导致了无产阶级意识的缺失，而这种缺失正是无产阶级未能承担人类解放使命的重要原因。因此，在总体性视野下使无产阶级冲破狭隘的、片面的物化意识束缚，唤起无产阶级创造历史的主动性和巨大的热情，成为革命的首要任务。卢卡奇将马克思的总体性提到新的高度，他发现了马克思辩证法思想的黑格尔渊源，认为总体性范畴是马克思从黑格尔那里接受过来的，而又卓越地把它转变为一个全新的科学方法论。[①] 必须以马克思的总体性范畴来恢复整体对于部分的优先地位，重建哲学的超越性和批判性维度，唯有如此，才能祛除物化的魔咒而使解放获得可能。无产阶级既是主体又是客体，对于历史主体的解答，必须依靠无产阶级的自我意识，这种意识不是源自经验的判断或对现实的心理表达，而是基于革命需要的集体主体意识。卢卡奇强调作为体现马克思总体性的无产阶级意识形态在革命斗争和人类解放中的重要意义，他基于总体性辩证法来阐释人类克服物化的无产阶级意识与马克思的异化理论具有同一性，能够帮助我们加深对马克思相关思想的理解。

卢卡奇通过其物化理论，将人的异化从外在的经济、政治、制度等领域深入到人的意识领域，扩展到人的感性存在本身，为马克思主义生存论的开启奠定了基础，具有"启下"的意义。在卢卡奇看来，人从具有物化意识到具有自觉追求总体性的阶级意识，并非无须反思的自明性过程，而是需要在社会历史的现实环境中加以澄清和去蔽，他认为这是符合马克思关于人的存在与解放哲学的更为恰切的途径；而第二国际、第三国际甚至包括马克思主义创始人之一的恩格斯都未能真正领会马克思哲学的革命本义，他们从物质本体论出发，将马克思哲学拉回到近代哲学的窠臼中，阻碍了无产阶级革命和人类解放事业的向前发展。卢卡奇通过正本清源，既继承了马克思异化劳动理论的基本精神，自觉回到

---

① 卢卡奇. 历史与阶级意识. 杜章智，任立，燕宏远，译. 北京：商务印书馆，2017：70.

人本身来考察人和社会，又扬弃和超越了物质本体论的解释路向，为生存论的解释方式开辟了道路，为后来的西方马克思主义者所形成的现代性批判理论、社会文化批判理论，诸如法兰克福学派工业文明批判理论、海德格尔的存在理论等提供了灵感。卢卡奇也因此奠定了其作为西方马克思主义创始人的历史地位。

第三节　葛兰西的领导权理论的解放意蕴

20 世纪意大利国际共产主义运动活动家、"近 50 年来最具有独创性的马克思主义思想家"① ——安东尼奥·葛兰西（Antonio Gramsci，1891—1937）为表达个人心声与内在信仰，提出了具有代表性的理论与观点：文化启蒙具有对个体与群体的双重解放意义；大众解放的过程是"知识分子"与普通群体形成"历史集团"的过程；用文化革命代替政治革命推进现实的解放道路。葛兰西从社会的复杂系统中探讨文化发展与运作的隐秘机制，在对市民社会理论进行文化阐释的基础上建构领导权理论，尤其突出对马克思主义意识形态的领导权的构建与发展，循着马克思人类解放的终极理想，通过对现实问题的探讨和阐释，赋予无产阶级主观能动性革命的创新内涵，推动西方马克思主义文化理论的转型与政治阐释框架的转变，为人类解放的文化进路提供了图景。葛兰西人类解放的文化设想不仅旗帜鲜明地提出无产阶级应当夺取意识形态领导权，而且深刻揭示了无产阶级夺取领导权的实现方式，这对探索中国特色社会主义道路、构建中国特色社会主义的主体文化具有实践意义。

一、市民社会理论的文化关注

葛兰西领导权理论的建构与其对市民社会的理解密不可分。他的市民社会理论受到马克思、黑格尔思想的启迪，但又不同于马克思、黑格尔的思想，其独特之处在于，葛兰西从文化视角论述市民社会理论，将市民社会转换到上层建筑的范畴和领域进行考察，从社会的复杂系统中

---

① 戴维·麦克莱伦. 马克思以后的马克思主义：第 3 版. 李智，译. 北京：中国人民大学出版社，2017：259.

探讨文化发展与运作的隐秘机制，从而为领导权理论的建构提供了重要铺垫。

首先，葛兰西理解市民社会所采用的视野独特，将解放的议题推进到文化层面。

源于长期狱中生涯的广泛阅读与深入思考形成的领导权理论，在葛兰西的思想体系具有鲜明的特色和影响力。它凝聚了葛兰西参与工人运动、直面社会现实的切身体会，是经过实践探索而得出的斗争方案。葛兰西独特的政治背景、政治身份与历史语境形成的理论直接影响了阿尔都塞学派、法兰克福学派、英国文化研究学派等西方马克思主义文化理论研究。葛兰西理解市民社会范畴所采用的独到视野，开创了对市民社会理论的文化学意义的研究领域，成就了他的领导权理论。

现代市民社会理论的鼻祖黑格尔把市民社会从政治国家中分离出来，赋予市民社会范畴新的内涵。黑格尔对市民社会范畴的理解建立在庞大的唯心主义理论体系之上，他以概念思辨的方式把市民社会理解为精神实体，强调市民社会对家庭和国家存在的中介作用，指认市民社会是独立的个人自由的联合，实现了单个人利益与普遍利益的统一；强调市民社会与政治国家的区别，指出国家无法使市民社会褪去其私利本性，但并不承认国家与市民社会之间的现实冲突，颠倒了市民社会与国家的关系，突出国家是市民社会存在的前提地位和终极法则，使国家成为市民社会的最后决定者，通过国家理性实现对市民社会结构的整合。

马克思在批判继承黑格尔市民社会理论的基础上，厘清了市民社会与国家之间的关系，强化了市民社会的"先行性"，并从经济关系的角度把市民社会理解为社会的经济基础以及复杂的物质关系的总和。马克思与黑格尔尽管对市民社会范畴的理解各异，但都是以政治社会为基础开始建构市民社会范畴的，且两者都是立足于政治哲学的框架之内，确认在资本逻辑主导的市民社会中打破民族界限而进入世界历史的普遍规律。葛兰西对市民社会范畴的理解超出了政治哲学的范式，既不同于黑格尔也不同于马克思。葛兰西在抓住马克思对于市民社会理解的核心内容时，对市民社会从新的角度做出了新的阐释①，他从社会文化学的视野理解市民社会，将文化领导权视为能够确证统治阶级的潜在力

①　欧阳英.马克思之后的政治哲学思想：从恩格斯到"后马克思主义".北京：中国社会科学出版社，2019：221.

量而推动市民社会走向解放，并在此基础上将解放的议题推进到文化层面。

葛兰西在反思德国、匈牙利、奥地利等西方资本主义国家无产阶级革命相继失败的原因的过程中发现，西欧革命失败的根源在于西方国家的发展过程存在一个稳固的市民社会，市民社会的文化根基是现代资本主义国家稳定的基础，工人运动无力抵抗资产阶级文化领导权的渗透。他强调文化领导权对于占据与维持统治阶级政权的前提性作用，要超越资本主义国家，无产阶级必须采取文化革命的斗争策略，发挥意识形态在社会历史中的积极作用，增强自身的文化观点和自由意识来实现自我管理，在推动文化和意识形态的领导过程中形成同其他社会关系的联合，从而维持市民社会的平稳运行。只有占领文化领导权的制高点，才能全面获取政治领导权。为此，葛兰西深入研究市民社会问题，批判庸俗经济决定论，对"市民社会"与"国家"的关系提出了开创性的见解。

葛兰西明确地把市民社会从经济基础中剥离出来，划入上层建筑的范围，使其成为与"政治国家"并列的意识形态领域，认为市民社会并不属于基础结构领域，而是属于上层建筑领域，强调市民社会的运行和实践关系受到社会文化与道德规范的影响。市民社会与"政治国家"之间的关系不再是简单的分离关系，在越来越强大的组织化资本主义发展中，市民社会属于国家的一部分。葛兰西不仅从经济层面考察市民社会，还以总体性思维打破政治、经济、文化的绝对界分，将政治、经济、文化均纳入社会结构的整体框架，认为市民社会只有进入自由、民主等高度发展的阶段，社会成员才具备解放的条件。

葛兰西对"市民社会"概念的阐述在文化意识论域丰富和发展了马克思的市民社会理论。"'市民社会'的概念是葛兰西通过社会来解读文化和意识形态的主要途径。"① 他不是把意识形态作为社会的副现象，也不是把意识形态作为虚假的意识和观念体系，而是通过"市民社会"范畴，将观念体系的意识形态转变为总体性的、社会实践的、具有物质性特征的意识形态，从而扩大了人类解放的疆域。他指出，市民社会并不是马克思所强调的经济关系的总和，市民社会的本质是全部的意识形

---

① 付文忠. 新社会运动与国外马克思主义思潮：后马克思主义研究. 济南：山东大学出版社，2009：91.

态和文化交往关系，是统治集团赢得和实施领导权的核心所在，市民社会与政治社会的集合构成完整的国家，具备形成社会统一的文化价值理念与道德形态的功能。

其次，葛兰西把市民社会范畴划归到上层建筑的范围，从上层建筑维度区分了市民社会的文化与意识形态的差别，确立了领导权斗争的主战场。

葛兰西把市民社会范畴划归到上层建筑的范围，定位了领导权斗争的主战场——意识形态领域。西方国家的无产阶级如果要推翻资产阶级的统治而获得政治力量，就必须注重开展意识形态领域的斗争，特别是要控制作为市民社会重要组成部分的宗教、哲学、伦理、道德、艺术等意识形态领域，与资产阶级展开争夺市民社会意识形态领域的领导权。"国家＝政治社会＋市民社会"①，国家由政治社会和市民社会两个层面的内容组成。当代资本主义国家就是政治社会和市民社会的结合，这一观点在理论上彻底"打破了传统的政治社会和市民社会二元对立的解释模式，在伦理和文化的支点上，把国家理解成内含政治社会和市民社会的有机统一体"②，由此突出以文化领导权为主要支撑的市民社会相比于社会经济结构中的政治社会的优越性。

资本主义所有制国家能否发动革命并取得解放的关键在于：无产阶级能否在意识形态领域掌握领导权，特别是能否掌握伦理-文化的领导权（在相当程度上这种领导权是通过对市民社会中上层建筑领域的意识形态的控制来实现的，并非取决于对经济力量等因素的控制）。而当代资本主义国家已发展为"整体国家"（integral state），在"整体国家"中，资产阶级的"领导权"不仅体现在对政府的政治行为中，更突出地体现在宗教、哲学、伦理、道德、艺术等所渗透的市民社会中，即政治国家要想获取民众的认同，就必须将市民社会作为其存在的基础。

市民社会是一个复杂多面的范畴，"要在有关书籍中寻找关于市民社会的清晰定义自然是徒劳的"③。葛兰西将市民社会置于文化-意识形

---

① 安东尼奥·葛兰西. 狱中札记. 曹雷雨，姜丽，张跣，译. 开封：河南大学出版社，2016：217.

② 徐强. 论葛兰西的市民社会思想. 南京社会科学，2008（2）：17.

③ 哈贝马斯. 公共领域的结构转型. 曹卫东，王晓珏，刘北城，等译. 上海：学林出版社，1999：1990 年版序言 29.

态关系的领域，把市民社会作为统治阶级传播意识形态、制造合法性并最终达到解放的"阵地"，这不仅在思维方式上充分考虑了上层建筑的作用和政治强制性，彻底改变了人们对意识形态的理解，而且在理论上对整个西方马克思主义思潮产生了广泛而深远的影响。

二、领导权理论的解放图景

葛兰西把文化与政治、意识形态连接起来，将政治上的领导权发展为意识形态的领导权，通过意识形态领导权斗争获得政治力量而达到人类解放。他特别强调文化启蒙的重要意义，并通过对以领导权为核心的社会文化关系的分析以及对"知识分子"作用的探讨，强调了"知识分子"对无产阶级革命的创造性指导，为人类解放提供了文化领导的图景。

首先，葛兰西强调文化启蒙应关注个体与群体的双重解放状况。

葛兰西领导权理论承袭了传统启蒙思想，但又不是简单地继承。传统启蒙思想强调天赋人权的启蒙作用；葛兰西则强化文化启蒙的作用，认为文化是其政治问题的暗线，政治是文化启蒙的延伸，通过揭示文化发展的隐秘机制所进行文化的启蒙才能达到创造新文化、创建新文明的目的，真正实现人类解放。

传统启蒙思想的核心范畴之一是理性主义，通过理性解放个体的个性，使个体在自然权利的基础上确立人的各种权利，实现个体解放。康德就认为，理性能够解放个体权利，并且为启蒙运动提出口号，呼吁人们要有勇气运用自身的理性。[①] 但这种理性基础指向人对道德至上的人性理念的信奉，以此实现人类理性的自由与幸福目标。

葛兰西认为个体离不开群体，个体只有置于群体之中才能认识他人与自身。文化启蒙所要追求的不是单纯的个体的自我权利与解放的结论或结果，而是在具体的历史语境下，个体与群体在互动中相互促进、共同发展。因此，文化启蒙要关注个体与群体的双重解放状况。他不仅从个体出发来考察人的权利，而且在群体中宣扬人的权利。文化启蒙要保证领导权谈判明确、清晰——使群体走向解放而为其创造新文化、新文明的方向。通过"普遍意识"的层层积淀，使群体的认识超越经验性、

---

① 康德．历史理性批判文集．何兆武，译．北京：商务印书馆，2017：23.

常识性，使群体的思想提升到较高层次水平的意识状态，即统治阶级在获得政权之后，需要通过文化领域的创造和发展实现对社会成员思想意识的支配，完成"对人民大众进行马克思主义的实践哲学的启蒙"①，形成统一从属的意识形态发展状态，达到对社会生活的自觉，形成新的世界观。

葛兰西认为，文化启蒙的关键是，要依靠群体所形成的"文化组织"来"组织文化"，通过国家塑造与教育提高来获得"文化组织"力量，只有这样才能真正走向实质性解放。

其次，葛兰西强调大众解放的过程是"知识分子"与普通群体形成"历史集团"的过程。

葛兰西指出，"知识分子"是政治国家之外和市民社会之内的统治力量，他们依附于特定的阶级和利益团体，往往以"代理人"的身份自愿行使文化领导权，并依据市民社会的经济运行现状，通过文化领导凝聚民众意志来维持社会经济的稳定发展。

葛兰西认为，领导权问题是领导能否合法化、能否被接受的问题。领导权只有具有真正的合法性，"才能使人们自觉不自觉地遵从着统治者的霸权逻辑"②。葛兰西从核心领域、取得方式、根本保障、判断标志等维度全面论证了如何获得与彰显领导权的合法性问题。

关于获得领导权合法性的核心领域问题。经济问题虽然构成了葛兰西论述领导权理论的"地平线"，但葛兰西的领导权理论不仅指向经济领域，更指向政治与文化领域，认为政治领域的统治与文化领域的霸权是获得领导权合法性的核心，突出了思想与文化启蒙在革命进程中的历史功能，开启了马克思主义"文化政治"的论证方式。如果仅仅将领导权定位在经济领域，就会陷入宿命论。现实性上的领导权力量的对比关系，最终不得不归结为领导权同政治、文化的关系。葛兰西强调通过对劳动过程的有效控制来取得无产阶级领导权地位，主张无产阶级理应占据市民社会领导权的集中阵营，通过文化和意识形态领导权的阵地战与资产阶级所支配的社会领导现状相对抗，激发无产阶级的革命意识和行动意向；通过超越行业集团自身的经济利益，在政治上层建筑与文化等核心领域获取领导权。

---

①　汪行福."葛兰西要素"及其当代意义.哲学研究，2013（2）：32.

②　仰海峰.西方马克思主义的逻辑.北京：北京大学出版社，2010：106.

关于领导权合法性的取得方式问题。在社会发展的一定时期，采取何种方式取得意识形态的主导地位、获得领导权合法性，是执政党最为关心的问题。葛兰西认为，统治者与被统治者、领导者与被领导者是政治的第一要素，因而人们必须思考如何有效领导。① 他指出，领导者与被领导者进行谈判是领导权合法性的取得方式。如果说政治社会的特征是暴力、强制，是领导者的独白和专断，那么，市民社会的特征就是认可、同意，是领导者与被领导者之间永不间断的谈判和讨论。在发达的资本主义市民社会国家，无产阶级革命必须实现战略的转移，推动无产阶级文化领导权的大众化，发挥文化领导权统一民众集体意志的作用，即从武装夺取政权转向非暴力的领导权争夺，使被领导者自觉自愿地服从政治权威的合法性领导。

关于获得领导权合法性的根本保障问题。美国学者卡尔·博格斯认为，葛兰西"是直接将知识分子问题作为一个理论问题来谈论的第一个马克思主义者"②。葛兰西认为，具有开放性与自觉意识的"知识分子"同市民社会联系在一起，在政治与市民社会中扮演了重要角色：一方面，他们对资产阶级进行无产阶级的意识形态改造，实现无产阶级对文化领导权的掌握；另一方面，他们作为普通群体与国家之间的"桥梁"，担当着对普通群体的启蒙责任和教育责任，在制造与维护领导权中起着保障性作用。"知识分子"是传播意识形态的主力军，是获得领导权合法性的根本保障。"知识分子的伦理实践和政治实践，为提高普通大众意识，使之达到更高的意识具有指导性的作用。"③ 任何阶级的文化领导权都建立在竭力发挥其本身的渗透和传播功能上，而"知识分子"成为市民社会中传播文化和意识形态的主体力量，资产阶级为了促使资本逻辑与制度获取广泛的社会认同，依靠"知识分子"来进行意识形态的灌输；同样，无产阶级意识形态被群众接受的程度与传播效应也有赖于"知识分子"的作用，"知识分子"需要发挥自身文化和意识形态的特殊感染力量，以使其他社会成员对自身的意识形态观点予以认同。"知识

---

① 安东尼奥·葛兰西. 狱中札记. 曹雷雨，姜丽，张跣，译. 开封：河南大学出版社，2016：108.

② 卡尔·博格斯. 知识分子与现代性的危机. 李俊，蔡海榕，译. 南京：江苏人民出版社，2002：68.

③ 仰海峰. 西方马克思主义的逻辑. 北京：北京大学出版社，2010：121.

分子"的启蒙与引导可以使普通群体认同他们，主要表现为"知识分子"在革命进程中形成了与人民群众之间统一的思想关系，并使其在认同的基础上具有行动意识。要发挥和实现意识形态、文化的功能，国家就必须依靠"知识分子"的"劝说"与"灌输"作用，使社会构成中的普通群体对国家文化和社会制度产生积极的认同。而无产阶级也需要依靠"知识分子"去"说服"其他社会成员认同其文化理念和社会理想，在社会的总体关系中，将无产阶级的阶级意识灌输到本阶级成员之中，通过"知识分子"的创造性活动来实现对群体的提升，实现对社会关系的政治、文化改造；同时在革命实践中总结经验，并将革命经验提炼为理论，进一步指导无产阶级的具体实践。

葛兰西为无产阶级的文化领导权活动确立了实践哲学的基础，认为只有从具体的文化革命实践中形成新的哲学观和思维方式，才有可能超越既定的资产阶级哲学及其推动的争夺文化领导权的活动，以此形成与现代社会意识形态结构相抗衡的力量，确保改革现存文化运动的推进。这就需要在"知识分子"的文化武装中确立革命实践的哲学观，发挥对人民大众的感染和"劝说"功能。如果缺乏"劝说"者，即缺乏作为"桥梁"的"知识分子"，就无法整理普通群体在实践中提出的问题并形成建构领导权的态势，也不可能真正赢得普通群体反对霸权而争夺领导权的斗争的胜利。反对霸权、争夺领导权仅靠以"经验常识"为生活基础的普通群体是无法完成的。葛兰西赋予"知识分子"维护自身文化思想、价值观念等意识形态的新内涵和任务，注重促动"知识分子"走进普通群体，成为国家、无产阶级与普通群体的"结合剂"。与此同时，普通群体也必须不断聚集意识，并融入"知识分子"之中，使"知识分子"得到充实、提高，使之投向更高的精神改革与道德生活目标，从而达到反对共同敌人、实现团结与联盟的策略。

关于获得领导权合法性的判断标志。葛兰西提出，国家政权的维护需要国家强制力量的实施与国家秩序的建立，同时还需要"知识分子"与普通群体在理论和实践上达成统一，国家政权建立在大众"同意"的基础之上，在情绪与思想的共鸣中创造出"历史集团"（historicbloc）。这有赖于"知识分子"积极采取策略参与社会实践，主动在应对社会挑战中担负引领社会思想的重任，创造容易被人民和领导者认同的文化。如果知识分子与人民、领导者之间的关系融洽，那么"才会发生统治者和被统治者、领导者和被领导者之间个别要素的交换，才能实现作为一种社会力量的共有生活——并创造出'历史的集团'"①。在"有机融贯"的整体性"历史集团"中，能够形成"知识分子"与普通群体的历史自觉性，能够获得文化上的稳定性与思想上的有机性，促使人民群众在"知识分子"的引领下发挥越来越大的社会作用，形成以文化领导权为核心的社会组织共同体，同时人们在"历史集团"中才能认识自己，并发动反对霸权或争夺领导权的革命斗争。"历史集团"和无产阶级思想指导下的"集体意志"和"有机的意识形态"的形成，是获取领导权合法性、赋予"知识分子"在国家中的领导地位的根本标志。

对于"历史集团"的理论探讨，构成了葛兰西的思想支点与文化视野解放图景的中心。葛兰西认为，在对领导权的争夺过程中，"历史集团"的形成为获取最终领导权打下了坚实的基础。如果未能形成"历史集团"，则根本无法争夺最终的领导权。葛兰西认为，一个阶级的力量是无法完成占有领导权及其解放的历史使命的，他使用"历史集团"概念来描述②"知识分子"与普通群体等社会力量在争夺领导权过程中的表现，表述社会力量的聚集；"历史集团"是一个比单一的社会力量——阶级更为复杂的结构，是为争取文化领导权而展开革命斗争的政治团体，体现了在现实的文化革命和领导权运动中理论与实践相结合、"知识分子"与人民大众相统一的致思路径。他强调合力形成的综合性力量以及谈判中相互让步、妥协态度的形成，强调"历史集团"的统一意志对人民群众批判意识形成的关键作用；反对霸权或争夺领导权的革命，以此领导和组织人民群众在批判与革命现实实践中形成共同意识；认为赢得领导权与大众解放的过程就是"历史集团"内部之间的结合、分离、再结合的过程。

"历史集团"是一个异质性社会力量的统一体，是上层建筑与经济基础有机的、具体的结合体。市民社会和国家等都属于上层建筑的领域，并具有自身独特的文化和意识形态发展诉求，形成从政党、工会到新闻媒体等团体，具备传播统治阶级或特殊利益阶级意识形态的功能。

---

① 安东尼奥·葛兰西. 实践哲学. 徐崇温，译. 重庆：重庆出版社，1990：109.

② 美国学者罗宾斯就认为，葛兰西的"历史集团"是一个"描述性的范畴"。（布鲁斯·罗宾斯. 知识分子：美学、政治与学术. 王文斌，陆如钢，陈玉涓，等译. 南京：江苏人民出版社，2002：117）

随着社会历史的变化发展，"历史集团"也能够顺应不同的社会历史条件而共同完成赢得领导权与大众解放的任务。

三、解放图景的超越性与现实性

在葛兰西思想的当代效应中，其文化视角下解放图景的思想能量、批判精神与实践向度都值得人们关注。葛兰西文化视角的解放图景既立足民族国家，又贯穿东西方社会，形成了超越传统马克思主义的基本特色，将传统视域中的市民社会定格为独立于政治活动之外的独特集合体，并突出文化阵地、文化价值观念和文化领导权在无产阶级革命实践中的核心地位，实现了从传统马克思主义对资本主义的经济批判、政治批判向文化批判的理论转向。"回到葛兰西"，葛兰西关注文化的思维方式为我们思考当前的文化现代化问题提供了重要的思想资源和颇具价值的视角。

葛兰西文化视角的解放图景在结构与功能上思考发达资本主义国家进行社会主义革命的策略和解放的道路问题，蕴含了深刻的意识形态认同与价值观培育的基本思想，在解释模式、路线选择、内在逻辑建构等方面超越了传统马克思主义。

第一，葛兰西坚持传统马克思主义的历史唯物主义基本观点，强调客观物质条件对解放道路的制约作用，反对实证主义或机械化对马克思辩证法和实践哲学观的消极解构，指出任何对马克思人类解放理论的解读都不能遗弃其哲学批判性与革命性的精髓。葛兰西认为，文化领导权的革命实践正是对马克思的创造性实践灵魂的重启，在历史唯物主义视野中突出了阶级意识对解放的作用；但在解释模式上，他基于政治、经济与文化的整体性框架思考意识形态在社会结构中的地位和功能，强调意识形态的建构性作用，认为市民社会的发展趋势应该是以道德精神为基础的文化-伦理社会，国家等组织形式将融化于市民社会之中。这种理解突破了传统马克思主义解放道路在分工意义上讨论意识形态的功能以及囿于经济基础与上层建筑的关系的解释模式，准确把握了无产阶级的批判意识和革命性在现代社会文化氛围的笼罩下逐渐消逝的特殊背景，对传统解释框架中分工产生的作用及经济基础与上层建筑的辩证关系进行了深刻反思与重新定位，丰富了马克思市民社会理论的内容，对现代社会的发展具有重要的现实指导意义，这些有益的探索直接影响到当代人类解放理论的建构。

第二，葛兰西在文化视角的解放图景中，向"领导权"范畴注入了特定的智识、道德内容，强调智识、道德的融入与改革以及道德氛围的巨大力量。在伦理关怀与底层情结上，他将"知识分子"智识与普通群体的道德结合起来，通过智识与道德领导的政治手段达成非强制性的政治效果，对"知识分子"的未来和历史使命做出了前瞻性、革命性的规划，具有划时代的意义。在"知识分子"群体中划分出"有机知识分子"，以突出无产阶级的自我意识并维护其在市民社会中的统治地位，保证其作为新的生产关系的代表发挥社会变革的作用。通过智识、道德改革，使某一社会集团争取其他集团对其表示积极赞同，达到建立新的领导权的目的，这是葛兰西文化视角的解放图景所积极探索的新路线，推动了西方马克思主义文化理论的转型与政治阐释框架的转变。

第三，葛兰西在文化视角的解放图景中，强调"历史集团"所形成的集体意志的整合，旨在把握经济基础与上层建筑的历史统一性，重视"历史集团"多元主体的创造性。在内在逻辑建构上，葛兰西的论述找到并打开了突破传统马克思主义"无产阶级中心论"的缺口，"极大地补充了马克思主义关于政治斗争的议题"①。传统马克思主义认为，资本逻辑必然导致阶层的明显分化，导致社会阶级矛盾的对立与冲突，特别是分化出无产阶级与资产阶级两大阶级之间的对立和冲突。这种对立和冲突的根源在于社会的基本矛盾——生产力与生产关系之间的矛盾，而无产阶级是解决其矛盾并实现彻底解放的依靠力量。因此，马克思将自己的人类解放理论建立在对社会矛盾的批判与解决的基础上，而不是将之归因于某种"知识分子"的天才般的设想。然而，葛兰西对所处时代社会转型中"知识分子"及"知识分子"角色转换进行了深层思考，突出了无产阶级政党和"知识分子"的主体性及其意识形态作用的重要性，开启了肯定"知识分子"力量与政治历史地位的先河。他所阐释的在拓展社会文化团体的同时对其加以适当的监督和引导的理论，是我们探索建构意识形态领导权的至关重要的方法论资源。

葛兰西文化视角的解放图景充分体现了葛兰西在组织化资本主义时代对解放规划、解放路径与解放策略的探讨和尝试性的努力，推进和扩

---

①　林青. 后马克思主义中的阿尔都塞因素. 马克思主义与现实，2015（6）：127.

展了传统马克思主义人类解放的规划，诉诸无产阶级革命占领思想文化的领导权，在总体性的视野下思考实践关系中社会主体的行动指向，这注定葛兰西不是书斋式的哲学家，而是服务于广大民众的民主式哲学家。

对葛兰西的解放图景进行客观评价较为困难，因为葛兰西文化视角的解放图景不仅内容相当丰富，而且其中的许多命题、范畴都有相对的固定内涵、精确的使用边界以及具体的使用语境。我们不能僵化地以教条主义的态度对待葛兰西文化视角的解放图景，而必须在特定的语言环境中，具体、主观经验性地对其进行考察。

对葛兰西文化视角的解放图景与文化运作隐秘机制的深入探讨，对我们的深刻启示更重要地表现在思维方式上，也即从葛兰西具体的解放图景中悟出思考现实问题的一般方法与原则。如葛兰西关于"知识分子"的思想从思维方式上值得我们借鉴。葛兰西"知识分子"思想的深刻之处与独到意义就在于，从事物的内部来解构自身，解除意识形态结构，颠覆传统西方理论和方法，这种基本思维策略与实践活动原则符合历史辩证法的一般分析方法，"对于我们可能意味着是修正当代哲学中平庸的流行趋势的一种极好方法：在一般的标准和地方意义之间、在理论和解释之间的分离意识"①。葛兰西的文化解放理路通过对资本主义意识形态的理性批判，从无产阶级的革命意识与社会历史文化的关系出发，从文化的历史地位思考意识形态领导权的占有方式，探索意识形态领导权作用的内在机理，为促使无产阶级的自由意识和劳动解放范畴的现实化提供了重要契机。

葛兰西解放图景中关注文化的思维方式为我们提供了重要的思想资源。"历史的有趣之处恰恰在于，它给予了葛兰西'文化霸权'理论以实现的机缘，但不是在市民社会发达、无产阶级尚未取得政权的欧洲资本主义国家，而是在东方，在苏联和中国，无产阶级在已经取得政治权力之后，显示出其夺取文化上的'霸权'的迫切需要。"② 中国现代化建设所面临的文化现代化问题，要求我们必须对我国的现代化进程与状况有一个基本判断。从现代化的主体观念来看，中国现代化局面呈现三

---

① 纳迪娅·乌尔比诺蒂. 葛兰西的从属和霸权理论//李惠斌，薛晓源. 西方马克思主义研究前沿报告. 上海：华东师范大学出版社，2007：90.

② 张羽佳. "文化霸权"：概念与现实的双重探索. 哲学动态，2012（8）：16.

大层次：占中国群体大多数的农民还处于前现代的水准；一部分人已经能够接受现代化的理念；在一部分知识分子中弥漫着后现代情绪。西方国家的不同阶段以历时态经历过的文化现代化状况，共时态地出现在当代中国，具有时空叠加的性质。面对中国文化现代化复杂性与艰巨性的现状，我们有必要借鉴葛兰西的思维方式，高度关注文化，重视文化的作用，重视意识形态的构建对人们重新审视存在与解放问题的现代意义。

在社会有机体中，政治、经济、文化的基本关系是：经济、政治是骨架和躯干，文化是血肉和灵魂。文化同样是综合国力的重要体现。鉴于文化在建构社会未来文明中的特殊作用，葛兰西的"知识分子"理论为当代社会知识分子实现自身的价值提供了重要支撑，在当今文化功能发挥力度相对不足的复杂性实践中，我们"回到葛兰西"，重温葛兰西的思想，从葛兰西关注文化的思维方式中获得思想资源——培养大量具有高度自觉性、真知灼见、独立思想的先进知识分子，以知识分子作为建设社会主义主体文化的主导力量，促使知识分子自觉将个人价值追求与人民解放、社会发展的需要结合起来，构建中国特色社会主义主体文化，提升群体对中国特色社会主义主体文化价值的认同感、归属感，提高主流意识形态传播效应，打造意识形态领域的中国话语权，积极推进马克思主义大众化，既要彰显中国马克思主义的革命精神与传统文化意识，又要重视中国文化与世界多元思想价值的对话和沟通。在国际交往过程中深化对意识形态问题的研究，杜绝将西方特定语境中的文化与意识形态不加辨别地运用于中国的思想内容中，在维护和争夺意识形态话语权的过程中绝不承诺放弃强制性手段，紧紧把握意识形态阵地——是一项意义深远的重大任务。通过文化领导权的建设，抵制西方各种反动思潮，破解国内价值多元化的博弈难题，凝聚人民大众的力量，引导人民大众走向文化自觉、文化自信和文化自强。当然，在运用葛兰西的思想时，我们应该创造性地实现葛兰西的思想与其他相关理论的结合，糅合各种理论成果实现综合创新，用群众熟悉的语言方式来传达群众关心的问题，在反映特定时代的精神诉求中推进解放的实践步伐，不断丰富和完善马克思人类解放思想。

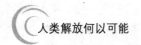

第四节　布洛赫希望哲学体系的解放道路

德国哲学家恩斯特·布洛赫（Ernst Bloch，1885—1977），是 20 世纪西方马克思主义与西方哲学的重要代表性人物。他把西方与东方的现实境况同时作为研究对象纳入自己的整个学术研究体系，并从政治、哲学、宗教、艺术、心理学等多学科领域交叉加以研究，研究领域广博。他全面继承了 20 世纪初的德国知识传统，特别是纵深拓展了马克思所开创的解放理论，明确阐释了马克思解放哲学中蕴含的无产阶级主体性地位及其社会理想构设的现实可能性，是人类精神文明领域中绚烂夺目的奇葩。

布洛赫的人类解放思想是通过他的希望哲学体系呈现的，在价值取向与思考人类解放的实践态度上，与马克思主义一脉相承。他从马克思人类解放理论中汲取理论营养，继承了马克思人类解放理论。布洛赫受俄国十月革命的深刻影响，对第二次世界大战期间苏联人民的革命道路及后来的社会主义实践总体上持支持态度，同时他又深度改造了以"苏联版"的马克思主义为代表的传统马克思主义，批判了传统马克思主义的理论基础与论证方式，谴责其对马克思解放思想本真内涵的解读失之片面。在对人类解放道路的选择上，布洛赫强调救赎要靠人自身的力量来完成的内在反思途径，但并不完全排斥诸如苏联社会主义革命实践等现实革命斗争的作用。他试图通过揭示现代性处境下人类精神枯竭的悲惨状况，强化哲学反思的内在道路与信仰的作用，呼吁唤醒人类内心深处的信仰与希望精神来达致解放。

一、希望本体论哲学体系的建构

布洛赫认为，希望的踪影客观地贯穿于人类文化历史的始终，集中体现了人的本质与人类走向更美好未来的意图，希望范畴在布洛赫的理解中获得了开放性内涵。但希望总是被人们遗忘，布洛赫由此感叹，人类的历史就是希望被遗忘的历史，必须重新反思历史。他渴求以希望哲学的精神重构西方的形而上学发展史，要求终结一切抽象的消极形而上学思维方式，将人类历史的发展奠定在人的存在本质的生存论基础上，摒弃静态、僵化的形而上学体系，唤醒人类内心深处的乌托邦精神，建构起一种希望本体论哲学体系。

布洛赫的希望本体论哲学体系主要由两部不同时期的关键性力作组成。第一部是《乌托邦精神》，它反映了青年布洛赫时期的希望哲学思想，表达了唤醒人类的内在批判与超越本性的乌托邦精神，标志着希望本体论哲学体系的初步形成。第二部为《希望的原理》，它是布洛赫在美国流亡的壮年时期，花费近十年时间撰写的长达 1600 多页的鸿篇巨制，是布洛赫成熟时期对其早期思想的深化，全面描画了人们对未来美好生活途径的梦想，标志着希望本体论哲学体系的完成与成熟。布洛赫的《希望的原理》延续了《乌托邦精神》中的核心精神与根本理念，不断凸显和深化关于社会主义理想与美好世界信念的一以贯之的主题，两者基本保持了思想的一致性与整体性。

布洛赫希望本体论哲学体系的基本思路与基本框架是明晰的。首先，布洛赫以探讨恭敬而有诚意的深奥、神秘的宗教信仰为出发点，反思战争、强权、剥削以及现存社会制度对人的个性的压抑，进而进行主题论证——讴歌人类觉醒和黎明，倡导人性复归和道德重建，唤醒沉睡于人类内心深处的希望精神与美好梦想，拯救人类的希望精神并实现人类解放。接着，围绕这一主题，布洛赫揭示出唤醒希望精神需要经过两个阶段：通过内在道路的哲学反思达到自我面对；在自我面对的基础上使内在发展为外在，使世界充分展现为灵魂的世界。通过这两个阶段与过程，希望精神从人类内心最深处，从"觉醒的梦"的最真实部分也是唯一值得保留的部分升起。在人的"觉醒的梦"中，有一种跃出黑暗与朝向光明的力量冲动，它发酵着、躁动着，它朝向前方而冲向光明。最后，布洛赫对历史总体发展做出了自己的判断与设想，结合外在现实的可能性来激活人的内在意识与创造精神，促使人的自我觉醒与对未来生活世界的期望趋向一致，渗透了对马克思所提出的"自由王国"的美好状态的向往。

在布洛赫的希望本体论哲学体系中，"觉醒的梦"是其论证主题的核心范畴，它所指向的是人类的解放与回归。"在布洛赫看来，历史的真正动因是人类对一个更美好世界的'希望'，即推动千百万人民大众'造梦—寻梦—圆梦'的伟大热情。"① 布洛赫所期望的是让处于苦难中

① 金寿铁. 从宗教无神论到希望哲学：恩斯特·布洛赫研究. 马克思主义与现实，2018 (4)：109.

的人们通过唤醒内心"觉醒的梦",获得救赎与解放,重新回归到自身,回到完满的道路上。他虽然并不完全排斥阶级斗争与暴力革命的作用,但他认为,解放与回归的主要依靠力量是人类内心乌托邦精神的觉醒、"梦想"的不灭与升华,是希望超越现存的哲学反思,指出人类对未来生活世界的希望是其摆脱物化社会和现存困境的根本动力,这是布洛赫对人类解放实现方式的理解与选择。

布洛赫以希望哲学为核心超越了抽象的乌托邦构想,汇集、解释和系统化了人类的伟大希望方案。在布洛赫的两部著作中,唤醒乌托邦、拯救末世论、人类解放论等多种哲学思潮奇迹般地汇集在一起,呈现出一幅多彩而庞大的"哲学-宗教"幻影。他试图把希望哲学体系建立在马克思主义经典作家(马克思、恩格斯、列宁等)的理论基础之上,纯化经典作家的理念,揭示精神与物质、理论与实践、理想主义与社会主义的关系,倡导将精神转化为物质、理论转化为实践、理想主义转化为社会主义的理念,进而把自我内在力量转化为世界"自然主体"的存在动力,促动人在现实的社会变革实践中发挥具体的乌托邦精神和人道主义力量。人们不断走向"发现美好"的超越运动,是人们尚未形成的人类希望的丰富内容的真实展现。

二、接受苏联实践的"政治信息"

在寻求人类解放之道上,布洛赫对第二次世界大战期间苏联人民的革命道路及后来的苏联社会主义实践总体上秉持支持态度,积极接受了苏联社会主义实践的"政治信息"。其深刻原因主要有下列四个方面:

第一,俄国十月革命加强了布洛赫从思想上亲近马克思主义的趋向,使他的思想内在具有与马克思主义的亲缘性和深层关联。根据布洛赫自己的回忆,他的激进思想——反资本主义和亲马克思主义思想,决定性地被俄国十月革命的爆发所加强。通过对俄国十月革命的历史性反思,布洛赫认识到解放不仅意味着对资本主义的解蔽与祛魅,而且指向发掘蕴含于无产阶级中的革命潜能,强调革命主观意识条件的重要性,以至于很多英美学者习惯把布洛赫称为"关于十月革命的哲学家"[1]。十月革命使布洛赫对马克思主义的创始人——马克思满怀崇敬之情,并

---

[1]　张双利．论恩斯特·布洛赫的人本主义道路．马克思主义与现实,2007(2):87.

开始关注马克思主义，在探寻人类解放的现实实践道路上从思想上也毅然接受了马克思主义。布洛赫把解放人类的"赌注"都押在了十月革命上，认为十月革命就是救赎西方社会、解放西方社会的有效途径。

第二，与卢卡奇的交往，加速了布洛赫从行动上向马克思主义靠拢的步伐。俄国十月革命胜利后，由于布洛赫同卢卡奇在处境与成长经历方面较为相似，所以他们的思想和行动带有共同感情地相互呼应，布洛赫在与早期西方马克思主义的代表人物——卢卡奇的密切交往中，迈上马克思主义道路的信念更加坚定，行动上向马克思主义靠拢的进程与步伐得以加速。尤其卢卡奇在 1923 年出版了《历史与阶级意识》一书，深深触动了布洛赫的内心。他开始认真研读马克思、恩格斯的著作，自觉宣传马克思主义理论，借用马克思主义理论深化自身的乌托邦范畴和希望哲学，在马克思主义的理论视角下审视客观世界的现实可能性，他把自己称为"坚定的马克思主义者"。布洛赫的《乌托邦精神》修订版的出版（1918 年初版，1923 年修订并再版），是他成为被人们接受的"坚定的马克思主义者"的历史性标志。

第三，受到马克思以"批判"为灵魂的社会批判理论的启迪。面对社会主义与资本主义两种制度、两大阵营对峙的现实，布洛赫选择了支持俄国无产阶级革命道路，认为俄国无产阶级革命道路符合人类社会历史发展规律，能够拯救全人类。从接受理论来说，这是布洛赫对马克思资本主义社会批判理论的领悟使然。批判性是植根于马克思主义哲学中的一种深刻的反思模式，马克思通过对黑格尔的"自然权利"和资本主义私有制的批判，即通过对资本主义制度的政治正当性的基础与资本主义的基本制度基础的批判，戳穿了资本主义社会表面上标榜人人拥有天赋的"自然权利"的虚伪性，揭示了资本主义必然走向灭亡的历史规律，促进了无产阶级在资本逻辑发展极盛的语境中实现对革命与解放意识的自觉认同。马克思从资本主义社会的基本运行规律——剩余价值规律出发，把资本主义社会纳入人类社会历史运行规律，即在生产关系适应于生产力的规律中揭示社会发展的现实可能性。马克思的全部思想都是在批判中展开的，他致力于推动批判性、革命性要素的作用在现实运用中得到充分实现，以废除传统哲学脱离感性实践的、抽象的理论范式，批判意识由此构成了他的学说的灵魂。而布洛赫在充分理解马克思资本主义社会批判理论的基础上，进一步推进了马克思对资产阶级权利、尊严范畴的批判，把权利、尊严与人类解放结合起来，这种结合在布洛赫的《自然权利和人类尊严》一书中得到了全面展现。布洛赫对马克思主义的热情、对苏联社会主义实践的支持，与马克思资本主义社会批判理论的魅力密切相关。

第四，是对世界革命政治运动的清醒研判和对工业资本主义批判性反思的结果。布洛赫认为，不支持法西斯国家民族主义的政治运动而支持俄国无产阶级革命是我们唯一的选择，俄国无产阶级革命代表着通向未来的光明之路。他坚定地强调，"在今天的形势下，为反对俄国布尔什维克主义所发表的议论都只会为邪恶提供服务"，"没有俄国，就没有反法西斯战争，也不可能取得反法西斯战争的胜利"[1]。第二次世界大战期间，苏联是世界反法西斯的主要战场，苏联人民是反法西斯战争的主力军，1941 年苏联卫国战争的胜利，改变了第二次世界大战的形势，构成整个反法西斯战争的重要转折点。布洛赫开始思考马克思关于无产阶级革命主体地位的理论，发掘马克思主义革命理论中蕴含的乌托邦因素，探索人道主义思想与社会主义革命的关联，确认无产阶级通向人类美好生活前景的精神力量与实践诉求。布洛赫对俄国无产阶级革命和苏联社会主义实践充满极大的希望，甚至直到临终还对苏联社会主义（国家权力和财产私人所有制的结合）模式抱有希望。布洛赫对当时世界革命政治运动的思考和对工业资本主义造成的无灵魂世界的强烈憎恨与批判，是其执着信念及清醒判断的基本前提。

不过，布洛赫并不是毫无保留地支持苏联社会主义实践。针对斯大林的决策方式与专制统治而造成的苏联人民生活被统一设计与统一规划的状况，布洛赫提出，真正的民主、正义应该是"自下而上"的；在社会主义实践中，每个人应该充分张扬个性，不再需要对社会坚守某种庄严的承诺，个人的尊严不能随便被玷污，否则个人的个性就会被扭曲，这突出了乌托邦指向实现个体主观愿望与改造客观世界的功能。同时，布洛赫在汲取、接受马克思主义和在接受苏联社会主义实践时，带有自己明显的乌托邦思想色彩。

---

[1]　Ernst Bloch. The German Philosopher of The October Revolution Michel. Trans, Jack Zipes. New German Critique，1975：5.

三、深度改造传统马克思主义

由于自身性情、经历和所受哲学教养的综合影响，布洛赫认识到，就资本主义遗产而言，以"苏联版"的马克思主义为代表的传统马克思主义犯下了极端的错误——停留于对现状和既定存在的机械复制，传统表象性的"马克思主义"忽视了马克思主义理论中内蕴的本质性要义，应该修改和弥补其理论缺陷以适应历史的发展，进而深度改造传统马克思主义。

第一，批判一切旧的异化的社会关系，形成一种新的人的自由的社会关系。布洛赫认为，迄今为止人类的一切自由都不是真正意义上的自由，而仅仅是异化条件下的自由，他对斯大林主义以自由的名义剥夺人的权利、尊严而形成的自由异化关系进行了深刻反思。布洛赫基于独特的人本主义立场，从对人的历史性存在方式与当下生存状态的比较中指出，必须超越认识论维度的理想承诺并恢复本体论维度的希望，即应在人的社会关系视域中把握人生存的希望旨归。他认为，人始终是特定的社会关系中的人，必须在社会关系的视野中来解决人的问题。我们要致力于批判一切旧的、异化的社会关系，克服传统马克思主义所具有的专制主义精神，形成一种新的、本质在于人的自由发展的社会关系。要实现的是一种自由与秩序、个体与集体协调一致的无阶级社会，这种"无阶级社会"是自由与秩序、个体与集体和谐共生的新关系社会。个体与整体、个体性与整体性、自由与秩序关系的科学处理成为互不冲突的原则。布洛赫认为，人类的最高理想就是要实现人类解放的共产主义之"自由王国"，他把未来人类解放之"自由王国"的"崭新家园"视为没有异化的理想之乡。他强烈追求没有异化、没有奴役的真实共同体以及新的人的自由全面发展的社会关系。

第二，批判传统马克思主义单向度的狭隘经济决定论，回归多向度的、包容性的马克思主义。布洛赫认为，传统马克思主义是单向度的、狭隘的理论。它为了维护自身政治统治的需要，严格规划社会整体的秩序及每个个体的生活，在理论上将马克思主义限定在单调的政治经济学批判框架之中，并用机械论的方式阐释马克思主义。它把马克思主义局限于实证主义化的思维模式中，不可避免地陷入经济决定论的泥潭。马克思主义本身具有强大的包容性，是多向度的，蕴含异质性、非一致性的辩证唯物主义，允许多维度的革命想象。布洛赫提出，必须摆脱传统马克思主义狭隘的经济决定论，在分析问题的框架中吸收宗教的"希望财富"。在对抗资本主义制度上，既要以政治经济学理性批判为视角，也要以道德、宗教批判为视角来审视资本主义市民社会。他强调要充分重视道德、宗教等感性因素——不仅要重视"物的因素"在社会发展过程中的作用，更要注重"人的因素"的能动性；不能只迷恋"生产"而否定梦想因素和想象。布洛赫肯定性地指出，现存世界的本质在"物的因素"持续发酵中尚未终结，但只要尚未完成的存在依然处于充满可能性的过程中，希望出现的可能性就必定高于现实性。他提出，在考察人民生活的宗教性时，应该引入希望精神来修正、补充和发展传统马克思主义，要批判传统马克思主义单向度的狭隘经济决定论，回归多向度的、包容性的马克思主义。

第三，批判资本主义技术性专制统治所导致的人的"物化"和"异化"，呼唤人们内心的希望精神和革命的想象功能。布洛赫认为，传统马克思主义虽然反对资本主义的"政治-文化"遗产，但却默默地承继了资本主义的技术遗产及其附加理念。传统马克思主义在社会建设中否定人的个性，将具有不同质的、不同自然特性的个体抽象成具有同一性的个体，这无疑是技术性的专制统治。布洛赫强调，要批判资本主义的技术遗产，应该着重批判资本主义技术性专制统治所带来的人的"物化"和"异化"。他认为这个时代更容易相信可见之物，不太信任不可见之物，其后果是只知道世俗的、可计算的乃至最原始的内容，只有这些东西被承认为现实。资本主义社会的异化过程导致了一个"物化"世界，而法西斯的上台就是"物化"的一个极致。因此，只有通过唤醒人们内心的希望精神和革命的想象功能，才能推翻资本主义的技术性专制统治。

此外，布洛赫还主张重塑宗教的希望精神遗产。他认为要通过重塑遗产中的宗教，而达到重塑宗教的本质。宗教遗产是希望的遗产基础，因而同时也是宗教的本质。[①] 通过对希望哲学的宗教维度进行批判性反思，布洛赫使希望承接并显露了祛除上帝形象后而保留的宗教精神，促使宗教精神与乌托邦精神、希望哲学形成主题一致的统一体。他甚至认

---

① 金寿铁．只有创造性的马克思主义才能领会我们的时代：恩斯特·布洛赫与马克思主义传统的创新．福建论坛（人文社会科学版），2008（3）：39-46.

为，人类的宗教功能在于自身的希望中，宗教的本质就是希望。宗教不仅热衷于幻想，还指向未来的希望。

布洛赫对传统马克思主义的批判与他对人类解放实现方式的理论选择密切相关。他并没有将自己的视角限制在对无产阶级的阶级意识的分析上。在他看来，历史中的每个时刻都与救赎、解放相互关联，而人类解放不仅是阶级斗争和对资产阶级法权的批判，更重要的是对人类内心深处的希望精神的唤醒，是希望的形成和梦想对现存的超越。现在和未来存在着过去没有实现的希望因素，"希望剩余"是无法穷尽的——过去没有实现的"潜能希望"可以在现在实现，现在也不是过去的全部展现，它仍然存在着希望原理和未来的向度，其光亮指引我们走向"共在"的世界。希望原则的确立，使布洛赫实现了哲学本体论维度的重大转变，为解放理论提供了与传统马克思主义阐释范式不同的理论语境和思想框架。他倡导通过批判一切旧的异化的社会关系、单向度的狭隘经济决定论、资本主义技术性专制统治，形成一种新的人的自由的社会关系，塑立多向度的、包容性的马克思主义，呼唤人们内心的希望精神和革命的想象功能，重塑宗教乌托邦的精神遗产，最终达致人类解放。

四、希望的辩证法与辩证法的希望

布洛赫的哲学思想一直遭受到国内学界的冷遇（其著作至今尚未有中译本就是很好的证明），甚至出现了各种"批判模式"：有学者指责布洛赫过于强调宗教伦理，试图为宗教伦理在马克思主义体系中找到合适的安放位置，陷入了弥赛亚主义、神本主义、乌托邦主义和博采主义之中；有学者指责布洛赫哲学具有唯心主义、非马克思主义、哲学修正主义的特点；有学者认为布洛赫哲学是在理想主义基础上形成的"哲学性的马克思主义"，从而把马克思带回到快乐主义的幻想中，结果必然造成其给自身设定的价值目标陷入没有现实根基的乌托邦中；有学者认为，布洛赫把马克思主义与抽象的人性论、思辨的人道主义、先锋派的哲学现代主义、宗教人道主义、神秘主义等混同起来，没有把自己的哲学建立在对社会经济发展的现实分析的基础上。[①] 关于造成学者淡化或低估布洛赫哲学、布洛赫著作的价值以及否认其具有马克思主义性质的

---

① 石德金，刘卓红. 布洛赫历史哲学的价值诉求与人类解放. 广东社会科学，2010（4）：61-65.

悲剧性局面的原因，有学者认为同他的晦涩文风、难懂的词汇、非正式写作方式有极大关系。美国学者罗纳德·阿伦森就认为，"布洛赫的著作根本就不可能读懂，对读者来说是一种折磨"①。比利时学者卢多·阿比希特也指出："布洛赫错综复杂的方法除了要求高水平的智力支出，还要求情感的、充满想象力的、艺术启发力的投入。"② 还有学者将其被指责的原因归结为布洛赫所拥有的复杂知识背景与社会背景，强调其所处时代的资本主义社会生产环境具备与马克思所处时代不同的特殊性，恢复人对生存的希望与马克思主义的解放旨趣是时代的迫切需要。

不管如何评价布洛赫的哲学思想，其深厚的思想底蕴、敏锐的问题意识、创新的思维方式、独到的理论见解以及非凡的理论勇气都是值得肯定与赞赏的。布洛赫是一个以哲学辩证法的形式表达其思想的乌托邦主义者，他的主张是具有"问题意识"的，因为他试图把马克思主义与自己的希望哲学结合起来，"调整大众意识的解放行为，借助对现存世界的革命性改造，改天换地，建立他心目中的理想社会"③。在人性的本真意义上，布洛赫关注人的尊严与价值，倡导生存的理想与意义。在政治方向判断上，布洛赫虽然积极接受苏联社会主义实践的"政治信息"，认为苏联社会主义实践是人类未来的一种出路，指出社会主义革命尽管在现实的资本主义社会生产盛况中遭受挫折与冷遇，但通向美好社会的历史进程具有势不可挡的势头；同时也批判传统马克思主义，深度改造传统马克思主义。在价值取向上，布洛赫坚定不移地继承了马克思关于人类解放的精神诉求，他所主张的呼唤希望精神是对全人类解放追求的鲜明表达，他的"革命浪漫主义"精神明显带有救赎、解放全人类的特征。

布洛赫的政治倾向与价值取向的明朗程度反映在他对马克思主义的态度上。他认为，只有马克思主义才真正地给出了实现人类解放的答案。在布洛赫希望哲学体系中，在回答人类解放与希望精神如何可能的问题上，他在理论与实践相统一的辩证法方案中寻找"具体的希望"，

---

① Ronald Aronson. Review of The Principle of Hope. History and Theory，1991，30 (2)：223.

② 卢多·阿比希特. 哲学的实践：布洛赫、葛兰西和卢森堡对马克思主义传统的创新. 梦海，译. 马克思主义与现实，2011 (5)：118.

③ 金寿铁. 哲学表现主义的"新狂飙突进"：评恩斯特·布洛赫《乌托邦的精神》. 文艺研究，2011 (12)：133.

即在辩证法中寻找希望；同时又将希望精神与马克思的人类解放理想结合起来，即在希望中运用去形而上学化的辩证法。

布洛赫认为，"马克思主义的赌注不是将来，而是对现实的分析，或者说将来是过去的东西的实现。理性与希望的统一，这就是马克思主义"①。他指出了人类艰难处境与人类危机的实质——希望精神的萎缩，揭示了走出该危机、实现人类解放的具体道路——唤醒人们内心的希望精神，认为人类解放的政治计划不是世界的自我实现，而是人类在选择解放道路之后面对可怕命运的勇敢行动的落实。这种理念充分体现了布洛赫对在理论与实践相统一的辩证法中寻找希望的强调。

布洛赫在理论主题和未来实践意图上，对传统马克思主义的学术传统与精神实质进行了深度分析，用自己创新的马克思主义思维方式，在辩证法中寻找希望，在希望中运用辩证法，卓有成效地开启了马克思主义的新的广阔视域。布洛赫所孜孜以求的乌托邦精神与人类希望具有深刻的马克思主义辩证法理论基础，他洞察到回复人的本体论希望的理想与现实、理论与实践等双重维度之间充满张力的辩证运动，并将此辩证运动方式视为人类解放的深层依据。纵观布洛赫一生的思想发展轨迹与行动轨迹，他一直在为人类精神解放而孜孜不倦地建构希望本体论哲学体系并努力将之付诸实践，因此我们称其为"勇敢地承担拯救人类精神使命的思想者"，无疑是确切的。

---

① 朱彦明. 弥赛亚主义的革命实践：布洛赫和本雅明. 复旦学报（社会科学版），2009（3）：84.

第七章　激进化解放方式的思考

19 世纪末到 20 世纪初，资本主义社会由发展初期的自由竞争走向发展中后期的帝国主义阶段，实现了资本生产所需资料的必然占有，其逐渐巩固了资产阶级的统治地位，并完善了政治、经济、文化等各领域的理论学说。但资本主义生产力的极大发展也带来了严重的社会危机和人的异化困境，众多西方学者开始忧心这一社会现状，并企图通过不同的批判方式揭露人的不自由境地，探索人与人之间在生活世界中存在的差异性和分界点，领会到人能够在充斥着差异的多维领域的交往实践中形成对现实矛盾关系以及自由解放需要的自觉意识，最终致力于达到实现不同程度的人的解放的目的。法兰克福学派著名"左"翼代表人物、美国当代影响深远的哲学家与美学家马尔库塞，提出爱欲解放思想及人类解放的文化艺术与审美之途；法兰克福学派"第二代旗手"哈贝马斯，以"交往理性"为逻辑支撑探寻社会解放，其理论锋芒始终指向现代资本主义社会及其制度文化理念；英国社会学家、哲学家鲍曼，以"理性解放"为轴心，基于对"人的解放"之历史性内涵的把握，通过共时性和历时性两个维度展开对"人的解放"的双重构思；法国哲学家、历史学家福柯，从历史与现实中社会个体的具体生存维度研究政治权力与人类解放的关联，开辟了权力批判路径；当代法国解构主义大师德里达，通过阅读马克思的文本发现其内在矛盾，对马克思的文本进行了"解构式阅读"，企图建构"解构式马克思主义精神"，以在政治姿态与政治立场上建立自己的系列理论；后马克思主义的正宗代表人物——英国的拉克劳与美国的墨菲，针对西方发达国家的社会结构和社会心态所发生的变化，基于话语理论的社会主义新策略，力图构建具有不确定性、差异性、多样性与反普遍主义、反本质主义、反中心主义的激进多元民主理论。

第一节 马尔库塞的艺术与审美解放论

当代美国法兰克福学派著名"左"翼代表人物赫伯特·马尔库塞（Hebert Marcuse，1898—1979），因极具批判精神和历史责任感，曾被西方学界誉为"'新左派'哲学家"以及"青年造反者的明星和精神之父"。他毕生都对西方社会和文化保持着不妥协的批判态度，并在这种批判中积极寻求人的解放与幸福之道。纵观马尔库塞的大部分著作，特别是后期的《单向度的人》《爱欲与文明》《论解放》《反革命与造反》《审美之维》等专著，其在新的历史境遇与时代背景下，对现代人的生存境况深感焦虑，并由此引发了对社会弊病的揭示以及对解放之路的沉思，形成了独具特色的解放美学观。今天，马尔库塞的解放美学思想对我们继续为实现哲学之最高主题人类解放所进行的理论与实践的双重探索仍然具有重要意义。

一、扩张量和提高质的爱欲解放

现代发达资本主义社会所带来的科学技术进步以及物质繁荣并没有遮蔽马尔库塞深邃的洞察力，他以激进的态度和犀利的笔锋对人所处的现实环境——科技异化、艺术文化异化等进行了批判。

科技主导生产的资本主义社会，是一个"病态的社会"。在这个"病态的社会"里，科技并没有成为造福人民的帮手，而是成为统治阶级的统治工具，直接或间接地控制着人们的物质和精神生活。人变成机器的奴隶，受机器的支配，机器成为支配人的异己力量。更令人担忧的是，异己的力量未能被异己的人认识：技术理性已取得"全面的胜利"，人们对生活的态度也逐渐转变为消极的逃避。个人内心的否定性思维严重丧失，社会成为"批判的停顿：没有反对派的社会"[①]。科学技术同

[①] 赫伯特·马尔库塞. 单向度的人：发达工业社会意识形态研究. 刘继，译. 上海：上海译文出版社，2016：1.

资本主义的合流消解了人的生命活动的全面性和丰富性，人们对现实社会形成了单向度的肯定性思维。

马尔库塞认为，科技异化的同时，艺术文化领域也被工业社会的物质性特征浸染，在一定程度上产生了异化，艺术文化沾染了物质现实的因素，逐渐和物质现实融为一体，已不再是单纯的艺术文化，而是剔除了人的本质与欲望的物性文化。问题还在于，发达资本主义国家的艺术文化失去了本身所固有的价值功能，成为宣传国家意识形态和展现资本主义国家制度优越性的工具。

对于具有艺术情怀及丰富美学思想的哲学家马尔库塞而言，艺术文化的异化对其是一种巨大的触动，他不断思考着如下问题："病态的社会"造就的"单向度的人"如何摆脱痛苦？异化的文化如何消除异化，还以本真意义？人类解放事业在现代发达资本主义社会又如何能扫清障碍继续推进？

为此，马尔库塞借鉴了哲学巨匠马克思的相关思想，其"《爱欲与文明》显然是精神分析学与马克思主义相互融合的另一种积极尝试"①。马克思认为，人在现实社会受到的各种压抑是人的深层本质遭受扭曲的表现，人类解放归根到底就是人的本质的解放。这一点，马尔库塞起初深表赞同。随着资本主义社会的发展，马克思断言，资本主义生产关系已由过去推动生产力发展的形式变成阻碍生产力发展的桎梏，从而引起经济危机，资产阶级解决危机的方法实际是饮鸩止渴。然而，经济危机并未立即摧毁资本主义制度，科技发展给资本主义生产带来升级，社会处在日益增长的丰裕之中。科技带来的人类文明程度越高，失去自我意识的人格就越突出，社会整体的异化对人的压抑根深蒂固。因此，在社会的物质维度方面发动革命以及在此基础上培养革命意识都脱离了现实。由于西方社会在产业结构、社会结构、阶级结构、权力中心、管理体制、意识形态及哲学形式方面的变化，马尔库塞对马克思的革命学说产生怀疑，并认为局限在社会物质维度方面的暴力革命已不可能。

此时，奥地利精神分析学家弗洛伊德进入马尔库塞的视野，受其精神学及心理结构理论的影响，马尔库塞的思想也经历了由马克思到弗洛

---

① 南帆．文学批评中的"历史"概念．中国社会科学，2019（3）：159.

伊德的转变，即由社会物质生产方面的变革转向心理观念方面的变革。他将人的本质视为人的"爱欲"，把人的解放视为爱欲的解放。在对人的本质究竟是什么的理解上，马尔库塞与马克思有着大相径庭的观点。他认为，人的本质并非"各种社会关系的总和"，而是人的"爱欲"，人的解放就是人的爱欲的解放。而科学技术、现代文明的发展与人本能的满足此消彼长，马尔库塞由此对社会发展与人的解放相统一的观点持消极态度。他之所以如此，是因为深受弗洛伊德的影响，把人的心理结构分为"意识"与"无意识"两种。其中，"意识"包括"自我"和"超我"的人格精神，而受快乐原则支配的"无意识"大部分则是"本我"范畴的人格精神。"无意识"心理结构比"意识"心理结构更能体现人的本质，原因在于：首先，"本我是最古老、最根本、最广泛的层次，这是无意识、本能的领域，无意识是人的本质与欲望遭受遏制的合乎道德的表述。本我不受任何构成有意识的社会个体的形式和原则的束缚。它既不受时间的影响，也不为矛盾所困扰"①，而是遵循快乐原则行事。而人的"自我"和"超我"则受人的意识的支配，无法脱离现实原则的摆布，往往不是人真实意思的显现。其次，"本我"是一股极大的暗流，"自我"和"超我"同"本我"相比，是极小的部分，因此，"本我"的行为根源归结为人的本能，对社会经济的发展具有鲜明的反作用，在解释意识形态与物质基础的关系问题上最具说服力。最后，"自我"只是在外部环境影响下由一部分器官逐渐发展而形成的，"自我的过程仍然是次要过程"②。弗洛伊德在论证了"无意识"体现人的本质之后，进一步将"无意识"的本能划分为生命本能和死亡本能。他更加强调表征人的本质的生命本能，因为人必须是生命存在，才能成为有意义、体现人的本质的存在，"其中生命本能（爱欲）压倒了死亡本能。生命本能不断地反抗和推迟'向死亡的堕落'"③。这种体现"生命存在"的生命本能就是人的爱欲。

马尔库塞接受了弗洛伊德的精神学及心理结构理论关于"生命本能就是爱欲"的主张，也认为在现代资本主义社会，人之所以受到压抑就

---

①　赫伯特·马尔库塞. 爱欲与文明. 黄勇，薛民，译. 上海：上海译文出版社，2012：20.

②　同①21.

③　同①17.

在于生命本能——爱欲受到束缚和抑制。但马尔库塞对弗洛伊德的某些观点也提出了质疑。例如，弗洛伊德没有明确区分爱欲与性欲，马尔库塞则指出两者是有重大区别的：爱欲"是性欲的量的扩张和质的提高"[①]，是在性欲基础意义上的扩大。就"量的扩张"而言，爱欲的范围从生殖器官扩展到人体的每个部位与整个生命体，进入非生殖性的活动领域，能够表征人的本质需要的普遍属性，弗洛伊德的性欲只是构成人的爱欲的先验形态；爱欲的对象从异性延伸到所有能引起人快乐的外物；爱欲的活动也从单纯的两性行为扩展到人的所有活动，扩大到对人的一切情爱的关系领域。就"质的提高"而言，马尔库塞将仅限于生殖器官的性欲转化为人格上的爱欲，由肉体转向精神，自性感转入美感，指出人的爱欲与社会文明的发展相辅相成，人的本质将伴随爱欲的恢复而得以解放。爱欲从追求生殖器官的局部快乐扩展到了消除人的痛苦、达到人的全面自由。

爱欲是人的本质，文明社会对人的压抑就是对爱欲的压抑，这种压抑不仅是对人某种功能的束缚，更主要的是用现实原则代替了快乐原则，导致意识活动占据和控制了无意识活动，从而改变了人的本质，并最终让人陷入无限的痛苦中。科技与资本逻辑的合谋，在日常生活中不断满足人们的物质生活需要，并在无形中催促人生成对科技的依赖，逐渐消解了人对社会的批判与反抗。马尔库塞因此主张，要使人真正享受到人的本质得以实现的痛快，在人的爱欲满足中成为高级存在物及具有较高的存在价值，就必须恢复人的本质，使人不断遭到歪曲的本性颠倒过来，通过解放爱欲把人从痛苦的深渊中解救出来。

二、人的解放的艺术与审美之途

马尔库塞敏锐地发现了伴随着资本主义与物质发展而日益突出的人的精神危机与需求-感官功能异化，看到一个在物质—科技—机器等一系列单调重复的"单向度的人"的命运。同时，他还察觉到资本主义社会中现代艺术、文学以审美的方式对这种异化的"单向度的人"命运的揭示和批判。他把希望寄托在以艺术、文学为中心的"审美之维"的革命上，反复强调艺术、文学整体的感性丰富性能够转化为对技术理性及

---

① 赫伯特·马尔库塞. 爱欲与文明. 黄勇，薛民，译. 上海：上海译文出版社，2012：187.

其衍生的"单向度的人"的对抗力量，认为只有通过这种作为"基础之基础"的人的内在审美—感觉—欲求—本能层面的改造，才能创造一个新社会的前提——崭新的人及其心理-观念结构。以往的革命正是在这一点上着力不够，导致社会变革即使成功，人也不会有真正质的解放。因此，在人的解放的途径上，马尔库塞试图在心理学向度上构建一种与马克思的无产阶级革命观不同的解放之路。他认为，艺术与审美才是实现人的解放的有效途径。他从艺术、审美对个体力量与社会力量双重维度的影响上展开关于人的解放之路的论述。

关于艺术、审美对个体力量维度的影响。马尔库塞认为，马克思的革命主体——无产阶级已经丧失主体地位，必须采用其他途径来培养全社会个体（包括无产阶级）的革命主体意识。这种培养途径依靠的就是艺术与审美。由于受现代工业文明和大众文化的控制与摧残，生活在社会最底层的无产阶级已渐渐不再作为现实生活的否定力量，其依附于所服务的企业，身处异化之中却并未感到痛苦，工人阶级的革命立场日益减弱，由此导致无产阶级革命主体严重缺位。面对这种情况，马尔库塞尖锐而又不失冷静地提出，革命需求产生的原动力植根于个体的理智、冲动和目标。① 而马克思论及的无产阶级革命主体力量明显不适合当时的形势，他们没有革命的需求，没有革命的动力与基础，故而就不可能有无产阶级革命实践，更不可能爆发无产阶级革命。革命最需要解决的是主体力量的培养问题。社会革命的主体需要的是在自身劳动异化的基础上破除社会文化和思想意识安置在爱欲中的枷锁。革命主体的关键作用在于对个体行为的心理基础和本能结构进行改造，以拯救其爱欲、想象、灵性与直觉等感性之维度。"个体的感官的解放也许是普遍解放的起点，甚至是基础。自由的社会必须植根于崭新的本能需求之中。"② 马尔库塞用"新感性"概念对"爱欲、想象、灵性与直觉等感性之维度"进行了总体概括。新感性是相对于被理性压抑的旧感性而言的，是自由的和"活"的感性。它能突破技术理性对人性的压抑，使人的原始本能得以解放，使人重获自由感。具备这种"新感性"的人们能将具有攻击性和侵略性的能量纳入生命本能，经由社会解放达致人与

---

① 赫伯特·马尔库塞. 审美之维. 李小兵，译. 桂林：广西师范大学出版社，2001：194.

② 同①132.

人、人与物、人与自然之间的和谐统一。因为"新感性，表现着生命本能对攻击性和罪恶的超升，它将在社会的范围内，孕育出充满生命的需求，以消除不公正和苦难；它将构织'生活标准'向更高水平的进化"①。

新感性形成的最佳方式莫过于艺术与审美。第一，艺术通过想象这一基本思维方式为新感性的建立奠定基础和提供动力。以艺术为核心内容的感性在深层上映现了人的本质，艺术，作为充满了各种想象力的、可能性的"幻想"世界，表达着人性中尚未被控制的潜能，表达着人性的崭新层面，并通过人的"新感性"本能重建对自由与幸福的感觉。想象是积极的心理机制，它不拘泥于现实，同现实对抗和决裂，反对现实原则和操作原则，崇尚快乐原则和自由原则。它能够超越既存现实，创造性地构建完全不同于现实的更加美好和幸福的世界。在这一构建美好未来的想象过程中，旧感性被排斥和驱赶，新感性得以形成与凸显。这是因为想象是与现实隔离的，它能够表现出不自由世界的自由。艺术通过想象对现实的加工与变形，激发了人体内原始本能对美的追求，并在这种追求中逐渐确立和增强新感性。"艺术作品从其内在的逻辑结论中，产生出另一种理性、另一种感性，这些理性和感性公开对抗那些滋生在统治的社会制度中的理性和感性。"② 艺术，蕴含着新的社会改造的生机。

第二，美的存在是感性的，它依赖于感官而带来快感，是尚未升华的对象。刺激快感的力量属于美的基本性质而构成美的本质。马尔库塞的"审美救赎"扬弃了传统形而上学思维中的"审美超越"，将艺术的"审美救赎"构想置于现实具体的实践中予以审视和检验。他指出，审美可以带给人直观的感性幸福，同时还可以强化感性，调和专制理性，把感性从理性的束缚和抑制中解放出来。审美活动不同于技术理性，技术理性全面统治并压抑人的自由存在，而审美活动能使人的自由存在复归。这样，审美就造就了人的新感性或新感性的人。

马尔库塞所认为的新感性不仅是存在于个体之中的心理现象，而且是变革社会满足个人需求的中介，能够参与变革世界的政治实践，成为

---

① 赫伯特·马尔库塞. 审美之维. 李小兵，译. 桂林：广西师范大学出版社，2001：98.

② 同①195.

追求个人解放之路的调节者。① 新感性培育的主体是不受历史条件与现实限度限制的独立个体，而只有独立个体联合起来才能组成具有更广泛的革命主体力量的历史主体。这些历史主体借用艺术审美的形式激发自身潜在的批判与革命力量，才能真正领导历史运动，在文化和意识形态领域展开现实革命，促进人的解放，从而推动历史进程并产生新的社会。艺术与审美造就新感性之目的也在于，通过新感性培育新的革命主体来重建新世界，并最终使人的本质即爱欲得以解放。

关于艺术、审美对社会力量维度的影响。在人的解放的途径上，马尔库塞的眼界没有局限在塑造新感性这一个体力量维度上，他还从社会力量这一整体维度上加以全面把握，深刻探讨了艺术、审美对现实社会状态的否定。他认为艺术的本质和特性是"审美形式"与"艺术自律"，并以此为基点展开论述，分析了艺术与审美对制约现实社会的因素的克服，确定了艺术传播文化与思想的社会功能，从而彰显了艺术与审美对社会力量维度的强化效应和功能。

所谓"审美形式"，是马尔库塞对艺术本质的独特定义。在马尔库塞看来，"撇开那些审美趣味上的变化不论，总存在着一个恒常不变的标准"②，这就是"形式"。"有了审美形式，艺术作品就摆脱了现实的无尽的过程，获得了它本身的意味和真理。"③ 艺术构成"审美形式"的本体，赋予"审美形式"异在的自律性，即相对于资本主义世界而言的异在"审美形式"能够实现对异化现实的超越与救赎。马尔库塞视野中的"审美形式"不同于以往从内容出发的"形式-内容"二分法，它超越了界定形式的传统理论模式，实现了内容和形式的有机结合：内容转化为形式，形式整合为内容。也正因内容被形式改造，人们便可不计内容和目的，一方面将艺术作品从所给予的现实中转移和分离出来，使纯形式表现出对象，即"美"得到展现，另一方面依照"审美形式"内含的否定性去把握无序、狂乱与苦难。因而，只有借助"审美形式"，发挥"审美形式"的艺术倾向性和意识形态功能，艺术才能超越现存现实，成为在现存现实中与现存现实作对的作品。

---

① 赫伯特·马尔库塞. 审美之维. 李小兵，译. 桂林：广西师范大学出版社，2001：120.

② 同①190.

③ 同①196.

所谓"艺术自律",是指艺术独立自在的性质。"艺术通过其审美的形式,在现存的社会关系中,主要是自律的。在艺术自律的王国中,艺术既抗拒着这些现存的关系,同时又超越它们。"① 艺术不为特定阶级集团的利益所左右,具有自身的内在规律性和不受外在性制约的相对独立性,是一个与现成生产力、生产关系相区别而存在的"空间"。"艺术自律"是出于对现实生活中人的自由被遮蔽的认识,从而为人类社会勾画出充满自由的美好图景。艺术想象的超越性、行动的自由性、审美的理想性在艺术自律的领域里得到确证,呈现摆脱外在干预、自由自在的真善美统一的世界。

马尔库塞对"审美形式"和"艺术自律"本质的释义,既揭示了两者之间的关系,也揭示了两者的功能。从关系上看,"审美形式"是艺术的本体,是"艺术自律"的承担者,它遵循美的形式法则将现实"去现实化",创造艺术的外在存在;"审美形式"构成了"艺术自律",维护了艺术不受现实渲染的独立自在性,保证了审美的理想性、想象的超越性与行动的自由性。从功能上看,艺术与审美对现实社会具有否定功能。艺术与审美所遵从的法则,不是听从现存现实原则的法则,而是否定现存现实原则的法则。它们力图突破被遮蔽、被伪装、被硬化的社会现实,通过塑造人的"新感性"激活潜藏于其中的革命力量,使人们意识到并开始反抗普遍的异化现实,希冀开启爱欲解放的前景。

马尔库塞认为,艺术、审美对社会现实的否定,是对社会力量维度解放的加强。充满想象力与创造性的艺术、审美世界,能够激发隐含于人性中的原始本能,蕴藏着人性解放的生机。"艺术也是解放的承诺。这种承诺也是审美形式的一个性质,或更确切地说,是审美形式的一个美的性质。这种承诺是从与现存社会的搏斗中冲杀出来的;它展示出一幅权力消亡、自由显现的图景。"② 艺术、审美作为反抗异化的社会力量,与人自由推动历史发展的需要趋向一致,是对历史主体自由权力意识的承认与使用。社会力量的加强功能是由艺术、审美对社会现实的否定而派生出来的:艺术与审美并不是直接"介入"社会革命力量,它们

---

① 赫伯特·马尔库塞.审美之维.李小兵,译.桂林:广西师范大学出版社,2001:189-190.

② 同①220.

是通过否定、远离与超越现实来实现其革命潜能，使社会群体力量更具批判精神和集体凝聚力。

由艺术与审美带来的艺术革命将在一定程度上推进爱欲的解放，人们有可能生活在心驰神往的审美王国。对资本主义社会异化的革命体现在以艺术为根据地来发掘人的批判与革命力量，走上追寻爱欲解放与占有本质的自由道路。"人将会自由地'运用'（游戏）他的能力和潜能，运用自然的潜能；而且，也只有'运用'（游戏）它们，人才是自由的。他的世界因而就显示出来了，而这个世界的秩序就是美的秩序。"① 人们按照美的规律生存使得爱欲占统治地位，人的本能欲望、精神自主力和创造力得以释放，艺术与审美真正成为人的基本需要。这说明艺术与审美的意义不是对给定因素的美化，而是建构出全然不同和对立的世界。

三、逗留在意识领域的解放之路

马尔库塞对人的解放道路的设想遵循的理论逻辑是：人的解放在于爱欲的解放，而在操作原则与现实原则占主导地位的现代资本主义社会，爱欲的解放只能在艺术与审美中实现。因为只有艺术与审美才真正存有反叛现实的一片"净土"，能够承担拯救的任务，具有变革社会现实以及增强个体主体维度和社会整体维度的力量，在此基础上确立的革命主体不仅是具备对自身爱欲有自觉意识的人，更是被资本与技术压迫的无产者。马尔库塞的这一解放美学思想主要是针对西方人的内心世界被社会控制导致自主性丧失而提出来的。他强调只有通过心理革命才能唤醒人们内心深处的感性冲动，使人们的内心世界从资本主义社会的总体控制下脱离出来，恢复人们的批判否定精神和对自由的追求，将自由的寻求置于感性的解放事业中，推动政治革命和经济革命最终取得成功。② 值得借鉴的是：

第一，马尔库塞的解放美学突出了艺术与审美的革命功能，凸显了艺术与审美在批判现代社会和争取人的解放获得胜利方面的作用。马尔

---

① 赫伯特·马尔库塞.审美之维.李小兵，译.桂林：广西师范大学出版社，2001：54.

② 王雨辰.一种非压抑性文明何以可能：论马尔库塞对当代资本主义社会的伦理价值批判.江汉论坛，2009（10）：54-59.

库塞对美学的研究不是仅仅投向于传统美学理论所关注的美的本质等问题，而是将美学与社会批判、人的解放结合起来，突出了艺术与审美的革命功能。马尔库塞认为，在操作原则与现实原则占主导地位的现代资本主义社会，实现人的本质即爱欲的解放的根本途径唯有艺术与审美。叛逆、反抗和否定现实的本性的艺术与审美，具有加强个体主体力量与社会整体力量的双重作用。马尔库塞强调艺术与审美的解放功能，要求艺术与审美在培养人的"新感性"，从而明确社会既规定人的感性实践又构成人现实实践基础的真实关系，使人在不断否定现存现实与追寻自由中占据自身的本质，争取人的解放获得胜利等方面发挥革命性作用，这在一定程度上是对回避艺术、审美研究方法的形式主义与结构主义的有力反驳。

第二，马尔库塞将艺术、审美与人的未来联结在一起，把艺术、审美视为人的全面发展的有机组成部分，具有理论上的深刻性。从人的全面发展的视域看，艺术与审美作为文化领域不可或缺的要素，是人全面发展的有机组成部分。人要实现全面发展，艺术与审美等文化领域的发展是不可忽视的。

尤其可贵的是，马尔库塞站在人本主义立场，从人的幸福着眼，立足于对个体深层心理本能结构的考察，积极探求人摆脱异化的途径，在此过程中不断彰显人的生命活动的自我意识与自由创造性，突出自由作为人的"新感性"实践的精神旨归与意义，推动人激活自身的内在否定力量以超脱外在异化形式的束缚，从而实现解放。马尔库塞的这种奋力思索现代人生存处境的热情与关怀是常人难以企及的。不管这种探求与思索是否会达到预想的目标，其对既有社会异化的批判和对人的本质解放的希冀，本身就是改造社会的行为。

但是，马尔库塞的解放美学从根本上背离了马克思关于人的本质的界定和人的解放要通过社会革命实现的思想，而且其理论自身也存在着难以克服的局限。

第一，马尔库塞解放美学的理论基础是抽象的人性论，与马克思的人性论相背离。虽然马尔库塞认同马克思人的解放实质在于人的本质解放的主张，但他将人的本质归结为人的爱欲，仅仅从生物学意义上定义人的本质，并将其作为解放美学的理论基础，忽视了更为重要的人的社会性，这是对马克思关于人的本质思想的片面解读与割裂。马克思在定义人的本质时强调人的自然属性，但更关注人的社会性，认为人之为人的关键、人与动物的根本区别是人的社会性，而并非马尔库塞所秉持的爱欲。爱欲作为一种生物本能，本身也是随着社会的发展而不断丰富其社会性的，它的发展离不开社会环境的熏陶。

第二，马尔库塞过分推崇"新感性"的革命潜能，过度信奉"新感性"的力量，是不恰当的。感性只是精神领域的产物，虽然与纯粹的精神活动不尽相同，但其根本目的依然在于挖掘人的内在心理和主观驱动力，其作用主要局限在意识范围内，不能代替社会实践的作用，人的感官与感觉也是由于劳动才逐步发展和完善的。例如，语言的发展必然是和听觉等感觉器官的相应完善化同时进行的，感性和感官都离不开社会与现实实践。

第三，马尔库塞盲目夸大艺术与审美的功能，片面强调艺术、审美的感性特征和快乐原则，认为两者彻底摆脱了现实原则和技术理性的统治，具有解放人的感性力量的"魅力"，能使人从现存现实中解放出来并改造和重建世界。然而，语言、诗歌、绘画等艺术形式是一定共同体的产物，来自它们所依存的社会。全面否定艺术、审美与现实的联系，完全排斥理性的介入，推崇艺术与审美作为解放的唯一道路是对艺术与审美特性的主观假想，并不符合现实中艺术与审美的本真状态。

第四，马尔库塞的解放美学丝毫未触及资本主义制度的根源。马尔库塞艺术与审美的解放论和通过"新感性"创造新主体的政治实践观，创造性地赋予了人存在的感性本体论更为现实和具体的内涵，是一种艺术与审美的乌托邦式空想。因为这种构想只限于意识形态领域及个体的"本能"结构领域的革命，借用艺术与审美的感性抗拒科学技术和资本逻辑的理性，忽视了人的理性意识存在的价值，尚未对西方文明的发展与资本主义制造的异化形成彻底的意识和真正的冲击，难以从根本上触动资本主义的经济基础和政治统治。因而，马尔库塞的解放美学是不可能改变资本主义的现实关系，消除资本主义社会的异化，真正实现人的解放的。

艺术与审美的革命终归是精神革命，最终只能逗留在意识领域。个体在工业社会中的分裂只能在现实的土壤中重新获得统一，而不是在幻想的领域寻求救赎。马尔库塞的艺术与审美救世主义丝毫未触及资本主义制度的根源，走的是一条缺少现实生活真实性的"席勒式"的解放之路，是在审美幻觉中完成对现存社会的想象性批判，这种批判不会是人们的希望之所在。马尔库塞为人类铺筑的艺术与审美解放之路只是既不会开花也不会结果的乌托邦①之树，使人津津乐道于艺术与美学领域的自由和幸福，是诗意的浪漫和空想。

第二节　哈贝马斯的交往理性重置

德国哲学家、法兰克福学派的主要代表之一——尤尔根·哈贝马斯（Jürgen Habermas，1929—　）著述宏富，广泛涉及哲学、社会学、政治学、语言学和精神分析学等众多学科，其论述思想深刻、影响深远。纵观哈贝马斯的诸多论述可以发现，其理论锋芒始终指向现代资本主义社会及其制度文化理念，并以对现代资本主义社会的全面分析和深入反思为理论前提，建构了以社会批判理论为逻辑起点的理论体系。在这一理论体系中，哈贝马斯认为必须颠倒"工具理性"与"交往理性"的关系，认为交往理性与工具理性的分化实现了传统理性观的现代性演变，工具理性在与现代性的结合中产生了超越交往理性及其价值的目标原则，必须限制工具理性的无限扩张，重建人类的生活世界，让价值和规范重回人类的生活世界。由此，他重置"交往理性"并将其提炼为自己整个理论体系的逻辑主线，使工具理性的扩张在多维主体的交往中得到防范和控制。在对逻辑起点和逻辑主线的贯彻中，哈贝马斯认为人类的解放不仅是政治、经济意义上的解放，在更深层次的意义上是交往关系的合理化，交往关系合理化的最终目的就是建构"世界公民社会"，这是其理论体系的逻辑终点。交往理性是人的理性与非理性的辩证统一，构成人超越性活动的价值规范基础，规定了主体在交往过程中对"他者"的期许，从而在满足各自的期许和互动中形成和谐美好的社会。探索和研究哈贝马斯的这一以"交往理性"为逻辑支撑的社会解放观，并将之与马克思的解放理论相勾连，有助于我们深入理解西方马克思主义

---

①　马尔库塞并不反对自己的爱欲解放观被评价为乌托邦理论，但对乌托邦有着不同的理解：乌托邦并非只是一种抽象的逻辑概念和无法实现的理想，而是一种可能实现的历史概念。

的思想实质，厘清其对历史唯物主义理论基础与实践遵循的把握状况，突出交往对于社会进化与人类解放的作用。

一、多重隐忧凸显的现实困境

哈贝马斯以"解放"为旨趣的理论体系产生的根源在于其对现实困境、社会危机的洞察以及对其他学者的探索进行的分析。

第二次世界大战后，晚期资本主义社会即当代资本主义社会出现了种种危机并显现出多重隐忧，这已被晚期资本主义时代的许多哲学家所认识。例如，德国政治经济学家和社会学家马克斯·韦伯认为资本主义现代化过程中存在价值理性的沉落，即思想丧失和自由丧失；德国社会哲学家马克斯·霍克海默和希奥多·阿多诺认为现代社会是完全非理性的总体管制社会；法国哲学家米歇尔·福柯从"历史"的层面揭示了权力形式控制的强大力量与不合理性；等等。然而，在哈贝马斯看来，这些哲学家大多只从某一层面或者某一角度对社会危机进行了剖析，主要醉心于对个体生产方式的具体展开及其产生的结果进行论证，忽视个体之间相互调节的作用对社会生产与建制规范的作用，相对缺乏全面性与深刻性。鉴于此，哈贝马斯从经济危机、政治危机、文化危机和人性危机四个方面展开了分析。

第一，晚期资本主义社会与自由资本主义社会一样，也存在经济危机。在论及晚期资本主义社会是否还存在经济危机时，哈贝马斯认为，尽管晚期资本主义国家干预得到扩大和加强，但国家干预并没有改变资本主义经济的运行规律和自发的、盲目的运行方式，没有改变资本的基本运动规律，没有改变资本主义生产关系的私有制本质，没有削弱资本主义社会中价值规律的作用。晚期资本主义社会与自由资本主义社会一样，仍然存在经济危机，经济危机始终没有销声匿迹。① 晚期资本主义社会经济危机的影响和后果是明显的，资本主义市场经济的固有矛盾直接爆发为经济发展的合法性危机，造成了持续的通货膨胀、不断的生产停滞和严重的财政赤字。

第二，晚期资本主义社会的经济危机派生出政治危机。晚期资本主义社会为了缓和经济危机，解决经济危机的难题，采取了多种政治手段

---

① 陈学明. 哈贝马斯的"晚期资本主义"论述评. 重庆：重庆出版社，1993：48.

与行政手段，这确实起到了一定的作用，但这种"缓解"也把危机的范围从经济系统带入政治系统。哈贝马斯用"合理性危机"和"合法性危机"两个范畴来描述从经济领域转移到政治领域的政治危机。在他看来，合理性危机是指国家及其行政系统不能合理地制定与贯彻行之有效的决策，无法协调和履行经济系统的指令，国家机器失控、缺乏合理性。政治合法性的危机根本上是社会认同的困境，合法性危机是指普通民众丧失了对政府的信任和认同，即人们由于统治阶级无法给予社会组织原则明确的定义而质疑既定的准则本身，致使政府不能顺利地保存必要的群众忠诚。①

第三，经济危机与政治危机发生的动因在于文化危机。哈贝马斯把文化危机归结为经济危机与政治危机的动因，并称之为"动因危机"。经济危机与政治危机的根源，都可追溯到社会文化系统。他认为，在整个社会系统的整合过程中，文化系统拥有决定性地位。晚年资本主义社会破坏了文化系统的规范结构，导致了文化系统失调的危机。经济危机与政治危机发生的根本动力机制在于文化危机，因为社会整合依赖于社会文化系统的产出——直接依赖于社会文化系统给政治系统提供合法化动机，间接依赖于社会文化系统向教育和就业系统输送劳动动机。如果社会文化系统发生彻底变化，以至于其输出无法满足政治系统、教育系统以及就业系统所需要的动机与功能要求，无法为经济系统和政治系统正常运行提供普遍意识形态资源与价值体系支撑时，经济危机和政治危机就可能产生。所以在哈贝马斯看来，"一旦规范结构发生变化，我们就不得不考虑到文化危机倾向"②。

第四，科学技术意识形态化与人性危机。在晚期资本主义社会，科学技术的飞速发展使其具有了意识形态性，以一种无形的社会意识形态发挥作用，成为稳定和巩固资本主义制度的决定性"手段"。虽然18世纪的启蒙理性与人类解放相关联，但解放在文明科学化的过程中被扭曲，科学技术具有了意识形态功能。科学技术能快速推动经济增长，迎合了晚期资本主义社会将经济增长作为社会进步的唯一目标的发展模式，顺理成章地成为证明现存政治秩序和政治统治合法性的意识形态，

---

① 陈学明. 哈贝马斯的"晚期资本主义"论述评. 重庆：重庆出版社，1993：72-73，94-95.

② 哈贝马斯. 合法化危机. 刘北成，曹卫东，译. 上海：上海人民出版社，2019：55.

充当了为社会政治合法性辩护的角色。科学技术除在国家层面充当意识形态之外，也渗透到社会生产和生活的各个领域，使人们不自觉地沦为科学技术的"奴隶"和"附庸"，人的主体性和创造力难以释放出来，人们不得不承认并肯定资本支配作用的合法性，导致人性走向物化和异化。一方面，科学技术在使人们的物质生活日臻完善的同时，也使人们对物质的追求接近疯狂，导致人性陷入"物质"的泥潭，走向物化。另一方面，科学技术的发展限制了人们的思维方式，致使人们只是按照科学技术的逻辑而非人本身的需要去思考问题，科学成为社会的偶像，消磨了人们对道德、实践问题的兴趣与对社会发展和人类解放的关注，不仅导致人的生产劳动趋向资本物化逻辑的需要，而且使得人与人之间的交往被物与物的交换行为掩蔽。最大限度地获取利润成为"合法化"的、无须反思的事情，人性由此走向了扭曲和异化，造成了人性危机。

哈贝马斯认为，晚期资本主义出现了与传统以经济危机为主要困境不同的全面的社会危机，为了化解危机，晚期资本主义社会的操控媒介——货币渗透到人的生活世界，使得以语言为媒介的传统交往方式逐渐退场，致使个体主体的社会化、文化和意识形态的再生产等生活世界的秩序都难以为继。因此，在求索化解晚期资本主义社会危机时，哈贝马斯将规避资本逻辑支配的生产系统对生活世界的入侵视为首要条件，在此基础上实现社会整合、化解整体危机。而许多哲学家对晚期资本主义社会的多重隐忧不仅分析不全面，而且没有提出行之有效的救世"良方"：面对思想和自由的丧失，韦伯畏惧不前，对现代文明的前途感到无奈与迷茫，甚至悲观失望；霍克海默和阿多诺的社会批判理论是带有明显悲观主义色彩的文化批判，他们对现代西方社会现代性问题的解读已经走进死胡同；福柯虽然对现代制度进行了批判，但由于缺乏借以批判现代制度的立足点，不能为伦理和政治提供基础，这种批判也就"失去了效力"；弗里德里希·威廉·尼采秉持酒神弥赛亚主义，主张依靠酒神和神话——非理性的力量来摆脱现代困境，具有明显的幻想性质。

哈贝马斯对经济危机、政治危机、文化危机和人性危机的全面分析及对相关学者主张的解剖构成了其社会批判理论的基本内容，在把握资本主义不断增强的自我更新能力与传统马克思主义社会革命的解放路径难以形成契机的现实之后，如何在针对性地破解诸多社会危机的同时实现解放，成为哈贝马斯整个理论体系的逻辑起点。

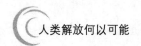

二、交往理性重置的逻辑主线

哈贝马斯认为，晚期资本主义社会的四重危机出现在资本主义社会自身的三大系统领域即经济系统领域、政治系统领域和文化系统领域（人性危机是三大系统领域的危机对人的心灵的综合映射与反映）之中。为此，哈贝马斯引入了"体系-生活"世界双层架构的范畴，提出应在生活世界本身挖掘出可以进行社会整合和化解危机的资源。他的"体系"范畴（即政治系统与经济系统），以工具理性为支撑，"生活世界"范畴（即文化系统）相应地以交往理性为支撑。在审视"体系"与"生活世界"的关系中，他认为"体系"的形成难以实现社会的和谐统一，反对求助经济系统、政治系统进行社会整合的路径，指明现实的交往活动由于兼具工具理性与交往理性而具备社会整合的功能，理应担负起促进"体系"和"生活世界"之互动关系的重任。理论上，工具理性与交往理性存在于人的理性及其现实生成过程中，两者理应"各司其职"，相辅相成并相互制约，且交往理性占主导地位；但在现代资本主义社会，工具理性侵犯了交往理性的发展空间而占据了主导地位。针对现代社会中工具理性日益肆虐及其遮蔽了交往理性和价值理性等事实，哈贝马斯提出，必须关注和重置交往理性，颠倒工具理性与交往理性的关系，从交往理性出发为人存在的价值探寻在社会中的现实根基，进而恢复现代人对自身生存实践观点的自觉意识和解放的希望。对交往理性的强调始终是哈贝马斯理论体系的主导思想和逻辑主线。

哈贝马斯在对"体系-生活"世界双层架构的分析中强调，"体系"以货币和权力为媒介，承担着协调生产关系、管理公共事务、发展生产力、满足人的基本生存需要的功能，根植于科层制的官僚机构和经济组织，以工具理性为指导思想；"生活世界"以语言为媒介，主要解决人的意义和价值问题，扎根于人们日常以理解和沟通为目的的交往活动，以交往理性为指导思想，能够促进多元主体间通过平等的对话和沟通展开交往活动，并在扩展的交往生活中唤醒人们的自我意识，彰显人们存在于生活世界的主体性地位和改造世界、创造未来的主动作用。体系和生活世界的不同特性决定了两者在整个社会发展中所起的作用是不同的。体系的作用在于维持经济系统与政治系统的有序运行，生活世界则注重个人的行为取向与价值取向的合理化。因此，哈贝马斯认为，正常的、合理的社会应该是体系和生活世界各自朝着自己合理化的方向发展。生活世界应独立于体系之外自由发展，即便两者之间存在某种关系，也只能是体系内部事务上的运作方式以生活世界为依归。然而，现实并非如此。哈贝马斯发现，现代社会以货币和权力为媒介的体系，以其强大的渗透力侵入生活世界的行为领域，使生活世界只能病态地挣扎在经济体系与政治体系的边缘，造成生活世界的非理性化和物化。经济系统中的货币媒介和政治系统中的权力媒介逐渐成为现代社会普遍流行的交换媒介，而原本盛行的以语言为媒介的生活世界的沟通方式失去了其存在的可能。主体-客体交往方式转变为主体间相互交往的形式，体现了以经济活动为媒介来支配交往行为的工具理性观，结果必然致使结构化的生活世界被商品化、资本化和官僚体制化，最终导致生活世界日趋萎缩，体系日趋膨胀。在这种情境中，通过生活世界中的现实交往行为难以达成交往理性的共识，多元主体间平等对话与交往的意识遭到体系中工具理性因素的阻碍而流于低效。哈贝马斯把这种情形称为"生活世界的殖民化"。

正是体系对"生活世界的殖民化"，导致了生活世界的结构遭到破坏，体系的结构出现扭曲与膨胀，社会整体结构失衡，从而使社会各个构成部分即经济系统、政治系统与文化系统皆出现危机。要解除全面的社会危机，就必须祛除"生活世界的殖民化"，抑制社会系统中工具理性的膨胀，在推动多元主体间的交往中彰显交往理性的价值维度，以规范和调节个体与社会整体辩证统一的发展需要，实现生活世界的自我复兴，走向生活世界的合理化。

从表现上看，"生活世界的殖民化"是由于体系对生活世界的侵入，打破了生活世界本身的结构；但就实质而言，体系侵入生活世界，占据生活世界的"领地"，与体系和生活世界各自的指导思想（工具理性和交往理性两者之间主导地位的失衡）密切相关。飞速发展的科学技术的思维基础——工具理性逐渐渗入人们的头脑，支配人们的行为，导致工具理性成为评判行为是否具有合理性的唯一价值尺度。工具理性占据了强势地位，排挤与限制了交往理性的发展，当工具理性逐渐演化为主体的思维意识，整体的生活世界就被分离为依据不同目标而生成的不同部分，参与交往的主体难以获得来自对方关于自身话语的反应，无法满足对生活世界的真实性、有效性的认识，主体沦为现实社会体系被动的服从者。

哈贝马斯认识到理性的两种形式——工具理性和交往理性主导地位失衡的危害性之后，试图对现实失衡的状况进行倒置，推翻工具理性的主导地位，以交往理性取而代之；通过释放交往理性的潜能，来抗衡工具理性，阻止体系的势力借助货币和权力操控的媒体对生活世界的入侵。超越工具理性，恢复多元主体意识及其交往实践的本质，失去的价值和规范就可以重回生活世界，生活世界就可以冲破"殖民"的牢笼而获得重生。

在这一问题上，西方相关哲学家也意识到了工具理性对社会的危害，尤其是以科技为代表的工具理性的无限膨胀及其带来的现代性问题。但他们都将理性的全部内涵单一化为工具理性，将理性等同于工具理性，认为理性只具有工具理性而不具有交往理性这一形式，主张消融工具理性。运用本来适用于技术和资本生产的工具理性来把握禀赋自由和解放需要的人的现实交往，必然导致人的生存方式中的交往理性维度被遗忘，与哈贝马斯交往理性的思想大相径庭。

哈贝马斯之所以关注和重置交往理性，以及交往理性的"解放"功能，是因为交往理性比其他理性更为根本，同时交往理性对生活世界的"三要素"——文化、社会与个性的合理化具有重塑作用。

关于交往理性比其他理性更为根本的问题。在《交往行动理论》一书中，哈贝马斯把社会行为分为四类，即目的论（策略）行为、规范调节行为、戏剧行为和交往行为。[①] 这四种行为有着不同的取向，关联于不同领域的世界，具有不同的有效性要求。前三种行为分别关联于客观世界、社会世界与主观世界，依次要求真实性、公正性与真诚性。而交往行为同时统摄客观世界、社会世界与主观世界，要求真实性、公正性与真诚性的统一。按照哈贝马斯的理解，交往行为在生活世界中逐渐占据了主导地位，是因为人们能够依从交往理性的思维和原则来行动，而交往理性中的理性观不是以促成实际行动过程的完满为目标的目的论，而是与诸多因素塑造的主体理解结构相关的过程性思维，反映了交往理性具有整合现代社会文化、技术和艺术等领域的功能。哈贝马斯认为，最具统摄性的交往行为更为合理与根本，因而扎根于交往行为的交往理

---

① 哈贝马斯. 交往行动理论：第 1 卷　行动的合理性和社会合理化. 洪佩郁, 蔺菁, 译. 重庆：重庆出版社，1994：119-121.

性较之其他理性更为根本。

关于交往理性对生活世界的三要素——文化、社会与个性的合理化具有重塑作用的问题。第一，交往理性对文化合理化的重建作用。哈贝马斯将生活世界的三大结构要素中的文化"称之为知识储存，当交往参与者相互关于一个世界上的某种事物获得理解时，他们就按照知识储存来加以解释"①。因而，生活世界的合理化就必须要对已有的文化形成合理的"解释体系"，使其不断满足新的理解要求。这种合理的"解释体系"最终是在交往理性的理想情境中形成的。只有坚持交往理性内含的公共性，文明才能共存，"他者"才能被包容，社会成员才有机会进行合理的沟通和对强制性的命令进行有效反抗，生活世界才能作为"合理的生活指导的意识结构"，批判的、反思的文化领域才能重建，文化才能合理化。

第二，交往理性对社会合理化的建构作用。哈贝马斯将"社会称之为合法的秩序，交往参与者通过这些合法的秩序，把他们的成员调解为社会集团，并从而巩固联合"②。社会本应是一个规范性的世界，应起整合作用，建立"合法"的、有"秩序"的人际关系，增强人类的归属感，实现社会和谐。而在现代社会，随着"生活世界的殖民化"，货币媒介和权力媒介日益猖狂，社会失去了行为规范和道德准则，要重新建构"合法"的、有"秩序"的人际关系有赖于交往行为及交往理性的良性运行。社会规范与秩序的建立、完善不是交往理性的直接产物，而是在主体现实交往中协商的结果。交往理性的思维附着在社会话语的表达和交流过程中，在社会规范形成中重新阐释人的理性，同时促使社会行动的规范在人们的交往中得到重塑。为建立良好的社会秩序，必须通过"无强制"的相互交往、自由协商与平等对话等交往行为，形成大家共同承认和遵守的规则，即普遍化的道德规范；为恢复公众的独立性、自主性与批判能力，调节不同意见或社会行为以及摆脱资本与权力的控制，必须通过提高公众自由辩论、意志参与的水平和进一步重建公共领域等方面的交往理性思想。

第三，交往理性对个性合理化的塑造作用。哈贝马斯将"个性理解

---

① 哈贝马斯.交往行动理论：第2卷 论功能主义理性批判.洪佩郁，蔺菁，译.重庆：重庆出版社，1994：189.
② 同①.

为使一个主体在语言能力和行动能力方面具有的权限，就是说，使一个主体能够参与理解过程，并从而能论断自己的同一性"①。个性是在与他人的沟通及对自我的不断肯定中逐渐形成的。按照哈贝马斯的观点，随着交往理性在现实活动中的展开，人的个性总是处于与社会的普遍联系之中，其中包括两个层次，一是个体与个体之间的肯定性联系，二是个体与个体之间的相互否定和超越的联系，两种联系的递进发展彰显了个体的理性精神的作用以及对生活世界的内部环境与外部环境的影响。对个体而言，一旦进入交往的情境，就必须使用可被理解的语言与话语进行对话和沟通，即保证话语的真实性和有效性，这就需要交往理性推动个体理性把握社会交往的基本规范。交往理性和交往行为在对个性的塑造中为个性的合理化提供了理想的境遇与背景，正是在社会化的交往行为与交往理性中，才能建构理想人格和个性。

对交往理性的关注与重置，是哈贝马斯整个理论体系的逻辑主线，这条逻辑主线最终达至以"解放"为旨趣的"世界公民社会"的终极追求。"世界公民社会"是对"交往合理化"的未来社会状况的描述，它以人人拥有自由平等权利、所有人自觉联合起来为基础，以各地区、各民族健全的法律体系为保障。"世界公民社会"构成了哈贝马斯思想体系的逻辑终点。

三、交往关系合理化的解放方向探索

从对未来社会发展设想的意义上说，哈贝马斯针对时代困境所提出的交往理性观是一种社会解放观。正如国内有学者认同的观点："人类解放的方向应该是交往关系的合理化。"② 这种解放观不是建立在政治经济意义上的解放，而是建立在交往理性基础上的解放。在交往共同体实现解放的过程中，消除暴力、高扬自由正义旗帜，个人拥有高度的自主权，人们通过相互理解而达到基于合理动机的一致性协议，以至由局部解放到达"世界公民社会"，实现世界公民在公共生活中自主性意识的高度发展，进而在现实的社会系统与理想的生活世界之间建立合理的发展体系，最终实现马克思所理解的全人类解放。哈贝马斯的交往

---

① 哈贝马斯. 交往行动理论：第2卷 论功能主义理性批判. 洪佩郁，蔺菁，译. 重庆：重庆出版社，1994：189.

② 汪行福. 通向话语民主之路：与哈贝马斯对话. 成都：四川人民出版社，2002：146.

理性观是对人类解放实现途径的探索，这种探索对我们今天具有启迪作用。

站在人类解放的高度与人类解放的立场上，哈贝马斯的交往理性观及其实践是对马克思解放理论的延伸和发展。马克思在批判资本主义和自由主义发展阶段时，注重把握生产力发展与交往形式演变的关系，寄希望于拓展世界范围内普遍的交往活动以促进全球生产力的高度发展，并在此过程中促进各国人民了解自身被压迫的生存现状，推动历史进入人追求自身解放的阶段。而哈贝马斯渴望在全球化进程中通过交往理性建构世界性的民主制度。他描述与追求的建立在人人拥有自由平等权利、所有人自觉联合起来基础上的"世界公民社会"的主张，既追随了马克思人类解放的发展脉络，凸显了马克思解放理论在晚期资本主义社会所具有的魅力，也丰富了马克思解放理论的深刻内涵。"世界公民社会"是哈贝马斯为身处生活世界殖民化境域中并遭受工具理性奴役的人们设计的救世方针，它脱离了以资本逻辑与技术理性为先验根据的生活世界，促使生活世界在社会交往中完成蜕变，其落脚点在于使人类过上自由解放的"民主、公正、和谐"的生活。这正是哈贝马斯之人类解放终极关怀的体现。"世界公民社会"强调自由、公平、正义基础上的交往理性，注重精神层面在"世界公民社会"实现过程中的作用，通过不断延展的交往活动生成共同的价值规范，确立合理的规范边界与认同机制，这对于不断超越狭隘的国家视域，并以开放的姿态、宽容的精神和平共处、协商对话等来加强世界各国之间的交流与联系，都具有启迪作用。

哈贝马斯建立的"体系-生活"世界双层架构的理论，是以生活世界和体系的双重合理化来对未来美好社会进行前景预设的。这种预设模式融合了宏观和微观的双重视野，为我们指明了人类解放道路的多重辩证的思维模式：既要考虑实现社会结构各个方面宏观的综合发展，为人与人类的自由全面发展提供可能，又要强调个人微观的生活世界，基于普遍的民主制度的建立，通过对话与沟通的方式，使个体与个体实现有效对话。也只有宏观的体系与微观的生活世界都实现合理化，理想的"交往共同体"才可能实现。

较之马克思"共产主义"的人类解放观，哈贝马斯的交往理性与"世界公民社会"的解放观带有明显的局限性。其一，交往理性与"世界公民社会"的提出还是为资产阶级利益服务的。马克思的人类解放观是通过无产阶级革命的途径彻底推翻资本主义制度，建立理想的共产主义社会，最终实现人的存在及其在历史中的解放。而哈贝马斯的"世界公民社会"的实现依靠交往理性，并以其来支配生活世界的人际交往以及社会生活，消除生活世界殖民化的不合理状况，重建生活世界与系统的平衡，从而改良资本主义制度。交往理性与工具理性之间往往难以划清界限，在资本逻辑和传统形而上学思维根深蒂固的影响下，交往理性容易遭到工具理性的僭越而为满足资本生产的需要服务。这种途径和方式无意对资本主义社会制度做根本性的变革，且与"世界公民社会"标榜的超阶级性、超国家性矛盾。

其二，"世界公民社会"的民主是形式上的民主，是建立在程序正义基础上的形式民主，是一种意志的自由。这种民主其实质是话语民主，是在遵循话语程序的基础上自由表达意愿和意志，是在"妥协"与"均衡"的基础上达成某种"共识"和"集体认同"的民主，其主要目的在于形成世界公民的自我意识和交往理性，推动人类社会发展的合理化，但在现实中只是将生活世界的个体之间的交往形式转变成全球化进程中国家之间的交往结构，难以真实保证各主权国家利益和需要的特殊性、差异性，根本未触及民主的实质内容，与马克思的人类解放的民主观有本质的区别。

其三，交往理性弱化了政治、经济、文化和劳动在人类社会发展与人类解放中的作用。马克思以对政治解放与人类解放之间张力的辩证审视为核心，将政治解放拓展为经济解放、劳动解放与文化解放，实现了人类解放的多维度性。而"哈贝马斯在研究精神交往及其语言、规范的过程中，存在着偏离历史唯物主义根本原则的倾向"[①]，他单方面强调只有交往理性与交往行为才能促进人类社会的发展，才能推动"世界公民社会"的实现，这种观念具有片面性，抛弃了人类社会发展的整体观和长久和谐的需要。

哈贝马斯对人类解放理想及实现途径的探索受到了许多学者特别是后现代主义者的质疑。他们站在彻底否定理性的立场上认为，一切用理性（包括交往理性）来化解时代困境的思维范式及行动都是徒劳的。他

---

① 侯振武，杨耕. 关于马克思交往理论的再思考. 哲学研究，2018（7）：17.

们全面否定启蒙运动中兴起的理性主义，认为理性主义在生活世界中形成的共同意志，在促使社会交往行为合理化中蕴含了对理性逻辑这一前提条件的先验预设，有可能成为禁锢人性的新的异己力量，自然也就否认对启蒙理性抱有希望来拯救现代性的哈贝马斯的观点。例如，福柯认为哈贝马斯所描述的未来美好社会是"交往的乌托邦"；布尔迪厄将之称为"乌托邦现实主义"，认为其理论只有在极其有限的条件下才能实现；勃伦克·霍尔斯特视之为"一个善良的愿望"。

面对这些质疑，哈贝马斯本人也做出了回应：乌托邦"蕴含着希望，体现了对一个与现实完全不同的未来的向往，为开辟未来提供了精神动力"①。这种回应是中肯的，他坚信现代性运行的张力始终存在，启蒙理性的理论意蕴依然在展开，必须通过对生活世界和语言交往的分析来解决现代社会遭遇的分裂问题，以此保证社会系统以开放的理性为实现解放提供现实基础。的确，哈贝马斯为我们提供了思想源泉和精神动力。哈贝马斯对未来理想社会的设想唤醒了人们对不合理现实的批判与对自由的向往，增强了人们探索与追求人类解放道路的信心。这种理论情怀和解放魅力我们必须加以肯定，不应贬低或否定它的价值和意义。

第三节　鲍曼以"理性解放"为前提的构思

围绕对"人的解放"的构思，当代英国著名社会学家齐格蒙特·鲍曼（Zygmunt Bauman，1925—2017）基于对"人的解放"之历史性内涵的把握，通过共时性和历时性两种维度展开对"人的解放"的双重构思。在鲍曼看来，双重构思路径成立的前提只能从"理性解放"中获得，这表明"理性解放"内在奠基于鲍曼的具体构思中，也表征"理性解放"中"理性的个体"对构思路径的建构。然而，在马克思劳动解放的理论视域中审视这一解放构思时，鲍曼理论的缺憾得到充分暴露，其构思囿于"理性的个体"的同质性、虚假性，使人失去了在现实世界中存在的具体性，而沦为被外在力量限定的存在者，在现实中难以成立而终将陷入困境。以马克思劳动解放的双重内涵批判性反思鲍曼解放理论

---

① 章国锋．哈贝马斯访谈录．外国文学评论，2000（1）：28.

的构思，能在澄清鲍曼自身理论缺陷的基础上深化对其构思的认识，并能在明晰鲍曼关于"人的解放"之构思的缺陷中凸显马克思人类解放理论的价值和意义。

一、鲍曼构思"人的解放"理论的双重路径

鲍曼对"人的解放"的理论构思呈现出双重路径：一是围绕"人的解放"与个体化、批判理论之间的辩证关联，展现了理论构思的共时性维度，揭示其从理论到实践、从宏观到微观的递进式层级架构；二是从现代性的历史发展出发，阐发了一种历时性的构思路向，即随着现代性的深化发展，"人的解放"不断充实新的理论内涵，"人的解放"路径也必将随之展露更具现代理性的目标指向。双重构思路径从不同维度呈现了鲍曼对现代性发展中"人的解放"的理论把握。

在阐发鲍曼对"人的解放"的双重构思路径之前，需要明确其对"人的解放"这一历史性范畴的理解，这构成了鲍曼构思路径的理论视角，也是把握他对"人的解放"的构思过程的前提条件。在鲍曼的理论视域中，"人的解放"理论阐释首先面临的是：对"解放是一件喜事还是一次灾祸？是一次伪装成幸事的灾祸还是一件因为害怕而把它当成灾祸的喜事？"① 的解答，是其理论构思的基本视角。首先，围绕主观自由与客观自由的关系，鲍曼指认"人的解放"内含均衡主观自由与客观自由关系的意蕴，指出两种自由形式体现了人的解放在现实生活中辩证运动的特性，即使"这两种特性同时是互为补充的、不可调和的；它们陷入冲突的可能性无论在过去还是在将来，都像它们需要调和的可能性一样高"②。但只要祛除置身于其中的各种限制，对束缚人的自由的历史性因素进行批判性分析，在扬弃外在控制力量中促进人自我意识的觉醒，能够使人按照自己的意愿行事，使得欲求、想象力和行为能力之间达到一种动态的均衡状态，人们就能够达到自由的状态。其次，就个体与社会的关系而言，鲍曼指出"人的解放"具有"私域"与"公域"共融的价值取向。只有"私域"重新被嵌入"公域"，使人在"私域"与"公域"的融合中恢复价值理性的维度，避免工具理性的单向度发展，

---

① 齐格蒙特·鲍曼. 流动的现代性. 欧阳景根，译. 北京：中国人民大学出版社，2018：51.

② 齐格蒙特·鲍曼. 共同体. 欧阳景根，译. 南京：江苏人民出版社，2003：19.

"人的解放"才能得以实现。当个体无法重新被嵌入公共领域时，其公共生活和价值共识的空间便将成为不切实际的目标而被遗忘，"人的解放"诉求只能陷入孤立感和无力感的双重压迫中。基于这两个方面的把握，鲍曼明确了"人的解放"的历史性内涵：主观自由与客观自由的均衡和谐，或者"脱域"了的个体能够重新被嵌入政治领域。以"人的解放"的历史性内涵为构思视角，鲍曼打开了对"人的解放"的双重构思路径。

在"人的解放"的共时性构思路径上，鲍曼围绕"人的解放"与个体化、批判理论之间的关系展开分析。对于"人的解放"与个体化之间的关系来说，"人的解放"意味着现代性历史进程用强制性的"自主"身份代替了"他主"身份。通过对"自主"身份与"他主"身份界限的厘清，人掌握了属于自身的价值原则和自由选择权利，不但有资格从人身锁链关系中摆脱出来，而且将重新被置于公共领域之中，使得法律个体的身份能够被落实为实际个体，进而获得积极自由意义上的自主能力。在鲍曼看来，"人的解放"过程正是个体化不断展开的过程，"对'个体化'而言，这在整个现代时代——在它的所有时期和社会的所有方面——都是有效和适用的"[①]。他认为，工具理性构成了现代社会发展的动力支撑，根本表现为现代官僚体系抹杀个体化的集体行为，一定程度上造成了人性和人道主义的湮没。无论是从带有极权性质的齐一化逻辑中独立出来的个体化倾向，还是赋予个体的特定社会身份，它们都只是"人的解放"在现代性不同发展阶段上的表现形式。"人的解放"的共时性构思对于重新思考个体的生存现状，对于探索个体解放理论的演进脉络、发展内容及其与批判理论的关系，都具有重要意义。

在"人的解放"与批判理论之间的关系中，"人的解放"是批判理论在现代性发展中确证自身地位的依据，构成了批判理论实现自身的内在要求。无论是古典批判理论，还是"路边旅馆模式"的批判理论，都是以"人的解放"为最终目标，其重在发掘通向"人的解放"路途中的阻碍因素，揭露并摒弃现实中个体与公共生活领域的冲突对解放的抑制，以保护个体的独立自主、自我规定的特性。在现代性的展开过程中，"人的解放"任务的演进与批判理论转化为"消费者模式的批判"，呈现出一种动态平衡关系。"人的解放"揭示消费主体在符号象征的意

---

① 齐格蒙特·鲍曼. 流动的现代性. 欧阳景根，译. 北京：中国人民大学出版社，2018：71.

义中失去主体意识的现实，以及消费社会中私人生活领域与公共生活领域相互分离的关系。当"人的解放"任务将个体"私域"重新嵌入公共领域时，批判理论则以一种无害化的方式被融于社会的发展道路之中，尤其是在极权化和现代性盛行的社会中寄希望于回溯人的道德良知与责任来展开理性批判。

面对个体化如何主动实现解放的问题，鲍曼的观点是必须重新定位个体化与其批判行为之间的关系。当"人的解放"与个体化、批判理论之间的关系得以确立时，个体化与批判理论之间的关系也随之显现出来。个体化进程是批判理论面对的现实处境，批判理论是个体化进程的理论展现。个体化进程与批判理论之间的关系具体体现在两个维度：第一，批判理论揭露极权性质的强制统治，在对人们选择自由、个体化的发展权利的维护中，使人们在真正的理性观照下对生活中的虚假需要展开批判，在强制权力意志的批判融入现实的经验世界中建立理论与现实相结合的双重批判理论。第二，个体化面临的解放窘境与批判理论面临的责任困境。一方面，当个体化面临的窘境由束缚于理性机制的牢笼发展为深受"坦塔罗斯的痛苦"时，批判理论面临的困境也从被单向化思维侵蚀进而陷入沉默状态演化为因丧失自身的主题而不得不寻找新的"收信人"。另一方面，正是对个体化进程中浮现的各种解放窘境的揭示，即揭露作为个体的道德主体长期处于工具理性建构的社会规范桎梏的现实，并使个体能够直面自身的批判理性与对他人的道德责任，批判理论才能为应对"人的解放"道路上的困难提供理论指引，从而推动个体化的进一步发展。

在"人的解放"的历时性构思路径上，现代性强制性的、永不停息的特征促使鲍曼展开对"人的解放"理论的历时性构思理路。在现代性的背景下，资本逻辑衍生的极权通过社会身份及生存过程转化为个体层面微观的权力关系，资本与个体微观权力的相互证成也确保了现代性逻辑的持续发展。面对早期现代性中个体的生存状况，围绕人们追求解放的最终目标和同质化的生活状况，鲍曼从人们对解放的追求和"人的解放"的现状双重维度对"人的解放"展开了理论构思。当"为了避开混乱，'格网'式的分类统治成为现代性追求的目标"① 时，从极权性质的严密统治、强制性的依附关系中摆脱出来，依据历时性状态理清极权

---

① 郑莉. 鲍曼论现代性与后现代性. 马克思主义与现实，2004（2）：92.

相对于主体而言是一种异在性的表达意向，并成为依靠自身力量的自我决断者，而不再依附于社会指定的规则体系展开自身的生活，成为人们谋求解放的现实目标，即人们不再凭借血缘的人身关系，而是通过自主性的身份得到社会的认可。人们在这一过程中占据了中心地位，并赋予对象外在客体的意义。但是，"跟所有其他的官僚机构管理对象一样，作为对象的人已经被简化为纯粹的、无质的规定性的量度，因而也失去了他们的独特性"①。理性天然具有超过道德边界来把握现存个体的僭越倾向，这使量化的个体难以发挥对理性的主体能动性作用。量化的个体在失去自主选择的可能性后，能够面对的只是单一性的生活内容或单向化的批判思想。整个"现代社会已经失去了解放的可能性；相反，它们受到工具理性和市场的主宰"②。对于身处其中的个体来说，"人的解放"也就成为"空头支票"。

　　现代性的历史进程从未停滞于早期的社会结构之中，而是顺势进入了一个流动的现代性阶段。③ 为了说明这个阶段个体面临的解放任务，鲍曼围绕无路标参照的生活状况和公共领域进一步对"人的解放"理论进行理论构思。在他看来，"这个时代特别现代和多疑的批评植根于一种令人苦恼的想法：事物并不像其外表那样，而且我们偏巧置身于其中的世界并没有坚实的基础，不足以使这个世界是必不可少和无法避开

　　① 齐格蒙特·鲍曼．现代性与大屠杀．杨渝东，史建华，译．南京：译林出版社，2002：137.

　　② 丹尼斯·史密斯．后现代性的预言家：齐格蒙特·鲍曼传．萧韶，译．南京：江苏人民出版社，2002：204.

　　③ 在《流动的现代性》一书中，鲍曼试图以固体和流体所具有的不同性质，对不同阶段的现代性呈现的总体特征进行适应性理解和概括，由此说明当前的社会状况。他从权力运作的方式、资本与劳动的关系、主导的生活方式三个层面，将现代性划分为"稳固的现代性"与"流动的现代性"，从前者到后者的变化，意味着社会生活从微观层面到宏观层面均产生了剧烈变化，即权力运作方式从权威向榜样转变，资本与劳动的关系从结合走向分离，主导的生活方式从定居变为游牧。[郇建立．现代性的两种形态：解读齐格蒙特·鲍曼的《流动的现代性》．社会学研究，2006（1）：234-240] 笔者认为，无论是"稳固的现代性"还是"流动的现代性"，均是对社会状况的一种描述，意味着两者本质上呈现了早期人类社会和当代人类社会的总体特征；"流动的现代性"实际可视为"晚期现代性"的不同称谓，鲍曼早期也曾频繁使用"晚期现代性"，后来多用"流动的现代性"对当代社会状况进行描述，相对于"流动的现代性"这一"晚期"来说，"稳固的现代性"则意味着"早期"。因而，鲍曼所说的"稳固的现代性"与"流动的现代性"，也可称为"早期现代性"与"晚期现代性"。

的"①。他认为，将历史发展的目的指向人类便捷的生活的论断强化了现代性霸权，与现代性在塑造个体生活中流露的毁灭因素形成了历史性合流。当无生活坐标的"变化多端的人"（protean man）以无保证的方式展开自身的活动时，现代社会没有为"脱域"的个体重新被嵌入公共空间提供任何机会，个体在肯定理性的支持下为实现生存需要而不得不采取一些激进的批判行动，从而与现代极权主义确立的理性意识基础产生了分裂。即使理性主导的、同质化的自由日益广为人知，对于被"脱域"的个体来说，追求自由的过程仍然存有诸多需要独自应对的困境。鲍曼认为，在"脱域"的环境中，现代性从沉重转向了流动的形态，空间向度的重要性正在弱化，个体在社会行动中的效率成为支配"他者"的资质，也成为自身解放的条件。鲍曼同时指出，在分裂的社会处境中，"为了增强而不是削弱个体的自由，现在正是公共领域非常需要得到保护以免受私人入侵之时"②，只有缩小实际个体与法律个体之间的裂缝，借助公共领域的"黏合剂"，为个体的"私域"提供一种通过需要与功能的相互补充而形成自主联合的契机，"脱域"了的个体才能摆脱日益模糊的生活状态获得自由体验。

基于对"人的解放"的历史性内涵的把握，鲍曼通过对"人的解放"与个体化、批判理论的共生关系的分析，提出共时性的构思过程；诉诸阐释现代性历程中"人的解放"所具有的不同内涵，形成了历时性的构思过程。正是两者从不同维度呈现了鲍曼对"人的解放"的双重构思路径。

二、鲍曼对构思路径的自我辩护

鲍曼通过对"人的解放"与个体化、批判理论之间的共生关系，以及"人的解放"之不同理论内涵的阐释，形成了对"人的解放"的双重构思路径。为了使双重构思能够更加明确地回答自己在考察现代性之流动性特征时提出的总问题，即解放、个体性、工作等"这些概念是否还行得通；如果行不通，我们又如何去给它们安排体面、有效的葬礼"③，在审思理性主义与现代性发展路径的关系之后，鲍曼进一步对双重构思

---

① 齐格蒙特·鲍曼. 个体化社会. 范祥涛，译. 上海：上海三联书店，2002：63.
② 齐格蒙特·鲍曼. 流动的现代性. 欧阳景根，译. 北京：中国人民大学出版社，2018：98.
③ 同②34.

路径做出了理论上的自我辩护，致力于澄清其构思路径在面对现代性进程时的合法性问题。

在把握鲍曼的自我辩护过程之前，必须明晰鲍曼进行自我辩护的前提条件——"理性解放"及其内涵。"理性解放"不仅是鲍曼对双重构思路径展开自我辩护的理论依靠，也是后人透析这种自我辩护及其结论的理论基点。鲍曼坚信理性是个体的思维方式的倾向，也构成了其他一切存在者的尺度，"理性解放"必然成为"人的解放"的先决条件。作为双重构思路径之内在基础的"理性解放"，构成了"人的解放"与个体化、批判理论之间关系的内在纽带，同时也是衡量现代性发展中"人的解放"进程的本质尺度。作为鲍曼自我辩护之理论工具的"理性解放"，将个体与现代社会的解放视为真理的现实化过程，主张孕育于"理性解放"的现代性是最终"人的解放"的推动力量，既体现为自我辩护的对象是以"理性解放"为基础的双重构思过程，也体现为自我辩护的目标是澄清双重构思路径在面对现代性困境时所具有的合法性问题。在此前提下，鲍曼经由"理性解放"对双重构思路径展开了三个维度的自我辩护。

一是通过"理性解放"自身形成的本质性困境，为双重构思路径提供理论出发点。当破除封建人身依附关系对个体的束缚成为现代性的内在机制时，"理性解放"表现为对封建旧传统的瓦解，并以新传统赋予个体独立的自我决断能力。但是，在"理性解放"——工具理性占据支配地位——瓦解封建旧传统的过程中，由"理性解放"生成的社会在齐一化逻辑中逐渐变得僵化固执，整个社会形成了自足的、封闭的以严防一切引起批判和革命的外部因素的系统，导致了理性的工具维度和价值维度之间的现实分离与相互否定，工具理性的发展愈发猖獗且在现代理性和生活世界中占据支配地位，而生活于其中的个体所面对的依旧是只能被动接受的、更加"完善"的行为规范和社会框架。不但社会内部的各个系统、社会总体秩序失去了选择机会，而且局部系统与社会总体之间的裂痕形成了社会的内在缺陷。正是在面对"理性解放"本质性困境的意义上，鲍曼开始对"人的解放"与个体化、批判理论之间的关系进行共时性的构思阐述，探索以理性为准则而设计的社会系统能否与个体理性实际需要的解放目的相符，试图揭示"人的解放"的未来出路。

二是基于"理性解放"不同阶段之间的内在冲突力量，为双重构思路径提供内在推动力。早期现代性中"理性解放"对封建旧传统的瓦解意味着确立一个更加先进的新模式或新框架，但这并非后者对前者的简单取代，而是"理性解放"本身先验性质的目的论要求。在目的论性质的要求中，"理性解放"诱使人们相信沿着理性给出的道路将会出现一个终点，即一个必将实现的、人人各得其所的完美状态，催使人们迷恋现代性的肯定理性所包含的齐一性状态，最终重新唤醒人的价值理性维度，激活人不断自我批判和创造的理性思维，充分彰显人的理性的解放力量。但是，流动的现代性中个体脆弱不安的生存状态赋予"理性解放"新的历史任务，促使其为人们的生活寻找新的坐标。就新的"赋予"来说，它只能在"理性解放"对普遍性诉求的无止境追求过程中得到说明，在这种无休无止的、不可遏制的过程中，"理性解放"顺理成章地构成新社会形态建构的理论根据，成为人类社会秩序建立的唯一可以信赖的准则，"过去、现在与未来，现实的、可能的与未实现的，都被对称地安排在和谐的秩序中"①。鲍曼对"人的解放"的构思路径便不能停留于对"人的解放"、个体化、批判理论之间关系的共时性阐述，他认为理性不仅是单一的面相或存在形式，"理性解放"的力量是与人的感性实践及其潜能在现实的矛盾运动中不断变化和生成的要素，需要依据"理性解放"不同阶段的内在冲突力量，进一步以历时性的构思过程完整地勾勒出"人的解放"在现代性处境中的不同内涵。

三是以"理性解放"为支撑，将不同历史处境中的"理性的个体"② 作为双重构思路径的现实载体。通过"理性解放"提供的理论出发点和内在推动力，鲍曼为双重构思路径做出了自我辩护。作为对以上两种辩护的深化，鲍曼依据"理性解放"中的"理性的个体"为双重构思路径做出了第三重意义上的自我辩护。在"理性解放"过程中，个体

① 以赛亚·伯林.自由论.修订本.胡传胜，译.南京：译林出版社，2011：156.
② 鲍曼以工具理性对旧传统的瓦解并占据支配地位为历史起点，展开对现代性的考察。他认为"理性解放"过程中"压迫者的成功有赖于诱使受害者的理性计算比达到其原初目的的可能性存在得更为长久；也有赖于能够让人们——至少是某些人，在某段时间里——在一个公认的非理性环境里做出理性的行为"（齐格蒙特·鲍曼.现代性与大屠杀.杨渝东，史建华，译.南京：译林出版社，2002：188）。笔者认为，工具理性在预设个体自由的过程中，在其内在性上也使得个体本身演化为"理性的个体"，这既显现为个体的行为方式受制于工具理性的规定作用，又体现于个体的思维模式是由工具理性支配的。无论是将"理性的个体"从旧传统的规则中解放出来，还是把"理性的个体"放置在政治领域的类生活中，其都是抽象性质的个体，而非具有实在意蕴的现实个体。

的自由以理性为标尺，自由了的个体也转化为"理性的个体"。"理性的个体"的批判性维度以及理性主义的主导作用，将推动形成在解放人性与控制人性之间摇摆的"天平"。"理性解放"在个体的思维和实践活动中形成了其自身所信奉的价值理性，为实现"人的解放"扫清了现代理性的障碍。以"理性解放"为支撑，不同历史处境中的"理性的个体"为鲍曼的双重构思路径的历史显现提供载体。

面对早期现代性的社会状况，通过对"理性的个体"同质化生存状况的描述，鲍曼的双重构思路径表现为对"人的解放"的隐蔽状态的理论勾勒。在对传统模式及其消极因素的破除和对新的社会模式的确认过程中，早期现代性中的"理性解放"被认为内含一种极权主义倾向，它坚守以自我为中心的观点来确保理性对个体的掌控，力证自身维持个体生命自由存在的合理作用，在与人类文明的冲突与融合中形成了可持续发展的理论潜质。鲍曼认为，"很少人希望获得解放，甚至更少人愿意遵照这一愿望办事，并且事实上没有人能确定，'从社会中获得解放'是以何种方式区别于'他们所处的现状'的"①。以个体自由为最终目标的解放进程通过对"理性的个体"之间内在关联的分离，以合理化机制湮没了"理性的个体"多维度的发展选择，如果个体的品行、情感、理想、性欲不能提升"理性的个体"的工作效率，人们对自身的理性功能就会产生盲目自信，并随着"理性的个体"的"天平"向工具理性一端倾斜，理性只能成为抑制人性发展的手段，人的感性欲望只能被当作多余的因素而被清除。福特主义工厂、全景监狱在赋予"理性的个体"同质化的自由行动时，通过机器主导、远程监控的方式消解了"理性的个体"对"人的解放"的追求。"人的解放"也就因失去大众基础而处于隐蔽状态。

针对"流动的现代性"的社会处境，通过对"理性的个体"无家可归状态的揭示，鲍曼的双重构思路径显示为对"人的解放"的敞开状态的理论设想。随着早期现代性的生存范式、模型逐渐淡化，流动的现代性成为个体生活的规定性样态。在流动的现代性条件下，一方面，人们失去了以往赖以存在的公共生活和共同价值等基础，一切发展和解放的问题都需依靠自己的理性判断与选择，而无法依靠一致的、集体的价值信念来维系自身存在于社会中的有序性；另一方面，人们在生活世界中

---

① 齐格蒙特·鲍曼. 流动的现代性. 欧阳景根，译. 北京：中国人民大学出版社，2018：47-48.

的相互关系变得疏离，"虚假的共同体"和意识形态的推波助澜必然使人丧失对本真生活的批判与思考。由于社会既定规则、模式的缺失，"脱域"的"理性的个体"在无休无止地追求自由的过程中看不到"重新嵌入"公共领域的任何希望。在鲍曼看来，"当前生活的许多特征都导致了无法抵抗的不确定性感：导致了把未来的世界和'力所能及的世界'视为在本质上是不确定的、无法控制的和令人危险的"①。在"理性的个体"无家可归的处境中，双重构思路径的历史呈现也获得了新的历史形式，"人的解放"不再处于隐蔽状态，而是获得了展现自身的历史可能性。为了去除各种不确定性状态的遮蔽，鲍曼提出了促使原子化的个体进行联合的必要，"解放的斗争并没有结束……在今天，任何真正的解放，需要的是更多而不是更少的'公共领域'（public sphere）和'公共权力'"②。在流动的现代性这一历史阶段，"人的解放"不再被隐藏在极权性质的统治之下，不满足于仅仅依凭习惯性思维来考察解放的现实基础，而是提出对现存状况的批判与超越，需要通过公共领域的中介作用进入历史性的敞开状态。

经由"理性解放"进行的自我辩护，鲍曼赋予"人的解放"之构思路径理论出发点和内在推动力，通过具体阐释现代性不同阶段的"理性的个体"的表现，展现出不同的理论主张，"理性的个体"在现实中的多样化存在与矛盾关系构成了"理性解放"区别于以往"人的解放"构思路径的标识，促使其双重构思路径在现代性的历史进程中获得合法性。

三、鲍曼构思的抽象属性及其现实落空

当鲍曼以"理性解放"为双重构思路径做出自我辩护时，其虽然阐释了双重构思路径在面对现代性时所具有的合法性，但构思的内在缺陷却并没有被消解。鲍曼的构思得以被呈现的落脚点——"理性的个体"是抽象的，对个体在现实生活中的差异性与特殊性不予追究和分析，"理性的个体"或者被湮没于理性机制的极权之下，或者被悬置于政治领域的类生活之上，现代社会的整合与发展主要通过"理性的个体"在

---

① 齐格蒙特·鲍曼 . 后现代性及其缺憾 . 郇建立，李静韬，译 . 上海：学林出版社，2002：21.

② 齐格蒙特·鲍曼 . 流动的现代性 . 欧阳景根，译 . 北京：中国人民大学出版社，2018：98.

不同领域的分化和功能上的相互依存来实现，而不是依赖对个体的理性与感性、理想与现实辩证运动产生的共同价值和情感的归依，以之为载体构思的"人的解放"路径只能旁落于现实历史之外。

"理性的个体"的抽象性质使得鲍曼对"人的解放"的构思无法在既定的历史中得到落实。无论是将"理性的个体"从旧传统的习俗性规则中解放出来，还是将其放置在政治领域的类生活中，其都是抽象性质的个体，而非具有实在意蕴的现实的个体，仍然执着于理性主义的思维框架，是一种脱离了具体内容的外在的思维形式，无法生成具有现实可能性的解放需要；因而对抽象的个体所预设的解放构思必将陷入一种虚假状态，无益于"人类解放"价值诉求的实现。从"承担者"向"责任者"的角色转化并没有将"理性的个体"从抽象性中剥离出来。以"抽象的个体"为实现载体的构思只能在抽象性的怪圈中展开理论沉思，而无法深入历史的实体性内容之中，实际上忽视了任何社会形态都是人类历史发展进程中的一个环节的事实，也难以在历史的发展中对"理性的个体"的存在进行解构和重构。

面对前现代社会中家族式的人身锁链关系，在勾勒出"理性的个体"陷入自由感与依附感之间的张力时，鲍曼对"人的解放"的构思未能在现实性上实现自身。在"理性解放"嵌入"理性的个体"的过程中，由理性构建的个体的强制性自主身份战胜了前现代社会中个体的自然性他主身份，然而，正是个体的自我决断权利和自主性地位在这种"战胜"中成为最先被侵蚀的牺牲品。鲍曼在解析资本逻辑与现代理性合流而滋生的极权时，尽管揭示了现代理性发展的客观规律，但却未指明极权持有者与现实的个体之间的边界，也就无法证实个体理性独立的功能与合法性。极权主义的社会结构以拯救个体的名义，在支配分裂了的社会总体时湮没了各子系统中的个体。"理性的个体"的"人的解放"只能凭借理性机制的中介才能落实到自身之上。如果仅仅依靠自身资源，"理性的个体"就只能在无法判断的风险中不断陷入恐惧，自由也随之渐行渐远。在现代性的发展驱使下，理性成为人的现实存在与筹划的基本因素，对理性及其衍生的解放理念的信奉形成了以理性立法取代现实历史进程的思维，人们仅仅在理性的齐一化逻辑庇护下才能获得合理化的自由体验，人们的实践活动变为维护工具理性与合乎立法原则的手段，而无法在真正的社会历史中达到现实的自由。鲍曼对"人的解放"的构思也因现实维度的缺失而陷入抽象性的空谈。

现代性的流动性特征在使得"理性的个体"失去重新被嵌入公共领域的可能性时，也就使得以极权为基本标志的公共生活不得不超出自身界限而成为垄断的工具，并因此侵犯其他个体存在的合法领域。鲍曼对"人的解放"的构思即使把"脱域"的个体置于政治领域的类生活之中，也无法给予"人的解放"实质性的保证。因为"在制度上确认个体的独立地位和自由权利虽然使得个体能够自主地行动，但制度却没有为个体提供灵活而持续的组织和保障，由此形成的不确定性和社会风险反而使得个体更加迫切地需要得到制度的庇护"①。其一，作为现代性进程中必然发生的个体化倾向与实现自我选择的自由能力间的裂缝逐渐变大。个体化倾向是社会中每个社会个体发展进程中的必然性命运，对每个社会个体的现实生活具有决定性作用的是其在具体问题域中做出反应和解答的理性能力，个体不能倚仗现代理性在任何时间和事件中都普遍适用的法则，而必须寻求此时此刻具有针对性的实事求是的解答，以为自身解放提供新的现实条件。但"理性的个体"独立自主、自力更生的实际能力未能在必然性的趋势中发生性质上的改观，个体并没有获得应对系统性矛盾的真实有效的解决方案。其二，"作为一个依据法律规定的个体并不能保证事实上的个体性，而且许多人在争取后者的斗争中缺乏运用前者所暗示的权利的资源"②。当"理性的个体"只有通过侵蚀政治空间才能形成自身时，政治空间是其转化为现实的个体的关键环节，个体唯有通过被重新置于政治领域才能获得公民身份的自由。③ 这意味着

---

① 王斌. 个体化社会的困局、整合与本土启示：对齐格蒙特·鲍曼个体化理论的再评判. 学习与实践，2014（6）：100.

② Zygmunt Bauman. Liquid Times. Cambridge：Polity Press，2007：58.

③ 这种经由政治领域的中介才能获得的权利，仅是一种政治性质的、抽象的权利。马克思在《论犹太人问题》中指出政治国家中的自由是一种"可以做和可以从事任何不损害他人的事情的权利。每个人能够**不损害**他人而进行活动的界限是由法律规定的，正像两块田地之间的界限是由界桩确定的一样。这里所说的是人作为孤立的、自我封闭的单子的自由"（马克思恩格斯文集：第1卷. 北京：人民出版社，2009：40），就其本身来说，"自由这一人权不是建立在人与人相结合的基础上，而是相反，建立在人与人相分隔的基础上。这一权利就是这种分隔的**权利**，是**狭隘的**、局限于自身的个人的权利"（马克思恩格斯文集：第1卷. 北京：人民出版社，2009：41）。在此意义上，由政治领域中介的自由——囿于政治领域之中的人权——不仅内含人的二重性性质的存在状况，而且以其自身的抽象性凸显了政治国家中公民身份的抽象本质。

不但在理论建构上，"理性的个体"被冠以公民的名义而被排除在实际的自由之外，而且从其实践生成上看，鲍曼对"人的解放"的构思只能局限于政治领域，并寻求合乎理性的立法手段，依靠公共权力的中介作用进行论证。

鲍曼对"人的解放"的构思深陷于"理性的个体"所引发的抽象性窠臼中而未能触及历史的实体性内容，其对传统历史观的解构与重构只能揭示现实的社会历史，却难以把握人类历史总体性运行中蕴含的解放规律和意向；马克思的劳动解放理论则是深入到历史本质性维度的科学思想，为扬弃鲍曼的构思提供了理论资源。以马克思的劳动解放理论反思鲍曼对"人的解放"的构思，能够直观这一构思的理论困境——陷入"理性的个体"的抽象性中，即人在"理性解放"理念的主导下，努力完成现代理性设定的发展目标，导致了自身解放的目的与实践手段的分化和颠覆，"人的解放"丧失了本应具备的现实性。

通过马克思的劳动解放理论对"现实的个人"之感性丰富性的揭示，可以确证鲍曼对"人的解放"的构思已然跌入"理性的个体"的同质性之中。鲍曼指出，当"理性的个体"从旧传统的习俗中解放出来时，"它积淀出了一个新秩序，一个首先按经济标准来界定的新秩序。这一新秩序比它所取代的旧秩序，更为'坚不可摧'，因为它不像旧秩序，它能防止非经济行为对它的挑战"[①]。"新秩序"的历史进程正是由资本权力主导的私有财产对雇佣劳动的剥削关系的展开过程，它的根本旨趣在于获取非人的、异己的支配力量。而"劳动解放就意味着扬弃私有财产，使之成为'真正人的和社会的财产'"[②]，劳动解放批判了经济发展中的商品拜物教趋势，敞开了作为其生成性基础的"现实的个人"的感性丰富性。"现实的个人"是具有丰富的感性生活的，通过自身的自主性活动在对象世界中肯认自身的存在，可以依据感性实践来创造属于自身的历史和社会系统，从而人不再仅仅是理性化的个体，不再依靠极权性质的理性机制为自身寻找存在的合法性。当极权逻辑中同质化的"理性的个体"无法在既定的历史中确定自身时，以现实的个体为载体

---

① 齐格蒙特·鲍曼. 流动的现代性. 欧阳景根，译. 北京：中国人民大学出版社，2018：28.

② 刘同舫. 政治解放、社会解放和劳动解放：马克思人类解放思想再探析. 哲学研究，2007（3）：11.

的理性就无法获取自身正当性的源泉和保证，泯灭了劳动解放作为个体理性互动之基本载体的现实性和超越性维度，也将致使现实中的劳动解放需要与政治自由价值之间处于对立状态，进而对人的解放进行了一种非政治性的定位，以之为落脚点的鲍曼对"人的解放"的构思也就失去了其现实合法性。

通过马克思的劳动解放理论对"现实的个人"之社会关系属性的澄明，可以明晰鲍曼对"人的解放"的构思迷失于"理性的个体"的虚假性之中。当"理性的个体"无法通过集体性的公共手段获得自由保障时，鲍曼以政治领域的中介作用赋予"理性的个体"公民身份，使其能够获得一种政治生活意义上的自由。基于政治领域中的公民身份加以审视，"作为公民的个体通过中介——国家得到了解放，他将人的全部无约束性和自由强加在国家之上，从而在政治上从宗教等限制中解放出来，但这是一种抽象、局部的有限解放"①。而"劳动解放"在扬弃资本剥削关系的同时，揭示了竖立于其上的现代国家的解放限度与历史命运。在马克思看来，"社会结构和国家总是从一定的个人的生活过程中产生的"②。"只有当现实的个人把抽象的公民复归于自身，并且作为个人，在自己的经验生活、自己的个体劳动、自己的个体关系中间，成为**类存在物**的时候，只有当人认识到自身'固有的力量'是**社会**力量，并把这种力量组织起来因而不再把社会力量以**政治**力量的形式同自身分离的时候，只有到了那个时候，人的解放才能完成"。③ 马克思是从理想性与现实性相结合的维度出发理解劳动解放，理想性维度保证劳动解放始终在现实劳动方式和生产关系的批判中得以展开，现实性维度避免劳动解放陷入人道主义的乌托邦空想。因此，只有超越"类"生活对人的生存的消极束缚，创造和积累对人的发展具有积极作用的现实关系，劳动解放对人的解放的理想价值和现实作用才能得到真正发挥，"现实的个人"的社会关系属性才能摆脱公民身份关系的遮蔽，历史性地显现自身。以公民身份为实现载体的鲍曼对"人的解放"的构思难以在现实中证成。

---

① 刘同舫，陈晓斌. 现代国家的解放限度与历史命运：马克思《论犹太人问题》释义. 人文杂志，2016（1）：2.

② 马克思恩格斯文集：第1卷. 北京：人民出版社，2009：524.

③ 同②46.

当鲍曼诉诸"理性解放"对双重构思路径进行自我辩护时，其虽然澄清了双重构思路径在面对现代性历史发展时所具有的合法性，但其具体构思仅仅局限于"理性解放"的理论视野，本意在于克服传统形而上学理性观压抑人性的构思理路，却成为现代性支配的形而上学思维的代表，结果非但未能超出理性思辨的独断性意向，反而陷入由"理性的个体"的同质性和虚假性所决定的理论空想之中。马克思的劳动解放理论对"现实的个人"的感性丰富性和社会关系属性的敞开，将现实的人以劳动为基础的解放纳入政治视域进行反思，突出了人对自身理性思维与现实自由权力之间关系的意识和需要，为评判鲍曼的构思在现实性上的可能性提供了理论方法。基于马克思劳动解放理论的原则性判定，鲍曼的构思只能是历史实体性内容之外的理论设想，无法具有现实可能性。

鲍曼通过对"人的解放"与个体化、批判理论之间共生关系的共时性阐释，以及对现代性进程中"人的解放"的不同内涵的历时性分析，提供了一种对"人的解放"的双重构思路径，并以"理性解放"为双重构思进行自我辩护，但其对"人的解放"的构思路径仍存在理论缺陷和现实障碍。立足马克思"劳动解放"的理论视角对鲍曼的理论构思进行批判性反思，可以发现其关于"人的解放"的构思停留于"解释世界"的理论沉思之中，以理性逻辑上的立法原则取代尚未显露的历史运行规律是根本行不通的，理性逻辑与技术的合谋逐渐衍生出使人成为"奴隶"的可能性，不能在特定的社会历史中获得现实意义上的合法性与可行性。鲍曼对"人的解放"的构思警醒人们在面对其相关论述时，不能简单化地肆意模仿，抑或是邯郸学步式的理论引用，而应当辩证地把握其合理性，以对传统哲学理性思维的彻底批判为前提克服和超越其固化的解放路径。以马克思的相关理论对诸如鲍曼等西方学者的理论资源做出批判性借鉴，更深刻地认识与剖析"人的解放"的历史原貌，无疑是一项需要持续深耕的工作。

第四节　福柯的权力理论与解放的勾连

法国哲学家、历史学家米歇尔·福柯（Michel Foucault，1926—

1984）作为非马克思主义的典型代表人物①，也对人类解放理论进行了论证，并在研究角度上与其他西方马克思主义学者有明显差异。福柯以自己的方式对人的解放进行了独特研究——从历史与现实中社会个体的具体生存维度，研究权力与人的解放的关联，在现代社会的政治、经济和思想文化领域发掘权力的异质性表达。基于权利视角的解放思想不仅将个体的生存权利从现代社会僵化的权力系统中拯救出来，而且是对同现代资本主义社会生产方式相融合的政治、文化观念的批判和超越。福柯像马克思一样，对人的命运给予了深度关切，他们的研究都最终指向人解放和自由。笔者在人类解放思想的哲学话语分析框架下，以福柯研究成果中最具代表性的权力观为主轴线，分析他所开辟的权力批判路径及追求人的解放的独特方式，从而拓展马克思人类解放理论研究的新境界。

一、权力运作方式及其结果

福柯关于权力运作的思想十分丰富，其运作方式可用"三位一体"来概括。

福柯从来没有将权力定型化，没有以固定而严密的理论模型框定权力，权力仅仅被视为在一定程度上显现社会存在的某些方面或侧面，权力概念也始终伴随现实运用的推演而不断生成新的内涵，这不仅是福柯的个性与思想风格使然，而且是因为福柯认为分析现代社会中具体的权力运作机制等任务比界定一个抽象的权力概念重要得多。福柯致力于揭示现代社会生活过程中权力异化的逻辑，澄清现代社会政治、文化观念背后的资本逻辑支撑及其虚伪本性；他认为，不要纠结于"权力是什么"的问题，寻求对权力的恰当定义也许本身就是一个错误。他只希望对权力是如何发生、如何运作的，也就是对权力的具体技术、权力的实际策略问题进行深入探讨，力图对现代人的生存处境有新的理解与认识。

福柯悬置了传统权力观的合法性。传统权力观（马克思主义的经济

---

① 有学者认为，"福柯的历史观与唯物史观存在着明显的本质差异，福柯显然不是马克思主义者"（莫伟民. 莫伟民讲福柯. 北京：北京大学出版社，2005：175）。福柯本人也从不给任何理论戴王冠，也不允许让"身份的道义"束缚住写作的自由，曾说自己"从来就不是一个弗洛伊德主义者，不是一个马克思主义者，不是一个结构主义者"（Michel Foucault. Politics, Philosophy, Culture：Interviews and Other Writings 1977 - 1984. Paul Rabinow ed. New York：Routledge, 1988：22）。鉴于此，笔者把福柯归入非马克思主义者行列。

学模式、法理主义的法权模式等）要么将权力阐述为可以获得或占有的财产，要么将权力阐述为上下的直线关系或禁止人们做某事的压制性和否定性的遏制力量。福柯却认为，"如果我们在看待权力的时候，仅仅把它同法律和宪法，或者是国家和国家机器联系起来，那就一定会把权力的问题贫困化。权力与法律和国家机器非常不一样，也比后者更复杂、更稠密、更具有渗透性"①。尽管权力生成与法律、国家等宏观机器密切相关，但其现实作用却不止于传统权力观所指涉的政治、经济等领域，而是在个体微观的日常生活环境中焕发光彩。福柯揭示了传统权力观的局限性，认为其宏观的本质主义分析模式将权力视为社会中的巨型权力形式和最重要的元叙事，无法穷尽权力运行和实施的领域，在这种权力思维的长期作用下会形成权力流于抽象和悬置的局面，难以对现实的感性实践起到恢复与占有的作用，必须从新的角度分析权力运作方式。

福柯以谱系学的方法从边缘地带、局部领域出发，借助尼采的"权力意志"说，以一种超越基础主义和本质主义的视野，对社会权力运作机制进行了微观、多层面、多角度的透视，揭示了体现在人们身体上的、隐含于日常生活中的微观权力。福柯认为，权力不仅体现在国家的司法程序、法律制度等宏观层面，而且渗透于社会个体日常生活的细微之处，如散布于学校、家庭、工厂等各个层次领域。资本逻辑促使现代性权力关系逐渐贯穿于生活世界的宏观和微观层面，并形成一种界定和支配两个层面各领域的权力体系。社会个体的生存与权力内在相关，每个社会个体毫无例外地生活在纵横交织的"网状"权力体系中，人们不仅在经历的重大社会历史活动（旧的权力关系的衰亡和新的权力关系的诞生）中体会权力的咆哮、更迭，而且在衣食住行等日常的家庭邻里生活中感受权力的控制。权力越来越以生活化的方式表达社会个体的生命本性，它驻足在政治、社会和军事组织上，也内在于人们的行为方式、自省习惯中。一个社会能够组织起来就是权力控制的结果，权力作为现代人类社会的一种深层结构而存在。

现代权力针对肉体且与知识"合谋"共同作用于灵魂。② 权力运作

---

① 米歇尔·福柯. 权力的眼睛. 严锋，译. 上海：上海人民出版社，1997：161.

② 在现代社会中，福柯认为，知识与权力是一个"共生体"，两者相互支持、相互渗透。现代知识是权力化、力量化的知识，它离不开权力；权力需要知识，现代权力是知识化、技术化的权力，权力的合理性必须通过知识来论证。

具体为设定标准、规训、内化标准的"三位一体"方式。福柯以现代人的社会生活作为权力与知识建立联系的基础，表明权力以真理、科学的名义建立了一个丰富、丰满的现代人的具体形象和改造标准，从而为社会整合与人的生活结构的变动提供合适的分析工具。每个人都可以用此标准进行衡量与对照；将不合乎标准的人从现代社会中挑选出来对其进行训练、约束、改造，不断强化其设定的标准，使人们的行为举止远离本真状态而达至"文明"；进而对现代个体进行"自我教育"，即把所谓标准人的各种规范、观念、行为等转化为自觉意识与行动，模糊被改造的痕迹，掩饰被改造的作用，使现代人感受不到"知识-权力"形成的"合谋"给自身带来的干扰。权力规训的标准本身蕴含了资本的统治逻辑，将不合逻辑的个体规训成服从同一逻辑架构的存在者，形成了现代社会固定的实体性规训机制，最大限度地促进日常生活领域的个体迎合资本生产的总体性逻辑。在"三位一体"的客体化方式中，个体的人被现代文化不自觉地建构成标准的现代人，甚至主动将自身建构成社会的标准部件。权力代表着在解放哲学的基本问题上与传统思维方式存在根本区别的新的理论范式，昭示着合理的生存和解放形态必然建立在权力与知识的关系系统中，因而总是在社会生活的每一个细节、层面裹挟与制约现实的人。

"三位一体"中的规训权力对现代人的塑造起着关键性的作用。规训权力不是耀武扬威的控制，而是"谦恭而多疑的权力，是一种精心计算的、持久的运作机制"[①]，它对人的改造主要通过层级监视、规范化裁决、公开检查三种手段来实现。由于规训权力主要以惩罚型的社会形式在微观领域发挥效力，缓和、隐形的方式是其施行规训的必要手段，"层级监视"成为超越个体"私域"与公共互动边界以把控其动态全景的新的权力技术。"层级监视"在现代社会的各个领域、各个层面不断发挥作用，它既沉默又警觉，从不漏掉任何细节。每个人都被观察、被记录、被控制，以此来保证权力功能的发挥，福柯将这种注视性控制称为"权力的眼睛"；"规范化裁决"是一种内部的、小型的微观处罚机制与方式，它处于规训系统的核心地位，享有相当于司法的特权，有自身的特殊审判形式与纪律要求等，它处罚的对象涉及不合乎规范的出格行

---

① 米歇尔·福柯. 规训与惩罚：监狱的诞生. 刘北成，杨远婴，译. 北京：生活·读书·新知三联书店，2003：193.

为，包括活动时间、语言表达和身体表现等方面，也就拥有了行政权力和文化权力的双重驱动；"公开检查"是权力实现的另一手段，具有完整知识类型的公开检查使每个人被清晰地显示出来，在这种将个人对象化的检查仪式中，权力得以"醒目"地显现。发挥权力的主体在诸多关系中对社会系统发挥作用，如军队的检阅、企业的监测和学校的考核等都是公开检查的广泛应用，并在社会机关对个体的规训中重塑个体在社会系统中的身份，使其思想意识和行为准则都心甘情愿地归于所期盼的齐一性标准之中，强化权力机构对人民的掌控，抑制个体个性的发展和自我生命风格的形成。层级监视、规范化裁决和公开检查的规训策略使得权力在更规范、更有效和更普遍的意义上得以实施。

　　福柯认为，权力的运作机制与效应没有被人们觉察。为了增强人们对现代权力运行方式的自觉意识，他运用实例将传统权力与现代权力在表现方式上的差异进行了对比分析。在《规训与惩罚》中，通过对监狱罪犯的考察，福柯描绘了两种迥然不同的处罚犯人的方式（权力运行模式）：一是对谋杀国王的法国激进分子罗伯特·弗朗索瓦·达米安的肉体施以令人惊悚的公开处决；另一是严格控制巴黎少年犯的所有思想和行为的生活时间。这种权力运行模式代表与体现的是由野蛮向文明、残暴性向温和性的转变、过渡，传统权力与现代权力的运作是痛苦与关怀、歧视与尊重的对比，现代权力是一种社会生产的实践活动，权力支配着理论形式和实践活动机制的生成。福柯敏锐的眼光也指出了现代权力是用"使人活"的所谓的科学规范运作代替了"使人死"的暴力血腥统治，"居心叵测的怜悯、不可公开的残酷伎俩、鸡零狗碎的小花招、精心计算的方法以及技术与'科学'等等的形成。所有这一切都是为了制造出受规训的个人"①。所谓"人性""人道"，不过是规训技术制造驯服的现代人的冠冕堂皇的幌子，其背后是权力的斗争以及"知识-权力"强大的"场"作用，为了避免与个体的需要冲突而受到冲击，权力尽可能采取微妙和隐形的方式维持运作过程。"权力越来越没有权利使人死，而是为了使人活，就越来越有权利干预生活的方式，干预'怎样'生活，权力特别是在这个层面上进行干预，为了提高生命的价值，

---

① 米歇尔·福柯.规训与惩罚：监狱的诞生.刘北成，杨远婴，译.北京：生活·读书·新知三联书店，2003：353-354.

为了控制事故、偶然、缺陷。"① 权力本身是人对人特殊影响力的关系范畴，包括政府对公民的权力、个体对"他者"或自我的权力，在现代社会集中表现为自上而下的、多元化的运作过程。规训技术能够在日常生活的微观领域发挥作用，使主体的私人生活领域从属于公共生活的权力系统，不符合规范的思想、行为在被干预和被改造中齐一化、秩序化。权力运行模式的转变并非历史文明进步的结果，而是"知识-权力"统一体控制人的身体与思想模式的变更，是现代权力技术手段支配与运用的高明化。传统权力是具体的，发生在特定领域、特定时刻，针对特定的个体；现代权力的触角已延伸至社会的所有部门、生活的各个领域，是整体的、普遍的、全盘性的，它针对现代社会中的所有人。福柯表明，这种权力的普遍化并非旨在揭示其存在的优劣，而只是说明权力不仅具有命令与压制的力量，而且能够为社会各个领域的发展需要及其困境产生应对策略。

权力的规训作用具有社会弥散性与普遍性。监狱是典型的规训组织，然而它只是作为现代社会的一个浓缩隐喻，同其他规训机构一道组成"监狱群岛"扩散至整个社会，福柯称之为规训社会。学校、军营、工厂、劳教所、精神病医院、慈善团体等机构"是用于减轻痛苦、治疗创伤和给予慰藉的，因此表面上与监狱迥然有异，但它们同监狱一样，却往往行使着一种致力于规范化的权力"②。规训权力以一种"仁慈"的方式从多种角度严密紧凑地作用于人体的各个部位，操纵人、塑造人、驾驭人，向人们证明现实生活中不存在规训权力无法穿透的内容，最终使人体按照它的意愿发生改变。现代个体被"知识-权力"彻底奴役却浑然不知，习以为常，以至于达到康德所说的地步，"他已经爱上了这种状态，而且，事实上，就目前来说，他没有能力运用他的理性，因为没有人允许他去做这样的尝试"③。权力普遍的规训性由专门的考察方法和研究程序所支撑，权力的发展伴随现代社会工业和科学知识的进步逐渐累积成主要的社会规训力量。现代社会是一个使自由无法喘息

---

① 米歇尔·福柯. 必须保卫社会. 2版. 钱翰，译. 上海：上海人民出版社，2010：189.

② 米歇尔·福柯. 规训与惩罚：监狱的诞生. 刘北成，杨远婴，译. 北京：生活·读书·新知三联书店，2003：353.

③ 康德. 道德形而上学基础. 孙少伟，译. 南昌：江西教育出版社，2014：72.

的场所，是一个完全没有诗意豁口的地方，"知识-权力"改造人的灵魂和规约人的行为，导致人在身体与心灵上都成为规训社会的囚徒。

福柯对边缘领域的洞察，对"合理化"表面图景之下深层"宰制"的揭示，对"人性化"外部包装之下"驯服"的透视，是对传统权力观所做的解构，也是对现代人"自身的历史存在论"的速写。全方位安排、宽领域控制、多形式监视的现代权力，将监控、检查等技术组合转化为权力的行使，知识体系为权力的不断生产提供养分，增强权力规训人的合法性和有效性，使得我们的身体及其行为被完全纳入权力的网络和程序。福柯对微观领域权力的规训机制的考察体现了一种关注人自身生存权利的存在论视角，旨在揭露具体权力形式塑造人的生存方式的内在理据。规训权力正在明显或潜移默化地改变人们日常生活的方式和方法，在人表面自由的背后，暗藏着无所不在的力量摆布和控制，使得人逐渐丧失了批判性、超越性和创造性。

二、反抗权力运作的手段

福柯深切关注人的解放和自由，认为权力深度制约了人的解放与发展的进程，提出了反抗权力运作的手段。他对微观权力关系网络的分析，对现代人主体地位被动状态的揭示，并不只是要写就权力的政治学，更不是要把人们送入微观权力的无边黑暗，而是通过对现代人生存处境的关注，使权力的现实运用创造性地为开掘人的生存和发展权力提供积极的思想支撑，寻求人的解放的可能性。只要"清楚至今社会机制是如何运转的，压抑和束缚是怎样进行的，就可以自己决定并且选择自己的存在方式"①，厘清权力的逻辑与现实的关系，能够使人意识到自身的存在与社会运行的关联，将人的现实生活和权力置于相对于理性的优先地位，从而创造属于自己的自由，实现自身的解放，达到诗性生活和审美生存的统一，这是福柯终生为之奋斗的价值诉求与根本目标。通过考察"知识-权力"系统的生成关系，福柯认为现代人的生存方式是权力奴役过程的产物，最终借用普遍的规训力量泯灭一切人性解放的可能性。针对现代人被"知识-权力"宰制的困境，福柯力图寻找解放的出路，提出了"局部斗争"和"现代生存美学"两种策略与方案。

---

① Michel Foucault. Politics, Philosophy, Culture: Interviews and Other Writings 1977 - 1984. Paul Rabinow ed. New York: Routledge, 1988: 50.

　　"局部斗争"相对于整体斗争形式而言，是一种微观领域的直接斗争。它不以攻击某种高贵人物、权力制度、阶层或团体为目标，也不以彻底推翻"知识-权力"统治为诉求，其主要目标针对的是一种具体技术、一种具体的权力形式——与人们最接近的、直接作用于个体的环境。在现代社会，"局部斗争"不再通过知识论的方式探寻超越感性实践的实体化存在，而是转向人们日常生活中的实际行动揭示个体存在的意义，它可以减弱规训权力对身体与思想的控制力度，冲破由权力关系编织的"残酷而精巧的牢笼"，超越"知识-权力"对个体的同质化和标准化，进而保持人的完整性、彰显人的多样性。

　　按照福柯的思维逻辑，依据权力的局部性，斗争也应该是局部的。权力与反抗是一体两面、如影随形的关系，即"哪里有权力，哪里就有反抗"。针对微观的局部权力的运作机制，只能采用微观政治的抵抗策略。权力作用于日常生活的各个层面、各个领域，无论是统治阶层或国家机器的控制者还是经济决定者，都不能控制在社会中运作的整个权力网。对权力的反抗不可能以颠覆政权中心的方式进行，而只能将斗争与反抗形式日常生活化。福柯认为，相对于政治、经济权力领域而言，日常生活的权力具有一定的个体性和自主性，社会成员即使意识到规训权力的压制，也并非采取政治干预或经济制衡的方式反抗权力，而更可能寄希望于日常生活的自主互动来实现对强制权力的消解。这也正是福柯批判马克思的阶级斗争和暴力革命理论的原因所在，他指出这种全盘否定的"大拒绝"方式远远不能应对当今复杂的权力存在和流动模式，达不到反抗的效果。

　　福柯认为，"局部斗争"的形态具有差异性。罪犯、精神病人、同性恋者争取解放的运动与女权主义、环境保护运动、少数族群的抗议属于不同的"局部斗争"。现代社会中的每一个人都在对规训权力进行着局部的反抗。福柯还特别说明了特殊型知识分子[①]在"局部斗争"中所处的关键位置，将知识分子诉求理想的权威性视为统一社会分裂状态的枢纽。他们掌握某个领域的专业知识，因而知悉该领域的"知识-权力"

---

　　① 福柯所指的特殊型知识分子就是社会各界的专家，像医生、律师、作家、科学家、教授、艺术家都是特殊型知识分子。他们不宣传自己掌握了普遍性真理，只是认为自己在某个领域拥有专业知识，熟悉该领域的秘密。（刘永谋. 福柯的主体解构之旅. 南京：江苏人民出版社，2009：174）

运作的秘密。但知识分子由于社会职守而在现实中表现为将普通大众当成控制的对象，往往倾向于提出人们必须奉行的价值准则。为了在隐藏之处凸显权力，福柯提出对知识分子的社会任务进行批判性改造，促使他们对知识的权力边界进行专业的划定和清除，指明当代知识分子应该积极参与针对规训权力的"局部斗争"，消除大众由于知识系统的欠缺或对于权力的不确定性而形成的权力崇拜与屈从，揭露知识-权力运作的真相。

福柯后期研究的理论精髓可概括为"现代生存美学"，主要是从哲学和艺术等视角探索了个体主体的权力地位的演化与其生存美学的关系问题。在福柯的生存美学方案中，由于现代社会的人只关注外在的知识和客观权力而忽视自身存在的根本问题，生存美学也将随主体性的淡漠而消逝。为了解决权力与主体的生产实践相脱离的困境，他提出人们不应仅同施加于他们的禁律做斗争，不应全力以赴地去关注外在的权力技术，还需关注自身，应以自身美学化的姿态与方式来应对各种同质化权力技术的笼罩。"我不认为一个社会可以在没有权力关系的情况下存在。因此，问题不在于试图在一种完全透明的沟通所构成的乌托邦中消解权力关系，而在于投身于法治、治理技术以及道德、精神质量（ethos）和自我实践之中，这些将使我们在最低限度的支配下从事这些权力游戏。"① 突破传统权力斗争观的牢笼，必须通过激活个体的生活权力的自主性来维护自身在社会空间中的地位。

福柯对个体自身的关注旨在破除各种人性和权力观对人的自由与解放的羁绊。以往个体在"知识-权力"的框架中产生了与现代性要求相符的自身，并自觉生成内在的权力意识，成为规训权力的獠牙而对其他个体展开同化监督，整个社会处于彼此规训的生存境遇中，个体与自身的美学关系难以得到确认。"关注自身"是生存美学的基本命题，关注自身就是要撕开权力之网，自我塑造、自我转变、自我突破或自我创新。创造自我的人不是在"知识-权力"压抑下妥协或做侥幸挣扎的人，而是要求把自我或生活造就成某种理想的存在模式、某种具有美学价值的艺术作品。在我们所处的社会，艺术已变成只与实物相关，变成专业化的艺术能手独有的技能，与大众生活相割裂。但是在福柯眼中，大众

---

① Michel Foucault. The Ethics of Care for the Self as a Practice of Freedom//James Bernauer, David Rasmussen. The Final Foucault. Boston, Mass. : The MIT Press, 1988: 18.

生活也应该艺术化，艺术化的理想存在模式（如品质完善、德行高尚等）可以通过恰当的自我控制而形成。为了揭开主体的本来面貌，福柯提出了"主体化艺术"，将个体生命的铺展视为艺术的生存实践，这是一种寄希望于自我控制的行动过程。自我控制就是自我节制的选择，通过自我控制个体可以无视现代社会的权力，使它的规训功能和支配功能难以发挥，消除统治者对权力的欲望以及对个体的控制。此伦理思想中的控制与基督教摒弃欲望的控制截然不同，是在没有外部压力干扰下的主动选择，是在宽松自在氛围中的自我控制，是自我的主动锻造与风格的个性化。人具有自律性和批判精神，可以自发地对自我施加权力，自觉地选择自己的生活方式。"人应该能够一丝不苟地忠实于自然本性。这是一项严格的要求，一种无止境的任务：'除非你了解一切，否则你将一无所知。如果你太怯懦，不敢固守自然本性，那么它就会永远离开你。'"[1] 个体通过遵循自然本性而进行自我控制，是在他人和任何外在事物都不予以在场凝视的环境下保持自身生活的艺术性，是个体自觉选择美学生存方式的结果。自我控制的结果和目的就是生存的艺术，是为了获得一种风格化的存在形态、熠熠生辉的存在模式、日臻完善的伦理主体。

在现代生存美学中，福柯注重把权力关系看成对自身的自我管理与调节，凭借权力关系重构个体的自我意识，让自己和他人认识到自身的主体性，在解构现代权力缔造的抽象主体时建构"自我伦理"主体，即"人支配人的技术需要借助于个人对自己采取行动的方式"[2]。权力对现代人的塑造并不是绝对的，它还取决于现代人自己的态度，这种态度可能是对支配性的权力技术的偏离，它并不一定与权力技术的方向和性质吻合。个体重视外界权力的作用，必将导致对自身内在精神意志的疏漏，其意志的积极能动性就无法得到彰显。

福柯生存美学方案的提出不是对权力关系的"策略性转换"，而是在如何处理人与自我的关系中积极塑造自我、应对权力，从而解除困境、实现自由，达到审美的生存理想。这是一种追求解放的美学与伦理的方式，也是福柯寄予希望之关键所在。这种美学与伦理的方式不是顺

---

① 米歇尔·福柯. 疯癫与文明. 刘北成，杨远婴，译. 北京：生活·读书·新知三联书店，2007：263.

② 刘北成. 福柯思想肖像. 上海：上海人民出版社，2001：360.

从特定社会的道德法则的产物，而是个体自由选择生存方式的结果。这表明被现代权力宰制的现代人可以通过"局部斗争"，进而关注自我和超越自我，超脱现代权力支配的个体能够在守护"他者"中达至昭示了自我价值的生存美学境界，将自身变为伦理主体并最终达至自由与解放状态。

三、解放手段的辩证性反思

与马克思哲学一样，福柯哲学也蕴含着对现实生存困境的理性反思，折射着对边缘弱势类群体最彻底的人文关怀①；不同之处在于福柯以权力运作的视域来审视当今社会，充分透视传统权力观中包含的解放意识，并用微观的局部权力解构传统的以政权为核心的宏观权力，重构现代权力运作模式，现代权力的诞生标志着哲学对解放问题的解决获取了全新的理论视域与途径，从而切中当下社会历史现实与现代人的生存境遇，其解放方案丰富了马克思人类解放理论。

第一，福柯以不同于马克思主义的方式，对马克思人类解放理论实现了从宏观研究到宏观与微观相结合研究的范式转换。马克思对人的生存困境的反思与回应是全方位的、总体性的，集中体现在制度与意识形态维度上，如对早期资本主义制度、法哲学的全面批判，主要凭借整体的眼光解决有关存在的问题，在哲学史上形成了以实践观点为基础而推演的历史性视域。这种宏大的视域容易导致研究者对马克思思想在理解上产生偏差，即宏观概括遮蔽微观分析。就目前国内研究现状而言，学界不仅没有对今天的社会历史现实加以具体的、微观的深刻分析，而且对马克思当年在得出各种理论结论时所做的具体的、微观的历史分析也缺少全面总结，比如仅仅从阶级的角度笼而统之地划归人，对现实的人的本质的理解止步于人与人之间社会关系的总和。而福柯的微观研究表明，局限于宏观分析难以把握马克思关于"现实的人"的本质的理论，

---

① 马克思曾在批判英国古典政治经济学是一种抽象的假设而缺少价值维度时指出，"失业的、快饿死的、贫穷的和犯罪的劳动人，都是些**在国民经济学看来**并不存在，而只在其他人眼中，在医生、法官、掘墓者、乞丐管理人等等的眼中才存在的**人物**；他们是一些在国民经济学领域之外的幽灵"（马克思恩格斯文集：第1卷．北京：人民出版社，2009：171）。而福柯正是从流浪汉、局外人、疯子、犯人、工人、学生等被传统政治学忽略的边缘人中开展宏观权力结构的微观政治学批判的。在对边缘弱势类群体的人文关怀上，两者的价值取向是一致的。

对人的现实生存困境的分析往往滞留于宏观历史的视角，而忽视对具体生活世界中现实的特殊性、差异性内容的把握，结果只能导致人的解放陷入宏大抽象的理论叙事。现实的人不仅由层级结构的社会关系决定，而且存在于多元互动的权力网络中。"权力关系像毛细血管一样遍布于社会存在的每一个角落，而考察这种微观状态的权力运行机制是福柯的兴趣所在。"[①] 人们每天都栖居在由权力关系网络交织的具体时空中，受到政治体制、经济体制、文化体制的多重影响，并被内在于所有日常生活（做事的生活）与道德生活（做人的生活）层面的弥漫化的权力操纵，弥漫化的权力同样塑造人的所思与所行。

福柯认为，微观权力是现代权力系统的前提条件，微观权力结合而成的力量大于宏观权力，而微观权力的关系性连接正是适应现代社会生产需要的权力形态。在宏观视域与微观视域相结合的研究范式中，不再仅仅用公式化的原理、结论或经验思想定式去剪裁人们丰富多彩的实践活动和文化内涵，不会忽略人的具体生存的生活世界之差异；不再将历史简单地归结为生产方式、经济、技术等所谓决定性的要素，不会有经济决定论、政治决定论或文化决定论的存在空间。微观理论范式凸显了现代社会关系网络是处于变动中的结构，表明"知识-权力"与人的存在相互确证、相互制约。只有用微观理论范式去补充、完善传统唯物史观的宏观理论范式，借助微观研究的平台，才能真正建立自由自觉的实践活动和宏观的社会结构及其规律之间的内在统一，形成多视角、多维度的社会历史理论。福柯的解放手段启迪我们：应该对马克思人类解放理论中的微观思想资源予以深度挖掘，自觉吸收马克思人类解放理论中关于人的生存论意识和现实社会存在的微观结构，恢复马克思人类解放整体事业的微观向度。

第二，福柯丰富和发展了马克思哲学关于权力概念所蕴含的精神内涵和知识维度。马克思未将权力研究专门化，权力只是他在国民经济学微观分析中附带提出的。而福柯深度考察了现代权力的应用层次、运作程度、技术和目标，将权力存在的领域由国家机器、政治制度拓展至学校、监狱、工厂等社会的每个层面和角落，将权力运作的重点从显性转为隐性，从国家主权的单一化、中心化的样态转换到知识-权力的弥散

---

① 罗骞. 所有的力量关系都是权力关系：论福柯的权力概念. 中国人民大学学报，2015（2）：65.

化、渗透化的样态。现代权力与知识不再是势不两立的两极对立关系，相反，两者紧密结合、共同作用于日常生活，直接关系到人之为人的生存状态。福柯微观权力视角的独特之处在于，他并非将宏大的规训权力置于日常生活的中心予以观察，而是将其推向人们微观世界的边缘和极端处考察权力的运行规则，旨在追问拥有权力的真实主体是谁，以及他们使用权力达到何种目的。这表明福柯已然开始从权力的意图拷问个体的欲望、知识和话语。"知识-权力"系统的日臻成熟也将带来人的生存结构的完善与主体创造性的发展，设定标准、规训、内化标准"三位一体"的权力运作方式对个体进行的全面塑造成为人的解放的题中之义。在我国，日常生活中微观权力的规范体系，如家规家法、德业礼俗、伦理纲常等，同样发挥着不容忽视的作用，它们或促进或阻碍我国社会主义现代化建设进程，所以我们要不断培育进步的微观权力并消解落后的微观权力，改变微观权力的结构，从而构建一个可以使人们诗意地栖居于其中的"和谐社会"。

第三，福柯的微观权力理论丰富了马克思人的本质理论的内涵，彰显了对人性的拯救。福柯一生学术工作的重要思路是：从表达"人被发现"开始，到揭示作为主体的人的本质被权力抹去，进而以人为中心来建构新的主体。他所思考的一条或明或暗的线索是"我是谁""我们是谁""主体如何解放"等涉及人的本质的本体论问题，人的本质问题直接或间接地散布于他所研究的学术主题之中，贯穿于他一生的学术生涯。他把对人的本质问题的探讨与权力联系起来，是对马克思人的本质理论的具体化。福柯主要着墨于个体对自我权力的意识，强调权力意识构成了人的理性和存在的内在根据，承认人与既定社会权力之间的历史间距，推动人在具体的生活领域获得自身的现实力量和主体自由。他倡导人应当"关注自我""认识自身"："只有当人们不关注自我并且成为自己欲望的奴隶之后，控制他人和向他人行使专横权力的危险才会出现。如果你正确地关注自我，换言之，如果你在本体论意义上知道你是谁，如果你知道你能够做什么，如果你知道成为城邦公民对你来说意味着什么，如果你知道成为家庭的家长意味着什么，如果你知道应当惧怕什么和不应当惧怕什么，如果你知道你能够合理地期待什么，如果你知道哪些事情对你来说无关紧要，最后，如果你知道无须害怕死亡——如果你懂得所有这些，那么你就不会向他人滥用自己的权力。"① 福柯论证宏观权力与微观权力的关系的成功之处，并非完全消解了传统权力观的作用，而是通过微观权力对宏观权力的对抗性解构来揭示现代权力思想的危机及其对人存在的危害。他在揭示"我们自身的历史本体论与权力相关"的基础上试图论证与重构本体论的具体形态。结合权力进行追问的权力本体论建构是福柯完成自己学术目标的重要"利器"，他对现代权力的扩散、张狂所构成的政治性束缚并没有采取愤怒的态度与消极抵抗的立场，而是将权力的对抗性引向消解现代性权力，并促使人的生存美学的生成。福柯强调围绕"我是谁""我们是谁"的问题展开解放斗争，他并非将知识直接等同于权力，而是揭示知识与权力的内在关联及相互勾连必然产生社会效应的现实。因此，他反对的不是权力本身，而是权力产生的效应；反对的是"知识特权"与"知识体制"，拒斥由知识支撑形成的权力形态与权力关系网络。在现代西方社会，由"知识-权力"体系所规训的人，一旦形成福柯所倡导的社会性拒绝态度，就可能带给人们思考审美标准与社会追求的契机，并对现代性及现代社会的反思具有推动作用。后现代主义思潮的流行，佐证了福柯权力本体论的当代意义。

当然，福柯的权力运作方式与反抗手段也存在理论缺陷：

第一，福柯把权力技术妖魔化。在福柯通力阐释的权力网络中，现代权力似乎仅仅起到压制性的作用，即抹杀现代人本该具有的丰富性、多样性，代之以标准化、齐一化的状态，根本无法唤醒人对自身权力的意识，也难以促使人们采取实践行动改变现代权力的异化现实。而事实上，人们共同生活在社会的统一体中，为了维护社会良性的运作需要良好的社会秩序。为了避免成为完全被其操纵的主体，人自身应当对秩序时刻保持警惕，但这种警惕并不妨碍人们对秩序的需要和依赖，相对于以经验和潜规则行事的社会行为，理性化的外部约束和自我审视无疑具有进步性。

第二，"局部斗争"理论是一个自相矛盾的理论。福柯把"权力-反抗"看成共生的范畴，对权力的反抗本身属于权力运作机制的策略与方案，只有通过反抗和斗争，知识-权力才能更好地发挥其效力。针对

---

① Michel Foucault. The Ethics of Care for the Self as a Practice of Freedom//James Bernauer, David Rasmussen. The Final Foucault. Boston, Mass.: The MIT Press, 1988: 20.

"局部斗争"而提倡的知识权力化与权力知识化的关联，致力于建构一种控制人的意志的机制，将个体趋附现代权力的意志转化为其主观自愿的结果。"知识-权力"随时调整自己的策略，从而把反抗和斗争纳入自身的框架，导致反抗现代权力的力量与意义丧失殆尽。显然，福柯所认为的这种"局部斗争"无法逃脱"权力掌心"的观点，是一种悲观主义的论调。福柯在强调自己的"局部斗争"理论的同时，认为马克思的阶级斗争理论是一种整体主义的理论，由此他全盘拒斥马克思的革命理论，结果把人们引向无望的斗争和万劫不复的境地。

第三，福柯把个体精神、审美感受看成解放的关键。不可否认，现代生存美学作为一种自由的实践是对"知识-权力"规范化的抵抗，契合了当代社会多元包容的状况。但是，现代生存美学奠基于纯粹的、碎片的个体经验，导致其堕入乌托邦式的先验预设和虚无主义的深渊；改变自我意识组织的"心理学革命"或"精神革命"缺乏实践维度，用它来代替社会变革、社会革命，是一种保守主义的心态；强调绝对的个体自由选择和创造则是一种精英主义的道德，过度注重个体心理、精神上的解放反而导致人对现代社会的权力和自由概念产生多样性、奇异性的注解，人性解放难以真正实现。

福柯的权力运作方式与反抗手段不仅是理论建构，而且是实践智慧。它直面现代人的生存境况，透露出现代西方发达社会内在的自我批判意识，告诫我们在面对人类历史发展过程中出现的诸多问题时，同样要以细致入微的态度、严谨务实的作风对中国人实际的历史存在做深入考察。福柯的思想不可能解决中国当前日常生活中存在的问题，但我们可以借鉴福柯的他山之玉，挖掘马克思人类解放理论的新内涵。福柯对人类现实生存状况和前途命运的沉思，对人的解放、人的自由的信仰与追求，为我们所钦佩，但他并未明确回答何谓人们所追求的自由以及自由为何的问题。他将对人微观权力的解构混同于拒斥宏观权力的实现，认为通过消除知识就能实现对宏观政治权力的消弭和对个体主体性的解蔽，但往往消解了知识在与权力的结合中产生的积极效应，在理论目标与结果如何统一的问题上倒退回马克思之前的哲学思维逻辑上，其权力批判思想注定要被超越而发展。探究福柯的权力观和解放学说，绝不是要掌握其机械的理论知识，而是要依循其开启的"知识-权力"系统继续深挖现代人现实存在的权力意识。

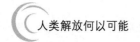

第五节　德里达对马克思精神的坚守与解构

　　当代法国解构主义的代表人物——雅克·德里达（Jacques Derrida，1930—2004）的思想在 20 世纪中后期掀起巨大波澜，这使他成为欧美知识界最具争议性的人物之一。作为一位思想大师，德里达具有实实在在的穿透力，对马克思的政治经济学批判和现代性批判予以独到解读，提升了当代学者研究的理论空间和思维活力。德里达的思想自 20 世纪 80 年代中期起开始介绍到我国后，在我国学术界产生了广泛的影响。他的学术特点与个性特点是鲜明的：敬畏传统但十分叛逆；传承历史命脉但十分渴望自由；在一个物质主义盛行的时代，强调精神生活的价值。德里达将马克思的批判精神视为马克思思想的灵魂加以坚守，但他并非崇尚马克思的整个批判理论和实践，对马克思的政治经济学批判过程也进行了解构。他真诚地相信，马克思关于现实的人的存在理论抛却了先验或某种终极原则规定的理论视界，但他不以马克思主义者自居，也不是真正的马克思主义者，不过又认为自己是马克思本人及马克思主义的继承人，坚守思想先驱——马克思的精神。

　　对马克思精神的坚守与忠诚在德里达的著作中得到了充分体现。在德里达看来，马克思精神的实质就是解放精神与批判精神，马克思精神遗产的核心是对人类解放的承诺，是一种追求并实现解放的精神，同时也是一种对现存现实的批判精神；解放精神与批判精神贯穿于马克思学术生涯的始终；马克思精神是全人类的文化遗产，不管承不承认、愿不愿意，我们都是马克思精神遗产的继承人。德里达借助马克思的解放精神与批判精神，企图建构"解构式马克思主义精神"，解构和批判旧世界中通过既定的先验原则来掌控人的命运的思想，对一切束缚人们自由地追求自身价值和解放的力量持反对立场，切实将马克思的解放精神与批判精神落实到人自觉的生活方式中。德里达的真正用意是，通过阅读马克思的文本发现其内在矛盾，对马克思的文本进行"解构式阅读"的策略，在政治姿态与政治立场上建立自己的系列理论。虽然德里达怀有对在资本主义土壤上形成的主流意识形态的强烈批判精神，没有放弃人类解放的希望，摒弃一切束缚人自由地追求和创造自身价值的力量，但他的批判丝毫没有触及资本主义主流意识形态赖以生存的所有制结构，是不触动资本主义根本制度的批判，呈现了与马克思的根本区别。

一、马克思精神是一种解放精神

德里达认为，马克思精神遗产最核心的部分是对人类解放的承诺。我们不能怀疑人类解放的理想和共产主义的理想。"共产主义的理想是为人类的正义而奋斗，至今这种理想仍在鼓舞和引导着无数信仰共产主义的男人和女人，这种奋斗目标与纳粹的'理想'根本没有任何相似、相近、相同或可比之处。"① 德里达强调，要切实将马克思构设的共产主义理想和信念贯彻到人们自觉的意识与生存方式中。

德里达在著作中阐述了马克思所具有的解放立场。他旗帜鲜明地指出，"如果说有一种马克思主义的精神是我永远也不打算放弃的话，那它绝不仅仅是一种批判观念或怀疑的姿态（一种内在一致的解构理论必须强调这些方面，尽管它也知道这并非最后的或最初的结论）。它甚至更主要的是某种解放的和弥赛亚式的声明，是某种允诺"②。资本主义通过不断发展的工业生产模式和扩张的全球交往过程，促使全球生产力获得了历时性的解放，以商品经济和世界市场的拓展为主要路径的资本逻辑具有强大的迷惑性，资本主义本身不可调和的固有症结在此过程中制造了全球社会的两极分化、无产阶级的普遍贫困等危机。面对历史的种种困境与难题，德里达倡导我们要坚持和发扬马克思的解放精神，"我们不仅不能放弃解放的希望，而且有必要比以往任何时候都更加保持这一希望"③。马克思解放精神的意义似乎在于召唤人类克服困难、充实自身，不断批判一切与人的生存发展相违背的思想观念和交往方式，始终不渝地寻求未来之路。这种解放精神不是提示我们放弃，而是相反，"容许我们开辟通往某种关于作为允诺的弥赛亚的与解放的允诺

---

① 雅克·德里达，伊丽莎白·卢迪内斯库. 明天会怎样：雅克·德里达与伊丽莎白·卢迪内斯库对话录. 苏旭，译. 北京：中信出版社，2002：105.

② 雅克·德里达. 马克思的幽灵：债务国家、哀悼活动和新国际. 何一，译. 北京：中国人民大学出版社，2016：90.

③ 同②76.

的肯定性思想的道路"①，使人将自身的观念和行为自觉与未来社会的美好图景联系起来，并愿意为之展开创造性实践，以为达到解放的境遇而积聚人类自由自觉的劳动所需的生命活力。

德里达细心梳理马克思的文本，力图论证马克思的精神实质首先是解放精神。他通过对马克思后期的相关专著（如《资本论》）的剖析，指出了马克思关于宗教、意识形态与物质生产过程的分离关系，揭示了宗教、意识形态的相对独立性，表达了宗教、意识形态以其原初形式宣告自身具有的弥赛亚精神。宗教、意识形态所宣告的神秘弥赛亚精神正是德里达所追求的拯救者的救赎精神。他认为马克思的解放精神类似于弥赛亚精神。这种精神构成了马克思哲学思想的灵魂，它是在立足现实批判的基础上形成的对理想社会的期望和构想，体现了面向未来、勇于变革的实践指向。在他看来，缺少这种解放精神，人类就不会有美好希望与理想，人类的全部物质活动与意识活动就会失去存在意义。

虽然德里达非常重视解放精神的"意识"性特征，但这并不能表明他把马克思的解放精神仅仅视为纯粹的理念。在德里达那里，马克思的解放精神不仅表现在思想上，更重要的是表现在实际行动中，解放理论已然超越了纯粹理论层面的抽象表达而把握了人不断创造历史的实践力量，其"客观性""行动性"特征正是马克思的解放精神与其他各种"精神"的根本区别之处。他认为，马克思揭示了不同"幽灵"产生的现实基础，并通过对现实基础的改造达到摧毁各种幽灵的目的，即通过劳动实践对现实异化的解蔽来实现人的本质的复归，并重构人与人之间现实的社会关系，这是马克思解放精神的最深刻之处。而改造甚至摧毁现实中现存的幽灵般的实际权力、实际关系及其他一切，不仅需要理论的批判，更需要革命的行动，任何与马克思解放精神相契合的现实政治制度都应当被坚守，而一些自诩为在科学规律和终极法则主导下展开的社会互动必然遭受窒息和变革。

基于对马克思的解放精神与解放理想的憧憬及对自己所面对的资本主义现实的批判，德里达为马克思的解放精神的未来发展开辟了理论与实践的双重视域，提出了"现实基础改造"、通达解放的具体途径：呼

---

① 雅克·德里达. 马克思的幽灵：债务国家、哀悼活动和新国际. 何一，译. 北京：中国人民大学出版社，2016：76.

吁建立一种超越国家的"新国际"组织，力图通过该组织实现正义，立足新的解放境界把握人自身的能动性与活动性，使人自觉地将实践投入与未来美好生活相关联的现实中，并积极回应马克思的解放精神面临的各种困境。

"新国际"观念并不是强调不同国籍的人民以新的方式联合起来，而是指要在全人类紧密团结的基础上，以新的"没有政治的政治"去重新理解国籍、国家、民主、自由和人权等司空见惯而在今天已经大成问题的理念。它与传统的"共产国际"组织存在明显差异，也异于马克思构设的"自由人联合体"，而是超越阶级和国家并依靠相互友爱的方式建立社会关系的国际社会组织。"国际组织并不是当时的'共产国际'，也不是其他政党的国际联盟。但我愿意保留'国际'这个词，而且其开头的字母要大写，以便使人们能回想起过去这个词的重要意义，并将其保留下去。"① 德里达提出的"新国际"组织旨在超越一切阶级和国家形式，弱化人们的政治身份和等级观念，深刻表达了与资本主义现代性的压迫相对抗的解放态度和精神。他强调，只有始终保持对马克思"幽灵"的认识和召唤，共产主义和人类解放作为未来人的理想生活状态才能得以实现。

二、马克思精神是一种批判精神

在德里达看来，马克思精神不仅是追求并实现解放的精神，同时也是对现存现实的批判精神。他认为，马克思对资本主义现实的"批判"精神是他走进马克思文本的重要原因之一，只有进入现实批判的境界才能切实领会马克思人类解放理论的精髓，并在现实生活中自觉将之体现为具体的生活态度与方式。

德里达强调，继承马克思的遗产必须弘扬马克思的批判精神。他认为，马克思的批判精神是其理论与实践的精髓，也是判断解读者是否真正把握了马克思理论精神的基本尺度，进而强调任何企图将马克思主义视为绝对权威的思维方法都应遭到批判和解构，必须用马克思的批判精神对新的问题加以审时度势的判断和解构。马克思的批判精神"隐形"存在于马克思经典文本的内部，要在马克思的文本内部去细心挖掘其批

---

① 雅克·德里达，伊丽莎白·卢迪内斯库. 明天会怎样：雅克·德里达与伊丽莎白·卢迪内斯库对话录. 苏旭，译. 北京：中信出版社，2002：123－124.

判精神及其实质。德里达本人通过对马克思文本的认真、深入解读，提出了马克思批判精神的实质：关注现实的人在资本主义社会中的生存困境并对抗现实资本主义，拒斥现实生活中一切阻碍人自由意识和行动的力量，在批判导致人的现实异化的社会制度中剖析其占据人的本质与自由劳动的价值维度，为改造现存现实提供价值导向。

德里达认为，马克思在特定时期得出的基本结论和推断或许随着时间的推移会显露出历史的局限性，但马克思的批判精神是马克思精神的内在本质与"活力部分"，只要人类社会尚未达至解放的终极目标，马克思的批判精神及对现存状况的批判活动就必须一直被坚守。马克思批判资本主义社会制度，其深刻目的在于呼吁人们要有改造世界的行动。马克思的批判精神包含着超越文本写作年代与时间限定的普遍性，它始终保持文本范畴的流动性和开放性而与人的生命活动、生存发展相一致，超越历史现实的局限而永葆批判理论自我更新的能力，推动批判理论在当代社会开启新的可能性，在现实社会中持续释放出新的批判力量。德里达明确指出了马克思批判精神的当代价值，"如果人们知道如何使这种马克思主义的批判适应新的条件……那么这种马克思主义的批判就仍然能够结出硕果"①。在环境不断变化的今天，德里达认为，资本主义社会的本质并没有变化，我们不能放弃马克思的批判精神。他将马克思批判精神总结为质疑与否定一切束缚人的自由和解放的非人性力量，尤其是对资本主义及其内生的形而上学思维进行彻底的否弃。在现代社会中，马克思的批判精神不仅成为人们认识世界的强大武器，而且成为人们改造世界的强大武器。离开马克思的批判精神，就难以触及社会理论问题与实践问题的实质。只有具备马克思的批判精神，才能在问题的意义上深刻揭示当代资本主义国家的真实本质，突破支配西方资本主义哲学漫长发展史的形而上学思维方式，在颠覆和对抗同一性思维的活动中彰显内蕴于人自身的辩证批判本质的诉求，才能为人类生存状况的改变与实现人类的解放提供武器。

在解读马克思批判精神的问题上，德里达充分把握住了与马克思批判精神紧密联系的批判客体范畴——"现实"，也充分把握住了形成新思想、新观念的批判主体范畴——"自我"。德里达认为，随着时代的

---

① 雅克·德里达. 马克思的幽灵：债务国家、哀悼活动和新国际. 何一，译. 北京：中国人民大学出版社，2016：87.

变迁，在客体——"现实"与主体——"自我"的不断变化过程中，要用"自我"的新思想、新观念来变革批判"现实"、改造"现实"，这样才能对社会现实的变化和新形势给予时代性回应，为根本改变人的生存现状而深入到社会历史的根基并找准症结、指明方向，在批判的基础上建立起与解放的本质联系。在对现实的批判中，新思想、新观念不仅要批判旧思想、旧观念，使旧思想、旧观念付诸东流，而且要随时准备"自我"批判。因此，批判现实既不是简单的谴责思想和行为的弊病，也并非止于抽象的驳斥其存在的目的，而是解除现存世界对人本真存在方式的遮蔽。这种批判的过程不仅仅是在思想观念中进行，更要在现实中进行。

德里达认为马克思的解放精神与批判精神是相互渗透的。在德里达看来，马克思一方面坚持对现存现实的批判，另一方面则坚持追求人类的解放，并在两者之间建立了本质联系，批判是植根于解放目的的现实载体——社会历史中的真实力量。无论是从"当前"来看还是从长远来看，马克思都一直忠诚地试图在解放精神与批判精神之间建立历史的、现实的联系。在德里达的思维逻辑中，从现实到批判再到解放的发展过程，以及现实、批判、解放三者之间不断向前的循环，形成了一个历史的发展链条。

三、解构主义的真正意图与实质

德里达曾经在演讲中公开呼吁："不能没有马克思，没有马克思，没有对马克思的记忆，没有马克思的遗产，也就没有将来；无论如何得有某个马克思，得有他的才华，至少得有他的某种精神。"① 他还自我检讨说："就我个人而言，把《共产党宣言》中最为醒目的东西忘记得如此彻底，这肯定是一个错误。"② 对马克思理论精神的把握与坚持构成了德里达解构主义思想得以捍卫自身理论合法性的本质。

透过德里达对马克思精神的呼唤与强调，我们能够感受到德里达对马克思解放精神的坚守、忠诚与强烈认同感。正是秉承马克思解放精神与批判精神的构思理路为其奠定了坚实的哲学基础。德里达对马克思解

---

① 雅克·德里达. 马克思的幽灵：债务国家、哀悼活动和新国际. 何一，译. 北京：中国人民大学出版社，2016：15.

② 同①14.

放精神与批判精神的不断凸显，显示了他对马克思精神本质的深刻把握。

德里达能在学界越来越受人关注，很大程度上是因为我们可以透过他而将20世纪哲学和文学理论的精华串联起来。他动摇了人们通常熟悉的许多概念，对许多理论命题进行发问，乃至对西方文化传统本身提出质疑。20世纪末，"世人已经普遍认为，他是这个时代最重要的思想家——我们甚至可以说，这个时代已变成解构的时代"①。德里达传承与超越马克思思想传统的坚定态度代表了当前一部分西方学者的心声。面对衰颓的现实环境和虚幻的精神环境，他们的思想深处都渴望解放，希望彻底摒弃固守现存世界的非历史性思维，对现代社会一切同一性的力量保持清醒的防御意识，通过批判现实渴望实现对现实的改造。同时也有学者认为，他的哲学沾染了不少东方哲学的气息，其对马克思思想的态度和理论解读具有跨越时空的契合性意义。所以，他提出的许多问题都是值得深思的。

但是，德里达是一个"喜欢用反常的句式和表达来造成后现代文本效果的哲学家"②，他文本中晦涩的语言风格以及复杂、矛盾的表达策略的展现给我们造成了迷惑的感觉，他对语言哲学和符号意义的解构充斥着与结构主义语言学的对话，两种对立的语言结构在其文本中的复杂交织加深了释读的困难。任何试图对其文本进行全面解读的抱负似乎都只能是妄想，他留给世界的是永远开放、让学者琢磨不透的回味。因此，我们对德里达的回应也只能说是一种可能。

德里达坚守马克思精神的实质是企图建构"解构式马克思主义精神"。他试图通过"解构式阅读"马克思的文本发现其内在矛盾，对相关概念进行颠倒、拆解与置换，以重新解释和改变原有的概念关系，亦即通过对马克思的文本进行"解构"式阅读的策略来寻求答案，建立自己的政治哲学理论。在《马克思的幽灵》一书中，德里达所进行的理论研究密切联系现实，超越了大多数西方马克思主义者对马克思的学者式、经院式和教条化的探讨。

具体而言，德里达在对马克思精神——解放精神与批判精神的挟带

---

① 西蒙·格伦迪宁.德里达.李永毅，译.南京：译林出版社，2019：7-8.

② 雅克·德里达.马克思的幽灵：债务国家、哀悼活动和新国际.何一，译.北京：中国人民大学出版社，2016：译者序5.

和借助中，也渗透着解构主义的意图和策略。德里达从没有放弃人类解放的理想与希望，并怀有对在资本主义土壤上形成的主流意识形态的强烈批判精神，但他的批判丝毫没有触及资本主义主流意识形态赖以生存的经济基础——占统治地位的资本主义生产关系与所有制结构，是不触动资本主义根本制度前提下的批判。德里达深刻揭露了当代资本主义社会存在的弊端与矛盾的各种表现，但没有揭示出这些弊端与矛盾存在的根源，更没有提出解决这些弊端与矛盾的基本方法，没有对消除资本主义负面效应的有效途径做出应有的分析，难以认识到资本主义私有制与现实生活样态的本质关联，也就无法对社会革命实践的深层问题予以解答。这是他与马克思主义的创始人——马克思的根本区别所在。马克思为寻求全人类解放，揭示出资本主义社会的主要矛盾与基本矛盾，并深入考察矛盾背后所隐藏的秘密与原因。正是对资本主义制度根源的认识与批判使得个体的自我否定和创造活动成为可能。他批判资本主义制度是为了打破资本主义社会的体制，推翻筑基于私有财富积累的社会，并指出了一条解决矛盾、摆脱困境的出路——走向科学社会主义。作为独特的人类解放理论的科学社会主义体系，具有理想性、实践性和科学性的特征。其理想性是人们奋斗的动力，其实践性凸显了对现实世界的改造要求，其科学性使得它被广大人民群众接收。科学社会主义理论对于共产主义实践运动起着正确的引导作用。科学社会主义实践促使人们避免成为既定秩序的附属物，而创造真正体现人的自我解放的历史进程。对比之下，我们不禁要问：德里达解构主义策略下，解放与批判的到底是什么？德里达究竟是要维护马克思主义还是要消解马克思主义？学界对此出现了各种不同的理解与评价。笔者认为，德里达是维护了马克思主义，但他维护的是他自己所理解的、对我们而言"陌生"的马克思主义，是一种忽视了马克思对资本主义社会生产过程的整体批判的马克思主义"幽灵"，自然难以回答马克思主义在现实中向何处去的问题。

德里达的解放与批判运动更多是精神上没有根据的、没有限期的无限期待，是一种空洞的口号。他曾肯定地表明："幽灵不仅是精神的肉体显圣，是它的现象躯体；它的堕落的和有罪的躯体，而且也是对一种救赎，亦即——又一次——一种精神焦急的和怀乡式的等待。幽灵似乎是延宕的精神，是一种赎罪的诺言或打算。这种异延是什么？是一切或什么都不是。"① 德里达在此提出了"异延说",异延是德里达解构思想的核心。德里达认为,"异延"指涉符号意义的区分与延搁双重差异性运动,即时间上的延迟和空间上的分歧,异延是先于在场的,甚至是先于存在的,是比它们更为根本的东西。因而,异延无涉存在的在场问题。异延,比存在本身更古老,在语言中没有名字,甚至没有本质或存在之名,它本身就能衍生差异、延迟和不稳定的意义。由此,德里达彻底地解构了一切。"异延"是德里达解锁马克思文本思想间复杂性关系的基本对策,他在承认马克思文本思想的时空差异性中试图凸显自身理论的价值。在"异延"的图式中,任何文本及其话语活动都处于无限的延迟和差异中,原文和译文是平等延展的互文关系,译者对原文具有重要的创造作用。通过"异延"的消解策略,德里达实现了对马克思精神——解放精神与批判精神的解构。德里达把自己这种解构精神等同于马克思的批判精神,认为是对马克思自我批判精神的坚持。

在"后德里达时代",作为本体论的解构理论思潮也许早已衰落,但作为方法论的解构理论却依然在发挥其批评性功能和"反潮流"作用,这就是德里达及其解构理论留给人文社会科学研究最重要的遗产,这种影响是世界性的。然而,我们应清醒地意识到:一方面,德里达走向马克思,为马克思进行积极而强有力的辩护,肯定马克思精神——解放精神与批判精神的当代性,强调继承马克思精神并要求把马克思精神现实化,积极推动马克思主义挣脱政治教条的限制,保证当代人以积极的精神回归马克思的文本并领会其现代意义,这对弘扬马克思主义起到了积极的推动作用。另一方面,德里达并没有真正转向马克思。德里达把自己的"异延"消解策略与马克思的批判精神相混同,真正的意图并不是对马克思思想的发展,而是通过借用马克思此时文本与彼时文本之间平等互补的关联来彰显其自身思维逻辑的合理性,达到进一步解构马克思思想的目的,德里达"悄悄开启了一个解构的时代"②。德里达解构马克思主义所要质疑的正是辩证唯物主义与历史唯物主义的基本原理,所以,德里达不是马克思主义者,但德里达解构主义的策略至少还是强调并"忠诚"于马克思的解放精神与批判精神,他后现代的"幽

---

① 雅克·德里达. 马克思的幽灵:债务国家、哀悼活动和新国际. 何一,译. 北京:中国人民大学出版社,2016:138.

② 吴学琴. 马克思主义研究的解释学视域. 合肥:安徽人民出版社,2009:57.

灵"视角至少突出了人们应该重视和积极探索马克思主义的基本态度。因而，他不能被划入非马克思主义与反马克思主义者的行列。"这里必须悬置那种'非此即彼'的二元逻辑。德氏的解构逻辑恰恰是'非此非彼'，即既不是马克思主义的，也不是非马克思主义的。解构超越了实在逻辑与幽灵逻辑之间假定的对立，并且超越了这种对立所假定的存在论。"① 德里达从现实性维度把握马克思文本的思想精神的当代意义，但却并未具体阐释马克思主义反思当代社会的可能性，也就很难坚持马克思主义基本原理在现实实践中不断生成的精神实质，难以真正推动马克思批判的、革命的理论精神转化为现实的批判与革命实践。他的《马克思的幽灵》抓住的至多只是马克思的"幽灵"，丢失的却是马克思的"灵魂"。② 显然，德里达企图通过解构式的阅读建构"解构式马克思主义精神"，改变了人们理性认知与尊崇马克思思想原初表达的看法，旨在凸显译者对马克思文本解构的创造性地位，在鼓励人们回到马克思主义的同时却并未指明如何发展马克思主义，其意图的偏颇性是应该受到谴责的。

第六节　拉克劳、墨菲的激进解放论

伴随着 20 世纪后现代主义的冲击，西方一些学者认为传统的马克思主义理论已经难以有效解释当代世界，难以解决当前的社会主义实践问题，从而提出"修正"马克思主义理论，抛开经典马克思主义的一些观点，遗失了马克思主义理论的一般真理与实践智慧的精髓，依据特定政治立场与哲学思想发展的需要而将马克思主义理论当成可以因时制宜的策略加以改造与使用，开始构建自己的理论体系。基于此种认识，他们结合后现代理论，着手对马克思主义的重要概念和基本论断进行置换与重建，并重新对社会主义策略进行规划。这些学者对社会主义价值目标的执着坚持与他们对马克思主义的背弃构成了悖论式的奇异理论景观：他们在没有放弃马克思主义解放全人类的诉求宗旨的同时，背离了

①　王金林.幽灵出没的激进批判与解放允诺：德里达论马克思与马克思主义.苏州大学学报（哲学社会科学版），2011（1）：37.

②　杨生平.解析德里达的《马克思的幽灵》.哲学研究，2005（3）：26-31.

经典马克思主义的理论，他们试图对经典马克思主义的诸多核心范畴进行解构，抛弃对马克思主义的宏大叙事，将传统视域转向日常生活，反对马克思主义通过经验存在探寻其内在规律的本质主义和阶级理论等思维方式，声称是以"超越"马克思主义的方式来拯救马克思主义的"真精神"。这种理论态度在西方学界被归入"后马克思主义"（Post-Marxism）① 的行列。

国外学界公认恩斯特·拉克劳（Ernesto Laclau，1935—2014）和查特尔·墨菲（Chantal Mouffe，1943—　）为"后马克思主义"的"正宗"代表。拉克劳和墨菲因于 1985 年合著的一书《领导权与社会主义的策略》而出名。此书在出版 16 年后于 2001 年再版，在再版序言中，他们再次确认了自己"后马克思主义者"的身份，即继承了马克思主义的后现代思想派别，系统阐述了后马克思主义的政治哲学思想，创造性地提出了社会主义激进民主的发展策略，并对 16 年前自己著作中判断的准确性表示"惊奇"。后马克思主义在该书中得到了完整的表述与理论化系统化的展现，拉克劳与墨菲在对传统马克思主义唯物史观和社会革命理论的解构基础上，提出了一套不同于传统马克思主义的社会主义策略，将新的历史条件下的社会运动形态纳入其中进行整体性审视，为社会主义解放事业寻求新的出路而进行了努力探索。

一、基于话语理论的社会主义规划

在后马克思主义者拉克劳与墨菲看来，资本主义社会正在发生变化，马克思主义理论存在与现实不相契合的部分，在新的形势下，"革新"和"激发"马克思主义成为他们的一项义不容辞的责任，"被沉积的理论范畴遮蔽了它们原初的创造活动，而再激活因素使它们的行动再

---

① "后马克思主义"概念首次出现在英籍犹太裔物理化学家、哲学家迈克尔·波兰尼的长篇巨著《个人知识：走向一种后批判哲学》中。从 20 世纪 60 年代开始，"后马克思主义"这一概念在西方受到广泛关注。纵观国内外学界对"后马克思主义"范畴的运用，我们可从广义和狭义两个方面来进行理解。广义上看，它主要是指运用后分析哲学、后结构主义、后现代主义的理论与方法，来解读、解构马克思主义，并试图批判、超越马克思主义；狭义上看，它专指恩斯特·拉克劳和查特尔·墨菲的所谓"后马克思主义"，也就是他们在解构基础上建构的"激进、民主、多元的社会主义理论"。这不仅是因为拉克劳和墨菲自称无怨无悔的"后马克思主义者"，而且是因为他们对后马克思主义的所有主题和最后结论都做了一定的阐述与总结，并由此获得了一种招牌式的效应。他们也因此成为"后马克思主义"的正宗代表与"后马克思主义旗手"。

显现出来"①，重新思考社会主义社会结构与主体的关系，继承并发展马克思主义的批判精神，在批判西方资本主义社会意识形态话语权的同时，借用马克思主义论证社会主义社会多元主体存在的必要性，并保持马克思主义的激进意向和多元斗争的需要。这也就是他们在《领导权与社会主义的策略》一书中所提出的与人类解放有关的后马克思主义理论的主要立场和观点。

具体而言，有以下三点：

第一，"社会"概念的话语理论解构。基于后现代的理论立场，拉克劳与墨菲对"社会"概念进行了解构，在他们的语境里，"社会"概念被分解成零杂的"碎片"，唯有"话语逻辑"能够将"碎片"关联起来。拉克劳与墨菲的"话语逻辑"俨然超出了传统的解读方式，所谓的"话语"，被视为一定社会空间内的语境、语言和行动结合而成的统一体，不仅指向孤立的言说和书写，还指向社会关系、社会差异所揭示的社会意义。真正的"话语"，就是所展现出来的总体的社会差异关系系统，"话语"认同存在于总体的社会差异关系的结构系统之中。依此话语理论，"社会"概念被彻底解构了，社会并不是一个在历史的、具体的实践中形成的结构系统，不是受历史的必然规律决定的时间过程，而是由任意的、随机的、偶然发生的事件决定的无规则的"现实体"，只能依靠"话语"实践缀连起来。社会主体的话语斗争活动有望代替阶级对抗而成为社会主义运动的主要形式。表达话语的主体身份具有偶然性和不稳定性，将话语斗争形式当成"暂时的固定"方式，难以认识主体之间对话的逻辑关联，进而无法把握社会主义话语建构的历史必然性。这样就彻底解构了马克思主义基本原理中具有确定性基础的相关概念与关系，如历史偶然性与历史必然性的关系、历史发展的规律性与历史发展的选择性的关系等。

第二，工人阶级主体地位的多元主体解构。拉克劳与墨菲根本不认同经典马克思主义理论所主张的在人类解放进程中工人阶级的主体地位的观点，他们沿用一贯的做法，使用一个界限不确定的"人民"概念代替了"工人阶级"概念。在他们看来，"工人阶级"概念由于被限制在资本主义社会生产领域而表现出单一的、狭隘的现实身份。因而，工人

---

① 恩斯特·拉克劳，查特尔·墨菲. 领导权与社会主义的策略：走向激进民主政治. 尹树广，鉴传今，译. 哈尔滨：黑龙江人民出版社，2003：第二版序言 2.

的身份对于其所身处的社会关系而言只是一种外在的存在物，社会关系中表征或影响工人存在的多样因素的变化不会对工人的"阶级"身份产生动摇。"人民"概念是在话语逻辑中建构起来的主体身份，主体身份伴随话语逻辑结构的变动而产生差异性分化并具有多元的属性。在解构的话语视域中，"人民"由平等的、多样的、具有差异性的多元主体组成。由此，拉克劳与墨菲以多元的主体解构工人阶级的主体地位，认为现代资本主义社会中复杂多样的斗争和对抗为多元主体的出场创造了条件，不同主体的政治经济诉求和社会行动意愿逐渐挣脱依附于"阶级"单一身份的限制，每个主体在社会中可以形成多元性的身份结构。拉克劳与墨菲进而分析了多元主体身份结构的形成脉络，指出通过话语的形式将影响多元主体身份的不同要素整合起来，使得诸多要素共同构成主体的社会身份结构，并在其中形成互补的作用关系。因而，多元主体的社会身份是随机的、不确定的、不断变化的，从而决定了他们在政治上具有平等的话语实践、平等的地位。由此，工人阶级先锋队的作用被排除掉了，环保生态、女权、学生和其他边缘群体的主体代之而崛起。

第三，基于话语理论的社会主义规划。拉克劳与墨菲虽然总体上坚持马克思的人类解放理想，但是，对如何通达人类的理想状态却提出了与马克思不同的规划。在对"社会"概念的话语理论解构的基础上，他们以激进多元民主的社会主义取代了传统的社会主义，依据激进多元民主理论重新界定了人类解放进程中的社会主义。他们认为，基于话语理论的激进多元民主的社会主义提供了一个比传统的社会主义更加广阔的政治-社会空间，不确定的"人民"概念能够涵盖更广泛的多元主体。"在我们的时代，代替阶级对抗的是争夺话语权的民主斗争"①，现代社会的领导权正是在多元主体话语间的相互作用下建构而成的，在民主斗争中消弭了话语特权及其中心地位，使得主体的平等权利得到了广泛的社会认同。由此，人类解放的动力并不是来自工人阶级的利益与崇高使命，工人这一主体的存在与现实行动也不是由经济因素和社会关系决定的，而是来自话语领导权统摄的多元主体在自由民主的政治-社会空间中争夺领导权的话语实践。领导权之间的斗争是，通过不同的话语实

---

① 李淑梅，莫雷．社会认同观的转变与激进的民主政治：拉克劳、墨菲的政治哲学思想研究．哲学研究，2017（10）：29.

践，从怀疑政治入手，然后转变为对经济不平等的批判话语，最后发展为对其他附属内容与关系的批判，并建构新的领导权力。

在拉克劳与墨菲话语理论的视野中，一切都是偶然的、有差异的、变动的、不确定的，在建构领导权的话语实践中，再也没有本质主义的立足之地。根除本质主义的基本思路是，重释自由、民主等核心价值范畴，将工人阶级置换成多元主体之间平等合作的话语沟通关系，促使马克思主义理论语境中带有等级特性的话语权消失殆尽，这就是从经典马克思主义向后马克思主义转变的话语理论的逻辑。《领导权与社会主义的策略》一书中已经勾画出拉克劳与墨菲通过话语理论的逻辑对社会主义所做规划的基本纲要。他们自认为，其社会主义规划结合了哲学与心理分析的最新理论成果，是对马克思人类解放运动传统充分肯定的崭新构想。① 解放不是对必然规律的认识和利用，而是对预设必然性的解脱和对差异性逻辑的承认。

二、迈向解放别径的激进多元民主

激进多元民主理论是后马克思主义者拉克劳与墨菲的"后马克思主义"理论的核心，也是他们提出的一条迈向人类解放的别径。他们认为，以理性主义、普遍主义、本质主义为基础的自由主义思想，无法对新的历史条件下发生的新的对立、冲突与对抗做出解释和回应。于是，他们借助后现代理论，批判现代性，解构马克思理论视野中的经济基础与上层建筑二元分立状态，将民主政治从上层建筑中分离出来而归诸社会存在的本体，力图构建具有不确定性、差异性、多样性与非普遍主义、非本质主义、非中心主义的激进多元民主理论。

拉克劳与墨菲指出："我们的'激进和多元民主'设计被理解为加深'民主革命'的新阶段，也被理解为争取平等和自由的民主斗争扩展到社会关系更为广泛的领域中。"② 显然，在所有领域真正贯彻自由平等精神以反对权力专制和控制而实现彻底的民主，主体在差异性逻辑话语的建构中被赋予平等的身份和地位，并在兼具激进的斗争行动和包容

---

① 尚塔尔·墨菲. 政治的回归. 王恒，臧佩洪，译. 南京：江苏人民出版社，2008：12.

② 恩斯特·拉克劳，查特尔·墨菲. 领导权与社会主义的策略：走向激进民主政治. 尹树广，鉴传今，译. 哈尔滨：黑龙江人民出版社，2003：第二版序言 11.

精神的双重原则下重建话语领导权，这构成了激进多元民主理论的内涵。

拉克劳与墨菲的激进多元民主理论具有三个方面的特征：

第一，不确定性特征。在前现代社会，王族绝对权力的体现及以神的超强力量与终极基础作为标准具有确定性；在现代社会，权力合法性的源泉、保障以及确定性标准已经消失。按照拉克劳与墨菲对"社会"概念的话语理论解构，现代社会是多元的、非决定性的、充满偶然性的话语现实体，在这样一个话语现实体中，政治民主不可能有确定性前提与基础。身处现代社会中的"人民"的多元社会身份结构将伴随政治边界的变化而改变，新的斗争力量、领域和形式随之生成，"人民"的自我主体与"他者"的关系也处于不断被确定的过程中，多元主体的社会认同充满了不确定性。激进多元民主理论能够不断为消除和消解现代社会民主的确定性基础及其标准提供方案。激进多元民主政治并不追求一般意义上的自由与平等价值，它力图将资本主义社会革命中的民主与自由主义嫁接起来，以消除传统视域中民主对经济基础的绝对附着。以充满不确定性为特征的激进多元民主是对人类解放的促进，提升了人对多元化的追求，能够对人的自由全面发展起到一定的助益作用。相反，坚持确定性的标准导致的人类解放只能是"伪"人类解放。

第二，差异性与多样性特征。激进多元民主以差异性、多样性的存在为前提，共同性、统一性及其标准在现代社会已经成为发展民主的障碍。"今天正在被诉求的那些新的权利所表达的是差异，这种差异的重要性只有在今天才得以被肯定，而且它们再也不是可以被普遍化的权利了。激进民主要求我们承认的差异——特殊的、多样的、异质的——实际上包括被抽象的人（Man）的概念所排斥的所有的东西。"① 从民主的主体而言，拉克劳与墨菲以多元差异性主体解构工人阶级的主体地位，强调激进民主的主体是超越各阶级构成、社会关系构成与各阶级限度的"同盟"，通过建构民主的多元主体性优化其内核和现实条件；解构马克思社会民主中的主体范畴，否定马克思的工人阶级是历史变革的政治主力军的观点，工人阶级从社会变革的优先性位置上被置换出去。激进民主的主体由多元主体的话语实践构成，从而肯定了现代社会中多

---

① 尚塔尔·墨菲. 政治的回归. 王恒，臧佩洪，译. 南京：江苏人民出版社，2008：15.

元主体的多样性、差异性与平等性。"在墨菲看来,不但社群主义所主张的实质性的共同善是不可能的,而且罗尔斯的政治自由主义所主张的重叠共识,也是与激进多元民主的差异性、多样性不相容的。"① 墨菲所否定的共识只是泯灭了差异和多样话语内容的众口一词,而非拒斥一切在差异中寻求共识和统一的认知图式。就现实的民主推进过程而言,尽管墨菲强调个体主体之间话语表达的差异性,但也抓住了他们由于受到现代性的压迫而面临共同的困境和命运,这构成了其共同参与斗争过程的连接器,由此显示出崭新的领导权结构和斗争过程的民主性。通过这种具有差异性、多样性的激进多元民主,墨菲希图开启另一种社会主义形式,一种以后现代的差异性、多样性为标准的社会主义形式,能够以极大的政治空间包容各种不同势力的对抗、冲突与矛盾,由此在非本质主义的、非还原论的社会历史观之下肯定不同诉求的合法性,肯定每一种对人类自由的追求的合法性,从而确立起不同的人类解放路径。

第三,非普遍主义特征。"作为价值观,普遍主义就是相信超越时空的、绝对永恒的价值体系。作为方法论,普遍主义就是认定能从某种超时空的抽象前提,推出放之四海而皆准的关于价值标准或制度模式的普遍结论。"② 对以抽象的、超时空的个人权利为基础的普遍主义的批判是拉克劳与墨菲理论批判的着重点之一,他们认为普遍主义已成为拓宽和深化民主革命的障碍。"激进的多元民主以差异性、多样性的存在为前提,那就意味着普遍主义的不存在,意味着各种各样的特殊性的存在。"③ 拉克劳与墨菲论证多元主体的话语权关系和斗争路径的根本目的在于形成社会认同和"共同善",最终使人在理解自由民主原则的真实内涵中把握通向解放的途径。但他们在论述激进的民主政治时已经阐明社会认同以及"共同善"的实现与普遍的价值观念截然不同,进而将社会认同视为多元主体之间话语斗争的产物。他们对民主的非普遍主义的强调,是基于他们的话语理论的社会主义规划,希图在激进多元的民主社会激发出一个比传统的社会主义社会更广阔的政治-社会空间,从而能够容纳不同话语之间的对立、对抗与冲突,消除现实中整齐划一的

---

① 陈炳辉. 墨菲的后马克思主义理论. 马克思主义与现实,2003 (2):123-124.

② 马德普. 普遍主义还是历史主义?:马克思主义与西方传统政治哲学在方法论上的区别. 政治学研究,2005 (1):1-2.

③ 同①124.

专制主义。为了保障现代社会中"人民"的民主权利，拉克劳与墨菲解构了马克思的社会主义内涵的特定指向，将政治视为社会存在的本体，强调"人民"权利在政治领域的优先性。因此，他们摒弃了各种现代的普遍主义对"人民"意志的统一，主张在政治上恢复个体的独特性，承认个体的差异性，包容、尊重每个群体、个体的选择，由此在不同群体、个体之价值诉求的对立、对抗与冲突中实现激进的多元民主，从而建立起对人类解放追求的另一种形式，即基于话语理论的多元主体的权利与价值诉求并能包容对立、对抗与冲突的政治。

激进的多元民主所具有的不确定性、差异性、多样性、非普遍主义特征，根源于激进民主理论将马克思的人类解放的主体——无产阶级，置换为超越阶级的"多元"主体——人民同盟，旨在通过同盟实现主体多样的利益诉求和价值立场并存的领导权。这就是拉克劳与墨菲企图"以激进的多元民主代替马克思主义所主张的无产阶级的解放斗争"①，来逐步迈向人类解放的理论立场。

三、疏离马克思解放理论的企图

拉克劳与墨菲的激进多元民主理论产生了广泛的理论影响。他们"自觉吸收了当代社会科学的新成果，并把许多马克思主义过去没有关注或较少关注的问题纳入到自己的理论框架之中，展示出广阔的问题域"②。他们承袭了马克思主义对资本主义的批判精神，将这一批判精神融合到特定的理论分析中，从普遍性视角对物化理论进行了驳斥，对马克思主义理论中黑格尔的辩证法思想传统展开了批判，坚定地捍卫了社会主义的理想与价值目标，并对社会主义政治问题及其战略问题进行了思考和探索。他们为自己的理论贴上时髦的标签，明确打出"后马克思主义"理论的旗帜，以区别于传统马克思主义的理论范式，强调在民主权利等意义上进行斗争，这些无疑对我们具有启发作用。

拉克劳与墨菲的激进多元民主理论，虽然在某些方面坚持、继承了马克思主义，但他们"与马克思主义的关联是极为脆弱而又疏离的"③：不是在具体的理论层面推进了马克思主义，而是在基础理论层面推翻了

---

① 陈炳辉. 墨菲的后马克思主义理论. 马克思主义与现实，2003（2）：122.

② 杨耕. 后马克思主义：历史语境与多重逻辑. 哲学研究，2009（9）：9.

③ 艾伦·伍德. 新社会主义. 尚庆飞，译. 南京：江苏人民出版社，2002：2.

马克思主义，他们对马克思主义的所谓创新解读是对马克思主义基本传统的放弃。他们表达了社会主义的价值取向，但对"社会"概念的解构、对唯物史观和工人阶级主体地位的否定，实际上隐含着对传统的马克思主义所界定的"人类解放"的摒弃。由于深受文化批判和意识形态话语斗争思路的制约，他们认为诉诸激进的民主斗争就能为实现"人类解放"构筑相对稳定的政治立场和价值，根本没有认识到马克思对"政治解放"限度的揭示，也就难以进入真正的人类解放的论域。因此，他们对"人类解放"的坚执，不是对历史现实的追求，毋宁说只是一种精神的肯定，其最终结果只能是滑向对资本主义的妥协。

第一，就根本意义而言，拉克劳与墨菲所持守、追求的人类解放和马克思的人类解放是不同的。拉克劳与墨菲主张的是在无所不包的政治空间中多元主体相互"博弈"形成的现实格局，由此使得不同主体的身份得到相互承认，即要求社会成员在形成基本共识的前提下实现统一，从而保证民主政治和社会公共目标的实现。他们强调的是不同群体的独特性与差异性，从而掩盖了资本主义社会自由、民主下的剥削实质，进而主张用人民话语领导权的斗争形式替代阶级对抗，而这一点正是马克思强烈反对的。马克思洞察到看似平衡不同主体利益的现实政治格局的弊端，揭露了资本主义社会自由、民主的局限性，深化了对真正的人类解放的认识，其追求的是通过对现实的政治解放的限度的克服，引领人类走向全面的解放。

第二，拉克劳与墨菲在"后马克思主义"理论的旗帜下，否定马克思主义的基本原理、范畴和方法。他们否定了经济对政治、意识形态的决定作用与解释功能，将"人类解放"的根基置于调和资本主义与社会主义矛盾的激进的民主方式，放弃了对资本主义生产方式这一根基的判定和对颠覆资本逻辑的解放道路的坚守，否定了工人阶级在社会变革中的历史作用，等等。其理论立场是对马克思人类解放的根本实现路径的抛弃，是对马克思主义传统的彻底背叛，他们企图通过满足多元主体的不同权利、价值诉求来达到不同势力的均衡，以求实现人类解放。以"人民"概念为标志的多元主体身份使得解放活动带有偶然组合性和不稳定性，并随着社会新的话语对抗组织与斗争形势的生成而不断形成新的主体身份。其实质是掩盖了多元主体占有的社会资源、拥有的社会话语权的不同：在一个极大的政治空间中，弱势群体对自身权利、价值的诉求如果没有得到强有力的支持，就只能被拥有强势话语权的主体淹没。可见，这种对马克思主义基本范畴与原理的彻底抛弃，其最终结果只能是滑向对资本主义制度的辩护，无法真正实现人类解放。

第三，拉克劳与墨菲的"话语"认同理论蕴含的倾向是：社会领域中所充斥的仅仅是非确定的偶然性和开放性。他们强调社会历史发展的无规律性，指责传统社会认同方式的阶级属性，反对将强化阶级意识的社会关系作为解放道路的基本条件；认为社会关系以及社会的客观历史与客观性、实在性都是通过话语建构的，话语功能可以建构社会关系和认识客体，社会关系和认识客体在话语之外不存在任何意义。很显然，他们对话语理论的如此使用是错误的。否认客观存在的理论立场不可能是唯物主义，只能是"后现代的新型的唯心主义"与"文化相对主义"，"是一种话语决定论和话语还原论"[①]。由于话语是多元主体建构的，现实的社会环境在话语逻辑的支配下难以展现其作为具体实体的存在意义，人们只能在现代社会的话语关系支配作用下构筑自身的生存方式。

拉克劳与墨菲的激进多元民主理论，是针对西方发达国家的社会结构和社会心态所发生的变化做出的理论回应，切不可不加分析地将其照搬到中国，因为"所有的国家和文化地区都以各自的方式实践民主"[②]。我们在借鉴西方人类政治文明有益成果的同时，必须结合中国现代化的现实并保持自身的特色，在坚持适合我国现实国情的发展进程中推进马克思主义政治哲学，发展体现社会主义优越性的民主政治与解放理论。

---

① 付文忠．新社会运动与国外马克思主义思潮：后马克思主义研究．济南：山东大学出版社，2009：67．
② 安德鲁·甘布尔．自由的铁笼：哈耶克传．王晓冬，朱之江，译．南京：江苏人民出版社，2005：171．

第八章　消费时代解放路径的反思

　　资本主义社会进入消费时代，数字和符号演变为商品的外在表征并成为人们争相追捧的对象。消费时代促进形成了多样化的交往趋势而助推人的社会关系的良序发展，但同时人的生存面临个性存在与身份认同等悖论，人们的消费欲望及拜物教心理大大驱使其追求单纯的物欲满足和纯粹的感官体验，严重忽视了对商品使用价值本身的渴望，而逐渐沦为商品的依附者。为着力消解人们在消费时代面临的困顿景象，法国著名哲学思想大师列斐伏尔，从日常生活的微观文化心理视角批判资本主义对人的本质的压抑，力图增强被奴役人们的意识，探求个人的解救之途；当代备受关注的法国消费社会及消费文化研究的代表性人物——鲍德里亚，以消费时代的到来表征资本主义社会的新变化，揭露了消费社会、消费文化如何控制人与操纵人的状态，阐明了具有世界历史意义的人类生存经验，并积极地为人类在资本文明时代的合法生存与发展筹划方案；当代美国法兰克福学派领军人物芬伯格，面对当代严重的技术异化，对传统的技术实体论和工具论思想展开了批判，追寻历史概念和价值论的技术本质观，把技术批判理论从技术哲学转变为技术政治学，从技术民主化引出社会的民主化，提出技术"微政治学"观点；美国当代西方地理学家哈维从理论基础和基本方向的角度明确了"空间解放"构思的规范性原则，以"空间解放"的思想生成、现实必然性和目标指引为主要内容展开了具体构思，哈维的构思丰富了人的解放的空间意蕴，扩展了解放政治学的空间内涵，彰显了构思方法的原则性；20世纪90年代活跃于西方学界的斯洛文尼亚哲学家齐泽克，从存在论角度对当代资本主义社会意识形态尤其是犬儒主义展开了细致分析与尖锐批判，最终旨趣是关切生活在由意识形态"编织"的当代资本主义社会中的人类的命运与解放问题。

第一节　列斐伏尔的日常生活解放方案

法国著名哲学思想大师昂利·列斐伏尔（Henri Lefebvre，1901—1994）一生致力于马克思主义理论研究，尤其热衷于对经典马克思主义思想的改造和超越。他在马克思早期人本主义异化劳动思想的基础上，创造性地开辟了人类解放研究的崭新领域——日常生活解放。他认为，较之以往，20世纪的西方资本主义社会已经发生巨大变迁和调整，日常生活已经取代经济生活占据优势地位。故此，当代学者必须将关注的目光从经济领域转至日常生活领域，从日常生活角度出发批判资本主义对人的本质的压抑，增强被奴役人们的意识。与马克思致力于全人类解放的宏观整体运思不同，列斐伏尔将日常生活的变革作为社会革命的核心，侧重于从日常生活的微观文化心理视角探求个人的解救之途。列斐伏尔的日常生活解放方案独具特色，为社会主义和共产主义的建设贡献了合理化的视角，是马克思解放理论微观维度研究的有益补充。

一、"意义零度化"的日常生活

长期以来，日常生活因其无限循环性和无奇性而被视为非真理性存在，甚至被排斥于具有纯粹思想高度和理性特征的哲学视野之外。而列斐伏尔则力证日常生活在哲学领域的合法性与必要性，阐明哲学与日常生活的密切关系，认为"哲学不能被当作栅栏，也不能为了提升世界和为了区别浅薄与严肃，而将存在、深度和本质孤立在一边，将事情、外表和显现孤立在另一边"①。日常生活是人一切社会活动的基础，其异化的现象基本能够反映社会整体发展的危机，自然成为现代哲学审思的重要课题。在列斐伏尔看来，没有哲学的日常生活是无真理的现实，没有日常生活的哲学是无现实的真理，只有将两者结合起来才能消

---

① Henri Lefebvre. Everyday Life in the Modern World. Trans，Sacha Rabinovitch. London：The Penguin Press，1971：14.

除各自的局限。因此，人类解放的哲学应当对现代世界的日常生活予以关注、检审和批判。列斐伏尔试图将人们身处的社会日常生活化，即从日常生活的内部矛盾与生命力的角度来反思和批判现代社会，寻求最终解放全人类的切实希望。

日常生活是人们各种社会关系和生活的存在之根，正如列斐伏尔所言，"日常生活是一切活动的汇聚处，是它们的纽带，它们共同的根基。也只有在日常生活中，造成人类的和每一个人的存在的社会关系总和，才能以完整的形态与方式体现出来"①。可见，在列斐伏尔的视野中，日常生活是人类本性欲望的入口，是人类认识活动和实践活动展开、深化的基础，只有以日常生活为切入点才能透彻显露人的革命主体性被遮蔽的现实，有助于直接认识和深刻理解我们生活于其中的社会的现实状况和内在发展矛盾。

通过对人们日常生活的全面考察与深刻分析，列斐伏尔尖锐地指出：在当代资本主义社会，"异化不仅仅局限于劳动领域，而且存在于消费与人的各种需要领域，即日常生活领域；异化主要不是马克思所关注的贫困问题，而是现代技术文明进步所导致的全方位社会问题"②。他敏锐地洞察到异化已经从马克思时代于其中集中暴露的政治经济领域浸染到日常生活的各个方面，已散布、渗透至日常生活的各个角落与每个层面，人们面临的异化已不再单纯是马克思所强调的劳动异化，实质上是微观形态的异化，新的异化形式对总体性的发展趋势已造成冲击并导致了更加严重的社会后果。"社会生活逐渐远离崇高的理想和诗意的生活，充满了腐化堕落。"③ 经济基础中的异化不能直接导致政治制度、意识形态等上层建筑的异化，也不能直接导致人们身处于其中的日常生活的异化，尽管它们在"系统"关系网中相互联系、相互作用。而日常生活异化却可以将政治异化和经济异化包罗、掩盖起来，甚至日常生活决定了政治生活和经济生活。日常生活处处笼罩着异化的乌云，日常生活异化是现代社会人类创造的一切文明遭遇危机最突出的表征。将马克

---

① Henri Lefebvre. Critique of Everyday Life：Volume I. Trans, John Moore. London：The Penguin Press, 1991：97.

② 刘怀玉. 现代性的平庸与神奇：列斐伏尔日常生活批判哲学的文本学解读. 北京：中央编译出版社，2006：138.

③ 任政. 社会都市化与现代生活图景：兼论列斐伏尔现代都市生活的批判与反思. 国外社会科学，2020（1）：128.

思在政治经济领域的劳动解放基础延展至日常生活，人类解放的真正方向就在于消除直接现实的、广泛微观的日常生活异化。

日常生活的种种异化集中体现在消费领域。列斐伏尔对 20 世纪 50 年代西方资本主义社会迅速发展的状况进行了深度考察，认为较之旧资本主义社会，新资本主义社会的统治重点与主导向度发生了巨大变化，即由生产转向了消费。物质生产已经不再成为主要问题，人们开始置身于追求时尚休闲的需求之中。"休闲是一个具有自发性特征的社会组织所引起的新的社会需求的典型特征。我们这个社会通过各种各样技术制造出种种休闲的机器，诸如收音机与电视机等。它用新的设备取代旧的方式，有时同其他社会活动相矛盾，有时填平了与其他活动的矛盾。人们具体的千差万别的个性需求按照年龄、性别与群体来加以标准化的抽象化的满足。"① 现代工业文明既创造了普遍的群体休闲需求，又满足了具体的个体休闲需求，但休闲被严格"管控"与高度商业化，成为受控制的被动消费环节和被操纵的消极行动。休闲被扭曲为异化的实践，已经日益明显地从属于市场体制与社会技术，人们并没有从劳动与市场必然王国中获得自由解放，而是陷入另一种异化的困境。

列斐伏尔认为，消费品在本质上是符号（signs），符号不仅是物质与经济发展的产物，而且表征着社会关系与上层建筑全面的消费化，人们正是生活在由符号堆砌而成的"假装的世界"中。当代社会借助广告、媒体等手段，将物质的内容通过宣传的符号来表达。功能的、技术的对象取代了传统的、现实的对象，对象与符号之间的界限已被打破，对象在日常生活中逐渐被符号取代。现代社会成为符号意指顶替真实存在的虚拟世界，"凡是能够被消费的都变成了消费的符号，消费者靠符号，靠灵巧和财富的符号、幸福和爱的符号为生；符号取代了现实"②。资本主义消费体制具有独特的组织功能，能够促使符号形成诸多工具理性和实用化的意义体系，无所不在地对日常生活进行隐性渗透与统辖。列斐伏尔指出，处于消费社会中的人们生活在欲望无限膨胀的虚幻世界中，完全不关心经济上的"贫困"和政治上的"专制"，也完全不了解自己真正的需要和真实的生活处境，他们只是担心自身与时代潮流、周

---

① Henri Lefebvre. Critique of Everyday Life：Volume I. Trans，John Moore. London：The Penguin Press，1991：33.

② 同①108.

围时尚的距离。"消费的目的不是为了传统意义上实际生存需要（needs）的满足，而是为了被现代文化刺激起来的欲望（wants）的满足。换句话说，人们消费的不是商品和服务的使用价值，而是它们在一种文化中的符号象征价值。"① 以符号为中介的现代资本主义社会消费市场体制已经完全控制人们的日常生活，令人眼花缭乱的"物品-符号"使日常生活成为巨大的、疯狂转动的万花筒，人们不断追求个性，追赶时尚，却被同质性的符号规约、塑造而趋于千篇一律、单调无奇。这个严重质变的现实社会被列斐伏尔提炼概括为"意义零度化"的日常生活，消费社会在根本上成为资本主义变形的剥削和控制的新场域。

资产阶级消费意识形态在"意义零度化"的日常生活过程中扮演着重要角色，它们通过各种媒体广泛宣传，在精神领域"理性"地规定了现代化的生活方式，削弱人们的创造性和革命性。人们的生活方式在意识形态替代物的裹挟中，以新的异化内容代替了旧的异化内容，"异化假定了新的和更深刻的意义，它使日常生活失去了力量，忽视了它的生产和创造性潜能，彻底否定了其价值，并在意识形态的虚假魔力中使之窒息。一种特殊的异化将物质贫困转变为精神贫困"②。富饶的物品因为给予人们幸福感、存在感而具有像教堂一样安抚灵魂的意义，人们成为资产阶级意识形态的俘虏而无法自拔，甚至丝毫觉察不到各种异化的存在。关于消费为何全面统摄日常生活，列斐伏尔指出：一是由于消费促进了人的需要的新旧更替，模糊了人真实的生存需要；二是因为消费社会制造了瞬间性的欲望策略和享乐主义的幻想。消费意识形态潜伏在各种新产生的异化工具之中，使消费者个体被大量的符号与纷繁的资讯遮蔽，并将符号与资讯内化为消费者的自觉意识，使其成为现实生活的傀儡，基本丧失了自我意识和个体存在感。

"意义零度化"的消费社会是自由幻觉聚集的社会，日常生活中"未被认出的强迫"全面地渗透至生产与消费的总体环节，吞噬生活在其中的每个成员。现代社会的日常生活形态虽然与传统社会生活的贫穷状态有本质差异，但其受消费的控制，以至社会成员在享受消费社会所

---

① 陈昕．救赎与消费：当代中国日常生活中的消费主义．南京：江苏人民出版社，2003：7.

② Henri Lefebvre. Everyday Life in the Modern World. Trans，Sacha Rabinovitch. London：The Penguin Press，1971：33.

给予的丰富物品愉悦的同时，也沦落为失去自由选择和精神极度贫困的奴隶，人们因此生活在由消费符号建立起的虚假世界中而失去了对公共领域真实存在基础的反思。

二、日常生活是人类解放的策源地

作为一位对社会变革和思想发展始终保持高度敏锐与开放触觉的哲学家，列斐伏尔洞察到人们当今身处于其中的日常生活是被现代性压迫得最为严重、最为支离破碎的领域，单纯政治领域或经济领域的变革、重建策略对消除人们日常生活的异化意义不大，日常生活的彻底解放必须由被消费社会"意义零度化"的日常生活自身来完成。他认为，将"美好社会"的目标锁定在过去的"黄金时代"，或者放置于遥远的、被无限推迟的未来，都是对真正追求解放冲动的严重压抑与愚弄，必须在"此时此处"的日常生活中找寻实现共产主义理想的解放方案。

日常生活是总体解决现代问题和全面实现人类解放的策源地。列斐伏尔早年对日常生活的态度是比较乐观、积极的，他认为日常生活虽然充斥着由商业控制而导致的压迫，但也蕴含和隐藏着救赎与释放的无限潜能。资本主义通过媒体宣传在精神层面标榜现代化的生活方式，日常生活的意义趋向零度化，而这种异化沉沦的否定状态并非完全没有改善、挽救的余地，相反，那些有价值、有生命力的肯定内容被掩盖在平庸外表的深处，日常生活仍然是充满巨大创造潜能和解放希望的异质性世界。日常生活具有"压抑-反抗"两重性，在两重性的坐标系中，当日常生活的异化事实不能被彻底消除时，就只能通过日常生活商品化的发生过程与机制来对其进行解释和改造，我们需要从日常微观的异化中充分挖掘抵制异化的生命力和创造力，通过美化与变革日常生活，将日常生活中的积极因素从异化状态中拯救出来以实现革命的任务。

节日是人类创造精神的觉醒和对异化状态的跨越，要终结日常生活的日常性①，必须排除日常生活与节日之间的矛盾。晚期资本主义社会

---

① Henri Lefebvre. Everyday Life in the Modern World. Trans, Sacha Rabinovitch. London: The Penguin Press, 1971: 36 - 37. 列斐伏尔所论及的"日常性"与"日常生活"是两个完全不同的概念。"日常性"是反映资本主义条件下陈腐的、琐碎的和单调重复的生活品质概念；"日常生活"指的是那些不易分类的、习惯性的、常规性的本性，并非特指每天生活中的异化特征。

的制度化分层已经达到很高的程度，而节日允许游戏式的、创造性的自由，是理想化的日常生活，它的功能就是解放，将人从现代性的陈词滥调中解放出来和从习以为常的世界观中解放出来，再现原本流光溢彩的生活场景。在狂欢的节日中，人们身上的能量、直觉没有一处会被闲置在一旁，他们全身心的热情、想象都得到空前的释放与宣泄。自然宇宙万物的秩序、人们的生活秩序与情感高度交融在一起，使得人们不会感到相互疏远。新型的、纯粹的人际关系是真正属人的现实，其现实性可以通过感性接触而体验到。节日狂欢打破了美好理想与乏味现实之间的界限，将两者融为一体是对日常生活的解放和救赎。

晚期阶段的列斐伏尔对日常生活的阐释相对集中在微观层面，他的态度并不乐观。他认为现代性革命不能只是节日化的瞬间，还必须通过"总体革命"来消除集中体现在消费领域的日常生活的异化，将人从"意义零度化"的消费社会中拯救出来，使人清楚地意识到，消费时代的发展与人性的解放之间并不存在合理的逻辑关联，只有在规范和扩展的日常交往中具体彰显人的活动能力、人的社会关系以及人的个性发展，才能使单向度的人变成总体人。

列斐伏尔把社会总体革命划分为三个维度：政治维度、经济维度与文化维度。革命如果仅仅立足于经济维度或政治维度，就必定是不成功的、不彻底的。在大众消费文化的各种符号全面改造、控制人的社会中，列斐伏尔特别强调文化革命对社会"倒转"的重要意义。列斐伏尔认为，当前社会不可能只通过政治维度的革命方案与经济维度的构建设计就使未来社会在结构与功能上得以优化和整合，而必须进行文化维度的革命。他尤其强调文化革命的必要性、彻底性，认为只有文化革命才能超越本质主义和理性主义视野以及逃避政治经济制度的强制力，并终结社会的异化与恢复人的主体性。然而，列斐伏尔的文化革命区别于经典马克思主义者所理解的意识形态、风俗习惯的变革。他认为，文化革命"不是建立于文化基础上的革命，也不是文化自身的目标或它的动机；我们的文化革命的目标与方向是，创造一种不是制度的而是生活风格的文化；它的基本特征是哲学精神的实现"[1]。他后期关注日常生活的文化消费空间，澄清资本主义文化生产逻辑及神秘的意识形态力量对

---

[1] Henri Lefebvre. Everyday Life in the Modern World. Trans, Sacha Rabinovitch. London：The Penguin Press，1971：203.

日常生活的遏制，提出文化革命对日常生活的变革就是要使文化走向经验。因此，列斐伏尔喊出一句响亮的口号："让日常生活成为艺术品！"① 浪漫主义的美学成为列斐伏尔后期消除异化的解毒剂和人类解放的最后希望。

"总体革命"造就"总体人"（total man）。列斐伏尔的总体革命将期待的目光聚焦于一场持久而广泛的文化革命，认为文化革命通过瞬间的拯救可以将单向度的人塑造成日常生活中的总体人，"总体人"是生成活动的主体与客体，是克服日常生活各种矛盾的理想形式。列斐伏尔的"总体人"与尼采式的反对虚假的乐观主义、彻底的悲观主义的"酒神精神"及马克思的"自由人联合体"思想一致，是指向解放的艺术方式，标志着人们可以像艺术一样在差别无穷的各种可能性中充分发展自己的个性，包含一种趋向和一种走向个性与总体性相结合的努力，在"让日常生活成为艺术品"的号召下促进"总体人"超越日常生活的限度而趋向人本主义的审美实践。但是，列斐伏尔的"总体人"思想本质上是在日常生活艺术化过程中实现人类自我解放的"艺术乌托邦"。

三、基于历史生存阐释学的解放观

列斐伏尔站在马克思的哲学立场上，把对日常生活的批判理解为现代哲学的根本性问题。他第一次大胆地把马克思早期建立在人本主义哲学基地上的人类社会发展构想具体化为日常生活实践的发展方案，即将马克思关于人们扬弃异化劳动而实现解放的思想扩展到对日常生活的各个领域进行反省与批判。"列斐伏尔的日常生活批判，在立场上归属于对资本主义的一种社会批判、人性异化批判以及文化批判，超越异化、实现人性的自由与解放，是这种批判的基本理论旨趣。"② 列斐伏尔认为，马克思解放理论的问题就在于它将无产阶级神秘化，并仅仅从抽象的阶级高度与生产关系高度来分析社会现实和人们的存在境况，不可能真正解决具体社会成员日常生活中的各种微观问题。因此，他颠倒了传统马克思主义关于物质生产第一性的唯物史观基本原则，将马克思早期

---

① Henri Lefebvre. Everyday Life in the Modern World. Trans, Sacha Rabinovitch. London：The Penguin Press，1971：204.

② 欧阳英. 马克思之后的政治哲学思想：从恩格斯到"后马克思主义". 北京：中国社会科学出版社，2019：328.

以抽象的阶级方法与思辨的哲学人本学为前提的人类解放方案，从宏观历史哲学维度转换为微观的以日常生活为线索的现代性批判视野，确立了以日常生活消费空间为主导的资本主义现代性批判路径，认为资本主义生产已经发展到人们必须依靠消费来确证自身存在的合法性，由此建立了人类解放的全新之路——日常生活解决方式。可以说，列斐伏尔的重大贡献之一就是将马克思早期隐含的历史预测性的抽象阶级方法以及思辨的哲学人本学推向了历史生存论的阐释学、现象学视野。

　　列斐伏尔强调要从生活自身出发，从微观琐碎的日常生活批判性反思入手来关注生存理想，使马克思解放理论展现出生存论意义上的历史性和现实普遍性。人类历史画面最突出的部分是，伴随经济必然王国的不断崛起而反衬出来的日常生活文化内涵的蜕化、萎缩的演变趋势，列斐伏尔正是在这种背景下运用马克思异化理论对当代资本主义社会和社会主义社会的日常生活领域进行诊断。一方面，列斐伏尔揭露了新资本主义社会的政治经济制度特征和基本社会矛盾——消费市场与技术官僚双重体制对日常生活的全面瓦解，澄清了所谓"后工业社会""消费社会""休闲社会"等种种"幸福理想"的神话，指出其深度隐性的异化统治和精神层面匮乏的现实，主张在社会历史的前提下看待资本主义社会及其日常生活领域。另一方面，列斐伏尔认为，苏联社会主义模式与发展道路只进行了宏观改造，即实现了政治上的国家政权更替和经济上的所有制转变，但人们微观的日常生活没有发生变化，人们的意识、心理状况没有发生改变，其解放方案是不完全的、不彻底的。因此，列斐伏尔强调在社会变革中要把宏观改造和微观改造关联起来，尤其要重视具体细节的日常生活改造，只有改变了日常生活的现状，社会主义解放才能真正弥合个体与集体之间的裂痕，实现个体解放与社会解放的有机统一。在贯穿着现代消费理念的微观生活世界，一切遭受异化力量限制的生活领域都具备否定和超越异化的潜能，而潜藏在异化日常生活中的能量只有在对异化进行可能的反抗时才展露出其现实意义。列斐伏尔正是在平凡琐碎却广泛细致且影响深远的日常生活中觉察到人类解放的巨大潜能，将日常生活视为社会变革和人类解放的基础性层次，这种历史生存的阐释学极大地丰富了马克思解放理论的内涵。

　　列斐伏尔基于历史生存阐释学的解放观，对被马克思解放理论忽略的日常生活平凡形态的深入研究具有重要意义，但又在一定程度上陷入了文化决定论的泥潭。

第一，列斐伏尔凸显了日常生活批判的存在论地位，认为日常生活不只是纯粹的异化，而且蕴含克服异化的无限潜能，是一个不断产生异化又蕴含无穷能量、不断克服异化的存在论世界，这一点是深刻且精辟的。但是他习惯于把日常生活界定为消费社会，把人类解放的理想寄托在反消费主义的艺术美学实践上，这在一定意义上导致日常生活的存在论意义被单一化。列斐伏尔在其日常生活批判中采用的现代性理论框架与后现代性社会相矛盾，同时他没有反思资本主义制度存在的根本性问题，表明仅凭日常生活的批判理论就能解释资本主义异化的新形式，并未进入资本逻辑演变的历史把握其产生新异化的根源。他的主要理论还只是站在资本主义制度的基地上，这使得他的批判难以从历史的制高点来俯视日常生活。

第二，列斐伏尔设想的文化革命解放方案并没有超出卢卡奇开创的总体性辩证法框架，他对社会的批判仍是西方马克思主义根深蒂固的新人本主义传统；他强硬地抛开经典马克思主义对资本主义社会政治、经济制度的批判模式，试图让文化处于主导层面（文化层面仍然是次生的边缘领域）来寻找医治现代性痼疾以实现人类解放的良方，实则是一种舍本逐末的做法，是大胆而坚定的反现代化的现代主义和乌托邦的文化决定论方式。① 马克思对资本主义现实社会的批判分析深入到了其内在的基本矛盾和历史发展的必然趋势中，最为核心的旨趣是证实资本主义异化扩展到一定程度必然暴露其制度根基的毒瘤而走向消亡的历史规律。列斐伏尔则故意绕开这一点，选择以艺术或美学的方式来完善自己的理论观点，将马克思关于历史解放的宏观愿景转换为微观艺术化的都市生活想象，而且这种艺术化的批判话语远远达不到晚期资本主义真正

---

① 列斐伏尔始终保持对马克思的信仰并直接面向现实问题，用现实空间化的革命实践方式来解决日常生活的理想问题，而他没有对自己青年时代所接受的早期马克思人本主义历史观的局限性进行检讨与重建，没有真正理解马克思成熟的政治经济学批判对于理解现代世界日常生活问题的认识论意义。列斐伏尔是一个始终没有创造性建构自己哲学理论基础的思想家。我们固然不能仅仅在哲学领域内讨论日常生活的批判与改造问题，必须深入日常生活内部微观地进行研究，这种认识正是列斐伏尔所强调的，但我们更不能缺少宏观的社会历史认识论前提与逻辑反思。列斐伏尔自觉不自觉地参照现代社会的宏观逻辑，指出了资本主义社会日常生活所受的经济社会结构的制约。不过，他仅限于文学式的日常美学直观与微观考察，没有提出切实可行的具体方案。这在他的学生鲍德里亚那里得到了彻底的改善，鲍德里亚不仅彻底批判了传统政治经济学批判逻辑，而且创造性地建构了自己的理论。

意义上的建设话语水准。与庞大的、具有持久变革潜能的工业生产方式和理性化的国家机器相比，"文化革命"只能是小得可怜的马达，它不可能带动起落后国家乃至整个人类解放的伟大运动。列斐伏尔把社会革命诠释为艺术或美学式的节日狂欢时，其解放方案所具有的浓厚乌托邦空想色彩也醒目地显现出来。为了追寻可能性的救赎，他强调乌托邦的重要性，他自称乌托邦主义者并为之感到骄傲。这种乌托邦使得列斐伏尔的哲学具有了文化批判的冲击力，但在列斐伏尔的乌托邦情结中，他所追求的仍然没有超越总体性的个人，以日常生活为载体的文化批判与革命理论是他在面临扩展的异化时采取的退守式抉择，凭借带有浪漫主义色彩的文化革命来消除异化，只能滞留于理论层面而难以进入实践境遇对异化产生实质性抨击。这使其追求带有悲壮的色彩。

第二节　鲍德里亚的消费社会批判解放策略

当代备受关注的法国哲学家让·鲍德里亚（Jean Baudrillard，1929—2007）在国内外理论界、传媒界极具影响力和煽动性。他的消费社会批判解放策略以马克思主义和法兰克福学派的理论为基础，在一定意义上超越了法兰克福学派从启蒙批判走向批判整个西方理性主义文化的演进理路，拓展为对以物质生产和社会劳动为核心的历史观的批判，揭示出资本本性在消费领域运行、发展的内在机制。当代社会的生活风尚和个人的消费行为发生了极大改变，人们的消费对象已经由马克思理论语境中作为使用价值的物转化为符号意义的物，尤其是现代技术通过日常生活的微观设计潜入私人领域，以隐蔽的方式深化了资本主义的符号意义对人的奴役，这种改变已被人们觉察并被视为普遍现象。消费社会的普遍发展充分表明，寻求个人在消费社会中存在的真正根基和坚实载体，克服并超越消费对人的意识和实践取向的遮蔽，已然成为捍卫马克思主义社会批判理论的基本课题。而鲍德里亚正是从普遍的现象中生发出不同寻常的理论思考，揭露消费社会如何控制人与操纵人的状态。鲍德里亚以其独到的视野、鞭辟入里的分析及富有魅力的表述，阐明了具有世界历史意义的人类生存经验，其文本中的诸多重要概念和原创思想成为我们重新检审马克思解放理论的宝贵理论资源。

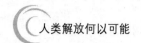

一、符号消费社会与非人化困境

鲍德里亚认为，当代社会是一个"消费社会"，消费取代了以往工业社会的生产并不可遏制地成为当代生活的主流，是支撑整个国民经济运行的起点和终点。通过对雨后春笋般涌现的消费症候的研究，他不仅觉察到现代产品或服务已经实现了对人性的控制和支配，而且指出产品或服务消费背后蕴藏着深层次的"符号"消费：人们消费的本质与事实真相不在于形式上享用物本身，而在于享用物所显示的意义，实现全方位占有与多角度建构的作用。鲍德里亚指出，符号消费对人的生存方式的重塑，致使人原本的个性、差异性丧失和符号化、功利化趋向凸显，人在现实中以多重矛盾方式存在的基础被消除。"符号"消费由于能够确证现代人的社会身份、地位而滋生出支配人的极权力量，将人们的消费行为伪装成个体自我发展的技术性活动。鲍德里亚创新性地揭示了如何符号消费主宰当代社会的发展走向，描述了当下人生活的现实境况。

在工业社会及其之前生产力水平较低的社会，生产作为社会再生产的轴心发挥着主导作用，人们消费的是商品的使用价值。在马克思主义政治经济学看来，生产是决定性因素，它决定着分配、交换和消费等其他环节，因为物品的充足度是直接制约人们的消费活动以及消费心理的关键变量。在物质资料相对匮乏的工业社会，人们的消费完全是出于维持生命和繁衍后代的真实需要，物对人的意义在于物的使用价值，物质生产是维持社会存在的基本力量，物质生产方式与人的自由劳动的实现具有密切关联，这也是历史长河中人与物的关系的最初内涵和首要方面。然而，自1929年资本主义经济危机①爆发之后，消费在资本主义社会结构中构筑了交往与符号的系统，产生了新的阶级权力作用机制，"消费本位主义时代"改变了这一切。

在现代消费社会，消费取代生产成为社会再生产过程的中心，消费的功能也相应发生了变异。人们固然需要从事生产活动，但日常生活直

---

① 1929年美国爆发的经济危机是一个分水岭，经济危机爆发之前，资本家关心的只是如何使人们进行生产的问题，经济危机使资本家意识到：问题不再只是如何生产，而且包括如何消费，消费成为经济生活的重要部分；必须使人们成为消费者，使人们的"需要"成为劳动力的重要部分。正是通过这一点，经济得以存活并大大扩展。

接成为"消费地点",它帮助人们打消了任何不利于消费的顾虑或犹豫,掩盖了消费自身达到掌控一切的真实面目,凭仗虚假的交往外衣满足人们无意识的消费欲望,实现了"享乐经济"与"道德经济"的统一。鲍德里亚指出:"当代人越来越少地将自己的生命用于劳动中的生产,而是越来越多地用于对自身需求及福利进行生产和持续的革新。"① 消费社会把人们集中在消费魔杖所划定的圆圈中,而消费行为的泛滥溢出了人本真需要的意义范围。消费并非满足人们实际需要的享受过程,而是不断地刺激并制造人们需要的手段,是行使社会控制和社会驯化功能的"新生产力"。生活在消费社会中的人陷入不能自拔的恶性循环,一方面在符号消费的驱使下不断寻觅个性化的自我,挖掘自身趋向符号意义规定的存在状态的潜能;另一方面在未能完美实现自我的遗憾和被迫追求新的意义目标之间感到不安,即使如此却依然没有触及真实的自我存在的境地。他们无法游离于自己的时代,需要接受社会生活的主流风尚,选择流俗通行的生活模式,皈依大众化的价值观念,这是消费社会的时代精神和生存指令,是每个人自觉履行的义务。消费社会实际制造了非人化的生存,消费的人在必须生存下去的指令中坠入了身不由己的深渊。然而,只有少数知识分子从理想主义深处真正意识到当代的消费异化,社会大众却麻木不仁,以至于"消费者基本的、无意识的、自动的选择就是接受了一个特殊社会的生活风尚"②。符号意义上的商品逐渐脱离了实体物,人们无法获取自身真实需要的作为使用价值的物和参照系,只能继续生活在符号意义搭建的虚假世界中。

鲍德里亚进一步分析指出,符号操控消费或消费领域是"符号编码交换的领域",它构成了人们被消费社会宰制的深层逻辑③,人们在消

---

① 让·鲍德里亚.消费社会:第4版.刘成富,全志钢,译.江苏:南京大学出版社,2014:62.

② 同①51.

③ 鲍德里亚受其老师列斐伏尔的影响将消费品同符号关联起来,他们都对符号统治的现代社会现状感到失望,对以现代性为基础的理性与交换价值的统治表示否定和拒绝,都用象征交换来反抗符号交换与商品交换,用死亡、性、艺术等非劳动、非生产的乌托邦来对抗消费社会的价值原则与物的统治秩序。但两人的解决方式不同,列斐伏尔主张回归到尼采式的古希腊狂欢节,鲍德里亚则试图通过莫斯与巴塔耶回归到更为古老的想象中的原始社会消极状态或挥霍无度的场面。

费社会中的异化与消费物品背后的符号意指息息相关。消费社会的特点就是"在空洞地、大量地了解符号的基础上，否定真相"①。消费社会的符号意义被赋予的价值，来自文化权力和社会身份等因素的差异性内容，进而使得一切物都被纳入符号意义的系统中加以处理，所有人也都被视为通向符号意义的存在者，现实的物、实体性的文化对人产生的价值不复存在，人需要通过符号性消费来确认自我存在和社会身份。鲍德里亚这一简明扼要的阐释具有根本性意义，他把消费时代人们非人化的生存境遇归因于符号编码法则对整个社会生活的渗透和组织，它与符号编码的特点、存在方式以及由之而来的实际作用相联系。符号体系使物的使用价值被消解殆尽，消费对象不再是具体的、单纯的物，而是"物品-符号"，是以物表现出来的社会身份和文化差异，符号意义的能指与所指处于非平等的关系，符号性商品的使用价值为交换价值所支配；消费行为不是出于有理性的人们自身迫切的、本真的需要，而是缘起于某种持续发送的符号及其编码区分的需要，即变成地位和名望的展示。全面且缜密的符号编码系统具有强大的同化力量，是消费社会日常运转的枢轴，它不断消解那些拒绝或对抗同化的因素，全方位地对生活世界进行"永久总动员"。在符号编码系统的扩展下，客观系统随之成为抽象的普遍性符号编码。各种大众媒介以隐蔽的方式从多重角度永无休止地进行符号编码，推动时尚潮流向前运行并刺激人们的欲望，它操纵人、塑造人、驾驭人，最终使人深陷符号的泥潭而不能自拔，人的一切行为乃至人本身都按照符号的意愿发生蜕变和异化，人在安逸的环境和丰盛的物质享受中毫无察觉地丧失了自我。人们的需要为了符号并通过符号得以实现，但同时又被符号掩盖了生存的事实，标识消费社会改造人的行为和规约人的灵魂的基本途径。

符号之所以能够代替具体物品而引导人们消费，原因在于：第一，符号具有无定性以及具有对具体参照物的超越性。消费社会中商品的价值不再由交换价值来体现，转而由消费价值来表征，而作为消费价值基本载体的符号必将衍生出技术操纵人的理性化的虚假需求。当人的需求

---

① 让·鲍德里亚. 消费社会：第4版. 刘成富，全志钢，译. 江苏：南京大学出版社，2014：11.

被鼓动和幻化为无休止的欲望时，欲望的对象就不再是确定的事物，而仅仅是欲望的支撑或表征，究竟是何物则微不足道。这里的关键是"物品-符号"或"物品-象征"的链接所催生的消费心态，是等同于物品消费又必定超越具体参照物的满足感与愉悦感，是实际无须存在却又无时不在的寓意符号。鲍德里亚指出："这些信号不可解读，没有可能的阐释，如同在'生物'体深处隐藏多年的程序母型——这样的黑匣子中酝酿着所有的指令和所有的回应。"① 消费归顺于符号是不可逆转的必然性，消费性质变更的影响也以同等程度的必然性嵌入现实生活世界之根基处。第二，符号的流动性可以转移并瓦解具体物品不足时必然引发的怨恨，符号在形式上透明的优点又能够度量社会公正与平等。由符号意义支撑建立的社会秩序在"计算的理性"作用下完成现实运转，将消除怨恨、寻求统一性的消费发展纳入符号编码计算的程序中，为了达成实际的消费一体化格局而选取最高效的计算手段是其关注的核心，势必导致现实消费过程中主体理智生成的可能性被抹杀。"在符号层面上，没有绝对的富裕或贫困，也不存在富裕符号和贫困符号之间的对立。"② 人们只要开始消费，就进入由符号编码主宰的互换关系与分类系统中，所有人都不由自主地互动而遵循符号编码规则，从而谋划生存、巩固生存。

正是凭借符号编码的巨大作用，消费文化代替意识形态而承担了"社会驯化"的作用和功能，成为实施社会控制的有力手段。鲍德里亚在《生产之镜》③ 一书中强调，在当代资本主义社会，对符号的操作已经取代对生产的控制而成为意识形态的新基础，"这种利用符码象形文字的新意识形态结构，与利用生产能力的旧意识形态结构相比，更加难以辨认"④，符号编码由于形成固定的价值和话语系统而成为消费社会

---

① 让·波德里亚. 象征交换与死亡. 车槿山，译. 南京：译林出版社，2009：72-73.

② 让·鲍德里亚. 消费社会：第4版. 刘成富，全志钢，译. 南京：南京大学出版社，2014：74.

③ 鲍德里亚的《生产之镜》与哈贝马斯的《走向一种合理性的社会》是他们各自的代表性著作。他们都试图解构马克思经典叙事的"根深蒂固的核心"——生产主义或生产方式理论，鲍德里亚代之以"消费主义"或者说"符号的政治经济学批判"，哈贝马斯代之以著名的"交往理性"，他们分别代表着后马克思主义的"客体化"与"主体化"两种走向。

④ 让·鲍德里亚. 生产之镜. 仰海峰，译. 北京：中央编译出版社，2005：108.

得以持存的根本手段，将消费社会从先前的社会中完全分离出来并取而代之，逐渐促使整个社会通过其设定的符号编码语言进行沟通，使人在对这种语言的无意识倚赖中丧失了自我存在的主体性。消费时代所导致的非人化生存状况与特征更具有根本性、普及性。当代社会成为被符号统治的社会，在"符号"王国统治下的个体异化，便已不是马克思所理解的"被商品逻辑支配着的工业和社会生活的普遍化模式"①，而是鲍德里亚所谓的消费社会时代的"个体不再反思自己，而是沉浸到对不断增多的物品/符号的凝视中去"②，符号的意义已经远远超越了以使用价值和交换价值为主要范畴而搭建的政治经济学理论所拥有的界限，由符号意义导致的世界实体性遗失，塑造了现代社会的面貌，支配着现代人的生存方式。在这种情况下，我们如果仍然固守商品拜物教的意识形态批判逻辑，就会像刻舟求剑者一样缺乏变通，不仅在理论上是落伍的，而且在政治上是有害的。对鲍德里亚来说，符号取代了现实并重构人类的生活，符号价值支配了使用价值和交换价值，商品的使用价值消失在鲍德里亚的符号学想象之中，立足于资本主义工业化和信息化扩张的时代背景来确立革命立场的基本方法失去了动力，古典政治经济学与马克思主义政治经济学的基本范畴成为过去时，必然导致现代消费批判理论的偏狭和政治组织实践的无能。

二、象征交换解码的解放

鲍德里亚认为，在现代资本主义消费社会，实现人类解放不能通过传统革命的方式来进行，而必须通过象征交换的方式进行解码。资本逻辑的发展与运动经历了从"经济短缺"阶段到"经济相对过剩"阶段的演进，随着生产的终结，我们走进了符号编码操控一切的消费社会。符号编码构成了现代社会的奥秘，这是比真实世界还要真实的世界，一切都按照符号编码的模式再生产自己。由于符号编码创造出的超级真实世界无法确定社会秩序，容易导致符号意义的话语系统的失效，所以只能借助象征交换来进行弥补。他进一步指出，马克思一直沉浸在"生产浪

---

① 让·鲍德里亚.消费社会：第4版.刘成富，全志钢，译.江苏：南京大学出版社，2014：196.

② 同①198.

漫主义"① 的理论情结中，将生产、生产方式等概念意识形态化，赋予其高贵的革命、解放头衔。"如果说有一件事马克思没有想到的话，那就是耗费、浪费、牺牲、挥霍、游戏和象征主义。马克思思考的是生产（这不是一件坏事），他是根据价值来思考的。"② 马克思"将生产力的解放混同于人的解放"③，认为"人的解放"是历史性的范畴，是现实的人在从事物质生产中确立永恒追求的本质与不断赋予"解放"新的时代内涵相统一的过程。他所持有的以生产和价值的法则出场的人类解放期望难逃与资本主义同谋的结构性法网，其社会主义构想也不过是另一种放大的或更加放纵的工业资本主义发展进程，物质生产与经济领域展开的单向度批判，所推翻的不过是资本主义社会主导的世界秩序，终将难以走向超越生产力依附而实现人文价值目的的解放进程，是落伍了的"欧几里得几何学"。要实现对当代消费社会全面、彻底的批判，从深层上将人们从被控制的消费社会中解救出来，就必须反对把经济当成自主性领域的唯物主义批判方式，同时也就拒斥把现存生产方式批判与生产力发展视为人的解放的基础性条件的观点，转而走向整体性的批判，揭示符号在消费社会中的经济学意义，即对文化、意识、理想原则的真实批判。

在当代符号消费社会，商品或服务不仅具有实用性和功能性，还具有文化性和社会性，其自身系统构成完整的意义领域，因而我们必须对"物品-符号"意义指向的本质进行考察。按照传统的思维方式，我们常常"自以为是"地将意义、文化简单地归结为"上层建筑"并不假思索地套用，或"以经济基础决定上层建筑"的公式简单、笼统地解释发生在意义领域和文化领域的所有事物或现象的依附关系，这是一种功能主义的思路，在现代历史的演化中积淀必然成为以实物的获取为解放标识

---

①　在鲍德里亚看来，正如当年费尔巴哈深刻批判过宗教但始终未能超越宗教一样，马克思一生都在批判政治经济学却从未超越古典政治经济学；他一生批判黑格尔的绝对理性狡计，却始终未能摆脱资本主义生产方式的"理性狡计"束缚："一个幽灵游荡在革命的想象中：生产的幻象。它到处维持着一种不受羁绊的生产力浪漫主义。生产方式的批判理论毫不触及生产原理。它所阐发的所有概念都只是描述了生产内容的辩证的、历史的谱系学，生产作为一种形式却完好如初。"（Jean Baudrillard. The Mirror of Production. Trans, Mark Poster. St. Louis Mo：Telos Press, 1975：101）

②　让·鲍德里亚. 生产之镜. 仰海峰，译. 北京：中央编译出版社，2005：24.

③　同②2.

的实用性思维方式，并在大众传媒和流行性意义的助推下建构一切领域都不可避免的消费文化和消费主义。如果说这种依附的逻辑在以生产为中心的工业时代尚有直接的现实基础和生活前提，那么在消费社会就必须对此进行前提性批判，因为"物"作为消费对象时，不是以"功能-物"的面目呈现，而是以文化为核心内容折射出来的"物品-符号"的形式存在的。鲍德里亚敏锐地指出："就与物质生产的关系而言，对符号和文化的生产进行分析时不再将其看作外在的、隐秘的或'上层建筑的'；它是作为政治经济学本身的革命而出现的，它因象征交换价值在理论上的和实践上的介入而获得了普遍的意义。"[1] 符号在生产的同时包含着对人的思想意识和心理状态的消费，若文化被纳入符号生产的系统而成为一种商品，它就失去了原本与人的精神世界相通的深度内涵和深层意义。

符号生产本身以文化为中介，对消费社会的批判分析必须从生产逻辑转变为文化自身的内在逻辑，即在对过去作为"经济基础"进行批判的地方，文化这一"上层建筑"也在场，两者具有同一批判指向。鲍德里亚进一步指出，消费社会中的文化逻辑已经不再局限于"意义重现"的范围，而是以自为的方式建构现代的主体性与个性。消费社会中的商品尽管与使用价值、交换价值保持关联，但在日常生活中主要呈现为文化价值的形式；符号消费作为一种特殊的文化形式，也助推了人们对符号意义不自觉的认同。建构现代所谓的意义是符号编码作用的结果，正是符号的编码使得符号建构起来的意义成了消解人们真正主体性和个性化的陷阱，因而批判理论不再是在文化领域中揭示主体的问题，而是要探究符号编码过程的实现问题，只有对大众文化进行认真解码才能实现对符号体系的彻底颠覆。

鲍德里亚在汲取法国社会学家马塞尔·莫斯的礼物交换思想与法国评论家乔治·巴塔耶的耗费思想的基础上，提出了"超越符号价值"的最主要替代方案——用象征交换代替建立在符号控制中的现代性生产体系，从不断变更的符号象征关系入手对消费社会中主体的主观欲望与客观存在的关系予以解释。在《象征交换与死亡》这本著作中，他提出"象征交换"概念，希冀通过象征交换取代马克思建立在现实性的劳动

---

① Jean Baudrillard. For a Critique of the Political Economy of the Sign. Trans, Charles Levin. St. Louis Mo: Telos Press, 1981: 130.

生产概念之上的等价交换原则。鲍德里亚认为，如果将马克思的政治经济学视域中的交换价值视为社会等级差异的表征，将其当成符号意义指向的权力体系，那么，社会总产品的分配对于缓解差异的作用将会得到发挥。象征交换作为确证符号价值作用的思维机制，在消费社会中具有类似的功能。象征交换在鲍德里亚那里是一个重要的范畴，但同时又是一个相对模糊的范畴，他对此并未做出具体界定①，而是给出了"象征"的解释："象征不是概念，不是体制或范畴，也不是'结构'，而是一种交换行为和一种社会关系，它终结真实，它消解真实，同时也就消解了真实与想象的对立。"② 象征不是偶然的，而是符号意义上交换行为的产物。象征抹除了真实与想象、灵魂与肉体、出生与死亡之间的界限，是一种使相互分离达到融合的思维模式，也正是这种思维模式才有可能使人们摆脱现代资本主义社会的符号统治。基于这种思路，鲍德里亚认为："在象征交换中，礼物是我们最为切实的实例，物在此不是一种物：物不能脱离它进行交换的具体关系，同时也不能脱离它在交换中所要转让的部分，物并不那么独立。确切地说，物既没有使用价值，也没有（经济的）交换价值。给定的物所具有的是象征交换价值（symbolic exchange value）。"③ 象征交换是社会性的，且往往是仪式性的，它不存在政治经济学中的使用价值和交换价值，因为物只有象征的意义，具有属人的性质，体现的是人与人之间的具体而复杂的关系。象征交换"将自身界定为一种与价值和符码不同并超越了它们的存在。为了创造出象征交换，所有价值形式（物、商品或者符号）都必须被否定"④。但象征交换具有独特的文化价值指向：使人在具有象征意义的符号消费中提升自我发展的需要，以超越人们当下的物质和经济诉求。

---

① 由于鲍德里亚对"象征交换"界定模糊，鲍德里亚的研究者对象征交换范畴本身的意义也莫衷一是，凯尔纳分析道："对于鲍德里亚来说，象征交换是一种交换方式，是矛盾的、非对等的、非还原的和多样化的。也就是说，符号价值和交换价值被资本主义代码确定，把商品和消费还原为注入价格、社会声誉等，象征交换具有与之相反的特征。鲍德里亚似乎在这里假定，无偿的礼品赠送、牺牲、节日游戏和毁坏在资本逻辑之外并与资本逻辑对立。"（Douglas Kellner. Jean Baudrillard: From Marxism to Postmodernism and Beyond. California: Stanford University Press, 1989: 43-46）

② 让·波德里亚. 象征交换与死亡. 车槿山, 译. 南京: 译林出版社, 2009: 184.

③ Jean Baudrillard. For a Critique of the Political Economy of the Sign. Trans, Charles Levin. St. Louis Mo: Telos Press, 1981: 64.

④ 同③125.

在象征交换中，包括资本积累、价值规律等在内的资本主义经济运行范畴都被"根本性否定"①，象征交换已经超越仅仅维护符号消费系统的意义，而在批判纯粹经济的物欲中展露出特殊的价值旨趣，也正因如此，人们才能真正地反对以生产方式为中心的自主性领域，走出生产之境，从而摆脱被符号控制的局面。

鲍德里亚认为，象征交换展示了一种与现代社会完全不同的文明方式，它在根本上消解了符号统治并成为人类革命的基础。人们要想真正摆脱符号的统治，就必须回归到象征交换的逻辑。象征交换作为对价值形式的完全否定，导致物的使用价值、交换价值及符号的明晰性都陷入危机。由此，鲍德里亚发出既振聋发聩又使人内心悲痛的呐喊："恢复象征性……符号必须被焚烧！"② 只有象征交换才能真正终结符号消费社会的统治，批判资本主义社会的交换行为和关系，确立人在社会交换中的主体自由以及实现解放的自我意识，建成符合人们理想的社会。

三、对资本本性的洞察与空洞的呐喊

马克思思考人类解放问题的社会背景是大工业时代，在那个时代，资本家们追问的主要是如何扩大生产、增加积累等问题，生产主义话语支配着一切。马克思以现实为基础，将更多的注意力指向资本主义社会的生产问题。他认为生产是资本统治一切的入口，交换和消费只是资本主义商品社会的外在表现形式，决定交换和消费的是资本主义社会的生产方式，如果不触动生产方式，人类解放就无法彻底实现，因而从生产出发来考察商品社会是马克思经济学和人类解放的理论基地。马克思当年对资本主义社会的批判，迄今仍是深刻的、有效的。他关于生产是社会发展的基础以及生产决定交换、消费的观点，不仅是政治经济学的基本原理，而且表达着看待现实社会关系问题的立场。当代资本主义社会所进行的许多改良或修正，在某种意义上也是对包括马克思在内的资本主义批评者的一种回应。纵观马克思的思想历程，尽管马克思在自己的

---

① Jean Baudrillard. The Mirror of Production. Trans，Mark Poster. St. Louis Mo：Telos Press，1975：143.

② Jean Baudrillard. For a Critique of the Political Economy of the Sign. Trans，Charles Levin. St. Louis Mo：Telos Press，1981：163.

文本中也曾多次提到物在消费领域的一些状况及作用，但总体而言，消费在他身处的社会并未达到像在现当代社会这样高的水平，因消费性质变化而产生的问题不可能成为马克思解放理论的关注重点。

鲍德里亚另辟蹊径，从消费出发，分析了资本在消费社会的运作方式，弥补了马克思没有强调的问题，反映了西方资本主义社会无法剔除周期性危机的根源，扩展和深化了人类对资本本性的认识。在鲍德里亚看来，资本逻辑的运行已经将重心从生产范围置换到消费范围，并实际造成了生产领地与消费领地之间的密不可分和休戚相关。鲍德里亚通过对消费社会具有普遍性症状的诊断，揭示了资本在消费范围周而复始地运转的本质活动轨迹，为当代人全景式地把握资本依其本性运动的规律提供了可能，阐明了具有世界历史意义的人类生存经验，凸显了人作为社会存在的物质属性与精神属性的双重维度，挖掘了符号消费背后的现代技术理性对人存在价值的深层消解，并积极地为人类在资本主义时代的合法生存与发展筹划方案。在这个意义上说，鲍德里亚对消费社会的剖析，对现实的人身处的存在境况进行研究的理论与实践贡献不容忽视，也使得他在学术明星云集的法国理论界乃至整个欧洲获得了应有的位置。

鲍德里亚提出的符号消费和象征交换是对马克思解放理论的挑战，同时也为我们分析人类当前的生存境遇、探索摆脱符号操控而获得自由的解放方式提供了全新的视角。一方面，鲍德里亚把目光从物转向符号，从人和消费品的关系转向思想观念领域，转向心理领域，进一步揭示出消费社会以一种隐蔽的方式从多重角度永无休止地进行符号编码从而推动时尚潮流向前发展的真相，它操纵人、控制人、驾驭人，通过特定的符号编码支配人的消费心理取向，最终使人深陷符号的泥潭而不能自拔。在符号主宰一切的消费社会，所有人皆不自主地参与到符号编码的游戏中"吸收符号"以及"被符号吸收"，以至个体"在其中被取消"，演变为非人化的生存困境。鲍德里亚从商品拜物教跨越到符号拜物教，对人们当前这一生存状态所展开的剖根式分析无疑是振聋发聩的。他提出的象征交往逐渐成为人们普遍认同的社会交往准则，为实现人的自由全面发展提供现实基础，极大地丰富了马克思的解放理论。另一方面，通过象征交换的替代措施，鲍德里亚扬弃了马克思的政治经济学与唯物史观。美国学者波斯特曾在评价鲍德里亚时说："他丰富并发展了历史唯物主义，使它符合发达资本主义的新形势。"① 鲍德里亚基于符号视角，为如何评估资本主义的历史地位、展望资本主义未来演化趋势问题贡献了独特批判向度。

但是较之马克思的人类解放观，鲍德里亚只是在自身理论的内部维持着一种完全性，显示出对超越符号消费社会的空洞呐喊：

第一，鲍德里亚对生产在社会中的作用视若无睹，对当代人类生存境遇的把握流于片面。鲍德里亚看到了当代社会和马克思所处社会的根本性差异，并冠以"消费社会"和"生产社会"之名。但是，他在把两者区分开来的同时又抛弃了生产社会。鲍德里亚看到的只是消费的"神奇的地位"，在消费占主导地位的社会，他全然忽略了生产依然存在的客观事实。马克思在追究以生产为主流话语的古典政治经济学存在的合法性时，揭露了其掩盖现实生活实情的巨大虚妄，正中要害地指向了现实社会的世俗基础，洞穿了这一基础在资本原则驱动下"自我分裂和自我矛盾的实质"，犀利客观地表达了资本对人的奴役。鲍德里亚否定马克思的生产力在社会发展中具有主导地位的理论逻辑，认为马克思提出的人类历史发展进程理论并未触及人的生存原则和本真形式，难以实现批判理论的现实功能。鲍德里亚没有透视马克思这一理论背后所隐含的经济学内涵与价值，反而将其置于批判的首位，认为马克思在批判政治经济学中使用的基础性概念（如"劳动""匮乏""生产"等）都必须予以质疑，将其视为"政治经济学的螺丝钉"，因而不可能从根本上颠覆政治经济学。鲍德里亚对符号过度依赖，希冀以符号学来解读消费社会和人类身处的当代境况，这种理解视角是独到的。但问题的关键是，他忽视了符号存在的现实根基，误入"符号万能论""符号主宰论"的思路，企图以符号政治经济学取代马克思的政治经济学来完成对资本主义消费社会的批判，使人陷入在虚拟符号的世界中实现解放的幻想，并最终导致了人类始终被"商品-符号"社会系统挟持的悲观主义结论。鲍德里亚在时尚被符号终结的时代做出了一种"乌托邦"的选择。

第二，象征交换作为鲍德里亚批判消费社会的武器，是其理念上美好向往与现实中不满情绪发泄的结合。象征交换是鲍德里亚走出符号统治的路径和工具，是哲学家对当今社会的激烈反抗，是找回本真人性的

---

① 马克·波斯特. 第二媒介时代. 范静晔，译. 江苏：南京大学出版社，2005：105.

理论救赎。但是，人类无法返回到原始社会中去践行象征交换理论，象征交换理论由于找不到社会的根基，作为一种特定的上层建筑，脱离了一般的经济基础，将现实的物质利益所有权设定为与人的精神世界相契合的符号编码，这一理论的建构背离了人的物质性存在根基，带有明显的乌托邦印迹，也就失去了贯彻于社会的可能性，只能成为一种空洞呐喊。鲍德里亚个人角色与身份转变的发生——叛逆社会、从激进变得消极、从左派转向右派，使其最终走上了虚无主义道路。其虚无主义在他分析死亡的时候表现得异常明确："死亡标志着符号的固有的可逆转性，这是一种真正意义上的象征行为，可以蔑视拟像、模型和编码构成的世界。"[①] 鲍德里亚没有真实分析现实革命的可能性和可行性，单纯凭借象征交换对符号价值进行外在的撞击，批判当前的消费社会，这无异于故步自封者的天方夜谭。鲍德里亚的消费社会批判与人类解放理论揭示了一切事物和范畴都在符号的意义上确证自身，而在直接的、现实的意义上是异在的存在物，借助外在力量把握人的生存现状和解放需要是对现实历史的反叛。因此，其理论无论多么具有穿透力和震撼力，都难以实质性地寻到一丝解放的曙光，难以找到通往现实的解放之路。

我们需要走近鲍德里亚，感受他所具有的理论激情和挑战权威的自信，汲取他以一颗虔诚之心和一种敏锐的问题意识积极探索这个世界带给我们的灵感。但我们更要胜过鲍德里亚，从其首肯的现代人具体生存的境况和问题中，摆脱其思想上的掣肘，在消费作用凸显的时代把握马克思的生产与消费相互统一的理论在现代社会中演变的内在机理。尽管对现实的解放沦陷为空洞的呐喊，但鲍德里亚始终怀抱着人类解放的理想追求与决心，这一点不容置疑，正如他所说："如果世界是毁灭性的，那让我们比它更加具有毁灭性。如果它是无情的，那就让我们变得更加无情。我们必须战胜世界，通过一种至少与世界一样的无情来诱惑它。"[②] 鲍德里亚的社会批判和建构理论这面"棱镜"，折射出西方马克思主义如何看待物质利益和现实生活世界的基本问题，为消费时代理解人的生存及其与世界的关系问题提供了新的视野和意义空间。

---

　　① 道格拉斯·凯尔纳.波德里亚：批判性的读本.陈维振，陈明达，王峰，译.南京：江苏人民出版社，2005：111.

　　② Jean Baudrillard. The Ecstasy of Communication. New York：Semiotext（e），1988：101.

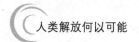

第三节　芬伯格的技术微政治学理论

从技术发展的视角看，马克思解放理论的演进思想中贯穿着一条鲜明主线：技术（劳动）→技术（劳动）异化→技术（劳动）异化的扬弃，最终实现人类解放和自由，这便是技术与人类发展的基本架构和总的观点。技术是事物的一面镜子，它能够折射出人类社会的基本内容，技术的理论和方法视角能够说明人与社会的存在为何发展变化。面对当代严重的技术异化，只有同时立足于对不合理的"社会制度实行完全的变革"和大力发展技术，才能最大限度地克服技术异化，实现技术理性与以全人类解放为目标的价值理性的和谐统一，实现人与自然之间、人与人之间关系的和谐。

但是，在具体层面我们究竟如何建构具有实践性、操作性的理论以克服技术的异化，实现技术理性与人类解放的和谐统一，却还是我们应该思考的。笔者认为，通过批判性地汲取美国法兰克福学派新一代领军人物芬伯格的技术"微政治学"理论，对操作性地解决人类解放进程中遇到的具体层面的问题，尤其是技术问题，具有借鉴意义。

一、基于技术的政治学构建

安德鲁·芬伯格（Andrew Feenberg, 1943—　）是近年来走进中国学术视野的美国哲学家。作为法兰克福学派创始人马尔库塞的得意门生，芬伯格如今已成为该学派新一代的主要代表，同时也是新批判理论的领军人物之一。芬伯格涉猎广泛、思想博杂，然而其思想的根茎和主脉却不难辨识。其中，技术社会学中的社会建构论（或译社会构成主义）作为其思想的主脉之一是显而易见的；此外，在正统马克思主义基础上形成的"新马克思主义"，作为其思想的另一大主脉，也是毋庸置疑的。这两大主脉形成了研究芬伯格思想的两种理路，构成了其技术哲学的批判与建构理论的基石。对两种理路的兼顾能够厘清其开拓的技术哲学新视野对于我们全面认识技术与制定合理科技政策的现代意义。而哪一种理路才能抓住芬伯格思想的主根呢？在这个问题上，国内学界似乎形成了一边倒的状况——从技术社会学或技术的社会建构论这种理路上研究芬伯格。

　　这样的研究理路是否能够真正通达芬伯格思想的精髓，是否能够对其成就和缺陷有洞若观火的把握，笔者表示怀疑。因为在芬伯格的思想体系中，西方新马克思主义或"后马克思主义"，作为其思想理论的主要来源之一，占据着极其重要的地位，事实上构成了芬伯格思想的主根，在其技术批判的理论维度和构建的技术转化微政治学路径中，深刻蕴含了法兰克福学派对资本主义批判的技术转向立场。

　　早在大学期间，芬伯格就开始对已在美国产生一定影响的马尔库塞和存在主义的西方马克思主义者如萨特、雅斯贝尔斯、戈德曼产生了浓厚兴趣。他多次到法国访学深造，并得以亲聆戈德曼、德里达等大师的教诲。由于后现代理论最重要的发展出现在法国，所以法国之行不仅深化了他对西方马克思主义的认识，同时又促使他认真关注正在兴起的后现代主义。除了形形色色的马克思主义理论外，阿隆的工业社会理论、埃吕尔的技术决定论、布尔迪厄结构主义中的场域理论等其他法国思想流派，也对其产生了明显的影响。在这些西方马克思主义者的影响下，芬伯格认为经典马克思主义理论中关于技术的阐释较为缺乏和模糊，难以为现代社会资本主义技术控制的异化提供支撑，他由此形成了以反对（经济）还原论和基础主义、极力张扬非决定论为基本论调并明显具有后现代和后结构主义色彩的"后马克思主义"立场。

　　"革命不仅是对资本主义社会的挑战，也是对工业文明的挑战"，曾是法国"五月风暴"的一句有代表性的口号。"五月风暴"与苏东剧变的发生，验证了马尔库塞《苏联的马克思主义》和《单向度的人》中技术统治论的主题，使得有关技术专家治国论的争议很快走向欧美理论前台。芬伯格自然也深受影响。他在 20 世纪 80 年代初就开始研究社会主义组织社会学问题，这是他集中精力研究技术政治学问题的前奏。80年代末，芬伯格开始重点研究主要由法兰克福学派特别是马尔库塞开启的、具有批判精神和解放旨意的技术政治学。

　　必须指出的是，在芬伯格的思想体系中，技术政治学与技术的社会建构论不是泾渭分明的。技术政治学中包含了社会建构论的成分是显而易见的。社会建构论的一些基本观点，如非决定论的待确定原则、行动者-网络理论、授权理论和柔性解释原则等，正好和芬伯格早就形成的后马克思主义的技术政治学思想不谋而合。这一现象并非偶然，因为社会建构论正是在由（法兰克福）社会批判理论、后结构主义等思潮所导致的后实证主义氛围中形成的。芬伯格对此有明确指认："技术是这些行动者的社会表达方式。我的早期著作所依赖的这个证据，也是当前构成主义技术社会学……的核心。"① 即使没有技术的社会建构论，也并不影响芬伯格具有社会建构论意味的技术政治学的形成。

纵观芬伯格的思想发展历程，相对于技术政治学这个主旋律，技术的社会建构论只是镶嵌在其中的一个插曲。芬伯格真正关心的是通过技术获得解放精神的政治学，解放的旨意是其始终坚持的马克思主义之根。他不像其他社会建构论者那样专事技术社会学研究，而是着力关注现代社会技术盛行下人的存在状况，探讨了主体与客体、事实与价值如何统一的技术存在论问题，并对古希腊的技术思想加以辩证回归，以超越纯粹的抽象技术批判而进入自然与社会和谐统一的解放之境。芬伯格在广泛汲取这些技术社会学专家的理论图示和经验论据的同时，对他们难以与马克思主义解放旨意相容的后人道主义和某些悲观主义、非理性主义进行了毫不留情的批判："这些学派的思想拒绝由法兰克福学派所提出的有关现代性的更大问题，我对这一做法深表怀疑。"②

在芬伯格的思想体系中，技术政治学与技术的社会建构论并不是平行并列的关系，也不是等量齐观地平分秋色，他的思想体系是一个以技术政治学为主线，辅之以技术的社会建构论的层次分明的立体结构。其中，技术政治学占据着决定性和支配性的地位。技术政治学对思考关于技术的存在与未来取向的哲学思维和视野具有决定性作用，影响了芬伯格技术批判的思想路向。因此，理解芬伯格，在根本上就是理解他的技术政治学，就是理解他的技术批判思想。于是，西方新马克思主义思想谱系的理路，才是具有统摄意义的理路。只有从这种理路出发，才能通达芬伯格思想的主根，才能真正把握芬伯格思想的精髓。

芬伯格的技术政治学是从对传统技术批判理论的审查开始的。按照芬伯格的理解，现代批判理论来自韦伯和马克思。在韦伯等实证主义者看来，理性是普遍的，不受社会和历史条件的制约，怀疑理性不仅是对

---

① 安德鲁·芬伯格. 可选择的现代性. 陆俊，严耕，等译. 北京：中国社会科学出版社，2003：4-5.

② 安德鲁·芬伯格. 技术批判理论. 韩连庆，曹观法，等译. 北京：北京大学出版社，2005：中文版序言2-3.

现时代合法性的挑战，而且破坏了评价世界的唯一可以信赖的立场，结果韦伯把整个统治系统悄悄带进了他的合理性定义中。"马克思试图在批判资本主义合理性的阶级偏见的基础上建立一种文明变化的连贯战略。他分析了市场合理性再生出阶级结构和加强资本主义霸权的机制。在确认了资本主义合理性的这些局限中，马克思使自己在更高的辩证合理性中超越了这些局限。社会主义被描绘成一种理性秩序的新形式……但是马克思的辩证法达不到这一目标，因为他不能解释他试图用来取代资本主义的有计划的社会的辩证合理性。"① 在芬伯格看来，马克思的辩证法对资本主义的技术批判维度被遗忘，其所揭示的只是资本主义生产的目的，表明技术在生产过程中只是起到了助益资本控制劳动的作用，难以产生对资本生产逻辑的批判，因此，马克思关于技术批判理论的设计并未在现实运用中产生。

　　早期卢卡奇敏锐地注意到了这一点，他以物化概念为基础勾画了辩证合理性的理论。在卢卡奇看来，形式合理性是资本主义文化的基础，辩证合理性则支持社会主义，"辩证法在一个更大的框架内包含了形式合理性，而这一框架决定了形式合理性的限度和意义"②。尽管卢卡奇明确谴责过资本主义社会的技术构成，但他并未发现技术构成的历史变化及其辩证意义，难以从物化理论中探索出技术批判与变革的出路，没有从研究中得出其逻辑上的结论，也未能更加深入地探究辩证合理性在建立社会主义文明过程中是如何超越自身的这一问题。

　　后继的法兰克福学派把卢卡奇的物化批判深入推进为主题性的工具理性批判。这就把批判的矛头指向了资本主义统治下的科学和技术，科技合理性因此成为法兰克福学派批判的重心，其中马尔库塞做出了卓越性的贡献。首先，马尔库塞跟随霍克海默和阿多诺，认为在科学-技术的合理性和统治之间具有内在的、先验的联系，并致力于构建综合价值与真理的新合理性。其次，马尔库塞是法兰克福学派中唯一始终致力于探索发达工业社会人类解放的未来之途的人，而霍克海默和阿多诺则深

---

　　① 安德鲁·芬伯格. 技术批判理论. 韩连庆，曹观法，译. 北京：北京大学出版社，2005：208-209.

　　② 同①210.

深地陷入悲观主义。① 再次，法兰克福学派中的许多代表人物，包括韦伯、卢卡奇、霍克海默和阿多诺等，都犯了形式抽象的错误，把资本主义的社会合理性自然化或者必然化（普遍化、恒定化），而马尔库塞把理性的形式中立性和社会统治联系起来，主张形式体系只有在特殊的社会情境中为了一定的目的而创造人类文明时才是可接受的。他强调资本主义的社会合理性是历史的偶然，应以历史和具体分析的态度看待它。在审视资本主义合理运行过程的同时，马尔库塞发现了技术的超政治性，从技术的中立形式中发掘特定的思维方式与实践类型，表明技术科学具有批判与变革自然物质的历史活力。最后，马尔库塞承继海德格尔等开创的技术社会学的人文批判，在对合理性全面的社会批判和对发达社会由技术构成的生活方式的具体分析之间建立了联系，从而光大和凸显了技术政治学。②

值得注意的是，尽管马尔库塞尖锐地批判了技术合理性，但他仍然保持着马克思对技术遗产解放潜能的信奉。他相信，技术的合理性和有效形式具备社会批判与革命的现实可能，他致力于将技术从现代性的牢笼中解救出来以拯救其批判潜能，认为当技术进步使物质生产的自动化程度满足所有的基本生活需要、必要劳动时间降到最低限度时，一种发生质变的新的社会阶段、新的生存方式就会到来，"到那时，在为自然和社会的和解而进行的斗争中，技术将服从于使人的才能得以自由发挥的任务"③。通过对苏联社会主义实践的反思，马尔库塞提出了迥异于传统马克思主义的新思路："这种根本不同的新的生存方式决不能被设想为经济与政治变革的副产品，不能被设想为构成必要前提的新制度所带来的多少带点自发性的效果。质的变化也包含着这一社会赖以建立的技术基础的变化"④，质变就在于向不同的目标发展，就在于重建这种基础。这种重建的关键在于实现"作为技术目的的新目的将在筹划和机

① 戴维·麦克莱伦. 马克思以后的马克思主义：第 3 版. 李智，译. 北京：中国人民大学出版社，2017：352.

② 安德鲁·芬伯格. 技术批判理论. 韩连庆，曹观法，译. 北京：北京大学出版社，2005：212-213；安德鲁·芬伯格. 可选择的现代性. 陆俊，严耕，等译. 北京：中国社会科学出版社，2003：36.

③ 赫伯特·马尔库塞. 单向度的人：发达工业社会意识形态研究. 刘继，译. 上海：上海译文出版社，2016：15.

④ 同③16.

器的建构中，而不只是在其应用中发生作用"①。实现人类解放和社会主义最根本的路径是技术的激进革新，即技术设计和应用的目的由控制和支配变革为人的潜能、自由和民主的实现。

马尔库塞的观点无疑是有缺陷的。首先，马尔库塞对技术的批判视野太过狭窄，仅仅关注资产阶级的权力统治层面。任何社会关系都以现代技术为中介，技术已经深深地扎根于我们的生活世界。"在选择我们的技术时，我们变成了我们之所是，而这反过来又形成了我们未来的选择。如今的选择行为已经被技术所渗透。"② 技术设计对人类来说是具有本体论意味的决策。其次，马尔库塞没有充分阐发技术的积极作用，因此不能与当代的技术研究进行富有成果的交融。特别是他忽略了社会建构论和后结构主义的一些观点，并且对技术的激进革新缺乏让人信服的说明与论证。"尽管马尔库塞不遗余力地确定一种激进的替代事物，但他的著作最吸引人的还是一种宿命的历史哲学，它表明，人类正是被使他们支配自然的技术装置所奴役。"③ 在技术支配的时代，人们按照技术逻辑进行自我定位与社会分层，从而在技术系统中具有了一定的地位和身份意义，相互之间形成了技术形式的社会关系，在富有分层结构的技术领域，人们对技术的需要与追求根本上是被建构出来的等级系统。

因此，如何摆脱被奴役的状况而获得解放，就成为芬伯格技术批判理论关注的焦点。在芬伯格看来，真正的出路在于：抛弃以往单纯的指责技术外在形式及其造成的社会危机的视角，转而立足于技术政治学视野，直指技术在本体论维度存在的深层矛盾，保留并改造技术应用中的有效功能，最大限度地释放和开掘技术的民主潜能并重现技术的解放潜能，在激进民主的基础上实现理性重建。

二、微政治学的解放进路

芬伯格认为，当代资本主义的突出矛盾不是资本主义所有制与社会

---

① 赫伯特·马尔库塞. 单向度的人：发达工业社会意识形态研究. 刘继，译. 上海：上海译文出版社，2016：197.

② 安德鲁·芬伯格. 技术批判理论. 韩连庆，曹观法，译. 北京：北京大学出版社，2005：15.

③ 安德鲁·芬伯格. 可选择的现代性. 陆俊，严耕，等译. 北京：中国社会科学出版社，2003：90.

化大生产之间的矛盾，阻碍生产力发展、引发经济危机的根源在于特权阶层为了自身的利益而施行非民主和反人道的统治，其中技术合理性对资本主义专制、特权起着维护和巩固的负面作用。因此，在民主基础上实现普遍的人道主义，尽可能地保障社会成员特别是受压制群体的潜能得到充分与全面的发展，才是资本主义社会制度真正的解救之道。与此相应，资本主义技术合理性应被民主的理性取代，即必须实现"民主的理性化"①。将沉沦在技术理性中的人从无根的此在中唤醒，促使人获取自由选择和自主操作技术的权利。

所谓"民主的理性化"，确切地说就是在激进民主的基础上进行理性重建，把旨在维护和巩固上层支配力、反人道的资本主义技术合理性改造为富含人文关怀、促进人的潜能实现、能有机整合效率与自由等人文价值的新型理性。但问题是：何谓激进民主呢？在芬伯格看来，激进民主是和社会主义相称的民主。像他的许多前辈一样，芬伯格坚信社会主义的实质是民主和人道，但社会主义的民主不是资本主义条件下的那种形式的、肤浅的和伪善的民主，而是激进民主。苏联之所以失败，"那是因为他们拒绝这条激进的民主道路，而是选择了一条与西方融合的道路"②，最终只能在自身不完全民主的发展进程中被西方民主吞噬。

依据美国学者道格拉斯·拉米斯的说法，"激进民主意味着本质、要素形式的民主，根本民主，确切地说就是民主本身"，它"批判所有形式的权力集中：超凡领袖的、官僚的、阶级的、军队的、公司的、政党的、工会的、技术的。按定义来说，民主是所有这样权力的反题"③。这就是说，激进民主是在所有领域真正贯彻自由平等精神，以反对权力专制和控制为诉求，实现彻底的民主。对此芬伯格是认可的。他强调指出："通过取消作为阶级社会特征的广泛的经济、社会和政治不平等来实现社会的激进民主化。"④ 他强调通过开放公众创新对话的途径和对技术改造的方式，来促使不同利益群体在争论中推动民主化

① 安德鲁·芬伯格. 技术批判理论. 韩连庆，曹观法，译. 北京：北京大学出版社，2005：76-81.

② 同①13.

③ 道格拉斯·拉米斯. 激进民主. 刘元琪，译. 北京：中国人民大学出版社，2008：15.

④ 同①186.

进程。

　　深受后现代主义影响的拉克劳、墨菲还特别强调，真正的激进民主必须同时是多元的。传统马克思主义以经济地位为理据赋予工人阶级先验特权地位，赋予工人阶级政党革命先锋队角色，恰恰是反激进民主的，因为这不仅剥夺了其他社会成员的自由、自主和自治，同时也剥夺了广大工人群众自己的自由、自主和自治，造成新的支配。芬伯格对此也表示赞许，但在何以通达激进民主的问题上与拉克劳、墨菲有所区别。与拉克劳、墨菲主张借助"连接"实现动态的霸权联盟不同，芬伯格强调，民主的根本性变化需要彻底地重新构造现代社会的技术基础，需要技术的民主转化。"技术的社会性决定了技术不是天命，人们完全可以通过对技术的民主转化来变革技术，从而解决技术所存在的问题。"① 因为资本主义工业社会所有的社会关系都已经被技术化，资本主义的合理性统治也是通过技术得以进行的，所以，激进民主只有通过激进的技术转化才有可能实现。② 激进的技术转化的目的在于，保证大多数参与者的利益，使人们在通过技术参与到民主决策的过程中发挥自身的思想意志作用和价值意义，以此打破技术霸权及其滋生的形式化民主。

　　芬伯格认为，技术具有"双面代码"的特征，是"两级工具化"的结果。所谓双面代码，是指技术统合了知识与权力或科学与意识形态两类不同成分，统合了科学认知与霸权两种不同的功能，统合了追求效用与维系特定的价值偏好两种不同的要求。资本主义的技术代码目的是，巩固和再生资本家的"操作自主性"，即维持与强化资本家支配、控制底层民众的权力和地位。从技术生产到社会分工，任何一个技术运作系统都是由一系列要素构成的，孤立的要素、构件只是为第一面代码而创设的，只有在这些要素被整合成技术整体的过程中，第二面代码才悄无声息地渗透进来。所谓两级工具化，是指初级工具化和次级工具化。初级工具化类似于海德格尔所说的技术是一种揭示方式，它体现的是技术以实用、实效为目的的自主性特征；次级工具化则表明，技术总是

---

　　① 吴兴华. 从"天命"到"民主"：论芬伯格的技术变革之路. 自然辩证法通讯，2020（4）：106.

　　② 安德鲁·芬伯格. 技术批判理论. 韩连庆，曹观法，译. 北京：北京大学出版社，2005：1-14.

根据特定的社会逻辑、在一定的社会情境中实现占霸权地位的价值意图。次级工具化过程就是审美、伦理等社会规范"授权"给技术的过程。

然而，在当代社会，伦理的授权仍在继续，但这些伦理授权被理解为功能，而它们的规范性质却被系统地忽略了。芬伯格为此特别指出："经过社会主义革命，技术要像国家、法律以及其他从资本主义那里继承下来的制度一样被重新构造。"① 因为"技术是形成我们生活方式的一种新的法规，与本来意义上的法律并没有什么特别的不同"②。技术是融事实与价值为一体的，是科学理性与人的发展的聚合，具有强烈的社会价值规范指向。

所以，解放不仅需要社会变革，还需要理性的彻底转变。芬伯格特别强调："科学-技术合理性不是一种必须作为整体来辩护或拒斥的脱离历史的独立之物，而是一种演化着的属性的复合，它可以以不同的方式、在带有不同社会含义的情况下被构造。"③ 在思考技术的合理性时，我们无法摆脱对某种具体技术合理性的主观意愿，技术合理性构造的开放性与不可控性因素，恰恰印证了技术的自主性对人的主观性的支配。

在对技术的合理性的考察中引进激进民主观念，只是解决了技术的激进民主转化的必要性问题。而技术的激进民主转化是如何可能的？对此，芬伯格的观点与马尔库塞的观点迥然有别。马尔库塞曾经说过，技术发达的社会被如此成功地整合在一起，以至于反抗只能来自社会的边缘。④ 芬伯格认为反抗必须是"内在的"，技术本身具有内在的民主潜能，技术的激进民主转化只能通过技术自身来实现，表现为促使公民广泛参与技术的设计与应用策略来变革技术不证自明的合理地位，而不能寄希望于外在于技术过程的特殊主体和国家政治行为来实现。⑤

芬伯格解释道："技术是一种双面现象：一方面有一个操作者，另

---

① 安德鲁·芬伯格. 技术批判理论. 韩连庆，曹观法，译. 北京：北京大学出版社，2005：60.

② 安德鲁·芬伯格. 可选择的现代性. 陆俊，严耕，等译. 北京：中国社会科学出版社，2003：5.

③ 同①165-166.

④ 同②23-24.

⑤ 同②1-17.

一方面有一个对象。当操作者和对象都是人时，技术行为就是一种权力的实施。更进一步地说，当社会是围绕着技术来组织时，技术力量就是社会中权力的主要形式……但是技术权力的实施引发了内在于单向度技术体系的新形式的抵抗。这些抵抗暗中对以技术为基础的特权阶层提出了挑战。因为受技术控制的地方影响技术的进步，所以从下层产生的新的控制形式能够使技术沿着新的途径发展。"[1] 技术影响的每一个个体都是技术的参与主体，人们日常生活的多维领域理应成为技术批判的参照物。因此，对技术的现实运用进行的干预与调控应以人们的权益为起点，以法律、制度和政策等规则为手段。

这一点已被许多典型例证证明，如环境保护运动（导致生态伦理技术的兴起）、反核运动、自然分娩与母乳喂养运动，以及艾滋病患者的斗争运动（造成人们对医学伦理的关注，医疗并非纯粹的技术活动）等。在这些运动中，"技术系统都由科学-技术精英来构思和实施以回应它所喜欢的那套功能要求。那种出发点构成了一个初始的功能层次，这个功能层次或早或晚都会在思想上遇到来自具有其他观念的公众的抵抗。抵抗采取的形式就是通过在它的边界上使创新具体化从而把技术系统合并到另一套功能要求中去"[2]。公众的参与开始对技术变革的形式即技术的民主转化产生重要影响。这种影响在以计算机为标志的后现代技术中得到更为充分的体现。通过后现代技术，"个体在各种角色以及各种完全没有他们的身份中轻易地滑动，每天在各种各样的大众中进进出出，完全不属于任何一个共同体。'孤独的群体'的孤独性就在于有大量无足轻重和模糊不清的陌路人"[3]。这些像幽灵一般自由游荡的匿名主体，既增强了彼此之间的交往互动（如网络聊天），又使自己得到有效保护。个体逐渐参与技术的设计与实施过程，在此过程中重新生成的技术不断满足大多数人的利益，从而壮大了对技术控制进行反叛的民主力量。技术转化的微政治学进路由此凸显出来。

所谓技术转化的微政治学，按芬伯格的解释，是指"小规模干预中

的政治学"，"这种小规模的干预改变了生活环境但没有直接反抗国家"，所以"这是一种建立在局部知识和行动基础之上的情境政治学"①。芬伯格认为自己的这一思想借鉴了源自福柯微观权力物理学的德·塞尔托的理论。"德·塞尔托提供了一种对福柯的权力理论的解释，这种解释有助于强调技术的双面本质。德·塞尔托区分了两种群体的战略，一种是管理者和国家行政人员的战略，他们有一个实施权力的制度基础；另一种是从属于那种权力的人的策略，因为后者缺少连续的和合法的行为基础，只能调动和临时准备一些微观政治的挑战。"② 技术的微政治学引起的抵抗是暂时的和局部的，但"只要大量的个人卷入到技术体系中，抵抗就能影响未来的设计和技术体系及其产品的配置"③。个体参与技术的设计和实施过程能够发挥干预作用并增强技术的可控性，以减少其造成的侵害的范围和程度。

为什么抵抗只能采用技术的"微政治学"形式呢？因为，现在已经是技术社会了，"在技术社会，边缘性潜在地是每一个人生存条件的一种状况……我们日常生活的技术环境不再像我们在 60 年代所想象的那样似乎是野蛮的压迫者，而是一种'软机器'，一种把我们包括在内的松散地组织起来并极其脆弱的结构"④。传统的革命政治学已显不足，我们步入了德里达所谓的"后革命氛围"的时代。在这样的时代，包括工人运动在内的所有运动中，没有一种运动概括了所有的社会斗争，但所有的社会斗争都与技术有关。技术的微政治学不是特定阶级的偶然斗争，而是抵抗的一种基本形式，这种基本形式处于发达社会中许多类型的社会斗争的中心。不仅如此，"技术微政治学涉及具体的政治抗议的形式问题，这种抗议旨在通过来自用户、顾客或受害者的压力来改变特定的技术或技术系统。这样的鼓动缺乏许多传统意义上的政治运动的机制，它也许没有集中的协调，只有在想要达到的方向上有一种含糊的共识，但它能够超越被实证主义对进步的信仰的霸权所妨碍的技术政治学

①　安德鲁·芬伯格. 可选择的现代性. 陆俊，严耕，等译. 北京：中国社会科学出版社，2003：43.

②　安德鲁·芬伯格. 技术批判理论. 韩连庆，曹观法，译. 北京：北京大学出版社，2005：18.

③　同②18 - 19.

④　同①46.

早期的形式"①。技术始终处于一定的社会情境和关系中，社会因素的综合影响决定了技术的发展和使用取向，因此，对技术的调控涉及设计、投入使用及产生的后果等维度。从技术的微政治学切入，能够在技术诞生之前或设计之际就对其进行调控，但对于技术已经制造的危害，只能进行一定的修正与治理，而无法对后果进行根本控制和扭转。芬伯格对技术的可控与不可控因素的透彻分析，在本质上体现了他以受众的切身利益为理论立足点的基本立场。

　　广大的技术受众对象为什么会反抗呢？芬伯格深受历史唯物主义影响，认为"利益"是其中起决定性作用的因素，因而是"分析的起点"。他指出，当人们"能够清楚地表达他们的利益的时候，就有机会根据人类需要和能力的更广泛的范围来重新构造技术体系"②，即"参与者利益"驱使人们改造技术。所谓技术变革的民主化，意味着赋予那些缺乏财政、文化和政治资本的人们接近设计过程的权力，从而最大限度地实现参与者利益。从这个意义上说，激进民主必然是参与民主；当然，这种参与可能更多是非正式的参与。参与者利益是人们对待实现的潜能的明确而具体的自我确认。正因为如此，芬伯格反对在经济还原论和庸俗唯物主义立场上把利益简单地视为纯粹的个人物质私利，强调利益不是真正的独立因素，人们对利益的体认是在一定的文化环境中特别是在一定的道德标准下进行的。把利益简单地视为个人物质私利，是资本主义文化造成的；如果这样，那些技术的微政治学"运动似乎仅仅导致了合作而已，因为它们没有从机器中提升出人的能动作用，没有恢复人原有的自主性"③。芬伯格技术的微政治学视角包括了对技术本身存在与生产过程的审思，这意味着就技术单纯的自主性因素而言，主要表现为在技术的设计上难以根除其对人隐含的危害，而只是在技术产生了危害之后才能有所意识和反应，主要原因在于未能充分保证公众参与技术设计的自主性。

　　基于以上分析，芬伯格指出：归根结底，"技术在很大程度上是一

---

　　①　安德鲁·芬伯格.可选择的现代性.陆俊，严耕，等译.北京：中国社会科学出版社，2003：43.

　　②　安德鲁·芬伯格.技术批判理论.韩连庆，曹观法，译.北京：北京大学出版社，2005：22.

　　③　同①45.

种文化的产物,因此任何给定的技术秩序都是一个朝向不同方向发展的潜在的出发点,但到底向哪个方向发展则要取决于塑造这种技术秩序的文化环境"①。技术的激进民主转化需要一种"责任文化",在文化中形成的责任感,更关注把人从物化和异化中解放出超功利的人道价值,并且人们自觉地承担这种责任,"从乏味的技术化中拯救生活的某种价值和领域",从而"把我们确定为设备和系统中的道德和政治主体"②。"责任文化"从本质上说就是自由、平等、互爱、民主等人类人文主义传统孜孜以求的普适性的价值规范充盈其间的文化,它为技术的民主设计和转化提供了良好的文化氛围。社会主义社会是"责任文化"充分发育的社会,虽然它注重以形式化的方式定义人类思维中的价值意涵,但根本上以人在实践中生成的自主性意识和能力为依据,这正是它的优越之处。

三、技术的政治意义与工具主义倾向

芬伯格的技术批判理论从技术哲学转变为技术政治学,从技术的民主化引出社会的民主化问题,对传统根深蒂固的技术宿命论进行了有力的回击,为技术批判理论保持了乐观的态度。芬伯格的技术政治学理论代表英美马克思主义当代的最新进展。作为西方马克思主义当代进展的最新成果之一,芬伯格的技术政治学理论无疑是值得关注与借鉴的。

第一,芬伯格的技术政治学理论的来源具有多样性,这使得其理论具有了坚实的思想基础。通过研读芬伯格的论著可知,他对马克思、黑格尔、卢卡奇、海德格尔、阿多诺、霍克海默、福柯、哈贝马斯、利奥塔、斯特劳斯以及马尔库塞等法兰克福学派代表人物的各种理论,有着惊人的消化能力,并且能够得心应手地使用与借鉴,在分析他人思想的过程中阐明自己有建树的观点,他对许多问题的展开都是以这种方式进行的。在前人技术思想的基础上重建技术存在论和批判理论,构成了芬伯格技术哲学思想的特色。芬伯格技术政治学理论来源的丰富性与多样

---

① 安德鲁·芬伯格. 技术批判理论. 韩连庆,曹观法,译. 北京:北京大学出版社,2005:165.

② 安德鲁·芬伯格. 可选择的现代性. 陆俊,严耕,等译. 北京:中国社会科学出版社,2003:45.

性，使其自身的理论体系建立在了更加坚实的历史基地之上。

第二，芬伯格独具慧眼，以技术批判为论说主题，这既延续了法兰克福学派的学理传统并在理论深度上更进一层，又有很强的时代现实感。他坚持历史唯物主义的基本原则并运用历史分析的方法，强调资本主义合理性和技术文明的历史特殊性与偶然性，努力寻求具有经验色彩的解救之道，进而既有力地批判了霍克海默、阿多诺等人的悲观主义，继承了马克思主义的乐观主义和理性主义的启蒙立场，张扬激进的解放立场，又克服了大陆西方马克思主义重哲学思辨、轻经验实证的不良倾向，使马尔库塞的技术解放思想不再停留在浪漫主义的思辨玄想中，而呈现出许多现实取向的经验内容。他提出了如何在人类解放进程中实现技术的激进民主转化从而达致"责任文化"，认为"责任文化"之所以能够在民主政治中成为具有普遍性、必要性的真理法则，是因为人对解放的自我理性认识为其提供逻辑先在的根据，"责任文化"则在此根据上具备了统一世界上一切技术、知识和民主取向的能力，从而把人逐渐从各种各样的物化、异化中解放出来。荷兰学者 H. 阿赫特胡斯（Hans Achterhuis）在《当代美国技术哲学的经验转向》中评价指出，芬伯格技术批判的"目的与其说是提供一种批判，毋宁说是指出自身思想的显著特征"[①]。人的思想与行为对技术设计和发展的选择具有自主性，对技术批判的深层旨趣是发掘技术发展的多种可能性。

第三，芬伯格通过对马克思经典文本的深入解读，持之有据地把马克思的技术思想界定为超越工具主义和实体主义的技术政治学[②]，并在此基础上结合福柯、德·塞尔托的相关理论，发掘出马克思主义本有的"微政治学"向度与"责任文化"主张，同时，"他试图通过对技术的民主控制，使技术符合更广大群众的需要，以彻底改变技术统治现代社会的状况，建构起一个更合理的现代社会，对这一良好愿望是应当予以肯定的"[③]。芬伯格对马克思主义的"向社会主义过渡"理论进行了创造性重建，丰富和深化了对马克思主义的认识。传统马克思主义研究对技

① Hans Achterhuis. American Philosophy of Technology：The Empirical Turn. Indiana：Indiana University Press，2001：67.

② 安德鲁·芬伯格. 技术批判理论. 韩连庆，曹观法，译. 北京：北京大学出版社，2005：24-27.

③ 朱春艳. 论费恩伯格的"技术民主化"理论. 自然辩证法研究，2008（7）：37.

术问题要么不够关注，要么简单地把马克思视为技术中性论者。之所以如此，皆因传统马克思主义偏重于从宏观的政治经济学、国家政治学和结构社会学角度进行研究，很少问津从马克思异化劳动理论生发出来的微观劳动过程理论、微观政治学。

第四，芬伯格的技术批判理论前瞻性地把握了技术发展的时代脉搏，将技术社会发展中出现的迫切问题呈现出来，为我们重新思考技术理性与资本逻辑的现实作用关系问题提供了新的视角。中国已经大步迈入工业文明和技术社会。源于对马克思主义技术观的教条化和简单化理解，我们主要以效率标准和工具定位来谋求技术设计与应用，而忽略了技术反民主、压制潜能的一面。就此而言，芬伯格的技术批判理论对我们的社会主义建设无疑是有警醒意义的。

然而，毋庸讳言，芬伯格不但没有解决西方马克思主义固有的一些理论症结，而且新增了因受后结构主义影响所造成的新问题。因此，芬伯格的技术批判理论具有理想主义或空想主义的缺陷，其技术政治学的有效性是令人怀疑的。具体而已，主要有以下四点：

其一，技术在现代社会中固然越来越重要，但是否如芬伯格所认定的那样，已经成为全部社会生活和政治的决定性问题，却是值得质疑的。他认为，机器工业中工人对劳动条件的从属不是强制的结果而是技术应用的结果[1]，以及反对资本主义的运动从根本上说需要技术的变化。[2] 芬伯格的这一观点只能说明技术发展与资本主义生产之间相互勾连、相辅相成的关系，但忽视了资本主义批判包括政治、经济、文化和生态等多维领域，而并不仅仅将批判的矛头指向技术维度。因此，这一结论没有足够的说服力。

其二，芬伯格深受后结构主义和福柯的影响，对微观政治寄予深深的厚望，这是存在问题的。正如凯尔纳、贝斯特所批评指出的那样，他们倾向于从事片段性的图绘，忽视了现代社会理论所关注的社会结构中系统的方面和关系，进而把权力和统治分解为多元的、无固定界限的制度、话语和实践，"低估资本和国家这些主要的、仍在发挥着重要作用

---

① 安德鲁·芬伯格. 技术批判理论. 韩连庆，曹观法，译. 北京：北京大学出版社，2005：50.

② Andrew Feenberg. Questioning Technology. New York：Routledge，1999：224.

的统治力量"①。芬伯格也认识到"抵抗如果想要反对资本主义霸权的结构性运作，必须不仅在微观技术的层次上进行，而且还要在元权力的层次上进行"②。但由于不能把对微观政治的偏爱与宏观政治、国家霸权的总体批判有机结合起来，只能囿于技术自身的创造活动觉察其存在的弊端，并由此展开不断修正和完善的活动，他的技术转化的"微政治学"更多是难结硕果的花。

其三，激进民主在芬伯格的论题中同样居于核心地位，但和拉克劳、墨菲一样，他"并未给激进民主这一概念赋予具体内容，也未能充分说明它与新社会运动以及与社会主义之间的交叉关系。在以自我看管和平等来界定民主时，他们未能全面地区分资产阶级民主和社会主义民主"③。他既没有看到激进民主、实质民主与社会主义制度建设的关联，又将视野局限于下层民众通过技术转化对资本主义民主的反抗，忽略了资本主义对民主反抗硬性的或"柔性"的反制、压制，不顾在资本主义文化中话语的散播可能会遇到的各种各样的难以克服的问题，例如批判理论所提到的意识形态问题，德勒兹所提及的欲望受操纵问题，德波所论述的消费文化蛊惑大众问题，甚至暴力镇压问题，等等，这些问题说明了芬伯格的激进民主不过是政治民主诉求在技术领域的反映和延展，最终倒向对政治民主化的社会博弈与建构过程的依附，使他的激进民主成为缺乏现实基础的一厢情愿和空中楼阁。

其四，受英美实用主义哲学的影响，芬伯格骨子里实际上仍然是一个技术工具主义者，他所反对的是视技术为"清白无辜""一尘不染"的中性论，认为技术可以承载不同的价值偏好或服务于民主或压制民主。然而，技术固然内含民主潜能，但靠技术本身是不能实现激进民主的，技术的民主潜能只有在"责任文化"的氛围中才能充分发挥。芬伯格解救之道的最终落脚点没有超越西方马克思主义的窠臼，视资本主义社会中经济仍然是至关重要的建构力量于不顾，不能恰当地阐明资本主义社会的经济、政治以及文化层次之间的相互关系，重蹈文化济世和伦

---

① 道格拉斯·凯尔纳，斯蒂文·贝斯特. 后现代理论：批判性的质疑. 张志斌，译. 北京：中央编译出版社，2011：247.

② 安德鲁·芬伯格. 技术批判理论. 韩连庆，曹观法，译. 北京：北京大学出版社，2005：86.

③ 同①228-229.

理济世的历史唯心主义覆辙，因而无法在历史唯物主义这一科学世界观的基础上阐明人类解放的真正要旨，最多只能把人类解放当成子虚乌有的"乌托邦"，难以摆脱资产阶级利益集团对技术的狭隘控制。

在马克思身后的时代，西方学者呈现了对马克思解放理论不同理解的代表性立场。马克思不可能为他没有遭遇到的现实问题提供答案。真正的问题是：我们是否能够从马克思的解放理论逻辑延伸出对当代问题的分析？这也带来了当代解释马克思解放理论的一个关键性原则或方法问题：当后马克思时代的学者把马克思的解放理论嫁接到他们的理论上时，对于他们来说，这种嫁接并不是外在的，而是马克思解放理论在当代历史中的延续。① 这一过程必然受到社会历史发展中不断生成的多重因素的影响而具备不因任何个体意识而转移的客观性，西方理论界对于马克思解放理论和实践的争议与回应，我们应予以辩证审视、批判与借鉴。

第四节　哈维的空间解放构思

"空间解放"在大卫·哈维（David Harvey，1935—　）的空间理论中具有独特的思想意蕴。② 在解放政治学的现实语境中，哈维对资本主义空间生产的批判性分析，对反资本主义政治运动的探索过程，都蕴含着构思"空间解放"的理论内容。在对"空间解放"的构思中，哈维以社会正义作为规范性原则。哈维语境中社会正义的特定评价机制及其

---

① 张一兵，胡大平，张亮. 中国西方马克思主义哲学研究的逻辑转换. 中国社会科学，2004（6）：64-70.

② 在《正义、自然和差异地理学》《希望的空间》等文本中，哈维立足于资本主义生产关系的地理环境，以空间生产摆脱资本积累逻辑的束缚为理论轴心，展开了对"空间解放"的理论构思。哈维将地理学因素融入解放政治学之中，对资本生产过程进行空间批判，从空间维度重塑马克思的人类解放理论，凸显了"空间解放"在社会地理环境发展中的重要作用。[王雨辰，高晓溪. 空间批判与国外马克思主义解放政治的逻辑. 哲学研究，2016（11）：11-17；任政. 资本、空间与正义批判：大卫·哈维的空间正义思想研究. 马克思主义研究，2014（6）：120-129] 笔者认为，"空间解放"思想在哈维的空间理论中具有基础性意义，包含着哈维对不平衡空间秩序的批判、对反资本主义政治运动的理论动员以及对乌托邦理想的重塑等内容。无论是哈维对历史-地理唯物主义理论体系的建构，还是他对资本主义社会替代方案的分析，都能够在"空间解放"思想中得到贴近的理论反映。

与"空间解放"的共生关系为"空间解放"构思绘制了多重理论图景。在社会正义的规范作用下，哈维围绕"空间解放"的思想生成、现实必然性与目标指引展开了具体的理论构思。哈维对"空间解放"的构思丰富了人的解放的空间意蕴，拓展了解放政治学的空间内涵，彰显了构思方法的原则性。但在马克思人类解放理论的价值审视下，哈维的构思也显现出不足之处，其主要表现为处理资本主义空间剥削和反资本主义政治运动、劳动分工的联结作用和社会正义的综合作用这两对关系时的逻辑错位。以马克思人类解放理论对哈维的构思进行价值审视，既有利于在揭示"空间解放"构思欠缺的前提下明确对哈维构思的理论认知，也有利于在展现构思不彻底性中把握哈维空间理论的当代价值。

一、哈维"空间解放"构思的规范性原则

为了克服资本积累逻辑对空间生产的支配，哈维着力探求"空间解放"如何展开的问题。在构思"空间解放"的过程中，他通过对普遍性质和特殊性质两种类型的正义理论的扬弃，明确了社会正义的历史情境性特征，其语境中的社会正义不仅和"空间解放"具有共生关系，而且构成了衡量"空间解放"构思的特定评价机制。

把握哈维的"空间解放"构思，首先需要理解社会正义的本质规定。哈维语境中的社会正义是他对资本积累逻辑中空间剥削、空间异化等现象进行价值反思的结果，是具有历史情境性的规范性原则。哈维指出，他"从倾向于把社会正义看作永恒的正义和道德的问题，转变为把它看作依附于整个社会中运行的社会过程的东西"[①]。在以过程的辩证法来分析社会正义的过程中，哈维以"一反一正"的叙事方式表明了既定空间结构中社会正义的历史性质。就"反"的方面来说，哈维语境中的社会正义面临着两个方向上的理论混淆。普遍性质的正义理论在启蒙理性的推动下突出同质化的正义内涵，认为普遍适用的正义理论对建构社会具有基础性作用。特殊性质的正义理论主张正义的异质性，强调"正义观念根本不具有任何意义，除非在某个特定时刻，谁来决定他们所需要的意义"[②]。面对两个方向的理论混淆，哈维从"正"的方面指

[①]　David Harvey. Social Justice and the City. Maryland：Johns Hopkins University Press，1973：15.

[②]　罗岗. 帝国、都市与现代性. 南京：江苏人民出版社，2006：208-209.

出"每个社会形构都建构客观的空间与时间概念，以符合物质与社会再生产的需求和目的，并且根据这些概念来组织物质实践（material practice）"①。在哈维看来，在现实的空间结构中，社会正义能够真正敞开并构成克服空间剥削和空间异化的规范性原则。只有在社会过程的流动性与空间形态的固定性的辩证关联中，以及在普遍性质正义理论和特殊性质正义理论的相互融合中，社会正义才能嵌入不平衡地理发展环境，蕴含历史情境性特征的社会正义才能被把握。

哈维语境中的社会正义之所以能够成为"空间解放"构思的规范性原则，不仅在于"空间解放"构思以社会正义为特定评价机制，而且在于社会正义和"空间解放"之间的共生关系。第一，社会正义能够成为衡量"空间解放"构思的特定评价机制，这是它成为"空间解放"构思规范性原则的逻辑前提。为了扬弃永恒价值和金钱至上的僵化评价机制，哈维强调说："在我看来，用对'评价过程'的理解来代替僵化的'价值'观念，可以解决这些难题。"② 在运用"评价过程"方法时，哈维把问题焦点置于社会正义之上，将社会正义的"评价过程"视为关于"空间解放"构思的特定评价机制。基于"评价过程"的特定评价机制，社会正义能够赋予"空间解放"构思价值合理性，为摆脱资本积累逻辑的空间解放提供规范性支撑。同时，作为反资本主义政治运动的空间表达，"空间解放"构思也需要社会正义为解放性变革提供特定评价机制，以在不平衡地理发展中呈现自身的价值。第二，社会正义和"空间解放"之间的共生关系体现了社会正义作为"空间解放"构思的规范性原则的内在依据。"空间解放"和社会正义具有相互依存的本质关联。哈维认为社会正义不是既定社会形态之外的彼岸性质的观念，而是居于历史空间之内的普遍性力量。社会正义和"空间解放"共处于不平衡地理发展的空间秩序之中，即孕育社会正义复苏潜能的历史地理环境也包含着"空间解放"的诞生条件。同时，"空间解放"的过程和社会正义的复兴是同一进程的两个方面，"空间解放"为社会正义提供地理空间，社会正义构成"空间解放"的规范指引。哈维以北卡罗来纳州火灾事件中的"政治无能"现象为历史语境，分析空间剥削和社会正义缺席之间的同质关系，并将"空间解放"的过程和社会正义的复兴置于反资本主

---

① 包亚明. 现代性与空间的生产. 上海：上海教育出版社，2003：377.
② 哈维. 正义、自然和差异地理学. 胡大平，译. 上海：上海人民出版社，2015：12.

义政治的历史实践中。

作为"空间解放"构思的规范性原则，社会正义对社会支配体系之外各种"残余"或"边缘"部分、反资本主义政治运动和辩证乌托邦理想、社会过程乌托邦理想和空间形态乌托邦理想的三重理论进行综合，为"空间解放"构思奠定了理论基础；社会正义从价值评价、理论动员、政治承诺方面明确了"空间解放"构思的地理坐标、历史动因、乌托邦机遇，指明了"空间解放"构思的基本方向。

哈维语境中的社会正义对"空间解放"构思的理论奠基作用主要表现为以下三个方面：第一，社会正义对社会支配体系之外各种"残余"或"边缘"部分的综合，构成了"空间解放"的变革地点的构思。相比于后现代主义者将"空间解放"的变革地点确定为独立于社会支配体系的"残余"或"边缘"部分，例如福柯将变革问题的焦点置于身体之上，以身体作为抵抗政治学的现实出发点，哈维认为整个社会中的各个环节都具有解放空间的潜质。社会正义则是社会支配体系之外各种"残余"或"边缘"部分能够相互关联的重要媒介。通过赋予各种"残余"或"边缘"部分规范性原则，社会正义在自然地理差异的基础上融合不断扩大的空间隔阂，使不同地方的反资本主义政治运动联结起来，将"空间解放"的变革地点落实在统一于社会整体的各个环节之上。第二，社会正义对反资本主义政治运动和辩证乌托邦理想的综合，呈现了"空间解放"的整体视野的构思。社会正义在现实形态上内在于反资本主义政治运动之中，并作为规范性原则在运动中发挥着政治动员作用，调和各种反资本主义政治运动以围绕解放空间的理论目标展开实际的斗争活动。在此意义上，社会正义不仅是既定社会空间秩序的理论反映，也是哈维对不平衡地理发展的价值反思。在对不平衡空间结构的价值反思中，哈维致力于寻找社会正义意义上的社会空间秩序，在不平衡地理发展的地形上绘制辩证乌托邦理想的地理结构。正是在对反资本主义政治运动和辩证乌托邦理想的共同图绘中，社会正义显明了哈维对"空间解放"的整体视野的构思。第三，社会正义对社会过程乌托邦理想和空间形态乌托邦理想的综合，展现了"空间解放"的地理转型的构思。社会过程乌托邦理想在历史过程的发展中迷失于社会过程的无限开放性，偏离了地理转型的既定目标。空间形态乌托邦理想在无时间线索的空间中达到"空间解放"的地理转型，却由此束缚于"空间游戏"的封闭性中。作为立足于不平衡地理发展中的规范性原则，社会正义是缓和两种乌托邦理想之间张力的现实力量。在社会正义的融合作用下，社会过程乌托邦和空间形态乌托邦得以辩证地关联起来，共同致力于"公正的地理差异的公正生产"，以彰显对"空间解放"的地理转型的构思。

在奠定"空间解放"构思的理论基础的过程中，哈维语境中的社会正义从价值评价、理论动员以及政治承诺维度为"空间解放"构思指明了基本方向。社会正义从价值评价方面明确了哈维构思"空间解放"的地理坐标。哈维对"空间解放"的构思萌发于空间生产的非正义性，而"'社会正义'作为一种价值理念须对特定样态的空间生产进行价值评价"[1]。社会正义一旦在既定空间秩序中获得现实力量，就成为揭示资本主义生产关系中空间障碍的重要评价支点。社会正义对空间障碍的揭示也表征出"空间解放"构思需要社会正义发挥价值评价作用，赋予自身具体的地理坐标，在非正义性的社会生产关系中确定自身的空间定位。社会正义从理论动员角度凸显了哈维构思"空间解放"的历史动因。针对资本主义空间生产的非正义性，哈维以社会正义的理论动员作用呈现"空间解放"的历史动因——资本积累逻辑对空间生产的驯化。在资本生产过程中，"铁路和公路的大规模建设，就是进行空间征服和改造的基本技术"[2]。社会正义在理论动员过程中整合反资本主义政治运动中的不同力量，使得战斗的特殊主义运动和全球化的集体行动在相互关联中共同致力于"空间解放"的历史运动。社会正义以政治承诺的方式明晰了哈维构思"空间解放"的乌托邦机遇。相较于重视局部化抵抗策略的激进乌托邦思潮和坚持"亲资本主义政治运动"幻想的右翼乌托邦理想，由社会正义生成的时空乌托邦理想在"空间解放"构思中显现为更具有历史可能性的政治承诺，它既作用于现实的反资本主义政治运动，又能够明确哈维构思"空间解放"的乌托邦机遇。因为在哈维看来，构思"空间解放"的关键不是按照普遍的正义原则对不同的地理结构做出明确判定，而是在既定的空间情境中凭靠社会正义的动员力量，将时空乌托邦理想置入不同空间规模中的政治运动，以明确"空间解放"的乌托邦机遇。

哈维语境中的社会正义生成于不平衡的社会空间秩序，是具有历史

---

① 李春敏. 大卫·哈维的空间正义思想. 哲学动态，2012（4）：34.
② 汪民安. 身体、空间与后现代性. 南京：江苏人民出版社，2006：109.

情境性特征的规范性原则。社会正义之所以成为"空间解放"构思的规范性原则，既在于社会正义形成了衡量"空间解放"构思的特定评价机制，也在于社会正义和"空间解放"之间的共生关系。社会正义对"空间解放"构思的规范性作用主要表现为：社会正义对社会支配体系之外各种"残余"或"边缘"部分、反资本主义政治运动和辩证乌托邦理想、社会过程乌托邦理想和空间形态乌托邦理想的三重综合。社会正义为"空间解放"构思奠定了理论基础，同时从价值评价、理论动员和政治承诺方面指明了"空间解放"构思的基本方向。

二、哈维构思"空间解放"的三重路径

在社会正义的规范性原则作用下，哈维对"空间解放"的构思获得了具有规范意义的理论基础和方向坐标。依据"空间解放"的思想生成、现实必然性和目标指引，哈维阐述了构思的具体内容。经由对激进乌托邦思潮的超越，哈维展开了对"空间解放"思想生成的构思；通过对资本主义不平衡地理发展的关注，哈维明晰了对"空间解放"现实必然性的构思；在重振时空乌托邦理想的过程中，哈维形塑了对"空间解放"目标指引的构思。

在超越激进思潮的乌托邦理想的过程中，哈维展开了对"空间解放"思想生成的构思。在现代性的持续推进中，资本主义社会表现出新特征、新面貌，而齐一化、同质化的生活样态成为社会批判的重要对象。在资本积累逻辑主导的空间生产中，如何缓解人们的生存意义危机、寻求资本主义社会的替代方案成为人们的共同难题。面对时代难题，以福柯、拉康等为代表的激进思潮的乌托邦理想者凭借对独立于社会支配体系的异质因素的关注，主张采取局部化抵抗政治策略，立足于社会过程之外的"残余"或"边缘"部分，对抗启蒙理性支配社会整体的统治逻辑。但是地域性抵抗策略无法整合不同空间规模中的"残余"或"边缘"部分，未能在激进乌托邦理想和反资本主义政治运动之间展开解放政治学的历史实践。对于哈维来说，当被置于不平衡地理发展的历史处境中时，"空间解放"思想生成的构思在解放政治学的语境中明确了反资本主义政治运动的现实表达。在构思过程中，哈维借助社会正义的规范性原则将"空间解放"的思想生成从实证主义方法的视野导向马克思主义的语境，坚持并重构了马克思对资本积累逻辑的批判。哈维

认为尽管实证主义方法论和马克思主义理论具有相似性，但两者的"本质的区别是，实证主义仅仅是为了理解世界，而马克思主义试图改变世界"①。通过对实证主义方法论和马克思主义理论的相互比较，哈维认为"地理学不可能绝对中立，也绝不应仅仅局限于自然科学之中，它必然受到其他社会因素的影响和制约"②。通过将"空间解放"的思想生成嵌入资本生产中的空间剥削过程，哈维的构思否定了启蒙逻辑中的普遍性主张，拒绝了激进乌托邦理想中的地方化策略，从空间维度澄明了解放政治学的历史面貌，展现了对"空间解放"思想生成的构思。

凭借对资本主义不平衡地理发展的历史嵌入，哈维明晰了对"空间解放"现实必然性的构思。作为哈维把握社会地理环境的理论武器，不平衡地理发展穿梭于不同的空间形态，确证了资本积累逻辑中空间生产的非正义性，表明了构思"空间解放"现实必然性的历史地理环境。经由对不平衡地理发展的历史嵌入，哈维从相互关联的四种理论视角展开了对"空间解放"现实必然性的构思。一是全球化空间视角，即空间生产的地理错位。"资本日益增加在地理上的流动"③，使得全球范围内的空间生产以全球化的方式被持续纳入资本生产过程，形成了全球空间生产地方化和地方空间生产全球化的地理错位现象。在资本的剥夺性积累中，全球范围内空间生产日趋集聚于地方，降低了生产的空间费用；地方化空间生产被赋予全球性意义，内蕴于其中的空间非均衡性的全球化拓展得到深化。二是城市化空间视角，即同质化空间结构和等级化空间秩序共存的地理布局。"资本主义工业城市不仅是一台产生不平等和不公正的机器，也是一个产生危机的导火索。"④ 在资本主义生产关系的空间拓展中，资本城市化过程将消除空间生产中的异质因素，呈现出同质化的城市空间结构。而在具体的空间布局过程中，不同类型资本之间的空间博弈赋予城市空间不同的地理面貌，显示出等级化的城市空间秩序。三是自然空间视角，即环境问题的地理空间转移。"资本主义对生态危机的空间转嫁，极大地破坏了贫困阶层和发展中国家的生态环境，

---

① David Harvey. Social Justice and the City. Maryland：Johns Hopkins University Press，1973：129 - 130.

② 崔丽华. 大卫·哈维空间理论的三个视角. 南京社会科学，2019（11）：68.

③ 哈维. 新自由主义简史. 王钦，译. 上海：上海译文出版社，2010：105.

④ 爱德华·W. 苏贾. 寻求空间正义. 高春花，强乃社，等译. 北京：社会科学文献出版社，2016：86.

从而引发了当前环境正义运动的广泛兴起。"① 自 20 世纪晚期以来，环境管理的"标准观点"、生态现代化看法以及"明智利用"观念等，倾向于在资本生产关系中借助不同空间规模之间的转移活动来缓解环境问题造成的空间负担，但未能给予环境问题实质性的解决策略。四是后现代体验视角，即"时空压缩"的紧张体验。在对后现代体验的关注中，哈维借助从福特主义到灵活积累的形式变化，确证了后现代处境中"时空压缩"的特殊体验。资本生产过程"通过时间消灭空间，已经彻底改变了进入日常再生产的商品的混合"②。"面对行车时间缩短的世界，空间关系被急速压缩，巴黎人因此感到手足无措"③，陷入"时空压缩"的紧张体验之中。

作为"空间解放"思想生成和现实必然性构思的深化，哈维经由时空乌托邦理想的地理学想象，形塑了对"空间解放"目标指引的构思。在哈维对"空间解放"的构思过程中，乌托邦理想是"空间解放"的具体希望归属，"没有乌托邦的幻想，就没有办法来确定我们可能想要驶向哪个港口"④。对于乌托邦理想何以可能的问题，不同于福柯语境中的异托邦（heterotopia）、奥威尔构建的歹托邦（dystopia），哈维把乌托邦理想置于对资本主义生产关系的空间批判中，赋予乌托邦理想历史属性。在拒绝启蒙理性的宏大叙事时，哈维将乌托邦理想嵌入不平衡地理发展环境，在历史的空间秩序中建构乌托邦理想的具体方案。对于乌托邦理想如何显现的问题，哈维在借鉴马克思革命想象力的基础上引入地理学想象。在地理学想象过程中，通过对传统空间形式乌托邦理想和社会过程乌托邦理想的扬弃，哈维依靠对既定社会空间结构的历史嵌入，将"空间解放"目标指引的构思定位在重振时空乌托邦理想之上。在对"空间解放"目标指引的具体构思过程中，哈维认为任何乌托邦理想的尝试都应立足于具体地理环境中的空间问题。一方面，以托马斯·莫尔的《乌托邦》为代表的空间形式乌托邦理想设定了理想社会的稳定

① 张佳. 大卫·哈维的空间正义思想探析. 北京大学学报（哲学社会科学版），2015（1）：86.

② 哈维. 后现代的状况：对文化变迁之缘起的探究. 阎嘉，译. 北京：商务印书馆，2003：375.

③ 哈维. 巴黎城记：现代性之都的诞生. 黄煜文，译. 桂林：广西师范大学出版社，2010：123.

④ 哈维. 希望的空间. 胡大平，译. 南京：南京大学出版社，2006：183.

和谐，但空间形式乌托邦理想仅仅是孤立的、自我封闭的空间构造，将时间-历史原则置于社会-空间原则的对立面，否定了社会发展中的过程辩证法。另一方面，社会过程乌托邦理想迷失于社会过程的不断延伸中，在无限的历史选择中偏离了解放空间所需的确定立足点。在哈维看来，"空间解放"目标指引的构思既要避免空间形式乌托邦理想的封闭性，也要克服社会过程乌托邦理想的无限开放性。作为两种乌托邦理想的替代选择，嵌入资本主义地理环境中的时空乌托邦理想，既反映了不平衡地理发展的历史趋向，又表明了乌托邦理想的特定地理机遇，为哈维对"空间解放"目标指引的构思提供了理论选择。

在对"空间解放"思想生成、现实必然性以及目标指引的理论分析的基础上，哈维呈现了"空间解放"构思的三重路径。相较于激进思潮乌托邦理想中既定社会空间维度的理论缺失，哈维依靠对资本主义社会的空间批判，完成了对"空间解放"思想生成的构思。在对资本主义社会的空间批判中，哈维从全球化空间、城市化空间、自然空间和后现代体验等视角展现了"空间解放"现实必然性的构思。经由对马克思辩证法的分析，哈维先后拒斥空间形式乌托邦理想和社会过程乌托邦理想，将对"空间解放"目标指引的构思落实在重振时空乌托邦理想之上。

三、哈维"空间解放"构思的理论得失

哈维从思想生成、现实必然性与目标指引等方面，完成了对"空间解放"的构思。三重路径的构思对于丰富人的解放的空间意蕴、拓展解放政治学的空间内涵以及彰显构思方法的原则性，具有重要意义。但在马克思人类解放理论的价值审视下，哈维的构思在处理资本主义空间剥削和反资本主义政治运动、劳动分工的联结作用和社会正义的综合作用这两对关系时逻辑错位这一理论不足也体现出来，难以作用于社会空间秩序的实际变革。

在"空间解放"的构思内容上，哈维丰富了人的解放的空间意蕴。相对于历史唯物主义中历史-时间维度的人的解放，哈维对"空间解放"的构思突出了人的解放的社会-空间维度。在以马克思的理论资源为空间批判奠定方法论基础和价值立场时，哈维从空间视角重塑了马克思对人的解放的探求。哈维没有把人的解放视为局限在历史唯物主义中的社会发展过程，而是在辩证的和历史的地理唯物主义视野中深化人的解放

的空间向度，将人的解放整合进对资本主义生产关系的空间批判之中。相对于早期空间理论对人的解放的分析，哈维从不同方面呈现了人类解放的理论维度。哈维在全球化空间、城市化空间、自然空间和后现代体验等多个维度揭示人的解放的空间面貌，展现了不同空间规模中人的解放的历史样态。相对于激进乌托邦思潮对异托邦、歹托邦等的理论侧重，哈维以重振乌托邦理想作为"空间解放"的目标指引，明晰了人的解放的未来向度。在激进乌托邦思潮对当下社会替代方案的分析中，异托邦、歹托邦等正在取代乌托邦理想，成为对抗"右翼乌托邦理想"的主要选择。哈维则在"空间解放"构思中，基于对历史空间秩序的批判，将人的解放置于重振乌托邦理想之中，明确了人的解放的未来方向。

此外，哈维的构思也拓展了解放政治学的空间内涵。哈维认为，"解放政治的构想需要地理学知识的批判性建构，需要在理论上对资本主义空间生产和不平衡地理发展进行反思与规划"①。作为人的解放任务的历史承担者，无产阶级及其革命运动是实现人的解放的现实基础。为了回答全世界的无产者如何在不平衡的社会空间环境中联合起来的问题，哈维以重建阶级和先锋政党为中介，从三个方面对解放政治学做出了理论拓展：以空间规模、地理差异的生产为历史契机，从空间不平衡的角度奠定了解放政治学的地理基础；以社会正义对不同空间形态中反资本主义力量的综合作用，丰富了解放政治学的实际策略；以时空乌托邦理想作为"空间解放"的目标指引，明晰了解放政治学的未来趋向。

"空间解放"的构思内容是通过特定的构思方法展示出来的。在依据社会正义的规范性和嵌入不平衡地理空间的历史性的基础上，哈维突出了构思方法的原则性。借助具有历史情境性的社会正义，哈维赋予"空间解放"构思方法上的规范性。以社会正义为方法论指引，哈维对"空间解放"的构思才得以在不平衡地理发展的空间结构中展开自身理论建构，而不是迷失于资本积累逻辑营造的空间秩序之中；相较于激进政治学对历史地理环境的边缘化处理，哈维将"空间解放"构思嵌入不平衡地理发展的空间秩序之中，以突出构思方法的历史性。在哈维看来，"空间解放"的构思内容和构思方法不是相互外在的，而是彼此归

① 董慧. 身体、城市及全球化：哈维对解放政治的空间构想. 哲学研究，2012（4）：26.

属的，呈现为"你中有我、我中有你"的图景，并共生于不平衡地理发展环境之中。当激进政治学着眼于社会支配体系之外的"残余"或"边缘"部分，坚持局部化抵抗策略时，哈维倾向于在不平衡地理发展之中探寻资本主义社会的替代方案，以表明构思方法的历史性质。在社会正义赋予的规范性和嵌入不平衡发展环境的历史性的基础上，哈维呈现了构思方法的原则性，即不仅具有构思方向上的规范性，也具有构思基础上的历史性。

哈维的构思丰富了人的解放的空间意蕴，拓展了解放政治学的空间内涵，彰显了构思方法的原则性。但在马克思人类解放理论的价值审视下，哈维的构思在处理资本主义空间剥削和反资本主义政治运动、劳动分工的联结作用和社会正义的综合作用这两对关系时存在逻辑错位。就资本主义空间剥削和反资本主义政治运动之间的逻辑错位而言，哈维以反资本主义政治运动的策略主张遮蔽了变革资本主义生产关系的根本要求。资本积累是不平衡空间结构的形塑过程，"资本是塑造空间形式、推动空间生产转换的根本力量"[1]。"哈维的目标正是要在空间问题上回到马克思关于辩证法的强调，即革命的和批判的性质"[2]，在变革资本主义生产关系的过程中，将空间生产从资本积累的创造性破坏中解放出来。然而，哈维把如何摆脱资本积累逻辑、实现"空间解放"的问题纳入反资本主义政治运动之中，没有继续围绕变革资本主义生产关系进行论证。哈维试图依据空间维度的解放政治学理论，在不同空间规模的反资本主义政治运动中，探索资本主义社会的替代方案。

就劳动分工的联结作用和社会正义的综合作用之间的逻辑错位来说，哈维以社会正义对各种反资本主义力量的综合作用取代了劳动分工对社会各个环节的联结作用。在反资本主义政治运动的变革地点的问题上，哈维拒斥了激进政治学对社会支配体系之外"残余"或"边缘"部分的侧重，坚持认为反资本主义政治运动存在于社会的各个环节，"每一环节都充满了变革潜力。因为劳动分工在不同环节间不平衡地分配"[3]，在资本生产过程中的劳动分工的作用下，反资本主义政治运动

---

① 任政.资本、空间与正义批判：大卫·哈维的空间正义思想研究.马克思主义研究，2014（6）：120.

② 胡大平.哈维的空间概念与历史地理唯物主义.社会科学辑刊，2017（6）：83.

③ 哈维.正义、自然和差异地理学.胡大平，译.上海：上海人民出版社，2015：121.

分布于社会的各个环节。但是在如何将不平衡地理环境中的各种反资本主义政治运动结合起来的问题上，哈维没有坚持劳动分工联结社会各个环节的分析思路，并且排除了马克思主义中的先锋政党作用，只是凭靠社会正义的综合作用整合各种反资本主义政治力量，将解放空间的现实目标置于社会正义的综合作用之中。

　　哈维对"空间解放"的构思之所以产生并受限于上述逻辑错位，不但在于哈维对纯粹"生产主义"的不恰当批判，而且在于哈维将转变生产方式视为物种潜能的重新组合。

　　首先，在批判纯粹"生产主义"的过程中，哈维偏离了资本活动中的生产环节，把理论重心置于资本活动的非生产环节中。针对"内部关系"学说的现实运用的问题①，哈维认为马克思主义"经济决定论"的解读模式正是"内部关系"学说的现实运用。"经济决定论"的解读模式把资本活动中的非生产环节（分配、交换、消费等）内化在生产环节之中，将生产环节视为"内部关系"学说中的封闭场所，而不是资本活动中的敞开环节。相比于主张生产环节的封闭性的单子论解读模式，哈维对生产环节采取"在过程中研究'环节'"的解读方式。即使生产环节具有优先于其他环节的重要性，哈维仍然强调"研究这些其他环节（如消费）是一种卓有成效的方式（最明显的例子是，消费者的联合抵制影响生产行为）"②。当单子论解读模式把生产环节视为内在化的封闭环节，陷入纯粹"生产主义"的泥淖之中时，哈维依据"在过程中研究'环节'"的解读方式，避免了对马克思主义的纯粹"生产主义"解读，但把理论重心置于资本活动的非生产环节中。在扬弃纯粹"生产主义"的意义上，哈维的构思未能真正克服对生产环节的单子论解读模式。哈维指出，他"并非打算放弃把转变生产方式视为基本目的的主张，但是如果局限于此，而未能关注消费、分配和交换在这个世界中的意义，我

――――――――――

　　① 为了将自己的过程辩证法和伯特尔·奥尔曼（Bertell Ollman）的"内部关系"辩证法区别开来，哈维借用了莱布尼茨单子论的理论资源。因为在哈维看来，莱布尼茨是"内部关系"学说的奠基者，并且对奥尔曼的"内部关系"辩证法产生了影响。在对莱布尼茨单子论的理论分析中，哈维认为莱布尼茨虽然为德国哲学的发展奠定了基础，但也留下了尖锐的问题："如何在实际事务中运用内部关系的学说？"（哈维．正义、自然和差异地理学．胡大平，译．上海：上海人民出版社，2015：83）正是在回答"内部关系"学说的现实运用问题时，哈维展开了对纯粹"生产主义"的批判。

　　② 哈维．正义、自然和差异地理学．胡大平，译．上海：上海人民出版社，2015：85.

们将会失去一种政治驱动力量"①。对纯粹"生产主义"的批判使得哈维淡化生产环节的基础地位，转而以社会正义的综合力量寻求"空间解放"构思的具体实现。但在生产方式变革缺失的情况下，社会正义无法凭靠自身的理论动员作用对空间秩序的转变产生实际影响。此外，在内含着人的解放的历史地理环境中，"人们生产自己的生活资料，同时间接地生产着自己的物质生活本身"②。这并不意味着生产环节将非生产环节（分配、交换、消费等）内化在自身之中，也不能表征生产环节的革命化足以引发人的解放的实现。在马克思看来，"不同要素之间存在着相互作用。每一个有机整体都是这样"③。无论是纯粹"生产主义"的狭隘主张，抑或是对生产环节的理论偏离，都只能将马克思播下的"龙种"贬低为"跳蚤"，将人的解放的现实任务局限在"解释世界"的理论演绎中。

其次，哈维将转变生产方式视为物种潜能的重新组合，这使"空间解放"构思难以在空间结构的转变中产生实际的理论作用。在论及资本主义社会的多元替代选择时，哈维指出作为物种的人类与其他动物都具有"类存在"意义上的先天能力，并能够借助潜在的物种能力改造环境、满足自身的生存与发展需要。④ 空间解放过程中生产方式的转变则被哈维理解为物种潜能要素的重新排列组合，"如果资本主义不以某种方式配置所有的技能就不能生存，那么社会主义的任务就必须是从基本技能的内部找到所有要素的不同结合"⑤。在对资本主义社会替代方案的分析中，哈维把生产方式置于物种潜能中加以把握，并以各种基本技能的重新组合分析生产方式的转变。因而，当资本主义社会替代方案被

① David Harvey. Spaces of Capital：Towards a Critical Geography. Edinburgh：Routledge，Edinburgh University Press，2001：18-19.

② 马克思恩格斯文集：第1卷. 北京：人民出版社，2009：519.

③ 马克思恩格斯文集：第8卷. 北京：人民出版社，2009：23.

④ 哈维将物种潜能要素归结为：生存竞争和斗争、适应生态环境、改造环境、安排空间秩序和安排时间秩序等方面。这些因素是作为"类存在"的人无法摆脱且必须依赖的基本技能。为了与传统社会主义革命的"总体转变"模式区分开来，哈维从人之物种的基本技能出发，将生产方式的转变视为各种物种潜能的重新排列组合，为"空间解放"提供具有多种可能性的策略选择。关于如何构建资本主义社会替代方案的问题，哈维认为"答案取决于我们如何重组全部技能的要素"（哈维. 希望的空间. 胡大平，译. 南京：南京大学出版社，2006：208）。

⑤ 哈维. 希望的空间. 胡大平，译. 南京：南京大学出版社，2006：207.

视为物种基本技能的重新组合而不是生产方式的变革时，寻求摆脱资本积累逻辑的"空间解放"构思也就难以作用于社会空间秩序的实际变革。在马克思人的解放要求变革生产方式的意义上，哈维对生产方式及其转变的认知是先验性质的。哈维将"空间解放"中生产方式的转变表述为人性中物种潜能的重新组合。但生产方式并不建立在物种的基本技能之上，而是在"直接生活的物质生产"中获得阐释，"更确切地说，它是这些个人的一定的活动方式，是他们表现自己生命的一定方式、他们的一定的**生活方式**"①。生产方式的变革也未能在物种潜能的重新组合中得到历史的说明。在人的解放进程中，"随着新生产力的获得，人们改变自己的生产方式，随着生产方式即谋生的方式的改变，人们也就会改变自己的一切社会关系"②。生产方式的变革内蕴于生产力的发展中，只有在生产力的社会发展中才能得到彻底的解释。当生产方式及其转变被内置于物种的基本技能中时，哈维对"空间解放"的构思也就无法转化为社会空间秩序变革的现实推动力。

哈维对"空间解放"的构思丰富了人的解放的空间意蕴，拓展了解放政治学的空间内涵，凸显了构思方法的原则性。但在马克思人类解放理论的价值审视下，哈维的构思显现出在处理资本主义空间剥削和反资本主义政治运动、劳动分工的联结作用和社会正义的综合作用这两对关系时的逻辑错位。逻辑错位的关键不但在于哈维对纯粹"生产主义"的不恰当批判，而且在于哈维将转变生产方式理解为物种潜能的重新组合。对资本积累中生产环节的偏离使得哈维对"空间解放"的构思难以实现从"不平衡地理发展"到"公正的地理差异的公正生产"的现实目标，只能是停留在空间秩序变革之上的理论设想。

围绕对"空间解放"的构思，哈维借助具有历史情境性的社会正义，赋予构思规范性原则。在社会正义的规范作用下，哈维依据"空间解放"的思想生成、现实必然性与目标指引，展开了具体的构思过程。三重路径的构思对于丰富人的解放的空间意蕴、拓展解放政治学的空间内涵与凸显构思方法的原则性，具有重要意义。但双重的逻辑错位问题，使得哈维的构思难以真正作用于社会空间秩序的实际变革。哈维对"空间解放"的构思提示人们在面对哈维的相关论述时，不能不加反思

①　马克思恩格斯文集：第1卷. 北京：人民出版社，2009：520.
②　同①602.

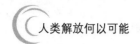

地进行引用与效仿，而应在辩证分析的基础上把握其思想本身的合理性和价值性。以马克思的相关理论对诸如哈维等西方学者的理论资源做出批判性借鉴和反思性审视，切中肯綮地剖析与领会人的解放的历史原像，无疑是一项亟须持续深耕的现实任务。

第五节　齐泽克的意识形态批判及解放态度

20 世纪 90 年代活跃于西方学界的斯洛文尼亚哲学家斯拉沃热·齐泽克（Slavoj Žižek，1949—　），否定只要打破统治阶级意识形态谎言就可以让人获得解放的传统观点，从存在论角度对当代资本主义社会意识形态及犬儒主义展开了细致分析与尖锐批判。他以意识形态为切入点，借用拉康的精神分析理论，对人类获取自我主体身份的生命历程进行考察，将意识形态和生命中的本能欲望关联起来。他承认意识形态存在的客观性，批判"淡化意识形态"或"意识形态终结"的观点，指出意识形态的作用形式在现代社会发生了转变，愈益倾向于向日常生活和文化领域渗透。他以马克思的商品拜物教批判理论为基点，试图建构全新的意识形态理论，睿智地向我们揭示意识形态背后的心灵隐秘，解析意识形态如何虚假构设了主体本真的、现实的存在。齐泽克研究意识形态的最终旨趣是，关注由意识形态"编织"的资本主义社会及其人的命运与解放问题。虽然齐泽克较少在其著作中使用"解放"一词，也没有系统、详尽地论述过人的解放问题，但他从心灵和生命本体层面展开的意识形态理论蕴含着对人的生存境遇的关怀，从意识形态的多元性和革命性特征把握人存在的现实社会制度与发展需要等因素的变化，为人类解放所需要的社会实践基础提供了开放的选择和建构空间，对我们全方位、多角度地把握意识形态及后意识形态时代背景下人类解放面临的新问题具有启发意义。

一、意识形态幻象的指认

齐泽克认为，在马克思的经典文本中，意识形态常常与"蒙蔽""扭曲""颠倒"等字眼联系在一起，被视为一种为统治阶级利益合法化辩护的"虚假意识"。他认为，从认识论维度来确认人的思想与现实的关系，往往由于对现实生产的逻辑缺乏全面认知而倒向随意性的解释，必将导致人们对现实的无意识而匍匐在商品和消费面前。马克思向我们表明了这样一种情形：由于没有意识到运作于社会现实和个人行为中的虚假意识的支配，人们长年累月地在自己的岗位上忍辱负重、辛勤劳作以维持生存之需，即"他们虽然对之一无所知，却在勤勉为之"①。但实际情况是大多数人深知自己的处境，他们完全明白事情的本来面目如何，却依旧顺着意识形态规则行事。换言之，人们即使在理论上已经识破意识形态骗局，明白商品、货币与资本等如何作用于自身，却依然不会与之断绝关系。针对这种理论与现实相"脱节"的问题，齐泽克明确指出，意识形态不仅是由社会存在决定的虚假意识，而且其本身就是表征现代人生活状态的社会存在。他根据当前意识形态变化的新情况对传统的意识形态理论提出质疑，"我们的问题是：这样的意识形态概念（意识形态即质朴意识）是否还适用于今天的世界？这样的意识形态现在还在运行吗？"② 由于传统的意识形态概念在现实中尚未完全表现出其本真面目，意识形态的运行机制无法被所有人掌握，人们难以参与到对意识形态的现实塑造过程中，此时的意识形态只能在有限社会内部发挥程度较低的作用。

在齐泽克看来，包括马克思在内的传统意识形态学家对当下意识形态状况的解释是无力的，主要原因是他们在思考这一问题时局限于"知"的层面，具有非常明显的启蒙性倾向。这种倾向可以追溯到16世纪的培根，从培根开始，人们就把意识形态当作阻碍获得正确认识的假象和偏见。今天的资本主义社会最为盛行的是一种犬儒主义意识形态，它已不再是简单的谎言，而是走向了启蒙理性的反面，即它使人们知晓官方所宣传的意识形态与社会真实状况之间的鸿沟，却依旧能够继续保留这张意识形态面具。"如果我们的意识形态概念依然是经典的意识形态概念（在这样的概念中，意识形态处于'知'的一边），那么今天的社会必定是后意识形态性的"，犬儒主义使"人们不再信奉任何意识形

---

① 斯拉沃热·齐泽克. 意识形态的崇高客体. 季广茂，译. 北京：中央编译出版社，2014：24.

② 同①25.

态的真实性，不再严肃地对待任何意识形态命题"①。这种意识形态是本能的、自发的存在，不需要经过社会制度的建立或系统理论的论证来予以证实；它无法充分反映人们的真实意愿，只能导致人们被动参与初级、间接和狭隘的意识形态发展过程，人们表达挣脱意识形态控制的意愿时，实际上正在遭遇更加微观、隐蔽和精致的意识形态的束缚。古典意识形态的逻辑前提是，人不清楚自己的行为意义，需要被启蒙，当今的犬儒主义则是已经被启蒙的意识形态，然而即便如此，它也不是对统治阶级的反抗式嘲讽，相反，它是对现实的屈从，是对统治阶级意识形态的响应。由此，我们毫无防备地坠入一个新的后意识形态时代，相应地，合法化已经取代真理，成为判定意识形态的法则。齐泽克指出，传统的意识形态与后意识形态发挥作用的方式具有本质意义上的差异，传统的解构与批判方法已经不适用于后意识形态时代发展的新形势，需要重建新的批判逻辑。

齐泽克深受拉康的影响，对马克思的意识形态思想进行了精神分析学式的改造，指出当前的意识形态和"意识"关系不大，反而和"无意识"关系甚密，即意识形态不止作用于人的大脑，更多地直接作用于人的欲望，成为现代人的一种无意识。按照拉康的观点，人的生存状况可分为"三界"：想象界、象征界或现实界、实在界（"三界"并不是一个前后相继的过程，而是一种交错介入的拓扑结构）。想象性自我是自己最为满意的理想意象，是主体主动谋求改变外界以促使其与自身发展相一致的意志，但却不具备实现自我价值的能力。人只有经过文化符号秩序的建构才能走出想象界而被文明认可，获得"象征界"中的主体身份，而这种主体身份的获得还意味着"实在界"中的本真自我的缺失。人与人的关系被物与物的关系掩蔽和异化，但人们主观上却没有做出异化状态的意愿，根本原因是人们在物化实践中已经深受拜物教幻觉的控制。齐泽克认为，人之所以心甘情愿地接受本真自我的缺失，并不是因为不知道其中的真相，而是一种"明知不可为而为之"的心态，因为人要想认识自我、获得独立行动能力并在社会中占据一席之地，就必须以积极的方式接受"他者"质询，与自己原初状态中的真实自我分离，向幻象和误认沉沦，否则就会成为被社会排斥和挤压的边缘人员。齐泽克

---

① 斯拉沃热·齐泽克. 意识形态的崇高客体. 季广茂，译. 北京：中央编译出版社，2014：30.

正是通过积极的实践才建构了社会现实和人的需要结构。因此，"成长"的过程必然伴随人被阉割的"创伤性的损失"，造成的结果就是，丧失本原性和真实性的主体从内心深处渴望一个掩盖其创伤的客体对应物，以幻想的方式找回自己的损失。拉康通过幻想公式 $ \$ \diamond a$ 对此进行了说明：$\$$ 表示短缺的、被撕裂的主体；$\diamond$ 是一道屏障；a 是主体欲望趋向但永远不可能达到的目标，即幻象客体。短缺主体对本原性世界的追逐和欲求是一个无休无止、无穷无尽的过程，这是人类永远挥之不去的生存之困。

　　齐泽克在承继这一思想的基础上将拉康的欲望概念引入意识形态研究中。他认为，在现实社会中生活的人们不再是单纯的自然存在物，而总是被象征秩序打磨和塑造着，但并不是所有的自然本性都会接受这种打磨和塑造，因而产生对抗性的裂缝和缺口，未被塑造的"硬核"就需要意识形态的缝合。意识形态的作用也在于此，它不仅是掩饰社会冲突的虚假表象，还迎合人的欲望，提供一个让人憧憬和希冀的幻想对象，又称"崇高客体"。在"崇高客体"中，意识形态被装饰成人自由意志的产物：人们不是被迫推崇意识形态，而是根据客观的规律来形成趋向意识形态的自我意志，意识形态由此成为人的知识和认识的核心机制。生活于由意识形态崇高客体建构的非物质性幻觉中，人们感受到的现实并不是真正的现实，人们不会质疑意识形态崇高客体的真理性，总是对其不打折扣地全盘接受。"意识形态真正重要的，是它的形式，即下列事实：向着一个方向，尽可能地沿着一条直线，不停地走下去；一旦下定了决心，即使最可怀疑的意见也要听从……他们必须相信，他们的决定理由充足，他们的决定会使他们实现自己的目标。"[①] 在资本主义现实生活中，奴役和剥削并未真正消失，反而比之前更为隐秘和残暴，成为一种"隐性暴力"。可是被象征秩序所限定的处于不平等地位的人们依然坚信平等这一幻象客体，根本在于隐性的意识形态以表面上对人生活需要的虚假满足来掩饰资本主义现代社会的剥削本性，通过获得人们对现状的认同来消解人们的反思和批判思维。因此，齐泽克认为，意识形态与其说和政治、经济挂钩，倒不如说它和欲望、快感等心理因素之间的关联更为紧密、直接。面对纷繁复杂、层次交错的大千世界，人们

_____

　　① 斯拉沃热·齐泽克. 意识形态的崇高客体. 季广茂，译. 北京：中央编译出版社，2014：99.

看到的往往只是观念的权威，头脑中向往着也充斥着崇高的观念，因为意识形态通过"无意识的幻象"和神秘的运行机制，充分挖掘了人们内心由于自我意志的局限而长期被封锁的自由欲望，唤醒了人们内心弥补"真实的缺失"的原始冲动和回归完整自我的渴望。只有意识形态能够克服现代人在自我身份确立过程中由真实的虚无造成的焦虑感，满足现代人返回未经分裂和异化的本原性世界的欲望，这使意识形态在现代社会中成为像水和空气一样的必需品。

正是在这个意义上，齐泽克认为，在"后意识形态社会"，意识形态已经冲破"社会意识"的界限，更多地表现为一种"社会存在"。它是一种致力于反映现实和建构社会秩序的无意识的幻象，但不等同于完全的假象，对现代社会具有一定的反作用。如果将意识形态幻象从社会现实中剥离出来，那么现实就无法被认知。齐泽克论证了意识形态幻象存在的可能性和必要性，认为意识形态仅仅关注自身理论建构的自信和权威性的行为忽视了其他社会存在，实质目的在于确保人们对其理论的绝对信从；指出只有当人们自觉信仰某种意识形态的权威力量时，才能保证现实社会有序地运行。他对意识形态和人之生存境遇关系的深度思考超越了意识形态真假、对错、是非的争论，将意识形态定位为一个生存论概念，即意识形态像幽灵一样，既可以幻化为观念的存在，也可以幻化为物质的存在，更以"无意识"或"非意识"的方式，渗透于现代人生活的方方面面并成为现实存在本身，构成了人思维意识结构的组成部分，使人以自在自为的方式接受意识形态及其衍生的习惯、社会规则等要求。意识形态作为对现实的幻觉性再现，存在于无意识主体的欲望活动中，镶嵌在文化传统、语言、市场、媒体等日常生产和生活的各种规则中，积极创设当代资本主义社会生活本身，是一种人们无法逃遁的、客观的社会存在。

二、意识形态幻象穿越与解放症候

社会现实不可能是一个肯定的、完整的和自我封闭的实体，而总是充满着对抗、矛盾和冲突。面对这种"不幸"，谋求人类解放主要呈现为三种态度：一是积极行动起来推翻资本主义剥削制度的马克思主义态度；二是悲观地认为无法谋求改变人类命运、实现彻底解放的法兰克福学派态度；三是坦然承认，与之妥协。第三种正是齐泽克秉持的态度。

他认为，面对社会现实状况，人唯一能做的是"将其视为自己无可避免的命运坦然接纳下来，然后投身其中，接受它的观点，同时回溯性地置身于过去（未来的过去）的有可能发生但没有发生的可能性之中"①。通过对意识形态的理性分析与理论规划，齐泽克表明人对意识形态幻象的克服必须首先建立在对其接受的基础上，变革意识形态的活动只有将其纳入自身的知识和认知系统才具有现实意义。因此，人的意识的认识功能在将意识形态的具体运作过程视为客观事物中得以确证。

齐泽克坦然接受种种对抗与苦难在社会生活中存在的意义，但这绝不意味着他就此放弃对当代社会的质疑和批判，相反，他以一种源自生命关怀的情怀，找到了激发人类不懈追问自身命运的基点，通过对意识形态幻象的不断穿越来改善人类的生存境况。在齐泽克看来，意识形态俨然成为现代社会运行和发挥作用的基本因素，任何清除意识形态的意图都终将破灭，意识形态批判的首要目标不是去揭露，而是去体验、去穿越，即透过社会的象征体系"直抵作为快感内核的根本幻象（fundamental fantasy）"，然后，"穿越幻象，与幻象保持距离"②，体验幻象构成是如何装饰、填补"他者"中的空隙、短缺和空位的，从而消除主体对幻象和幻觉的追随。齐泽克想要表明的是，意识形态幻象通过塑造客体的崇高形象，创设了一幅和现实状况迥然相异的社会图景——没有阶级剥削、没有贫富分化，只有人们团结合作、其乐融融的画面。人们乐于沉浸在这种有机体的整体意识中，甘愿像鸵鸟般忽略社会的分裂和冲突。意识形态之所以具有如此之大的魔力，倒不是因为其本身真的有什么特别之处，而主要在于它处在社会对抗伤口的位置，能够巧妙地掩饰实在界的创伤，满足人们内心深处的愿望和快感，维持人的主体性在精神领域的想象空间。

意识形态幻象的掩饰作用不是绝对的，它希图捕获所有，构成一个系统的、完整的社会存在，但社会的现实存在并非实在界，实在界是象征符号无法抵达的彼岸，它总能逃脱象征符号对自己的控制，并消除象征符号的秩序和意义，在象征与真实之间制造一个断链，切断象征符号

---

① 斯拉沃热·齐泽克. 实在界的面庞. 季广茂，译. 北京：中央编译出版社，2004：中文版前言 10.

② 斯拉沃热·齐泽克. 意识形态的崇高客体. 季广茂，译. 北京：中央编译出版社，2014：87.

与精神快感之间的关联，确保意识形态在精神快感的作用过程中不断凸显自身的决定性力量。所以，意识形态无论如何完备、巧妙，都不可能天衣无缝，总会留下不能被同化的创伤性裂口并以"症候"的方式呈现出来。"（我们作为）现实（体验的东西）不是'事物本身'，它永远已经被象征机制象征化、构成和结构——而问题就在于这么一个事实，象征最终永远失败，它永远也不能成功地完全'覆盖'真实，永远包括一部分未处理的、尚未实现的象征债务。"① 齐泽克通过对"症候"的分析，揭露了意识形态的残缺不全性及其可能导致的自我瓦解性。所谓"症候"就是蕴含于普遍之中的特殊，这种特殊遵循在现实中发生作用的普遍逻辑，最后有可能导致普遍解体。齐泽克认为，马克思对意识形态的理解方式也是症候式的，因为马克思曾明确指出，资产阶级普遍性的意识形态之所以是虚假的，是因为它将在贫困线上挣扎的无产阶级这一特殊群体排除在外而不予考虑。这表明了资产阶级意识形态在反映社会主体与社会客体、权利与义务关系上的虚假性。他认为，只能通过无产阶级的革命意识实现对资本主义社会症候的真实反映，才能消除人与人之间关系的拜物教形式，使人成为具有自由意识的主体。在齐泽克的理论视野中，普遍性和特殊性之间的距离就是官方意识形态与其不被承认的特殊性前提之间的距离。这种距离使得社会症候公然挑战意识形态的"真实"，将主体意志的生成视为不断自我分裂以确证自身意识形态身份的过程，进而颠覆意识形态表象（ideological appearance），因而也是资本主义社会的"崩溃点"。

齐泽克认为，既然意识形态得以形成的前提是"排除"，即为了维持社会机体的纯洁性、完整性，普遍性必须将特殊性"杂质"予以排除，那么对被排除的特殊性的认同就是与之相对的被压迫阶级的政治斗争。穿越意识形态幻象就是要认同症候，承认社会特殊性存在的合法地位，并在政治领域、意识形态领域将其提升到真正的普遍性高度。例如，要想推进人类社会不断进步、完善的伟大事业，就需要认同无产阶级，将无产阶级提升到"所有人"的高度，即社会中的每一个人都是无产阶级。无产阶级这一特殊群体能够代表全人类的主要原因，不在于它遭受超负荷的体力和脑力消耗，是受苦最深、革命性最强的阶级，而在

---

① 斯拉沃热·齐泽克，泰奥德·阿多尔诺. 图绘意识形态. 方杰，译. 江苏：南京大学出版社，2002：27.

于它是现代社会冲突的体现，是失序的群体。无产阶级的理论内涵伴随后现代社会的出现而发生转变，呈现出"非物质劳动"形式、阶级关系的"变体"等新的内涵指征及现实运行方式，为打破意识形态幻象提供了可能。但是，正如幻象不能被消除或超越，而只能被"穿越"，对于症候也只能是认同，即使它是由符号建构的现实世界通向未被符号驯化的原初真实世界的积极因素。社会症候的消除必定意味着社会本身的分崩离析。也就是说，彻底消除症候是不可能的，社会的对抗性分裂只能被掩盖而不可能从根本上被消除，社会问题和所有关于人与自然、社会之间的矛盾均无法得到有效解决，未来共产主义理想社会不过是人们的一厢情愿，我们真正能做的唯有坦然接受。

　　齐泽克之所以不像左派理论家那样采取直接抵抗的方式而选择认同症候，原因还在于他清楚地知道前者的局限：反抗压迫性的"他者"表面上看起来比较积极主动，但不能带来宏观层面的彻底改变，不能从根本上有效解决问题，甚至造成的结果反而是维持资本主义的整体不变。齐泽克认为，任何没有真正动摇支撑"他者"存在根基的零星式反抗实质上都不够彻底，类似的情况还可能再度发生。所以，"我们必须勇敢肯定，真正打开革命的可能空间的唯一方式，就是彻底摈弃对直接行为的倡导。当今的窘况在于，如果我们屈从于'做些事情'的号召（投身于反资本主义的斗争中，帮助那些穷人……），就确定无疑地是在帮助既存秩序进行再生产"[①]。抵抗不能导致资本主义的覆灭，还有可能事与愿违，最终更难摆脱资本本身，这就需要在穿越意识形态幻象的过程中以缓和式的手段使其发挥对精神欲望和现实对抗的缝合作用。齐泽克的这一态度与他对黑格尔辩证法的认识有关。在他看来，黑格尔辩证法的灵魂即否定之否定不是消灭差异，而是要保持矛盾分裂力量的统一性，因为矛盾、对抗等就是社会的本来状态，一切试图消除冲突的努力都注定不会成功。"否定之否定的基质，不是一种丧失和丧失的恢复，而只是从状态 A 向状态 B 过渡的一个过程：首先，对 A 的直接'否定'否定了 A 的位置；但它仍然在 A 的象征限制的范围内，所以，它接下来必须被另一种否定所否定，这一否定可否定对 A 直接的否定以及与 A 共有的象征空间。在此，否定系统的'真实的'死亡与其'象征的'死

---

①　Žižek. Iraq：The Borrowed Kettle. London and New York：Verso，2004：72.

亡之间存在的空隙很重要：系统不得不死亡两次。"① 按照这种全新的理解，微观层面的直接抵抗只否定了一次，即对资本主义内容的否定，这种否定还不能导致其彻底死亡，因为资本主义依旧处于自身的象征范围之中，依旧具有自我修复和再生的能力。故要挣脱"抵抗-反制"的周期性循环，就必须重构一种左翼的反资本主义的政治规划，去努力进行再政治化。对于如何否定资本主义的政治规划，齐泽克的立场是人的主体性意识能够实现对状态"A位置"的填补和占据，即实现主体对自身所处象征性空间的否定，从而保证主体对现实世界的整体性和统一性体验。

为了实现这一目标，齐泽克主张放弃抵抗，以非主动的方式来面对人类的不幸，在他看来，只有这样才能从反面证明事物的无意义，传达出意识形态批判的"空白"。齐泽克看到了抵抗的局限，并提出一种反向逻辑，即"什么都不做"。"什么都不做"貌似消极，但实际上它是对否定性的偏好，一种不依赖任何欲望对象的破坏。但是正如有学者指出的那样："齐泽克显然明确反对传统马克思主义的解放目标，他所反讽式地提到的'透明的、得到合理管理的社会'就是马克思、恩格斯所憧憬的人类最终全面解放的共产主义自由王国。在站在拉康立场上的齐泽克这里，这种最终解决方案是绝对不可能实现的。"② 齐泽克的理论结论走向了保证意识形态的欲望客体在主体现实世界中的畅达流通，实质是通过象征符号重构了精神欲望与真实世界之间已经坍塌的桥梁。

与马克思所主张的通过无产阶级革命推翻资本主义剥削制度以实现全人类彻底解放的观点不同，齐泽克坦然接受了充满矛盾的资本主义社会现实，把所有试图打破现存不合理社会结构的构想都视为徒劳无益的意识形态式的崇高渴望。在齐泽克看来，反对现存状况的途径只有一条，那就是穿越意识形态幻象而后承认社会创伤性裂口。但穿越意识形态幻象并非仅仅止于对社会症候的解释，也是对隐藏在社会症候背后的意识形态加以否弃，也许人类终将无法洞察意识形态背后的真正谜底，但是对于意识形态批判的局限性却应当保持足够的清醒，这大概是理性发挥作用的最终边界，也是齐泽克意识形态批判的价值所在。

---

① Žižek. The Ticklish Subject：The Absent Center of Political Ontology. London and New York：Verso，2008：80.

② 张一兵. 不可能性：后马克思思潮的政治立场. 求是学刊，2004（1）：17.

三、妥协性批判与解放态度

作为一名后现代哲学家，齐泽克以冷峻、犀利的眼光发现了所谓传统意识形态批判的"盲点"，重新运用由弗洛伊德开创，经过拉康、弗洛姆等人发展的精神分析法来剖析意识形态，揭示了资本主义社会存在与意识形态运行的纽带和延续的逻辑，从主体之间精神的欲望联系揭开人的关系被物的关系所遮蔽的历史渊源。这一方面的运用，不仅有助于我们提升对意识形态的认知，更为我们把握当代社会生活发展的新动向供给了富有活力的思想资源。

第一，齐泽克拓展了意识形态问题的研究领域，揭示了意识形态背后的心灵机制，有助于我们更好地从心理层面来捕捉自身，寻求改变外部环境以实现自身解放的现实道路。从政治学、心理学、传播学等跨学科的方法来探索意识形态是一大趋势。齐泽克将"欲望"这一心理学概念引入意识形态的生成过程，细致地考察了意识形态如何通过激发、压抑主体欲望的手段来控制个体。我们可以将这一运作过程详细表述为：受意识形态询唤—生成意识形态图像—产生要与意识形态图像一致性的欲望—将意识形态图像当作自我本真欲望的呈现。这一阐释发现了个体通过意识形态这种社会文化现象所建构的认知框架来限定或引导个体体验自己所生活的现代社会的规律，从心理学角度完善了意识形态能够在现代社会发挥巨大效用的机制问题。澄清意识形态的作用机制能够使人们在面临社会症候时自觉地揭示其内在运演逻辑，促动对意识形态的批判成为人们自我意识觉醒的动力。这一阐释启示我们：不仅要从政治、经济、文化角度研究人类解放问题，还要进一步对现实的行为活动进行心理分析，向人们呈现批判与揭穿资本幽灵的整体性和社会性规范，促使这种规范形成历史性的症候，合理引导人们从善向美的心理欲望。

第二，齐泽克敏锐地觉察到意识形态的深刻转型，回击了当前甚为流行的"意识形态终结"论，指出我们正处于以"非意识形态"的方式来表达、传播意识形态的时代。在当前国际战略格局中，资本主义国家表面上否定意识形态，实则借助资本这一力量企图悄无声息地将自己的意识形态向全球推广。目前西方马克思主义内部就有一种声音，即后现代社会是一个意识形态衰落的社会，统治阶级已经绕过意识形态，然而，齐泽克识破了这一阴谋，深刻地指出将意识形态虚无化的方式不过是另一种意义上的意识形态"设置"，就其本质而言，它是通过价值和意义的幻象来实现意识形态的隐性功能，依然没有跳出意识形态循环的窠臼。在这一点上，齐泽克与拉克劳等后马克思主义的代表人物不同，他秉持马克思基本的批判立场和价值取向，明确坚决地反对资本主义全球化，并揭示当今意识形态的幽灵性、隐蔽性、流动性趋势，认为意识形态的发展已经进入"后意识形态"的功能阶段，它并非意在引导人们对现实资本主义社会采取消极避世的态度，而是鼓动人们直面社会现实，通过积极的改造实践击穿意识形态幻象，恢复真实的生活情境。"后意识形态"是对传统意识形态功能的消解，能够使人们意识到在一个系统的暴力结构中，意识形态功能发挥的复杂性和其"理性的狡计"的真实面相。人们不能被意识形态幻象"迷惑"，要正视社会矛盾、社会对抗等"实在界"创伤。

虽然齐泽克对当前人类社会境况的批判入木三分，虽然他发现了生活在当代资本主义社会中的人们意识到意识形态的虚伪性却无法放弃对它依赖这一荒谬现象，但他未能找到超越荒谬现象的切实可行路径。他尝试穿越意识形态幻象，最终却又无可奈何地选择接受并认可意识形态幻象。他认为，在后现代社会的背景下，人们的思维意识和行动方式将伴随社会生产的变革而转变，意识形态的存在和作用形式也在不断变化，任何批判和穿越的理论都只能起到一定的缓解作用，根本无法使人真正脱离意识形态的束缚，于是干脆把意识形态当作客观的社会存在。这削弱了他批判的力度，淡化了其意识形态批判中的解放态度，显示出其理论的内在不足。

第一，意识形态幻象理论存在着自身难以克服的悖论。它一方面把意识形态视为和实在对立的幻象来抨击，另一方面又淡化甚至取消两者之间的差异，进而将两者同化。这样，不仅否定了马克思创立的唯物史观，将客观的社会存在当成泛化的概念而延伸至意识形态领域，导致人的主体性和能动性对幻象建构起来的社会现实无能为力，而且更难真正找准人类社会发展进步的动力因素。齐泽克拒斥意识形态分析的表象主义方式，认为意识形态和其扭曲的内容、颠倒的表征关系不大，他对意识形态的考察不再停留于虚假意识的层面，而是突出强调意识形态建构社会现实的幻象性，甚至其着眼点就是脱离物质生活的幻象。于是，齐泽克眼中的"社会现实"就"成了一个伦理建构（ethical construction）；它由某个'仿佛'支撑"①。他在批判意识形态幻象掩饰对抗性分裂的社会存在的同时，又承认这种对抗性分裂的意义，即它是社会存在的必要条件。"事件作为裂隙和断裂不是指向对某个方面的修修补补，而是指向了对资本主义的整个框架和整个场域的本体论变革。"② 同其他后现代思想家一样，齐泽克的意识形态理论表达了对正确认识和穿越幻象力量的坚持，但幻象实际上隐藏了社会现实的真正面貌，一味地批判和穿越幻象也禁锢了他的理论思维，使他在求索穿越幻象的路径中形成了本体论的设定与方法论的探究策略之间的悖论。

第二，齐泽克以把马克思拉康化的方式来研究意识形态，从功能、结构等维度过分扩展意识形态的界限，最终把它泛化成一个和人类社会永恒相伴的文化现象。马克思基于辩证唯物主义和历史唯物主义的方法来分析意识形态，看到被表面美好的资产阶级意识形态所掩盖的真正的阶级立场和阶级利益，目的在于让人们认清资本主义社会是一个主客体颠倒的世界。在马克思那里，这种现象的存在是超越资本主义的现实根据。所以，马克思提出意识形态消失的条件是超越资本主义社会的共产主义社会的全面实现，是全人类的彻底解放和每一个人的自由全面发展；指出必须在资本主义社会内部寻找摆脱意识形态对现实世界的虚假反映与掩蔽的方法，在无产阶级领导的革命与建构性实践中实现社会现实发展的科学性与价值性的统一。然而，拉康的"大能指""认同""创伤的内核"等概念却使意识形态问题重新非历史化和形而上学化，最终把意识形态的斗争变成"象征界"与"实在界"之间的永恒冲突，将意识形态批判的着力点聚焦在切断资本主义意识形态批判与政治经济学批判的深层关联，这样就否认了消除意识形态笼罩、实现人类彻底解放的未来社会的可能性。基于这种错误的理论，齐泽克有意无意地为现存资本主义社会辩护，并未揭示资本主义本身的固有矛盾，难以把握马克思阐述的资本主义制度被社会主义、共产主义制度取代的历史必然性以及实现这一理想所需的现实批判与革命的实践，远未达到马克思人类解放理论的高度。

第三，齐泽克虽然对现代社会意识形态的最新形式——犬儒主义给

① 斯拉沃热·齐泽克. 意识形态的崇高客体. 季广茂，译. 北京：中央编译出版社，2014：34.

② 莫雷. 事件与爱：当代西方激进左翼思潮的本体论重构. 哲学研究，2020（4）：57.

予了精辟的分析，却没有合理阐明其存在的背后根源，更没有真正理解当前人类社会的现实。在齐泽克看来，支撑人们行为的不是对现实的判断，而是越过人的意识恐惧而产生的幻想。因为现代社会面临的一大危机就是知识与真理不再同价值判断相联系，反而与"无意识"亲密相连，知识与真理不再作为行动的精神动力，因此人们心甘情愿接受意识形态营造的梦幻世界。然而，真正的解放不在词句中，也不在幻觉中，而是人们能够在现实生活中摆脱各种束缚，成为自己命运的主人。齐泽克的意识形态批判是一种强调符号形式优于现实内容的逻辑论述，否定了意识形态得以存在的客观内容，偏离了马克思主义内容大于形式的基本立场，致使他未能指明超越意识形态幻象的现实途径，只能得出"意识形态永恒在场"的结论。

作为崇高客体的"意识形态幻象"虽然在主观上迎合了现代人的欲望，但能否将其完全指认为一种由无意识主导的行为呢？答案是否定的。在意识形态的方法论维度，齐泽克强调的是具有审美与伦理色彩的"穿越"策略和精神分析方法，将人对意识形态的作用置于幻象制造的框架内，最终削弱了意识形态的批判功能和人的革命实践力量。而马克思强调的是具有历史唯物主义精神的实践批判和改造、建构的方法，以及意识形态的物质性和社会性的区别及其与主体认同之间的复杂关系。这就导致马克思与齐泽克各自的理论发展具有截然不同的命运。

第九章 马克思解放理论
在苏联与中国的实践

马克思的解放理论既具有崇高的理想性，又具有实践的现实性，是理想与现实的统一。中国所处的社会主义初级阶段是以劳动解放为基础的全面发展的辩证统一过程，辩证理解马克思解放理论所包含的理想性与现实性，有助于在中国特色社会主义实践中，既坚持马克思人类解放的崇高理想，又寻求人类解放的现实道路，以适应社会主义自我完善的历史定位。

全球范围内，苏联和中国对马克思解放理论的阐释、实践与创新是最受瞩目、影响最深远的。"苏联模式"和"中国方案"的社会主义道路建设，都是在寻求解放理论的继续发展和实现方式，体现了马克思人类解放思想在苏联和中国的现实历史进程，是对马克思社会主义理论的实践"续写"。

苏联的解体让某些幸灾乐祸的西方理论家高呼"历史的终结"。然而，"苏联模式"的失败未必是"历史的终结"，它证明的只是现实性的马克思解放理论的"苏联模式"的失败，即苏联社会主义意识形态无法得到人们的认同，是对马克思主义理论的背离和歪曲，而不是马克思主义理论本身的失效。必须深刻反思人类解放诸多实现方式的优劣，洞悉人类现实解放历程的本质特征与其历史发展规律的关联，才能在现实社会主义运动中不断拓展马克思解放理论的学术空间和创造性地开辟人类解放的具体实现方式。

中华民族在对理论与实践的探索中，呈现出对马克思解放理论认识的阶段性以及理论创新与实践升华。当前中国倡导的"人类命运共同体"理念以及学者们为这一建设所寻求的价值目标与时代现实相统一的哲学理论——在马克思解放理论的理想性观照下的现实性的马克思人类解放理论，充分显示出马克思解放理论的理想与现实之间的内在张力，是把握人类文明发展趋势的钥匙，彰显了马克思解放理论所具有的当代中国意义。

第一节　解放理论的苏联实践及深刻教训

现实批判是马克思的一个基本的理论维度，当年其批判对象主要是资本主义社会，因为当时还没有建立社会主义国家；而今天我们若要坚持马克思的现实批判维度，就不仅仍要针对资本主义社会，还应针对现实的社会主义运动。对现实的社会主义运动的批判与反思，是马克思当年不可能做的事情。但笔者认为，这应是我们今天推进马克思主义理论发展的一个重要的思想进路。

世界上第一个社会主义国家——苏联的解体，使得"现实的社会主义"运动遭受巨大的挫折。但是，苏联的解体并不代表马克思创立的科学社会主义的失败，更不代表马克思解放理论在现实中走进了死胡同，毕竟苏联的社会主义模式仅仅是实现马克思解放理论诸多方式中的一种。作为实现马克思解放理论的一种方式，"苏联模式"对所有曾经执政、正在执政和尚未执政的共产党都产生了深远的影响。站在马克思哲学的高度反思和检审苏联社会主义模式的经验教训，全面认清和彻底克服这一模式的不足，是关系到科学社会主义能否实现、人类解放能否经历更少挫折的重大问题，因为"一个社会即使探索到了本身运动的自然规律……它还是既不能跳过也不能用法令取消自然的发展阶段。但是它能缩短和减轻分娩的痛苦"①。苏联社会主义革命与建设的缺陷及遗留的历史问题已经不能适应时代主题的转换对社会主义提出的挑战和历史任务，通过分析苏联模式，有助于更好地把握"现实的社会主义"的历史经验与教训，探索出更加完善的马克思解放理论的实现方式，有效实现马克思主义基本原理同不同民族国家具体实际的结合。

---

① 马克思恩格斯文集：第 5 卷．北京：人民出版社，2009：9 - 10.

一、意识形态宿命论

历史唯物主义是马克思解放理论的根本方法论，具有科学理论和意识形态的双重属性，它在澄明社会现实的基础上，指导无产阶级在革命中彻底改造现实世界。坚持马克思解放理论的真精神和真品质，就是要坚持历史唯物主义，把握历史唯物主义的双重属性，坚定对历史虚无主义等意识形态立场进行抨击与克服，维护并激发民族国家的主体意识和内在超越性。但是，苏联社会主义模式却在社会实践中抛弃了马克思所开创的科学的革命精神。

"苏联模式"的社会主义，虽然在理论和意识形态的宣传上，一直坚称自身所秉承的是最正统的马克思主义，所领会的是最本真的马克思精神，也着重承诺实现马克思一生所追求的人类解放和每个人的自由，并且认为"苏联模式"之外的其他对马克思不同的解读与解释，都是对马克思精神的歪曲。"任何社会主义国家，在夺取和巩固政权的斗争基本结束以后，都必须或迟或早地把工作重心由阶级斗争转向经济建设，把注意力放在满足广大人民不断增长的物质文化需要上，放在构建社会和谐上。物质生活的丰裕和个性自由发展必将成为全部社会生活的中心。物质文化生活水平的提高，往往与经济发展相伴出现的是科学技术对人的日益严重的支配和两极分化，特别是因物质生产的迅猛发展而造成的资源、环境等严重威胁人类生存问题的出现，必然促使人们对人与物的关系进行再认识、再思考，并对自己的价值目标加以调整。"① 社会主义社会中人与物的关系问题不仅体现在社会生产领域，而且体现在政府、市场和意识形态等多维领域，社会主义社会关系的多样性赋予了阐释人类生存发展的根本问题完全崭新的内容和特征。这种"再认识、再思考"必须建立在非教条的、与时俱进的历史唯物主义方法论基础上，必须创新与发展马克思主义哲学，以新的理论适应变化了的社会现实，但苏联的马克思主义哲学并没有及时进行理论创新。

苏联在 20 世纪 30 年代创建的传统历史唯物主义体系，虽然确立了科学理性的地位，但对人的主体性、人的价值、人的解放以及人如何摆脱物役的支配而获得自由等问题，没有因时代变化面临的新任务而结合

---

① 安启念. 从苏联解体看苏联马克思主义哲学发展中的一个重要教训. 理论视野，2010 (7)：16.

本国、本民族的历史和当代发展给予创新性解答。意识形态话语权建设日趋保守、封闭、僵化和因循守旧，独断、不思革新、脱离实际的解释传统与垄断、专制的意识形态传统，彻底背离了历史唯物主义的品质，背离了马克思解放理论的精神。苏共虽然极力宣传马克思主义理论特别是历史唯物主义，但官方教条式构筑的理论宣传与灌输脱离了人们的实际需要，用理论教条去裁剪现实问题，对社会主义建设过程中客观存在的各种矛盾与挑战未能提出有效的政策措施，"苏共的宣传思想工作未能正面回应人民群众的不满情绪，甚至不愿意承认这些问题的存在，当然也就更不能够正确地回答如何解决这些问题"①。苏共在建构意识形态的过程中产生了人道主义倾向，这给西方国家侵蚀苏联社会主义文化系统和知识分子的立场提供了时机，导致苏联的社会主义意识形态走向中断和瓦解。历史唯物主义方法论在封闭的体系内部依靠惯性循环运行而日益成为教条，严重动摇了马克思主义在苏联的社会认同基础，出现了马克思主义信仰危机，最终瓦解了苏共的执政根基。

在马克思解放理论的体系结构中，历史唯物主义方法论具有奠基性地位，它所具有的双重属性是一体两面的，彼此之间既相互依赖也具有内在区别。历史唯物主义首先是科学理论，是在辩证地、历史地、具体地分析人类社会秩序对立和矛盾的基础上，对社会现实做出澄明的理论。历史唯物主义以客观的生产条件和人的实践为出发点，科学地追溯现实的人的存在与发展的趋向问题，准确抓住资本主义社会中人的异化与生存困境的本质，清晰揭示人从资本主义的异化演进到共产主义阶段全面发展的客观规律与历史必然；其次才是无产阶级的意识形态，是无产阶级确立的关于社会存在与社会意识关系的科学的历史观，是无产阶级改造世界的理论武器。历史唯物主义只有作为科学理论，才能成为正确的意识形态。但是，在"苏联模式"的社会主义建设中，作为苏联官方意识形态重要内容的历史唯物主义、辩证法、共产主义理论等，都被"打磨"成"圆融"的哲学体系，在这种体系缜密的意识形态中，一切问题似乎都获得了"圆满"的解决，社会现实的任何发展都依据体系所阐述的历史进程来进行，这一体系成为现实社会不合理性的辩护工具。历史唯物主义不是作为揭示、批判或改造社会现实的工具，而是被"改

---

① 蒋红.苏共意识形态工作的深刻教训.红旗文稿，2016（15）：35.

造"成关于自然、社会和思维发展所依据的"铁"的客观规律，这一规律就是苏联的社会主义意识形态。

在苏联社会主义模式中，历史唯物主义已经蜕变成一种机械的历史决定论，历史发展的多重可能性被抹除，无产阶级在革命中的主体能动性也被忽视，实践原则的缺失使其无法把握历史唯物主义的精神实质与核心要义，任何革命事件都被当成历史的必然现实。人们在实际生活中遇到问题，会以教条式的方式对待历史唯物主义，习惯从马克思主义经典作家的本本中寻找答案和依据，把苏共领导人对历史唯物主义的曲解作为判断正确与否的唯一标准，给各种现实活动或理论观点贴上政治标签，将社会主义在苏联的实践所形成的某些模式凝固化。"苏联模式"的社会主义意识形态，已经不再是马克思的历史唯物主义，而是将历史唯物主义神圣化，具有典型的教条主义和宿命论色彩。正是这种缺乏科学性和革命性的意识形态使得"苏联模式"的社会主义建设偏离了马克思解放理论的根本实现路径，意识形态宿命论主张导致意识形态建设的决堤，也导致意识形态阵地如冰雪消融般瓦解，最终从内部摧垮了称霸一时的超级大国——苏联的体制。

二、解放形式的困境

在历史唯物主义的视域中，人类总体解放是一个漫长的历史进程，需要经历政治解放、经济解放、文化解放等多维度解放才能得以实现。任何模式的社会主义建设或许都可以根据自身历史条件超越某种向度的解放，但在超越解放形式的同时，社会发展必须实现这种解放形式所要求达到的目标。然而，在作为马克思解放理论实现方式之一的苏联社会主义模式的建设进程中，在宿命论的意识形态指导下，历史唯物主义沦为精神化和意识形态化的社会物质力量，且社会主义建设模式主导意识形态方向的功能被削弱。

苏联在斯大林掌权之后，提出了"一国建成完全的社会主义社会"（一国可以取得建成完全的社会主义社会意义上的社会主义建设的胜利）的论断。斯大林认为，列宁领导十月革命取得胜利，无产阶级夺权成功，表明了一国建成完全的社会主义社会的合理性。"谁否认社会主义在一个国家内建成的可能性，谁也就一定要否认十月革命的合理性。"[1]

---

① 斯大林选集：上卷．北京：人民出版社，1979：341.

斯大林的理解歪曲了列宁的思想表述，对马克思列宁主义的教条式理解以及在此基础上衍生的社会文化专制思想与政策，违背了马克思关于社会解放的整体性思想以及政治、经济和文化在统一中发展的历史观与解放观，实际上混淆了多维度解放形式之间的内在区别。"关于一国能否建成社会主义的问题，在列宁逝世以前，在苏联领导层和理论界并没有分歧，大家一致赞成一国不能建成社会主义的思想。但在列宁逝世以后，由于斯大林看法的改变，关于一国能否建成社会主义的问题，在苏联领导层和理论界展开了激烈的争论。在苏联领导层，托洛茨基、季诺维耶夫、加米涅夫等人，坚持列宁的思想，认为一国不能建成社会主义。斯大林和布哈林则与此相反，认为一国可以建成社会主义。斯大林利用自己手中的权力，独断专行，压制不同意见，把持不同意见的人打成所谓的'反对派'，给他们扣上种种政治罪名，并且对他们进行各种各样的迫害，有的被流放，有的被监禁或被杀害，有的被驱逐出国。当时以斯大林的观点获胜而结束了这场争论。自此以后，一国可以建成社会主义的思想就被很多人误解为是列宁的思想。"① 斯大林的"一国建成完全的社会主义社会"的思想，是为在政治上打倒"反对派"而竖起的一面旗帜，结果将马克思主义当成为其集权政治思想辩护的工具，是对马克思主义的主观化、抽象性和外在性的理解，而不是马克思主义基本原理与苏联具体实际相结合的产物。斯大林对"什么是社会主义"和"如何建设社会主义"的论断，偏离了马克思主义基本原理。

无论是马克思还是列宁，都早已指明一国建成完全的社会主义或者说共产主义的不可能性。列宁认为，十月革命虽然取得胜利，但当时世界上其他国家仍然停留在前资本主义或资本主义社会阶段，俄国反动资产阶级与外国帝国主义互相勾结，并向刚刚诞生的苏维埃政权发动进攻，在这种背景下，他指出，"我们单靠自己的力量是不能在一个国家内全部完成社会主义革命的，即使这个国家远不像俄国这样落后，即使我们所处的条件比经过四年空前艰苦、破坏惨重的战争以后的条件要好得多"②。一个国家社会主义革命的胜利并非说明其运动形式是历史的必然，也未能表明这个国家能够汇聚国际共产主义运动的实践力量而带

---

① 赵家祥. 关于"一国能否建成社会主义"的争论. 贵州师范大学学报（社会科学版），2016（1）：24.

② 列宁选集：第3卷. 北京：人民出版社，2012：547.

领全人类走上解放的康庄大道。列宁一以贯之地认为，一国不可能建成马克思所设想的社会主义社会，即发达的社会主义社会或完全意义的社会主义社会，"一国首先胜利"是指以无产阶级专政代替资产阶级专政的政治革命的胜利，而不是以社会主义生产关系代替资本主义生产关系的社会革命的胜利。以无产阶级夺取政权为标志的政治革命的胜利，并不是社会主义的最终胜利即建成完全的社会主义社会。社会主义社会的建成是基于无产阶级掌握了社会生产的权力并形成自觉的革命力量，这既是科学社会主义勾画的无产阶级历史使命的基本内容，也是人类社会进入社会主义和共产主义阶段的根本动力。马克思指出："共产主义只有作为占统治地位的各民族'一下子'同时发生的行动，在经验上才是可能的，而这是以生产力的普遍发展和与此相联系的世界交往为前提的"①，"无产阶级只有**在世界历史意义上**才能存在，就像共产主义——它的事业——只有作为'世界历史性的'存在才有可能实现一样"②。虽然马克思和列宁否认"一国建成社会主义"的观念，但并不否认社会主义政治革命可以在一国取得胜利的现实可能性，他们严格区分了"取得"社会主义革命胜利和"建成"社会主义社会。在《法兰西内战》和《哥达纲领批判》中，马克思就已断定资产阶级政治统治的消灭以及无产阶级专政国家建立的可能性。俄国十月革命的胜利就是马克思解放理论预言的初步实现。在十月革命之后，列宁指出，社会主义政治革命胜利之后，无产阶级"剥夺了资本家并在本国组织了社会主义生产"③。以往的政治革命和解放行动都表现为借用一种私有制来清除另一种私有制，与此相反，无产阶级的政治革命旨在消除一切私有制和阶级剥削；在政治革命胜利之后，无产阶级专政的社会主义国家还必须实行带有社会革命性质的经济解放和文化解放。

无产阶级的政治革命是历史上最为彻底的社会革命，其实行的"政治解放"是人类解放的前提。但"'政治解放'绝非人类的彻底解放，它不过是人类追求全面、彻底解放的漫长历程中必经的一个特定历史阶

---

① 马克思恩格斯文集：第 1 卷. 北京：人民出版社，2009：538 – 539.
② 同①539.
③ 列宁专题文集：论社会主义. 北京：人民出版社，2009：4.

段"①。正是基于对政治解放之限度的深刻认识以及对市民社会的政治经济学分析，马克思提出通过经济解放和文化解放消除对政治国家、金钱、宗教的崇拜，建立人与人直接联系的"真正的共同体"，提出超越政治解放，走向人类解放的最终目标，论证与倡导用"人类社会"克服"市民社会"的社会理想，寄希望于更高境界与更高层面的经济和文化解放诉求才能实现真正的符合人的本性的自由。

列宁十分重视政治解放之后的社会主义经济建设和经济解放。他认为，"劳动生产率，归根到底是使新社会制度取得胜利的最重要最主要的东西。资本主义创造了在农奴制度下所没有过的劳动生产率。资本主义可以被最终战胜，而且一定会被最终战胜，因为社会主义能创造新的高得多的劳动生产率"②。十月革命胜利后，列宁曾多次提出把工作重心转移到经济建设上来，并探索社会生活的本质以求实现生产力的发展与解放。他在《苏维埃政权的当前任务》中明确指出："在任何社会主义革命中，当无产阶级夺取政权的任务解决以后，随着剥夺剥夺者及镇压他们反抗的任务大体上和基本上解决，必然要把创造高于资本主义的社会结构的根本任务提到首要地位，这个根本任务就是：提高劳动生产率，因此（并且为此）就要有更高形式的劳动组织。"③ 列宁试图用一国之内所能做到的一切来促进、激起世界革命，从而形成多国实现和建设完全的社会主义的新局面。

列宁也十分重视政治解放之后的社会主义文化建设和文化解放。十月革命胜利后，列宁认为，文化落后成为苏联社会主义建设的重要制约因素，为了适应苏维埃政权社会经济发展的需要，他提出了"文化革命"的思想。"文化革命"是列宁整体思想的重要组成部分，是列宁对马克思、恩格斯文化斗争与建构理论的继承和发展，是其结合苏联社会主义建设的现实背景而施行的策略。在"文化革命"的理论构想中，列宁对政治、经济与文化的关系以及无产阶级文化、传统文化遗产、消灭落后民族文化的不平等性进行了深刻论证，强调社会主义文化建设的速度和规模直接取决于最广大人民群众参与社会主义的意识及文化水平，

---

① 林锋. 马克思《问题》与《导言》人类解放理论新探：兼评所谓"《问题》、《导言》不成熟论". 东岳论丛，2011（4）：57.

② 列宁选集：第4卷. 北京：人民出版社，2012：16.

③ 列宁选集：第3卷. 北京：人民出版社，2012：490.

提出通过经济解放和文化改造的形式，使苏联的社会结构发生最重要的改变，即建立了苏联社会主义知识分子群体，体现了"文化革命"的系统性。列宁甚至把"文化革命"定位在政治、经济、文化"三位一体"的社会主义建设战略构想中的核心与基础地位。

然而，斯大林没有区分一国取得社会主义社会胜利和完全的社会主义社会建成之间的差别，所提出的"一国建成完全的社会主义社会"忽视了经济解放和文化解放的艰巨性与长期性。苏联虽然在"本国组织了社会主义生产"，但却采取了高压的行政化手段和急剧的群众运动，忽视了人们"在经济、道德和精神方面都还带着……旧社会的痕迹"①。在政治解放不充分、商品经济和市场经济对专制权力与专制制度摧毁力度有限的落后社会建立起来的社会主义国家，又重新复活了庞大的官僚体系和特权制度，为了维护高度集权的体制，形成了苏联历史上的文化专制主义和文化教条主义，一定程度上模糊了文化的阶级性，导致无产阶级难以真正掌握政治权力以展开充分的文化建设活动，使得"苏联模式"的社会主义建设，无论是在政治解放、经济解放还是文化解放上，最终都未能取得真正历史性的进步。

三、自由个性的压制

"一般的**革命**——**推翻现政权**和**废除旧关系**——是**政治行动**。但是，**社会主义**不通过革命是不可能实现的。社会主义需要这种**政治**行动，因为它需要**破坏**和**废除**旧的东西。但是，只要它的**有组织的活动**在哪里开始，它的**自我目的**，即它的**灵魂**在哪里显露出来，它，社会主义，也就在哪里抛弃**政治的外壳**。"② 社会主义革命作为人民群众改变自身历史处境的最终手段，只是在推翻现政权和废除旧关系的政治革命阶段具有政治性质，一旦政治革命结束，社会主义生产的组织开始，社会主义就会抛弃"政治的外壳"。"只有当现实的个人把抽象的公民复归于自身，并且作为个人，在自己的经验生活、自己的个体劳动、自己的个体关系中间，成为**类存在物**的时候，只有当人认识到自身'固有的力量'是**社会力量**，并把这种力量组织起来因而不再把社会力量以**政治**力量的形式

---

①　马克思恩格斯文集：第 3 卷．北京：人民出版社，2009：434.

②　马克思恩格斯全集：第 3 卷．北京：人民出版社，2002：395.

同自身分离的时候，只有到了那个时候，人的解放才能完成。"① 现实的人在社会革命中对自身社会实践潜能的认识集中体现在无产阶级先锋队的主导力量，这意味着无产阶级必须首先进行自身的政治统治，把自己从资产阶级的政治统治范围中解放出来，然后才能保障全体社会成员平等、自由的发展和确保实现一切领域的解放。

马克思认为，实现社会主义制度之前，人自身"固有的力量"被凝结、异化为政治力量，这种力量对人来说是异己的，它束缚人、压迫人、统治人；要想摆脱"洞穴"般的状态，就必须将政治力量吸纳到社会力量中，以集合社会的各种实际力量对抗政治力量，彻底地实现实质的正义，扬弃私有财产，消灭生产资料的私人占有，从而消解政治力量对人的压迫，解放人的本质，使异化劳动复归为和人的本质直接同一的"自主活动、自由活动"，真正恢复劳动的积极作用，将人的劳动与其日常生活世界关联起来，在人的劳动解放和自我意识发展的协奏中标注共产主义的方向，恢复人的自由和创造本质。社会维度的解放明确要求不再把社会力量当成政治力量，只有消灭人类社会的政治性质，消灭统治与被统治、奴役与被奴役的异化关系，才能使人类解放超越政治解放而获得全面现实，马克思解放理论所追求的每个人的自由个性才有可能实现。

而社会主义政治革命完成以后，无产阶级如何捍卫自身建立的政权？如何管理社会的每一个方面？苏联社会主义在面对和解决这些问题时，从斯大林时代开始，就已经偏离马克思解放理论所阐明的通过多维度解放形式来实现人类总体解放的路径：激活了封建主义的残余力量，使苏联政党越来越官僚化、特权化和腐败化，高度集中的政治管理体制越来越僵硬和非人性化，特权阶层的存在严重束缚了劳动群众的参政议政积极性，人民群众的权利并没有在制度上得到保障；大力推行以物质刺激、利润挂帅为核心的所谓"经济新体制"，导致社会主义公有制企业逐渐沦为官僚群体的私有产业，加强了对全国企业的垄断和统治，经济结构和管理体制极大消解了企业生产活力与改革创新能力；国家意识形态在理论上构想每个人自由发展的共产主义未来世界，而在实践上却实行政治高压手段，忽略了意识形态的建构同苏联政权建设和社会解放

---

① 马克思恩格斯文集：第 1 卷 . 北京：人民出版社，2009：46.

的关系，淡化了意识形态本身的政治功能对于规定人的行动价值取向的作用和任务，结果必定会压制人们的创造自由，人民群众享有的自由越来越少；把民主当恩赐，用专制代替民主集中制，对社会生活的所有领域实行全面的意识形态监督，完全忽视和背离了人民群众。这种根本没有抛弃"政治的外壳"、将政治手段运用到极致的官僚主义的社会治理方式，结果只能如马克思、恩格斯所讥讽的"封建的社会主义"那样："为了拉拢人民，贵族们把无产阶级的乞食袋当做旗帜来挥舞。但是，每当人民跟着他们走的时候，都发现他们的臀部带有旧的封建纹章，于是就哈哈大笑，一哄而散。"① 苏联社会主义模式的失败也由此成为历史的必然。"在我看来，如果要想建立起长期稳定的社会主义，那么必须让社会主义的受益者获得政治权力。只有这种社会主义才不会产生由内部引发的悲剧。"② 苏联社会主义政治解放的人民性与其社会建设的政治原则具有内在统一性，政治解放程度的提高将愈益彰显人们对于建设社会主义社会的主观愿望。

　　社会主义既是一种理论体系也是一种社会制度，只有社会主义的国家体制与机制才能确保解放劳动者和发展生产力，实现人的潜能和本质。劳动者不仅是社会发展的结果，也是社会发展的根本动力。但当劳动者被生产资料奴役，就会产生各种各样的革命，最终实现劳动者对生产资料占有关系的平等。而苏联僵化的社会主义体制没有以劳动者的实际水平为原则来调整劳动者与生产资料的关系，劳动者在占有生产资料方面，失去了在社会主义社会本来应该拥有的社会主人地位，处于被支配地位，不能通过人的本质实现来促进人的全面发展。在苏联社会主义条件下，国家体制与机制背离了解放劳动者和发展生产力以及实现人的本质的基本目标。

　　苏联社会主义模式，作为"现实的社会主义"模式，在取得过举世瞩目的辉煌成果的同时，其在理论上和实践上的崩溃也使得马克思的解放理论遭受了巨大的非议和诋毁，但这并不意味着马克思解放理论的失败。在"苏联模式"的社会主义建设中，马克思解放理论所阐述的一些基本原理，并没有得到正确的理解和切实的遵循，甚至出现了将马克思

---

① 马克思恩格斯文集：第 2 卷. 北京：人民出版社，2009：55.
② 田曦. 如何看待社会主义的过去、现在与未来：访美国麻省州立大学阿姆赫斯特分校经济学院大卫·科茨教授. 理论视野，2017（7）：31.

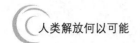

主义实用化、庸俗化和简单化的错误倾向。历史是最好的教科书，"苏联模式"的失败并没有使人类解放的理想在人们心中消失，民族的发展与解放仍然是当今世界亟待解决的问题，问题的症结在于如何实现民族日益增长的自我诉求与社会现实发展目标的有机统一。重新领会马克思解放理论的精神实质，实现人的自由个性的全面发展，追求比资本主义国家更广泛、更真实的民主和人道，寻求实现人类解放的现实途径，依然是向往共产主义世界的人们孜孜不倦的奋斗动力。在实现社会主义、共产主义理想信念的过程中，必须牢记始终把实现远大理想的最高纲领与实现阶段性现实目标的最低纲领有机统一起来，用最高纲领指明方向，用最低纲领凝心聚力，不断调动与激发人民群众的积极性、主动性和创造性。

第二节　中国学界对解放理论的总体认识

一直以来，有学者把马克思的人类解放当成终极性的追求，甚至是乌托邦，而忽视了其现实性维度，或者说将理想与现实两个向度混同起来，而未能进行科学区分。

一、对马克思经典著作理解上的偏差

追溯哲学史，我们看到对理想与现实的混同，实非偶然。在对哲学基本问题"思维与存在"的关系的讨论中，就有"思维与存在同一"的观点。在柏拉图"理念论"的阐释中，就有思维与存在混同的倾向，这一传统在后来启蒙哲人尤其是欧洲大陆唯理论哲人那里得到继承，黑格尔的"绝对精神"更是集中体现了这种倾向。理想与现实的关系不是单向的客观存在，而是人的主观思维与客观存在相统一视角中的双向互动的复杂关系。从某种意义上说，对思维与存在的混同认知成为理想与现实混同的方法论预设。

在思维与存在的关系问题上，马克思主义唯物论主张两者的异质性与非绝对同一性。马克思立足于现实的人，直接批判了黑格尔哲学的核心命题——思维与存在的绝对同一性。马克思对黑格尔的批判以否定思维与存在的唯心主义的统一、强调思维与存在的异质性为特征。正是从思维与存在的异质性出发，马克思通过对资本主义社会现实的深入研究提出了劳动异化论，表明异化现象的实质是给予有限的资产者无限的支配权，使资产者在暴露自身存在的客观矛盾时也展现出被革命的可能性，并在劳动异化论基础上深化了解放理论。对思维与存在关系的唯物主义的回答规定了马克思主义哲学的科学性质，在某种意义上是对柏拉图哲学传统的离弃。这种认识观奠定了马克思解放理论的理想与现实相区分的基础和思维前提。在马克思的经典著作中，解放理论的理想与现实向度从理论上得到了区分。

　　但在中国学界，有的学者对马克思经典著作的理解存在偏差，误认为马克思没有区分理想与现实两个向度。

　　第一，有的学者没有看到马克思思想发展的内在逻辑以及人类解放的演进逻辑，总是把主题的转移视为思想的断裂：认为马克思的解放理论经历了早期的不成熟到晚期的成熟之转变；或认为马克思早期的人道主义思想才是正确的，晚期的无产阶级革命思想步入了歧途。前者是以晚期否定早期，后者则反之。然而，笔者认为，马克思的解放理论虽然确实存在一个转变的过程，但却不存在互相否定的两种不同理论。马克思解放理论的转变过程经历了从哲学的、思辨式的抽象论述到经济的、政治的具体论述的过程，始终贯穿着对解放的理想与现实关系的不断反思与重构，在考察历史的过程中逐渐摆脱了传统哲学思维的先验意识，进而客观地解释了人类解放从理想向现实进化的必然。哲学的、思辨式的抽象论述带有理想性的特质，以《论犹太人问题》《1844年经济学哲学手稿》等早期著作为代表，经济的、政治的具体论述因其深入地考量社会现实，呈现出更多的现实性特质，以《1857—1858年经济学手稿》《哥达纲领批判》等后期著作为代表。马克思的早期著作是针对当时的资本主义社会状况而做出的内含价值指向意义的理论批判和理想预设，致力于从主体的自我意识角度论证人类解放指向人的自由全面发展的必然结果，解放理论的立足点是关于理想社会的，是对未来理想社会抽象的、思辨式的论述。早期马克思虽已认识到必须超越政治解放、追求人类解放，但对于如何在现实社会中将解放理论付诸实践，却没有进行应有的阐述，故此时期的解放理论被称为"哲学共产主义"。及至《德意志意识形态》中，马克思、恩格斯花费极大的精力与笔墨从经济的、政治的角度阐释了历史唯物主义，论证了共产主义社会实现的必然性，却依然声称"共产主义对我们来说不是应当确立的**状况**，不是现实应当与之相适应的**理想**。我们所称为共产主义的是那种消灭现存状况的**现实的运动**"①。马克思此时尚未指明人类解放从理想走向现实的途径，对于人类解放与社会形态更替的理论关联仍在论证之中。马克思在逐步对解放理论进行理想性与现实性的理论区分的同时，开始注意其理论理想的现实化过程。这一认识最终在《哥达纲领批判》中得到最切实的阐述。在此著作中，马克思将共产主义社会区分为既相互联系又有递进关系的两个阶段——共产主义社会的初级阶段与高级阶段。这意味着历史唯物主义在为人类解放提供科学的认识论和方法论时，并未回避意识形态和价值观立场的问题，恰恰在对人类如何改造现存世界以实现解放的阐发中表明了其科学性与价值性相统一的理论本性，在推动共产主义从初级阶段向高级阶段行进的过程中彰显了自身作为无产阶级世界观和方法论的价值立场。

马克思、恩格斯对资本主义社会的批判与否定并不等于完全抛弃，他们明确承认共产主义社会建立在资本主义社会生产的基础之上，进而将资本主义社会生产的劳动力——无产阶级的解放与全人类的解放紧密联系起来。"在资本主义社会和共产主义社会之间，有一个从前者变为后者的革命转变时期。同这个时期相适应的也有一个政治上的过渡时期，这个时期的国家只能是**无产阶级的革命专政**。"② 这一过渡时期就是共产主义社会的初级阶段，它是刚刚从资本主义社会中产生出来的，在物质、精神等方面还带着它脱胎出来的旧社会的痕迹。这就非常鲜明地阐述了解放理论从理想走向现实的过程，体现了马克思、恩格斯将社会生产力的发展指向人类解放价值归宿的历史观和实践观点。马克思、恩格斯生活的时代并未发生现实的人类解放运动，他们并无精细描述现实的人类解放运动的全部过程和细节，而只能根据其理论探索的真诚性，向后人描绘人类解放运动发展的大致线条。

第二，有的学者对唯物史观的误解，也导致了对马克思解放理论的理想与现实的混同。马克思的历史唯物主义一定程度上被等同于历史主义，或者只是黑格尔唯心主义历史观的颠倒，无法真正克服主体与客体在现实社会中的分离和对立状态，也就难以把握人与世界否定性的统一

---

① 马克思恩格斯文集：第1卷.北京：人民出版社，2009：539.
② 马克思恩格斯文集：第3卷.北京：人民出版社，2009：445.

关系并在此基础上推进人类解放。基于此，有学者认为，只要世界历史在一维性的时间中不断地进步发展，人类解放的理想与现实就能呈现出如同黑格尔的"绝对精神"统合思维与存在般的绝对同一性。这虽然体现了对人类解放历史维度的自觉，但达到这一历史自觉的途径却是囿于抽象的实践方式，这就混同了理想性与现实性。由此，人类解放的终极理想的实现被呈现为物质生产的历史过程，尤其是就此而得出物质的极大丰富性是人性提升的充分必要条件的错误性理解。只有正确理解马克思所论述的人类的两种劳动，即强制劳动与自主劳动，我们才能把握住马克思的唯物史观，才能掌握其作为历史观的真理性，以为人们认识和改造现存世界提供科学的方法论。"自由王国只是在必要性和外在目的规定要做的劳动终止的地方才开始；因而按照事物的本性来说，它存在于真正物质生产领域的彼岸"①。在马克思的唯物史观视域中，劳动生产方式是一个历史性范畴，正是由于劳动生产中包含了人的思想、文化、心理和情感等因素的生成，这些因素又规定了现实生产过程的发展趋向，不同类型的劳动方式之间才具有历史接续性。即对人类而言，一方面，自然存在的欠缺——比如人的饥饿、愁苦、生活条件的恶劣——是促成人类第一种劳动的动力，这是由外在的需要和目的规定的劳动必然性，其对人类而言是不愉快、不自由而又无法逃避的事情，是一种强制劳动，强制劳动在现实社会生产中规定了人的生存方式，将人类存在的本质降格为物质生产的劳动活动，并渗透到人生活的一切方面；而另一方面，在强制劳动终止的地方（物质生产领域的彼岸）才开始的另一种劳动，是人类的第一需要与自由创造，也是人的世界和人与人的关系回复自身的体现，因此是人类的自主劳动，是人类能力自由全面发展的领域，只有在这个领域，人类自身的完善才能得到最终实现。强制劳动是人类达到某种外在目的的手段，自主劳动则是人类存在的目的本身，物质生产资料的极大丰富只是人类自身完善的必要条件，而不是充分条件，自主劳动才是人类实现自身完满性的充分必要条件。基于这一区分来理解马克思的唯物史观，我们才能明确，把握现存社会形态的合理性与正当性是马克思阐释解放理论从理想走向现实的"关节点"。马克思将契合现实存在的强制劳动视为合乎资本生产逻辑的理性，这种合理性

① 马克思恩格斯文集：第 7 卷．北京：人民出版社，2009：928．

的现实与人的生存理想相违背，归根究底在于人的自主劳动作为实现解放理想的手段和目的，被降格为与市民社会和现存生产抽象对立的存在物，因此，在人类解放的理想性与现实性之间存在着从强制劳动到自主劳动的飞跃。历史唯物主义所呈现出来的人类社会由必然向自由的飞跃正是根基于两种劳动的区分，据此也才能划分而不是混同马克思人类解放的理想性与现实性。历史唯物主义正是在区分两种劳动的基础上，批判了资本主义社会，科学地建构出人类未来理想的社会形态。马克思关于人类解放理论以及社会主义、共产主义的各种表述中，始终贯穿着对未来社会的理想与现实关系的历史辩证的把握。"理论是思想中的现实。用现实活化理论，用理论照亮现实，是马克思主义的生命力之所在。"①马克思并不止于在理论层面阐析理想与现实的关系，而是要求通过实践行动促进理想与现实的转换，人在实践时不断生成历史性活动，决定了理想与现实的关系在人类解放的历史上呈现为动态发展的趋势。马克思解放理论中理想性与现实性的关系集中体现在其实践哲学的逻辑运思中，理想必然扎根于现实，而理想的实现又必须投注到具体的实践过程之中。

在理想与现实的关系问题上出现对马克思误解的根源在于，我们对马克思经典著作的理解存在某些偏差，未能准确把握住马克思在主张思维与存在的异质性的基础上对唯物史观的精细论述；而现实上的根源则在于，在特定的历史时期，人类解放实现的长期性客观上冲淡了其作为理想的现实激励作用，革命的现实需要往往导致人为"拉近"人类解放的理想，甚至将其等同于现实，欲求促动、激发出人们改造社会与自身的热情。对于中国的研究者来说，"中国文化之缺乏形而上学传统，对于超越性存在的不重视和重'实用理性'的传统，使得国人在接受马克思主义时比之西方人更易忽视理想与现实的界分"②。理想与现实的关系问题有其存在的深厚的哲学理论底蕴，对两者界限的认识和厘清需要掌握辩证的理性思维，并通过感性的实践把握理想的真理性及其现实化的可能。

---

① 孙正聿.展现马克思主义的真理力量：纪念马克思诞辰200周年.吉林大学社会科学学报，2018（3）：13.

② 王南湜.论马克思主义哲学中的理想性与现实性的界分.中国社会科学，2007（5）：41.

二、混同理想与现实关系的实际后果

在哲学的理论高度对解放理论的理想与现实之间张力的忽略，反映在实践策略上就是对社会主义的本质认识不清。

区分解放理论的理想与现实是基于对唯物史观的强制劳动与自主劳动的区分，解放理论的实现根基于人类社会从强制劳动向自主劳动的飞跃。理想与现实均具有历史性、阶段性发展的要求。从实际的发展状况出发，理想性并非完全超脱现实生活世界的幻想或妄想，而是要以现实为基础勾画未来；现实性则要求以不同历史和社会发展阶段的现状为依据，设计符合时代主题的制度规则来实现人类解放的理想事业。如果没有正确地理解并厘清这一点，那么在对社会的改造过程中就容易出现盲目的激进状态，造成的不良后果往往是相当惨重的，"大跃进"的历史教训清晰地告诉了我们这一点。正是由于没有正确地区分解放理论的理想与现实，才会在当时的社会历史现实即还处于强制劳动的条件下，产生了急躁情绪，过高地估计了社会主义的现实发展阶段，造成了不良的社会后果。

社会主义的根本任务是"解放生产力，发展生产力"，这一点体现了人类的强制劳动与自主劳动的区分，也从实践的现实层面体现出对人类解放的现实性与理想性的区分。社会主义作为人类解放的阶段，是迈进共产主义社会的准备阶段。在这一阶段，人类社会依然处于强制劳动阶段，处于人类解放的现实性之过程中，因此，其根本任务自然在于解放与发展社会生产力，促使物质生产力得到极大的发展，以此满足人们生存和发展的需要，进而为人在历史中的自我价值的实现提供动力支撑。没有对这一阶段的准确认识与把握，混同解放理论的理想与现实，在社会改造过程中采取盲目与激进的策略，造成不良后果就是无法避免的。

正是由于将理想与现实混同起来，我们的研究处在"悬空"的状态。哲学界对"人的自由全面发展"的阐释就是明显的例证。当中国共产党提出"人的自由全面发展"后，在一定程度上，理论界对这一观念的阐释陷入混乱甚至误解之中：可能把人的自由全面发展仅仅用现实维度加以理解，即与物质生活水平的提高和人的能力的多方面发展联系起来，作为社会发展的现实性目标来规定，而似乎忽略了马克思思想中解

放理论的理想与现实之间的张力。忽视理想与现实之间的张力,将现实的劳动理解为价值中立的概念,就难以把握现实的人的劳动与异化劳动概念相对立的部分,既不利于依据理想对现实提出批判性审视,也不利于对现实社会的运行提出有效的、可实施的改革措施。[①] 人们只有通过改造现存状况的实践才能达至真正意义上的现实。"人的自由全面发展"的提出,意味着已经把共产主义的终极价值目标作为现实社会主义的价值取向。尽管就具体的经济、文化、社会等建设任务来说,现实社会主义在每一历史阶段只能做这一历史阶段能够做的事,超越历史阶段就会犯空想主义的错误,但是在完成每一阶段的具体任务之时,必须把这些任务指向共产主义的终极价值目标,否则,就不能把这些具体任务与资本主义国家所做的事区别开来,就不能体现出中国共产党代表最广大人民的根本利益,带领人民为实现共产主义而奋斗这一宗旨。[②] 在马克思对于人的发展与解放的理论阐释中,始终展露出对理想与现实关系的辩证把握。人的存在方式决定人的思维方式,现实逻辑决定理想逻辑,只有确证现实的实践作为人的存在方式和解放的基础,才能使人具有历史的现实逻辑以及相应形成与其解放需要相契合的理想逻辑。因此,对于中国的马克思主义研究者来说,必须将理想与现实的关系问题安置并敞开于中国人民生存与发展的实践过程中。我们必须结合新的历史条件,充分阐发人类解放理想信念的现实基础和价值依据,人类解放的最终实现是这一现实基础的时代展开和必然结果。

三、人类解放实现的过程性与阶段性

马克思把人类解放的实现看作一个过程,并分为若干阶段,每个阶段有自身的层次、程度和水平,过程中的各个阶段既有理想的始终指引,也有依据于现实情况的具体实现。其中比较重要的问题是,如何在现实社会的阶级解放中寻求人类解放之道。"人类解放和人的全面发展的价值理想以人类社会的历史发展为基础,因而是一个现实的而非虚幻

---

① 王南湜. 论马克思主义哲学中的理想性与现实性的界分. 中国社会科学, 2007 (5): 39-43.

② 陈学明, 罗骞. 科学发展观与人类存在方式的改变. 中国社会科学, 2008 (5): 21-33.

的历史性的实现过程。"① 马克思是从人生存方式和发展需要的历史变化来把握人类解放的过程性，将人的存在解释为在批判现存中不断否定自身、超越自身的自由自觉的状态。在人的存在的矛盾性、历史性的双重视野下，人类解放从片面到相对全面，再到全面，是一个漫长的过程，是理想性与现实性的统一，充斥着否定与肯定相统一的辩证过程。人的全面发展的理想只有在否定现存状况中才能成为现实实践的内在力量，才能使人类解放理论处于不断发展的过程中，体现发展的历史过程性与阶段性。

人类解放终极目的的实现不是一蹴而就的，其在实现过程中将经历曲折、自我否定和异化，承受历史的痛苦和磨难。但是，所有这一切都是通往终极目的的"阶梯和桥梁，'环节的必然性'是实现'全体的自由性'必经的阶段。也正因为如此，这些曲折与阵痛、悲剧和磨难都获得并体现了其意义和价值"②。历史上的每一次重大进步，对人类的发展而言，都具有某种解放的意义，是人类走向彻底解放的阶梯。历史进步表明人类解放现实阶段的出现正是对其理论真理性的确证，体现了基于人的实践历史的解放进程是对传统历史观和人的存在论的扬弃。对此，马克思曾旗帜鲜明地表明了自己的哲学观：为了把"人"从种种词句的统治下解放出来，必须在特定现实的世界中使用相适应的现实手段来实现人类的进一步解放。在马克思的哲学思想中，有一种从主体向度出发的人文关怀贯穿始终，它表现为批判和超越现实的理想性追求：以人类的幸福和自身的完美为指针，推翻使人成为受屈辱、被蔑视的对象的一切关系。解放不仅是一种思想活动，而且是一个需要经过若干阶段的历史过程，是一种历史活动、历史运动和历史实践。马克思哲学是为这个现实道路提供科学方法论的精神武器，是为全人类的解放寻求"现实道路"的学说。从最根本的意义上说，马克思哲学作为世界观、历史观、价值观和方法论，是在分析与解决时代最重大的现实课题的思维和实践活动中实现人类的解放的，这是马克思哲学本身最重要的存在形式和实现形式。马克思将人的自我发展视为现实的历史过程，由此促进人产生自身解放的意识。他的理论建构为我们走向未来社会的发展道路显示出新的意义空间。他本人虽然没有给出解决当代问题的方案，但是作

---

① 孙正聿."现实的历史"：《资本论》的存在论．中国社会科学，2010（2）：13.

② 贺来．辩证法与现代性课题．学习与探索，2007（5）：23.

为马克思思想本质精神的解放理论却为当代问题的解决提供了思路，这是因为它是针对当代问题的，而不仅仅局限于它所诞生的那个时代。"马克思的解放理想，既是价值信念，又是历史发展的规律，是合规律性与合目的性的统一。"① 他为实现人类解放的理想找到了现实的根基——实践观点，它是一种追求人与世界统一性存在的哲学观和方法论，在感性实践中显现的人与世界的在场境遇，使人类解放在动态、丰富的现实生活世界展开。马克思的人类解放理论只有立足于生存论视域，才能获取自身的理论合法性与价值性，那种把马克思的人类解放仅仅当成终极信仰甚至乌托邦的看法是错误的。马克思在构建自身理论体系的过程中，已经在一定程度上提供了区分人类解放追求的理想与现实两个向度的依据。

马克思在《1844年经济学哲学手稿》中提出了"**想象的存在**"和"**现实的存在**"这两个概念。他认为，应该从观念的、表象的、期望的存在，转化成感性的存在，从想象的存在转化为现实的存在，从观念转化为生活。② 在《关于费尔巴哈的提纲》中，马克思指出："人的思维是否具有客观的［gegenständliche］真理性，这不是一个理论的问题，而是一个**实践的**问题。人应该在实践中证明自己思维的真理性，即自己思维的现实性和力量，自己思维的此岸性。关于思维——离开实践的思维——的现实性或非现实性的争论，是一个纯粹**经院哲学的**问题。"③理论思维追求以既定的概念和语言方式来表达观点，从而达到对事物存在的本体论把握，使理论形成具有自足性、绝对性的知识体系。在马克思看来，撇开了现实实践的思维，就成为经院哲学式的、无意义的语言游戏。马克思对解放理论的阐释，经历了从理想性到现实性的转变，表明现实的人需要在追求解放的感性实践中确证和展示自身存在的过程，这一过程构成了人的解放理想走向现实的内在奥秘和深层根据，体现了马克思为全人类的解放寻求"现实道路"的伟大精神。马克思晚期不再纠缠于抽象的、思辨式的"哲学共产主义"争论，而是在现实社会生活面前径直运用经济、政治的眼光，激发概念的现实流动性和历史生成性特征，以消解理论语言的僵化性和对待知识的实用性态度，以历史的辩

---

① 吴向东. 马克思的精神. 哲学动态，2018（6）：6.
② 马克思恩格斯文集：第1卷. 北京：人民出版社，2009：246.
③ 同②500.

证法来实证与分析现实问题。马克思在构建自身理论体系的过程中，已经从理论上界分了解放理论的理想性与现实性两个向度。

马克思的解放理论体系以实现人的自由全面发展为终极目的，是理想性与现实性相统一的科学理论典范。它通过对具体现实的革命性改造来实现未来的终极目标，并与当前具体的现实达到历史性统一，在现实的社会生产中破解劳动者主体-客体的二元分立，为解构和超越同现实的人的存在相异化的力量提供方法论，以推动人与世界的和谐统一、共同跃升。马克思认为，物质生产劳动是人类最基本、最重要的活动，自然界和物质生产共同构成人类一切生活资料与财富的源泉，正是通过物质生产劳动，人类不断地改造当前的历史现实条件，创造了实现自身解放和社会发展的条件。尽管前进的道路是曲折的，但近代以来工业社会的发展促进了生产力的快速发展；而在生产力发展所造成的资本主义社会矛盾激化的情况下，通过社会革命就可以实现向未来的终极价值目标的过渡，最终在物质资料高度丰富的前提下，人们获得充分接受教育和自由创造的机会，进而促进人的素质的全面提高和充分发展，并在具体的实践中确证自由这一根本价值旨归，使人认识到自由的价值理想与现实应有条件之间的差距，进而不断推动生产力的发展以变革现实条件，建立起以人的自由全面发展为目的的共产主义的自由王国，实现终极价值目标与当前具体现实阶段性特征的科学统一。

马克思、恩格斯的经典著作阐明了人类解放的科学理想，但不同的国家要根据本国的实际探索实现人类解放的具体道路。历史发展的复杂性和现实生活的多元可能性，都证明了马克思的解放理论所揭示的规律只是历史发展的一般趋势，对整个生活世界和社会关系异化规律的揭露只是为人类解放提供了一般的立论依据，而不是现成的实践模式，因为历史是由人创造的，没有现成的实践模式可遵循。探索未来的人类解放之路，马克思并没有给予确定和具体的答案，而是将人自身对解放与社会生产力的发展之间相互作用的关系呈现出来，将现实的人通过不断发展的实践活动实现自我解放的历史任务展示出来，而这一任务恰恰需要由后来的社会主义实践者来完成。

按照马克思的设想，从资本主义社会到共产主义社会的过渡时期——社会主义社会将会在西欧发达的资本主义国家实现。因为它们有条件通过无产阶级专政的政治工具，占有资产阶级全部的资本，并实现生产力的巨大发展。然而，现实事实与马克思所设想、预见的状况存在着巨大差距：现实社会主义并不是在西欧发达的资本主义国家实现，而是首先在东方不发达的落后国家产生；由于历史条件的差异，这些落后国家过渡到社会主义的途径等也各有差异，而对其差异性问题，马克思没有明确揭示并给出现成的答案。各个国家如何结合本国国情，站在历史唯物主义的高度，探索实现社会主义的方式与现实道路，如何实现向共产主义社会的过渡，这些深层次的问题摆在每一个马克思主义者面前。尽管人是创造历史的主体和实践解放的主体，但社会历史的发展依然遵从超越于个体主体性之上的客观性，主要表现为不同民族的社会发展道路与制度的现实性，不同民族社会发展的具体道路与马克思解放理论从理想到现实的构设存在一定的差异。因此，如何协调不同时代和民族发展的需要与历史客观性之间的偏差成为不可回避的课题。只有经过不断探索，才有可能赋予马克思解放理论新的时代内涵与时代特征，才有可能使马克思主义在同各种非马克思主义、反马克思主义等论战对手的激烈论辩中永葆生机与活力，并在风云变幻的历史发展变革的漩涡中始终立于不败之地。

第三节　现实性的解放理论与"中国方案"

马克思的解放理论，为我们阐明了解放的实质与真谛——**"必须推翻使人成为被侮辱、被奴役、被遗弃和被蔑视的东西的一切关系"**①。对人类解放具有积极的促进意义，还是具有消极的阻碍作用，是我们判断一切社会发展理念和原则必须遵循的根本价值路线。随着社会历史的推演，人类社会必将进入新的发展阶段，全球物质生产力与人类社会发展水平必将产生新的变化，中国在实现自身发展的同时必须准确把握自身与世界的关系。马克思解放理论对中国革命和建设的理论与实践具有重要影响，"马克思主义的中国化进程，是以马克思主义关于人类解放的理论为基本依托"②的理论创造过程。从起源来说，解放理论是马克

---

① 马克思恩格斯文集：第1卷．北京：人民出版社，2009：11.
② 欧阳康．马克思主义中国化进程中的问题导向、资源整合与理论创新．理论视野，2009（1）：13.

思在西方提出的，但其对中国的实际影响远远超过西方。马克思主义中国化的发展构筑了适合中国现实的指导思想，确保中国特色社会主义发展道路始终沿着马克思的共产主义和解放的理论轨迹继续前进。改革开放的进程和"中国方案"的逐渐形成，既是中国积极应对人类解放进程挑战的过程，同时也是国家与社会相互"塑造"的过程，是推进人类解放的理想向现实过渡的必要环节。

一、新发展理念：解放理论的升华

中国的现代化经历了以制度变迁为基础的经济建设、科教兴国和全面协调可持续发展到以"创新、协调、绿色、开放、共享"等为特征的不同发展阶段，展示了改革的、创新的和科学的等不同发展观。

党的十六届三中全会提出了科学发展观，这是对发展的时代特色的新表达，党的十七大对科学发展观的内涵进行了明确概括："科学发展观，第一要义是发展，核心是以人为本，基本要求是全面协调可持续，根本方法是统筹兼顾。"党的十七大在科学发展观表达上的贡献是明显的。第一，改变了发展的内涵。要建立创新发展模式，强调注重优化结构、提高效益、降低消耗、减少污染、提高质量、可持续的发展。第二，明确了发展的理念。发展的理念必须是以人为本，发展是为了让人民群众共同享有改革发展的物质成果与精神成果，要注重利益的调整与分配，关注人民群众生活质量的提高和人民群众的全面发展，坚持以人为本与尊重社会发展规律相统一。第三，明晰了发展的思路。要进一步完善社会主义市场经济体制，加强党的先进性建设，建设社会主义新农村，立足社会整体发展质量的提升，从过去以经济总量的增长为主转变为以经济结构的优化为主并发挥推动社会整体发展的基础作用，促进城乡区域协调发展，注重经济、政治、文化、社会与生态等各个方面的均衡发展，坚持以经济建设为中心与社会全面发展相统一，努力构建社会主义和谐社会。科学发展观倡导统筹原则、协调原则、效益原则、公平正义原则，是对历史上曾经出现的以物为本、以粗放型增长为主要发展方式的反思和超越，明确了以人为本的价值立场和以发展为第一要义的基本哲学观。

创新、协调、绿色、开放、共享的新发展理念，汲取了科学发展观的核心观点，是对科学发展观的新突破、新发展。党的十八届五中全会提出了创新、协调、绿色、开放、共享的新发展理念，是基于现实时代条件对发展方式的新探索，从创新发展的维度丰富了马克思主义科学社会主义发展观的思想内涵，从开放发展的维度形成了马克思主义关于社会发展动力的新认识，集中反映了中国共产党对经济社会发展规律认识的深化，极大丰富了马克思主义发展观。党的十九大重申要坚持创新、协调、绿色、开放、共享的新发展理念，把坚持新发展理念作为新时代坚持和发展中国特色社会主义的基本方略之一。新发展理念"既作用于中国硬实力的发展，又为全人类发展贡献中国智慧与中国方案，彰显中国发展的生命力与中国文化的创造力"①。创新发展是新时代经济结构实现战略性调整的关键驱动因素，是实现"五位一体"总体布局下全面发展的根本支撑和关键动力；协调发展是实现社会主义现代化和中华民族伟大复兴总任务的重要保证，是提升发展整体效能、推进事业全面进步的有力保障；绿色发展是实现生产发展、生活富裕、生态良好的文明发展道路的历史选择，是通往人与自然和谐境界的必由之路；开放发展是中国基于改革开放成功经验的历史总结，也是拓展经济发展空间、提升开放型经济发展水平的必然要求；共享发展是社会主义的本质要求，是社会主义制度优越性的集中体现，也是中国共产党坚持全心全意为人民服务宗旨的必然选择。创新、协调、绿色、开放、共享的新发展理念既是中国共产党对自身改革开放经验的深刻总结，也体现了其继续以开放促进中国和世界共同发展的决心与智慧，在推动世界经济社会发展中具有普遍的真理性，在把握世界融合发展的趋势中确定了人类社会共同体的身份和命运，昭示了人类发展的新途径，具有普遍的借鉴意义和重要启示，标志着人类一种崭新发展模式的创立。引领时代历史发展潮流的科学发展观的实践将造福全人类，正是在这个意义上说，创新、协调、绿色、开放、共享的新发展理念是对马克思解放理论的继承、发展与升华，强化了马克思主义科学发展的实践逻辑，创新了马克思解放理论的话语表达，对人类解放的实现具有积极的肯定性意义。

发展理念问题是当今世界各国和学界关注的重要课题。人们通常说的发展理念主要有三个不同角度与层次：第一个层次，发展理念是对事物是否发展变化和怎么发展变化的根本观点，是对发展的最一般意义上

---

① 项久雨. 新发展理念与文化自信. 中国社会科学，2018（6）：4.

的哲学世界观角度的把握；第二个层次，发展理念就是指社会的发展观，是关于人类社会发展规律的学说，是对发展的一定限度内的社会历史观角度的把握；第三个层次，发展理念就是关于一个国家和地区社会发展的本质、目的、内涵和要求的基本主张，是从与各国具体实践相结合的角度对发展的把握，而又具有世界借鉴意义。笔者认为，创新、协调、绿色、开放、共享的新发展理念主要是在我国具体国情下具有中国特色与特殊逻辑的发展观，伴随人类普遍交往的实践进程的展开和有效传播，必将开启新理念走向世界的时代，为人类问题贡献了中国智慧和中国方案。它包括"什么是发展""要不要发展""为什么要发展""怎么发展""为谁发展""靠谁发展""如何评价发展"等有关课题与基本观点。在第三个层次上理解的发展观，按照核心价值取向的标准又可以细分为两种模式：第一种模式是，以经济增长为核心价值取向的发展理念。经济增长是第一任务，发展就意味着经济增长，其实现形式是工业化，其衡量指标是国民生产总值，发展的根本问题就是提高国民收入和人均国民收入水平。第二种模式是，以转变经济发展方式与提升经济发展质量为核心价值取向的发展理念。经济社会发展进入新阶段，强调解决发展动力问题、发展不平衡问题、人与自然的和谐问题、发展内外联动问题、社会公平正义问题，归根究底是解决经济发展如何优化升级、提高质量和增强实效的问题，经济已由高速增长模式转向高质量发展模式。

就中国而言，其发展观经历了一个演变过程，不断地随时代变化而丰富或者摒弃某些因素，形成了各历史时期不同内容的发展观。它是中国共产党运用马克思主义世界观和方法论，立足于中国共产党长期执政的历史方位，提出的一系列关于发展的本质、目的、内涵和要求的基本观念，深刻揭示了中国现代化建设的发展道路、发展模式、发展战略、发展目标和发展手段，将马克思解放理论推进到新阶段。创新、协调、绿色、开放、共享的新发展理念的提出是对传统以经济增长为核心的发展观的扬弃，逐渐确定了将经济增长图式的批判上升为发展方式的扬弃，以及将物质生产劳动观念的转变提升为人的整体实践意识的觉醒的更为恰切的路径，这是多年来探索发展理念的创造性结果。

新发展理念的价值原则和灵魂是"以人民为中心"，是对解放理论的升华。党的十九大报告强调，始终要坚持"以人民为中心"的发展思想。发展思想是发展理念的内在规定，昭示着发展的性质；发展理念是发展思想的外在展现，代表着发展的方向。因此，"以人民为中心"的发展思想是新发展理念之魂，新发展理念是实践"以人民为中心"的发展思想的正确路径，每个具体理念都深刻蕴含对人民需求和期盼的积极回应。发展动力问题、发展不平衡问题、人与自然的和谐问题、发展内外联动问题、社会公平正义问题，既是开拓新时代中国特色社会主义道路的重要理论问题，更是需要正确解决的非常紧迫的现实问题。那么，它们的指向何在？主体是什么？实质在哪里？所有这些问题的答案归根到底只有一个，那就是一切依靠人民，一切为了人民。"以人民为中心"作为价值原则的新发展理念升华了解放理论。

首先，"以人民为中心"与"以物为中心"的价值原则存在根本的区别。"以人民为中心"的价值原则体现了人在发展中具有主体地位，人既是发展的动力主体与责任主体，也是发展的价值主体与根本目的，体现了人民群众在社会发展进程中的实践主体维度与价值主体维度的统一，符合中国社会主义制度的本质和根本诉求。而资本主义私有制条件下恰恰是"以物为中心"的价值原则，是"见物不见人"的价值原则。"以物为中心"的价值原则所追求的是资本和剩余价值的增长，工人只能拥有自身的劳动，且必须将劳动力出卖给资本家才能维持基本生存。这种"物化"的价值原则把发展与运动、进化等同起来，抹杀了发展作为人的特殊存在方式所具有的人性向度。"以人民为中心"的价值原则是在充分把握当代中国社会现代性的内在逻辑的基础上，对"见物不见人"的"以物为中心"的价值原则取向的克服，是对以追求最大利润为趋向、以贫富悬殊和资源掠夺性开发为特征的经济增长的否定，是防范"见物不见人"所引发的无视、蔑视甚至敌视人之偏颇的重要原则，能够促使维持人基本生存需要的物质产品和体现人的生命意义的精神产品实现统一，将提高人的劳动价值作为社会主义市场经济发展的任务之一。这有助于克服将经济增长等同于发展，将经济发展本身等同于美好生活的发展主义取向，要求以经济发展为基础促进人的自由全面发展，满足人民日益增长的美好生活需要。"以人民为中心"为核心的新发展理念的提出，表达了对传统社会生产单纯追求经济数量增长的片面性的扬弃，将发展的核心聚焦于人的自我意识的提高、实践能力的拓展以及与社会共同发展关系的完善，是社会主义建设理念的里程碑，标志着社会主义建设实践的新起点。这个新起点就是从过去片面地偏重于物质财富的增长，升华为重视人本身的解放与全面发展。

其次，"以人民为中心"的价值原则体现了人性的"复归"与人的"复归"。马克思指出，"作为完成了的自然主义，等于人道主义，而作为完成了的人道主义，等于自然主义"①。他在确立历史唯物主义的基础上开掘人民的主体性地位和创造能力，通过对社会形态的阶段性分析，阐释人与自然关系系统的实践改造取向，表明"复归"以后的人类呈现自然的本质，不再作为"物"的代表出现，人的本质在自然中得以复现。这里的"复归"不是倒退，而是人性完善史上的大步前进，它既要求人民的历史性在场，又强调人民在现实社会历史中的出场，依靠人民自由的劳动方式化解普遍利益与特殊利益的冲突，使人在"自由人联合体"中实现解放。在社会主义初级阶段，人的解放与人类解放何以可能、人性的"复归"与人的"复归"何以可能的问题，构成了当代实践的真实内容。从这种意义上看，"以人民为中心"的价值原则，是属人的发展、为人的发展、依靠人的发展，既要重视发挥人民的主体力量和能动性，又要创造人民平等发展的社会条件，提高人民的整体素质。坚持"以人民为中心"的价值原则，是中国共产党根据历史唯物主义关于人民是历史发展的主体、是推动历史前进的根本力量的基本原理提出来的。"以人民为中心"的价值原则中的"人民"，是指广大人民群众，工人、农民、知识分子等社会各阶层劳动者是社会的主体；"以人民为中心"中的"中心"，是将出发点和落脚点统一于最广大人民群众的根本利益。坚持"以人民为中心"，就坚持广大人民群众在建设中国特色社会主义事业中的主体地位，坚持发展为了人民群众、发展依靠人民群众、发展成果由人民群众共享，将人置于当代中国社会发展主题的价值核心地位，以追求每个人的自由全面发展为目的，最终实现人的解放与全面发展。人类解放和社会进步集中表现为每个现实个体的发展，社会发展观的开放与创新是实现人的发展的手段和必经过程，社会发展理念必须能够切实转化为人的发展的力量。"以人民为中心"的价值原则，正是对各种束缚人的"枷锁"的解除，使人重新成为自然的人，达到人的真正"复归"。从人性的"复归"与人的"复归"的维度审视"以人

---

① 马克思恩格斯文集：第 1 卷 . 北京：人民出版社，2009：185.

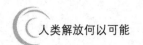

民为中心"，更显现出新发展理念宽广的理论图景。

新发展理念的发展内涵是宽广的，它以广阔的视野关注人类经济、政治、文化、科技、环境、社会和谐与进步状况。其最根本的特征是，强调经济增长质量的提高是以无损于生态环境为前提、以可持续发展为特征、以满足人民的美好生活需要为目的。恩格斯曾经指出，"政治、法、哲学、宗教、文学、艺术等等的发展是以经济发展为基础的。但是，它们又都互相作用并对经济基础发生作用"[①]。经济基础与上层建筑各领域之间相互影响、相互制约，两者的关系并不仅仅存在于任何现成的客观对象中，因为对现实的社会历史而言，经济基础与上层建筑的关系是不断生成的，并趋向人的生存发展需要的历史过程。我国正在进行的物质文明、精神文明、政治文明和社会文明建设，需要在新发展理念的新视野下将多维度的文明进行整合、统筹、协调。通过科学发展，我们追求人与自然、人与社会、人与人之间的社会关系的合理、和谐，从而实现更高程度的人的解放和自由；通过科学发展，不断改善人的生存条件，提高人的生活质量，使得人能够在自然界中求得更多的自由，在社会关系中获得更多的自由。这正是为马克思追求的人类解放创造有利的客观条件。

从新发展理念与人类解放的关系而言，新发展理念始终是人类解放的实现条件，人类解放始终是新发展理念的目的。新发展理念体现了中国时代发展的进步精神，是解决当前各种矛盾、引领中国实现现代化的武器，它不是暂时性的政策措施和权宜之计，而是建设新时代中国特色社会主义的重大纲领。人类解放与人的全面发展始终是不断发展的理想，是不断由相对状态向理想状态趋近的历史累积过程。因此，我们应该坚持新发展理念，秉持马克思主义科学发展的基本立场、观点和方法论要求，从实际出发，不断丰富与发展这一重大纲领。

但当代中国发展道路面临的历史任务具有双重性质：既要加速经济发展，发挥科学技术是第一生产力的强大作用，又要保护生态环境，对自然资源进行合理开发，以满足可持续发展的需要，防止科学技术发展的负面效应给人类造成生存危机与困境。

面对时代赋予的历史任务，我们需要坚持人类解放的基本立场，增

---

① 马克思恩格斯文集：第10卷．北京：人民出版社，2009：668．

强五大发展理念的自觉意识与使命意识。当代中国的理论者与实践者在历史的机遇中，要自觉意识到时代赋予我们的振兴中华民族的历史使命和应承担的社会历史责任。我们要在现在与未来的历时性维度、民族与世界的共时性维度上树立整体的文明观，摒弃将个体视为"原子"的单向发展模式，促使人与自然、社会融合在整体的系统中共同发展。

在当代中国，尤其必须警惕功利主义与实用主义的发展观。功利主义与实用主义发展观所造成的一系列负面效应，应引起我们的高度关注。在功利主义与实用主义的发展观影响下，环境污染问题、生态失衡问题和能源危机问题等日益突出。由于人类自身受功利主义与实用主义的误导，我们所生活的实际环境遭到了不同程度的破坏性渗透，现代社会的人们"生活在文明的火山上"①。功利主义与实用主义的发展观必然导致自然的生存始终处于对人的单向性趋附和屈从关系中。

功利主义是从伦理层面而言的发展观，强调把"发展"归结为经济增长的正当性与道德的合法性。它是一种短视的发展理念，其在人类解放的整体实践活动中扮演的角色是反面的。当前自觉实践科学发展观的思想障碍，就是对科学发展观做功利主义与纯工具理性的解读，将其混同于服务于西方资本主义发展的各种发展理论。西方的各种发展理论尽管千差万别，但核心思想都是把"发展"归结为经济增长和科学技术的运用，其实质是功利主义的发展观，将获得量化的幸福指数作为发展的终极目的。这种发展观主张在行动中考虑后果，但是所考虑的往往只是可预期的直接结果，注重的只是直接利益，而不是人类整体的长远利益。具体表现为，在资本主义私有制条件下，资产阶级从自身利益的需要出发，以能够获得的私有财产为计算标尺，由于人的自然属性对自身生产能力的限制，所以必须寄希望于生产方式的变革来开掘自然资源。它既加剧了人与自然之间关系的失衡，也造成了人与人之间关系的紧张。功利主义发展观只关注实际效用，以"效用"作为公平的主要评价标准，导致对权利、自由、责任、分配以及其他非效用因素的忽略，最终致使人与人之间关系的不和谐。

实用主义是从哲学层面而言的发展观，它把"有用即真理""有用即善"等信条作为判断真理的价值标准，认为不存在绝对的"客观"真

---

① 乌尔里希·贝克.风险社会.何博闻，译.南京：译林出版社，2004：13.

理，一种理论是不是真理，在于它是否"有用"。它是一种工具主义价值观与哲学观，是对客观事物进行知性理解的极端化，直接与科学合理的社会发展观对立。它把"有用"的科学技术作为最高的标准，以此标准来引导科学技术在实践活动中的应用，这必然造成以对立姿态与紧张关系来看待人和自然，必将破坏自然和人类的生态关系，也意味着破坏了人的生存和发展的前提、基础，促使自然界表现出反人道、反目的性与反生态的一面。科学技术既能给人类带来福音，也能给人类带来灾难。爱因斯坦曾对实用主义哲学观进行了批判，他说："我想得比较多的还不是技术进步使人类所直接面临的危险，而是'务实'的思想习惯所造成的人类相互体谅的窒息。"① 在现代高新技术社会，无论在广度还是深度上，科学技术都以超乎人们想象的速度向前发展。但现代技术的发展在实用主义的引导下往往以物质生产和经济效益的增长为准则，在价值取向上与人类生命意义的需要不一致，导致了技术进步与人的发展的不同步。现代高新技术的发展不再充分体现人性，反而构成对人的统治，成为统治支配一切的技术意志，成为统治世界的本体论的根本事件。现代科学技术只是为人类解放提供强大的物质基础，它本身并不能直接带来解放。随着高科技时代的到来，科学技术的双重效应当引起更高程度的重视。

功利主义与实用主义发展观的局限性，在于只追求短期发展成果，只重视物化指标而缺乏整体主义与整体完善的精神，丧失了在实践中自我反省的精神。功利主义与实用主义的负面效应唤醒人们要认清科学观的重大意义，以及我们在自身所处时代被赋予的历史使命。我们要有强烈的历史使命意识和自我反省意识。只有努力增强历史使命意识、反省意识，同时，重视自然规律，把自然置于适当的位置，自觉调节人与自然的关系，才有可能摒弃功利主义的前见，打破实用主义的偏见，自觉地矫正功利主义与实用主义发展观的伦理误导和狭隘的哲学世界观，使人与自然、人性与物性在新的高度达到真正的和谐统一。重建现代人的生存价值与意义，走向人与自然的和谐共处，是中国的现代性建构的精神实质所在。

---

① 爱因斯坦文集：第 3 卷．许良英，赵中立，张宣三，编译．北京：商务印书馆，2017：339 – 340.

二、实现中国梦：解放的阶段性目标

在当代中国，对马克思人类解放思想现实性维度的研究开始受到重视。实现中国梦有赖于马克思解放理论的世界观与方法论，马克思解放理想也在现实中发展为更加具体的阶段性目标，理想与目标的关系在中国特色社会主义理论体系中实现了历史性统一。在一定意义上说，实现中华民族伟大复兴的中国梦就是在当代中国特色社会主义建设的历史背景下，马克思的人类解放思想在现实性维度的重要发展。

马克思把人类解放的实现视为一个过程，整个过程中的各个阶段包含依据现实情况所制定的阶段性目标的具体实现。实现中国梦就是在马克思解放理论力量及过程性特征的总支撑下，中国共产党和中国人民所探索、制定的实现人类解放的阶段性目标，是秉承中华民族理论自觉和精神自觉的内在要求。中国梦与世界各国人民的梦想紧密相连，实现中国梦是现实社会主义最可望、最可行的阶段性目标，这一生动的具有世界历史意义的实践进程，赋予了人类解放在新的阶段的价值意蕴、历史任务与奋斗目标。

实现中国梦的阶段性目标与人类解放的终极目标在根本方向上是一致的。人类解放包含了实现中国梦的状态与过程，体现的是对人及其未来发展的终极关怀；而实现中国梦则是通向人类解放之路的重要阶段，它反映了中国人民最广泛的发展诉求，代表了普遍的现实社会利益，体现的是对人及其生存方式的现实关怀。实现中国梦既符合人类解放的总体目标，又将人类解放的总体目标与社会发展阶段结合起来，两者具有阶段衔接性和目标一致性。

第一，马克思人类解放目标内在包含了实现中国梦目标，实现中国梦是马克思人类解放目标的题中应有之义。

实现中国梦目标对于马克思人类解放目标而言，是一个阶段性目标，而实现中国梦目标也同样内在包含了阶段性的分目标。党的十二大提出了从 1981 年到 20 世纪末的 20 年我国经济建设总的奋斗目标，指出实现了这个目标，将使"人民的物质文化生活达到小康水平"。"小康"战略目标的提出有何时代意义？"小康"战略目标不仅是中国社会主义现代化建设的阶段性成果，而且是在不断丰富的实践中对"小康"战略目标的含义及客观规律的把握，即自觉意识到以"人民的物质文化生活"为实质性内容的理论与现实之间的深层关联。党的十一届三中全会所开启的改革开放和现代化建设,为提升人民生活水平创造了一定的物质基础,但现代化的蓝图刚刚展开,其理论基础和制度安排亟须完善与加强。基于对社会主义发展规律和人民生活现状的把握,立足于现代化建设任务的实际需要,中国共产党将"小康"作为中国特色社会主义现代化建设的战略目标,是对中国如何适应现实环境以促使人民生活水平得到真正提高这一主题的整体理解,也是中国共产党对"小康"战略目标的内涵逻辑的深刻认识。党的十二大确立的"小康"战略目标相对于社会主义现代化的宏伟目标的中国梦而言,是一个阶段性目标,既是更为具体和符合实际发展能力的现实任务,又是为实现中国梦目标探寻现实支撑的必然要求。中国与世界现代化先进水平之间存在着巨大差距,这让邓小平同志深刻认识到:"我们头脑里开始想的同我们在摸索中遇到的实际情况有差距"①。"小康"战略目标的确立,是中国共产党对现代化建设的复杂性和长期性的清醒认识与科学预判,目的是使原本抽象的经济发展战略,落实为与每个人利益攸关的具体目标,为人民群众所感知和认同。在 20 世纪末这一关键历史节点上实现小康目标,其特殊意义在于:在 20 世纪 80 年代初为中国人民描绘了 20 年后将要达到的生活方式和理想状态,凝聚了斗志、鼓舞了人心,也在关键历史节点为实现现代化奠定了历史根基、理论基础和现实支撑。

而"小康"战略目标对推进中国现代化进程产生了怎样的影响?"小康"战略目标的提出具有高度的历史战略性和深厚的时代典范性,是党以人民现实生活需要为依据对现代化建设进行的准确战略判断,对推进实现中国梦目标的进程在历史、方法和价值认同上具有深远的影响。在历史维度上,"小康"战略目标与实现中国梦目标在核心关切上保持一致,即都致力于实现民族复兴,实现人民的美好生活。"小康"战略目标勾画的是人民对未来社会生活状态的美好愿景,本身是把传统社会理想和现代社会现实结合起来的历史性产物。我们看到,在完善和践行"小康"战略目标的同时,党的十三大明确了"三步走"发展战略,从更精细的时间节点上设定了实现"小康"战略目标及其之后的战略规划,呈现出战略上的阶段性向总体性目标交汇的逻辑架构。在方法

---

① 邓小平年谱(1975—1997):上卷.北京:中央文献出版社,2004:631.

维度上，"小康"战略目标的提出内蕴深刻的辩证方法，为实现中国梦目标提供了科学方法论。"小康"战略目标是可以依据现实进行调整的动态性、开放性目标，为实现中国梦目标提供了基本旨向，对实现中国梦目标的理解在实现"小康"战略目标的过程中不断得到加深。在价值认同维度上，"小康"战略目标的核心内容是人民生活，实现中国梦目标的进程也是以人民生活的现代化为重要内容，"小康"战略目标的提出及推进，巩固了人民与国家、社会之间以现代化建设为总体目标的密切关联，也为人民广泛融入实现中国梦目标的进程增进了价值认同和信心基础。

党的十九大综合分析了国际国内形势和我国发展条件，把 2020 年到 21 世纪中叶分为两个阶段：从 2020 年到 2035 年，在全面建成小康社会的基础上，再奋斗十五年，基本实现社会主义现代化；从 2035 年到 21 世纪中叶，在基本实现现代化的基础上，再奋斗十五年，把我国建设成富强民主文明和谐美丽的社会主义现代化强国。这就是 21 世纪的中国梦。实现中国梦目标包括了经济、政治、文化与社会和谐等多重指标，但从哲学的高度看，它以指导和实现人的全面发展为旨归，且已经为马克思人类解放的社会理想所蕴含。

马克思彻底否定资本主义私有制并激烈批判资本主义生产关系的原因就在于，资本主义私有制造成人的极端异化与畸形片面发展，使绝大多数人成为受物和资本支配的奴隶。而马克思人类解放的理想目标就是要将人从资本主义的各种异化中解放出来，消除社会异化和政治强制，能够使人的活动成为"自由自觉的活动"，使人成为自由全面发展的人。实现人的自由实践与发展是马克思、恩格斯解放理论的深切关怀，这种关怀旨在通过对现状的省思与揭露来促使人们提升自我解放的主体意识。马克思、恩格斯在《共产党宣言》中指出，未来人类共同的理想目标应当是建立"自由人联合体"，这是人"真正的共同体"形式和人之所以为人的根本所在。个人的自由只有在这个共同体中才能得以实现，人的"自由自觉的活动"、全面自我的实现只有在这个共同体中才具有可能性。因此，马克思人类解放的理想目标为实现中国梦的阶段性目标提供了坚实的理论根基，成为中国共产党与全体人民奋斗的内在精神动力和支撑。实现中国梦是在马克思人类解放理想总的指导与牵引下进行的。

第二，马克思人类解放目标的实现也内在需要实现中国梦，实现中国梦能够有效推进马克思人类解放理想的实现进程。

实现中国梦要求自觉地把促进人的自由全面发展作为社会主义的目的，这种目标价值的追求打开了理解社会主义的新视角，把人类解放事业引领到新的境界。人类解放的最终目标——人的自由全面发展，不仅是人类社会发展的终极目标，而且是社会主义社会建设的时代性、阶段性主题。中国梦在追求造福本国人民的同时关注世界人民的共存共融，实现中国梦是实现人类解放这一终极目标历程中具体的、伟大的实践，对人类文明的进步和世界历史的良性发展具有举足轻重的作用。

马克思人类解放理想目标的中国化与具体化过程既具有阶段性特征，也具有连续性特征。我国已进入加快推进社会主义现代化的新时代。在新的时代，中国的发展面临矛盾凸显期与黄金发展期并存的新问题，构成了马克思主义执政党在实践的基础上与时俱进的新的时代课题，马克思的解放理论强烈需要中国化与具体化的探索和创新，而党的十九大提出的阶段性目标与现实蓝图，正是马克思的人类解放思想中国化与具体化实践创新的真实内容，体现了马克思人类解放理想目标的阶段性特征和连续性特征。马克思的解放理论表明人在其现实的社会生活中存在，意识在任何时候都是对存在的反映，中国梦的提出和践行是对马克思关于社会存在与社会意识关系的发展，它既是中国特色社会主义实践的理论表征，又是推动当代中国的社会存在与社会意识实现辩证统一发展的生动体现，是时代课题与时代精神的中国式表达和中国式实践。

实现中国梦是人类解放道路上承上启下的重要一环。作为阶段性目标，它在实践的意义上为人类解放提供了重要条件。经过全党和全国各族人民的共同努力，20世纪末，我国总体上达到小康水平。基于此，党的十六大提出，我们要在21世纪前20年，全面建设"惠及十几亿人口的更高水平的小康社会"的"四个方面"奋斗目标；党的十七大根据形势发展又在十六大确定的目标基础上从"五个方面"提出了更高要求，明确指出"确保到2020年实现全面建成小康社会的奋斗目标"；党的十八大从"五个方面"进一步充实完善了党的十六大、十七大确定的奋斗目标，发出了确保2020年实现全面建成小康社会宏伟目标的动员令；党的十九大明确了"中国特色社会主义进入新时代"①，新时代"我国社会主要矛盾是人民日益增长的美好生活需要和不平衡不充分的发展之间的矛盾"②，把满足人民的美好生活需要作为奋斗目标。这些新要求，符合中国特色社会主义全面发展的内在需要，更加针对发展难题，顺应了人民意愿，并为人类解放理想目标的实现提供了基础。因而，中国梦"彰显了人民性与和谐性的统一、民族性与世界性的统一，体现了中国特色社会主义的特点与优势，代表了人类社会发展的方向"③。中国梦折射出中国现代化的历史进程，体现了中国共产党的历史性思维，彰显了中国人民实现解放的独特的历史逻辑与实践智慧。中国梦是全体中国人民的共同梦想，是密切联系中国共产党和中国人民的牢固纽带。

实现中国梦的过程是进一步推进人类解放的历史实践过程，就是人的现代化过程。人类解放是人类社会发展的理想目标，能够在社会发展的过程中与历史阶段上得到历史性生成，人类解放与实现中国梦两者之间具有阶段衔接性和目标一致性。共产主义社会既是社会发展的最高目

① "中国特色社会主义进入新时代"，这是党的十九大报告对我国社会发展历史方位做出的崭新的重大判断。揭示新时代的由来、阶段特征和时代意义，厘清新时代在社会形态中的历史定位，是我们把握新时代主要矛盾、开启新征程的必要前提。新时代的到来是"新时期"充分发展生产力的必然结果。1978年党的十一届三中全会实现了新中国成立以来党的重大历史性转折，开启了我国改革开放的历史新时期，"新时期"概念由此而来。新时期是我国经济社会快速发展，迅速摆脱贫困落后面貌的重要发展阶段。从新时期到新时代，中国始终坚持以经济建设为中心，大力革除生产关系中的不合理因素，极大地解放了社会生产力，社会经济持续高速发展。特别是党的十八大以来，面对国内外局势的一系列深刻变化，中国共产党坚持稳中求进的工作总基调，主动求新求变，统筹推进"五位一体"总体布局，协调推进"四个全面"战略布局，取得了社会主义现代化建设的"跨越式发展"。改革开放以来的不懈奋斗所创造的辉煌成果为步入新时代夯实了基础，党的十八大以来取得的卓越成就更为我国社会从新时期到新时代的跃迁铺垫了扎实的基石。新时代绝不可能凭空出现，新时期孕育了新时代。从新时期到新时代也是生产力与生产关系、经济基础与上层建筑的剧烈量变期。这些量变累积的能量虽然未能引发将社会推向更高层次的"整体质变"，却使社会发展产生了"阶段性部分质变"，正是在把握"阶段性部分质变"的基础上，党的十九大才做出中国特色社会主义进入"新时代"的全新判断。

② 党的十九大对主要矛盾转化的认识，是以马克思主义唯物史观与唯物辩证法为内在逻辑，并在把握时代发展变迁的基础上做出的科学的、重大的历史性判断，充分展现了党对社会发展规律、对社会主义发展规律的深刻认识，也为明确新时代的工作重心提供了指引。

③ 孙健．十八大以来海外学界对"中国梦"的认知评析．当代世界与社会主义，2019(6)：208.

标，也是人类解放的程度最高的理想社会状态。中国梦蕴含深刻的解放底蕴，其理论内涵不仅依循现实条件的变化而发生历史性转变，而且其能够实现的解放程度也与中国现代化推进的水平呈正向关系。我们的目标是实现全人类解放的共产主义社会，我们的着眼点是努力实现社会主义现代化，我们的基点是推动社会和人的全面进步与发展，这是我们伟大实践、历史和人的统一过程。中国共产党提出实现中国梦的阶段性目标，把握住了人类解放与社会发展的内在统一关系，把握住了社会主义现代化的建设规律，并为后发展国家的人类解放之路寻找到了实践的合理维度。

三、人类命运共同体：解放新途径与价值新超越

"构建人类命运共同体"的提出是具有全新思想高度的理论议题和现实紧迫感的区域性及全球性的人类解放实践，它以批判性重塑当代全球治理体系为旨归，充分彰显了当代中国共产党人的理想追求和智识精神。构建人类命运共同体是关于人类发展的观点、思想与理论，它熔铸了中国绵延几千年的和谐思想和马克思关于未来社会的理想，是对人类发展过程的自觉反思，其目的在于通过对人类发展历程的反思与检视，探寻社会发展的"应然"路径。

领会与把握这一伟大构想必须面对和承担的首要任务是：在历史唯物主义的理论视野下，全面深入地检审资本主义全球化所建构起来的世界秩序及其全球治理体系。重审、反思已有的资本主义世界秩序，绝非只有历史唯物主义这一理论进路，但其理论视野无疑具有最为彻底的批判性取向。在历史唯物主义的理论阐述中全面深入地检视、反思和批判资本主义世界秩序，是构建人类命运共同体的本质性前提。为了化解全球化发展引发的危机，近现代的理论家和政治家提出了诸多方案，但都带有明显的时代和阶级局限，导源于西方资本主义零和博弈思维和强制规约世界秩序的长期作用。人类若要超越资本主义全球化所建构的世界秩序，摆脱其意识形态的蒙蔽与束缚，就不能无批判地接受、分享全球资本主义体系的诸多预设前提，而应该不断地迫使自身去迎接某种理论构想的挑战，这种挑战立足于一种全新的思维方式和实践形态。资本主义全球化所建构的世界秩序及其全球治理体系，已经完全背离启蒙时代以来人类孜孜追求的以人为主体的"共同体"发展道路。在全球资本主

义逻辑的主导下，一些伟大的思想家、政治家所殚精竭虑构想和追求的自由平等、公正合理的世界图景已逐渐暗淡，甚至悄然消逝。资本逻辑在与全球化的合谋中，使得劳动力与生产资料的结合方式和条件发生了变化，不同国家在资本主义支配的全球化进程中以经济范畴的交往形式展开阶级斗争，劳动者的阶级意识被资本主义的国家机器和意识形态掌控，这在很大程度上加剧了劳动者的生存困境及其相互之间的矛盾。

当下时代在资本主义意识形态的灌输和蒙蔽之下，逐渐形成了将资本主义永恒化的日常意识，以至排斥探索一套更符合人类发展的世界秩序及全球治理体系的主张。正因为停滞于资本主义永恒化的精神状态，我们时代的世界图景想象、发展道路探索一度陷入精神危机和智识衰败。在资本主义制造的假象世界里，资本被赋予自由的意识形态话语权的属性，将全球化的演进窄化为自由市场交换的平台，且将资本设定的交换规则粉饰为个体自主选择的结果，人们日渐被全球资本主义体系生产的意识形态所蒙蔽、束缚和奴役却难以自觉地冲破，这些意识形态裹挟着不证自明的"正当性"，并试图使人们"合理"地舍弃对某些世界图景和发展道路的设想与探索。但是，人们的"设想与探索"有益于促成一种更符合人类本身的世界秩序的建构，能够推动全球化向合理良序的方向发展，其内在精神在现时代依然具有崇高性和吸引力。从历史唯物主义的角度看，这些被湮没的"设想与探索"，可能恰恰是人类生活中最重要的问题，它们在深层意义上真正揭示和阐明了全球资本主义时代人类处境本身存在的问题。中国构建人类命运共同体思想的历史性出场，表面上是中国提出的国际外交理念，实质上则是为破解全球性治理难题贡献的中国智慧和中国方案。这一中国方案秉持对全球资本主义体系的批判性立场，这种批判性不仅针对当代的国际政治经济秩序，而且针对当代的智识精神景观，是对 21 世纪历史唯物主义发展的原创性贡献。

（一）人类命运共同体对历史唯物主义的阐释

1. 人类命运共同体的哲学立场

马克思在《关于费尔巴哈的提纲》第十条中提出："旧唯物主义的立脚点是市民社会，新唯物主义的立脚点则是人类社会或社会的人类。"[①] 他从"立脚点"的角度区分了新旧唯物主义之间的差异。所谓

---

① 马克思恩格斯文集：第 1 卷. 北京：人民出版社，2009：502.

"立脚点"，即观察或判断事物时所处的地位、坚持的立场和采取的视域。马克思认为，以费尔巴哈为代表的"旧唯物主义"是一种"直观的唯物主义"，由于"不是把感性理解为实践活动的唯物主义，至多也只能达到对单个人和市民社会的直观"①，故其立脚点是"市民社会"。而当他确定了人类解放的终极目标后，曾一度作为社会批判武器的市民社会则随着人类社会的出场而淡出他的理论视野。马克思的"新唯物主义"从主体方面去理解"对象、现实、感性"，把它们都当作感性的人的活动，因而能够超越"直观的唯物主义"，从社会关系的角度理解人的本质的现实性，展现出其以"人类社会或社会的人类"为立脚点的理论特质。在马克思看来，新旧唯物主义的区分在于它们之间截然不同的"立脚点"，也就是"市民社会"与"人类社会"的视域差异，这一视域差异深刻地揭示了资本主义经济全球化与人类命运共同体之间哲学立场的根本分歧。

从学术传承的意义上看，马克思最初对"市民社会"的批判考察和合理继承是源自黑格尔的思想。他肯定黑格尔对政治国家与市民社会的区分所突出的政治解放的历史意义，但由于其只是囿于精神层面实现两者的转化，归根结底是无限地发挥精神的统摄作用以吞没一切存在。黑格尔在《法哲学原理》中指出："市民社会，这是各个成员作为独立的单个人在一个形式的普遍性中的联合，这种联合是通过成员的相互需要，通过法治作为保障人身和财产的手段，并通过一种外部秩序来维护他们的特殊利益和公共利益而建立的。"② 在黑格尔的理解中，"市民社会"包含着两个原则：一是市民社会成员作为独立的单个人把自身作为特殊的目的，二是每个市民社会成员都必须通过普遍性形式的中介才能使自身得到满足。因此，有论者认为："黑格尔在此对市民社会的基本界定遵循的是斯图亚特、亚当·斯密这些古典经济学家的自由市场模式。"③ 黑格尔的市民社会原则包含着正反两方面的内容：一方面，市民社会使具体的个人从古代或中世纪的共同体束缚中解放出来，使自身作为特殊目的获得了合法性，也促使个人生活和主体意识获得了前所未

---

① 马克思恩格斯文集：第1卷. 北京：人民出版社，2009：502.

② 黑格尔. 法哲学原理. 邓安庆，译. 北京：人民出版社，2016：296.

③ 王小章. 从"自由或共同体"到"自由的共同体"：马克思的现代性批判与重构. 北京：中国人民大学出版社，2014：46.

有的自由空间；另一方面，市民社会是满足个人私利的自由市场社会，具体个人之间的关联只是一种普遍性形式的联合，即成员之间关联性的建立无非是为了满足彼此之间的需要或自然欲望。黑格尔的"市民社会"概念实际上是对资本主义社会的另一种表述，旨在突出其与政治国家的对照以及同家庭的关联。市民社会的正反原则呈现出从家庭到市民社会和国家的推演逻辑，标志着以理性精神为载体的市民社会自我演进的跃迁和深化，体现了黑格尔对自由和政治哲学概念的抽象理解。

马克思批判性地吸收了黑格尔对市民社会的描绘与理解。日本学者望月清司认为，"马克思将市民社会看成是与人的共同本质相分离的、利己的人（homme）的权利领域"①，并用于指称作为近代政治革命结果而产生的近代市民社会，"其本身同时还存在着无政府性竞争和追逐营利体系的奴隶制（市民社会的奴隶制）"②，据此理解，整个市民社会就是一场露骨的追逐营利的"普遍运动"③。在这场"普遍运动"中，市民社会成员由于受到自身自然禀赋和后天条件的限制，必然会在市民社会内部形成区别和分化，也就是黑格尔指出的个体分属于各方面的特殊体系而形成了"等级的差别"。黑格尔早已指明，作为精神特殊性的客观法"在市民社会中不但不消除人的自然不平等（自然就是不平等的始基），反而从精神中产生不平等，并把它提高到在技能和财富上，甚至在理智教养和道德教养上的不平等"④。基于此，马克思一方面承认市民社会是生产力与交往形式相互作用的经济基础，另一方面指认市民社会由于被资本主义掌控而带有鲜明的阶级属性，并展开对市民社会存在的深层根源的探寻，认为市民社会伴随资产阶级的出场而发展起来，本身蕴含着等级性，是从生产与交往的等级关系中生成的组织形式。

随着资本主义经济全球化的扩展和深入，市民社会的等级性结构也随之嵌入"世界市场"的范围内。在资本主义经济全球化的意识形态叙事中，现代世界范围内的主权国家、国际组织、族群组织、跨国公司以及个体公民都是世界市场中普通的、平等的主体成员。但各层次的主体

---

① 望月清司.马克思历史理论的研究.韩立新，译.北京：北京师范大学出版社，2009：208.

② 同①.

③ 马克思恩格斯文集：第1卷.北京：人民出版社，2009：316.

④ 黑格尔.法哲学原理.邓安庆，译.北京：人民出版社，2016：342.

成员在经济实力、政治影响、生活水平等方面都现实地存在着等级差别，而且这些差别以它们固有的方式发挥作用，并表现出自身的特殊本质。由此，资本主义全球化显示出两种既相互矛盾又相互关联的特征：一方面，在形式上宣称所有主体成员都是平等的；另一方面，又在实质上使不同的主体成员形成等级差别，在经济上形成"先进-落后"的发展格局，在文化上形成"文明-野蛮"的文明史观，在政治上则形成霸权主义的国际秩序。资本主义全球化是资本主义在现代化进程中为了获得大多数人的普遍认同而进行的自我整合，尽管资本主义生产方式的发展带来了经济全球化，并历史性地建构出一个世界市场，但它没有形成与之相应的民主化、法治化及合理化的全球善治秩序，在现实推进中通过全面的商品化和物化而制造了人与人在相对封闭空间内的疏离，导致全球社会中不同国家在非自主选择的交往实践中形成了不平衡的发展空间，反而使得经济全球化和世界市场始终只能是部分霸权主义国家的附属品。

从理论分析上说，全球化过程中形成的霸权主义是市民社会等级性结构的政治表现；而从历史发展上说，霸权主义形成的另一个原因则在于市民社会的殖民特性。在《德意志意识形态》中，马克思、恩格斯就指出："市民社会包括各个人在生产力发展的一定阶段上的一切物质交往。它包括该阶段的整个商业生活和工业生活，因此它超出了国家和民族的范围，尽管另一方面它对外仍必须作为民族起作用，对内仍必须组成为国家。"[1] 随同资产阶级发展起来的"真正的市民社会"内在地要求海外殖民，现代世界的市民社会不可能只是一国之内的自由市场社会，而是伴随资本主义经济全球化的蔓延必然成为超出民族和国家的世界市场，催生这一结果的过程就是"殖民扩张"。黑格尔看到了市民社会对经济自由的趋附，认为市民社会能够彰显人的自我意识，进而促使人进入市民社会的生产环节以获致自由，他指出："市民社会受这种辩证法推动而超出自身之外，首先是超越这个特定的社会，以便向它之外的其他民族去寻求消费者，从而寻求必需的生活数据，这些民族或者缺乏它所生产过剩的物资，或者一般地在工艺等方面落后于它。"[2] 诸如自由贸易、海外扩张以及随之而来的战争等体现市民社会殖民性特征的

---

[1] 马克思恩格斯文集：第1卷. 北京：人民出版社，2009：582.
[2] 黑格尔. 法哲学原理. 邓安庆，译. 北京：人民出版社，2016：375.

历史作为，正是黑格尔"世界历史"的现实起点。在黑格尔看来，一切发达的市民社会都必然被驱使走向殖民事业，它们之间只不过存在着零散与系统的区别。黑格尔的市民社会理论是从市民与社会的伦理关系向度揭示市民社会与国家之间的冲突，指出市民社会将原本在伦理世界中相互统一的实体与个体分离开来，澄清了市民社会作为"个人私利战场"的本性。

在具有等级性和殖民性的世界市场中，所谓的"发展"其实只能是"片面发展"，而不可能是"共享发展"。这种发展模式不是将全人类都作为"命运共同体"的主体成员，不是为了满足所有主体成员的需要，也不是为了促进所有主体成员的全面发展，而是为了满足一些拥有"资本"和"霸权"的主体成员的利己主义的需要与欲望。不同主体成员之间的普遍联合，无非就是一种形式上的联合，其普遍性也只是"抽象的普遍性"——"一种内在的、无声的、把许多个人**自然地**联系起来的普遍性"①，根本无法走向人类真正的联合与解放。

由于市民社会本身的局限性以及资本主义经济全球化存在的等级性和殖民性问题，全球发展日益呈现出不平衡、不合理的矛盾状态：一方面，一切国家的生产和消费成为世界性现象，整个世界日趋一体化和同质化；另一方面，在资本关系所到之处，各种新的经济差异和政治等级被不断地再生产出来。结果，"由跨国资本主导的特定全球化形式表现为一种'单向度的全球化'，即发达国家单方面主导、渗透和支配不发达国家的全球化模式"②。正是基于这种"单向度的全球化"的发展状况，由西方资本主义国家主导形成了一套西方中心主义的全球治理体系。无论是世界市场的形成还是全球治理体系的出现，都有助于将整个现代世界更加紧密地联系在一起，并使得原本分散的民族、国家之间逐渐形成互相依存的结构性关系，通过集中整合资源使全球生产力获得更大提升，也形成把国际社会成员凝聚起来的精神"黏合剂"，由此客观地推动全球性共同体的发展。但是，资本控制全球化发展的基本逻辑没有根本转变。由于当前的世界市场和全球治理体系都是以具有高度逐利性的资本作为治理全球的主要手段，因而，在这种历史条件下形成的全

---

① 马克思恩格斯文集：第1卷. 北京：人民出版社，2009：501.

② 郗戈. 超越资本主义现代性：马克思现代性思想与当代社会发展. 北京：中国人民大学出版社，2014：136.

球性共同体不过是立足于"市民社会"视域的"货币共同体"或"资本共同体"。

马克思在《资本论》中探讨了资本逻辑在全球范围内扩张的现实特征，以物质生产过程为切入点揭示剩余价值的攫取对资本主义关系再生产的推动作用，阐释了资本主义生产方式与剩余价值积累模式随着世界历史的推进已经产生的新变化。在资本逻辑的推动下，它通过世界市场和全球治理体系的运作，把资本主义国家内部的利益结构扩展到全世界。诚如马克思、恩格斯所说，资产阶级按照自己的面貌为自己创造出一个世界，而这个世界与资本主义国家的内部格局具有"同构性"：在国内，"资产阶级使农村屈服于城市的统治"；在世界范围内，资产阶级"使未开化和半开化的国家从属于文明的国家，使农民的民族从属于资产阶级的民族，使东方从属于西方"①。全球性的"资本共同体"如同"国家"一样，本质上还是一种"虚假"的共同体，也存在着某些占据霸权地位的主体成员把自身的特殊利益伪装成人类普遍利益的现象。

然而，随着社会生产总过程的全球化，一切国家的生产和消费都逐渐具备世界历史性特征，资本主义经济全球化所开拓的世界市场也不再只是某些霸权国家的附属品，而是愈发成长为不由单一主体成员主宰的独立自主的世界体系。这种深刻变化使得人类社会的发展有可能超越压迫性的全球资本主义再生产过程，克服"单向度的全球化"的发展状况，摆脱西方中心主义的全球治理体系，从而走向更平等、更合理、更多元的新世界秩序。在全球资本主义世界体系之后将有可能出现一个新的"世界体系"，它不再是西方中心主义式的"一国独霸"或"几方共治"，不再是为霸权主义国家利益服务的资本体系，而是奉行双赢、多赢和共赢的新理念，实现了对资本逻辑主导全球化过程的扬弃与超越，以人类公共利益为共同体发展的新的经济基础，力求打造出由各国共同书写国际规则、共同治理全球事务、共同掌握世界命运的人类共同体，从而在共同发展中最大限度地实现各方利益的最大公约数，共享经济全球化的发展成果。这就是中国倡导构建的人类命运共同体。

在历史唯物主义的理论视野中，"共同体"范畴在时空上的演进形态是从"自然形成的共同体"经由"虚假的共同体"走向"真正的共同

---

① 马克思恩格斯文集：第 2 卷．北京：人民出版社，2009：36．

体"（或称"自由人联合体"）。在这一历史延展过程中，人类命运共同体作为体现马克思主义政治哲学逻辑的全新世界图景构想，为世界秩序的构成方式注入了一种新的实践观念，必将使人类的存在方式和思维方式发生深刻变革，从而极具针对性地回应从"虚假的共同体"向"真正的共同体"转变过程中所产生的一系列全球性治理难题和挑战。"虚假的共同体"对于无产阶级而言是外在的枷锁，但在历史上特殊的社会革命时期具有存在的必要性，它也曾流露出普遍利益发展的理念，但却在资产阶级将自身特殊利益伪装成普遍利益的理性狡黠中失去现实存在的可能。虽然人类命运共同体与"真正的共同体"在现实基础和哲学理念上存在着一定的张力，但由于人类命运共同体本质上是对资本主义全球化历史进程的"拨乱反正"，充分昭示了"人类解放"的价值诉求和发展理念，故其基本立脚点或者说哲学立场必然是"人类社会或社会的人类"。这一立脚点决定了它能够在全球化时代引领各个个体、民族和国家的前进方向，为最终实现"真正的共同体"奠定世界历史性的基础。

在社会理想的意义上，人类命运共同体以"人类解放"或"真正的共同体"为价值诉求，这意味着它是从"人类社会或社会的人类"的哲学视域出发对现存不合理的世界市场体系和全球治理体系进行反驳与批判的。这种反驳与批判不是要把人类命运共同体当作完美的、固化的客体性存在，当作与资本主义全球化相分离的形态而同资本主义全球化相对照，而是要在批判资本主义全球化的过程中发现、阐释和建构出更符合人类社会发展的新世界图景。伊格尔顿指出："马克思正是在现实逻辑失灵、步入自相矛盾的死胡同的情况下，找到了一个理想化未来的轮廓。未来的真正景象就是现实的破产。"① 人类命运共同体思想的批判意义就在于，把现行的世界市场体系和全球治理体系所掩盖的剥削性社会关系揭示出来，从而打破资本主义意识形态制造的社会发展假象，切断这一虚假意识形态的再生产，反抗与这种意识形态相适应的观念、概念和思维形式，反对以往各种"共同体"形式将人类解放视为凝固的、脱离感性实践的实体存在，将"真正的共同体"当成个人自我价值与自由实现的条件，旨在结束那种将资本主义永恒化的精神状态的产生方式，并在此基础上探索出一条更加符合人类社会发展的历史通道。

---

① 特里·伊格尔顿. 马克思为什么是对的. 李杨，任文科，郑义，译. 重庆：重庆出版社，2017：61.

　　构建人类命运共同体作为走向"真正的共同体"的世界历史性阶段，必须自觉地从"人类社会或社会的人类"的哲学立场出发，变革世界市场体系和全球治理体系，发展全球性社会生产力，即对全球范围内的物质利益关系进行革命性变革，逐渐把人们从全球资本主义的束缚中解放出来，并在促进生产力发展和深化普遍交往的基础上不断扩大人类的共同利益交汇点，提升人类利益的"共同性"水平，使利益的"共同性"与人的个性解放保持内在和谐，成为内在于人的现实实践并提升人的自我发展意识的本真力量，使人类在实践中认识到自身利益需要的根本性地位，减缓乃至化解不同主体成员之间的特殊利益冲突。

　　2. 人类命运共同体的现实指向

　　无论是立足于"市民社会"的资本主义经济全球化，还是立足于"人类社会"的人类命运共同体，其现实表现和现实发展都是世界历史进程中的一部分。因此，构建人类命运共同体，超越资本主义全球化及其治理体系，必须把握马克思实践哲学中的物质生产和交往形式两大基本范畴，在世界历史的理论视野中审视与考察人类命运共同体的实践逻辑，并将人类社会不同的地域和发展阶段纳入共同发展的历史逻辑之中。

　　马克思、恩格斯在《德意志意识形态》中指出："大工业创造了交通工具和现代的世界市场，控制了商业，把所有的资本都变为工业资本，从而使流通加速（货币制度得到发展）、资本集中"，由此"首次开创了世界历史"，因为"它使每个文明国家以及这些国家中的每一个人的需要的满足都依赖于整个世界，因为它消灭了各国以往自然形成的闭关自守的状态"①。由此可见，全球化是伴随社会生产发展而逐渐突破了地域的产物，是民族历史转向世界历史发展的现实形态。随着资本主义工业化的全球扩展以及资本主义经济全球化的深化发展，世界范围内的个体、族群、民族和国家之间的交往联系更加紧密，人类历史也实现了从自然形成的地域性民族史向资本逻辑主导的世界历史的转变。在这一转变过程中，一方面，资本无限增殖、扩大和宰制的逻辑，必然要求打破一切民族、国家和地区的闭关自守状态，把一切自然形成的区域性生产和消费变成由资本支配的世界性生产和消费，这使得一切民族、国

———————
① 马克思恩格斯文集：第1卷. 北京：人民出版社，2009：566.

家和地区的发展越来越受到世界市场体系的结构性限制，受制于资本主义经济全球化的固有矛盾；另一方面，由于世界范围内相互影响的活动范围在演进发展中不断扩大，各民族、国家和地区的原始封闭状态在"日益完善的生产方式、交往以及因交往而自然形成的不同民族之间的分工"①的影响下也不断被消灭，从而形成了全球性的利益依赖关系以及全球性的经济、政治和文化的普遍交往。在世界历史进程中，无论是全球资本主义矛盾的爆发，还是任何一国的经济动荡或政治冲突，都可能通过世界市场体系和全球治理体系蔓延到整个世界政治经济体系，扩展为对全体人类生存与发展的严重威胁。这无疑是以否定性的形式肯认了世界各国具有越来越广泛的共同利益和价值共识，其中最显著的就是各国共同面临诸多全球性治理难题。世界各国相互联系的程度日益加深，人类生活在历史和现实交汇的同一个时空里，成为相互依存的命运共同体。就此而言，在现代世界历史进程中，构建人类命运共同体具有非常明确的现实指向：必须克服资本逻辑支配下的世界市场体系危机并在深化普遍交往中提升人类利益的"共同性"水平，从而为变革、完善世界市场体系和全球治理体系以及为实现共商共建共享共赢的全球治理方案奠定坚实的物质生产基础和精神智识基础。

从世界历史的演进历程来看，以资本逻辑为中心的资本主义大工业生产最终促成的世界历史不同于以领土占有和宗教统治为主导的古代或中世纪历史，它是以贸易自由和经济一体化为主导的现代历史。有论者指出："这一过程，超出了原有自然法基础上形成的以耕作（cultivation）为法理根据的殖民秩序，而将这种以基督教普遍性为基础的'文明化任务'转化成了以商业资产阶级为基础的'商业化运动'（commercialisation mission）。与前者不同，后者所形成的世俗化的世界秩序中，其格局不再是意识形态的冲突，也不需寻求在一种神权意志下进行的平等教化。相反，则更希望在一种差序世界格局中，维持贸易的垄断与利益的最大化。"②为了在世界历史中获取最多的财富和利益，资本逻辑惯于在世界范围内以自我调节的方式完善资本运行的结构，以掩饰其剥削本性来堵塞被控制对象的质疑和回击。马克思对这种"维持贸易

---

① 马克思恩格斯文集：第1卷.北京：人民出版社，2009：541.
② 章永乐.万国竞争：康有为与维也纳体系的衰变.北京：商务印书馆，2017：序二29.

的垄断和利益的最大化"有更为深刻的认识。他指出，在现代世界历史进程中，资本的自我增殖本性必然推动资产阶级在全球范围内扩展资本主义的生产方式，并形成一个以资本主义生产方式为主导的世界市场体系。这个世界市场体系构成了资本主义经济全球化的基本运作机制，也构成了现代世界历史的现实基础。因为以世界市场体系为基础而形成的资本主义全球化运动使人类摆脱了地域性的发展局限和对自然的宗教崇拜，突破了传统的政治、经济和文化方面的区隔与藩篱，整个世界由此呈现出一体化、同质化的发展趋势。

但自20世纪以来，日益一体化的世界市场格局和同质化的世界历史发展趋势，不仅没有实现人类社会的共同发展与人的主体性解放，反而成为人类自身的异己性压迫力量与强制力量，形成了世界市场的"异己性支配秩序"，出现了"抽象成为统治"的最根本事实。诚如有论者指出的："资本的唯一本性就是无限增殖自身，而资本为了增殖自身，就必须把一切都纳入到资本逻辑的强大的抽象同一性之网中。在资本主义社会里，这种'抽象的力量'是以资本增殖为核心的市场交换价值体系具体体现出来的。'交换价值'和'交换原则'成了压倒一切的主宰力量，在它的无坚不摧的强大同一性'暴政'下，人与物的一切关系都被颠倒了，不是人支配和使用物，而是物反过来控制和奴役人。"[1] 受资本逻辑统摄的全球交换过程所奉行的价值原则，在根本上与物质利益及经济效益增长的需要相迎合，而与现实主体之间基于生存和发展需要而展开的交往实践相分离，结果直接导致了人的价值意识抽象统一于资本主义构筑的普遍价值体系中。

在《德意志意识形态》中，马克思、恩格斯指出，随着资本主义在欧洲的兴起以及交通和贸易的发展，特别是伴随着这种发展而加速的殖民扩张，大规模的全球贸易活动将世界彻底联系在一起，原本分散的民族、国家和地区之间逐渐形成了相互依赖的关系，普遍联系的世界历史进程得以形成，人类历史开始了向世界历史的转变，这种转变使得每个民族的变革都依赖于其他民族。这表明每个人的世界历史性活动已经成为经验事实，并且在这些内含世界历史性特征的个人活动之间能够产生经验上普遍的共同利益。"这种共同利益不是仅仅作为一种'普遍的东

---

[1] 王庆丰.《资本论》的再现. 北京：中央编译出版社，2016：212-213.

西'存在于观念之中，而首先是作为彼此有了分工的个人之间的相互依存关系存在于现实之中"①。共同利益原本是社会生产力发展能够逐渐彰显人的本质力量和自由发展的表征，然而，在资本主义全球化的历史条件下，随着社会生产总过程的全球化以及生产分工的发展，"各个人所追求的**仅仅**是自己的特殊的、对他们来说是同他们的共同利益不相符合的利益，所以他们认为，这种共同利益是'异己的'和'不依赖'于他们的，即仍旧是一种特殊的独特的'普遍'利益，或者说，他们本身必须在这种不一致的状况下活动，就像在民主制中一样"②。

在现代世界的历史进程中，虽然每一个主体成员在摆脱种种地域的、民族的、文化的局限之后，与整个世界市场的物质、精神生产都发生了实际联系，但在资本主义的世界市场体系中，这种实际联系却衍生出一种完全异己的力量，这种力量威慑和驾驭着发生实际联系的每一个主体，使得主体成员"越来越受到对他们来说是异己的力量的支配（他们把这种压迫想象为所谓世界精神等等的圈套），受到日益扩大的、归根结底表现为**世界市场**的力量的支配"③。世界市场存在于社会辩证发展的现实过程中，涵涉被压迫国家对资本的依附关系与实现自身解放诉求之间充满张力的运动，根本暴露出人类交往关系异化的弊端。马克思指出，这种完全异己的力量往往被抽象的思辨方式想象为"世界精神"的圈套，从而把对世界秩序的理论解释引向了神秘主义的方向。但是，"凡是把理论引向神秘主义的神秘东西，都能在人的实践中以及对这种实践的理解中得到合理的解决"④。马克思在对社会形态演进历史的探索中确立了人类社会的逻辑落脚点，表明人类社会的理论语境不仅关涉社会现实的变化，而且指向人的思维观念的改变，而人的观念的转变在实践的促动下得以完成。人类历史的发展进程早已表明，"历史向世界历史的转变，不是'自我意识'、世界精神或者某个形而上学幽灵的某种纯粹的抽象行动，而是完全物质的、可以通过经验证明的行动，每一个过着实际生活的、需要吃、喝、穿的个人都可以证明这种行动"⑤。

---

① 马克思恩格斯文集：第 1 卷．北京：人民出版社，2009：536.
② 同①537.
③ 同①541.
④ 同①501.
⑤ 同①541.

由此可见，构建人类命运共同体作为对世界市场体系和全球治理体系的变革与完善，不仅是一种批判性的道德理想，更是一种建构性、共享性的交往秩序体系。在这一交往秩序体系中，人类对相互之间共同利益的意识及其发展的诉求愈益得到彰显，人类交往中出现的冲突也可以在一定的价值范围内得以整合。因此，"人类"有可能实际地作为一个有机整体来进行生存和发展活动，即在普遍交往中所形成的共同利益基础上作为一个现实主体来实现自身本质的活动，从而规定和展示自身的"类本质"。

在马克思对人类社会发展的历史唯物主义分析中，"交往"与"普遍交往"占有独特的地位，构成了其分析社会历史的突破口之一。马克思指出："不论是生产本身中人的活动的**交换**，还是**人的产品**的**交换**，其意义都相当于**类活动**和类精神——它们的真实的、有意识的、真正的存在是**社会的**活动和**社会的**享受。"① "交往"在马克思看来具有本源性的意义，是一种"类活动和类享受"以及"社会的活动和社会的享受"，也就是人的"类本质"和"社会本质"，是人的本性或人的本真形态。对"交往"的认识，在马克思后来的思想中有更进一步的发展。他在1846年写给安年科夫的信中指出："社会——不管其形式如何——是什么呢？是人们交互活动的产物。"② 这一论述表明作为现实生产过程的人类社会发展本身离不开交往，"交往"构成了现实生产过程中不可或缺的环节，甚至在人类社会发展史上具有本质性的意义。随着人类生产方式和能力的进步，交往也逐渐从物与物的交换转变为以技术为中介的更为便捷的形式，且交往形式的多样化发展在人类历史向世界历史的进行中的作用越来越突出。有论者指出："人类历史的发展，只能以解放交往而不是束缚交往为根本路径，世界历史的变革根本性的就是要破解资本主义生产方式、社会制度等对人类的交往所造成的各种束缚，从而把人从资本主义的交往异化之中解放出来。"③ 人的生命存在的内在结构中的生产与交往维度是辩证统一的关系，其中，交往构成了表征人的生命存在固有特性的深层依据，这一依据的支撑作用在全球化的推进中更趋显明，形成了人与自然、人与社会以及人与人之间的交往在全球范

---

① 马克思恩格斯全集：第42卷. 北京：人民出版社，1979：24.
② 马克思恩格斯文集：第10卷. 北京：人民出版社，2009：42.
③ 王海锋. 历史唯物主义世界观的当代阐释. 北京：中国社会科学出版社，2016：249.

围内共同展现的局面。当然，这只是马克思哲学从存在论层面对"交往"所做的剖析，而"交往"一旦落实到历史的、具体的社会结构层面，就会呈现出不同的表现形式。

在资本主义全球治理体系中，"交往"的落实形成了一种理念与事实相背离的国际秩序：在理念层面宣称所有国家不论大小都是普遍平等的主体成员，但在事实层面却构筑出不平等的、霸权主义的等级结构，并且这一等级结构被资本主义的国际分工不断地巩固、加强。这种国际秩序通过生产力的发展和交往关系的变革，逐渐消灭了生产资料、财产和人口的分散状态，使得生产资料和财产聚集在少数人手里，形成了少数资产者对多数无产者的统治。这一统治状态决定了它只能是小部分人的"美好世界"，不可能是大部分人的"共同体"。大部分底层民众并没有充分共享到全球化的发展成果，他们在生物学意义上被当成"人类"的一员，却没有在共享发展成果的意义上成为"人类"的主体。虽然资本主义全球化打破了地域性、封闭性的生产方式，建立了人类之间的普遍交往，使得人类共同利益成为世界历史条件下"所有相互交往的人们的共同利益"，但资本主义阶段的"共同体"形式是其特殊的生产方式和关系的产物，其核心内容是获取与维护特殊利益。在资本主义生产方式占主导地位的社会状态中，每个主体成员追求的只是自身的特殊利益，共同利益则成为一种特殊的"普遍利益"，而且其"共同性"水平不仅没有超越特殊利益，反而受到特殊利益的制约，人的劳动在追求这种特殊利益中从一般的形式表现为普遍的异化状态。

为了超越特殊的、独特的"普遍利益"形式，人们必须在深化全球化发展过程中建立真正的"普遍交往"，推动人类形成新的共同体，即一种将所有人都视为共享全球发展成果的主体成员的"人类命运共同体"，使得具有更高水平"共同性"的"人类利益"成为具体的现实。人类命运共同体是在世界范围内由每个民族、国家和地区组成的共同体形式，必定产生复杂的、多维的交往关系。因此，构建人类命运共同体需要对人们在全球交往关系中的现实地位进行具体分析，并在生产力发展的基础上重塑一种能够支持人类命运共同体的交往关系结构。在塑造新的交往关系结构的过程中，人类命运共同体作为一种新的世界图景构想，欲要成为凝聚集体认同、指导集体实践的历史愿景，就必须具备能够在不同的个体、族群、民族和国家等主体成员中唤起共同需要、共同向往的吸引力。这种"共同"并不意味着取消不同主体成员之间的差异，反而是立足于差异，坚持不断突破原有区域性的狭隘交往，借助世界交往的契机积极参与和拓展世界市场，并在不同主体成员的普遍交往中寻找更高层次的"共同性"，积极推动各民族、国家和地区的现代化历史进程。构建人类命运共同体要求自觉地从"人类社会或社会的人类"的哲学立场出发，基于"共同发展"和"合作共赢"的理念建立起真正的普遍交往，从中寻找和实现一种新的"共同性"，即从人类的生产关系和生活空间中寻找与实现更高水平的"共同性"。在这种新的"共同性"中，人类的"交往实践"是平等、合理、多元的联合与共享，能够通过共同的实践努力推动人类解放的理想走向现实，进而实现人类价值的差异性与共同性的统一。从这个意义上说，构建人类命运共同体具有共同创造人类美好未来的伟大历史意义，它意味着坚持交流互鉴与合作共赢，意味着进一步发展社会生产力、释放社会创造力，从而推动建设一个开放包容和共同繁荣的世界，并使一切生产力被联合起来的主体成员共同享有和支配。

当然，我们必须清醒地认识到，在当前历史条件下，构建人类命运共同体是在资本主义全球化及其治理体系的基础上进行的世界秩序结构的改造与提升。对现行全球治理体系的改造与提升必须继承资本主义全球化所创造的物质生产基础和精神文明基础。全球化过程长期以来推动了世界市场生产和交往要素的流动，为构建和拓展人类共同实践的空间奠定了基础，人类在此过程中逐渐形成的相互依赖关系为其共同体成员的身份认同提供了现实条件。构建人类命运共同体的中国方案，不是要把现行的全球治理体系全盘推翻，而是要克服现行全球治理体系的缺陷，旨在超越西方主客体对立的思维，承认和而不同的协作方式，彰显出更大的包容性，使全球治理体系更加合理公正。因此，对全球化的构成内容进行历史性分析是构建人类命运共同体的内在要求，我们必须洞悉其产生危机的根源，揭示其历史文明价值，并在此基础上正确认识和处理全球化过程中的社会主义与资本主义的关系问题。

3. 人类命运共同体的实现路径

现代世界历史进程中的全球化问题，实质上是资本主义全球治理体系所导致的经济发展危机、霸权主义危机和西方文化中心主义问题。对于坚持马克思主义世界历史理论的全球化论者而言，面对一系列治理难题首先需要回答的是：在资本主义全球治理体系产生危机之际，全球化本身所蕴含的世界历史价值、人类文明价值是否也应该一同受到质疑？我们必须追问和厘清资本主义全球治理体系产生危机的原因，同时还必须进一步追问，资本主义全球治理体系产生的危机是否会阻碍全球化的扩大与深化，即必须追问"全球化"之为"全球化"的根本原因，明确这一根本原因与资本主义全球化之间的相关性何在。为了回答这一系列问题，我们不能笼统地对待全球化，而必须对全球化的构成内容进行具体分析，进而阐明全球化对于世界历史、人类文明的价值。

从历史唯物主义的理论视野出发，我们或许可以将全球化具体区分为"作为承载生产力普遍发展的全球化"和"作为规范人类普遍交往的全球化"两个层次。前一个层次指的是社会生产总过程的全球化，是全球化的"物质内容"；后一个层次指的是世界市场体系和全球治理体系，是全球化的"社会形式"。这两个层次相互影响、相互作用：前者是后者的动力之源，具有根本性，为后者的建立提供物质性支撑；后者是前者的阶段性文明结晶，具有衍生性，为前者的发展提供价值正当性论证。根据英国学者 G. A. 科恩的"发展命题"——"生产力趋向发展贯穿整个历史"[1]，生产力的普遍发展趋势具有自主性，从根本上是为了解决人类自身的物质匮乏问题。生产力作为一种主动的创造性力量，在面对人类历史上的各种挑战时，既需要寻找、建构能够引领历史前进方向的交往形式，也必须根据不同的历史条件不断调整、变革交往形式，由此才能推动生产力持续、普遍地发展，这一过程体现了生产力与交往形式相互作用的辩证法。"交往形式进一步发展，作为人的生活的'现实的条件'，它与人的活动之间会不断呈现这种'适应—矛盾—递进'的状态和过程。起初这些不同的交往形式，是自主活动的条件，后来却变成了它的桎梏，它们在整个历史发展过程中构成一个有联系的'交往形式'的序列：已成为桎梏的旧交往形式被适应于比较发达的生产力，因而也适应于更进步的个人自主活动方式的新交往形式所代替"[2]，"新的交往形式"又会变成桎梏，然后又为更新的交往形式所代替。世界范

---

① G. A. 科恩. 卡尔·马克思的历史理论：一种辩护. 段忠桥，译. 北京：高等教育出版社，2008：163.
② 聂锦芳. 批判与建构：《德意志意识形态》文本学研究. 北京：人民出版社，2012：479.

围内生产与交往的冲突在资本和经济主导的全球化进程中已然成为常态，难以单方面依靠生产力的发展或交往秩序的完善得到一劳永逸的解决。但两者的冲突并不意味着两者总是处于分割状态，"物质内容"的全球生产始终对普遍交往的"社会形式"具有基础性作用，人类由于逐渐形成共同发展的意识而在生产与交往实践的冲突中寻求和谐统一。因此，全球化的"物质内容"始终是世界历史中的一个自主性的力量趋势，而其"社会形式"既是"物质内容"的历史结果，同时也必须承受其"物质内容"的历史检验和历史变革。

基于全球化的两个层次的区分，我们可以更深入地理解现代世界历史进程中的全球化问题。资本主义全球治理体系作为全球化的"社会形式"之一，其所产生的危机并不直接意味着全球化的"物质内容"应该被质疑或否定，辩证地看，它恰恰是全球化的"物质内容"需要面对的新的历史挑战。资本主义全球治理体系的危机是资本主义生产方式以具有高度逐利性的资本作为治理全球事务之主要手段的发展性危机，也是这一治理体系不再适应全球化的"物质内容"的总体性危机，在深层次上根源于资本主义制度存在的基本矛盾。一旦由资本主义支配的全球治理体系爆发了危机，一切资本主义国家和具备资本主义生产条件的其他国家都将难以幸免。在美国等资本主义国家主导下，全球治理体系一直朝着霸权主义的方向演变，这使得所有国家参与全球治理体系的核心目标都是维护自身国家安全而不是共建共享普遍安全的世界。中国自身日益强大的影响力加剧了该体系的瓦解，但中国强大的影响力仅是其瓦解的重要因素之一，更为致命的或许还是该体系自身存在的问题。资本逻辑主导的全球治理体系在现实运行中必然维护西方资本主义国家在全球化中的利益和地位，在此过程中形成的国家权力结构惯于将治理精力投注在意识形态斗争、权力范围划分等行动策略上，在应对全球问题时就会显得无能为力。如果要消除资本主义经济全球化及其全球治理体系所产生的种种负面效应，就必须贡献更加符合作为承载生产力普遍发展的全球化的新构想，即构建一个更能推动全球生产力普遍发展，更为平等、公平和多元的人类命运共同体。

根据这种对世界历史进程中全球化问题的理解方式，我们不应对全球化的暂时性兴衰抱以简单的形而上学态度，而应用历史的眼光来审视全球化的发展过程，进一步探索全球治理体系的变革之法，以求全球化的"社会形式"能够成为引领历史发展的交往形式，而不是在它成为阻碍和限制历史发展的同时，还通过生产资本主义意识形态来证明它的存在价值。构建人类命运共同体应是通过建构新的全球治理体系以推动全球生产力普遍发展的世界历史进程，它指向的是一个保存民族独特性而又超越民族国家体系的全新世界体系。人类命运共同体与资本主义全球治理体系一样，面对的是全球化的发展与危机问题，但其处理方式却与资本主义全球治理体系截然不同，它着眼于社会主义意义上的共享共建和合作共赢，追求的是普遍安全和共同繁荣的世界。从"人类社会"的哲学视域来看，资本主义全球治理体系不仅无助于解决全球化问题，反而加剧了全球性的矛盾与冲突。这种全球治理体系试图依托由资本逻辑的支撑形成的方案来应对与消解全球化发展所产生的各种跨国危机，企图在国际政治框架内解决新问题，认为全球化产生的新问题只是复杂化了的跨国问题，其方式并没有超越民族国家体系，这一应对方案与错误认知正是全球治理体系的弊端所在。与此不同，人类命运共同体把人类的整体发展问题作为考量对象，通过切中全球化中诸多危机的要害，向世界传递出中国走和平发展道路的信号，为世界各国如何应对共同问题和复杂趋势提供全新的思路，以创造和保护人类共同利益为自身目标，追求的是具有更全面、更高层次的"共同性"的全球治理体系。

在当前历史时期，为了克服资本主义全球治理体系的弊端，构建人类命运共同体的关键在于发挥其对全球化的引领作用。这种引领作用至少表现在以下两个方面：一方面，人类命运共同体作为一种反思性、批判性的理论体系，为"作为承载生产力普遍发展的全球化"及其治理体系提供价值正当性论证，帮助人们应对和解决在"作为规范人类普遍交往的全球化"上已然面临的资本主义危机问题；另一方面，通过这种价值正当性论证形成一种公平合理的全球性有机公共生活，创造一种更为平等、公平和多元的世界秩序。为实现这一引领作用，构建人类命运共同体的根本任务在于，从"人类社会或社会的人类"的马克思主义立场出发，自觉秉持一种更能丰富人的本质之现实性的全球治理观，坚持建构出能够驯服和驾驭资本、汲取资本主义一切肯定成就的共享型全球治理机制。人类命运共同体随着全球化时代和形势的变化而不断调整构建方案的具体实施策略，体现中国促进世界各国尤其是发展中国家共同参与和实现进步的哲学视界与价值立场。

有论者指出，马克思"将资本主义的基本矛盾尖锐化而导致的社会主义与跨越资本主义的'卡夫丁峡谷'而建立起来的社会主义严格地区别开来"，认为两者的主要区别就在于"前者是建立在'资本主义的一切肯定成就'基础上的社会主义，是'资本主义后'的社会主义，而后者则是有待于'吸取资本主义一切肯定成就'的'资本主义前'的社会主义，所以它处在资本主义生产方式同一序列上"①。就此而言，中国特色社会主义的实践道路在当前全球资本主义体系中，与资本主义生产方式处于同一序列上，它有待于汲取资本主义的一切肯定成就。根据这条实践道路贡献出来的人类命运共同体的伟大战略构想，其最重大的历史意义就是发展了马克思所揭示的另一条改造和变革全球资本主义体系的道路。这条道路同样是以生产力的普遍发展以及与此相联系的世界交往为前提，但它的逻辑立足点是现实的人广泛联合的、必然的实践，蕴含对资本主义主导的全球化中人类实践的普遍异化的扬弃；是在吸收各个国家优秀成果的基础上所创立的能够凝聚不同民族、不同信仰、不同文化、不同地域人民的共识的社会主义道路，从而将所有国家都纳入更加平等、公平和多元的人类命运共同体。在当前的时代，这条道路不仅要求"资本主义前"的社会主义吸收资本主义的一切肯定成就，而且要求社会主义国家秉持平等共享的原则帮助其他落后国家走上更加合理持续的道路。

在构建人类命运共同体的历史过程中，社会主义与资本主义的关系问题以新的形式展开。在人类命运共同体的实践旨趣中反思全球化问题，开辟出一个重新理解世界历史进程的新视角，即把世界历史进程理解为反资本主义全球化的全球化建设过程。"反"资本主义全球化的人类命运共同体建构恰恰构成了全球化的合理动力，而对资本主义全球化的"反"，不仅是理论生成上的"反思"，更是结合了中华文明传统的马克思主义式的"拨乱反正"，其中"反思"是认清世界历史的发展进程和规律，"拨乱反正"则是发挥社会主义的力量以反作用于资本主义全球治理体系。正如有论者指出的，必须"将资本主义世界体系同样视作可以在实践中发生变化，并现实地在不同经济制度与要素的博弈过程中蕴含着自我改造与扬弃可能的综合性主体，在这一体系通过资本逻辑对

---

① 陈学明，等. 中国道路的世界意义. 天津：天津人民出版社，2015：228.

社会主义国家施加影响进而将其内化于自身的同时，社会主义的逻辑也在这种为其摄纳的过程中促使这一体系发生重大而深刻的变化"①。资本主义被社会主义取代的历史进程是充满复杂矛盾斗争的辩证运动过程，全球化问题的爆发与全球治理体系变更的形势促使这一辩证运动呈现为更趋曲折和富有张力的实践过程。中国视角在世界范围内的突显表达出其批判资本主义现代性路径和重塑全球治理体系理念的需要。

4. 构建人类命运共同体昭示了人类解放的最新途径

"'人类命运共同体'是马克思历史唯物主义的理论逻辑和现代人类文明发展的历史逻辑的辩证统一"②，基于宏大视野的人类命运共同体理念，是引领世界时代历史发展潮流的理念，在推动世界经济社会发展中具有普遍的真理性，将造福全人类，标志着人类一种崭新发展模式的创立，昭示与展现出人类解放的最新途径，同时也是指导人类实现解放的重要纲领，其理念的生成充分展现了人类解放思想的新视野。

第一，人类命运共同体标志着一种区别于资本主义发展模式的崭新发展模式，昭示了人类解放的最新途径。

主导当今世界的资本主义发展模式，实质是发达资本主义国家利用自身对生产资料的占有，依托全球化在世界范围内建立与巩固资产阶级政治、经济和文化霸权。它以牺牲多数人的利益来满足少数人的特殊利益，以牺牲整体利益来满足局部利益，以牺牲人类长远利益来满足当前利益，是一种高内耗、低效率、你赢我输的"零和发展"的经济模式。资本主义发展模式在现实世界中的运行带来了重重弊端。其一，发达资本主义国家利用经济优势掠夺发展中国家的经济成果，进一步拉大了世界范围内的贫富差距，为全球局势稳定带来各种隐患；其二，以逐利为目的的资本主义发展模式漠视人与自然的和谐关系，对资源的无限制开发和索取加剧了人与自然之间关系的紧张；其三，在强大的资本逻辑作用下，资本增殖逐渐成为发展的唯一目的，"物"取代"人"成为发展的主体。资本主义通常将作为物质生产主体力量的劳动者与人存在的本质置于二元对立的关系中，制造了包括个体与共同体、自然与自由等绝对冲突的关系范畴，并在其中植入一种与西方资本逻辑相适应的价值判

① 鄢一龙，白钢，章永乐，等. 大道之行：中国共产党与中国社会主义. 北京：中国人民大学出版社，2015：40.

② 田鹏颖. 历史唯物主义与"人类命运共同体". 马克思主义研究，2018（1）：119.

断，致力于在西方发达资本主义意识形态中实现对"自我"与"他者"的改造，以巩固其控制全球治理体系的霸权。因而，资本主义发展模式是不平等、不公平与非理性的发展模式，也是剥夺人类主体地位、"见物不见人"的发展模式，是以巩固资产阶级自身利益而非以实现全人类解放为目标的发展模式。

实现人类解放，必须着眼于全人类的共同利益，扬弃不平等、不公平与非理性的资本主义发展模式，重塑人类在发展中的主体地位。人类命运共同体理念倡导平等、公平、正义、和谐的核心价值，强调建立平等相待、互商互谅的伙伴关系；营造公道正义、共建共享的安全格局；谋求开放创新、包容互惠的发展前景；促进和而不同、兼收并蓄的文明交流；构筑尊崇自然、绿色发展的生态体系，展现了一种与资本主义发展模式截然不同的发展模式。其一，人类命运共同体倡导的共同发展、合作共赢，是对"零和发展"模式的否定，旨在解决"类"与"个体"之间的矛盾，保障所有个体平等地享有生存权、发展权，彰显了发展的公平与正义。其二，人类命运共同体提倡构筑尊崇自然、绿色发展的生态体系，力图解决人与自然之间的矛盾，体现了人与自然和谐共处的发展理性。其三，人类命运共同体并不以经济增长为发展的唯一目的，而是追求人类社会在政治、文化等维度的全面发展，是否定"以物为本"的发展理念、重塑人的发展主体地位的发展模式。构建人类命运共同体，就是践行人类解放。"从本源上说，人类命运共同体理念的核心价值，是超越西方现代化道路、理论和制度，站在全人类命运的角度提出的关于未来世界秩序的一种构想，其本质在于推动道路创新、理论创新和制度创新，建设一个更加美好的世界。"① 人类命运共同体理念蕴含了将自身治理能力、治理体系的现代化与促进世界各国协同发展以及国家秩序的合理调整结合起来，表达了中国推动全球治理体系转型和发展的坚定信心。

第二，构建人类命运共同体是人类实现解放的重要基础，人类命运共同体价值理念展现了人类解放思想的新视野。

人类命运共同体与当前世界普遍交往和相互联系的经济现实达成了逻辑上的统一。马克思指出，不同国家、不同民族的封闭壁垒在被资本

---

① 王岩，竞辉.以新发展理念引领人类命运共同体构建.红旗文稿，2017（5）：11.

主义生产关系撬开后，世界各国、各民族将结成一个"相互往来"和"相互依赖"的整体。随着资本在全球范围内的拓展，资源、人才和科技等生产要素在世界范围内频繁流动，国际经济交往也愈来愈呈现相互交融、相互依赖的紧密联系特征。"每个文明国家以及这些国家中的每一个人的需要的满足都依赖于整个世界"①。世界范围内相互依赖的经济基础内在地要求必须有一种适合其发展、促进其发展的上层建筑。构建人类命运共同体既契合当前人类社会普遍交往的经济基础，也通过在政治、经济、社会和文化方面的布局对这一经济基础施加巨大的反向推动力，为人类社会整体进步和加快人类解放进程奠定坚实的根基。

构建人类命运共同体既反映了当前经济交往和人类相互依赖的社会现实，又回应了社会发展和人类解放的现实需求。它表明中国人民关于人类解放的现实活动并不局限于本国之内，而是拓展到世界范围，是中国在全球化发展趋势下试图构建全球化解放路径的现实活动。它集中回答了在全球化背景下"建设一个什么样的世界、如何建设这样一个世界"的具体问题，是人类解放在"应然"和"实然"、理想和现实之间的平衡点，在推动全球治理体系不断完善的过程中逐渐形成自身的全球治理观和发展观，其价值理念的生成展现了人类解放思想的新视野。

（二）人类命运共同体的理论效应

马克思认为："哲学家们只是用不同的方式**解释**世界，问题在于**改变**世界。"② 对于马克思来说，历史唯物主义本身不仅是一种"解释世界"的哲学体系，更是一种力求"改变世界"的革命学说。作为一种革命学说，它要求批判性地认识资本主义世界，也要求建构性地阐明一个新世界的性质、特点、构成和原则。就此而言，历史唯物主义本身就是马克思主义的"世界观"，通过对资本主义社会异化的批判和对现实的人的感性实践的确定，历史唯物主义获得了建构性力量的现实基础和历史形态，展现了马克思主义关于人类社会发展的根本立场、总体观点和方法论，始终蕴含着批判性与建构性的统一。对资本主义世界的批判性认识是阐明一个新世界的理论前提，而对一个新世界的建构性阐明则是

---

① 马克思恩格斯文集：第 1 卷．北京：人民出版社，2009：566.
② 同①502.

批判资本主义世界的理论指向。但这一理论指向的呈现不仅与批判资本主义世界相关，也与社会现实的发展水平相关。构建人类命运共同体的提出与实践，彰显了社会现实力求不断发展完善的内在要求，也为历史唯物主义建构性地阐明一个新世界奠定了基础。所以，重视在历史唯物主义视野下探讨人类命运共同体问题的同时，我们还必须思考人类命运共同体何以将历史唯物主义带入一个新的思想和历史高度的问题。人类命运共同体作为一种全新的人类文明成果和人类社会存在形态，有其特定的演进轨迹和历史逻辑，昭示了对历史唯物主义的理论自觉和推动世界历史发展的意义。这意味着历史唯物主义和人类命运共同体的关系问题包括两个密切相关的内容：历史唯物主义视野下人类命运共同体的阐释问题和历史唯物主义自身在人类命运共同体中的创新发展问题。后一个问题实质上即是人类命运共同体的理论效应问题，其中最重要的是如何引导历史唯物主义成为全球化时代的一种"建构性世界观"，因为在当代全球化语境中人类命运共同体命题的出现构成了诠释历史唯物主义的新路径，也使得历史唯物主义具有了新的思想形态。

随着资本主义全球化浪潮的兴起，人类社会的发展出现了世界历史性的变化。在全球资本主义出现以前，世界上不同民族和国家的人民基本处于相互隔离的状态，各民族和国家的生产方式、交往实践也较为封闭。从社会历史的意义上看，"全人类"尚未作为有机整体进行各种生存和发展活动，并未作为一个主体获得逻辑规定性和相应的现实性内容。资本主义全球化的发展改变了这一历史状态，并推动了人类历史向世界历史的转变，成为"各个人的**全面**的依存关系、他们的这种自然形成的**世界历史性**的共同活动的最初形式"①，由此构成了历史唯物主义的重要研究对象。正是针对资本主义全球化的现实状况，历史唯物主义的研究视野超越了民族和国家的地域性视界，更加注重从全球性的角度来思考和研究人类社会的发展道路问题，"改变只注重于从一个国家、民族的视野来观察和谈论问题的方法，转向用全球化的观点来思考和研究社会发展问题，用全球性思维来补充和完善民族性思维"②，这种研究视野的全球性拓展无疑更符合历史唯物主义自身的要求。事实上，马

---

① 马克思恩格斯文集：第1卷. 北京：人民出版社，2009：542.
② 丰子义. 全球化与唯物史观研究范式. 北京大学学报（哲学社会科学版），2005（4）：16.

克思的历史唯物主义本身就蕴含着全球性视野，其对世界历史理论的阐发也充分表明，人类的共同发展是一项全球性的事业。历史唯物主义中的全球性视野的形成，不是揭示全球性的生产和交往实践在世界历史中存在的事实，而是在这一全球性运作事实的基础上展开哲学批判与超越，澄明全球性事业发展的动力和规律，突出人类主体共同存在与发展的现实历史意义，以挖掘人类解放的现实根据和条件。然而，资本主义全球化及其构筑的世界市场和全球治理体系所带来的是一种不平等的、霸权主义的国际秩序，不仅没有使全人类在共享全球化发展成果的意义上成为真正的"人类"主体，反而带来了巨大的经济压迫、政治冲突和生态危机，最终发展为全球性的"风险社会"。自苏东剧变以来，全球化基本上就是资本主义全球化。时代境遇决定了以往的历史唯物主义针对全球化问题的研究更多是以批判为主，虽然它在一定程度上也通过批判全球化的不合理之处揭示出了改造之道，但其理论态度主要还是批判性的。

构建人类命运共同体的历史性出场改变了这一研究状态，推动并促使历史唯物主义发生建构性转向。如前所述，资本主义全球化所引发的许多世界性新问题无法在西方中心主义的国际秩序中被有效地分析和解决，这是因为现有的全球治理体系受资本逻辑的支配，本身就具有等级性和殖民性，缺乏一种体现国际民主、主权平等和共享成果的世界公共性。因此，凡是涉及世界性共同发展的问题，无论是经济、政治还是文化、生态，基本上都超出了现有全球治理体系的处理能力。面对这一问题，中国秉持共商共建共享的全球治理观，积极发挥负责任大国的作用，主动参与全球治理体系改革和建设，在共同参与中将新的全球治理体系的实施从观念或制度性话语权的建构推向更为现实的治理实践，呼吁各国人民同心协力构建人类命运共同体，为解决人类面临的各种重大问题贡献了中国智慧和中国方案。人类命运共同体是人类社会发展道路上基于共同利益和共同价值而自我努力、自我创造的全球性社会形态，它立足于"人类社会"的哲学立场，力求促进人类在真正的"普遍交往"中形成具有更高"共同性"水平的人类利益，内在要求生产力的发展水平与人的劳动解放程度相一致，在追求生产力发展的同时促进人劳动的自由自觉的劳动意识，在变革全球治理体系的基础上推动全球生产力的均衡发展，为实现人类社会更美好的世界图景奠定坚实的物质和精神基础。历史唯物主义所构设的人类解放，是在本体论、认识论和方法论维度和谐统一的"真正的共同体"基础上的全面解放，在批判现存状况的基础上赋予自身现实的建构性指向成为其必要路径。而构建人类命运共同体是趋向"自由人联合体"的最高阶段，为走向"真正的共同体"提供了现实的逻辑中介。较之于历史唯物主义对资本主义全球化的批判性研究，构建人类命运共同体更需要历史唯物主义自身的结构性转变、拓展与提升，即把历史唯物主义的重心从批判性世界观转变、拓展和提升为全球化时代的一种"建构性世界观"①。所谓"建构性世界观"，就是在批判资本主义全球化及其全球治理体系的基础上，预见性地判断、阐明和规划由各种社会领域、社会要素和社会关系所构成的人类命运共同体的基本结构、内在机制、运行方式、发展方向和价值目标等一系列重大问题。具体而言，在构建人类命运共同体的过程中，历史唯物主义如何在自身的思想形态中把握人类命运共同体的一般本质和发展规律，如何批判性地揭示人类命运共同体与全球性"货币共同体"或"资本共同体"的本质性差异，如何凸显构建人类命运共同体在人类社会发展历程中的价值目标，如何预见性地指出人类命运共同体发展过程中的客观问题，创造性地规划人类命运共同体的发展道路和世界图景等，这些都是历史唯物主义在全球化时代悬而未决的理论问题和迫切需要解决的实践问题。作为一种"建构性世界观"的历史唯物主义具有以下三项基本特征：

首先，"建构性世界观"的主体支撑是中国特色社会主义道路。在构建人类命运共同体的历史实践中，历史唯物主义作为一种"建构性世界观"，以构建人类命运共同体的历史意识指向人类未来的存在形态，同时又坚持"纯粹经验的方法"②，从现实生活的经验性序列结构出发改造世界，既与现实达成有原则的妥协，又积极参与变革和优化现实的存在形式。这种立足于现实而又高于现实的"建构性世界观"必须拥有主体性支撑，它能够代表人类社会的发展方向，凝聚人类的共识和意志，并为构建人类命运共同体提供最坚实可靠的历史性示范。随着中国特色社会主义实践道路的拓展和中华民族复兴进程的推进，中国特色社

---

① 笔者认为，历史唯物主义本身就是马克思主义的"世界观"，是马克思主义对于人类社会的总体性看法和观点，始终蕴含着批判性与建构性的统一。

② 马克思恩格斯文集：第1卷．北京：人民出版社，2009：519．

会主义进入了新时代，这一新的历史方位意味着当代中国的实践道路达到了高度的理性自觉，具有参与、引领世界历史进程的理论自觉和实践意志，不仅能够为发展中国家走向现代化提供全新的选择途径，而且能够为破解全球性治理难题贡献智慧和力量。构建人类命运共同体是中国特色社会主义道路的结晶，也是中国参与全球发展和治理过程的战略举措，中国特色社会主义道路的示范性必将推动历史唯物主义在构建人类命运共同体的实践中提升为一种"建构性世界观"，向世界各国表明必须结合本国国情和实际来构建自身发展道路的永恒法则，进而重新获得普遍性意义。

其次，"建构性世界观"的核心关切是提升人类共同性水平、维护全人类的共同利益。全球化时代之所以面临着诸多治理难题，主要原因在于当代世界是一个前现代、现代和后现代相互交织的复合体系，各种利益因素、文化因素和价值理念相互作用与相互冲突，使得世界面临的不稳定性、不确定性因素尤为突出。因此，破解全球性治理难题，关键在于构建一个既能容纳差异、尊重各方诉求，又能提升共同性水平、凝聚全人类意志的命运共同体。构建人类命运共同体是真正站在历史的、时代的、人类的高度思考全球化未来走向的"建构性方案"，这一全新的建构性方案要求历史唯物主义不仅能够批判资本主义全球化，而且能够将自身的革命功能转化为超越现代性的建构性意识，在维系人类生存、开创人类未来存在方式的道路上展现自身的理论创造能力。通过构建人类命运共同体，历史唯物主义超越资本主义文明的理论叙事就"不再只是以阶级革命的方式实现人类解放的理论，也是一种唤醒人类超越资本主义文明形成以维系人类存在的救亡理论，阶级革命内涵的人类取向以一种人类的立场直接地凸显出来"①。尽管人类命运共同体与历史唯物主义叙事中的"自由人联合体"存在一定的历史距离，但它能够超越以往革命行动取向和"国强必霸"的发展宿命，为人类解放的可能性创造现实条件和新的逻辑。

最后，"建构性世界观"的伦理信念是推进共同利益基础上的全人类的共同价值建设。在全球化时代，世界范围内的各种冲突与较量、人类面临的诸多生存危机，固然根源于利益冲突，但也与更为合理的全球

---

① 罗骞. 中国特色社会主义建设实践的理论自觉：论历史唯物主义功能及其内涵的当代转化. 江苏大学学报（社会科学版），2012（2）：7.

价值理念的缺失有关，因而，迫切需要在提升人类利益共同性水平的基础上重建全球性的价值共同体。《共产党宣言》指出："各民族的精神产品成了公共的财产。民族的片面性和局限性日益成为不可能，于是由许多种民族的和地方的文学形成了一种世界的文学。"① 从辩证法的角度来看，普遍性存在于特殊性之中，共性存在于个性之中。马克思、恩格斯所说的"世界的文学"正是由多种"民族的和地方的文学"构成的，这正是全人类共同价值的社会现实基础。构建人类命运共同体必须以"和平、发展、公平、正义、民主、自由"等全人类的共同价值为前提，从而确立"共在"与"共生"的伦理信念，并坚持以"共同价值"引领各个主体成员自身的历史与实践。这就要求历史唯物主义不仅要在理论上审视当今世界的多元性价值现实，打破西方中心主义的价值理念和资本主义主导"现代性唯一"的神话，终结西方发达资本主义社会主导世界历史线性发展的模式，回答人类共同价值何以可能的问题，而且要站在"人类社会或社会的人类"这一哲学立场上指导实践，从而建构出鲜活的、深入人心的共同价值理念，进而促进人类命运共同体的建设。

构建人类命运共同体已经成为在全球化时代检验和充实历史唯物主义的社会现实，同时也是促使历史唯物主义获得创新性发展的重大课题。历史唯物主义如何在把握人类命运共同体的过程中获得自身的深化发展，就成为当代马克思主义哲学创新的重要契机。历史唯物主义对人类文明的审思表明，尽管以往的历史主要表现为阶级斗争的过程，但共同体却是人的基本存在方式。面对当代全球化运动中的诸多理论问题，历史唯物主义自身迫切需要从对人类命运共同体的认识中建构新的学说，从而审视自身理论的科学性，进而通过建构性的发展将历史唯物主义带到新的思想高度。以往的历史唯物主义研究范式往往只是从不同的角度批判性地解释全球化，而真正的问题则在于建构性地阐发全球化，阐发人类命运共同体，将人类的共同命运意识从传统的思维框架中解放出来，这既是人类命运共同体带给历史唯物主义的理论效应，也是历史唯物主义作为全球化时代"建构性世界观"的伟大理论任务。

---

① 马克思恩格斯文集：第 2 卷．北京：人民出版社，2009：35.

在马克思主义理论体系中，对于人类命运共同体的研究，我们应秉持动态的、发展的历史眼光：人类命运共同体不是自在的世界性实体，而是世界历史进程中全球化的实践成果。对于历史唯物主义的研究，我们也应秉持现实的、创新的理论态度：历史唯物主义不是超历史的"历史哲学理论"，也不是传统教科书所阐述的"普遍原理体系"，而是在批判人类社会实践中不断建构发展的理论体系。在历史唯物主义的理论体系中，社会实践遵循人与物的双重维度，现实的人的实践为思维与存在的统一提供了合理形式，历史唯物主义建构社会共同体的开端和优势就在于，将一切人的社会存在形式都视为现实的实践去解读，由此恢复资本逻辑中被人的主体理性斥责的理论客观准则。正是历史唯物主义自身的"时代境遇"和"理论指向"，才使得其研究范式必然随着社会现实的扩展而进一步调整、深化。构建人类命运共同体作为全球化时代任重道远的历史任务，其本身就构成了历史唯物主义所面对的最重大、最根本的"社会现实"，这必将带动历史唯物主义基本原理在当代世界的创新与发展。

（三）人类命运共同体的价值超越

推进全球化的历史实践必然要求我们更深刻地理解和把握全球化的科学内涵、独特性质以及发展趋势。当前学界理解、把握全球化的理论方式主要还是源自西方发达资本主义国家的理论话语，其他区域、国家引介和传播西方理论话语固然在一定程度上有助于推动本地区、本国关于全球化问题的研究，但随着各种全球化危机的爆发，西方理论话语日趋明显地暴露出自身潜藏的危机，在实质上"精致"地回避了全球化问题而未走出传统哲学思维和价值的困境，西方学界也始终未能提出令人信服的全新理论话语来应对全球化的实践困境以指导全球化的历史进程。

任何一种思想的价值都只有在与现实的"碰撞"中才能激活和迸发出来。人类命运共同体思想的生命力和当代意义就在于，它处在理论与实践的矛盾结合点上。全球化实践结果与理论原则相背离的当前状况，使得人类命运共同体思想备受全球关注，这一思想不仅彰显了其巨大的感召力，而且汇聚了全新的价值意蕴。21 世纪以来，经济全球化、社会信息化极大地解放和发展了社会生产力，也实现了社会生产总过程的全球化，这意味着整个世界市场不再只是某些霸权国家的附属品，不再只是廉价原料供给地和商品倾销场，而是成长为非单一主体决定的、拥有一定自主性的市场体系，由此既为人类的和平与发展创造了前所未有的历史机遇，也带来了前所未有的现实挑战。因此，重视人类命运共同体思想的研究，要回答全球化实践问题的需要，在打造人类命运共同体的过程中，把握历史机遇，化解各种威胁和挑战，将人类命运共同体的实践基础贯彻到人民的共同价值系统中，实现对传统全球化进程中理性主义基础的批判和超越，推动人类和平与发展进入新的历史阶段，使其独特的话语在人类共同实践中彰显理论的彻底性而掌握群众，形成改变世界和自我解放的伟大力量。

打造人类命运共同体，是一个复杂渐进的历史过程，也是促进世界范围内人类解放所面临的艰巨任务。21世纪的经济全球化实践需要全新的思想命题，需要理论界进行深度研究并予以回答。马克思的唯物史观，尤其是世界历史理论所揭示的基本规律，为我们考察分析人类命运共同体提供了经典性解释框架。在这个解释框架下，人类命运共同体思想的实质是一种合作共赢的全球治理理念，植根于马克思关于民族历史向世界历史行进的理论，从而将人的发展与解放置于世界历史的存在中，它的价值意蕴体现为对当前资本主义全球化治理在经济、政治、文化上的超越，表明世界历史的形成与全球治理秩序转型的辩证统一过程是推动解放的理想走向现实的必要路径。

首先，打造人类命运共同体是对资本主义经济全球化道路的历史性超越。资本主义经济全球化是资本逻辑主导世界经济格局的异化史，这必然导致周期性的全球经济危机。2008年爆发的国际经济金融危机表明，缺乏价值规范的资本市场难以支撑起世界经济繁荣的大厦，结果出现富者愈富、穷者愈穷的局面，有违资本主义国家自身所宣扬的公平正义之追求。马克思的世界历史理论指出，资本主义生产方式开拓了世界市场，推动了国际分工和交换的发展，使一切国家的生产和消费都具有世界性，但这并不意味着人类的真正解放，而仅仅只是为人类的真正解放创造了前提条件。马克思的世界历史理论科学地揭示了人类社会形态演进的历史轨迹，也展现了人类社会发展中不同形式和性质的共同体的存在规律、矛盾及其引发的危机。因此，走向真正的人类解放，必须坚持符合社会发展规律的人类共同价值对全球资本市场的规范引导。倡导人类命运共同体的价值意识，建构人类命运共同体的历史过程，必须超越西方国家一元现代化的历史道路，也就是要求命运共同体的成员在交往过程中坚持"合作共赢"的价值原则，在追求本国利益时兼顾他国的合理关切，在谋求本国发展中促进各国共同发展，打造兼顾效率和公平的全球经济规范格局，增进人类共同利益。人类命运共同体的建构必将超越资本主义经济全球化的历史过程，形成生活逻辑驾驭资本逻辑[①]的合作发展的国际经济新秩序。

其次，打造人类命运共同体是对全球治理体系霸权化道路的系统性超越。在美国等资本主义国家的主导下，全球治理体系一直朝着霸权主义的方向演变。虽然资本主义生产方式的变化带来了经济全球化，历史性地建构了全球市民社会，但却没有相应形成民主化、法治化和合理化的全球善治秩序。以具有高度逐利性的资本作为治理全球的主要手段，不仅不可能真正实现世界的和平有序发展，反而会带来全球性的发展危机，如经济危机、环境危机、生态危机和资源危机等。在全球治理视域下，打造人类命运共同体，就必须超越资本逻辑所构筑的不平等的国际秩序，完全摆脱霸权主义道路，以人类社会存在的客观性打破资本主义所固守的传统形而上学思维逻辑，将各民主国家参与全球化的主观能动性与世界历史推进的客观必然性结合起来，实现对资本逻辑构建内容的根本超越。具体而言，一方面坚持多边主义，不搞单边主义，奉行双赢、多赢、共赢的新理念；一方面坚持民主协商，倡导以对话解决争端、以协商化解分歧，反对结盟对抗。构建人类命运共同体，实质上提出了变革国际政治秩序的中国方案，按照这一方案，中国将与其他国家共同营造合作共赢的全球治理模式，利益共享、责任共担，从而形成公平合理的全球性有机公共生活。

最后，打造人类命运共同体是对西方文化中心主义的辩证性超越。马克思、恩格斯在《共产党宣言》中指出："各民族的精神产品成了公共的财产。民族的片面性和局限性日益成为不可能，于是由许多种民族的和地方的文学形成了一种世界的文学。"[②] 文化的多样性本是世界的

---

① 对于资本逻辑来说，其本性就是资本的增殖，就是利润至上。这是造成西方资本主义全球化困境的根本所在，所谓"见物（资本）不见人"。对于构建人类命运共同体来说，在当前阶段必须借助资本来推动生产力的发展，但是这种发展不能受缚于资本逻辑，还必须有一种共享发展的逻辑，一种使生活变得更加美好的逻辑。这正是人类命运共同体不同于西方资本主义全球化的地方，它是"见物又见人"的发展思路。

② 马克思恩格斯文集：第2卷.北京：人民出版社，2009：35.

原生态和常态，也更有利于人类文明的发展。但一直以来的现实是，各种文化中心主义，特别是西方文化中心主义总是有形无形地对其他文化体系进行压制和威胁，使得文化的多样性价值日益削弱。经济全球化和全球治理的霸权化，使得文化的发展呈现"文化殖民"的不合理状态，作为强势文化的西方文化常常将自身的文化价值观强加于其他国家，并且标榜自己代表了"进步"和"文明"，而给对方贴上"落后"和"愚昧"的标签。从辩证法的角度来看，普遍性存在于特殊性之中，共性存在于个性之中，马克思、恩格斯所说的"世界的文学"正是由多种"民族的和地方的文学"形成的。打造人类命运共同体，必须在文化维度上充分关注人类文化多样性的价值，着眼于全人类的文化进步而非个别性的文化进步，揭示并摒弃资本逻辑与民主文化之间不可调和的冲突及其在应对全球危机时暴露的弊病，反对西方文化中心主义。

以"世界历史的眼光"审视全球化，全球化实质上是"人类世界共同体化"的过程，是各民族的历史发展与资本主义大工业首创的"世界历史"相衔接的过程，也是"狭隘地域性的个人为世界历史性的、真正普遍的个人所代替"的过程。对于这一历史过程，马克思、恩格斯曾深刻指出："历史向世界历史的转变，不是'自我意识'、世界精神或者某个形而上学幽灵的某种纯粹的抽象行动，而是完全物质的、可以通过经验证明的行动"①。马克思唯物史观的世界历史理论要求我们在考察世界历史时，必须立足于物质生产及其交往活动，也要求我们在构建人类命运共同体的过程中，拥有强劲的历史行动力，以经济的发展带动政治和文化齐头并进，从而历史性地改造和超越资本主义生产方式。中国特色社会主义道路不仅内蕴于人类社会发展的历史逻辑之中，而且印证了马克思世界历史的演进与人类解放相统一的过程在现代全球化中的普遍意义。人类命运共同体理念必将在具有现实紧迫性的全球化实践中彰显其深层的价值意蕴。

四、"中国方案"：解放理论的实现方式

我们如果对中国改革开放以来的实践进行研究与判定，就能发现在改革开放的发展历程中我国确实没有完全照搬其他模式，而是开辟了属

---

① 马克思恩格斯文集：第 1 卷．北京：人民出版社，2009：541.

于自己的独特模式。① 马克思解放理论的现实化运用而形成的"中国方案"的逐渐凸显及其所获得的伟大成就，充分证实了马克思解放理论本身具有的科学性与真理性。研究者与实践者实现了从理想性维度向现实性维度的转变，其深刻原因就在于对实践与理论的双重探索：这是现实实践探索即我国社会主义的改革探索的结果，特别是中国特色社会主义的成功实践的结果和理论不断创新的结果，是对中国发展模式、中国发展道路、中国发展经验的理论总结与学术探索；同时，"中国方案"也是马克思解放理论的现实性的运用。"中国方案"作为马克思解放理论的实现方式②，使马克思解放理论在"为谁解放""靠谁解放""解放什么""如何解放"的问题上具体化了、深刻化了。

第一，关于"为谁解放"的问题。"为谁解放"的问题涉及解放的"价值"维度。在马克思解放理论中，不仅人是经济社会发展的手段，更重要的是人作为经济社会发展的目的，经济社会发展必须关心人、解放人、发展人，促进人的自由全面发展。实现中华民族伟大复兴中国梦的理念与策略，是为了最广大人民的根本利益，而不是只维护与照顾部分人的利益；改革的成果是由全体人民共享，而不是只惠及某一部分人或少数人，即在复杂的社会利益关系条件下，充分兼顾多元利益关系发展。在实现中国梦的探索中，中国共产党的各项政策能够着眼于全体人民群众的利益。从中国发展道路的实践经验中提升出来的科学发展观和中华民族伟大复兴中国梦，始终强调发展是为了全体人民的根本利益，为了不断开发人民群众的内在潜能，不断满足人民群众的物质、精神需要与追求，助益于整合多元主体的发展意愿，科学地解决相应的利益分配问题，使发展的成果惠及全体人民并落到实处，落实到发展经济、造福百姓的具体实践中，真正体现中国传统"民本"精神的当代性。构建人类命运共同体更是在世界范围内推动多元主体实践关系的协调统一，以全球性的实践消解"虚幻"的生活世界对人的现实奴役，促进世界范围内发展方式和治理秩序的可持续性，以为实现人类解放提供现实条件。

第二，关于"靠谁解放"的问题。"靠谁解放"的问题涉及解放的

---

① 刘同舫. 中国模式与思想解放. 理论探讨，2010（3）：7-10.
② 刘同舫. "中国模式"与马克思人类解放理论的现实性运用. 中国特色社会主义研究，2009（5）：21-25.

"事实"维度。马克思解放理论是关于无产阶级解放的理论,无产阶级是解放的主体力量,能够促进社会生产力的发展和确保全体社会成员的财富分配正义。面对德国的现实状况,马克思曾经指出,德国革命需要物质基础,而这个物质基础"就在于形成一个被戴上**彻底的锁链的阶级**"① ——无产阶级,这个阶级具有其他阶级不可比拟的革命性。"**德国人的解放**就是**人的解放**。这个解放的**头脑**是**哲学**,它的**心脏**是**无产阶级**。"② 只有无产阶级掌握唤醒人民革命意识的理论哲学并将之作为自己的精神武器,革命才能成功。无产阶级是社会主义革命的主体力量,这是《共产党宣言》中的基本观点,它突破了将历史主体的生成视为与现实实践无关的抽象思维,为无产阶级提供了认识和改造现实世界的辩证方法。西方学者面对当代资本主义阶级结构的新变化,提出要重新寻找主体是行不通的。而在当代中国,无产阶级就是指人民群众或劳动者,中国特殊的历史造就了无产阶级与人民群众与生俱来的一体性。中国特色社会主义解放事业建设选择了人民解放的道路,形成了以人为本、上下联动的模式。只有不断探寻作为历史主体的人民群众及其变化发展的客观规律,才能变革社会存在中与人民群众发展不适应的关系形式以实现人的解放。从根本上说,在中国"靠谁解放"中的"谁"这一主体是明确的,中华民族和中国人民是实现中国梦的主体。中国的解放之道始终能够坚持人民群众立场——以广大人民群众为主体,把人民群众作为自己的社会基础,依靠广大人民群众的力量谋发展,采取了上下联动而形成历史合力的模式。这种人民立场不是对马克思的无产阶级立场的远离,而是对无产阶级立场在新的历史条件下的继承与发挥,它与马克思的无产阶级立场具有逻辑和历史的一致性,能够为中国特色社会主义实践的展开注入内源动力。作为社会主义国家的中国,在很大程度上代表了社会主义的国际形象,党和政府能够把尊重人民群众的主体地位作为基本出发点,切实发挥人民群众的首创精神与主体作用,这既是对世界社会主义运动的重大贡献,也是对西方无产阶级解放运动的极大鼓舞。

第三,关于"解放什么"的问题。"解放什么"的问题是针对解放的内容而言的。笔者认为,解放是多维度的,在不同的时期有不同的侧

---

① 马克思恩格斯文集:第1卷.北京:人民出版社,2009:16.

② 同①18.

重点，现阶段至少应该包括经济解放、政治解放与文化解放等。中国发展道路与中国特色社会主义的伟大实践，为中国的经济解放、政治解放与文化解放创造了前所未有的条件。在经济解放的维度上，改革开放以来，中国创造了经济发展的奇迹，为人类解放与发展奠定了坚实的物质基础，揭开了历史的新篇章。在政治解放的维度上，改革开放极大地推动了我国的政治解放，日益激发起人们的主体意识和权利意识，拓展了人们的政治参与空间，保障了人民群众的政治权益，当代中国社会主义民主政治体系为人类解放与发展创造了优越的政治条件。在文化解放的维度上，党的十九大报告强调了"文化是一个国家、一个民族的灵魂"的论断，并进一步指出："没有高度的文化自信，没有文化的繁荣兴盛，就没有中华民族伟大复兴。要坚持中国特色社会主义文化发展道路，激发全民族文化创新创造活力，建设社会主义文化强国。"这些论断从实现中华民族伟大复兴的高度，阐明了社会主义文化的重大意义，以及将社会主义文化建设与促进世界文明繁荣的历史使命结合起来的现实要求。我国通过文化解放与文化创新的路径发展先进文化，逐步形成了具有开放性、包容性、革新性的品质，并在文化自觉中促进人的自由全面发展。社会主义建设与推进的历史既是物质生产发展的历史，也是社会意识的变革和文化建设不断完善的历史，文化建设与人民群众自身价值的实现以及精神层次的解放是更为密切的同一过程。我国的文化建设已经发展到一个新的阶段，并为世界文化的发展提供了新的范式。中国独具魅力的经济解放、政治解放与文化解放模式已经真正矗立于现代文明之巅，并向全世界的国家与人民展现出其全面超越资本主义物质文明与精神文明的前景。

第四，关于"如何解放"的问题。"如何解放"的问题是关于解放的基本方式与基本途径等内容的复杂的系统问题。从解放的基本方式来看，中国运用了渐进式的方式。循序渐进的解放与发展方式，不同于激进的"休克疗法"方式。它力图谋求在稳定的社会秩序中整体推进、重点突破来实现解放与发展。这种方式能够尽可能减少改革、解放与发展过程中出现的风险，避免大起大落；能够在社会主义制度的前提下，保证改革与发展的秩序和方向；能够在总结历史经验教训中有序进行、稳步前进，真正实现现代化的平稳发展。根据主要矛盾来确定社会发展目标和工作重心，是中国共产党的优良传统。① 从解放的基本途径来看，中国走的是全球化途径和本土化途径的双向推进与双向建构的道路。中国的社会发展道路与现代化进程是在全球化和本土化的相互交织、双向互动、双向建构的关系中不断调适而得到发展与推进的。中国已经感受到全球化带来的机遇，并坚定不移地推进全球化。但由于目前全球化本质上是以"资本"为主体的全球化，全球化资本主义本质必然会带来风险，甚至存在给社会带来损失的"可能性"。中国只有巩固并不断提升在全球价值链中的地位和国际话语权，才能在全球化的新形势新浪潮中立于不败之地。为了应对全球化的"风险社会"，中国意识到本土化与中国化的重要性——在全球化途径和本土化途径的双向推进中，把握生产发展和科技创造力在全球竞争中的地位，确立依靠社会全面的再生产是变革现存生产关系的关键手段和实现解放的必经之路。

马克思解放理论的现实运用所形成的中国发展道路与发展轨迹，是中国马克思主义者在理论与实践探索中的伟大理论创新，具有鲜明的中国特色。它既追求解放理论的理想性，也追求人类解放的现实性，只有辩证地看待理想性与现实性两个向度之间的张力关系，才能稳健地推进人类解放的实现。

"中国方案"是中国马克思主义者在实践探索中的伟大理论创新，具有鲜明的中国特色。它追求解放理论的纯粹性与理想性，同时对理想与现实有着清醒的认识，拒绝盲目拉近理想与现实之间的距离以至于将

---

① 在党的十九大之后，着力化解人民日益增长的美好生活需要和不平衡不充分的发展之间的矛盾自然成为党和国家下一阶段的重要工作任务。找准矛盾的主要方面是化解矛盾的基本前提。"人民日益增长的美好生活需要"和"不平衡不充分的发展"是新时代社会主要矛盾的两面，"不平衡不充分的发展"是能动的一方，也是矛盾的主要方面。满足人民的美好生活需要，要着眼于解决不平衡不充分的发展问题。不仅要抓住主要矛盾的主要方面，还要抓住矛盾主要方面的主要问题。"不平衡不充分的发展"在现实中表现为各种具体问题。不平衡的发展是指社会内部各要素、各主体、各区域之间在发展速度、程度、质量上的失调，表现为经济、政治、文化、生态各领域的发展不平衡，国家、社会、个人各层次主体的发展不平衡，城乡、东中西部各区域之间发展不平衡，代际发展不平衡等；不充分的发展是指在各种因素的制约下，发展尚未达到预计期望，未能完全兑现发展潜力，表现为社会生产与创新能力、发展效率有待提升等。相比于"不充分的发展"而言，"不平衡的发展"问题更严峻。在当前诸多发展不平衡问题中，最突出的就是社会贫富差距问题。通过抓住主要矛盾的主要方面，进而抓住主要方面的主要问题，化解新时代社会主要矛盾就聚焦为一个重要任务：在保持经济高速发展的同时，妥善解决社会贫富差距问题，使发展成果为人民所共享，从而有利于社会发展质量的提升、人的全面发展和社会的全面进步。

现实等同于理想的错误认识。深刻把握"特定历史阶段是实现人类解放思想理想性的必经之路"这一规律，辩证地看待理想性与现实性两个向度之间的关系，注重把握人民主体的理想性层面和现实性层面的关系，以保持主体实践的有限性与历史无限性之间的张力，在"中国方案"中得到了明显体现。

改革开放以来，我们在实现梦想的历史进程中创造了一个又一个奇迹，归根结底就是因为我们走上了一条中国特色社会主义现代化道路。"中国方案"是中国在全球化及对人类解放探索的背景下实现社会主义现代化的一系列战略策略，是马克思人类解放的最高价值在当代中国的现实体现与拓展。它既体现了中国人民追求民族复兴和实现解放的深厚的历史底蕴，又孕育于马克思关于人类社会形态演进和解放规律的基本判断。马克思的解放理论体系作为立足于唯物史观的理论范式，反映了社会历史进程的实质内容，为我们评价历史与社会进步提供了客观的历史尺度和普遍的价值尺度。当前，以立足于现代文明的深刻反思为基础，沿着中国特色社会主义道路继续前进，是中华民族在实践与理论的双重探索中寻求人类解放的方式，是中国人民对人类未来发展道路的重大探索。这种探索将为促进世界和平发展、人类文明进步以及人类社会形态的更替提供超越国界的世界意义；构建人类命运共同体实践的推进，是对马克思的世界历史理论和"真正的共同体"思想在现实中历史中的发展，一定程度上缩短了"自由人联合体"思想与现实社会存在形态之间的时空距离，使人们看到了实现自由与解放的希望，体现了勇于突破现存生产方式的矛盾而不断自我探索和超越的实践精神。这种精神价值将鼓舞广大发展中国家积极探索适合本国国情的发展道路与发展模式。

附录一 启蒙理性及现代性：
马克思的批判性重构*

  启蒙理性是一个多维度的现代性课题，它既是崇尚理性权力、重塑理性权威的思想史命题，也是推动现代社会改变生活方式、制度结构和文化形态的历史力量。启蒙理性为近现代社会发展奠定了一套全新的宇宙论、生存论和价值论，开创了崭新的世界秩序，即资本主义世界体系。这种奠定和开创完全是一项现代性的设计，理性与资本的结合在其中扮演着决定性的角色，俨然是"必然性"的代名词。但随着启蒙理性自身蕴含的自我分裂因素的彰显，加之资本逻辑的推动，启蒙理性主导的现代性设计矛盾重重，陷入"多重隐忧"之中，引起了灾难性的社会危机，由此导致的反思和批判启蒙理性成为现代人制衡现代性的重要力量。然而，启蒙理性作为复杂的现代性课题，对它的批判不能仅仅停留在其自身的领域之内，企图采取全面否定启蒙理性的方式来解决现代性问题是根本行不通的，而是需要从社会历史发展角度和思想史视域相结合的理路来对启蒙理性加以把握与检视。对启蒙理性的批判内含了对资本的批判、对现代性的批判和对极端反启蒙的批判。批判启蒙理性是为启蒙理性寻找出路的起点，20世纪以来各种社会思潮都在思考这一问题，其中最为激烈的当数后现代主义，但后现代主义激烈的反启蒙由于

  * 本文以首篇位置发表在《中国社会科学》2015年第2期，《新华文摘》2015年第13期全文转载并作为封面要目推荐，《高等学校文科学术文摘》2015年第3期全文转载，《中国社会科学》英文版2016年第3期全文刊发。2020年获"第八届高等学校科学研究优秀成果奖"一等奖，2017年获"浙江省第十九届哲学社会科学优秀成果奖"一等奖。该文被评价为"在很大程度上代表了2015年马克思主义基本原理研究的水平"[北京大学马克思主义学院. 马克思主义理论学科学术发展报告（2015）. 北京：中国人民大学出版社，2016：25]。

没有从根本上质疑和改变现实的资本主义体系，本质上没有跨越启蒙理性的视界。与此不同，马克思把对启蒙理性及现代性的批判转变为对资本逻辑、资本主义生产方式的批判性重构，把对启蒙理性及现代性种种弊端的克服转变为对资本主义私有制的超越，从而能够在肯定现代性的同时克服现代性的缺陷，为现代社会向更高形态的发展找寻到方向和道路。

一、启蒙理性：从运用自身的理智到"生活世界的内在殖民化"

在《答复这个问题："什么是启蒙运动?"》一文中，康德十分坚定地指出："要有勇气运用你自己的理智! 这就是启蒙运动的口号。"① 启蒙哲人坚信，理性能够消除种种错误的认识、祛除迷信和无知，使人类获得关于自然、社会和自身的真理性认识，并消除人类社会固有的一切弊病。这种理性能力是在资本主义运动瓦解封建社会和唯名论革命摧毁中世纪神学基础的过程中萌生的"自我筹划"能力，根植于其中的"人的理性高于神的启示"的现代性因素是古代理性主义所不具备的。

（一）兴起：运用自身的理智

从社会历史发展角度看，启蒙理性的兴起是资本主义生产方式运动的产物。在资本主义革命对封建等级秩序的打击过程中，资产阶级冲破了封建主义的旧市民社会和中世纪神权政治的束缚以掌握自身命运，启蒙理性是以思想斗争的形式表现出来的资产阶级政治革命。对于这一资本主义的解放方式，马克思认为资产阶级政治革命摧毁了"一切等级、同业公会、行帮和特权，因为这些是人民同自己的共同体相分离的众多表现。于是，政治革命**消灭了市民社会的政治性质**"②。这一革命把直接具有政治性质的旧市民社会分割为个原子式的独立个体，由此个体得以从特定的传统社会组织中解放出来，与国家整体建立了普遍关系。在此基础上，"公共事务本身反而成了每个个体的普遍事务，政治职能成了他的普遍职能"③。资产阶级政治革命把人民被分散在封建社会各个角落的政治精神激发出来，由此引发了人民反思自身的理性需求，焕发了他们投身公共领域的政治激情。在新的公共领域里，人民不再是神的

---

① 康德. 历史理性批判文集. 何兆武，译. 北京：商务印书馆，2017：23.
② 马克思恩格斯文集：第1卷. 北京：人民出版社，2009：44.
③ 同②45.

从属存在物，而是依靠自己而存在的个体，被创造的意识也逐渐从人民的意识中排除出去，所以人民需要用冷静的、理性的眼光重新审视他们的生活地位和相互关系。公共领域、公共自由的出现必然要求人民充分运用自身的理性能力对公共事务给予判断。正是在这个意义上，资产阶级政治革命开创的新世界需要人们大胆运用自己的理性，推崇人们的自我解放和自我实现，号召人们勇于创造自己的历史。

从思想史视域看，启蒙理性是中世纪晚期唯名论革命的结果。唯名论革命是一场针对中世纪经院学者普遍持有的实在论的革命，它将古代理性主义者持有的必然的、等级的存在论破除殆尽，清除了等级制的自然目的论观念。古代理性主义者认为，理性是"作为宇宙之本源和世界之灵魂的一种本体论意义上的实体，是'内在于现实中的本质性的结构'，或者说，'世界的客观的秩序原则'；同时又是指人们'对于这样一种客观秩序进行反思的努力或能力'"①。人们之所以能够对世界秩序进行理性的反思，就在于人的理性与世界秩序源自同一个最高的存在。世界在这一必然主义的存在论图景中呈现出由上而下的、严密的、连续的等级秩序，最高的一环是终极实在、终极原因，也就是神的存在，人只是巨大"存在链条"中的一个环节。然而，中世纪晚期的唯名论革命摧毁了这一"存在链条"。以唯意志论神学观念为基础的唯名论认为，上帝的意志先于理性，上帝在创造世界的过程中具有绝对自由，事物的存在纯粹只是因为上帝的意愿；人类居住的世界仅仅是上帝的恩典行为，是上帝偶然的意志选择的结果，根本不存在如古希腊存在论所主张的"存在链条"。唯名论彻底割断了古代理性主义者的因果链条，使得世间万物的存在成为偶然的、个体性的事件，认为共相实际上不存在，共相的名称只是纯粹的符号。面对这一偶然的、个体主义的存在论语境，"人应当如何生活"的设想不再要求作为个体或群体的人在"存在链条"中规范自己的心性、实现自己的德性，相反，摆脱了"存在链条"束缚的人类是自由的，具有自我创造的意志自由，能够运用自己的理性来研究神的意志的形式和结构，即研究自然和社会的运作逻辑，并建构合乎理性的社会。

启蒙运动的发展是对既有世界秩序和精神秩序的变革，它既是"生

---

① 甘绍平. 启蒙理性·传统理性·非理性主义·当代合理性//湖北大学哲学研究所《德国哲学》编委会. 德国哲学论文集：第 11 辑. 北京：北京大学出版社，1991：127.

产方式和交换方式的一系列变革的产物"①，也是对人类社会价值理念的重构，其重构世界秩序的雄心所彰显出来的理性之光确实不断地推动现代世界迅猛发展，但"理性万能论"以及漠视价值理性、崇拜工具理性的畸形理性观，也导致人变成手段而不再是目的。

（二）形成：生活领域变成自在的有机组织

在西方社会"走出中世纪"、摆脱当时占支配地位的神权政治体制和神学式文化的过程中，正是由于启蒙理性之光"从根本上清除基督教的二元论之超自然形态，力求建立内在的-理性的世界解释，使所有生活领域变成一个自在的有机组织"②，从而指引人类摆脱宗教神学与封建社会的双重压迫，建构出一个以人的本质与价值为基础的现代性社会。

在社会制度组织层面，启蒙理性使世界秩序斩断了此岸与彼岸的关联，并以抽象的个人主义和社会契约论为理论基础论证了现代国家的建构原则。启蒙哲人一方面通过对宗教神学的批判，提出天赋人权是人与生俱来、不可剥夺的权利，令人们明确地意识到自身作为一个理性个体所拥有的自由权利，即摆脱神及其人间"代理"对人的统治而自我做主；另一方面则通过对神权体制的批判，彻底击溃了"君权神授"的国家建构理念，阐述了"政教分离"的世俗政治原则，提出了"主权在民"的社会契约论，形成了以"平等主权参与者"为基础的资本主义社会架构。据此，现代性重构了人类社会的制度组织，推动了现代民族国家的崛起和政治制度的进步，打破了旧市民社会的经济秩序，促进了大工业生产和自由市场经济的扩张，使欧洲的行为制度与模式更注重自由、民主、平等。

在生存价值理念层面，启蒙理性冲破基督教神学的思想牢笼，重估关涉现代个体和群体安身立命的价值理念，突出人的个性、主体性和自我意识，自由、民主和平等理念被指认为现代性最重要的原则。启蒙运动之前，由于宗教的神圣纽带作用，个体都被系于以神为本体的具有连续性、封闭性、等级性的世界秩序之中，个人失去了独立和自由，人们被束缚于他律的、自在的价值秩序中，如尼采所抨击的："'道德世界

---

① 马克思恩格斯文集：第 2 卷. 北京：人民出版社，2009：33.
② 刘小枫. 现代性社会理论绪论. 上海：华东师范大学出版社，2018：176.

秩序'意味着什么？意味着：有一个神的意志一劳永逸地存在，它规定人可以做什么、不可以做什么；一个民族、一个个人的价值，是根据他们顺从神的意志的多少来衡量。"① 但通过唯名论革命对古代世界图景的摧毁以及启蒙运动对宗教的猛烈批判，启蒙理性开辟了对人类价值理念秩序的重新建构，从而形成了平等的、自由的、个体主义的世界图景。在这种世界图景中，价值实质是主体意识，康德的道德律令取代了不以人的主观意愿为基础的价值实质，天赋平等、自由的现代性理念剥夺了封建等级理念的正当性，使得每个个体或群体捍卫和追求属于自身的权利具有了天然的合理性。

在个体精神气质层面，启蒙理性重塑了现代个体的精神气质和生存样式，形成了舍勒和西美尔所论及的"现代人"类型。在封建主义的旧市民社会文明秩序中，人们在生活理想上受到宗教伦理和贵族道德的宰制，因而，在人的心性结构中，禁欲主义的生存样式占据中心地位，宗教伦理始终在行为层面压抑人们对现世生活的功利主义享受，人们则习惯于从充满权欲、专横和奴性的文明中满足自身的现世追求。但在现代资本主义文明秩序里，人们的生命爱欲不再是为了神的荣耀、祈求彼岸世界的幸福，转而朝向此岸生活的自我肯定，享受现世生活被当成天经地义，并导向无限的赢利欲与旺盛的工作欲，从而形成了强调无止境自我创造的资本主义精神气质。这种资本主义精神气质体现了启蒙理性改造自然与社会的理念，推动了人类社会的历史进程，激发了人类社会的创造力，这是我们必须充分肯定的。

（三）嬗变：生活世界的殖民化

启蒙运动以来，人类普遍相信理性的力量，认为凭借理性之光不仅能够走出黑暗的中世纪时代，而且能够绝对合理地重新建构自然和社会秩序。然而，伴随着内在的理性自我分裂机制和外在的资本逻辑增殖冲动的作用，现代性所带来的危机正在不断地敲击启蒙理性的幻梦，催促着人们正视启蒙理性自身的内在矛盾。

第一，精英理性的僭越与局限。启蒙理性具有全人类性，是一种大众理性，它通过开发与培育人类自身的理性能力来彰显人的价值和目的，推动人类社会的不断完善。但是，启蒙理性的发展背离了这种美好

---

① 吴增定 .《敌基督者》讲稿 . 北京：生活·读书·新知三联书店，2012：172.

的初衷，从大众理性走向了精英理性。启蒙之后的现代社会比中世纪世界更加自由、平等和民主，然而不同的个体或群体的生存始终受到政治体制、经济和社会条件的限制，也受到各种自然禀赋条件与不同社会地位深刻而持久的影响。因此，由于个体偶在性的差别以及实际教养、实际权力和实际资产的极大差异，社会技术被把持在那些有资本、有地位、有资质且素养较高的精英群体手中。"社会技术"表征的就是理性的权力，换句话说，虽然大众与精英都能够更加充分地运用自身的理性能力，但运用理性影响社会的权力为精英群体所把持。在《德意志意识形态》中，马克思、恩格斯就已深刻地剖析了这种将为资产阶级利益辩护的"意识形态"视为"普遍理性"的行为。启蒙理性从大众理性蜕变成精英理性，形成了支撑精英统治的"意识形态"，这种"意识形态"是一种新的更加隐蔽的社会等级制度的精神基础；而在资产阶级统治的资本主义社会中，这种"意识形态"则是资本逻辑的统治力量在理论意识上的实现。

第二，科学精神的工具理性面相。科学是启蒙理性批判宗教神学的强有力武器，费尔巴哈曾指出，近代哲学新创立的科学精神使得"否定性的宗教精神遭到贬谪，把它从世界统治的宝座上推下来，把它拘禁在处于历史急流彼岸的那个狭窄领域之内，而自己则成为世界的原则和本质，成为新时代的原则"[①]。从费尔巴哈的观点来看，科学精神是包含价值理性与工具理性的现代理性主义精神，科学精神本身就具有价值，是人类完善自身的价值理性，而不是只有手段意义的工具理性。但是，科学精神在运用于社会实践的过程中破坏了自身的价值理性追求。一方面，自笛卡尔通过"主体性哲学"确立主客体二分的原则以来，世界成为主体的客观对象物，是没有意义的物质存在，只有通过理性之光的规整与重构，才能成为有意义的世界，由此科学精神对于主体而言主要成了认识、改造和控制世界的工具性存在，工具理性成为科学精神的本质；另一方面，由于科学精神运作的社会条件受制于资本逻辑的宰制，而资本出于自我增殖的冲动，需要将客体化的世界和人类都视为材料、工具来加以利用，所以，在资本逻辑增殖冲动的支配下，科学精神的发展必然转变为对外部自然和人的内部自然的全面支配与利用，从而主要

---

① 路德维希·费尔巴哈．费尔巴哈哲学史著作选：第 1 卷　从培根到斯宾诺莎的近代哲学史．涂纪亮，译．北京：商务印书馆，1978：15.

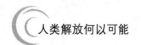

彰显其工具理性的精神面相。

第三，启蒙神话的"反理性"特质。启蒙理性一旦主要显现为工具理性，人就不可避免地成为工具性对象，成为理性的手段而不再是理性的目的，从而造成对人的价值理性的排斥，甚至以工具理性为标尺来衡量人类与事物的价值，导致压抑人类自觉自由的创造性活动，由此产生压抑人类自身的"反理性"体制。特别是在资本逻辑的推动下，工具理性的支配领域一再扩大，最终导致"生活世界的内在殖民化"："我们错误地将来自工具理性的标准应用于生活世界的问题中，以及应用于那些完好地存在于它们自己的社会领域的制度中。"① 资本逻辑主宰下的工具理性膨胀为一种"总体性"，成为控制人类世界的绝对权力。启蒙理性期望通过主体的觉醒与解放走出一条从"神话"到"启蒙"的道路，但其在瓦解宗教秩序的同时，却日益演化为片面化、绝对化的工具理性，并且不断自我神圣化、绝对化，形成以工具理性为主导的"天命"秩序。这种秩序必然嬗变为"反理性"，因为启蒙理性一旦丧失自我批判的能力，就成为不容置疑的启蒙神话，"如同神话已经实现了启蒙一样，启蒙也一步步深深地卷入神话"②。

作为现代性设计的支撑理念，启蒙理性培育了现代社会的许多观念要素，其伟大贡献自然不可磨灭，但我们的时代也有许多问题根源于启蒙理性，必须正视其导致的危机。正是在理性自我分裂机制和资本逻辑冲动的作用下，启蒙理性不断损害人的主体性价值，给人类社会带来了生存和发展的危机。

二、风险社会：启蒙理性决断中的现代性危机

兴起于西方资本主义社会的启蒙理性作为思想形态，在西方社会"走出中世纪"、改变人的生存状态的过程中具有关键作用，但同时也给西方社会带来了巨大危机，并通过资本全球化将危机扩散至全世界，启蒙所推崇的理性发生了蜕变。启蒙理性的阴影所带来的社会危机是以"现代性问题"的形式凸显出来的。现代性的历史进程作为一项包含了

---

① 尼格尔·多德. 社会理论与现代性. 陶传进，译. 北京：社会科学文献出版社，2002：136.

② 马克斯·霍克海默，西奥多·阿道尔诺. 启蒙辩证法：哲学断片. 渠敬东，曹卫东，译. 上海：上海人民出版社，2006：8.

世界图景、生产方式、价值理念、个体心性结构等的"总体性转变"，既给人类社会的发展与进步带来了巨大的成就，却也由于其本身固有的内在局限与矛盾使人类社会陷入多重的"现代性隐忧"之中。如吉登斯指出："现代性是一种双重现象。同任何一种前现代体系相比较，现代社会制度的发展以及它们在全球范围内的扩张，为人类创造了数不胜数的享受安全的和有成就的生活的机会。但是现代性也有其阴暗面，这在本世纪变得尤为明显。"①

启蒙理性的现代性方案在 17 世纪末 18 世纪初的"古今之争"中不断遭到质疑。源自培根、笛卡尔、伏尔泰等现代哲学家的新知识观、新时间观对人类持有线性的发展观念，主张现代优越于古代、现代人优越于古代人，即便作为完美典范的古希腊人与现代人相比也还不够成熟，因为古希腊只不过是人类的童年。而乔纳森·斯威夫特、约翰·德莱顿、卢梭则对这种现代主张持质疑的态度，坚决捍卫古典思想的权威，如卢梭在其《论科学与艺术》中认为，科学与艺术不但未能"敦风化俗"，使人类更加完善，反而让人类变得更加伪善与羸弱，"科学研究都更会软化和削弱勇气，而不是加强和鼓舞勇气"②。在卢梭等人看来，不但启蒙理性的现代性方案没有使现代社会与现代人优越于古代社会与古代人，而且现代社会与现代人更是面临着越来越严重的社会危机。正如德国社会学家乌尔里希·贝克所强调的，启蒙理性的现代性方案导致了"风险社会"的形成。这里"风险"指的是"由于人类知识的不确定性以及由此带来的社会发展的不可预测性，所导致的人类活动的'所有方面'并不遵循命定的进程，以及'所有活动'可能具有的'偶然性'的结果"③。乌尔里希·贝克认为："科学理性声称能够客观地研究风险的危险性的断言，永久地反驳着自身。这种断言首先基于不牢靠的猜想性的假设，完全在概率陈述的框架中活动，它的安全诊断严格地说，甚至不能被实际发生的事故所反驳。"④ 在贝克的社会理论中，"风险社会"概念描述的是现代性社会制度的性质，是从社会机体结构的角度挖掘现代性危机的潜能，反映现代性社会秩序的风险程度。显然，贝克侧

---

① 安东尼·吉登斯. 现代性的后果. 田禾，译. 南京：译林出版社，2011：6.
② 让-雅克·卢梭. 论科学与艺术. 何兆武，译. 上海：上海人民出版社，2007：49.
③ 陈嘉明. 现代性与后现代性十五讲. 北京：北京大学出版社，2006：247.
④ 乌尔里希·贝克. 风险社会. 何博闻，译. 南京：译林出版社，2004：29.

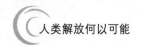
重于从制度层面来描述"风险社会"。

笔者认为,集中体现现代性危机的"风险社会"是启蒙理性蜕变带来的世界与人自身的危机,"风险社会"的出现源于人的决断,它引致的损害亦是由人的决断决定的,也即由人的一种新的决断、新的自我筹划带来的危机,包括以下四个方面:制度上的极权主义危机、环境上的生态危机、价值理念上的虚无主义危机和精神气质上的怨恨心态危机。① 指明启蒙理性的蜕变带来现代性危机,并不是笔者独断地将现代性问题都归结到启蒙理性上,而是着重阐明在现代性危机的产生与发展过程中,启蒙理性作为现代性的支撑理念发挥着什么样的作用。

第一,极权主义社会的显现。自古希腊罗马至中世纪时期,人类主要是从自然、神、上帝等"存在链条"的创造者那里获得存在的价值和人生的意义,但启蒙运动以后,人类通过反抗宗教神学彻底清除了其生存价值的神义论依据,进入"上帝死了"的偶在论时代,呈现出"价值真空"的境遇。对这一"价值真空"的填补,启蒙了的"现代人"诉诸人类理性的自我创造以及自由的、解放的历史未来以论证自身的存在正当性。"我们的日常生活、学习和工作都被组织在这个通向未来的时间之流中,没有这个目的论的时间叙事,我们就不知道我们生活、工作和学习的意义。"② 启蒙理性在反对神权政治与宗教权威的过程中树立了自身的权威,并且往往声称其所构建的理论体系具有无所不包的、客观的、必然的性质,其所张扬的主体性也体现了理性独断宰制一切的性质。启蒙理性在破除迷信的同时确立了对自身的迷信,在反抗权威的过程中确立了自身的权威,这就导致了《启蒙辩证法:哲学断片》中提到的情形:"启蒙的反权威趋势最终不得不转变成为它的对立面,转变成为反对理性立法的倾向。与此同时,这种原则也取消了一切事物的内在联系,把统治作为一种至高无上的权威来发号施令,并操纵着任何证明可以适用于这种权威的契约和义务。"③ 因此,启蒙理性的历史目的论

① 笔者在此更强调"风险"一词所体现的危机是"人造危机"的特别含义。"与风险相对的概念不是稳妥,而是危险。风险与危险的差异在于:风险取决于人的决断,它引致的损害亦是由人的行为决断所致;危险则是先于人的行为决断而给定的,引致的损害亦由外在因素决定。"(刘小枫.现代性社会理论绪论.上海:华东师范大学出版社,2018:48)

② 汪晖.死火重温.北京:人民文学出版社,2000:5.

③ 马克斯·霍克海默,西奥多·阿道尔诺.启蒙辩证法:哲学断片.渠敬东,曹卫东,译.上海:上海人民出版社,2006:81.

叙事带有不容置疑的垄断性和强制性。这样，一旦走向美好未来的社会建构之途被权力精英、财富精英和知识精英等把持，所有与精英们设定的历史目的及其实现途径不符的人和物就都会有被排斥、被压制，甚至被消灭的危险，启蒙理性在思想观念上的目的论叙事反而为社会制度上的极权主义提供了合法性论证。霍克海默和阿多诺就认为："启蒙带有极权主义性质。"① 因为启蒙理性会将控制自然的能力用于控制人类的思想与意志，将人等同于自然物进行操控，在这种情况下，美好的启蒙理想最终变成了暴烈的强制。在启蒙运动推动下，追求普遍的自由、平等、人权、博爱的法国大革命转变为一场专制暴行，恰恰印证了霍克海默和阿多诺的观点。

　　第二，全球生态危机的泛滥。启蒙运动打碎并重建了古代和中世纪世界中人与自然的关系。作为一种主体理性，启蒙理性将自我从世界中抽离出来，预设为自明性的绝对前提，笛卡尔的"我思故我在"、康德的"人为自然立法"就是其体现，而由此建构起来的主客体对立的二元论关系模式使自然界成为失去生命的物理世界、资源世界，自然是"有用"之物，对自然的征服与使用是理性的目标。在资本逻辑的推动下，启蒙理性进一步表现为客观的、可计算的工具理性形式，它将事物的价值转化为"交换价值"，把世间万物对象化为"资源"，成为粉饰资本统治秩序的意识形态，这必然导致生态危机：一方面是无止境地追求剩余价值，理性征服自然世界的欲望不断引诱、刺激人的贪欲和占有欲；另一方面是工具理性所主导的生产主义、经济主义的发展模式成为现代社会的生活基础，由肯定现世生活理念所诱发的消费主义、享乐主义的生活模式成为现代社会的生活主轴。这样，以工具理性表现出来的"生产力"最大限度地开发、利用自然资源并不断地向自然界排放各种废弃物，造成全球化生态危机。理性与资本相结合所形成的经济发展的扩张主义，必将致使启蒙理性的美好社会构想被淹没在全球生态危机的泛滥中。正如有学者所指出的："以前人们往往比较注意在马克思那里有对资本主义'第一重矛盾'，即资本主义生产无限扩大趋势与劳动人民有支付能力需求相对缩小之间的矛盾的分析，而实际上马克思还有对资本主义'第二重矛盾'，即资本主义生产无限扩大的趋势与自然界

---

① 马克斯·霍克海默，西奥多·阿道尔诺.启蒙辩证法：哲学断片.渠敬东，曹卫东，译.上海：上海人民出版社，2006：4.

承载能力有限性之间的矛盾的探讨。"① 一旦理性与资本主导的现代性生产逻辑突破了世界生态的底线，资本主义构筑的文明世界就有可能被埋葬。

第三，虚无主义危机的威胁。价值上的虚无主义危机是现代性危机在人类精神层面的表现，是彰显和神圣化启蒙理性中的工具理性的必然结果。按照马克斯·韦伯的区分，价值理性侧重对人类的伦理道德、宗教艺术等实质性价值的表达，认可道德理性在人类社会实践中的主导性，坚持对永恒价值的信仰；工具理性则注重对生产制作的可计算性、精确性等纯粹理性的表达，认可普遍性、可操作性等形式理性标准。然而，在资本逻辑、消费主义、科技力量等因素的推动下，工具理性逐渐淹没价值理性而成为启蒙理性的主流。在马克思看来，这一转变表征的正是资产阶级在现代历史上的作为："它使人和人之间除了赤裸裸的利害关系，除了冷酷无情的'现金交易'，就再也没有任何别的联系了。它把宗教虔诚、骑士热忱、小市民伤感这些情感的神圣发作，淹没在利己主义打算的冰水之中。它把人的尊严变成了交换价值，用一种没有良心的贸易自由代替了无数特许的和自力挣得的自由。"② 道德品质在以启蒙理性为核心价值理念的现代社会失去了主导性的地位，"使用价值""交换价值"凌驾于道德责任、道德意义之上，一切神圣的因素都被纳入市场体系、贴上价格标签，成为商品。只要在经济上是有效益的，在道德上就是正当的，这是价值理念的"本末倒置"。无论资本逻辑抑或科技力量，都无法对人类的生存价值给予奠基，由此，一方面，价值的客观来源无从谈起，导致价值设定依赖于个体的不同感受，陷入价值主观主义；另一方面，工具理性的僭越将一切原有的价值逻辑转化为商业逻辑，导致个体安身立命的根基被抽空，生活缺乏理念上的凭靠，陷入价值虚无主义。列斐伏尔就此指出："虚无主义深深地内植于现代性，终有一天，现代性会被证实为虚无主义的时代，是那个无人可预言'某种东西'从中涌出的时代。"③

第四，怨恨心态的滋生。在对怨恨心态的社会学考察中，德国社会

---

① 陈学明. 资本逻辑与生态危机. 中国社会科学，2012（11）：9.
② 马克思恩格斯文集：第 2 卷. 北京：人民出版社，2009：34.
③ Henri Lefebvre. Introduction to Modernity. Trans，John Moore. London：Verso，1995：224.

学家马克斯·舍勒指出，怨恨心态是个体或群体的生存性价值比较的结果，怨恨心态的滋生源自两个方面的因素：个体或群体在实际权力、实际资产和实际修养等方面出现极大差异，某种平等的政治权利或其他权利受到社会的广泛承认。① 滋生怨恨的两个因素正是资产阶级的政治革命和启蒙理性的平等理念。一方面，政治革命消灭了旧市民社会的政治性质，将束缚于特殊等级中的人民解放出来，形成了原子式的平等个体，平等个体在政治领域都是国家主权的平等参与者，但在市民社会却是不平等的私人。政治国家"以自己的方式废除了**出身、等级、文化程度、职业**的差别"，而"**国家根本没有废除这些实际**差别，相反，只有以这些差别为前提，它才存在"②。另一方面，根据理性的形式原则，自由、平等、人权是人人生而有之的不可剥夺的自然权利，启蒙理性极力倡导自由、平等、人权的现代性价值理念，而且这种价值理念在启蒙之后早已深入人心。当个体或群体在市民社会的实际地位与其在政治国家的虚幻地位不符时，怨恨心态往往就会在这种生存性价值比较中滋生凸显，当"群体的与宪政或'习俗'相应的法律地位及其公共效力同群体的实际权力关系之间的差异越大，怨恨的心理动力就会越聚越多"③。

　　启蒙理性开启的"现代性"在给人类社会带来"多重隐忧"的同时，也令自身陷入了饱受质疑的"现代性危机"之中，即便为现代性辩护的哈贝马斯也不得不将现代性说成"未完成的方案"，以区别于现代社会的历史进程，认为现代社会的历史进程是对现代性方案的歪曲和异化。现代社会的历史进程形成的社会危机及其导致的灾难性后果，与启蒙理性的现代性方案密不可分，而历史进程中显现的对现代性方案的误解和歪曲，彰显出现代性方案的致命缺陷。因此，在后现代主义者看来，"反启蒙"是一项名正言顺的后现代事业。

三、后现代主义：切开启蒙理性统治合法性的锋利之刀

　　近代以来，启蒙理性一直是西方社会最高的精神权威，也是整个

---

　　① 马克斯·舍勒. 价值的颠覆. 罗悌伦，林克，曹卫东，译. 北京：生活·读书·新知三联书店，1997：13.

　　② 马克思恩格斯文集：第 1 卷. 北京：人民出版社，2009：30.

　　③ 同①12.

资本主义社会发展成就的显著标志。然而，启蒙理性的现代性方案却导致西方社会乃至全球都陷入巨大的社会危机之中，局部战争、世界大战、极权主义、种族屠杀、生态危机等局部的或全球性的灾难彻底击溃了启蒙理性的合法性根基，全面动摇甚至摧毁了启蒙运动所张扬的理性至上的现代性理念。启蒙理性从 20 世纪上半叶以来就不断受到越来越严厉的质疑与批判，其中最尖锐的质疑与批判来自后现代主义者。

20 世纪 60 年代，西方学界兴起了一股"后现代主义"思潮，并在各个人文社会科学领域急剧扩张，刮起了一股坚决要与启蒙理性的现代性运动及其理念决裂的旋风。后现代主义者赋予现代性诸多必须予以鞭挞、批判的标签，如理性主义、逻各斯中心主义、基础主义、普遍主义、绝对主义、总体主义、人本主义、本质主义等，归根结底是要反对启蒙理性奠定的现代社会秩序。在后现代主义者看来，现代性秩序是充满危机的霸权主义或精英主义秩序，它是现代社会各种危机与灾难的总根源，反启蒙就是对启蒙理性及现代性的批判，就是要推翻带有乌托邦色彩的现代性秩序。美国后现代主义神学家大卫·格里芬认为："我们可以，而且应该抛弃现代性，事实上，我们必须这样做，否则，我们及地球上的大多数生命都将难以逃脱毁灭的命运。"①

与现代性针锋相对的是后现代主义者的自我定位，"如果说后现代主义这一词汇在使用时可以从不同方面找到共同之处的话，那就是，它指的是一种广泛的情绪而不是任何共同的教条，即一种认为人类可以而且必须超越现代的情绪"②。后现代主义作为一种倡导多元主义的文化社会秩序构想，从出现伊始就将自身定位为对现代性的质疑、批判和超越，定位为对启蒙理性的解构实验。这种对启蒙理性的质疑、批判和超越贯穿于后现代主义者的整个论述中，此种论述虽与 20 世纪上半叶的非理性或反理性思潮颇有渊源，但并未激进地陷入"非理性"或"反理性"的盲目处境，而更多是对启蒙理性统治合法性的否定。后现代主义是一种否定性的思潮，它对启蒙运动及现代性的批判是否定的，其思想的力量不在于提出什么观念，而在于反对什么观念，不在于建构更加自

---

① 大卫·格里芬. 后现代科学：科学魅力的再现. 马季方，译. 北京：中央编译出版社，2004：英文版序言 19.

② 同①英文版序言 20.

由平等的秩序，而在于揭露秩序背后的隐性统治。尽管后现代主义的否定主义给现代性贴上了许多标签，但最关键的则是反对以下三种发端于启蒙运动的支撑性理念：作为宏大叙事的理性中心主义、作为西方中心主义的普遍主义和作为人类中心主义的主体主义。

第一，反对作为宏大叙事的理性中心主义。作为现代性的理论基础，启蒙理性与近代以来的全球现代化成就有着密切的关系，后现代主义者对现代性的批判最重要的就是解构启蒙运动以来的理性中心主义。在后现代主义者看来，理性中心主义完全是绝对主义的宏大叙事，具有话语霸权的特性，这种理性中心主义的宏大叙事源自柏拉图主义，但直到启蒙运动才达到顶峰，所以要超越现代性就必须拒斥作为宏大叙事的理性中心主义。美国哲学家理查德·罗蒂指出，海德格尔和杜威抱有的信念值得肯定——"希腊人的'智慧'追求为人类一大错误，这种智慧的意义是，一种凌驾一切之上的知识系统可一劳永逸地为道德和政治思考设定条件"①。后现代主义者认为，两千多年哲学史上的"诸神之争"已表明启蒙理性无法为人类实践提供真理性的知识，其设计的现代性方案的合法性依据也不是来自真理，而是来自理性中心主义的话语霸权，是"宏大叙事"压制了"小叙事"建构出来的权威。"如果没有一种观点能够为所有哲学家所信服，那么在某一时期某一种观点占据了统治地位只能是出于霸权主义；如果哲学家们不能就知识基础问题达成一致，而又试图让哲学充当全部知识的基础，那么这只能说明哲学在利用自己的特权在知识中推行一种霸权主义。"② 后现代主义要求打破"话语霸权"的权威，张扬一直以来受到压抑的"小叙事"，解构"大写主体"，尊重在多样性、差异性的文化政治斗争中崛起的"小写主体"。如果说现代性宣告"上帝死了"，那么后现代主义则宣告"人也死了"，当然，这里的"人"是抽象意义上的人，是指忽视、贬斥、压抑人的情感和意志的"理性主体"。后现代主义者通过打破同一性、提倡多样性、拒绝虚假共识、激活现实分歧，为"小写主体"的"小叙事"正名，打破了启蒙理性的宏大叙事，"后现代主义的轮廓至今仍不清楚，但其中心经

---

① 理查德·罗蒂. 哲学和自然之镜. 李幼蒸，译. 北京：商务印书馆，2017：10.
② 姚大志. 后现代主义与启蒙. 社会科学战线，2005（1）：32.

历——理性的死亡似乎宣告了一项历史工程——现代性的终结"①。

第二，反对作为西方中心主义的普遍主义。启蒙理性在理论层面追求绝对的、适用于任何时空的普遍真理，在实践层面则希望通过普遍真理的指导实现全人类的解放，在尘世建构一个自由平等的天国，启蒙理性及其开创的西方资本主义现代性曾被认作达到这一"尘世天国"最可靠的路径。近代西方资本主义的现代性的确建构出了全新的世界体系，使西方世界在经济发展、政治文明、科技创新、文化生产等各个领域都占有压倒性的优势，"西方的道路就是我们的道路""西方的今天就是我们的明天""西方的就是普遍的"等意识形态牢固地笼罩住人们的思想，从而造成种种特殊的、源自西方的发展理念、利益诉求、政治观念，甚至其人生意义都被视为历史发展中的"普世价值"强加给其他区域的个体、族群或民族国家。也正是依托这种普遍主义或文化帝国主义话语权，形成了种族、政治、价值、思维等不同层面的"西方中心主义"，而"西方中心主义"的背后实质上还是启蒙理性主义的宏大叙事在起作用。后现代主义的出场既然要批判理性中心主义，自然也要毫不留情地批判作为西方中心主义的普遍主义。既然启蒙理性的真理只不过是一种权力叙事，那么其所谓的普遍性道路就更不过是权力的制造、理性的僭越。在后现代主义者看来，以"西方"为中心建构出来的资本主义世界体系，人为地强制构筑了"前现代"与"现代"、"文明"与"野蛮"、"先进"与"落后"等一系列二元对立的秩序框架，只有打破这样的框架，才能激活宗教、种族、性别、职业等特殊性的多元身份话语。任何其他非西方的特殊性主体如果要作为独立的价值世界存在下去，就必须"像现代西方那样进入普遍性与特殊性的辩证法，在文化和政治的逻辑中，将现代性变成自我认识和自我表述的语言——不是把它作为'普遍性'的规律，作为一种一成不变的形式，而是用这种材料和语言讲出自己的故事，塑造生活世界和价值世界的自我形象，表达一种集体的意志和富有感染力的理想"②。利奥塔倡导的"异教主义政治学"、罗蒂宣扬的"种族中心主义"、福柯论证的"真理政治学"，都是对普遍主义、文

---

① 王治河. 扑朔迷离的游戏：后现代哲学思潮研究. 北京：社会科学文献出版社，1998：11.

② 张旭东. 全球化时代的文化认同：西方普遍主义话语的历史批判. 北京：北京大学出版社，2006：24.

化帝国主义、西方中心主义批判路径的寻求。

　　第三，反对作为人类中心主义的主体主义。消解"中心"、解构"主体"，是后现代主义者的目标之一，因此，反对和解构作为人类中心主义的主体主义是后现代主义的题中应有之义。在德里达看来，自柏拉图以来的西方哲学都在追求"中心"、"基础"和"本源"，并且将这些"中心"、"基础"和"本源"当作先验的、自明的现象加以维护，但这些"中心"都是由理性建构的，是虚幻的、根本不存在的。德里达的解构主义以及后现代主义的种种论述就是要消解"中心"，达到"去中心化"的目的。现代性张扬人性解放和人的主体精神，使人类的世界观从以"自然"或"神"为中心转向以"人自身"为中心，主张人为自然立法，人为自身确立道德责任，人靠自己解放自己。这种人类中心主义的实质正是启蒙运动提出的主体主义，人从"存在链条"中抽身出来，凸显于世间万物之上，成为自主的、自我构成的主体，成为自然和社会的主人，从而形成了主客体分离的二元论局面。然而，后现代主义者认为主体主义的二元论世界观导致了全球性的生态危机，因为它"为现代性肆意统治和掠夺自然（包括其他所有种类的生命）的欲望提供了意识形态上的理由。这种统治、征服、控制、支配自然的欲望是现代精神的中心特征之一"①。虽然现代世界已经不再是古代的"存在秩序"，但世界还是一个有机的、整体的结构，世界如果不包含于我们，我们便不完整，我们如果不包含于世界之中，世界也不完整。人类作为全球生态系统中的物种，不能凌驾于其他物种之上，而是要融入整个生态系统之中。"后现代人世界中将拥有一种在家园感，他们把其他物种看成是具有其自身的经验、价值和目的的存在，并能感受到他们同这些物种之间的亲情关系。借助这种在家园感和亲情感，后现代人用在交往中获得享受和任其自然的态度这种后现代精神取代了现代人的统治欲和占有欲。"②

　　后现代主义以其极具反叛性的思维、话语与主张向启蒙神话和资本主义制度刺出了锋利的一刀，打破和消解了启蒙理性的桎梏，向人们展示了掩盖在所谓理性、文明、自由之下的另一种面相，从而促使人们积

---

　　①　大卫·雷·格里芬.后现代精神.王成兵，译.北京：中央编译出版社，2011：23-24.

　　②　同①38-39.

极深入地展开对启蒙运动和资本主义体系的历史性反思。在某种程度上，后现代主义者的反启蒙和解构现代性是有意义的，其所倡导的异质、多元和个性开启了人类思想的新视域，给人类的社会实践注入了新鲜活力。然而，后现代主义者的批判同时也蕴藏着不可忽视的问题：作为一种否定性的思潮，它解构理性、消解"中心"，将"真理"还原为叙事的霸权，把评判事物的标准——善恶、是非、对错、意见与真理悬置起来，从另一个角度推进和延续了现代性的虚无主义，再一次陷入了现代性的悖论之中。后现代主义对现代性的资本主义文明体系的批判只是采取了局部救治和改良的方案，没有从根本上批判和改变现实的资本主义制度，所以其对现代性的批判仅仅是文化上的翻新，而不可能是实践上的革命。而对于马克思来说，批判性地重构启蒙理性及现代性，并不是要简单否定其全部思想，而是要从根本上寻找超越资本主义现代性的路径，真正实现人类的自由和解放。

四、马克思的批判性重构：批判视域的转变与现代性危机的克服

后现代主义思潮无疑是当今世界上最激烈的反启蒙思潮之一，其反启蒙的批判路径揭示了启蒙理性的矛盾与困境，它所给出的后现代解决方案也为现代社会的发展与进步注入了新鲜血液。然而，启蒙理性的矛盾与困境的根源并不在于理性自身，而在于理性背后的"物质的生活关系"[1] 这一本质性领域的矛盾，但后现代主义对启蒙理性、现代性运动、资本主义文明体系的批判路径注重于消解理性中心、解构宏大叙事等，没有从根本上质疑、批判和解决本质性领域的矛盾，这就注定后现代主义的批判路径不可能获得成功。而马克思的现代性批判之所以能够成功，并且超越后现代主义及当代哲学对启蒙理性和现代性的批判，就在于它"不是为批判而批判，而是为某种社会（基础、制度）的以及文化（观念）的变革开辟道路"[2]，从而将对启蒙理性的批判转变为实践批判、社会批判和资本批判，最终真正实现对现代性弊端的克服。

从马克思人类解放理论的视域来看，对启蒙理性及现代性运动的批判不能停留于意识形态层面，"批判的武器当然不能代替武器的批判，

---

① 马克思恩格斯文集：第 2 卷. 北京：人民出版社，2009：591.
② 程广云. 后现代：走向"多元"的现代性. 哲学研究，2005（5）：124.

物质力量只能用物质力量来摧毁"①。只有深入批判启蒙理性存在论的基础，才能命中启蒙理性蜕变的要害；只有根本克服启蒙理性异化的缺陷，才能为启蒙理性及现代性找寻到出路。马克思的唯物史观强调，不是社会意识决定社会存在，而是社会存在决定社会意识，包括理性在内的一切意识观念的存在论基础都是活生生的现实生活，是"物质的生活关系"。因而，挖掘马克思对启蒙理性及现代性的批判，除了我们经常引证的经典作家对启蒙观念的抽象性、非历史性和非实践性的批判之外，更重要的是勾勒梳理出马克思对启蒙理性及现代性的批判性重构之路径，即研究马克思如何将对启蒙理性及现代性的批判转变为对"物质的生活关系"这一本源性领域的探究，并如何依照历史语境转变为对资本逻辑及资本主义生产关系的批判。

首先，马克思将对启蒙理性及现代性的批判转变为对"物质的生活关系"的探究。

从马克思的人类解放视域来看，对启蒙理性及现代性的批判必须超出启蒙理性主义的视界，直抵启蒙思想体系的本源性根基。只有对本源性根基的批判才是真正本质性的批判，这种自觉的批判路径对于马克思来说是"一以贯之"的。在对"犹太人问题"的研究中，马克思认为，鲍威尔虽然致力于宗教批判和政治批判，但由于受到自由主义思想体系的限制，其批判混淆了政治解放和普遍的人的解放，最终坠落在启蒙理性主义的泥沼中，囿于由霍布斯等现代政治哲人所开启的现代性视域之内。马克思指出，要解决"犹太人问题"——实质上是现代性问题的体现，必须将批判向纵深推进，完成对现代国家的根本性批判。这就决定了马克思和鲍威尔不同的批判理路，他在汲取了鲍威尔合理观点的基础上，将对现代性的批判推进到全新的理论境域。面对启蒙理性开启的现代性历史处境，青年马克思表现出天才者的敏感与深邃，他不是去探求自身与鲍威尔的一致性方面，而是密切关注自身与鲍威尔的分歧，并将分歧上升到政治哲学理念的高度。马克思一开始就把鲍威尔的批判路径看作"矛盾体"，认为鲍威尔"提供了一些条件，这些条件并不是**政治**解放本身的本质引起的。他提出的是一些不包括在他的课题以内的问题，他解决的是一些没有回答他的问题的课题"②，并将其解释为"毫

---

① 马克思恩格斯文集：第 1 卷．北京：人民出版社，2009：11.
② 同①25.

无批判地把政治解放和普遍的人的解放混为一谈"① 的现代性批判。鲍威尔论证"犹太人问题"的出发点,遵循的是启蒙理性开启的现代性原则,这一原则将"现代国家"作为最高的统治秩序,认为其所达到的秩序形态就是人的自由状态所能达到的限度。但马克思指出,鲍威尔"批判的**只是'基督教国家'**,而不是'**国家本身'**,他没有探讨**政治解放对人的解放的关系**"②。鲍威尔没有超越现代性原则来看待问题,这与后现代主义者的批判立场具有相似性。

马克思超越现代性立场,坚持要深刻理解"政治解放与人的解放"的关系,必须探讨"现代国家"的本源性、基础性问题,即要探讨启蒙理性及现代性的本源性问题。只有将"现代国家"还原到其本质性领域,才能透彻地把握现代性统治秩序的特点与局限,洞悉启蒙理性的真正界限,也才能由此重新奠定人类自由的基础。这一本质性领域、本源性基础是什么呢?马克思通过阐述宗教与政治的复杂关系、论述公民权与人权的分离原则,探讨了"现代国家"的本源性、基础性问题。马克思指出:"封建社会已经瓦解,只剩下了自己的基础——人,但这是作为它的真正基础的人,即**利己的人**。因此,这种人,市民社会的成员,是**政治**国家的基础、前提。"③ 他在《〈政治经济学批判〉序言》中进一步指出:"我的研究得出这样一个结果:法的关系正像国家的形式一样,既不能从它们本身来理解,也不能从所谓人类精神的一般发展来理解,相反,它们根源于物质的生活关系,这种物质的生活关系的总和,黑格尔按照 18 世纪的英国人和法国人的先例,概括为'市民社会'"④。市民社会成员及其生活的领域——"物质的生活关系"就是现代政治国家的基础。马克思以原创性的方式回答了启蒙理性及现代性的本源性问题,开辟了一条鲜明的批判路径。

其次,马克思探究了"物质的生活关系"本质性领域的性质及其与理性、宗教、文化等领域的关系。

在马克思看来,无论是理性、政治、宗教抑或是文化、道德、艺术等诸如此类的意识形态领域,都不具有绝对的自主性。自启蒙运动以

① 马克思恩格斯文集:第1卷.北京:人民出版社,2009:25-26.
② 同①25.
③ 同①45.
④ 马克思恩格斯文集:第2卷.北京:人民出版社,2009:591.

来，意识形态的各类形式被划分为各种相对独立的文化领域，并被认为具有天然的自治性，甚至"从这些不同的思想中抽象出'**思想**'、观念等等，并把它们当做历史上占统治地位的东西，从而把所有这些个别的思想和概念说成是历史上发展着的**概念**的'自我规定'"①。这使得政治、宗教、文化、道德都成为不相统属的领域，彼此之间的论题只存在交叉，而不存在层次。马克思则与这种哲学方式、哲学理念决裂："我们判断这样一个变革时代也不能以它的意识为根据；相反，这个意识必须从物质生活的矛盾中，从社会生产力和生产关系之间的现存冲突中去解释"②。马克思只将"物质的生活关系"这一带有存在论性质的领域指认为"绝对自主的"领域，这种自主与其说是物质生活领域的自主，毋宁说是政治、宗教、文化、道德等所谓自主领域的更深层次的基础。对马克思来说，所谓"启蒙理性是自主的、道德价值是自在自为的"等各种命题并非不言而喻的；只有在人们忽视了事物的核心、对作为一切事态根源的"物质的生活关系"视而不见的时候，这些命题才会被认为是理所当然的。尽管个人是可以在各个"自主性领域"中具有自由决断能力的个体，但"物质的生活关系"始终向他提出作为个人不能回避和忽视的物质、金钱、世俗问题，这些问题不仅涉及霍布斯所言的惧怕暴死而力求保存生命的生存欲望，而且从根本上涉及黑格尔所述的获取承认的生命欲望，以及实现自身自由的终极理想。

马克思对"物质的生活关系"这一领域的探究消解了理性、政治、宗教等的"自主性"神话，重新奠基了理性、政治、宗教等领域的本源性基础。从"物质的生活关系"来看待人的本质和人的理性，表明历史的和现实的实践是孕育理性的土壤，使启蒙理性无法凌驾于历史和实践之上，突破和超越了对人的理性的先验哲学式的理解。社会实践的不断生成替代了抽象的理性逻辑对人的本质的规约，呈现出历史和现实的多样性，消除了理性中心主义的观念。而由于"物质的生活关系"是不断生成变化的，所以理性对现实的改造必须遵循一定的限度，但"物质的生活关系"毕竟具有一定的运动规律与目标，所以把握规律、实现目标又要求理性能够具有超前的洞察力。

最后，马克思将对启蒙理性及现代性的批判转变为对资本主义生产

---

① 马克思恩格斯文集：第 1 卷. 北京：人民出版社，2009：553.
② 马克思恩格斯文集：第 2 卷. 北京：人民出版社，2009：592.

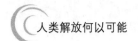

关系的批判。

近现代以来"物质的生活关系"的集中体现就是作为"社会生产过程的最后一个对抗形式"① 的资本主义生产关系，启蒙理性及现代性的存在基础也是由资本主义生产方式界定的。所以，对启蒙理性及现代性所承诺的解放图景的批判不能停留于意识形态层面，只有深入批判并超越资本主义生产方式，才能真正解释与克服启蒙理性及现代性的工具主义、虚无主义、霸权主义及其造成的生态污染等危机。后现代主义对现代性的批判虽然刚强猛烈，但最终却与现代性形成合谋关系，原因在于其批判的核心始终瞄准理性中心主义，聚焦于意识形态层面的话语争夺，没有深入到培育启蒙理性的资本主义生产方式中。启蒙理性及现代性不仅是理性力量的体现，更是资本逻辑的霸权体现，只有将批判深入到现代性背后的"物质的生活关系"，才不会重新误入现代性的怀抱。在笔者看来，马克思的批判分为三个层面。

一是解剖"商品拜物教"。在《资本论》第一章，马克思即指出："资本主义生产方式占统治地位的社会的财富，表现为'庞大的商品堆积'，单个的商品表现为这种财富的元素形式。因此，我们的研究就从分析商品开始。"② 商品表面看似简单，内里实则古怪，充满了形而上学的奥妙和神学的怪诞。因为由资本主义生产方式支配的商品生产过程把私人劳动的社会属性反映成劳动产品的物性，反映成物的社会属性，将劳动者同劳动的社会关系、劳动者之间的社会关系都当成劳动者之外的物与物的社会关系，彻底掩盖了人与人之间的关系，这种普遍的错觉形成了现代资本主义社会的"商品拜物教"。在前资本主义社会，人与人之间是显在的、直接的人身依附关系，封建等级秩序天然不可侵犯，人与人之间天然不平等，"存在链条"思想正是这一社会现实的观念反映；而在资本主义社会，表面上看天然不可侵犯的封建等级秩序被推翻了，形成了人人自由平等的现代世界，但实质上人与人之间的关系被一种隐蔽的、伪装的商品拜物教方式掩盖，这也正是启蒙理性及各种现代性观念的思想根基所在。

二是批判"资本逻辑"。"资产阶级生存和统治的根本条件，是财富

---

① 马克思恩格斯文集：第 2 卷．北京：人民出版社，2009：592.
② 马克思恩格斯文集：第 5 卷．北京：人民出版社，2009：47.

在私人手里的积累，是资本的形成和增殖；资本的条件是雇佣劳动。"①
资本的出现完全改变了世界的面貌与运作逻辑，使整个社会的生产与再
生产都变成资本的自我繁殖。资本逻辑的运作以资本的形成、保全和增
殖为目标，在支配劳动的同时也支配了劳动者，资本的主体性支配了劳
动者的主体性。劳动者的主体性受到资本逻辑的制约与塑造，必然遵循
利己主义的、自私自利的资本逻辑和运转规律，而且不断为资本及资产
阶级的存在提供合法性辩护。马克思多次将资本家称为"人格化的资
本"②，其所表征的正是资本作为物的社会关系反过来统治和支配着人
自身，资本的物化逻辑支配了人的自由自觉的发展逻辑。

　　三是超越"资本主义私有制"。"商品拜物教"和"资本逻辑"导致
现代社会不断出现巨大危机，而资产阶级对这些危机束手无策。从对周
期性经济危机的对应来看，"资产阶级用什么办法来克服这种危机呢？
一方面不得不消灭大量生产力，另一方面夺取新的市场，更加彻底地利
用旧的市场"③。不触动和超越资本主义私有制，应对启蒙现代性危机
的举措就都不可能从根本上解决问题。根本的解决之道只能是彻底摧毁
资本的统治，也就是改变资本主义制度为社会主义制度，改变资本主义
私有制为社会主义公有制，不再把"有用性"当作价值标准，不再把工
具理性当作理性本身，不再把对自然的猎取当作生存的手段，从而去除
资本逻辑运转的社会条件，重建人与自然、人与人之间的和谐关系。

　　启蒙理性是资本主义文明体系的思想根基，对启蒙理性的反思与批
判也是对现代性和资本主义生产方式的反思与批判。不可否认，启蒙给
近现代社会带来了非凡的成就，但同时不容忽视的是，它也给社会带来
了各种各样的危机和灾难。所以，"反启蒙""反现代性"应当也必须被
看成启蒙理性及现代性本身不可或缺的重要部分，没有"反启蒙""反
现代性"的制约，启蒙理性及现代性就无法克服和超越自身制造的迷信
与危机。反思与批判启蒙理性及现代性是全球化时代政治哲学发展的重
大理论主题，也是推进马克思主义政治哲学发展的重大理论课题。

　　马克思一生的理论构思另辟蹊径地展开了对启蒙理性及现代性的批
判，其直抵问题本质的批判路径超越了现当代诸多西方哲学家以及各类

---

① 马克思恩格斯文集：第 2 卷．北京：人民出版社，2009：43.

② 马克思恩格斯文集：第 5 卷．北京：人民出版社，2009：269.

③ 同①37.

后现代思想流派的批判方式，将对启蒙理性及现代性的批判最终转变为对资本主义生产方式的批判，将对启蒙理性及现代性弊端的克服转变为对资本主义私有制的超越。在马克思描绘的历史发展的三大形态中，从第二大形态向第三大形态飞跃的过程，所揭示的正是人类从以资本主义为代表的现代性生存方式向一种能够克服现代性缺陷的社会主义生存方式的转变，这为以启蒙理性为核心的现代社会向更完善形态的发展探寻到了一条全新的道路。

自近代以来，中国被西方列强以坚船利炮和廉价商品强行叩开国门，硬生生被裹挟进了以西方为主导的世界历史，全面遭遇现代性。中国的现代性建构在带来了巨大进步的同时，也日益暴露出自身的矛盾和困境，现时中国必须面对的是"如何推进现代化同时克服现代性问题"这一现代国家治理难题。而对此难题的解答与解决需要我们深刻理解造就现代社会的历史渊源，这要求我们深入理解西方启蒙理性及现代性，理解西方学界的批判性反思和马克思直抵"物质的生活关系"领域的批判性重构。探索一条合规律性、合目的性的中国社会主义现代化道路，理论研究上既需要把握与检审伴随着"全球化"从西方蔓延至世界各地的启蒙理性及现代性，也需要借鉴西方理论界的批判性反思成果，更需要在汲取马克思批判性重构启蒙理性及现代性之理论成果的基础上，进一步在实践中与时俱进地推进马克思主义的理论创新，深化中国特色社会主义理论体系，丰富中国共产党带领人民治国理政的历史经验。

附录二 西方马克思主义的
理论性质与中国意义 *

在马克思主义发展的历史长廊中，西方马克思主义无疑是一道独特的理论景观。这道景观随着我国的对外开放正式进入了中国学者的视野，它以独有的话语体系和犀利的思想锋芒刺激着中国学者的理论神经。一次次研讨与争鸣，一本本译作与著作，成果不可谓不丰。然而"中国语境中的西方马克思主义"在今天仍然是一个疑窦丛生的问题性存在——对于西方马克思主义的基本性质、理论特质、学科边界、问题核心、历史与逻辑的主脉等基本问题，我们既没有形成整体性的认识，也没有达成共识性的见解。这种状况也许源于西方马克思主义自身的复杂性。独立细致的专业化研究是必要的，但如果缺乏问题逻辑和整体意识，不自觉地将西方马克思主义的某一部分或某一方面的主题当作中国马克思主义研究的正题，就会出现认识上的偏差。

一、西方马克思主义的理解前提

西方马克思主义的理论特质，之所以是一个无法跨越的理论环节，就在于这是理解西方马克思主义的首要前提。

作为西方马克思主义的奠基者之一，德国的卡尔·柯尔施在 1923 年发表了《马克思主义和哲学》的长篇论文。在其中，柯尔施尖锐地批

　*　本文原载《中国社会科学》2010 年第 5 期。《新华文摘》2010 年第 24 期全文转载并作为封面要目推荐，《人大复印报刊资料·马克思列宁主义研究》2011 年第 1 期全文转载。2013年获"广东省哲学社会科学优秀成果奖"二等奖。

判了第二国际理论家的"正统马克思主义",并间接地批评了列宁的一些观点。因此,该文一发表就受到了共产国际的严厉指责。但柯尔施没有因此而放弃自己的观点,反而进一步扩大了批评的范围。1930 年他发表了《关于"马克思主义和哲学"问题的现状——一个反批判》的论文(此文作为增补材料附在 1930 年重版的《马克思主义和哲学》一书之后),对《马克思主义和哲学》发表之后所遭到的批判进行反驳。在反驳中他指出了这样一个"现状":1923 年格奥尔格·卢卡奇的《历史与阶级意识》和他自己的《马克思主义和哲学》问世后,一个富有创造性的哲学派别从马克思主义内部诞生了。这个派别的诞生使马克思主义阵营内出现了对立的两派:一派是以考茨基为代表的马克思主义旧正统派和俄国列宁主义新正统派的联盟;另一派是以卢卡奇和他本人为代表的当代无产阶级运动中带有批判性的理论趋向。柯尔施坦承了这两个派别的对立性,他说:"我们这些西方共产主义者形成了共产国际自身内部一个敌对的哲学流派。"① 这里的"西方共产主义",就是之后他所说的"西方马克思主义"。在《马克思主义和哲学》中,柯尔施不止一次地使用了"西方马克思主义"这个新概念。

柯尔施使用的西方马克思主义概念,具有内涵和外延上的明确性。从内涵上看,柯尔施所说的西方马克思主义,是指与"正统马克思主义"对立的一股"理论趋向"。这股"理论趋向"在论及俄国革命、西欧各国革命的成败等问题上,认为俄国革命的成功经验不适用于西欧及整个西方。在列宁主义指导下的俄国革命主要是在东方的特殊历史条件下进行的,西方革命要想取得成功,必须结合西方文化的特点,从马克思哲学中挖掘强调辩证法的黑格尔主义源头,把总体性革命特别是主观意识革命置于重要地位,绝不能像"正统马克思主义"那样,用旧的形而上学代替辩证法,导致把马克思主义自然化与实证化。从外延上看,柯尔施所说的西方马克思主义,是指植根于西欧大陆各国尤其是德国、法国和意大利等的马克思主义,它的代表人物主要有卢卡奇、柯尔施等。可见,柯尔施的西方马克思主义概念在意义上是明晰的,不存在逻辑上的混乱。但是,这一概念在提出之后的 20 多年里,一直没有引起人们的关注。

---

① 卡尔·柯尔施. 马克思主义和哲学. 王南湜,荣新海,译. 重庆:重庆出版社,1989:72.

直到 1955 年，法国存在主义哲学家梅洛·庞蒂出版了《辩证法的历险》一书，西方马克思主义概念才开始流传开来。在《辩证法的历险》一书中，梅洛·庞蒂把西方马克思主义作为第二章的主题进行了专门的讨论。尽管他没有对西方马克思主义概念做出直接的说明，也没有指明哪些人的理论属于他所说的西方马克思主义，但从他的有关论述中可以察觉，他所说的西方马克思主义，是指以卢卡奇的《历史与阶级意识》一书开始的、同第三国际的马克思主义特别是列宁主义对立的理论。这种理论突出强调主体能动作用的历史辩证法，把恩格斯的自然辩证法看成其对立面；突出强调"意识形态理论"，为意识和意识形态恢复地位；突出强调"实践哲学"，把阶级意识等同于实践；突出强调"历史相对主义"，注重偶然性的历史作用；等等。显然，梅洛·庞蒂从思想路线的角度论证了西方马克思主义同列宁主义的对立。据此，可以把梅洛·庞蒂的西方马克思主义概念看成对柯尔施西方马克思主义概念的沿用，只不过在具体用法上略有差别而已。

如果说柯尔施与梅洛·庞蒂的西方马克思主义概念属于同一种用法，那么英国新左派理论家佩里·安德森的西方马克思主义概念则是另一种用法。1976 年安德森出版了题为《西方马克思主义探讨》的小册子。在这本书中，"安德森是从马克思主义发展史的角度界定其西方马克思主义概念的"[①]。在安德森看来，马克思主义诞生后的历史继承表现为三代人的更迭：第一代马克思主义的直接继承者是拉布里奥拉等四人，他们都来自"落后的东欧或南欧地区"[②]；第二代马克思主义继承者包括列宁等七人，他们"毫无例外地都来自柏林以东的地区"[③]；第三代马克思主义继承者（其理论具有了与第一、二代继承者完全不同的崭新学术结构）包括卢卡奇等 13 位新一代理论家。第三代马克思主义继承者有一个地域上的显著特点——他们"都来自更远的西部"[④]。正因为如此，安德森使用了梅洛·庞蒂用过的术语，把他们所代表的流派称作"西方马克思主义"。

---

① 段忠桥.试析徐崇温的"西方马克思主义"概念的逻辑矛盾.吉林大学社会科学学报，2004（3）：94.

② 佩里·安德森.西方马克思主义探讨.高铦，文贯中，魏章玲，译.北京：人民出版社，1981：12.

③ 同②15.

④ 同②38.

安德森的西方马克思主义概念与梅洛·庞蒂的西方马克思主义概念在用法上存在差异。前者从马克思主义发展史的角度把西方马克思主义界定为第三代马克思主义者的理论，后者从思想路线的角度把西方马克思主义界定为与列宁主义对立的理论。安德森是从外延的角度来界定西方马克思主义概念的，而梅洛·庞蒂则是从内涵的角度来界定这一概念的。从逻辑上讲，这两种界定概念的方法都是有效的，都能从特定的角度明确概念的意义。但是，仅从外延的角度或仅从内涵的角度来界定概念，都会带有某种程度的局限性。在很多情况下，仅从内涵的角度来界定概念，其外延会比较模糊；同样，仅从外延的角度来界定概念，其内涵会比较模糊。梅洛·庞蒂的西方马克思主义概念，有比较清晰的内涵，但外延不甚明确；而安德森的西方马克思主义概念，有比较清晰的外延，但内涵却模糊不清。如何克服这种片面性？一个现存且合乎逻辑的办法就是：将梅洛·庞蒂与安德森两者的用法结合起来，先从内涵的角度进行定义，再从外延的角度进行划分。

中国学者徐崇温先生就是这样界定西方马克思主义概念的。作为国内研究西方马克思主义的先驱，徐崇温早在1989年出版的《"西方马克思主义"论丛》一书中指出，西方马克思主义"在政治方面，它在对现代资本主义分析和社会主义的展望上，在革命的战略和策略等问题上，提出了不同于列宁主义的见解，在哲学方面，它提出了不同于恩格斯、列宁的辩证唯物主义和历史唯物主义的见解，而主张按现代西方哲学中某些唯心主义流派，首先是黑格尔主义的精神，以后还有弗洛伊德主义、存在主义、新实证主义、结构主义以及分析哲学的精神，去解释和发挥马克思主义，以'重新发现'马克思原来的设计"[①]。

上述表达包含了内涵与外延的双重规定。其中，"不同于列宁主义的见解""不同于恩格斯、列宁的辩证唯物主义和历史唯物主义的见解"，作为西方马克思主义的特有属性或本质属性，构成了这个概念的内涵；而"黑格尔主义、弗洛伊德主义、存在主义、新实证主义、结构主义以及分析哲学"等流派的马克思主义，作为对西方马克思主义的划分，则构成了它的外延。徐崇温先生是把梅洛·庞蒂的内涵定义与安德森的外延定义结合起来了。这种结合本来是很自然的事情，但问题在

---

① 徐崇温. "西方马克思主义"论丛. 重庆：重庆出版社，1989：2 - 3.

于，梅洛·庞蒂的西方马克思主义概念与安德森的西方马克思主义概念并不是同一个概念，或者说，前者所揭示的内涵与后者所揭示的外延分属于两个不同的概念。这两个不同的概念尽管具有相同的语词形式（这是十分常见的语言现象），但却不能很好地吻合，因为它们所指称的对象之间只是交叉关系而不是全同关系。将这样的两个概念捏合在一起，必然造成意义上的混乱，造成内涵与外延上的不一致。①

意识到定义西方马克思主义的困难，徐崇温先生在其主编的《西方马克思主义理论研究》一书中，没有再给这个概念做出明确的定义。国内其他研究西方马克思主义的学者，也都非常谨慎地对待这个问题，没有轻易给出"西方马克思主义"的定义。俞吾金、陈学明主编的《国外马克思主义哲学流派新编·西方马克思主义卷》一书，就没有关于西方马克思主义概念的明确定义；张一兵、胡大平的《西方马克思主义哲学的历史逻辑》一书，也只有大致的背景描述，没有严格的性质定义。这样做确实避免了某种不必要的麻烦，但同时又引发了另外一个问题：没有西方马克思主义的明确定义，我们该怎么认识西方马克思主义的性质呢？这两个问题显然是同一个问题的两个不同方面，解决了其中一个，另一个也就迎刃而解了。

二、认识西方马克思主义性质的核心问题

前文的考察没有得出具体的结论，只是明确了如下事实：西方马克思主义是难以精确定义的。问题是：这一事实背后的原因是什么？学界对此的普遍看法是：西方马克思主义不是一种统一的思潮，而是一场多线索多形态、内容庞杂的理论运动。对复杂的理论"织体"给出严格的学术定义是困难的，难怪有人因此而怀疑西方马克思主义概念本身的合法性。②"不统一"的现象却获得了一个"统一"的名字——西方马克思主义，并且广为流传，这本身就很值得人们深思。然而要真正思考这一现象必须借助"他山之石"，这不能不使人想起维特根斯坦的"家族相似"理论。

---

① 段忠桥.试析徐崇温的"西方马克思主义"概念的逻辑矛盾.吉林大学社会科学学报，2004（3）：94-99.

② 杜章智."西方马克思主义"是一个含糊的、可疑的概念.马克思主义研究，1988（1）：266-283.

"家族相似"理论是作为共相理论的对立面出现的。人们想当然地认为，一些事物之所以被归在一个语词之下，是因为它们具有某种共同的属性。英籍奥地利裔的世界著名哲学家路德维希·维特根斯坦，以"游戏"为例否定了这一观念。他指出种种游戏并没有共同的属性。娱乐性不是游戏的共同属性，因为激烈的棋类比赛并不具有娱乐性；竞争性也不是游戏的共同属性，因为单人纸牌游戏或单人球类游戏并不具有竞争性……总之，在"游戏"这类事物中根本就找不到一个贯穿所有成员的共同之处，有的只是家族相似，即其中一些和另一些有相似之处，另一些又和其他的一些有相似之处，如此等等。维特根斯坦说："我想不出比'家族相似'更好的说法来表达这些相似性的特征；因为家族成员之间的各式各样的相似性就是这样盘根错节的：身材、面相、眼睛的颜色、步态、脾性，等等，等等。——我要说：各种'游戏'构成了一个家族。"[①]

维特根斯坦的"家族相似"理论因其强烈的反本质主义倾向而受到一些学者的诟病，这是十分正常的。因为共相观念的巨大惯性，人们不可能完全放弃对本质的追求。然而，家族相似的存在也不容否定。为了克服这一矛盾，人们对维特根斯坦的"家族相似"理论进行了批判性拓展，提出了"建构型的反本质主义"理论。这种理论主张在家族相似的基础上仍然可以寻找事物的本质，并指明了寻找本质的基本方法，其方法主要有三种：第一，以各个成员的共有属性为本质；第二，以多数成员具有的属性为本质；第三，以众多属性中的核心属性为本质。所谓核心属性，就是具有典型意义的属性，它最能代表该类事物的本质。这种属性往往不是所有成员共同具有的，甚至也不是多数成员共同具有的，很多情况下可能只为少部分成员所具有。核心属性在典型事例中显示得最为突出。因此，典型分析对于确认一类事物的本质具有非常重要的意义，决定了探讨的形式和特征。[②]

西方马克思主义作为不够统一的理论思潮，无疑也是一个家族相似。也正因为如此，西方马克思主义的性质问题即西方马克思主义与马克思主义的关系问题，一直是处于争论中的问题。有学者主张干脆绕过

---

① 维特根斯坦. 哲学研究. 陈嘉映，译. 北京：商务印书馆，2016：36.
② 张志林，陈少明. 反本质主义与知识问题：维特根斯坦后期哲学的扩展研究. 广州：广东人民出版社，1995：47.

这一问题，去进行具体的理论研究。这当然不失为一个有用的策略，但这一策略显然只是暂时的应对而不是长久之计。其实，如果换一个视角，站在家族相似的立场，并借鉴"建构型的反本质主义"提供的方法去探求西方马克思主义的本质，我们就会发现，这个问题的解决并不那么困难，因为基于家族相似的求本质的方法并不指望找到所有成员共同具有的"普遍本质"，它所要把握的只是那些具有典型意义的"区别性特征"。

这一视角转换的效果是明显的。因为西方马克思主义的区别性特征——它与"正统马克思主义"特别是与列宁主义的区别，从一开始就是公认的事实，柯尔施和梅洛·庞蒂在使用"西方马克思主义"概念的时候早就揭示出来了。柯尔施和梅洛·庞蒂的"西方马克思主义"概念抓住的正是西方马克思主义的区别性特征，它集中体现在早期代表人物卢卡奇、柯尔施和葛兰西等的理论中。

这一结论蕴含着历史的视角。众所周知，柯尔施和梅洛·庞蒂最初使用"西方马克思主义"概念的时候，西方马克思主义作为一股新的"理论趋向"还处在早期发展阶段，它的内部是统一的、同质的。在柯尔施和梅洛·庞蒂那里，"西方马克思主义"概念反映的是这一思潮的"共有属性"或"多数成员具有的属性"。随着时间的推移，新的流派开始增加，各种打着不同旗号的理论开始出场。当阿尔都塞、沃尔佩等人举起"科学主义"大旗的时候，西方马克思主义内部更是出现了分化。此时，早期代表人物所具有的个性鲜明的区别性特征，在"众声喧哗"的历史舞台上逐渐被遮蔽。但是，这并不表明它就此退出了历史舞台；相反，它在历史与逻辑的统一中被深深地积淀在了历史的底部，成了这个理论思潮的"硬核"。这类似于树木的年轮，越是早出现的越是占据"核心"位置，一切后来者都只能围绕这个"核心"扩展自己，它们会越来越远离这个"核心"，但却不会完全脱离它。我们可以得到启示：西方马克思主义这个家族相似，尽管理论流派纷呈复杂，但绝不是一盘散沙，在这个家族内部，有一个具有统摄作用的理论"核心"，这就是早期代表人物卢卡奇、柯尔施和葛兰西等的理论。究其所以占据"核心"地位，除了因为他们是西方马克思主义的奠基者，更重要的是他们的理论给这个思潮定下了"基调"。正是这个"基调"使西方马克思主义成为一个"家族"，也正是这个"基调"使"不统一"的思潮获得了一个"统一"的名字——西方马克思主义。

西方马克思主义这种"形散而神不散"的特性，给我们把握它的性质带来了困难，但同时也提供了可能。问题的关键在于，必须在庞杂的外表下抓住其具有统摄意义或典型意义的"核心"，只有这样，性质问题才能得到解决。目前，我国学界在经过了广泛的讨论之后，对西方马克思主义的性质问题即西方马克思主义与马克思主义的关系问题做出了三种不同的解答：第一，认为西方马克思主义是非马克思主义；第二，认为西方马克思主义是发展了的马克思主义；第三，认为不能笼统地定性，必须针对不同人物、不同时期进行具体分析。三种观点相比较而言，前两种观点是相互对立的，第三种观点具有"折中"的性质。

究竟应该怎样认识西方马克思主义的性质？上面提供的思路可以证明，把西方马克思主义笼统地定性为马克思主义或非马克思主义都是片面的。西方马克思主义作为一个家族相似，不存在贯穿所有成员的共同属性。只要对西方马克思主义的具体人物及其思想稍加分析，我们就能清楚地看出这一点。例如，卢卡奇从 1918 年参加匈牙利共产党直至生命的最后一刻，始终坚持对马克思主义和社会主义的信念，他的《历史与阶级意识》一书就是用马克思主义辩证法阐述了阶级意识在历史发展中的作用，因而他被很多人誉为"现代马克思主义的典范"；葛兰西是意大利共产党的创始人之一，1926 年被法西斯监禁，在狱中坚持探索革命真理，写出了《狱中札记》这部优秀的理论著作，无疑也是杰出的马克思主义者；柯尔施 1920 年加入德国共产党，曾是德国共产党的意识形态领导人，他的《马克思主义和哲学》一书是想把马克思主义应用于对哲学和革命的理解，其理论框架总体上是马克思主义的，只是后来由于各种原因脱离了共产主义运动，从马克思主义者变成了非马克思主义者；梅洛·庞蒂是法国存在主义哲学家，他宣称要用马克思主义观点来分析社会和文化，但他对马克思主义的解释大多是歪曲的；科莱蒂也是新实证主义学派最出众的成员，后来成为公开的反马克思主义者；至于法兰克福学派成员，最初大多都是马克思主义者，但在 20 世纪 40 年代以后，某些理论家越来越远离了马克思主义的观点……由此可知，在西方马克思主义思潮内部，不同流派、不同人物甚至同一人物的不同时期，其思想倾向、政治态度都存在着很大的差别。因此，若进行"一揽子"评价,无论是把他们笼统地归入马克思主义还是归入非马克思主义,都是有失偏颇的。

但这是否意味着我们只能接受第三种观点?是否意味着我们只能针对具体的理论做出具体的分析,而不能对西方马克思主义思潮做出整体性评价?当然不是。根据上面提供的思路,西方马克思主义的整体性质是可以评价的。既然西方马克思主义是一个具有理论核心的家族相似,这一核心统摄整个"家族",那么西方马克思主义的整体性质就应该可以从这个核心得到说明。前面已经指出,在西方马克思主义思潮中占据核心位置的,乃是其早期代表人物卢卡奇、柯尔施和葛兰西等的理论。这些人的理论观点、政治倾向除个别之外都可以被纳入马克思主义范畴,都符合马克思主义的基本精神。因此,我们有理由得出结论:西方马克思主义从"总体上"说是马克思主义而不是非马克思主义。这一结论显然具有统计学的意味,它是基于统计推理而不是演绎推理的结果,它没有排除西方马克思主义思潮中存在着的非马克思主义成分,但不认为这些成分具有代表性从而可以决定整个"家族"的性质;恰恰相反,这些成分只是非典型意义上的"特例",它们在"正态分布"中处于边沿位置。

把西方马克思主义纳入马克思主义范畴,除了事实依据之外,还有一个逻辑上的理由。如果"西方马克思主义是非马克思主义"这个命题成立,那么只能这样做出理解:西方马克思主义不是我们所说的马克思主义。但问题是:"我们所说的马克思主义"就是真正的马克思主义吗?这显然不是一个不证自明的前提,相反,它还处于争论之中。以这样的前提为出发点,得出的结论必然是可疑的。因此,"西方马克思主义是非马克思主义"的观点蕴含着逻辑上的困难,它不是一个逻辑自洽的命题,它与"白马非马"的命题如出一辙,把普遍性与特殊性割裂开了。其实,无论是从逻辑自洽的角度还是从"名实相符"的角度来看,西方马克思主义都只能是马克思主义。这个命题既合乎逻辑又合乎直观。

三、西方马克思主义思潮的边界

在西方马克思主义的各种定义中,柯尔施和梅洛·庞蒂的定义值得推崇。因为他们的定义是在基于"典型特征"或"区别性特征"的意义上做出的，抓住了西方马克思主义这个"家族"的"核心属性"，从而在"总体上"揭示了它的本质特征。据此，柯尔施和梅洛·庞蒂的西方马克思主义概念具有较强的科学性。但是，梅洛·庞蒂是从内涵的角度来界定西方马克思主义概念的，他的定义并没有明确其外延，我们从中不能看出西方马克思主义思潮的边界在哪里。这不能不说是一个逻辑上的缺陷。

我们必须在明确其内涵的基础上进一步明确它的外延。概念的外延由概念的内涵决定，一个概念的内涵确定了，其外延也就随之确定了。但是，西方马克思主义这个概念似乎不那么简单，即使阐明了它的内涵，其外延仍然难以把握。问题在于：20 世纪 70 年代以后在英美兴起的马克思主义思潮是否属于西方马克思主义范畴？这个问题之所以会引起争议，归根到底还是基于同样的原因——西方马克思主义不是一个统一的理论思潮，而是一个家族相似。家族相似的复杂性特征决定了它的内涵难以精确定义，同时也造成了它的外延难以明确划分。西方马克思主义究竟包括哪些流派？不同的学者有不同的看法。徐崇温先生在2000 年出版的《西方马克思主义理论研究》一书中指出，如果按照思想路线来划分，西方马克思主义大致可划分为五个流派：以卢卡奇、柯尔施、葛兰西、布洛赫等为代表的黑格尔主义的马克思主义；以赖希、马尔库塞和弗洛姆为代表的弗洛伊德主义的马克思主义；以梅洛·庞蒂、萨特、高兹和列斐伏尔为代表的存在主义的马克思主义；以沃尔佩和科莱蒂为代表的新实证主义的马克思主义；以阿尔都塞和普兰查斯为代表的结构主义的马克思主义。俞吾金和陈学明先生在 2002 年出版的《国外马克思主义哲学流派新编·西方马克思主义卷》一书中，除了论述上述流派之外，还把分析的马克思主义、生态学的马克思主义、马克思主义的批判学派和后马克思主义等最新流派纳入西方马克思主义范畴予以论述。该书前后共涉及 32 位作者的 87 部著作，可谓视野开阔、取材宏富。张一兵和胡大平先生在 2003 年出版的《西方马克思主义哲学的历史逻辑》一书中，则以安德森所说的"原本的西方马克思主义"为主要论述对象，同时兼顾了东欧"新马克思主义"、分析学派的马克思主义。至于 20 世纪 70 年代以后兴起的各种马克思主义思潮，张一兵和胡大平先生则将它们排斥在西方马克思主义范畴之外而以"晚期马克思主义""后现代的马克思主义""后马克思思潮"等概念来标识，因为在他们看来，从 20 世纪 60 年代阿多诺出版《否定的辩证法》开始，作为哲学理论逻辑的西方马克思主义思潮已经终结。

西方马克思主义的对象问题与其性质问题一样，是一个争议颇多、悬而未决的问题。这个问题可以从现象和本质两个方面来看。从现象上看，西方马克思主义的对象问题集中表现为"20 世纪 70 年代以后兴起的各种马克思主义思潮是否属于西方马克思主义范畴"；从本质上看，西方马克思主义的对象问题可以理解为"西方马克思主义思潮是否有一个明确的边界"，如果有，这个边界是什么，如果没有，应如何把握西方马克思主义的对象。显然，本质的方面具有决定性意义，本质的问题解决了，现象的问题也就相应地解决了。因此，必须从"边界"问题着手来解决对象问题。

西方马克思主义思潮究竟有没有一个明确的边界？这个问题和家族相似问题是联系在一起的。如果西方马克思主义思潮不是一个家族相似而是一种经典意义上的"封闭集合"，那么其对象问题就不是一个问题，它直接被包含在概念的内涵之中，而内涵明确了，其外延或对象也就随之明确了。但现在的情况是，即使给出西方马克思主义的基本内涵，其外延仍然不甚清晰。这正是家族相似的典型特征。维特根斯坦在阐述家族相似的外延问题时曾以"数"为例说过这样一段话："我可以照这样给'数'这个概念划出固定的界线，即用'数'这个词来标示一个具有固定界线的概念；但我也可以这样使用它，即这个概念的范围并不被一条界线封闭。而我们正是这样使用'游戏'一词的。因为我们怎么把游戏的概念封闭起来呢？什么东西仍算作游戏，什么东西不再是游戏呢？你能说出界线来吗？不能。"①

"游戏"之类的家族相似，其外延不存在明确的边界而是具有一定程度的模糊性和开放性，这种开放性决定了家族相似的成员不是固定不变的而是可以增加的，就像"游戏"的种类越来越多一样。西方马克思主义思潮正是一种"开放集合"，它的成员从卢卡奇、柯尔施和葛兰西开始一直处在扩展之中。尽管 1966 年阿多诺《否定的辩证法》的出版和 1968 年法国"五月风暴"的发生使这一思潮有了"断裂"的痕迹从而被部分学者指认成思潮本身的"逻辑终结"，但我们确实很难以此为

---

① 维特根斯坦.哲学研究.陈嘉映，译.北京：商务印书馆，2016：36.

界线把西方马克思主义封闭起来并圈定一份精确的对象名单，因为在20世纪70年代之后，"西方马克思主义"的身影依然飘拂在西方世界特别是英美国家的理论园地，它们像幽灵一样挥之不去，问题只是给这些"身影"以怎样的命名，是依然如故的"西方马克思主义"，还是赋予它们"晚期马克思主义"或"后现代的马克思主义"等新的名称。

西方马克思主义的对象问题不是如何"制造"边界的问题，而是如何"处理关系"的问题——那些远离中心的"新生代"究竟还是不是这个家族的成员，它们作为"远亲"，我们还要不要把它们纳入西方马克思主义的谱系？这个问题的关键不在于"英美马克思主义"和"西方马克思主义"之间的关系，而在于看问题的视角。因为英美马克思主义本身也不是一种统一的思潮，它包含众多不同的理论派系，它与西方马克思主义之间的关系是极其复杂的，无论我们怎样分析和比较，我们所能看到的都只能是无尽的"重叠和交叉"，而不可能发现一种具有逻辑说服力的线性关系。因此，英美马克思主义究竟属不属于西方马克思主义就不是一个事实问题而是一个价值问题，在此出现分歧是不可避免的，上述新旧名称的选择就是对这个问题的两种不同回答。如果继续以"西方马克思主义"来指称20世纪70年代以后出现于英美国家的马克思主义，这就意味着承认了那些"远亲"还是"西方马克思主义"家族的成员；相反，如果赋予它们新的名字，则表明它们已被排斥在这个家族之外。俞吾金、陈学明等学者的观点显然属于前者，而张一兵、胡大平等学者的观点则无疑属于后者。

对于这些相互冲突的观点，我们很难找到充足的理由去驳斥某一方而支持另一方。我们所能做到的就是调整观察的视角，即通过增加或减少概念的内涵来缩小或扩大概念的外延。具体地讲，如果不在"反对列宁主义"、"植根于西欧大陆"以及"局限于哲学领域"等意义上使用西方马克思主义概念，而只是把它看成西方自称马克思主义者的思想家所提出的不同于传统马克思主义的理论思潮，则西方马克思主义概念的外延是可以很宽泛的，它涵盖20世纪70年代以后出现于英美国家的马克思主义是不成问题的。国内近年来的研究成果表明，这种超出"原本的西方马克思主义"意义上的宽泛用法正在被越来越多的学者接受，大部分学者默认了这种约定俗成的用法从而不再为对象问题纠缠不休。应该说这是目前西方马克思主义研究中的一个明智之举，我们不能死守过去的用法而无视西方马克思主义本身的发展。西方马克思主义作为一种思潮超越时空的限制而发展自己，必然会有时空上的起点，但不必然局限于这个起点，以这个起点的名字命名很大程度上是偶然的选择。事实上，柯尔施和梅洛·庞蒂当初完全可以不用"西方"这个地域性名词做修饰语而选用别的修饰语，如某个代表其理论特质的修饰语。

　　西方马克思主义的"家族成员"之间在理论上也存在一定的逻辑差异。比如，早期西方马克思主义的兴起部分缘于认为西欧革命失败的根源在于无产阶级缺乏革命精神，而这恰恰是由商品经济所产生的物化意识和资产阶级的意识形态造成的，因而特别突出意识形态斗争和发挥马克思主义哲学批判性功能的重要性；后马克思主义则在后现代主义理论的激发下，认为传统马克思主义理论已经遭遇到"一场突如其来的历史巨变"的挑战，需要积极地利用后结构主义和后现代主义理论来重建现代政治，并且主张从"霸权"概念出发，对马克思主义传统做批判性的解构。这就从问题意识到理论构建上都与早期西方马克思主义存在着巨大的不同。此外，西方马克思主义不仅流派之间存在理论逻辑差异，而且在不同的资本主义阶段也存在理论逻辑差异。如当代西方最负盛名的美国文艺评论家、理论家詹姆逊[①]所言，"从晚期资本主义的现行制度，从后现代性，从曼德尔划分的信息或跨国资本主义的第三阶段产生的各种马克思主义（各场政治运动以及知识和理论的抵抗形式），必然会不同于现代时期，即第二阶段，也即帝国主义时期产生的马克思主义。它们与全球化拥有截然不同的关系，而且，与早期马克思主义相比，也似乎更具文化性，从根本上转向迄今人们所知的商品物化和消费主义等现象"[②]。虽然其发展的不同阶段及各个不同流派之间存在理论逻辑差异，但西方马克思主义作为一个"家族相似"，总体上享有共同的"理论特质"，即早期西方马克思主义者的"遗传基因"。

　　总之，"西方马克思主义"不能被看作地域性概念，而应当被看作"家族相似"。当这股思潮跨越空间的限制蔓延到西欧以外的地区而形成一些其他理论时，我们不应人为地剪断它们与这个家族的联系，而应以新的视角打量它们的理论特质，审视它们的理论躯体中是否还含有早期

---

　　① 有学者译为詹明信或杰姆逊。
　　② 詹姆逊文集：第 1 卷．陈永国，胡亚敏，等译．北京：中国人民大学出版社，2015：314－315．

西方马克思主义的"遗传基因",如果有,就得承认它们是这个家族的成员;如果没有,就不能勉强将它们纳入这个家族的谱系。以这种实事求是的态度建立起来的西方马克思主义谱系,就不会存在对象问题上的混乱。当然,这是一项具体而细致的工作,需要脚踏实地的实证精神,需要众多理论工作者的长期努力,唯其如此,西方马克思主义的对象问题或边界问题才能得到正确的解决。

四、研究西方马克思主义对于中国的意义

我们研究西方马克思主义对于中国的意义,应该与前文讨论的"定义问题"一样,在西方马克思主义的问题逻辑中既是基本的又是重要的,它作为"定义问题"的进一步展开,体现了认识过程的连续性和纵深性,是走进西方马克思主义思潮的必经之路。但是,这一问题在我国学界却没有引起足够的重视,学者们大都热衷于探讨更为具体的理论问题而将它弃之不顾,这种状况影响了我国西方马克思主义研究的发展进程。虽然研究西方马克思主义需要我们深入考察理论内部的种种辩论以及相互矛盾、相互关联的观念和主张,但也应在辨析清楚西方马克思主义的基本性质、理论特质和边界问题之后,清晰地把握住支撑西方马克思主义历史进展的"问题意识",从而明确研究西方马克思主义之于中国的意义。因此,如果说我国西方马克思主义研究远没有达到应有的水平,那么忽视对上述问题的探讨应该说是一个重要原因。

根据徐崇温先生的介绍,我国西方马克思主义理论研究的缘起,是"由努力完成政治任务所带动起来的","在 1977—1978 年间,胡乔木来中国社会科学院主持工作后不久,找学术情报、哲学等研究所的领导前去领受任务说,中央某领导出访欧洲期间,接触到一种叫'西方马克思主义'的思潮,要我院搞一份材料出来供参考"①。这个最初的缘起,不能说明西方马克思主义在中国落户的必然性——即使当初没有这个"政治任务",西方马克思主义思潮仍然会在通往中国的旅途中找到自己的路,中国学界对西方马克思主义的研究带有必然性与紧迫性。

自近代以来,中国被西方列强以坚船利炮和廉价商品强行叩开国门,硬生生被裹挟进了以西方为主导的世界历史,全面遭遇现代性。从

---

① 徐崇温自选集．重庆:重庆出版社,1999:1.

此,"救亡图存"与"启蒙大众"相互交织,诸多西方的学术理论被引入中国社会,与中国传统学说相竞胜,掀起了中国语境下的现代性建构。中国的现代性建构虽说一开始并非主动为之,但也隶属于世界历史的一部分。尤其是随着中国改革开放逐渐深入以及全球化趋势和现代化浪潮进一步拓展,中国变被动为主动,积极融入世界历史,肇源于西方的现代性已成为中国社会的历史语境。然而,现代性建构在带来巨大进步的同时,也日益暴露出自身的矛盾和困境,这样一来,现时中国必须面对的即是"如何推进现代化同时克服现代性问题"这一全球理论难题。①

对这一难题的解答需要我们深刻领会"现代性问题",理解造就现代社会的历史渊源,这就要求我们深入理解西方及其思想文化。中国的发展在理论研究上离不开对伴随着"全球化"而从西方蔓延至世界各地的"现代性问题"的把握,更需要批判性地吸收西方应对"现代性问题"的理论成果。西方马克思主义作为西方思想脉络中的一员,是一种不同于传统马克思主义的"崭新的学术结构",因反思传统马克思主义与批判资本主义现代性弊病而兴起,充分彰显了马克思主义的当代意义,这对于长期浸染在僵化、封闭的教科书体系中的中国学者来说,无异于他山之石。

西方马克思主义"家族相似"的理论特质在于其含有早期西方马克思主义的"遗传基因",即西方马克思主义本身脉络中最重要的"问题意识"。我们认为,这个"问题意识"就是对传统马克思主义的理论反思与对资本主义现代性弊病的激进批判。早期西方马克思主义,首先是通过反思传统马克思主义进而反思马克思的理论而诞生的,之后的发展则衍变为在发达资本主义国家、在革命意识衰退的历史处境下批判资本主义现代性弊病。因此,虽然资本主义的发展经历了三个不同的阶段——无论是詹姆逊划分的现实主义与市场资本主义阶段、现代主义与垄断资本主义阶段以及后现代主义与晚期的、消费的或跨国的资本主义阶段,还是英国学者斯科特·拉什及美国学者约翰·厄里划分的自由资本主义阶段、组织化资本主义阶段以及非组织化资本主义阶段,但西方马克思主义却总是在反思传统马克思主义的理论活动中提升对资本主义

①　刘同舫.中国语境的现代性及其现实意义.天津社会科学,2010(1):13-17.

现代性弊病的批判。如伴随着马克思主义和工人运动的发展出现了各种挫折（欧洲工人运动未能制止法西斯主义、苏联模式社会主义的弊端和失败、1968 年的"五月风暴"及其失败、东欧剧变等），不断有马克思主义学者对此做出反应，他们在反思传统马克思主义的同时，汲取新的理论学说，以求更好地切中资本主义现代性的矛盾和困境，并提出基于自身理论的解决方案，如道格拉斯·凯尔纳等学者在《后现代理论》一书中所指出的："某些理论家（如福柯、德勒兹与加塔利、拉克劳与墨菲、杰姆逊以及许多女性主义者）力图发展一种新的激进政治；而另外一些理论家（如利奥塔）则退回到了旧的自由政治，并给之贴上了新的标签；同时还有一些人（如博德里拉）最终全盘放弃了政治，声称社会、政治、大众以及历史均已终结。"① 探明西方马克思主义的这一"问题意识"之后，我们可以明确认识到，研究西方马克思主义之于中国的意义有如下四个方面。

第一，反思教科书体系，提升马克思主义理论的学科品质。西方马克思主义在促进我们觉醒的同时，激活了我们沉寂多年的批判性思维，使我们在开阔视野的基础上增强了学术反思能力，从而反观自身之不足与缺陷，明确未来学术研究的路向与方法，其中最突出的应当为反思传统教科书体系。传统马克思主义先入为主地对经典文本进行剪裁与割舍，强制性地磨平文本之间的问题棱角，将其处理成一以贯之的同质性存在。苏联模式的教科书正是这种"打磨"的结果。在这种"体系严整"的教科书中，一切问题似乎都获得了"圆满"的解决，剩下的只是对已有的"定论"进行补充或做些细枝末节的考证。但是，翻开卢卡奇的《历史与阶级意识》以及阿尔都塞的《保卫马克思》和《读〈资本论〉》等著作，我们看到的是精耕细作式的文本解读，同时还伴有超越文本的理论想象。这种被阿尔都塞称为"症候阅读法"的研究方式，具有极强的思想穿透力，它能从固化了的字里行间透视出作者思想变化的心路历程。并且，它使我们注意到，过去很多被认为是铁板钉钉的结论，在西方马克思主义那里却出现了完全不同的理解。这就警示我们，传统教科书体系的"圆满"其实是一种假象，很多没有解决好的问题被"体系"的外壳掩盖，并因此而长期得不到解决。从这个角度说，西方马克

---

① 道格拉斯·凯尔纳，斯蒂文·贝斯特. 后现代理论：批判性的质疑. 张志斌，译. 北京：中央编译出版社，2011：203 - 204.

思主义的意义就是"揭开了盖子"。对于西方马克思主义者的"离经叛道",我们应该表示好感甚至敬意。正是他们敢于挑战"正统"的理论勇气,激活了我们沉寂多年的批判性思维和创造性思维。也正是他们缜密而多样的研究成果,开启了我国马克思主义理论研究的新视野,使我们能够在新的起点上"回归马克思"和"推进马克思",并将两者统一起来。

第二,反思学院式研究,注重马克思主义理论的实践品格。马克思主义是学术性与实践性、科学属性与政治属性相统一的理论。我们只有充分重视马克思主义的这种双重属性,辩证地看待其双重属性的关系,才能发挥马克思主义"求真"的理性精神,凸显其在学术上的权威性、神圣性和科学属性,为马克思主义的实践诉求奠定坚实的理论基础;也才能发挥马克思主义"求善"的价值意志,凸显其在实践上的动力性、影响性和政治属性,为马克思主义理论的发展提供现实的动力和源泉。"但是,目前国内马克思主义研究却有另一种不良的'学院化'趋势,试图将马克思主义研究当作纯而又纯的学术活动,关进'深楼大院',远离现实,直接地说就是远离政治,根本无视马克思主义的实践品格,使马克思主义研究逐渐变成了一种'中性'的概念和话语操作。"① 与此相反,西方马克思主义却以批判当代资本主义著称于世,因此,研究西方马克思主义,注重其对资本主义现代性问题的批判精神,借鉴其从理论高度把握实践中的困境与难题,直面活生生的社会现实政治的实践品格,有助于促使我国的马克思主义研究走进现实,为解决当代中国和当代世界的现实问题提供马克思主义的解决思路。

第三,批判现代性弊病,探索中国特色社会主义现代化路径。现代性建构虽然带来了巨大进步,却也有其自身之弊病。探索具有中国特色的健康合理的社会主义现代化路径,克服西方现代化过程中的各种弊端与困境,已经成为我国马克思主义理论界的重大课题。面对这样的课题,既需要我们在实践中与时俱进地推进马克思主义的理论创新,也需要我们汲取已有的理论成果,充实自身的理论建设。西方马克思主义诞生于 20 世纪初,其对现代性的危机有深切的体会,或者说其本身即是应对现代性弊病的产物。存在主义的马克思主义、结构主义的马克思主义、新实证主义的马克思主义、法兰克福学派的马克思主义等,都试图

① 陈学明,罗骞. 充分认识研究西方马克思主义对当代中国的意义:陈学明教授访谈. 学术月刊,2004 (5):110.

通过融合马克思主义理论和西方新兴的理论来克服启蒙所带来的现代性危机。虽然中国的现代性处境具有历史的具体性，但是其与西方的现代性也有一定的同质性，再加上肇始于西方的现代性弊病随着全球化而蔓延至世界各地，研究西方马克思主义这一与中国国家建设的指导思想——传统马克思主义——具有亲缘性的"他者"，无疑能够更好地增强中国在政治实践中克服现代性的诸多弊病的能力。尤其是西方马克思主义具有其难能可贵之处，即不把现代性进程中出现的问题归罪于现代性本身，而是积极地澄清现代性问题的根源，并且发挥马克思主义的实践批判精神，为矫正社会现实中出现的问题提供理论思路。

第四，应对全球化趋势，推进全球化时代的共产主义伟大事业。全球化已是不可避免的大趋势，因此，如何应对全球化，是当今世界各国的重大政治议题。西方马克思主义的产生和发展，与全球化趋势不断凸显的现实背景相关联。西方马克思主义的产生和发展大多以苏联官方的马克思主义为理论参照，希图打破其"意识形态性"的体系建构，重新梳理、阐释抑或补充马克思主义对人类解放事业的论述，以此指导当时东欧或西欧的共产主义革命运动。尤其是第二次世界大战之后，世界冷战格局形成，全球化趋势明确地彰显出来，西方马克思主义者无论是对马克思主义经典文本的解读，还是对新形势下共产主义革命的论述，都明显带有全球化时代的理论印迹。因此，研究西方马克思主义对于逐渐融入全球化的社会主义中国，无疑是一项具有现实政治意义的理论工程，既有助于提升中国马克思主义阐释全球化的理论效力，也有助于更好地指导共产主义事业在全球化时代的进一步发展。

当然，对西方马克思主义者表示好感或敬意并不意味着我们接受他们的一切。西方马克思主义者在反思传统马克思主义时，的确不断地汲取同时代其他哲学思潮作为理论资源，但是，"当西方马克思主义者在利用这些哲学流派的理论来反对教条主义等扭曲和偏离马克思的学说的倾向时，有时的确可能存在积极的方面，但他们自己往往又受到这些流派的主观主义和相对主义等片面性学说的影响，用这些学说来重新解释马克思主义，必然在很大程度上背离马克思主义，特别是混淆了作为无产阶级革命导师的马克思与西方资产阶级思想家在理论上的原则界限"①。

---

① 刘放桐.从经典马克思主义到西方马克思主义.求是学刊，2004（5）：25.

西方马克思主义有其局限性，很多流派也都存在这样或那样的理论失误。但必须承认，相对于其所取得的成就，西方马克思主义的局限是瑕不掩瑜的。更重要的是，即使局限也不是只有消极意义——它能给我们以必要的警示和教训。因此，研究西方马克思主义的意义是双重的：除了能使我们登上新的理论平台从而获得更开阔的理论视野之外，还能使我们得到一面镜子，从这面镜子中虽然不能看出我们应该怎么做，但可以看出我们不应该怎么做。西方马克思主义在很多方面存在失误，我们应引起警觉，避免重蹈它的覆辙，避免像对待苏联模式教科书那样将之神圣化。只有这样，我们的马克思主义研究才能沿着健康的轨道不断前进，"回归马克思"和"推进马克思"的建设工程才能建立在可靠的基础上。

附录三　马克思唯物史观
叙事中的劳动正义 *

　　劳动正义问题是关涉人的生存方式和社会价值的重大议题，在多维学科视野中具有重要地位。劳动正义伴随着人的存在方式的变迁和社会结构的变动而呈现出不同的形式，这种形式上的多样与劳动观念上的差异密切相关，其实质反映出正义诉求背后不同阶级之间的利益关系。劳动正义问题对人的自由本质和劳动力量的深层关怀始终深嵌于历史发展之中，而在资本主义主导的生产方式和社会关系中，"资本正义"与劳动正义之间的矛盾是资本主义社会发展的重大挑战。马克思唯物史观的构建与其对劳动正义问题的阐发具有紧密关联，他抓住了资本主义时代劳资关系的轴心，并从人类劳动本质出发，通过审视劳动方式和劳动关系的历史演变来为探讨劳动正义以及其他正义性问题提供真实的起点。① 马克思唯物史观叙事中的劳动正义思想，既在政治哲学层

---

　　* 本文以首篇位置发表在《中国社会科学》2020 年第 9 期，《新华文摘》2021 年第 2 期全文转载并作为封面要目推荐，《高等学校文科学术文摘》2020 年第 6 期全文转载，《人大复印报刊资料·哲学原理》2021 年第 2 期全文转载。

　　① 学界对马克思劳动正义思想的研究成果主要集中在对马克思正义理论的解读中。"塔克-伍德命题"是马克思正义理论研究中的经典论题，针对这一问题，学者大都认为马克思肯定一般的正义理念，但谴责资本主义社会的抽象正义观，并基于此对劳动正义问题展开了不同视域的阐释。有学者立足于道德哲学批判的视域，揭秘马克思的劳动正义与其人性正义论的关系。[李长成. 马克思的市民社会正义批判思想探论. 伦理学研究，2019（1）: 17-23] 有学者从政治经济学批判的视角，阐释马克思的劳动正义思想在其正义体系中的理论地位。

面揭示了资本主义时代私人生活与公共领域在正义观念上的矛盾，又在世界历史的理论层面阐明了将人的劳动前提建立在既有秩序之上的资本逻辑及其现实展开。生产过程中劳动与资本关系的形式转换在资本逻辑支配下显露出诸多难题：劳动正义赖以存在的合法性根据是什么？劳动正义与现实生产领域的正义原则和社会结构性正义主题的关系如何？从传统生产领域的劳动方式到技术性劳动形态的转变对重新理解劳动正义问题和全球社会公共生活方式有何意义？这些难题成为理论研究面临的新挑战。探寻和明确劳动正义问题要立足于彰显人存在的自由本质需要，扬弃资本主义社会中劳动与现实生命发展相对立的抽象原则。

一、马克思唯物史观叙事中劳动正义的层级结构

马克思以"现实的人"为历史出发点，开启了以"人类社会"或"社会化的人类"为理论立足点的唯物史观叙事。他在对黑格尔理性思辨和费尔巴哈人本主义历史观的批判与超越中明确了历史的本质，肯定了物质生产劳动之于人的现实存在及其全部生活的基础性地位，创立了唯物史观的基本叙事方式和思维逻辑。在马克思的唯物史观叙事中，"现实的人"如何以劳动的方式存在是逻辑起点，劳动对人类本质的规定性贯穿于整个逻辑进路之中，实现劳动自由与正义并推动其转化为人类解放的现实力量构成了逻辑归宿。马克思始终将劳动正义视为考察人类社会历史正义与否的根本尺度，在唯物史观的叙事框架中呈现了以物质生产活动为基础的劳动关系和社会关系，将劳动正义与生产正义、社

（续前注）［房广顺，司书岩. 论马克思恩格斯正义思想的深刻内涵. 马克思主义研究，2019（2）：5－15］有学者基于法哲学批判的视角，探索马克思劳动正义思想与权利正义、分工正义等正义观的内在关系。［欧阳英. 马克思的权利观、正义观与生产力观. 哲学研究，2019（8）：22－29］还有学者从意识形态批判的维度切入，肯定马克思劳动正义在其整个社会正义价值中的根本意义。［毛勒堂. 马克思的劳动正义思想及其当代启示. 江汉论坛，2018（12）：24－30］学界立足于马克思的正义观视域来解析劳动正义思想，准确定位了劳动正义在马克思正义思想框架中的历史地位，对于彰显马克思批判思维中劳动正义的逻辑进路和时代意蕴具有积极意义。但马克思的批判思维和方法基于人类社会的总体发展逻辑，其正义论具有历史唯物主义根基，其劳动正义思想属于历史唯物主义正义观的视域范畴。笔者认为，唯有从唯物史观叙事中深究马克思劳动正义思想的发展脉络，才能在更深层次上透视其具体展开的历史语境，进而理清马克思在批判中建构的思维方法。

会正义的关系问题置于现实的物质生产实践中加以考察。马克思的唯物史观与其劳动正义思想的展开具有叙事上的一致性,旨在揭示人类劳动与现实的人的生存方式、人类社会形态的深层关联,表征为劳动正义的逻辑先在性、围绕生产正义的总体展开、以社会正义的主题为参照的三重结构。

马克思将人的现实生存境遇同超越现实的价值追求关联起来,在历史进程中彰显出劳动正义在人与世界关系中的逻辑先在性。马克思在确证劳动正义逻辑先在性地位的基础上,明确了"现实的人"的劳动在具体生产领域的总体展开,体现了对生产领域和社会公共生活中正义性思想的观照。因此,马克思劳动正义思想的三重结构呈现为由内及外、相互设定的层级结构。

马克思的劳动理论是其阐发劳动正义思想的基石,他立足于人独特的存在方式,在人类劳动与社会历史的互动中,深刻把握人类存在的劳动根基。马克思在唯物史观叙事中澄明人的内在规定,通过确证劳动的本质地位来为人的内在超越性提供可能。他在对黑格尔和费尔巴哈历史观的批判中揭示了"现实的人"的根本立足点,确定了以人的现实活动为主体的历史观。在《1844 年经济学哲学手稿》中,马克思重新审察了黑格尔以"自由精神"为主体而循环行进的历史观,扬弃了其唯心史观所依托的思辨形式,肯定了其辩证法的否定性原则所蕴含的推动性与创造性力量,并将其辩证法本质的载体还原为现实中的人及其实践活动。马克思指出,**整个所谓世界历史**不外是人通过人的劳动而诞生的过程,是自然界对人来说的生成过程"[1]。然而,此时马克思仍在所谓"类"劳动的视野下理解人的存在本质。直到《关于费尔巴哈的提纲》,马克思在对费尔巴哈将人的感性存在与其实践活动相分离的历史观的反思中,摒弃了简单抽象的哲学推演方法,在哲学变革的高度将人的劳动阐释为对象性的感性活动,即体现了人对自然能动关系的物质生产实践,并进一步指出,"环境的改变和人的活动或自我改变的一致,只能被看做是并合理地理解为**革命的实践**"[2],由此确认了人的实践在人与世界关系中的核心地位。《德意志意识形态》的完成,标志着以生产逻辑为基础的唯物史观的形成,表明马克思的理论叙事重心已由"实践"

---

① 马克思恩格斯文集:第 1 卷. 北京:人民出版社,2009:196.
② 同①500.

过渡到"物质生产"。马克思将物质资料生产方式视为唯物史观的基础，提出了"生产关系"、"交往方式"和"所有制形式"等劳动范畴，着重从物质生产劳动的具体方式来认识社会历史与结构的客观规律，揭示了人类劳动实践的社会条件限制和社会关系规定。

马克思在澄清"现实的人"与其社会关系问题的基础上明晰了劳动的正义性思想价值。他和恩格斯在阐述"现实的人"的存在本质时揭示了人在生存、生产过程中对正义的需要，认为"现实的人"是"从事活动的，进行物质生产的，因而是在一定的物质的、不受他们任意支配的界限、前提和条件下活动着的"① 存在物，"现实的人"在来源和存在方式上都体现出受动性与能动性的双重特征，展现于自然与社会的双重维度。当人在社会交往中扩大物质生产劳动时，其存在方式就会被各种社会关系限定，人通过实践创造新的社会关系，显现出人在诸多社会关系中对正义的需要。人对正义的需要在实现自身生存发展中逐层显示出来，即从通过物质生产劳动满足"生活的第一需要"，发展为从事复杂多变的实践活动以实现自身独特生存方式延展的需要，进而在劳动的推动下产生更新、更高级的需要。在分析人的自然存在需要与社会存在需要的相互关系时，马克思认为人的自然存在需要只有在社会存在需要框架中才能真正实现，他犀利地指出现代市民社会中实现人的生存需要的结构性矛盾，即个人在社会公共生活中热衷于追求自身的权益而与他人陷入利益冲突时，"每个人都互相妨碍别人利益的实现，这种一切人反对一切人的战争所造成的结果，不是普遍的肯定，而是普遍的否定。关键倒是在于：私人利益本身已经是社会所决定的利益，而且只有在社会所设定的条件下并使用社会所提供的手段，才能达到；也就是说，私人利益是与这些条件和手段的再生产相联系的"②。在马克思看来，物质生产是劳动本质力量发展的必然要求，而劳动逐利性则是资本主义发展的必然结果并阻碍劳动能力的真正发展，这一指认隐含着马克思对正义价值问题的思考——如何超越自然人的纯粹利己需要以满足社会共同体的普遍需要。他尽管并未直接论述劳动正义的理论内涵与实现方案，但已经提出人能够且需要按照社会规定的正义尺度和价值进行劳动。马克思的劳动正义，是以"现实的人"的劳动实践及需要为出发点来

① 马克思恩格斯文集：第1卷. 北京：人民出版社，2009：524.
② 马克思恩格斯文集：第8卷. 北京：人民出版社，2009：50.

规定正义理念的存在依据和价值旨趣，蕴含了对劳动活动与交往过程中主体自由及其相互间公平、和谐正义价值的诉求。① 只有劳动正义才能接近人的本质诉求和现实需要，使劳动成为人自身创造历史的实践过程。

随着马克思对"现实的人"的存在方式与物质生产劳动的深入分析，劳动正义的逻辑先在性地位在唯物史观的理论叙事中愈渐凸显，这既是唯物史观理论成熟的表征，也是促使人在现实社会生产中领会到自身劳动的本质力量的历史必然。马克思的劳动正义思想经历了抽象批判与现实超越的深层推进过程。他在对抽象正义观念的批判中划清了现实劳动的正义性与唯心主义、人本主义抽象正义观的原则界限，反对黑格尔从抽象的实践理念分析市民社会的运行机制，摒弃了以抽象的方式批判抽象的思维方法，并在深究社会生产力与生产关系变革的维度上解剖了费尔巴哈强调人生幸福的人本主义正义观，最终在物质生产领域指认"劳动"为市民社会的主要内容。通过对人的存在的辩证理解，马克思将人的劳动理解为有限性与无限性的内在统一，认识到劳动正义对人存在发展的本质力量。马克思认为，人总是在具体的历史条件下才能从事劳动，而劳动的本质力量使人拥有不断超越历史规定、营造自我发展空间、逐步走向解放道路的根本动力。马克思将劳动正义视为一种本质力量，其促使人在历史发展中彰显超越的本性，进而使人"认识到产品是劳动能力自己的产品，并断定劳动同自己的实现条件的分离是不公平的、强制的，这是了不起的觉悟，这种觉悟是以资本为基础的生产方式的产物，而且也正是为这种生产方式送葬的丧钟"②。马克思对劳动正义与具体社会生产关系的分析表明，劳动作为人的本质力量在现实社会生活与物质生产领域具有复杂多变性。

马克思在唯物史观的理论基础上揭开了历史向世界历史行进的一般过程，阐明了社会生产力普遍发展的历史动力，在世界历史的宏大叙事中重新审视人与世界的关系，澄清劳动本质的复杂性，挖掘劳动正义性价值的存在根据。人与世界的关系主要表现为人与自然的关系、人与人的关系两个层面。在人与自然的关系层面，"人们生产自己的生活资料，

① 毛勒堂. 劳动正义：一个批判性的阐释. 上海师范大学学报（哲学社会科学版），2016（5）：5 - 13.

② 马克思恩格斯文集：第 8 卷. 北京：人民出版社，2009：112.

同时间接地生产着自己的物质生活本身"①。生产劳动使人在自然存在中超越自身、在与自然的矛盾关系中达成内在统一，使人与世界在世界历史进程中结合为动态的否定性统一关系。在人与人的关系层面，马克思强调从人的社会关系角度来思考人的存在，在社会关系中考察人与世界的关系，突出劳动把人、自然、社会三者辩证统一起来的实践本质。马克思阐释了劳动作为人的存在方式的基础地位，并在交往范围日益扩大的世界历史进程中，从劳动正义出发反思人生存于现实生活世界结构中的深层根据问题：劳动正义如何在具体的物质生产活动和社会生活实践中确证自身的逻辑先在性地位？笔者认为，马克思在唯物史观理论叙事中所体现的劳动正义思想始终与生产正义、社会正义的主题密不可分，并在对唯物史观的发展中澄明了劳动正义在与生产正义、社会正义"共在"层级结构中的逻辑先在性地位。

在马克思的唯物史观叙事中，生产正义处于"现实的人"存在方式的核心层级，生产正义原则是劳动正义价值的具体化，在总体展开中体现了劳动正义的需要。② 马克思认为，正义是处于持续创生中的运行原则，劳动正义作为人本质的存在方式和价值追求，内在规定了人感性地确证自身存在过程的现实性。人在现实的物质生产过程中逐渐认识到劳动正义的需要，但这种自我认识致使人在生产领域中的劳动正义诉求与私利欲望之间的矛盾愈臻复杂，人既意识到劳动正义能够契合人本质的存在而推动人走向自由解放，又在具体的劳动活动中为满足自身生存和发展需要而不断展开扩张性的物质生产。在人类物质生产的历史中，生产方式的变革和生产关系的调整构成了正义原则的决定性因素，生产正义成为马克思探寻正义原则之经济根源和制度前提的新向度。马克思指

---

① 马克思恩格斯文集：第 1 卷. 北京：人民出版社，2009：519.

② 劳动正义和生产正义是马克思劳动正义思想结构中两个不同位阶的基础范畴，彼此既相互联系又相互区别。其中，劳动正义更为根本，指"人是目的不是手段"的劳动最本原的基质性正义和"有意识的自由的活动"正义；生产正义是劳动正义的具体呈现和展开，是第一性物质生活生产和由之产生的第二性精神生活生产的现实化"生活的生产"正义。换言之，"劳动正义"是在马克思的劳动"类本质"的意义上说的，从根本上与劳动的异化性非正义区隔开来；"生产正义"是就马克思政治经济学批判论域的"生产、分配、交换、消费"结构中的物质生产环节而言的生产性正义，即生产、分配、交换、消费各环节虽然有时两两互为前提而又始终彼此依存，但生产最终起着决定性作用，由"生产、分配、交换、消费"结构中所产生出来的正义问题归根结底是一种生产性正义。（马克思恩格斯文集：第 8 卷. 北京：人民出版社，2009：5-21）

出，劳动正义需要在经济领域表现为生产正义原则，揭示了生产正义之于人的存在和社会发展的动力之源。在马克思、恩格斯看来，物质生产"是一切历史的基本条件"①，人领会到物质生产劳动逐渐确证了自身存在的合理性，围绕生产总体展开的方式来表征生活状态，这种生产方式"是他们表现自己生命的一定方式、他们的一定的**生活方式**。个人怎样表现自己的生命，他们自己就是怎样。因此，他们是什么样的，这同他们的生产是一致的"②。马克思充分肯定生产在展现人类力量上的核心作用，在"生产什么""怎样生产"的问题上凸显了正义原则，认为生产方式决定生产正义原则的内容和实质，唯有生产方式的正义才能确保生产关系的正义，使人在把自然关系变更为属人关系的生产中明确正义范畴的规定性，即生产正义作为现实变化的层级既塑造着多重矛盾关系构成的正义的存在状态，又从根本上回应了渗透于人本质力量中的劳动正义需要。

在马克思看来，生产正义推动了社会正义主题的形成，折射出劳动正义价值在社会正义主题中的体现程度，肯定劳动正义内蕴的共产主义正义观。唯物史观的社会正义主题旨在通过构建正义的社会关系而走向"自由人联合体"，潜在地肯定了人之发展需要的内在动力，依托以生产方式变革为推动力的构建逻辑展现社会正义的内涵指向。唯物史观揭示了个体利益与普遍利益的内在冲突，主张只有重构正义的生产方式才能培养人对现实正义的自主认识。马克思认为，生产正义是人类意识对社会关系的反映，决定着社会正义的内容和形态的变迁，由变革生产方式而确立起来的社会正义必定在一定历史时期形成总体的层级结构，即形成社会共同体的正义秩序与基本遵循，社会关系的正义发生变革必定产生影响生产方式及其正义尺度的力量。"马克思从社会发展阶段上肯定了'正义'存在的社会形态性，即是某一生产方式下的正义，但作为'生产方式下的正义'绝不是马克思所追求的社会正义，他所追求的社会正义是人类解放视域下的社会正义。"③ 唯物史观叙事基于社会形态理论来把握社会正义存在的历史背景，借由生产正义的现实动力中介与

---

① 马克思恩格斯文集：第 1 卷 . 北京：人民出版社，2009：531.
② 同①520.
③ 牛小侠 . 马克思双重向度"社会正义观"的当代阐释及意义 . 吉林大学社会科学学报，2018（4）：33.

劳动正义的根本价值诉求形成了双向辩证的呼应式层级结构。

马克思的劳动正义思想具有由内及外的层级结构划分，也指向相互对照的多样层级性发展。马克思立足于"现实的人"及其存在方式的理论视域，在唯物史观的理论叙事中将劳动视为人的生存根基，使劳动的正义性诉求成为人类历史前进的内在动因，并在阐释人与世界的现实关系中形成了人、自然和社会"三位一体"的矛盾性结构，其在现实的社会历史进程中表现为劳动正义、生产正义和社会正义深度耦合而成的系统性正义层级结构。在这一结构中，劳动正义作为基始层次，体现了人本质力量的正义需要；生产正义是劳动正义的核心层级，塑造了人类社会现实发展方式的正义原则；社会正义是劳动正义的表层结构，生产正义则衍生出人与社会整体关系的正义规范。以劳动正义为基点的层级结构与唯物史观的理论叙事框架具有一致性的内在逻辑，马克思在分析人类劳动形式演变的过程中，夯实了其正义思想历史性观念的唯物主义基础，实现了正义思想从劳动本质维度向生产领域、社会整体结构的深入推进。在物质生产领域的核心层次，生产方式与生产关系的复杂矛盾性必定使劳动正义范畴带有多样性的现实特征。随着生产方式的正义问题延展到社会关系的总体层次，马克思转而从社会存在的视角求索现实正义的深层根据，在肯定生产正义为社会正义之必要条件的同时，强调基于物质生产发展来获取伦理、政治、文化等领域所滋生的正义观念，促使这些正义观念为社会正义总体的存在提供合理性论证，从而为走向"自由人联合体"指认正义性存在方式的基础。

二、马克思对劳动"非正义性"的前提批判与历史解构

马克思唯物史观的创立与其对异化史观的扬弃是同一历史过程，劳动异化是异化史观的建构基础，构成了马克思批判资本主义社会中非正义劳动生产的理论切入点。生产正义和社会正义问题集中表现在资本主义社会。在资本主义社会，人的本质被遮蔽，劳动活动产生异化，非正义劳动成为人形成劳动自觉意识的主要障碍。马克思既高度评价资本主义社会运作中劳动的历史动力作用，更在对异化劳动的解密中阐明了"资本正义""经济正义"支配下非正义劳动生产的存在形式与危害，呈现了资本主义私有财产的制度根源和理论前提，从劳动异化和私有制的关系视角打开了劳动正义问题的解答思路。

马克思将资本主义社会视为考察人的生存方式和劳动过程的主要场域，根据生产正义和社会正义在资本主义社会的现实表征，辩证地阐发了劳动的双重属性。马克思肯定生产正义对社会正义的奠基作用，认为物质生产劳动在资本主义社会充分发挥了人的本质力量，肯定"资产阶级在它的不到一百年的阶级统治中所创造的生产力，比过去一切世代创造的全部生产力还要多，还要大"①。但他同时指出，资本主义生产方式并未彰显人的本质力量，明晰了资本主义主导的生产正义、社会正义与劳动正义之间的矛盾。在马克思看来，资本主义生产方式推动劳动从体现劳动者本质力量的实践活动转变为资本增殖所需的生产要素，将"活劳动"置换成积累剩余价值的手段，促进了资本的扩大再生产，在这一过程中资本与生产之间的非正义交换暴露无遗。资本主义生产方式促使现实生产能力和劳动者的自由生产意识获得一定程度的解放，然而，虽然劳动生产率得到提升，但劳动者却面临着日趋贫困的生存困境。在对资本主义生产过程的批判中，马克思意识到劳动成果与产品所有权的分离是资本剥削劳动的必然结果，指认这一结果是资本主义社会中劳动"非正义性"的体现，即人类劳动被动融入资本增殖的同一过程，成为达致资本主义社会正义与生产正义的条件。

在《1844 年经济学哲学手稿》中，马克思将研究对象从人类劳动转变为资本主义社会中的"异化劳动"，发现"异化劳动"背后的"现实的人"的存在样态的异化，认为"异化劳动"是对人本质力量的颠倒和异化，在资本主义社会表现为工人阶级的劳动异化。马克思从劳动产品、劳动活动、人自身的"类本质"、社会关系这四个维度阐述了劳动异化问题，其中，在论述工人与资本家的社会关系时，他指出"一个人同他人相异化，以及他们中的每个人都同人的本质相异化"②。在资本主义社会制造的劳动异化中，资本家也被无形地异化为虚假的主体，其实质是将自身抽象化为资本（物）的支配权力。马克思从"经验事实"的维度分析劳动异化的必然性，解构了"异化劳动"的非正义表征。他将资本主义生产方式置于历史的发展逻辑中进行考察，针砭整个资本主义社会关系的"事实正义性"表象，即"只要与生产方式相适应，相一

---

① 马克思恩格斯文集：第 2 卷．北京：人民出版社，2009：36.
② 马克思恩格斯文集：第 1 卷．北京：人民出版社，2009：164.

致，就是正义的；只要与生产方式相矛盾，就是非正义的"①。资本家以与资本主义生产方式相匹配的资本主义社会正义观为雇佣劳动制度的合理性辩护，将不符合资本增殖的生产视为非正义劳动，而在马克思看来，真正的劳动"非正义性"是资本家对工人劳动的剥削所导致的。

马克思在反思资本主义生产方式的过程中解构了由"资本正义"所引致的劳动"非正义性"，认为未能彰显正义的劳动在现实生产领域是"资本正义"逻辑强行压制劳动力发展的必然后果。资本主义在缔造劳动生产与资本增殖相统一的历史过程中创造了劳动自觉依附于资本的"正义"规则，将资本主义工厂幻化为"温和监狱"的"正义"社会图景。伴随着对生产领域物质基础和经济根源的研究的推进，马克思在资本主义生产关系中把握了"资本正义"与资本生产劳动"非正义性"之间的历史同构性，生产正义问题通过生产力发展与资本增殖的相互依存得以显现。资本逻辑在资本主义生产方式中证实自身增殖的"天然正义"，即资本获取的生产增殖得益于其本身生发的价值而非源于劳动力的创造，从而创设出社会生产与劳动无关的"资本正义"。生产力的产生和增长是依附于资本主义生产方式的动力要素，生产劳动在保证资本增殖的过程中确证了"资本正义"的理论基础。"资本正义"的实现饱含对物质财富和剩余价值的极度贪婪、对劳动者物质生产劳动能力的霸权统治以及对个人与社会关系的抽象颠倒，物质生产在加深资本普遍"正义"的同时也裹挟着强制性话语，企图使整个社会生产领域在潜移默化中接受资本逻辑的宰制。人的劳动不是天生采取雇佣的形式并依靠于资本，而是在物的关系笼罩下逐渐形成对"资本正义"的推崇和对资本抽象统治的趋附。马克思发现，"劳动所生产的对象，即劳动的产品，作为一种**异己的存在物**，作为**不依赖于生产者的力量**，同劳动相对立"②。"资本正义"并非资本家天生的幻想，而是"异化劳动"的产物，"资本正义"一经产生就会以法权的形式确认劳动能力与劳动条件相分离的正当性，进而将物质生产规定为与"资本正义"一致的"劳动正义"，这种忽视了人本质力量的劳动无法真正实现生产力水平的高度发展。

---

① 马克思恩格斯文集：第7卷.北京：人民出版社，2009：379.
② 马克思恩格斯文集：第1卷.北京：人民出版社，2009：156.

马克思在对"资本正义"的解剖中将研究的触角深入经济生活领域，从资本主义经济领域的"正义"现象入手，解构了现实生产中的非正义因素。"资本正义"和劳动"非正义性"之间的关联依随物质生产力的发展而逐步凸显为"经济正义"与劳动"非正义性"之间的必然关联。在经济利益的驱动下，资本逻辑从对生产资源的暴力掠夺转变为对经济活动和金融资源的隐性掌控。资本逻辑逐渐将"资本正义"的目的寄托于经济利益领域，将追求经济利益的最大化、合法化的"经济正义"视为资本"天然正义"的实现。资本逻辑宰制下的经济利益增长成为生产力发展水平的判定标准，经济生产与交换的最终目的是实现利润增长。人类生产劳动是决定社会结构和生产方式的基础，而资本逻辑主导的"经济正义"理念彻底颠覆了劳动之于社会整体发展的根基地位，必定造成劳动正义与"经济正义"相背离，无法带来经济利益的劳动被视为对"经济正义"原则的违背。马克思认为，在资本主义"经济正义"的社会关系中，生产劳动最初以占有和获取基本生存资源为目的，劳动正义本质上符合人自由本性的正义价值，但物质利益和经济效益至上的"经济正义"致使追逐物质财富成为首要目的，社会关系被嵌入经济体系，体现人自身价值的劳动方式被遮蔽，劳动演化成单纯追求经济利益的现实力量，其"非正义性"的现实表征逐渐扩散，"而这首先又只有通过异化的形式才有可能"[①]。

在揭示资本主义社会中劳动的"非正义性"时，马克思展开了对资本主义社会生产方式中的抽象"经济正义"观和现实经济利益关系的双重批判，并对资本主义社会总体关系及其"正义"原则进行深度批判，认为资本生产中劳动的"非正义性"始终与体现人本质力量的"劳动正义"相违背，因此，必须挖掘出深藏于经济利益和社会整体关系中的"合理性"存在根由。在分析经济利益关系时，马克思指责资产阶级政治经济学借用"经济事实"掩盖"社会现实"这一企图，揭露经济运行中以物质利益为量化标准来规定劳动运作的非正义实质。针对资产阶级经济学家对资本生产的辩护，马克思通过剖析资本主义经济活动方式和生产关系，创造性地把握了限制资本主义生产力发展的根源——资本本身，即资本增殖固化了经济发展的模式，最终导致非正义劳动。

---

① 马克思恩格斯文集：第1卷．北京：人民出版社，2009：205.

　　马克思从资本主义私有制的根源处对劳动的"非正义性"进行了前提批判。他指出，资本主义生产关系中使资本价值得以保存和实现增殖的正义尺度，以及经济生活中人们所渴求的自由、平等的正义秩序，都是资本主义私有制伪造的虚假"外衣"，都要依靠私有制和资本力量共同构筑的"锁链"才能获得保证。马克思在《资本论》中着力批判了资本主义制度，深刻剖析了资本主义私有制下劳动的"非正义性"及其对人的否定力量。正如马克思在分析资本主义生产剥削方式时所指出的："从资本主义生产方式产生的资本主义占有方式，从而资本主义的私有制，是对个人的、以自己劳动为基础的私有制的第一个否定。但资本主义生产由于自然过程的必然性，造成了对自身的否定。这是否定的否定。"① 资本主义在私有制基础上建立的经济运行规律，开启了对劳动力无情的压制和奴役的历史进程。马克思认为，资本主义制度本身带有剥削的非正义属性，资本主义剥削的形成根源于私有制内生的普遍性社会关系，进而明确了资本主义制度建基于阶级对立式思维的实质，而剥削的秘密隐藏于生产劳动的合法性支撑之下，"资本主义生产过程在本身的进行中，再生产出劳动力和劳动条件的分离。这样，它就再生产出剥削工人的条件，并使之永久化"②。马克思批判了资本主义制度的剥削本性及其不断衍生的消极力量，认为私有制所安排的社会关系遮蔽了劳动的正义性价值需要。他从制度根源上对资本主义劳动的非正义因素所展开的批判，在唯物史观的叙事中是关于历史前提的批判。他将资本主义社会生产置于人类历史演进的过程中，指明资本主义生产方式在私有制支配下无法克服的必然矛盾及其所昭示的暂时性、阶段性的历史"正义性"。

三、劳动关系悖论的求解与劳动正义的实现

　　马克思在对资本生产劳动"非正义性"进行历史解构和前提批判时，澄清了"资本正义""经济正义"在现实生产过程中的剥削实质。马克思对资本逻辑支配下劳动方式的剖析涵盖经验事实和社会历史现实的双重维度，体现了逻辑与历史相统一的研究方法。马克思解析劳动正义问题，归根结底旨在揭秘劳动能力与劳动所得之间的悖论：一是从劳

---

① 马克思恩格斯文集：第5卷．北京：人民出版社，2009：874.

② 同①665－666.

动与资本的外在关系分析"资本正义""经济正义"与劳动正义的异质性矛盾；二是从劳动内部运行的关系探求劳动能力与劳动所得的分立式冲突，并在此过程中从劳动自由和人的自由发展的高度求解劳动关系悖论，得出资本主义生产方式中劳动关系非正义的阶级性和暂时性特质，明确劳动正义才是真正体现人本质力量的价值诉求。马克思阐明了实现劳动正义所面临的现实障碍，澄清了劳动正义具有符合人类劳动自由本性和现实劳动动态生成的双重特质，以唯物史观的立场和方法扬弃现实的劳动关系困境，为实现劳动正义奠定基础。

在唯物史观的视域中，劳动关系是社会生产关系中最基本的组成，劳动关系必然涉及劳动与资本、劳动者与资本持有者之间的关系。马克思对资本主义生产方式中"资本正义"、"经济正义"和劳动"非正义性"内容的阐发，实质上体现了其对劳动与资本的关系的深刻理解，证实了生产力的发展未能破除"资本正义""经济正义"对劳动正义诉求的压制，进而从这一历史困境中揭示了劳动与资本的固有矛盾。在马克思看来，生产力的发展致使资本主义生产方式的社会化模式得以巩固，构建了迎合社会生产需要的正义价值体系，掩盖了生产过程的非正义性实质，抹杀了劳动在生产过程中的正义诉求。资本主义生产方式致力于发掘并极力占有劳动能力，强行促使人的劳动价值与经济利益的增殖需要相一致。资本主义以物质利益为"正义需要"置换了劳动正义的价值理念，强调资本生产劳动的巨大能量，以"自由""解放"为诱饵将劳动者引入资本的扩大再生产中，以规避审视和质问劳动能力与个人所得之间的关系及其正义问题。资本自身的生产使得劳动的物质利益组成逐渐成为资本主义生产链上的重要一环，而劳动正义却被资本积累与经济增长的价值吞噬，使得资本与劳动能力的交换演变为固定的经济关系。马克思在对劳动与资本的关系之变化的分析中指出，"历史的过程使在此以前联系着的因素分离开；因此，这个过程的结果，并不是这些因素中有一个消失了，而是其中的每一个因素都跟另一个因素处在否定关系中：一方面，是自由的工人（可能性上的），另一方面，是资本（可能性上的）"①。尽管劳动与资本之关系的形式发生了变化，但资本占有劳动的实质未变，只不过在劳动与资本之间将产生"否定性"的对抗关

---

① 马克思恩格斯文集：第 8 卷 . 北京：人民出版社，2009：156.

系，劳动所具有的一切生产力均化为资本的内生力量，劳动正义的社会需要也被资本的"物性"及统治强力遮蔽了。

马克思从交往关系的维度探析资本主义生产关系，洞悉了资本主义社会的本质以及剩余价值生产过程中劳动与资本的深层矛盾。马克思认为，劳动与资本之关系的矛盾形式已在剩余价值生产中从资本对劳动的直接占有转变为商品、货币和资本对劳动关系的颠倒。马克思着重从交换和分配领域揭露剩余价值剥削劳动的独有方式。他认为，资本主义生产方式在交换领域通过劳动与资本的市场结合生成了更强劲的生产力，劳动与资本的交换关系在表面上遵循着正义原则，但实际上"工人在把自己出卖给资本家以前就已经属于资本了。工人在经济上的隶属地位，是通过他的卖身行为的周期更新、雇主的更换和劳动的市场价格的变动来实现的，同时又被这些事实所掩盖"①。劳动者遵循着资本持有者所制定的以平等、自由为核心要义的"正义规则"，在交换地位上已然具有先在的非正义性。而资本持有者正是利用劳动生产剩余价值的潜能，才将货币转化为能够再次购买劳动力这一特殊商品的资本。在分配领域，马克思指出，资本家将劳动等同于一般商品而支付劳动力价值，无视劳动能力的"使用价值本身具有成为价值源泉的独特属性"②，劳动与资本的冲突在分配领域表现为资本迫使劳动不断创造剩余价值的强制剥削。劳动与资本之关系的实质在于，凭借简单商品交换的"正义原则"抹平了劳动者与资本持有者在现实交往中可能存在的非正义性。

劳动与资本的外部关系促进马克思对劳动内部关系进行深思。他洞察到劳动能力与劳动所得之间的深层矛盾。马克思以资本主义生产方式为参照，对比劳动自由理想中的正义价值，从劳动能力的开掘、劳动的客观条件的初始持有和劳动成果的实际获取等层面深思劳动内部关系的正义性。在劳动能力层面，他肯定劳动能力在彰显劳动正义性中的基础地位，认为劳动能力的正义性标志着人对自身生活的合理预期和自由选择，同时客观分析了资本主义生产中劳动能力自由选择的限度，即"这里所谓自由，一方面，是指工人支配他作为商品的劳动能力，另一方面是指他不支配任何别的商品，一贫如洗，没有任何实现他的劳动能力的

---

① 马克思恩格斯文集：第 5 卷. 北京：人民出版社，2009：666.
② 同①195.

对象条件"①。资本持有者强行占据劳动的客观条件，致使劳动者为了生存必须出卖劳动力，从而被迫放弃了自身对劳动能力的支配和交换自由的权利，这一有限的自由构成了资本主义非正义劳动关系的基石。在劳动的客观条件层面，资本家在资本原始积累中暴掠攫取劳动的客观条件，否定了劳动者对劳动的客观条件的初始持有，将"大量的人突然被强制地同自己的生存资料分离，被当做不受法律保护的无产者抛向劳动市场"②，劳动者在客观条件的限定下被迫从事依附于资本的雇佣劳动。在劳动成果层面，马克思认为雇佣劳动关系中的劳动成果完全由资本持有者操控，劳动的客观条件和生产资料的私有性无法确保劳动者的自由权利与机会，资本主导的分配机制必定将劳动者的权利排除在外，最终造成劳动能力与劳动所得之间不可调和的矛盾。

化解劳动关系悖论是马克思反思人类历史和劳动自由的理论主题，最终目的是在对劳动关系悖论的求解中确定真实的劳动正义价值。马克思将劳动视为人的本源性存在方式，将劳动正义置于充实人的现实的生存意义、提升人的生命质量的优先地位，而劳动关系悖论归根究底是劳动与劳动者之间的对立。马克思认为，资本和商品对劳动能力、劳动的客观条件、劳动交换以及劳动成果所得的全面支配，使劳动者的权利在生产的各个环节处于绝对"失语"状态，这与劳动者通过生产过程发挥自身潜能和维护自身权利的诉求相违背。劳动既包含了对人的自由解放的承诺，又隐藏着戕害人性的倾向，体现劳动者本质力量的劳动活动具有促进人的自由的积极意义，而资本逻辑所衍生的生产劳动则具有压制自由的弊病，劳动的双重悖论使劳动关系的理论叙事变得复杂多样。

马克思从契合人自由本性的劳动活动出发，把劳动关系阐明为"现实的人"的存在及其在人类历史进程中自我实现程度的真实反映，在对现实劳动关系的反思中把握劳动正义价值。唯物史观自创立起就以实现劳动正义价值为重要关切。马克思肯定物质生产劳动是人类劳动的基本方式，物质生产劳动本质上决定了人的总体生活样态。他认为，"劳动不仅在范畴上，而且在现实中都成了创造财富一般的手段"③，无论是社会生产和经济发展的问题，还是伦理道德和哲学思辨的难题，都离不

---

① 马克思恩格斯全集：第 32 卷．北京：人民出版社，1998：42.
② 马克思恩格斯文集：第 5 卷．北京：人民出版社，2009：823.
③ 马克思恩格斯文集：第 8 卷．北京：人民出版社，2009：28.

开对劳动的现实把握。在马克思看来，劳动构造了现实的社会历史，人与世界之间通过劳动建立起基本价值关系。唯物史观关注人的本质存在及自我实现，并在历史进程中追求劳动的自由和解放。真正反思人的主体性、体现人文关怀的劳动解放，才是劳动状态和劳动关系正义性的真实表征与价值诉求。

将劳动正义奠基于人的本质存在方式，把劳动的解放阐释为劳动正义的价值诉求，构成了马克思唯物史观叙事中最基本的理论关怀。马克思在对资本主义劳动方式和劳动关系的洞察中确立了实现劳动正义的两个基本方面：一是"解蔽"并深刻透视社会历史中实现劳动正义所面临的现实障碍；二是基于共产主义的正义价值理想，探求实现劳动正义的路径。马克思认为，劳动解放的实现与对现实劳动异化、自由丧失和物质贫乏的克服是同一过程，尽管人在本质上是自由劳动创造的存在，但现实中诸多束缚人本质力量的异质性关系总是构成人生存状态无法割裂的部分。人的劳动创造了资本生产和社会所需要的价值，但其社会权利却没有得到保障，而资本的无限积累和雇佣工人贫困的加剧在生产扩张中形成了固定的结构性关系，工人所获劳动报酬只能在资本主义生产需要所容许的范围内进行调整，创造财富与愈发贫困之间的对立成为困扰劳动正义的顽固"病灶"，阻碍了人对劳动正义问题的觉醒。马克思从资本主义生产过程分析贫困的致因，认为资产阶级想方设法延长工作时间，鼓励雇佣工人之间的竞争以加剧劳动强度，导致工人创造的价值与其所得财富成反比。立足于对资本逻辑和私有制的批判，马克思进一步探究无产阶级贫困问题的根源，指出私有财产及其滋生的权力关系是造成贫困问题的根本原因，"尽管私有财产表现为外化劳动的根据和原因，但确切地说，它是外化劳动的后果"①。只是想单纯强调劳动与资本之间的不合理关系，根本不可能改写工人在劳动关系中的被动地位和贫困境遇的历史。马克思将克服贫困问题、实现劳动正义的路径聚焦于消灭资本主义私有制，提出消灭私有制是践行共产主义劳动正义观的首要关切，必须消除私有制的经济根基和政治法权依附，通过对异化现象的批判向人们展示自由解放的境界，使人们在对现状的反省中形成将自我意识贯彻到革命、批判的实践中的思维，达到对自身本质的"真正占有"。

---

① 马克思恩格斯文集：第1卷．人民出版社，2009：166.

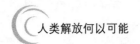

四、劳动生产形态的转变与劳动正义问题的重置

立足于对劳动正义问题的探析，马克思说明了劳动方式和劳动关系的理论性质与原则。随着唯物史观的发展，马克思从世界历史和全球化的角度对劳动方式与劳动关系的变化提出了新的见解。资本主义生产的扩展加速了人类历史的整体性发展，马克思认识到资本主义生产方式在世界历史阶段中的作用，明确了资本与技术进步的合流及其对劳动生产形态和劳动关系变更的影响，并以此为着眼点揭示了人类社会在世界历史进程中发展的客观规律。马克思从人类社会形态和社会关系总体的变动中，反思劳动主体及其性质的变化，确认了技术性劳动生产形态与知识经济生产关系的实质内容，从而对资本逻辑支配劳动的状态展开深刻批判，探讨了扬弃资本逻辑主导的历史条件。在马克思的世界历史理论观照下，劳动正义问题从与资本的直接对立关系中转换到劳动中的"知识产权"领域，劳动正义价值如何实现的问题在资本主义全球化时代被搁置，对劳动正义问题的重构仍然归诸资本主义私有财产法权制度之内。

纵观马克思的世界历史理论，技术进步及其与资本的融合改变了劳动能力的基本构成和劳动生产形态。马克思承认资本主义生产扩张开启了世界历史的客观事实，认为资本主义寻求剩余价值的生产方式和逐利性在世界历史演化中没有改变，为了实现以世界市场为基础的生产方式的全面社会化，资本主义通过扩张资本的生产方式和制度手段实现了与科学技术的结合。资产阶级在世界历史发展进程中逐渐意识到，要想获取更多剩余价值，就必须克服不同民族主体参与全球生产格局的界限，深切感受到科学技术在生产过程中对克服生产限制、攫取物质利益的强大效用。在世界历史发展进程中，资本持有者为了使生产资源在世界范围内实现最优配置以获取财富积累最大化，必定倾力推动科学技术的发展，以此重塑劳动能力的技术构成，并在技术进步中创造新的劳动生产形态。马克思在对"异化劳动"的批判中逐渐阐释了技术型劳动的思想，他建构了科学技术的对象化、异化及其扬弃的理论叙事，澄明了技术型劳动在资本掌控的世界历史中逐渐被视为人的"类本质"并引导人发展的逻辑。随着资本与技术的联合，技术进步成为劳动能力的主要构成，技术型劳动成为人本质力量和"类本质"活动的集中体现，技术性劳动生产自然被粉饰为解放人的力量。

随着世界历史的发展，劳动生产形态的新特征在于技术进步成为人与自然之间的中介力量，这种新特征在深层次上指向技术进步中全球劳动关系的变化。技术进步通常表现为人类改造自然和从事社会生产的能力的增强，"在给定的技术背景下，技术系统效能的增加，可以很容易被解释为人的能力的增加，以确保该系统所施加的实际行为与人的目标一致"①。技术进步中的生产方式旨在形塑社会生产与人的劳动解放需求相一致的模式，倾向于将与生产效率、经济效益相一致的客观价值作为劳动能力和技术效能发展的测量标准。马克思对生产劳动中的工业扩展和技术进步进行深入分析，指出劳动中技术因素比重的提升会增强劳动者在生产过程中的组织力量，劳动者在对资本剥削的反省中积累了抵制能力，但工人的对抗性运动却无法从根本上改变资本对劳动的抑制关系。尽管资本增殖与技术进步是同一个历史过程，都旨在为世界历史的发展提供物质支撑，但资本对技术具有绝对先在的控制权，技术进步中劳动关系形式的变化依然隶属于资本逻辑扩张下的生产范围。技术进步对人力、技能等可变资本的要求不断提升，催促劳动者为获取文化、知识和技能来提高自身劳动生产力而投入更多的精力、时间等成本。资本主义生产过程在改变劳动能力构成的同时，实现了资本积累方式的更新，资产阶级通过购买高科技含量的机器提高劳动生产率，以获取更多剩余价值进而扩大再生产。

资本通过与技术进步的结合实现了对劳动关系愈加隐秘化的控制，造成并加深了劳动关系中资本积累和劳动收益的分化，扩展了资本对劳动能力的剥削空间。资本主义生产方式具有生产物质商品与阶级剥削的天然双重性特征：确立了劳动与所有权相统一的"正义"规则，即资本家对工人劳动过程及其产品拥有绝对所有权；构造了劳动力为资本增殖服务的非正义关系。资本主义生产过程的展开促使劳动力愈益成为生产剩余价值的依附力量，而技术进步在生产过程中发挥主要推动作用。技术进步通过缩短生产过程中损耗的社会必要劳动时间而改变了资本的有机构成，使得不变资本中的知识信息因素相应增加。技术对资本扩张的加持粉饰了资本主义生产方式的内在矛盾，营造了资本逻辑自我消化和调节矛盾的能力不断提升的假象，其中，最主要的特征体现在其所确立

---

① 吴国林，程文. 技术进步的哲学审视. 科学技术哲学研究，2018（1）：65.

的内在组织机制对经济生活的制度安排与执行产生的影响。技术进步确立了对"技术-经济"活动系统的自组织机制功能，其所确立的组织机制深刻形塑了独特的分配制度和"正义"标准。"正义"制度关注经济主体投入生产劳动过程中的正义诉求，在其中"占统治地位的只是自由、平等、所有权和边沁"[①]。技术进步确立了生产过程中"正义"原则的自由特质，通过提高劳动的技术构成来确证劳动方式对"自由"本性的诉求，致使劳动者"自主"成为经济生产过程中的"生力军"而丧失支配生活的自由权益，从而强化了"经济正义"的合理性。

资本通过与技术的结合而确立了新的生产组织方式，这种生产组织方式将人的劳动所创造的价值主要归功于技术进步，以助推劳动方式的变革来实现与所有权对等的"正义"关系，最终诱导劳动主体在"资本正义""经济正义"的环境中放弃了对劳动正义的诉求，其实质是对劳动正义问题的消极搁置。技术进步促进了劳动生产力的提高，技术性劳动生产模式推动劳动服务于资本增殖和经济增长的目的，使劳动正义与"资本正义""经济正义"之间的冲突得到"消解"。但其背后隐藏着对技术权力的盲目崇拜。拒斥人性的现实冲突和劳动生成过程中的矛盾，反映了追捧技术性劳动能力为"终极实在"的过程论思维局限，势必造成对劳动生产价值的颠覆，导致劳动正义问题的实质内容被消极搁置。正义价值冲突关系的"消解"前提是劳动的技术构成与劳动方式的解放程度、社会生产的需求相一致，即劳动正义的诉求在资本主义生产方式制造的正义价值形态中得以"实现"。但"资本正义"价值形态归根结底是追求物质利益诉求的观念反映，本身包含深层的内在悖论："资本正义"以劳动的历史性、矛盾性为生产基础，却企图在生产过程中摒弃和遗忘劳动的历史性、矛盾性，坚信技术进步能够激发劳动的无限活力以建立摆脱生产有限性的世界。技术进步中生产领域的正义价值形态通过技术权力建构了解决一切难题和挑战的终极意义，以资本主义主导的生产领域的正义价值涵盖并超越了所有正义价值目标，妄图在生产过程中实现不同领域的正义价值观念的统一，把人的生存本性与物质生产世界的普遍联系割裂开来，把劳动的工具性与目的性分离开来，忽视劳动作为一个整体的关系性存在，瓦解了劳动关系、社会关系与人的存在方

---

① 马克思恩格斯文集：第 5 卷．北京：人民出版社，2009：204．

式之间的密切关联，造成了以劳动正义作为评价生产过程的尺度向被动接受生产方式抽象评判的变化。

技术进步中劳动生产形态和劳动关系的改变及其对劳动正义问题的搁置，根本原因在于对技术权力来源的忽视，而在技术权力与劳动权力的关系视域中审视劳动正义必然引起对劳动正义问题的重置。技术进步通过提高劳动的技术构成提升了生产效率，掩盖甚至否定了劳动满足人基本生存需要的根基地位，但在摧毁劳动的历史性和矛盾性后却并未确立技术性劳动的根基地位。生产过程中的劳动能力与体现劳动者生存需要的本质力量相背离，致使生产领域的劳动正义问题隐匿未彰。劳动是整个生产过程中的基本动力，技术性劳动的无限"活动性"及其对传统劳动局限的克服伴随技术的不断进步而愈益凸显，但作为"活动性"范畴的技术性劳动所内含的本体论设定却被刻意"遗忘"。与一般的经济生产活动不同，技术进步中的劳动生产具有天然的不确定性，"不确定性即由于信息缺乏而使得准确预期某事的不可能性或区分相关或不相关数据的不可能性"①，技术发展预期的"不可能性"表明，技术难以掌握生产需要的发展趋势。技术性劳动方式虽然展示出在物质生产上的强劲功能，但仍无法使劳动的本性得到充分释放，它事先设定了劳动过程与资本增殖、经济增长目的相一致，终将因抑制劳动自由发展而以无效告终。技术性劳动是劳动的特殊存在形态，其存在根基和载体是劳动本身，技术进步中的劳动正义依存于劳动本真正义理念的表达，但技术性劳动方式与生产关系是资本主义生产方式的附庸，孕育于其中的劳动正义理念被强制与经济生产过程的价值需要相契合，实际上体现了劳动能力与劳动所有权在全球化生产领域内产生了新的分离形式。马克思在分析资本主义生产方式时指出"异化劳动"与私有财产形成了相互作用的关系，即劳动在私有财产的关系中被异化为工人的生产和资本家的所得。在世界市场中，劳动正义问题被放大为世界范围内的生产、分配与劳动者所有权的实现问题。

在当今资本逻辑主导的全球化社会和技术性劳动关系中，全球性的资本积累和贫困分化在各主体国家之间形成了以"知识产权"为核心议题的新的等级形式。"知识产权"问题事关劳动财产和所有权的主要问

---

① Frances J. Milliken. Three Types of Perceived Uncertainty about the Environment: State, Effect, and Response Uncertainty. Academy of Management Review, 1987, 12 (1).

题，在全球化以及技术创新时代显得尤为突出。为了与劳动能力和劳动所得之间的正义关系相呼应，应对"知识产权"给予制度形式的保护。但保护"知识产权"的制度仍然为资本逻辑所掌控，就变成保护资本持有者的利益，而非维护劳动能力与劳动所得的对等，这违背了劳动正义的价值本义。马克思在对劳动能力与所有权分离的阐发中说明了私有财产的起源问题，认为私有财产是"劳动借以外化的**手段**，是**这一外化的实现**"①，同时指出私有财产是劳动外化的产物，证明劳动的对象化给劳动者在生产领域带来了有限的所有权。"知识产权"是劳动者在一定时期内对其成果的所有权，其现实特质及制度安排源于私有财产和私有权理论，在以技术性劳动为主的全球化时代，"知识产权"与劳动正义问题产生了密切关联。而在资本逻辑施行支配强权的语境中，资本持有者为了掠夺更多利益，抑制劳动者发出的抗议，从制度层面确定知识生产权力的独占性和成果占有的排他性，实际上是采取资本主义私有财产权的方式、利用技术的高效率来应对知识生产中劳动与资本之间的利益冲突。罗尔斯认为，正义的主题表现为"社会主要制度分配基本权利和义务，决定由社会合作产生的利益之划分的方式"②，即对"知识产权"的制度设计旨在化解现实的利益冲突。但寄生于资本逻辑关系中的"知识产权"制度本身就是资本持有者的利益主张及理性选择，知识从产出到转化为现实生产力的过程涉及创造者、传播者和使用者等多方权利主体，不同权利主体力量的悬殊必然导致制度设计向强势的利益主体倾斜，反而造成利益的多元分化和冲突，导致不同主体国家对知识生产中强权倾向的制度惯性和路径依赖。这种全球范围内"知识产权"制度的非正义性在现实的劳动正义问题上必将造成难以弥合的鸿沟。

在资本主义社会历史结构中审视劳动正义及其内部关系的演变问题，是马克思唯物史观叙事所包含的基本思想。马克思在唯物史观的建构中阐明了劳动正义、生产正义和社会正义的层级结构，对全部资本主义社会的基石即资本的人格化与资本逻辑主体性提出质疑，敏锐地洞悉资本主义生产结构的内在矛盾及其造成的劳动"非正义性"问题，揭露以资本主体为基点、建立在物质利益有用性上的正义价值尺度的弊端，

---

① 马克思恩格斯文集：第1卷. 北京：人民出版社，2009：166.

② 约翰·罗尔斯. 正义论. 何怀宏，何包钢，廖申白，译. 北京：中国社会科学出版社，2009：6.

指责"资本正义""经济正义"原则否定劳动正义本真内涵的内在局限。马克思在批判资本主义社会生产过程中体现的劳动正义思想，是以"现实的人"的本质存在及其生存方式为理论前提，并基于此确立了社会生产生活中劳动的正义性规范；反对颠倒劳动与资本之间的主客体地位而把物质利益视为立法准则，指出其后果在于劳动规范基础的缺失。马克思劳动正义思想内蕴解放的叙事、对美好未来社会生活的构想、物质生产走向的规范力量以及对现实社会存在的批判等向度，向我们展现了解读正义思想的重要问题域和研究生长点。解决劳动正义问题的关键在于，探寻以何种方式通达正义性的规范基础，从而揭示资本主义强权话语对人类劳动正义与交往自由的扭曲，最终将劳动正义问题的化解归本于人的劳动本身，这构成马克思正义价值理想的根本前提和本真意义。我们只有在对劳动正义的不断追求中，才能免于资本生产逻辑所制造的异化劳动的消极影响，一以贯之地保持人类本质力量的自我超越性。虽然社会生活中的劳动正义，在不同的生产发展阶段都带有局限性，但在现代社会，我们应该坚持以劳动正义原则扬弃资本和技术力量所奠定的社会公共生活正义观念的规范基础。马克思的劳动正义思想蕴含对社会生活"理应如此"的价值诉求，是从理想的价值状态出发批判现实社会并超越现存状况的实践哲学，促使人们在全球化发展的现代社会中挖掘和培植劳动正义的规范资源并形成价值共识，最终促进人们在社会交往中实现"自由联合"和团结协作。

主要参考文献

一、马克思主义经典著作

马克思恩格斯文集：第 1—10 卷．北京：人民出版社，2009.

马克思恩格斯全集：第 1 卷．北京：人民出版社，1995.

马克思恩格斯全集：第 3 卷．北京：人民出版社，2002.

马克思恩格斯全集：第 3 卷．北京：人民出版社，1960.

马克思恩格斯全集：第 10 卷．北京：人民出版社，1998.

马克思恩格斯全集：第 21 卷．北京：人民出版社，2003.

马克思恩格斯全集：第 30 卷．北京：人民出版社，1995.

马克思恩格斯全集：第 32 卷．北京：人民出版社，1998.

马克思恩格斯全集：第 33 卷．北京：人民出版社，1995.

马克思恩格斯全集：第 40 卷．北京：人民出版社，1982.

马克思恩格斯全集：第 42 卷．北京：人民出版社，1979.

马克思恩格斯全集：第 47 卷．北京：人民出版社，2004.

列宁专题文集：论马克思主义．北京：人民出版社，2009.

列宁专题文集：论辩证唯物主义和历史唯物主义．北京：人民出版社，2009.

列宁专题文集：论社会主义．北京：人民出版社，2009.

列宁专题文集：论无产阶级政党．北京：人民出版社，2009.

列宁专题文集：论资本主义．北京：人民出版社，2009.

列宁全集：第 26 卷．北京：人民出版社，2017.

列宁全集：第 36 卷．北京：人民出版社，2017．

列宁全集：第 41 卷．北京：人民出版社，2017．

二、中文著作

欧阳谦．人的主体性和人的解放：西方马克思主义的文化哲学初探．济南：山东文艺出版社，1986．

杨适．人的解放：重读马克思．成都：四川人民出版社，1996．

胡建．启蒙的价值目标与人类解放．上海：学林出版社，2000．

韦定广．"世界历史"语境中的人类解放主题．北京：人民出版社，2004．

魏小萍．追寻马克思：时代境遇下马克思人类解放理论逻辑的分析和探讨．北京：人民出版社，2005．

李兵．生存与解放：马克思关于人类解放的哲学主题．北京：人民出版社，2007．

贺来．边界意识和人的解放．上海：上海人民出版社，2007．

黄树光．马克思人的解放理论与马克思历史观．南昌：江西人民出版社，2011．

刘同舫．马克思人类解放理论的演进逻辑．北京：人民出版社，2011．

乔翔．马克思人的解放思想研究．北京：中国社会科学出版社，2012．

孙力．人的解放主题的中国化进程：中国共产党对人权的社会主义塑造和开拓．上海：东方出版中心，2011．

刘小枫．现代性社会理论绪论．上海：华东师范大学出版社，2018．

顾肃．宗教与政治．南京：译林出版社，2010．

仰海峰．形而上学批判：马克思哲学的理论前提及当代效应．南京：江苏人民出版社，2006．

黄颂杰，章雪富．古希腊哲学．北京：人民出版社，2009．

韩庆祥．马克思人学思想研究．郑州：河南人民出版社，1996．

赵常林．马克思早期哲学思想研究．北京：北京大学出版社，1987．

高光．青年时代的探索和世界观的转变：从《博士论文》到《导言》的学习与研究．北京：中共中央党校出版社，1990.

鲁越，孙麾，江丹林．马克思晚年的创造性探索："人类学笔记"研究．郑州：河南人民出版社，1992.

俞吾金，汪行福，王凤才，等．德国古典哲学．北京：人民出版社，2009.

郑昕．康德学述．北京：商务印书馆，2017.

陈嘉明．建构与范导：康德哲学的方法论．北京：社会科学文献出版社，1992.

万俊人．道德之维：现代经济伦理导论．广州：广东人民出版社，2000.

陈桂生．"教育学视界"辨析．上海：华东师范大学出版社，1997.

王晓朝．希腊哲学简史：从荷马到奥古斯丁．上海：上海三联书店，2007.

黄楠森．黄楠森自选集．重庆：重庆出版社，1999.

中国现代外国哲学学会．现代外国哲学·存在主义专辑：第7辑．北京：人民出版社，1985.

俞吾金，陈学明．国外马克思主义哲学流派新编·西方马克思主义卷：上册．上海：复旦大学出版社，2002.

陈学明．哈贝马斯的"晚期资本主义"论述评．重庆：重庆出版社，1993.

汪行福．通向话语民主之路：与哈贝马斯对话．成都：四川人民出版社，2002.

刘怀玉．现代性的平庸与神奇：列斐伏尔日常生活批判哲学的文本学解读．北京：中央编译出版社，2006.

欧阳英．马克思之后的政治哲学思想：从恩格斯到"后马克思主义"．北京：中国社会科学出版社，2019.

陈昕．救赎与消费：当代中国日常生活中的消费主义．南京：江苏人民出版社，2003.

宋祖良．拯救地球和人类未来：海德格尔的后期思想．北京：中国社会科学出版社，1993.

高敬增，刘彦章，刘文涛．列宁．北京：红旗出版社，1997.

三、中文译著

康德．纯粹理性批判．邓晓芒，译．北京：人民出版社，2017.

康德．历史理性批判文集．何兆武，译．北京：商务印书馆，2017.

康德．道德形而上学原理．苗力田，译．上海：上海人民出版社，2012.

康德．道德形而上学基础．孙少伟，译．南昌：江西教育出版社，2014.

黑格尔．逻辑学：上卷．杨一之，译．北京：商务印书馆，2011.

黑格尔．哲学科学全书纲要．薛华，译．上海：上海人民出版社，2002.

黑格尔．黑格尔著作集：第3卷　精神现象学．先刚，译．北京：人民出版社，2015.

黑格尔．精神哲学：哲学全书·第3部分．杨祖陶，译．北京：人民出版社，2006.

施勒格尔．浪漫派风格：施勒格尔批评文集．李伯杰，译．北京：华夏出版社，2005.

海德格尔．林中路．孙周兴，译．北京：商务印书馆，2017.

哈贝马斯．认识与兴趣．郭官义，李黎，译．上海：学林出版社，1999.

哈贝马斯．理论与实践．郭官义，李黎，译．北京：社会科学文献出版社，2004.

哈贝马斯．作为"意识形态"的技术与科学．李黎，郭官义，译．上海：学林出版社，1999.

哈贝马斯．合法化危机．刘北成，曹卫东，译．上海：上海人民出版社，2019.

哈贝马斯．交往行动理论．洪佩郁，蔺菁，译．重庆：重庆出版社，1994.

马克斯·霍克海默，西奥多·阿道尔诺．启蒙辩证法：哲学断片．渠敬东，曹卫东，译．上海：上海人民出版社，2006.

亨利希·库诺．马克思的历史、社会和国家学说：马克思的社会学的基本要点．袁志英，译．上海：上海译文出版社，2006.

A．施密特．马克思的自然概念．欧力同，吴仲昉，译．北京：商务印书馆，1988．

亨利希·海涅．论德国宗教和哲学的历史．海安，译．北京：商务印书馆，1974．

卡尔·洛维特．韦伯与马克思以及黑格尔与哲学的扬弃．刘心舟，译．南京：南京大学出版社，2019．

罗素．西方哲学史：下卷．马元德，译．北京：商务印书馆，2015．

戴维·麦克莱伦．卡尔·马克思传．王珍，译．北京：中国人民大学出版社，2016．

特里·伊格尔顿．马克思为什么是对的．李杨，任文科，郑义，译．重庆：重庆出版社，2017．

伯尔基．马克思主义的起源．伍庆，王文扬，译．上海：华东师范大学出版社，2007．

以赛亚·伯林．现实感：观念及其历史研究．潘荣荣，林茂，译．南京：译林出版社，2011．

西蒙·格伦迪宁．德里达．李永毅，译．南京：译林出版社，2019．

恩斯特·拉克劳，查特尔·墨菲．领导权与社会主义的策略：走向激进民主政治．尹树广，鉴传今，译．哈尔滨：黑龙江人民出版社，2003．

尚塔尔·墨菲．政治的回归．王恒，臧佩洪，译．南京：江苏人民出版社，2008．

路易·阿尔都塞．保卫马克思．顾良，译．北京：商务印书馆，2017．

保尔·拉法格．回忆马克思恩格斯．马集，译．北京：人民出版社，1973．

让-雅克·卢梭．论科学与艺术．何兆武，译．上海：上海人民出版社，2007．

雅克·德里达．马克思的幽灵．何一，译．北京：中国人民大学出版社，2016．

让·鲍德里亚．消费社会：第4版．刘成富，全志钢，译．南京：

南京大学出版社，2014.

让·波德里亚．象征交换与死亡．车槿山，译．南京：译林出版社，2009.

让·鲍德里亚．生产之镜．仰海峰，译．北京：中央编译出版社，2005.

米歇尔·福柯．权力的眼睛．严锋，译．上海：上海人民出版社，1997.

米歇尔·福柯．规训与惩罚：监狱的诞生．刘北成，杨远婴，译．北京：生活·读书·新知三联书店，2003.

米歇尔·福柯．疯癫与文明．刘北成，杨远婴，译．北京：生活·读书·新知三联书店，2007.

米歇尔·福柯．必须保卫社会．2 版．钱翰，译．上海：上海人民出版社，2010.

马克·波斯特．第二媒介时代．范静哗，译．江苏：南京大学出版社，2005.

维塞尔．马克思与浪漫派的反讽：论马克思主义神话诗学的本源．陈开华，译．上海：华东师范大学出版社，2008.

理查德·罗蒂．哲学和自然之镜．李幼蒸，译．北京：商务印书馆，2017.

悉尼·胡克．对卡尔·马克思的理解．徐崇温，译．重庆：重庆出版社，1989.

赫伯特·马尔库塞．工业社会和新左派．任立，编译．北京：商务印书馆，1982.

赫伯特·马尔库塞．单向度的人：发达工业社会意识形态研究．刘继，译．上海：上海译文出版社，2016.

赫伯特·马尔库塞．爱欲与文明．黄勇，薛民，译．上海：上海译文出版社，2012.

赫伯特·马尔库塞．审美之维．李小兵，译．桂林：广西师范大学出版社，2001.

麦卡锡．马克思与古人：古典伦理学、社会正义和 19 世纪政治经济学．王文扬，译．上海：华东师范大学出版社，2011.

道格拉斯·凯尔纳，斯蒂文·贝斯特．后现代理论：批判性的质疑．张志斌，译．北京：中央编译出版社，2011.

道格拉斯·凯尔纳．波德里亚：批判性的读本．陈维振，陈明达，王峰，译．南京：江苏人民出版社，2005.

安德鲁·芬伯格．技术批判理论．韩连庆，曹观法，译．北京：北京大学出版社，2005.

安德鲁·芬伯格．可选择的现代性．陆俊，严耕，等译．北京：中国社会科学出版社，2003.

卢卡奇．历史与阶级意识．杜章智，任立，燕宏远，译．北京：商务印书馆，2017.

卢卡奇．审美特性：上．徐恒醇，译．北京：社会科学文献出版社，2015.

克罗齐．历史学的理论和历史．田时纲，译．北京：中国社会科学出版社，2005.

安东尼奥·葛兰西．狱中札记．曹雷雨，姜丽，张跣，译．开封：河南大学出版社，2016.

伊壁鸠鲁，卢克莱修．自然与快乐：伊壁鸠鲁的哲学．包利民，刘玉鹏，王玮玮，译．北京：中国社会科学出版社，2004.

尼·拉宾．马克思的青年时代．南京大学外文系俄罗斯语言文学教研室翻译组，译．北京：生活·读书·新知三联书店，1982.

鲍·斯拉文．被无知侮辱的思想：马克思社会理想的当代解读．孙凌齐，译．北京：中央编译出版社，2006.

亚当·沙夫．结构主义与马克思主义．袁晖，李绍明，译．济南：山东大学出版社，2009.

斯拉沃热·齐泽克，泰奥德·阿多尔诺．图绘意识形态．方杰，译．江苏：南京大学出版社，2002.

斯拉沃热·齐泽克．实在界的面庞．季广茂，译．北京：中央编译出版社，2004.

斯拉沃热·齐泽克．意识形态的崇高客体．季广茂，译．北京：中央编译出版社，2014.

四、中文期刊论文

刘森林．切入现实：马克思对德国早期浪漫派的批判与超越．中国社会科学，2015（8）．

谌林. 马克思对正义观的制度前提批判. 中国社会科学, 2014 (3).

夏莹, 崔唯航. 改变世界的哲学现实观. 中国社会科学, 2014 (8).

谭培文. 社会主义自由的张力与限制. 中国社会科学, 2014 (6).

郁建兴. 马克思主义文化理论与现时代. 中国社会科学, 2001 (6).

马昀, 卫兴华. 用唯物史观科学把握生产力的历史作用. 中国社会科学, 2013 (11).

钱广华. 开放的康德哲学: 重读"物自体". 中国社会科学, 2004 (5).

刘同舫. 人类解放的进程与社会形态的嬗变. 中国社会科学, 2008 (3).

刘同舫. 西方马克思主义的理论性质与中国意义. 中国社会科学, 2010 (5).

刘同舫. 马克思人类解放理论的叙事结构及实现方式. 中国社会科学, 2012 (8).

刘同舫. 启蒙理性及现代性: 马克思的批判性重构. 中国社会科学, 2015 (2).

刘同舫. 构建人类命运共同体对历史唯物主义的原创性贡献. 中国社会科学, 2018 (7).

牟成文. 人民意志: 马克思法哲学的思想特质. 中国社会科学, 2020 (3).

项久雨. 新发展理念与文化自信. 中国社会科学, 2018 (6).

南帆. 文学批评中的"历史"概念. 中国社会科学, 2019 (3).

刘同舫. 马克思主义哲学研究中的三重解释张力及其认知变化. 哲学研究, 2019 (9).

刘同舫. 从显性到隐性的主奴辩证法:《精神现象学》与《1844 年经济学哲学手稿》关系注解. 哲学研究, 2014 (1).

刘森林. 物化: 文化之思还是经济社会整体之思?. 哲学研究, 2019 (5).

何中华. 马克思的历史地思与浪漫主义. 哲学研究, 2019 (1).

臧峰宇.法国启蒙思想批判与《神圣家族》的政治哲学主题.哲学研究，2016（7）.

刘聪.马克思哲学的浪漫精神及其内在旨趣.哲学研究，2015（8）.

王雨辰，高晓溪.空间批判与国外马克思主义解放政治的逻辑.哲学研究，2016（11）.

牟成文.马克思精神解放理论简论.哲学研究，2015（1）.

马建青.马克思的历史目的论修辞.哲学研究，2014（4）.

张盾，袁立国.论马克思与古典政治经济学的理论渊源.哲学研究，2014（3）.

李淑梅，莫雷.社会认同观的转变与激进的民主政治：拉克劳、墨菲的政治哲学思想研究.哲学研究，2017（10）.

李潇潇.当今马克思主义哲学研究方式的自我批判.哲学研究，2013（11）.

胡大平.马克思对现代性想象的超越及其思想史效应.哲学研究，2013（10）.

梅景辉，张廷国.在哲学与实证科学之间：历史唯物主义向"生活世界"的回归.哲学研究，2013（12）.

汪信砚，刘秉毅.论马克思的哲学观.哲学研究，2013（12）.

王金福，庄友刚.从"哲学共产主义"到科学共产主义：马克思、恩格斯的哲学革命与共产主义学说的转变.哲学研究，2006（11）.

王东，刘军."人类学笔记"，还是"国家与文明起源笔记"：为马克思晚年笔记正名.哲学研究，2004（2）.

李惠斌.解蔽与创新：从阿尔都塞的所谓"认识论断裂"谈起.哲学研究，2013（11）.

叶汝贤.现实的人及其历史发展的科学：深入解读《德意志意识形态》所阐发的唯物史观.哲学研究，2008（2）.

杨学功.马克思主义及其哲学的出场语境和理论形态.哲学研究，2013（11）.

莫雷.事件与爱：当代西方激进左翼思潮的本体论重构.哲学研究，2020（4）.

郭艳君.青年马克思批判哲学的双重逻辑及其理论意义.哲学研

究，2011（8）．

林剑．文化的批判与批判的立场．哲学研究，2012（1）．

倪剑青．黑格尔的"绝对"概念．哲学研究，2012（11）．

侯才．马克思的"个体"和"共同体"概念．哲学研究，2012（1）．

刘同舫．政治解放、社会解放和劳动解放：马克思人类解放思想再探析．哲学研究，2007（3）．

侯振武，杨耕．关于马克思交往理论的再思考．哲学研究，2018（7）．

袁文华．犹太人问题与人的解放的逻辑进路．马克思主义研究，2019（9）．

胡海波，郭凤志．马克思学说历史性理解的历史主义原则．马克思主义研究，2013（12）．

陈飞．马克思对资本主义分配正义的四重批判．马克思主义研究，2016（4）．

赵曜．列宁晚年社会主义思想的三重涵义．马克思主义研究，2000（2）．

温纯如．德国古典哲学精神与马克思主义哲学发展．马克思主义研究，2004（1）．

田鹏颖．历史唯物主义与"人类命运共同体"．马克思主义研究，2018（1）．

王东，许春华．《资本论》体系构想与马克思晚年笔记关系新探．马克思主义研究，1997（2）．

张端．实现人的解放的现实路径探析．马克思主义与现实，2015（3）．

刘海春．论马克思人类解放的"劳动—休闲"之维．马克思主义与现实，2016（6）．

邹诗鹏．马克思主义研究的思想史视阈．马克思主义与现实，2014（2）．

谢永康．理论批判与改变世界：从康德到阿多诺的哲学实践．马克思主义与现实，2013（6）．

刘士才，毛华滨．马克思和海德格尔的物化批判理论之比较．马克思主义与现实，2013（2）．

金寿铁．从宗教无神论到希望哲学：恩斯特·布洛赫研究．马克思主义与现实，2018（4）．

何丽野．"消灭"与"实现"哲学的辩证关系及其当代意义．哲学动态，2015（5）．

薛秀军．分工与解放：马克思分工理论的价值意蕴．哲学动态，2015（10）．

刘森林．从浪漫派的"存在先于意识"到马克思的"社会存在决定社会意识"．哲学动态，2007（9）．

陈晓斌，刘同舫．哲学作为一种救赎方式：马克思《博士论文》的政治哲学思想解读．哲学动态，2009（3）．

陈晓斌，刘同舫．马克思早期共产主义的构思逻辑：对《1844 年经济学哲学手稿》"私有财产和共产主义"一节的解读．哲学动态，2013（12）．

王南湜．我们心中的纠结：走近还是超离卢卡奇．哲学动态，2012（12）．

贺来．重思马克思哲学与德国古典哲学关系的真实意义．哲学动态，2013（6）．

聂锦芳．《历史学笔记》：一部未引起足够重视的马克思晚年的重要著述．哲学动态，1995（6）．

陈学明．回归政治经济学批判．哲学动态，2014（9）．

吴向东．马克思的精神．哲学动态，2018（6）．

刘同舫．技术的边界与人的底线：技术化生存的人学反思．自然辩证法通讯，2004（3）．

吴兴华．从"天命"到"民主"：论芬伯格的技术变革之路．自然辩证法通讯，2020（4）．

葛玉海，曹志平．生产力与座架：马克思与海德格尔在技术决定论上的异同．自然辩证法研究，2015（4）．

孙正聿．解放何以可能：马克思的本体论革命．学术月刊，2002（9）．

江丹林．马克思晚年为什么研究社会人类学．学术月刊，1988（3）．

崔伟闳．直观和本体论：从康德到胡塞尔．学术月刊，1992（5）．

刘同舫．从继承到建构：马克思以解放为轴心的哲学革命．江海学刊，2016（3）．

王浩斌，张亮．马克思的自我意识哲学：起源、形成与特征：《关于伊壁鸠鲁哲学的笔记》和《德谟克利特的自然哲学和伊壁鸠鲁的自然哲学的差别》解读．江海学刊，2005（3）．

潘中伟．自我意识哲学的界限与哲学的出路：简论马克思《博士论文》的动因及体系原则．学术研究，2015（7）．

黄漫，刘同舫．马克思对鲍威尔的批判角度及其哲学定位．学术研究，2016（6）．

刘军．反讽与复归：浪漫主义诗歌在马克思思想演进中的作用．学术研究，2012（12）．

俞吾金．马克思哲学是社会生产关系本体论．学术研究，2001（10）．

车洪波．文化作用方式之分析．学习与探索，2004（1）．

韩庆祥．从人道主义到马克思主义人学．学习与探索，2005（6）．

邹诗鹏．马克思对利己主义的批判．社会科学战线，2016（11）．

史英哲，刘同舫．从欧洲到全球：马克思理论视域的拓展．社会科学研究，2016（1）．

黄漫，刘同舫．文化革命：列斐伏尔日常生活的解放方案．社会科学研究，2015（1）．

刘同舫，陈晓斌．马克思博士论文中的哲学拯救与宗教批判．社会科学研究，2012（5）．

聂锦芳．马克思思想的起源及对其一生的影响．社会科学辑刊，2017（3）．

崔秋锁．马克思人道主义的哲学解读．社会科学辑刊，2014（2）．

刘同舫．马克思学说中的哲学与马克思学说的解释框架．社会科学辑刊，2011（1）．

罗骞．所有的力量关系都是权力关系：论福柯的权力概念．中国人民大学学报，2015（2）．

刘同舫．象征交换：鲍德里亚超越符号消费社会的解放策略．广东社会科学，2016（4）．

王天义．马克思恩格斯对未来经济社会形态的设想与社会主义的实践．山东社会科学，2017（1）．

何中华．马克思哲学与浪漫主义．山东社会科学，2007（12）．

卢德友．批判精神与人类解放：德里达解构视野中的马克思主义．天津社会科学，2016（1）．

刘明如．《人类学笔记》在马克思思想发展史中的重要地位．天津社会科学，1990（2）．

鲍金．自由何以可能：马克思自由观的再阐释．天津社会科学，2016（5）．

李本洲．马克思对资本和形而上学相互内嵌的考察及其批判．南京社会科学，2014（10）．

刘同舫，韩淑梅．重置交往理性：哈贝马斯人类解放思想的逻辑主线．浙江社会科学，2011（8）．

李爽，刘同舫．《人类学笔记》文本群内外关联性多重解读．浙江社会科学，2017（1）．

刘同舫．市民社会研究范式的历史转换．浙江学刊，2015（6）．

金建萍．从"政治解放"到"人的解放"：人的自由发展的理论逻辑．人文杂志，2015（12）．

刘同舫，陈晓斌．现代国家的解放限度与历史命运：马克思《论犹太人问题》释义．人文杂志，2016（1）．

安启念．马克思与人道主义．教学与研究，2015（7）．

刘同舫，史英哲．穿越幻象：齐泽克意识形态批判及其解放态度．教学与研究，2018（11）．

郑异凡．"全世界无产者，联合起来！"的口号无需改译：与高放先生商榷．探索与争鸣，2008（5）．

赵锦英，刘森林．现代性批判：从浪漫主义人论到历史唯物主义人论．现代哲学，2017（2）．

李佃来．马克思政治哲学中的人道主义意蕴．求索，2020（2）．

段忠桥．试析徐崇温的"西方马克思主义"概念的逻辑矛盾．吉林大学社会科学学报，2004（3）．

孙正聿．展现马克思主义的真理力量：纪念马克思诞辰 200 周年．吉林大学社会科学学报，2018（3）．

江丹林．西方关于马克思晚年"人类学笔记"主要观点论析．北京大学学报（哲学社会科学版），1990（1）．

韩庆祥．论人的个性及其全面发展的规律．北京大学学报（哲学社会科学版），1992（1）．

邹诗鹏．虚无主义的极致与人的解放问题：重思马克思对虚无主义的批判．复旦学报（社会科学版），2015（5）．

裴德海．论马克思主义人道主义的本质特征．复旦学报（社会科学版），2007（3）．

俞吾金．本体论视野中的当代中国马克思主义哲学．复旦学报（社会科学版），2006（5）．

程广丽．主体性"自我意识"逻辑的初步建构：马克思博士论文的思想导读．武汉大学学报（人文科学版），2016（1）．

孙亮．走向"超越权力"的"自我解放"：反思霍洛威对马克思主义革命理念的重构．武汉大学学报（人文科学版），2017（1）．

徐瑞康．哲学史上克服唯理论和经验论片面性的重大尝试：康德的认识论．武汉大学学报（人文科学版），1988（4）．

刘同舫．马克思主义哲学中国化70年及其历史贡献．四川大学学报（哲学社会科学版），2019（4）．

阎孟伟．完整理解马克思的人的解放理论：马克思《论犹太人问题》的再解读．西南大学学报（社会科学版），2014（4）．

刘同舫．马克思论证"人类解放何以可能"的维度．华南师范大学学报（社会科学版），2015（2）．

刘同舫，韩淑梅．人的本质解放：马尔库塞的艺术与审美之解放美学．华南师范大学学报（社会科学版），2011（1）．

王金林．幽灵出没的激进批判与解放允诺：德里达论马克思与马克思主义．苏州大学学报（哲学社会科学版），2011（1）．

魏长领．马克思人类解放思想与社会形态理论的内在统一．郑州大学学报（哲学社会科学版），2018（6）．

赵家祥．关于"一国能否建成社会主义"的争论．贵州师范大学学报（社会科学版），2016（1）．

刘怀玉．列斐伏尔与20世纪西方的几种日常生活批判倾向．求是学刊，2003（5）．

刘同舫．马克思的解放理论与费尔巴哈的人本学及人类学．学海，2016（1）．

赖金良．马克思《手稿》中的"人道主义"含义新探．福建论坛（人文社会科学版），1984（2）．

刘同舫．马克思人类解放阶段论．福建论坛（人文社会科学版），2008（5）．

王雨辰．一种非压抑性文明何以可能：论马尔库塞对当代资本主义社会的伦理价值批判．江汉论坛，2009（10）．

徐国胜，刘同舫．马克思哲学观的自我转变及其阶段性．江汉论坛，2014（9）．

曹丽．论马克思无产阶级概念的双重含义．科学社会主义，2015（2）．

李正义．哲学反讽的实践立场：对马克思哲学的一种解释．东岳论丛，2017（5）．

林锋．马克思《问题》与《导言》人类解放理论新探：兼评所谓"《问题》、《导言》不成熟论"．东岳论丛，2011（4）．

余金成，王艳．马克思关于生产力考察的两种视角及其现实意义．理论探讨，2016（2）．

安启念．从苏联解体看苏联马克思主义哲学发展中的一个重要教训．理论视野，2010（7）．

田曦．如何看待社会主义的过去、现在与未来：访美国麻省州立大学阿姆赫斯特分校经济学院大卫·科茨教授．理论视野，2017（7）．

章国锋．哈贝马斯访谈录．外国文学评论，2000（1）．

孙健．十八大以来海外学界对"中国梦"的认知评析．当代世界与社会主义，2019（6）．

刘同舫．人类解放何以必要：马克思以人类生存境遇为着眼点的论证．社会科学家，2015（10）．

刘同舫．回到葛兰西：领导权理论的人类解放意蕴．社会科学家，2016（6）．

鲁克俭．马克思《博士论文》与恩格斯《谢林和启示》之比较．北京行政学院学报，2010（5）．

王晓升．马克思从个人出发的历史主体观及其对利己主义的批判．

江苏行政学院学报，2001（1）．

刘同舫．从应然到实然：马克思社会批判的价值取向转变．南京政治学院学报，2015（2）．

张端．《神圣家族》中的解放思想及其现实意义．学术探索，2017（4）．

张夺，罗理章．马克思"无产阶级发现"的内在逻辑．北方论丛，2016（2）．

孟宪平．人的解放的理论叙说及边界分析．学术论坛，2017（2）．

侯琳琳，林晶．马克思主义实践哲学的价值之维：人类解放．重庆社会科学，2018（5）．

魏长领，冯展畅．马克思主义人类解放思想的三层意蕴．河南社会科学，2019（10）．

李冰梅，张宏．利己主义的现象学及其还原：解读马克思对施蒂纳"唯一者"的批判．长白学刊，2013（6）．

梁豪．自由时间的生成、异化与扬弃：马克思时间辩证法探要．长白学刊，2017（2）．

蒋红．苏共意识形态工作的深刻教训．红旗文稿，2016（15）．

王岩，竟辉．以新发展理念引领人类命运共同体构建．红旗文稿，2017（5）．

任政．社会都市化与现代生活图景：兼论列斐伏尔现代都市生活的批判与反思．国外社会科学，2020（1）．

伊莱纳·韦帕莱利．马克思与列宁论危机、反抗与革命时机．张春颖，译．马克思主义与现实，2011（3）．

戴维·麦克莱伦．马克思、浪漫主义与生态学．冯瑾，译．国外理论动态，2014（7）．

凯文·B. 安德森．马克思《1844 年经济学哲学手稿》与人道主义、美学：凯文·B. 安德森教授访谈录．王杰，尹庆红，刘方圆，译．文艺理论与批评，2015（1）．

五、外文文献

György Lukács. History and Class Consciousness：Studies in Marxist Dialectics. Trans，Rodney Livingstone. London：Merlin Press，1971.

György Lukács. Die theorie des romans：ein geschichtsphilosophis-

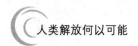

cher versuch über die formen der grossen epik. Neuwied: Luchterhand, 1971.

Henri Lefebvre. Everyday Life in the Modern World. Trans, Sacha Rabinovitch. London: The Penguin Press, 1971.

Jean Baudrillard. The Mirror of Production. Trans, Mark Poster. St. Louis Mo: Telos Press, 1975.

Langdon Winner. Autonomous Technology: Technics-out-of-control as a Theme in Political Thought. Cambridge, Mass. : The MIT Press, 1977.

Jean Baudrillard. For a Critique of the Political Economy of the Sign. Trans, Charles Levin. St. Louis Mo: Telos Press, 1981.

Jean Baudrillard. The Ecstasy of Communication. New York: Semiotext (e), 1988.

Michel Foucault. The Ethics of Care for the Self as a Practice of Freedom//James Bernauer, David Rasmussen. The Final Foucault. Boston Mass. : The MIT Press, 1988.

Michel Foucault. Politics, Philosophy, Culture: Interviews and Other Writings 1977-1984. Paul Rabinow ed. New York: Routledge, 1988.

Douglas Kellner. Jean Baudrillard: From Marxism to Postmodernism and Beyond. California: Stanford University Press, 1989.

Henri Lefebvre. Critique of Everyday Life: Volume I. Trans, John Moore. London: The Penguin Press, 1991.

Aijaz Ahmad. In Theory: Classes, Nations, Literature. London: Verso, 1992.

Henri Lefebvre. Introduction to Modernity. Trans, John Moore. London: Verso, 1995.

Paul Rabinow. Ethics: Subjectivity and Truth. London: The Penguin Press, 1997.

Bob Jessop. The Future of the Capitalist State. Cambridge: Polity Press, 2002.

Michael A. Lebowitz. Beyond Capital: Marx's Political Economy of the Working Class. New York: Palgrave Macmillan, 2003.

Žižek. Iraq: The Borrowed Kettle. London and New York: Verso, 2004.

Douglas Kellner. Jean Baudrillard after Modernity: Provocations on a Provocateur and Challenger. International Journal of Baudrillard Studies, January, 2006.

Žižek. The Sublime Object of Ideology. London and New York: Verso, 2008.

David Harvey. A Companion to Marx's Capital. London: Verso, 2010.

后　记

　　本专著在 2015 年度广东省宣传文化领军人才专项资金项目"马克思的解放哲学"最终成果（《马克思的解放哲学》，中山大学出版社 2015 年版）的基础上进行了较大程度的修改、完善，并整合了笔者主持的 2010 年度国家社会科学基金项目"马克思人类解放思想的演进逻辑研究"（项目批准号：10BKS020）和 2013 年度国家社会科学基金项目"青年马克思政治哲学思想研究"（项目批准号：13BKS005）的阶段性成果。在篇幅上由原来的 24.1 万字（电脑计数）增加到 53.1 万字（电脑计数），总体上深化了对马克思人类解放理论的研究。

　　本专著的规划与出版，旨在从内容上对马克思的解放主题进行纵深挖掘，在理论延伸与现实反思相互关联的论证中，展现时代变奏背景下马克思人类解放理论的深层魅力。本专著融入了不同时代对人类解放的理论回应、理论延伸及其在苏联和中国的实践，进一步从理论与实践两个方面，深刻反思和透彻检审国外理论家、苏联模式的社会主义和中国特色社会主义道路对人类解放理论实现方式的学术探究与实践探索。笔者始终紧扣马克思人类解放理论这一主题，试图将马克思人类解放理论与国外以及中国的学术和实践探索相勾连，以反思现实的方式回应理论主题，期望在理论与实践环环相扣的论证逻辑中提出一些见解。

　　凝练方向、聚焦问题、以问题为中心进行系统性探索所形成和积累的前期研究成果，大大促进了本专著的出版。各章吸收的前期成果按在专著中出现的先后顺序罗列如下：

第一章：《马克思博士论文中的哲学拯救与宗教批判》，载于《社会科学研究》2012 年第 5 期；《哲学作为一种救赎方式——马克思〈博士论文〉的政治哲学思想解读》，载于《哲学动态》2009 年第 3 期；《马克思早期共产主义的构思逻辑——对〈1844 年经济学哲学手稿〉"私有财产和共产主义"一节的解读》，载于《哲学动态》2013 年第 12 期；《马克思哲学观的自我转变及其阶段性》，载于《江汉论坛》2014 年第 9 期。

第二章：《政治解放、社会解放和劳动解放——马克思人类解放思想再探析》，载于《哲学研究》2007 年第 3 期；《马克思人类解放阶段论》，载于《福建论坛（人文社会科学版）》2008 年第 5 期；《马克思文化解放的维度及其政治旨趣》，载于《天津社会科学》2011 年第 3 期。

第三章：《从继承到建构：马克思以解放为轴心的哲学革命》，载于《江海学刊》2016 年第 3 期；《从应然到实然：马克思社会批判的价值取向转变》，载于《南京政治学院学报》2015 年第 2 期；《从欧洲到全球：马克思理论视域的拓展》，载于《社会科学研究》2016 年第 1 期；《马克思学说中的哲学与马克思学说的解释框架》，载于《社会科学辑刊》2011 年第 1 期。

第四章：《人类解放何以必要——马克思以人类生存境遇为着眼点的论证》，载于《社会科学家》2015 年第 10 期；《马克思论证"人类解放何以可能"的维度》，载于《华南师范大学学报（社会科学版）》2015 年第 2 期。

第五章：《马克思人类解放理论的叙事结构及实现方式》，载于《中国社会科学》2012 年第 8 期；《人类解放的进程与社会形态的嬗变》，载于《中国社会科学》2008 年第 3 期。

第六章：《物化与总体性：卢卡奇延伸马克思解放思想的关键语》，载于《福建论坛（人文社会科学版）》2014 年第 10 期；《回到葛兰西——领导权理论的人类解放意蕴》，载于《社会科学家》2016 年第 6 期；《人类解放的道路选择及其实现——布洛赫的希望哲学思想探寻》，载于《南京政治学院学报》2012 年第 4 期。

第七章：《人的本质解放：马尔库塞的艺术与审美之解放美学》，载于《华南师范大学学报（社会科学版）》2011 年第 1 期；《重置交往理性：哈贝马斯人类解放思想的逻辑主线》，载于《浙江社会科学》2011

年第 8 期；《鲍曼对"人的解放"的构思是否成立?》，载于《浙江社会科学》2020 年第 11 期；《人的解放与福柯的反抗权力策略》，载于《华南师范大学学报（社会科学版）》2013 年第 5 期；《德里达对马克思精神的捍卫与解构实质》，载于《理论探索》2012 年第 3 期；《拉克劳、墨菲的激进多元民主与人类解放》，载于《华南师范大学学报（社会科学版）》2009 年第 2 期。

第八章：《文化革命：列斐伏尔日常生活的解放方案》，载于《社会科学研究》2015 年第 1 期；《象征交换：鲍德里亚超越符号消费社会的解放策略》，载于《广东社会科学》2016 年第 4 期；《激进民主的理性重建与技术转化的微政治学——芬伯格的技术政治学评析》，载于《哲学研究》2008 年第 8 期；《哈维对"空间解放"的构思及其价值审视》，载于《学术界》2021 年第 8 期；《穿越幻象：齐泽克意识形态批判及其解放态度》，载于《教学与研究》2018 年第 11 期。

第九章：《马克思人类解放理论的叙事结构及实现方式》，载于《中国社会科学》2012 年第 8 期；《马克思人类解放理论的理想性与现实性》，载于《学术研究》2009 年第 3 期；《构建人类命运共同体对历史唯物主义的原创性贡献》，载于《中国社会科学》2018 年第 7 期；《人类命运共同体的价值超越》，载于《光明日报》2017 年 9 月 23 日理论版。

这些前期成果都是近年来以课题研究为背景公开发表的学术论文。绝大部分论文为我本人独自撰写，也包括在由我提供选题、论文框架和整体设想的基本前提下，与我的硕士、博士研究生合作撰写的部分论文。分别与我合撰的学生是：陈晓斌、黄漫、韩淑梅、史英哲、徐国胜、丁浩等。

这些前期成果在学界引起了一定反响。论文转载率高：被《新华文摘》、《中国社会科学文摘》、《高等学校文科学术文摘》和《人大复印报刊资料》等转载或论点摘编 17 篇，其中被《新华文摘》主体转载 4 篇，被《中国社会科学文摘》主体转载 5 篇。论文获得多项奖励：论文《政治解放、社会解放和劳动解放——马克思人类解放思想再探析》，2009年获"广东省哲学社会科学优秀成果奖"二等奖。论文《人类解放的进程与社会形态的嬗变》，2013 年获"第六届高等学校科学研究优秀成果奖"二等奖，2011 年获"广东省哲学社会科学优秀成果奖"一等奖，

2010 年获"广东省高等学校思想政治教育优秀学术研究成果奖"特等奖；论文《马克思人类解放理论的叙事结构及实现方式》，2015 年获"第七届高等学校科学研究优秀成果奖"二等奖、"广东省哲学社会科学优秀成果奖"二等奖，2014 年获"广东省高等学校思想政治教育优秀学术研究成果奖"一等奖。另外，作为本专著附录一的论文《启蒙理性及现代性：马克思的批判性重构》，2020 年获"第八届高等学校科学研究优秀成果奖"一等奖，2017 年获"浙江省第十九届哲学社会科学优秀成果奖"一等奖。马克思主义理论学科代表性年度报告对我的成果多次发布肯定性评价。

借此机会，我要衷心感谢上述各类期刊主编和相关责任编辑的真诚扶持帮助与切实肯定，使书中主体章节内容能够以公开发表的论文形式面世；感谢我的学生陈晓斌、黄漫、韩淑梅、史英哲、徐国胜等在前期成果形成中的加盟和创造性奉献，感谢张娥、李艳、尹健博士在后期自告奋勇为我分忧，尤其细心校对、修改书稿，更新注释或参考文献，根据出版规范对文字、符号和注释进行处理，感谢他们为本书出版付出的辛勤劳动，本书的出版也记录了这份值得铭记的师生默契交往的美好时光。

刘同舫

2023 年春于杭州

图书在版编目（CIP）数据

人类解放何以可能：马克思解放事业的当代阐释/
刘同舫著. -- 北京：中国人民大学出版社，2024.1
（当代马克思主义哲学研究文库）
ISBN 978-7-300-31621-5

Ⅰ. ①人… Ⅱ. ①刘… Ⅲ. ①马克思主义哲学—研究
Ⅳ. ①B0-0

中国国家版本馆 CIP 数据核字（2023）第 066502 号

国家出版基金项目
"十四五"时期国家重点出版物出版专项规划项目
当代马克思主义哲学研究文库
主编　杨　耕

人类解放何以可能
——马克思解放事业的当代阐释

刘同舫　著
RENLEI JIEFANG HEYI KENENG

出版发行	中国人民大学出版社	
社　　址	北京中关村大街 31 号	**邮政编码**　100080
电　　话	010 - 62511242（总编室）	010 - 62511770（质管部）
	010 - 82501766（邮购部）	010 - 62514148（门市部）
	010 - 62515195（发行公司）	010 - 62515275（盗版举报）
网　　址	http://www.crup.com.cn	
经　　销	新华书店	
印　　刷	北京联兴盛业印刷股份有限公司	
开　　本	720 mm×1000 mm　1/16	**版　次**　2024 年 1 月第 1 版
印　　张	36.5 插页 3	**印　次**　2024 年 1 月第 1 次印刷
字　　数	572 000	**定　价**　128.00 元